高质量发展研究书系

新发展新格局
引领经济高质量发展

赵真伟　陈永亮　主编

XINFAZHAN
XINGEJU
YINLING JINGJI
GAOZHILIANG FAZHAN

光明日报出版社

图书在版编目（CIP）数据

新发展新格局引领经济高质量发展 / 赵真伟 , 陈永亮主编 . -- 北京 : 光明日报出版社 , 2024.4

ISBN 978-7-5194-7920-6

Ⅰ . ①新… Ⅱ . ①赵… ②陈… Ⅲ . ①中国经济—经济发展—研究 Ⅳ . ① F124

中国国家版本馆 CIP 数据核字 (2024) 第 083250 号

新发展新格局引领经济高质量发展

XINFAZHAN XINGEJU YINLING JINGJI GAOZHILIANG FAZHAN

主　　编：赵真伟　陈永亮

责任编辑：房　蓉　　　　　　责任校对：郭玫君
封面设计：张佑一　　　　　　责任印制：曹　净

出版发行：光明日报出版社
地　　址：北京市西城区永安路 106 号，100050
电　　话：010-63169890（咨询），010-63131930（邮购）
传　　真：010-63131930
网　　址：http://book.gmw.cn
E - mail：gmrbcbs@gmw.cn
法律顾问：北京市兰台律师事务所龚柳方律师

印　　刷：三河市龙大印装有限公司
装　　订：三河市龙大印装有限公司
本书如有破损、缺页、装订错误，请与本社联系调换，电话：010-63131930

开　　本：210mm×285mm
字　　数：905 千字　　　　　印　　张：32.5
版　　次：2024 年 4 月第 1 版　印　　次：2024 年 4 月第 1 次印刷
书　　号：ISBN 978-7-5194-7920-6

定　　价：326.00 元

《新发展新格局引领经济高质量发展》

编 委 会

张懿	张一鸣	张升光	张方道	张永宏	张亚斌	张志斌	张良胜
张明明	张战胜	张胜健	张晓安	张晓荣	张海燕	张晨葵	张靓军
陈龙	陈舒	陈斌	陈子民	陈志刚	邵明锋	武金才	茆根明
范勇	林淑英	尚雷	具瑞昌	易寅华	罗昕	罗良银	金晓峰
周泽	周建华	庞有武	郑君刚	赵冉	赵红波	赵丽华	赵建学
赵海峰	郝永刚	胡国	胡小林	胡小明	胡洋海	胡礼虹	钟斌
姚志	姚庭镜	姚振良	贺平	敖石常	袁超	聂晶	聂信胜
莫启兴	贾捷登	夏云飞	夏星航	徐硕	徐慧	殷培文	高阿孝
郭玉成	郭希超	郭宏光	唐南	黄正	黄磊	黄永勤	曹永福
崔凯	崔彦湛	崔喜中	梁平书	彭存旭	董朝晖	蒋家彪	韩红峰
覃峰	程军民	曾行毅	曾祥泰	谢颂宇	蔡虎臣	蔡联剑	谭镇林
黎康华	潘成佩	潘智敏	冀永芳	魏创红	魏继承		

前　言

理念是行动的先导。党的十八大以来，以习近平同志为核心的党中央把握时代大势，提出并深入贯彻创新、协调、绿色、开放、共享的新发展理念，引领中国在破解发展难题中增强动力，不断朝着更高质量、更有效率、更加公平、更可持续的方向前进。

党的二十大报告强调，全党必须牢记，坚持党的全面领导是坚持和发展中国特色社会主义的必由之路，中国特色社会主义是实现中华民族伟大复兴的必由之路，团结奋斗是中国人民创造历史伟业的必由之路，贯彻新发展理念是新时代我国发展壮大的必由之路，全面从严治党是党永葆生机活力、走好新的赶考之路的必由之路。

习近平总书记指出，"新时代新阶段的发展必须贯彻新发展理念，必须是高质量发展"。这是根据我国发展阶段、发展环境、发展条件变化做出的科学判断。发展理念是发展行动的先导，是发展思路、发展方向、发展着力点的集中体现。

坚持新发展理念是习近平新时代中国特色社会主义思想"十四个坚持"的重要内涵，是习近平新时代中国特色社会主义经济思想的主要内容，在党的理论创新和实践创新中占有重要地位。我们一定要在新时代新阶段党和国家事业发展全局的新高度上深化对新发展理念的认识。

在"中华民族伟大复兴的战略全局"和"世界百年未有之大变局"的高度上深刻认识，坚定不移贯彻新发展理念是党中央顺应历史发展大做出的科学判断和主动作为。要清醒地认识到，只有在全面建设社会主义现代化国家新征程上坚持新发展理念，才能推动我国经济持续健康发展、完成第二个百年奋斗目标、实现中华民族伟大复兴，从而影响和推动世界百年未有之大变局向着有利于我们的方向发展。

《新发展新格局引领经济高质量发展》一书由大量的专家学者和一线工作者参与理论与实践知识的组稿，这些内容植根基层、来自一线，都是具有代表性的案例与实践知识，对广大读者来说，有很强的指导借鉴价值，是不可多得的一本好书。本书在理论上站在前沿，在实践中注重务实，内容丰富、资料翔实、切合实际，理论性、实践性都比较强。在新理念新发展新格局的引领下，对当下的诸多热点、难点问题展开了理论与实践的讨论，能够深层次、多元化的反映现阶段经济高质量发展的经验与成绩，能为广大读者提供有价值的借鉴与参考。

　　我们在本书的编写过程中，参阅了大量近年来出版的同类著作，借鉴和吸收了众多国内外专家学者、同人的研究成果，在此谨向提供了有益观点和理论的学者表示感谢！由于编写时间和编者水平有限，难免有疏忽、谬误之处，敬请各位读者、专家、同行批评指正，以便今后改进和完善！

目　录

目　录

目 录

目　录

目　录

目　录

持续提升医疗服务能力
打造公立医院高质量发展核心竞争力

甘肃省天水市第一人民医院

2023年是全面贯彻落实党的二十大精神的开局之年，也是医院深化高质量发展，补齐短板，厚积薄发，不断向内涵型发展转型的关键之年。今年医院工作的总体要求是：坚持以习近平新时代中国特色社会主义思想为指导，以"十大工程"建设为统领，持续提升医疗服务能力，打造公立医院高质量发展核心竞争力，扎实稳健、踔厉奋发，向着"特色鲜明、甘肃一流"的高水平综合医院目标迈进。

一、核心工程——全面加强公立医院党的建设

（一）学习教育做"实"，强化政治建设

把深入学习贯彻党的二十大精神作为首要政治任务，牢固树立"四个意识"，自觉坚定"四个自信"，坚决做到"两个维护"，坚定拥护"两个确立"，引导全体党员进一步提高政治站位和政治能力，坚决执行党的政治路线，严格遵守政治纪律和政治规矩，在政治立场、政治方向、政治原则、政治道路上同党中央保持高度一致。

深入推进党史学习专题教育常态化制度化，精心组织开展主题教育，围绕习近平总书记系列重要讲话，学习《党的二十大文件汇编》《准则》《条例》等重要内容，制订学习方案、明确学习计划，采取中心组学习、集中培训、专家讲座、支部学习会、专题党课、征文、知识竞赛等多种形式，推进教育培训，做到学思践悟、融会贯通、知行合一。

（二）党建引领做"强"，持续推进党的建设

深入贯彻落实《关于加强公立医院党的建设工作的意见》，充分发挥党委把方向、管大局、做决策、促改革、保落实的领导作用。严格落实党委领导下的院长负责制，不断完善工作机制和决策程序，确保医院重大决策部署的有效落实。定期研究意识形态工作，进行综合分析研判，每半年向上级汇报意识形态工作2次以上，及时报告重大情况和突发事件，引导党员干部坚定理想信念，站稳政治立场。将基层党组织建设、党风廉政建设、思想道德建设、医德医风建设和伟大抗疫精神、职业精神、具有鲜明行业特色的单位文化建设相融合，形成合力，树立医院党建品牌形象。

（三）党建工作质量做"细"，加强党员管理

严肃党支部组织生活，全覆盖、常态化抓好"三会一课"、组织生活会、民主评议党员、党员党性定期分析和党员领导干部民主生活会、双重组织生活等制度的落实，增强党内生活的政治性、原则性、战斗性。强化党员身份意识，继续为党员过"政治生日"，开展谈心谈话，建立健全党内激励和帮扶机制，对困难党员和老党员开展关爱慰问，帮助解决实际困难，增强党员干部对组织的认同感、归属感。创新党员积分制管理，把党员日常履行岗位职责、参加组织生活、发挥作用等方面的情况作为积分考核内容，作为评先评优、民主评议及处置不合格党员的重要依据。严把党员发展入口关，注重在政治上和业务上"把党员培养成业务骨干，把业务骨干培养成党员"，发展政治品质纯洁的党员。

（四）党风廉政做"严"，履行监督职责

一是认真落实中央八项规定和省市有关精神，坚持不懈纠正"四风"，严格"三公"经费审批。二是注重经常性教育，拧紧防变"总开关"，引导广大党员、干部坚守真理、坚守正道、坚守原则、坚守规矩，旗帜鲜明地抵制和反对庸俗腐朽的政治文化。定期开展警示教育，以案明纪、以案说法，时刻绷紧党规党纪这根弦。三是加强对"三重一大"等重大决策部署贯彻执行情况的监督，通过开展谈话和诫勉、党内询问和质询等，强化对党员干部的监督制约，进一步加强防腐体系建设。

（五）医德医风做"优"，强化医务人员理想信念

切实加强对医务人员的党规党纪、职业道德教育。认真贯彻国家卫健委《医疗机构工作人员廉洁从业九项准则》规定，加强岗位风险责任意识教育和对风险岗位的监管，一旦发现问题，严肃查处。对疏于管理、监管不力造成的问题，追究相关领导责任。对查处的典型案件在院内点名通报批评，充分发挥警示教育和震慑作用。完善医德医风考核评价制度，将考核结果与医务人员晋职晋级、岗位聘用、评先评优和绩效考核直接挂钩，增强医德医风有效性、时效性。

二、堡垒工程——增强公共卫生保障能力

（一）着力提升公共卫生保障能力

建立能够有效应对重大疫情和突发公共卫生事件的疾病预防控制体系和应急救治体系，提升对传染病疫情及突发公共卫生事件早期监测、智能预警、快速反应、高效处置、综合救治的能力，增强疾病预防控制能力。提高指挥调度能力，不断完善应对机制，建立高效融合、反应灵敏、决策科学的组织指挥体系，优化对突发公共卫生事件研判、评估、决策、防控的协同机制，做到指令清晰、系统有序、条块畅达、执行有力，大力提升指挥协调效率和能力。按期完成新增哨点医院监测项目，做好肺结核、艾滋病（HIV）、甲胎蛋白（AFP）等传染病的定期监测工作。以市紧急医疗救援中心为依托，统筹应急状态下医院的动员响应、区域联动和人员调集，按照"集中患者、集中专家、集中资源、集中救治"原则，提高收治率和治愈率，降低感染率和病亡率。

（二）落实落细疫情防控措施，持续做好新冠病毒感染救治工作

按照新冠病毒感染"乙类乙管"措施要求，坚持以第十版防控方案和诊疗救治方案为指导，

不断提高新冠病毒感染救治的科学性、精准性、有效性。始终保持高度警惕，进一步健全完善组织领导、联防联控体系、医疗救治体系和物资储备体系。及时调整更新医疗救治工作方案，不断优化救治流程和措施。不断提高病毒感染急危重症患者救治能力，加强急危重症救治知识培训，慎终如始，抓细抓实疫情防控和医疗救治工作，将医疗救治与正常医疗服务有机结合，统筹推进医院诊疗秩序和诊疗活动的平稳健康开展，最大限度地保障救治水平和质量。

三、提质工程——着力提升医疗服务能力

（一）持续改进医疗质量，确保医疗安全

一是加强依法执业管理，严格执行授权管理制度，杜绝非法执业、超范围执业。研究制定动态授权管理制度和评价标准，对实施高难度、高风险医疗技术的专业技术人员定期开展考核，严格评估其医疗技术水平，以评价结果作为授予、降低或取消权限的依据。二是紧抓医疗质量安全督导检查。全覆盖督导临床、医技科室医疗质量安全，确保十八项医疗核心制度落到实处。从常规质量监控和专项质量监控两方面入手，不断改进工作流程，提高技术水平，固化标准作业清单，促进医疗质量持续提升。三是完善医疗质量管理组织体系，重点建设医疗质量评价和考核指标体系、医疗质量督导工作标准体系，合理测算各临床科室各项业务运行指标，实现医疗质量规范化管理与量化考核的动态管理。四是将工作重心向基础质控、环节质控转移，充分开发、利用新 HIS 系统对医疗质量、病历质量进行实时管控；转变质控人员工作方式、提升工作能力，适应在线质控工作，加强对科级质控的监管和对科室质控员的培训及管理，强调原因分析、及时反馈问题、严格督促整改、评价改进效果。五是强化各专业质控中心管理，督促落实质控中心职责，发展新专业质控中心。六是重视疑难、危重患者管理。督促临床科室落实报送危重通知单工作责任，抽查危重患者管理情况，并纳入科室工作考核。积极组织开展多学科联合诊疗（MDT），综合评估患者病情，制订科学、合理、规范的治疗方案。

（二）持续完善公立医院绩效考核工作

结合《国家三级公立医院绩效考核操作手册（2022 版）》，加强数据质控，提升数据质量，对照三级公立医院绩效考核指标，高质量推进公立医院绩效考核工作。分析医院管理工作亮点、指标、结果情况以及存在问题等，进一步加强制度设计、绩效考核标准、信息化等支撑体系建设，建立以公益性为导向的绩效分配制度。不断完善我院绩效考核主要指标和考核办法，优化《天水市第一人民医院绩效考核分配方案》。成立绩效考核办公室，采购绩效考核软件。推动医院在发展方式上，从规模扩张型转向质量效益型，提高医疗质量；在管理模式上，从粗放管理转向精细管理，提高效率；在投资方向上，从投资医院发展建设转向扩大分配，提高待遇，促进公立医院综合改革落地见效。

（三）严格执行新技术、新项目管理制度

以《三级综合医院医疗服务能力指南》为依据，开展 2023 年度已准入的新技术、新项目，

每半年跟踪工作进度，及时解决项目进展过程中存在的问题，降低医疗技术风险，不断提高医院医疗和科研技术水平。

（四）提升门诊医疗服务质量

依据国家卫生健康委发布的《医疗机构门诊质量管理暂行规定》，强调"大门诊"概念，设立门诊医疗质量管理组，开展门诊质量控制。强化管理考核，定期专题研判门诊质量和服务影响因素，确定考核内容，落实考核措施，公布考核结果，调动工作积极性。鼓励高级职称专家多出门诊，扩大门诊影响力。开展特需诊疗，建立门诊多学科协作团队，加强疑难病例管理，落实门诊疑难病例会诊制度。增强门诊网络系统支持和抗压能力建设，完备各类应急预案。开展一站式检查预约服务，缩短超声、CT、核磁、内镜等检查的等候时间。以信息化管理为依托，开展门诊取药、门诊治疗、住院床位、门诊手术、停车等相关流程的预约服务。设立门诊无痛诊疗中心、儿童镇静中心，不断满足人民群众对医疗服务舒适化的需求。扩增诊疗区域，改善门诊环境。通过多种渠道扩展门诊业务和专家出诊对外宣传。

（五）优化医疗服务链条

优化流程，深入推进日间手术，不断扩大日间手术的病种；推进日间手术病种临床路径的开展；鼓励科室开展日间手术，日间手术占全院手术 15% 以上。进一步普及、提升及创新微创诊疗技术，不断扩大内镜外科、腹腔镜及介入等微创手术数量。深化慢病管理，逐步建立完善的慢病随访管理体系，实现基于互联网的慢病管理工作流程。

树立服务意识，以改善服务态度、提高服务能力、优化服务流程为重点，着力解决目前医院在服务态度、服务流程等方面存在的问题。认真做好信访举报和投诉办理工作，对严重损害患者利益的行为实行"零容忍"，努力提高群众满意度。持续开展微信服务号平台患者对出门诊医生的评价考核、问卷调查、患者回访等，对全院临床科室、门诊窗口岗位以及职能科室服务进行每月满意度评价，将满意度与科室绩效挂钩。

（六）持续巩固胸痛中心、高级卒中中心、创伤中心、房颤中心、危重孕产妇救治中心和危重新生儿救治中心建设成果

打造快速、高效、全覆盖的急危重症救治新网络，促进临床实践和医疗管理向规范化、系统化、流程化、标准化迈进。加强组织协调，重视人员培训，做好动态考核管理、数据质控、信息上报。应用 PDCA 管理工具，分析问题原因，强化工作整改，促进质量持续改进。加强与周边医院的深度业务交流，不断提高各大中心影响力。

（七）加快推进康复医疗工作

健全完善康复医疗服务体系，增加床位数量。加强康复医学科建设，推动医院康复医疗能力提升。借助医联体、专科联盟、远程医疗等多种形式，建立不同医疗机构之间定位明确、分工协作、上下联动的康复医疗服务网络。加强康复医疗人才教育培养，强化康复医疗专业人员岗位培训和人才储备。逐步推进康复与临床多学科合作模式，通过"互联网＋"、家庭病床、

上门巡诊等方式将机构内康复医疗服务延伸至社区和居家，推动康复医疗与康复辅助器具配置服务衔接融合。

（八）加快静配中心建设

为静配中心建设增添设备，储备人才，争取早日投入使用，提高我院静脉输液用药安全。加强医院药事管理，全面提升临床医疗质量，优化资源配置，实现资源共享，发挥临床药学专业水平，确保药品配置质量和静脉用药安全，通过设计合理给药方案提高药物治疗效果。

（九）扶持特色优势护理项目

积极推进"MDT 多学科协作"及"医护一体化"模式，开设"中医堂"、伤口治疗中心、围产期保健健康咨询中心等专科护理门诊。

四、素质工程——加强科学管理，迈上内控新台阶

（一）加强医院科学管理

逐步优化维护公益性、调动积极性、保障可持续的公立医院运行新机制和决策、执行、监督相互协调、相互制衡、相互促进的治理机制，推动医院管理规范化、精细化、科学化，逐步完善权责清晰、管理科学、治理完善、运行高效、监督有力的现代医院管理制度。公立医院管理费用占比降至 10.49% 以下。

（二）充分发挥医院各管理委员会职责

综合运用各管理委员会的调研、指导、论证、评价、意见、建议等工作机制，根据运行状况不断理顺管理关系，明确工作职责，分级负责、协同配合，为院党委决策提供科学可行的意见建议。不断完善专家论证公开制度，促使专家客观、独立、科学、负责地提出论证意见，提高医院综合管理和可持续发展水平。

（三）全面落实预算管理

充分发挥医院全面预算管理委员会的作用，医院所有经济活动全部纳入预算管理，实现总预算与各分项预算平衡，加强预算刚性约束。努力完善公立医院总会计师制度，推动内部控制管理办法和全面预算管理制度落实，促进资源有效分配和使用。定期公开医院相关财务信息，主动接受监督。

（四）充分发挥内部审计监督作用

进一步建立健全审计工作制度，落实审计问题整改机制，强化审计监督工作，建立追踪机制，将审计整改情况作为考核、任免、奖惩干部和做出相关决策的重要参考，加强审计结果运用。按计划开展干部任职期间经济责任审计，推动权力规范运行、促进党风廉政建设和主体责任落实，规范领导干部履职，增强领导干部的内部管理意识。针对重点科室和重点岗位开展专项审计，促进医院内部控制，巩固内部管理成果，当好决策参谋。

（五）积极推进医保改革

一是DRG支付方式改革与绩效考核相结合。主动控制成本，合理检查、合理用药、合理治疗，控制医疗费用不合理增长。深化医疗服务价格改革，建立科学确定、动态调整的价格形成机制，持续优化医疗服务价格结构。建立健全与多元复合式医保支付方式相适应的诊疗体系和行为准则，使医院在内部绩效考核管理、财务运营和医院发展战略方面提升医保费用合规使用和管理水平，帮助医院控制医疗成本，更快适应DRG支付方式，建立内部绩效考核管理长效机制，与科室及职工个人利益挂钩。二是加强医保考核管理，将医保政策掌握情况、患者人证一致、住院均次费用、首诊责任制、门诊慢特病认定及治疗方案、药品及医疗服务价格执行情况和医保"一站式"结算服务、定期或不定期对住院医保患者医嘱、病程记录、乙类及自费项目告知情况、各类医保检查纳入医保管理日常考核。三是加强智慧医保建设，充分利用医保智能预警分析系统、DRG医院管理系统、医保结算集合平台、医保电子凭证线上线下全流程应用，提高医保管理水平和便民服务。

（六）提高医院设备、耗材精细化管理水平

一是执行医用耗材准入制度、入库前验收管理制度、高值耗材阳光平台议价采购制度。依托医学装备管理委员会，不断健全完善装备使用、仪器设备维保、巡检管理、预控管理制度。二是加强医用耗材使用管理，明确耗材管理的控制指标，规范采购行为，降低采购成本。三是不断节约医疗成本。建立动态管控耗材管理机制，掌握设备价格动态情况并随时调整。提高医疗设备维修效率、降低医疗设备维修费用，做好设备效益分析，提高医疗设备使用率。

（七）优化后勤服务

牢固树立为医疗、为患者的服务理念，强化学习意识、服务意识、责任意识和落实意识，不断细化保洁服务检查考评办法和标准，完善服务满意度测评机制，加强后勤服务监管，规范后勤服务行为，不断提高服务质量。在医院电力及水暖系统运行、维护等方面，加大社会化改革力度，实现减员增效、降低成本、提高质量和效率的目的。有序推进各项工作制度标准的制定、修订和完善，强化制度标准管人、管物、管事，不断提高按章办事的水平。

（八）持续推进平安医院建设

将平安建设工作与医疗工作同部署、同检查、同落实。结合医院工作实际，深入贯彻落实习近平新时代中国特色社会主义思想，持续坚定不移地维护国家政治安全、加强矛盾纠纷排查化解，维护社会和谐稳定、建立健全工作机制，不断推进治安防控体系建设、强化风险意识，紧盯医疗安全、扎实推进消防安全工作，提高政治站位、狠抓平安建设责任落实等方面的工作，使我院的平安医院建设工作不断提升。

（九）多措并举加强治安管理

重点加强各项制度的有效落实，增强职工消防安全防范能力与责任感教育，强化对安保队伍的管理，狠抓值班和巡逻工作，切实做到人防、物防、技防"三防"并举，积极配合各科室及时处理好矛盾纠纷，防止不安全因素扩大，为医疗一线和病人创造安全的就医环境。

五、未来工程——持续推进学科建设和人才队伍培养

（一）大力推进省级重点学科建设

根据医院《重点学科发展规划》，充分发挥重点建设学科协议作用，大力支持我院省级重点建设学科长足发展，重点加强急诊急救、老年病及重症医学科等学科建设，落实奖惩制度，激发临床科室积极性，切实提高学科规范化建设水平和医疗服务能力，努力创建省级重点学科和重点专科。

（二）扎实推进人才引进

充分利用人才引进政策优势持续发力，加大引才力度，引进高层次人才和急需紧缺人才。争取利用编制备案制政策，力争本年度引进硕士研究生至少30名，已完成规培的"双一流"大学医学类本科毕业生参照硕士研究生引进办法引进至少20名。在博士研究生和副高级职称以上人才的引进方面，在2022年的基础上有所突破和进步，有效缓解了人才紧缺的现状。

（三）建立健全科学有效的人才激励机制

坚持"公开、平等、竞争、择优"的原则，发扬服务意识，主动为专业技术人员排忧解难。在本年内拟推荐晋升正高级职称人员6～10名、副高级20～25名，以有效解决职称晋升瓶颈问题，逐步聘任已取得资格但尚未聘任的人员。

（四）加强人才培训力度

一是加强年轻医务人员的培养、历练与考核，将"三基"训练渗透于医疗日常工作中，鼓励医务人员有计划、有目标地外出进修及参加学术会议，不断提高我院医师专业技术水平。二是继续做好部分中层干部选拔任用工作，制订医院科级干部轮岗调整配备方案，重点突出对重点科室、重点岗位、重点负责人的轮岗。三是大胆起用年轻骨干人才，使医院的中层干部人员配置在年龄、知识结构方面更加趋于年轻化、合理化。完成对医院中层管理人员的管理知识及相关技能培训计划的制订并落实。四是以"四轨五阶梯"培养方案，增强护理岗位匹配能力，同时助推紧缺型人才培养，提升护理人员的老年护理能力、急危重症患者救治和护理能力、传染病及突发公共卫生事件的防范和应急处置能力。

（五）改革薪酬分配制度

坚持公益性导向，健全激励与约束机制；坚持按劳分配，完善按生产要素分配；坚持统筹兼顾，注重协调发展；坚持动态调整，合理引导预期。一是提高绩效工资在个人收入中的比重，绩效工资中用于激励的比例原则上不低于绩效工资总量的60%。二是人员支出占业务支出比重逐步达到40%以上，稳步提高医务人员薪酬水平，调动医务人员积极性。三是充分落实内部分配自主权，在绩效工资内自主设立项目，建立符合医疗行业特点、主要体现岗位职责和知识价值的薪酬体系。加大高层次卫生人才薪酬分配政策倾斜力度，充分考虑技术水平、疑难系数、工作质量、患者满意度等，以岗定责、以岗定薪、责薪相适、考核兑现。四是按照上级要求试行院长年薪制，配合组织人事部门制定公立医院主要负责人绩效考核评价办法，将考核结果与

薪酬直接挂钩。五是健全以公益性为导向的考核评价机制。

六、朝阳工程——强化住院医师规范化培训管理，推进医教协同发展

（一）院校教育方面

一是细化教研室工作职责，加强教研室管理工作。二是扎实做好甘肃中医药大学附属天水医院的分段式教学工作。三是积极落实带教教师"持证上岗"制度。四是申报硕士研究生导师10～15名，鼓励符合条件的优秀医生申请硕士研究生。

（二）毕业后医学教育工作

一是进一步整合完善《天水市第一人民医院住院医师规范化培训工作制度》。明确岗位职责，规范管理，严格考核。二是加大师资培训开展力度，提高师资带教能力。三是开展2023年度招生及岗前培训。四是参加2021级住培医师业务水平测试，2019级、2020级住培学员结业考核等工作。五是按照国家住培基地评估标准要求，开展住培基地和各专业基地自查自评及整改工作。六是完善师资评估制度，每月对带教老师和授课教师进行实时测评。七是完善住培医师、带教教师、轮训科室、专业基地月考核制度，并将考核结果纳入绩效考核。八是建立研究生培养基金，加强我院专硕招收及全过程管理工作。九是进一步规范全科医学科门诊教学。

（三）科研继教工作

一是积极完成年度市级、省级科技计划项目申报、立项、验收工作，争取实现我院国家级科研项目"零"的突破。二是落实天水市基层医疗机构全科医生、县级骨干专科医师转岗培训任务，按照大纲要求完成培训和考核。三是做好2023年全院继续医学教育工作。

（四）临床医学实训工作

一是在临床技能实训中心尝试开展分层级模拟训练培训（基础培训、情景培训、虚拟仿真培训）。二是选派临床技能师资团队成员外出进修学习。三是完成各级住培医师结业考核技能培训工作。四是组织承办各类学员技能大赛。

七、发展工程——以重大项目建设为引擎推动医院高质量发展

抢抓战略机遇，把重大项目建设作为促发展的主抓手，为医院高质量发展提供有力支撑。一是全力推进医学康复中心综合楼项目。完成主体封顶，进行室内墙体砌筑、外墙保温、水电暖、空调、医用气体、电梯、消防等设施的安装，计划2023年12月完成项目所有内容并交付医院使用。二是推动甘肃省南部区域医疗中心建设。积极与省发改委、省卫健委对接，完成甘肃省南部区域医疗中心项目建设内容变更，待中央预算内资金下达后，进行院内改造项目。积极与市财政局、市发改委联系，其余资金争取专项债券，争取在2023年年初实施。待资金下达后，在基础设施建设、大型医疗设备购置、信息化建设等方面安排项目落实。三是推动完成家属院棚户区改造项目。对楼内主体未完成的项目，如外墙保温、水电暖、消防设施、部分装饰等的安装分步进行，并按照海绵城市的要求完成室外工程，于2023年7月达到竣工状态，交付使用。四是加快推进三阳新区分院建设项目，积极与政府单位联系完成土地无偿划拨、道路水电等基础设施配备后，进行分院整体规划建设。五是推进消毒供应中心装饰装修等院内重点项目建设。

八、效率工程——以智慧医院为抓手提升医院信息化建设水平

全面建设智慧医院，从面向医务人员的"智慧医疗"、面向患者的"智慧服务"、面向医院的"智慧管理"三方面提升医院信息化水平，为患者提供高效、便捷的健康医疗服务。

（一）加快推进"互联网医院"建设工作

通过互联网在线咨询、智能问药、药品快递到家，为患者提供部分常见病和慢性病复诊、远程指导、随访管理、慢病照护、居家护理等在线医疗服务和护理服务，改善患者就医体验。按照项目规划，完成一期建设并启用，不断完善、优化衔接。

（二）赋能建设全市院前急救云平台

建设全市"120"云调度平台，在提升安全性的同时，大幅提升调度的智慧化水平。院前急救使用5G专网，配置5G负压救护车，投入急救一线。建设院前院内协同救治平台，通过生命体征实时采集传输与三方视频通话系统，实现"上车即入院"。建设全市院前急救业务数据平台，在云端进行数据统计与运行分析，实现全市院前急救一体化管理。

（三）建设、升级医院专业化信息软件系统

完成手术麻醉系统、临床知识库、移动医生工作站、检查预约系统、水电气监管系统、日间手术管理系统、静配中心、急诊系统和重症监护系统等专业化软件系统单项申报立项和招标采购，分项推进实施。全面启动PDA移动护士站，以优化护理流程，提高护理工作效率和管理效能。

利用病案首页质控系统，逐步启动无纸化病案、病案预约打印、微信扫码支付功能。通过专业软件系统的使用，进一步有效衔接和把控各个环节，提升工作效率，提升管理水平。

（四）建设、升级容灾备份系统

实现对现有系统的异地备份，并上线单机版应急系统，在系统出现故障的时候，迅速切换到单机版应急系统，仍能正常向网络系统提供数据和服务，防止系统停顿，保障患者就医和医院就诊系统的正常运行。

（五）建设临床科研数据一体化服务平台

通过专业的科研大数据分析模块及分析算法，为医生提供临床数据智能检索、数据自助提取、数据探查、数据分析处理等功能，实现一站式临床科研分析。提供专业的临床科研知识库和分析工具，突破科研人员数据分析瓶颈，使临床多源数据创造更大价值。

（六）建成人力资源管理信息系统一期工程

利用人力资源管理信息系统整合人力资源信息，为医院发展提供功能强大的决策支持平台。利用该系统提供的查询、分析等工具及相关结果，实时掌握人力资源状况，为不断加强医院人力资源管理和市场竞争力提供决策依据。

（七）实现干部人事档案数字化

干部人事档案信息化外包工作有序开展，争取完成对全院科级干部人事档案的扫描录入工作，提高档案信息的数字化存储和服务，与市委组织部数字化档案无缝对接。

九、弘益工程——坚持公立医院公益性

把社会效益放在首位，将公平可及、群众受益作为各项工作的出发点和立足点。一是要严格管控药占比、耗材比、平均住院日、次均费用等涉及群众切身利益的指标。二是要高度重视健康扶贫和对口帮扶工作。加大对秦安县建档立卡和脱贫不脱政策人群的帮扶力度。对甘谷县人民医院和张川县人民医院在继续改善管理、健全制度、培养人才、学科建设等方面实行整体帮扶，确保县医院医疗服务能力的有效提升。推进先天性结构畸形救助项目，积极实施"光明扶贫工程"，做好对建档立卡贫困白内障患者的救治工作。三是要建立优质医疗资源上下贯通的长效机制。积极申报、加入上级医院紧密型专科联盟，推进医院与县、区级卫生服务机构合作试点建设。推进医联体建设，提升医疗资源共享服务能力，高效促进优质医疗资源的城乡均衡化，派驻具有丰富临床经验和手术经验的专家进行业务指导，将优质医疗资源下沉落到实处，使医院更好地服务社会。进行急危重症专场巡讲，指导、帮扶各医联体单位急诊重症监护病房（EICU）建设，做到技术支持、资源下沉，推进天水市急危重症患者救治体系建设，使急危重症患者得到均质化、流程化、规范化、一体化救治。四是要建立优质护理资源上下贯通的长效机制。建立护理学科亚专业化管理体系，在全市率先推进亚专业组建设，成立危重症护理、新生儿护理、急诊急救、消毒供应、血液净化、手术护理亚专业组，为院内外各专科护理、区域内基层医院提供相关的专业服务与技术指导。推进紧密型护理联盟建设，创建新型的"1+2+3+N模式"医联体服务。通过下沉及输出管理点对点帮扶、"请上来"一对一免费培训、与省级医院上下联动结盟帮扶等形式，有效发挥优质护理资源的辐射带动作用。

十、形象工程——加强对外文化宣传，树立医院良好形象

（一）价值理念形成

广泛宣传和发动职工、群众，开展医院精神大讨论和价值理念征集活动。在广泛调研、充分论证的基础上，提炼医院的核心价值观、愿景，制定符合医院实际、科学合理、便于操作、长远目标与短期目标相结合的发展目标，并完成征集和确认工作。

（二）加强医院环境文化建设

力求新旧建筑风貌和谐、布局合理、流程优化、环境温馨，重视白求恩雕像等景观的保护、维修和保养，配合灯饰效果，彰显医院标志性景观元素，传递白求恩精神。进行医院亮化工程改造，对平安广场白求恩雕像基座进行翻修；进行院区园林的总体设计、微观造型，运用医院视觉识别系统规划、更新医院文化墙、宣传栏、标识指引，展示医院独特的气质和面貌，同时助力全国文明城市创建，为来院就诊患者提供整洁舒心的就医环境。

（三）编制职工行为规范、制作文化手册

充分发挥医院文化对行为规范的主导作用，在全院范围内推行规范化服务，建立制度化、标准化的服务保障体系。给患者更多的人文关怀，把人性化服务融入医疗服务的全过程。

（四）开设医院文化学堂，举办系列知识讲座

结合医院文化建设主题，整合医院文化系列讲座，在固定时间统一有序地安排一整套系统性的知识讲座和专题报告。内容涉及礼仪服务、精神减压、家庭婚恋、亲子教育、服装色彩、健康家庭等多个方面，通过丰富职工文化生活和多领域知识普及来提升职工整体素质。

（五）开展医院文化节活动

通过开展服务技能大赛、学科专业知识竞赛、中层干部管理知识培训、业务骨干座谈会、读书会、才艺大赛、摄影美术比赛、茶话会等活动，提升职工专业技术水平和实际操作技能，拓宽技术人员视野，增强医院职工的向心力和凝聚力，形成和谐、团结协作、健康向上的工作氛围，扩大医院管理内涵。

（六）谱写制作院歌，营造和谐向上的文化氛围

院歌作为医院文化的重要组成部分，也是医院文化的声音识别系统。歌曲创意要符合"厚德博爱　精诚笃仁"的院训，富有时代感、节奏感，歌词要简洁明快、易懂易唱、内涵丰富、紧扣医院特色、融合医院文化，能够反映医院的历史、现状和未来及医院职工努力拼搏、积极进取的时代精神。通过院歌将职业精神与医院精神有机融合，作为医院新的文化符号展示医院的新形象和新风采。

（七）建设医院品牌文化，扩大社会影响力

积极发现、培养、树立、宣传医院的先进典型，用典型推动医院文化建设。以社会需求为导向、患者满意为标准、和谐医院为目标，树立社会认可的医院品牌、科室品牌、专家品牌、服务品牌等，全面提升医院知名度和社会影响。

（八）建立院史馆

本着"以史为鉴，承前启后"的思想，将编纂院志、筹建院史展览馆工作统一规划并同步实施。充分挖掘医院历史文化资源，实事求是、严谨科学地记述我院的历史沿革，为今后发展提供一部全面、系统、真实、可靠、资政、励志、承前启后的史书和一个可供参观的院史教育基地。

唯其艰难方显勇毅，唯其笃行方显珍贵。全院职工要以习近平新时代中国特色社会主义思想为指导，坚持以人民健康为中心的发展战略，坚持公立医院的公益性，坚定信心、同心同德、埋头苦干、奋勇前进，扎实推进"十大工程"建设，长风破浪弘扬赶考精神，行稳致远书写优异答卷，奋力谱写医院高质量发展新篇章。

医路芳华　筑梦前行

——临清市人民医院全面谱写高质量发展新篇章

山东省临清市人民医院

健康是人民群众的基本需求，更是经济社会发展的基础。火热八月，骄阳似火，从临清市人民医院门诊楼上俯瞰，骄阳下的院区繁忙而有序。

1962 年建院，60 多年栉风沐雨，临清市人民医院厚重的历史传承和新时代医院的改革发展交相辉映，始终把人民的健康事业扛在肩上。其发展前行的每一步都牢牢踏在了护佑百姓健康这个根本落脚点上，聚焦群众看病就医关注的痛点、难点和堵点问题，持续推动医疗服务能力提升，努力解决群众就医过程中的急事、难事、烦心事，以优质高效的服务惠及百姓，努力提升群众满意度，书写着高质量发展的新篇章。

一、找准痛点，服务患者出实招

民之所需，力之所至。"患者需要什么，我们就努力改进什么，一定要打通服务患者的最后一公里"，这是临清市人民医院的工作总基调。

多年来，该院定期开展配属座谈会，今年新增了"健康大讲堂"环节，征集群众意见和建议，畅通医患沟通渠道，维护患者合法权益，让患者可以时刻感受医院的人文关怀和健康指导。建立"双走流程"就医体验制度，院领导深入临床一线，全面体验群众看病就医流程，对发现的问题强化整改落实，用实实在在的行动解决群众就医诊疗过程中"急难愁盼"的问题；组建了青年志愿者队伍，手把手指导患者利用门诊自助机完成办卡、缴费、查询检查结果，为无陪护老年人、残疾人、孕产妇及行动不便患者提供"三代四送"服务；扎实推进基本公共卫生服务项目，在院内开设"孕产妇大讲堂""健康驿站"等活动，为群众普及健康知识，积极开展"五送五进五提升"行动，打通提升群众健康素养的"最后一公里"；设置便民门诊、延时门诊、错时门诊服务，让"上班族""学生族"等人群看病就医更为方便，为百姓健康精准护航。

二、接续奋进，医疗水平全提升

医院要发展，医疗水平是先导。

近年来，临清市人民医院以党建为引领，以医院高质量发展指标为标尺，聚焦心内、神经内、肿瘤、消化、肛肠、神经外、骨科、手足外、儿科等科室，强学科精技术，创新"中医药+"

服务模式，与山东省中医院建立肛肠专科联盟，持续提高中医药技术及综合服务能力，全面提升医疗技术水平和医疗服务能力。

为适应广大群众不断增长的医疗需求，该院持续推动胸痛中心建设，通过心电一张网与胸痛绿色通道救治心梗患者，患者从进入医院到开通梗死血管最短仅用 15 分钟。2023 年 5 月，"全国心电一张网·心电诊断中心建设推进会"在临清市召开，来自上海、安徽、河南、河北、山东等 32 家医院的心血管疾病专家前来参会交流，为全国各地"心电一张网"建设工作提供了可借鉴经验。作为县域医共体"中心药房"试点牵头单位，该院积极发挥城乡纽带和龙头作用，进一步优化中心药房功能，巩固药品集中带量采购改革成果，推动分级诊疗，促进县域内医疗机构用药衔接，建立了药品联动管理机制，提升基层药品供应保障和药学服务能力，努力让群众享受到更加安全、有效、经济、便捷的医疗服务。

三、凝聚力量，加速奔跑开新局

大医惠苍生，枝叶总关情。

医院在创新管理、学科建设、提升医疗质量、便民举措等方面不断寻求新突破，都是为了持续推动医疗服务能力提升，更好地服务群众。今年，该院多措并举推进医疗服务模式创新，推广多学科诊疗模式。

入院前，全面推行预约诊疗、预约检查；入院后，着力提升住院患者的就诊体验，在患者出院后 1 ~ 3 天进行电话随访，降低重复入院率。对出院后有医疗服务需求的居家患者，居家服务护理中心、各临床科室护理人员进一步提升服务能力，通过提供"互联网＋护理"上门服务、老年人居家医疗护理等，以最便捷的服务路径实现"流水线"一站式服务，让群众少跑腿，改进患者就医体验，为医院高质量发展提供稳定有效的支撑。

站在新征程的新起点上，临清市人民医院以团结协作的精神、奋力拼搏的干劲、开拓创新的智慧、敢立潮头的气魄，破浪前行，书写着高质量发展新篇章。

强化高水平能力建设
推进医院高质量发展

河北省故城县医院　李鸿才

近年来，故城县医院以习近平新时代中国特色社会主义思想为指导，深入学习《关于建立现代医院管理制度的指导意见》《关于推动公立医院高质量发展的意见》等文件，强化党建引领作用，加强重点学科建设，以绩效考核为指挥棒，着力改善诊疗环境等综合举措，推动医院高质量发展。医院 2019 年在全省同级医院中首批被纳入三级医院管理，先后被评为全国综合医院中医药工作示范单位、全国紧密型县域医共体试点县县医院、首批"千县工程"示范医院、国家卫健委综合服务能力达标县医院、河北省典型县域医共体。

一、强化党建引领，凝聚医院高质量发展新合力

公立医院是党领导的卫生健康战线的主力军，是党联系人民、服务群众的重要窗口，必须始终坚持和加强党的全面领导，筑牢医院文化建设的政治根基。只有持续强化党的政治引领，才能激发广大医务人员的凝聚力和向心力，凝聚医院高质量发展新合力。医院切实发挥党总支把方向、管大局、做决策、促改革、保落实的领导作用，准确把握医院发展需要，夯实党建工作责任，以党建引领医院高质量发展。院班子成员团结一致、以上率下、以身作则，发挥好先锋模范作用。我们持续开展主题教育，通过党课、集中学习、个人自学等多种方式学习党的政治理论，提高理论修养。更新打造党史文化长廊，传承百年红色精神。新建多媒体党员活动室，为党建活动提供专业的场所。新修院史馆，展现了医院红色发展轨迹。坚持把业务骨干培养成党员，把党员培养成医疗、教学、科研、管理骨干的"双培养"力度，坚持在学科带头人等高知群体和优秀青年医务工作者中发展党员，不断增强干部职工的凝聚力和向心力。着力推进全面从严治党，持续推进党风廉政建设，努力营造风清气正的政治生态环境。尤其值得一提的是，党总支书记居艳梅同志 2021 年荣膺"全国优秀共产党员"荣誉称号，2022 年当选党的二十大代表。她以身作则，成为全院干部职工身边的楷模榜样，引领激励全院干部职工在推动医院高质量发展中冲锋在前、建功立业，用实际行动践行榜样精神、传承榜样力量。

二、加强重点专科建设，为医院高质量发展铸就新基石

据统计，近年故城县转外就医群体主要是各类肿瘤及疑难杂症患者。到北京等地的大医院就诊，既舟车劳顿，又花费巨大，还给医保资金带来了超支风险。因此，医院以满足重大疾病临床需求为导向加强重点专科建设，重点发展重症、肿瘤、心脑血管、呼吸、消化、感染、影像、检验等专科，以专科发展带动诊疗能力和水平提升，并持续改进医疗质量管理体系和标准体系。

从 2016 年居艳梅院长上任后，故城县医院就与北京的名医专家团开展了业务合作，每周邀请协和医院、中日友好医院、天坛医院、阜外医院、安贞医院、北大人民医院等大医院的知名专家来院会诊、查房、手术、讲课、技术指导，为县内患者带来了极大的便利和贴心的服务。截至 2022 年年底，共邀请来院专家 1761 人次，开展高精尖手术 3100 台次，讲课 1350 余场，诊治疑难危重患者 2900 余人次。目前，医院胸痛中心、卒中中心运转良好。医院神经内科、神经外科都在开展卒中相关介入治疗，2022 年神经介入手术达 619 例，心梗病人的死亡率、脑缺血病人的致残率大大降低。医院已逐步搭建了结构合理、特色鲜明的学科体系。涌现出衡水市级重点专科 3 个、衡水市重点发展学科 1 个、市中医重点专科 1 个。医院三四级手术不断增多，2022 年完成 4072 例，占全部手术的 51%。微创、无痛、镜下、介入等治疗手段丰富多样；断指再植、冠脉造影、心梗溶栓、脑梗溶栓、脑动脉取栓、支架置入、ERCP 取石等治疗技术越发成熟；救治疑难、急症、重症能力愈发突出。据衡水市医改办反馈的 2023 年第一季度数据，故城县域内的住院患者比例在县域内排名第一。尤其是 2023 年 4 月 16 日，在县委、县政府和市县卫健委的支持下，聘请了中国工程院院士、国内顶级肿瘤专家郝希山教授，在我院建立了衡水市卫健系统第一个院士工作站。

三、以绩效考核为指挥棒，为医院高质量发展指明新方向

公立医院高质量发展要求医院发展方式从规模扩张转向提质增效，运行模式要从粗放式管理转向精细化管理，资源配置要从注重物质要素转向更加注重人才技术要素。医院以高质量发展五项内容（党建引领、能力提升、结构优化、创新增效、文化聚力）18 个指标，二级公立医院绩效考核指标四项内容（医疗质量、运营效率、持续发展、满意度评价）232 个指标为核心，建设了适合自身的指标体系，并以此为方向指引医院发展。

医院对每一项指标进行分解和分析，以明确医院的优势和劣势。根据分析结果，结合医院开展的三甲医院创建、效能建设、节能降耗、无废机关创建等工作，立足问题进行改进。投入 2000 余万元进行信息化改造，先后更新了实验室信息系统（LIS）、影像存储与传输系统（PACS）、医院信息系统（HIS）等系统，2022 年通过了电子病历三级评审，2023 年将达到四级。2023 年 3 月份以来，进一步将指标进行分解，确定了院级指标、科级指标，以及月度、季度、年度指标，每月进行考核，依据考核分数分配绩效。我们以绩效考核为指挥棒，全面优化结构，明确功能定位，优化资源配置，简化医疗流程，提高工作效率，进而为人民提供更安全、便捷和高效的医疗服务。省卫健委《关于 2021 年度全省二级公立医院绩效考核国家检测分析情况的通报》显示，故城县医院在全国 2626 家二级综合医院中排名第 119 位，在河北省排名第 6 位，衡水市内排名第一。

四、不断改善诊疗环境，为医院高质量发展提供新保障

习近平总书记说，人民群众对美好生活的向往就是我们的奋斗目标。过去因为医院一些楼房老旧，布局也不太合理，加上来院就医患者较多，患者及职工经常要求改善诊疗环境。群众有呼声，我们有响应。2019年，我院建成启用了建筑面积2.8万平方米、设置床位414张的13层外科病房楼。2023年建成启用了总建筑面积达4.85万平方米、开放床位700张的综合病房楼，附设地下停车场、多功能餐厅、多功能学术报告厅、实验室、培训中心、静配中心、院士工作站等。新的病房楼宽敞明亮、布局合理、卫生整洁且住院楼及门诊楼均在医院北侧，连成一线，从整体布局上极大方便了患者就诊。除此之外，医院还不断优化流程，为患者提供精准预约、诊间收费、自助打印各种报告等服务，有效提升了患者就医的便捷感、满足感和获得感。

36 年不忘初心　用心用情用智
书写偏远地区医疗卫生健康事业高质量发展新篇章
——第十师北屯市总医院聂信胜同志先进事迹

新疆生产建设兵团第十师北屯市总医院

聂信胜，男，汉族，1968 年 8 月出生，1986 年 9 月参加工作，2002 年 6 月入党，本科学历，现任新疆生产建设兵团第十师北屯市总医院党委书记、院长。从医 36 年来，他的身份和从事的岗位在不断变化，但是他那颗为各族群众提供更好的医疗技术服务的从医初心从未改变。作为兵团第二代子弟，从小在新疆长大的他，对各族病人都有一份特殊的感情，不论遇到什么事，只要他知道了，都会真诚地给予帮助。"没有精湛的业务技术和丰富的医学知识，全心全意为患者服务只能是一句空话。"他是这样说的，也是这样做的。

近年来，聂信胜以"打造北疆地区区域医疗中心"为己任，坚持以"科学化、规范化、人性化"为标准，启动了"人才强院"战略，通过"一引、二培、三学、四改"的方式，为第十师北屯市总医院锻造了一支过硬的人才队伍，极大地推进专业技术发展之路，医院综合实力明显增强，患者就医体验得到大幅度提升，社会认可度显著提升。

一、在"引"上下功夫，夯实医院基层基础

"家有梧桐树，自有凤凰来。"人才是第一资源，在偏远地区，吸引和留住人才是医院发展迈出的第一步。在聂信胜的主持下，医院全面落实新时代党的建设总要求，始终把人才建设放在首位，出台了《人才引进管理办法》《科技成果奖励办法》等政策性激励文件。对于本科生、硕士、有专业技术特长的优秀人才在住房、安家费、科研经费等方面给予相应优厚待遇。通过合作共建实训培训、临床科研，针对医院需求开展专业服务，开展定向式人才培养。近五年，第十师北屯市总医院共引进专业技术人员 205 人，其中本科生毕业人才 122 人、研究生毕业人才 5 人、专业技术骨干人才 7 人，2023 年上半年招聘应届毕业生 43 人。

二、在"培"上明目标，加大学科带头人培育力度

"我们要为基本功扎实、学术水平高、技艺精湛、勤奋敬业的青年医护人员搭梯子、压担子，让他们在实践中遇到问题、解决问题，实现学校理论与工作实践的完美结合，让他们迅速在工作岗位上成长起来，成为能够独当一面的青年才俊。"聂信胜是这样说的，也是这样做的。

心脏介入手术长期以来是医院的短板，心血管内分泌科医生苏冬雷作为一名85后年轻医生，主动担当，在医院的大力支持下，踏上了外出进修学习的道路，学成归来后，被医院聘为心内科副主任，主抓心脏介入方向。自2021年3月，心内科自主开展冠状动脉造影和PCI手术200余台。自2020年至今，医院先后提拔了内科学专业研究生贺晓燕等20余名优秀80后青年医护人员担任医院中层干部职务。

三、在"学"上用实招，推进学习型医院建设

创新是第一动力，医院可持续发展仅靠几台精良的医疗设备和几位优秀的学科带头人还远远不够，为拥有一个技术过硬、综合素质高的服务团队，在资金紧张的情况下，聂信胜积极跑项目、争资金，近五年来医院共拿出269.8万元作为专业技术人员培训费。

对外扩大与内地各大医院的学术交流与协作，相继与石河子医学院附属医院、自治区人民医院等疆内知名三级医院建立技术协作关系，与黑龙江省各大医院、北京医院等内地医院建立对口帮扶关系。选派人员进修学习100余人次，外出短期学习培训、参加学术会议500余人次，邀请专家开展全员培训、会诊、手术1000余人次。

对内培训先行，"传、帮、带"引领上路，培养专家队伍，树立学习标杆，引领专业化。对新分研究生、本科生实行在职继续教育制度，中级职称以上专业技术人员围绕学科建设和特色专科建设需要进行培养。建立临床技能培训中心，医院拥有国家级住院医师规培教师6名、省级住院医师规培教师4名。

四、在"改"上接地气，工作实效彰显提升

"发展是第一要务，我们要以业绩定薪酬，以薪酬给动力！"在深化分配制度的改革进程中，聂信胜积极推行编制管理、合同制管理、聘用制管理，按照"两个允许"科学合理制定绩效分配制度，通过在实践中不断修改完善，取得了良好的效果。"十三五"期间人均绩效增长了70.5%，在全院形成了愿干事、想干事、干成事的良好风气。近年来，第十师北屯市总医院先后获得了全国节约型公共机构示范单位、全国平安医院创建先进集体、兵团民族团结进步模范先进集体等荣誉称号。2018年至2019年医院的国家监测指标排名从937名上升至711名，等级从C++上升至B级。2021年，第十师北屯医院在公立医院综合改革方面成绩突出，获国务院督察激励。

"以至诚为道，以至仁为德。""仁者，以天地万物为一体。"多年来，聂信胜同志致力于卫生医疗事业的技术发展和人才培养，以服务好各族群众为己任，提升医疗服务能力和专业技术水平，近五年开展新技术新项目共61项，其中髋膝关节置换、脊柱外科手术等10余个技术项目在阿勒泰地区处于领先地位。申报各级科研项目13项，其中兵团级2项，师市级11项，2016年获得兵团科技进步奖1项。

聂信胜获了2015年度兵团民族团结模范先进个人、2017年度全国卫生计生系统先进工作者等荣誉称号。

坚持"一核引领"　培育"三颗红心"
文化赋能医院高质量发展
——来宾市武宣县人民医院党建工作典型经验材料

广西来宾市武宣县人民医院

武宣县人民医院紧紧抓实党建引领这一核心，在党建文化建设中，积极吸收借鉴现代医院管理和发展建设中的优秀成果，以患者满意为追求，以文化兴院为目标，以"红色铸魂"为原动力，积极培养"医者红心"，提高党建文化引领的吸引力和渗透力，取得了良好的实践效果。

一、以政治文化之魂为源，培育医者初心

（一）头脑武装，矢志遵循"总基调"

医院党委自觉把政治建设摆在首位，以抓好干部领学、强化党员常学、拓展创新活学"三学"并举，认真学习贯彻习近平新时代中国特色社会主义思想和党的二十大精神，扎实做好全院党员干部理论学习工作，把思想政治工作贯穿党的建设全过程，融入医院事业发展的各环节。医院 10 个内设党组织结合主题党日、"三会一课"等认真开展学习教育，实现党员干部理论上"不漏学"，思想上"不掉队"。

（二）制度固本，培厚文化"营养土"

医院党委制订了《文化建设实施方案》，构建了医院精神理念文化、品牌形象文化、医患和谐文化等。修订了《医院岗位职责》《医院工作流程手册》《医院制度汇编（上、下册）》等，建立了科学系统的管理体系和制度措施。以文化理念和美好愿景积极打造"家文化""廉文化""服务文化"等医院文化核心价值观，凝练熔铸医院文化建设的灵魂。

（三）联学聚力，筑牢信仰"压舱石"

医院党委坚持以正面教育为主，以新职工培训、中层干部素质培训、党员干部培训等为平台，在全院范围内开展多种主题的宣教课程，打造"常态化"医院文化培训模式。积极利用传统媒体和新媒体发挥医院党建文化引领作用，在院内创建了"党建品牌""清廉医院""学习身边榜样""党建文化建设"等专栏，通过开展"红色武宣"主题演讲，"党旗领航""我为群众办实事"主题活动，"弘扬伟大抗疫精神"大学习大讨论、读《红色传奇》书籍等形式多样的活动，不断增强广大干部职工的服务意识、责任意识和廉洁意识，切实加强医务工作者全心全意为患者服务的宗旨教育。

二、以奋进文化之力为源，培育医者匠心

（一）以科室文化为基石，"上下"共进

医院从"十四五"开始，注重培养、塑造、扶持重点学科和学科带头人，努力提升医院"软实力"。在全院30余个科室打造包含科室徽章、科室理念等的科室文化墙，深入推行6S精益管理模式，创建"清廉科室"，实施内设机构"双带头人"培育工程，内设党组织书记90%为学科带头人。近年来，医院积极申报重点专科，目前拥有市级临床重点学科3个，开展新技术、新项目34项，将科室文化建设与科室发展同部署、同落实，科室全体人员共同参与，进一步激励全院上下良性竞争、共同进步。

（二）以党建文化为标尺，"点面"结合

医院党委聚焦服务大局，聚力创新"党建+"工程，组建新时代文明实践"健康相伴"志愿服务队。做好"党建+"品牌创建，在医院开展"一支部一主题一品牌"全覆盖活动，精准创建"初心如磐，检者无疆""红色管家，精打细算""护驾胸痛"等14个特色党建服务品牌，每个支部均有独特的品牌理念和徽章。同时，建立"党支部品牌文化长廊"，扩大创建成效，实现以点带面、以面带全，推动党建工作走在前、做表率，立体式推进党建业务深度融合，医院第一支部品牌建设荣登武宣县2022年"两随机"亮点工作红榜。做强"党建+健康"工作，以"党旗领航"系列主题活动为载体，开展"我为群众办实事"实践活动。大力发展医疗新技术，设立了介入手术室、全县胸痛中心、产科特需病房。投入信息化建设经费165万元。推行"无假日门诊"、网上预约诊疗等，着力实现县域内群众"大病不出县"目标。有效降低高值耗材收入占比，及时解决群众关心的医疗服务、医疗价格等问题。2022年，药品让利群众814.58万元，共为患者节省药费245.36万元，真正夯实民生"福祉"。做实"党建+乡村振兴"责任，积极发挥自身优势，助力乡村振兴，筹措资金、举行捐款活动，帮扶筹建长乐村水渠灌溉工程、村民娱乐设施；组织开展疾病预防、"卒中知识"胸痛防治、"点靓乡村促振兴""乡村振兴 健康同行 服务兴廉"健康义诊等志愿服务活动，为32个行政村的村民进行慢性病履约、健康宣教工作。

（三）以精神文化为目标，"内外"兼修

医院坚持"打造一流的二级甲等医院"的医院愿景，以及激发职工超强凝聚力、战斗力的医院精神。对内，不断造就职工"以院为家，院兴我荣"的目标，为职工提供施展个人才华的舞台，把医院的目标与职工的目标统一为一个共同的愿望。例如，积极鼓励职工参加岗位技能竞赛、演讲竞赛、知识竞赛、护理授课比赛等，开展"弘扬南丁格尔精神，展现白衣天使风采"护士微视频比赛、"树清廉 提素质"知识竞赛、"清廉杯"气排球赛等活动；积极创建"职工小家"，我院职工代表提案荣获全国优秀职工提案荣誉。对外，打造职工强烈认同、持续发展的医院文化，不断锤炼"拼搏进取，争创一流"的职工队伍，带领职工参加自治区、

市、县各级技能、文体比赛；全力弘扬伟大抗疫精神，医院先后有 12 批支援队伍共 156 人次冲锋在百色、崇左、东兴、北海、防城港等地支援疫情防控工作。把精神文化内涵深深融入每个职工共同的价值取向，强烈认同与医院荣辱与共。近年来，医院荣获全国第七届"县域医疗榜样力量"系列评选"最美县医院奖"，还获得自治区级荣誉 1 项、市县级集体荣誉 11 项。获来宾市"好医生""优秀护士""最美党员""学习标兵"等称号的有 24 人，获县级先进个人的有 79 人，获各类文体比赛荣誉的有 60 人。在所有获表彰人员中，党员有 71 人次，占比为43.6%。

三、以清廉文化之风为源，培育医者廉心

（一）开足醒脑药方，让清风吹进"责任田"

医院以"五廉并举"机制推动清廉医院建设，以"清廉机制、清廉核心、清廉教育、清廉阵地、清廉亮点"为抓手，一体推进"三不腐"，持续落实医院重大事项决策"四个一+"监督办法，建立由党委牵头，纪委、党办等 15 个职能部门参与的协调工作机制，统筹指导全院清廉医院建设工作，形成"清廉闭环圈"，压实领导责任，推动"清廉细胞"向全院各环节、各层面渗透。

（二）补足精神之钙，让清风吹动"风向标"

医院以"小微权力"为切入点，梳理出全院廉洁风险点及防范措施 73 条，编写《医院小微权力清单手册》下发至每一名职工手中。以"关键少数"为突破点，通过党委先行、干部垂范，组织领导干部走进法庭、走进监狱、走进廉政教育基地，创新履职"第一课"，开展"书记话廉洁""以案促改"等教育活动，以清风为方向，常打思想"免疫针"，形成"头雁"领航、"群雁"齐飞的良好氛围。

（三）高扬信念之帆，让清风吹响"好声音"

抓先进典型，汇聚正能量，评选医院"抗疫先进""技术榜样""护理榜样""安全保卫榜样""学习标兵榜样"等优秀个人，开展"医心向党担使命，医路清廉扬正气"主题活动，推选医院"清廉人物""清廉故事"，通过院内专栏、医院公众号和县级融媒体大力宣传，做法及成效在各级官方媒体平台被发表、采用 16 次，其中市县级媒体 13 次，自治区级媒体 3 次，推进文化兴廉、廉洁兴院。抓红色文化，传颂最强音，以武宣县红色文脉为主线，开展"廉医向党树新风 红色武宣我来讲"主题演讲比赛，将革命历史与医院发展历史交融，推动全院医务工作者厚植"初心、匠心、廉心"的三颗红色血脉之心，实现以文立心、以文铸魂、文化兴医、文化兴院的党建文化引领目标。

压责任 强治理 育文化
全面推进清廉医院建设

浙江省苍南县中医院

近年来，苍南县中医院通过压实主体责任、强化监督治理、培育廉洁文化，不断将清廉医院建设引向深入。先后被表彰为2020年度苍南县"五星级"清廉医院、2021年度浙江省三星级（最高星级）清廉医院、2021年度温州市引领型清廉医院，医院的《打好三张牌创"六有"清廉医院》宣传文稿还获评2020年全国年度卫生健康宣传品牌最佳案例。

一、压实责任显担当

医院认真学习贯彻习近平新时代中国特色社会主义思想，始终把党的政治建设摆在首位，增强"两个维护"的政治自觉，全面实施医院党委会"15分钟政治学习第一议题"制度。成立清廉医院建设领导小组，细化工作内容，明确任务分工，把开展"清廉医院"建设作为进一步持续推进深入纠治医疗卫生领域腐败和作风问题专项行动的重要抓手，作为医院党风廉政建设和反腐败斗争的一项重点工作，推进全面从严治党向各党支部、各科室延伸，全力营造和弘扬崇尚廉洁、抵制腐败的良好风尚。建立"院党委—党支部—科室"三级廉政管理网格，实现党委主体责任抓总控，纪委监督抓管控，网格监察抓协控。

二、强化治理出实招
（一）实施阳光治理

医院把解决患者最关注的问题列为工作的重中之重，以"三个拓宽"为着力点，全面推行院务公开。一是拓宽公开内容，做到全面具体。主要推行四项公开，即内部院务公开、医疗资质公开、医疗服务公开和收费价格公开。二是拓宽公开平台，完善公开载体，充分利用网络、院报、微信公众号、电子显示屏等向患者全程、全方位公开。三是拓宽监督渠道，保证公开效果。设立清医码监督平台，群众只需通过扫一扫"温州清医码"即可进入平台界面，对收红包、拿回扣以及其他违法违纪行为进行举报，让监督插上"科技的翅膀"，形成医患携手助推"清廉医院"建设的良好氛围。开通院长邮箱和建立投诉举报机制，开展书记廉政查房，深入临床，主动征求意见。

医院努力创建阳光医院，让百姓明明白白消费。一是实行阳光采购，为患者让利。实行医药代表接待制度，医院对医药代表的接待实行"三定一有"规定，即定时间、定地点、定人员、有记录。由指定人员在规定的时间、地点负责接待工作，并做好接待记录，既充分保障公开公正，又有利于群策群力，确保药品和器械以最优化性价比进入医院。二是阳光收费，使患者受益。设立物价管理部门，严格执行国家收费标准。三是阳光诊疗，让患者放心。完善患者知情同意书，对于高值耗材、自费药品使用实施全面告知制度，让患者拥有知情权，掌握选择权。

（二）深化改革治理

医院深化"最多跑一次"改革，让群众看病就医更便捷。以深化医疗行业"最多跑一次"改革为载体，积极探索便民服务新举措，让老百姓看病少排队、付费更便捷、检查少跑腿、配药更方便。我院成立了苍南县中药饮片配送中心，为患者提供更为便捷的中药代煎配送服务，患者在基层卫生院就诊，中药处方可以通过信息平台直接传送到苍南县中药饮片调配中心，工作人员调配好中药后委托快递机构送货到家。通过微信平台或自助机可以预约专家，让患者看病少排队；患者只要扫扫二维码就可以看到检查报告；为慢性病患者开具长处方，让群众就医少跑腿；这些便民惠民举措都让群众看病就医更方便、更舒心。建立群众和员工满意评价制度，将群众提出的合理意见和要求作为医疗服务提升以及就医环境改善的指导性内容不断整改提升。

深化公立医院改革，将各项指标分解至各科室，并与绩效挂钩，运用DRG医疗质量管理与绩效评价平台，开展医疗核心数据监测分析，每月公布完成情况。

（三）开展专项治理

医院大力开展"红包""回扣""欺诈骗保"等方面的治理，营造和谐的医患关系。在"红包"整治方面，在科室内部、重要场所设立相关硬件设施，消除"红包"行为高发场合的监控死角；在显著位置公布收受"红包"举报途径，加大对医务人员收受"红包"线索的发现力度，一经发现，以10倍金额处罚，并取消职称晋升和评先评优，持续打击医务人员收受"红包"行为。

在"回扣"整治方面，严格遵守国家采购政策，严肃招标采购纪律，任何人不得违反规定干预和插手药品、医疗器械的采购、基本建设等，任何工作人员不得违反规定私自采购、销售、使用药品、耗材、医疗器械，重点整治收受医疗器械、药品等生产经营企业或人员以各种名义、形式给予的回扣、提成，以及参与或接受影响医疗行为公正性的宴请、礼品、学习、考察或其他休闲社交活动等。

在打击欺诈骗保方面，聚焦分解住院、挂床住院，分解处方、超量开药、重复开药、重复收费、超标准收费、分解项目收费，串换药品，诱导、协助他人冒名或者虚假就医、购药等整治重点，依法严厉打击、严肃惩戒违法违规使用医保基金行为。重点整治"三不合理"。一是整治不合理检查，加强大型医用设备人员、技术准入管理，提高大型医用设备检查阳性率、准确率。推进检验检查结果互认工作，避免不必要重复检查，避免过度检查。二是整治不合理用药，落实处方点评制度，积极推进临床合理用药，加强抗菌药物和辅助用药临床应用管理，对不合理用药予以干预。及时配备使用国家组织药品集中采购中选药品，提升合理用药水平。三是整治不合理治疗。开展临床路径，进一步优化医疗流程，规范医疗行为，降低费用，缩短住院天数。

加强医务人员医德医风教育，提高医务人员职业道德素质和医疗服务水平，为患者提供安全、有效、经济、便利的诊疗方案，避免延误治疗和过度治疗。

2020年以来，医院共查处违法违规使用医保基金321221元，药占比下降6.8%，共约谈55人，拒收红包15848元，获赠锦旗25面。

三、文化引领树清廉

建阵地，亮"廉色"。将清廉文化与中医文化相结合，以"一品、一室、一廊"为载体打造富有中医特色的清廉文化阵地。以药喻廉，树立"先锋远志 大医当归"的清廉品牌；以点带面，创建一批成效明显的清廉科室，积极推动清廉工作向医院各科室各项工作全面渗透、融合发展；以文化人，从"大医精诚""悬壶济世""遇见最美""未来可期""清廉文化"等板块打造富有中医特色的党建清廉文化长廊，以润物细无声的方式营造清廉文化氛围，让清廉阵地成为一张"金名片"。

定"套餐"，吹"廉风"。创新推出"五个一"文化套餐，助力清廉思想入脑入心。一个声音：播放由员工朗诵的清廉散文或故事，扬起清廉之声；一幅沙画：作品《画·廉》以沙画的形式生动展现廉洁文化；一个视频：由员工主演，关于医务人员在诱惑面前坚守"医者仁心"的故事——微电影《归心》；一堂党课：党委书记宣讲党纪法规和廉洁理念的党课；一场活动：在"5·20爱廉日"开展廉洁承诺和家庭助廉活动。

在清廉文化的引领下，医院形成了强大的合力，员工积极参与各项工作。尤其是疫情防控工作，全院职工以零感染为防控目标，坚决筑牢三道防线、落实八项措施、严守十大铁律，在疫情防控中表现突出，及时吹响号角，为疫情大战以零感染、零传播取得绝对胜利赢得了宝贵时间。同时派出16人次分别支援上海、绍兴、衢州、平阳，众志成城，克难攻坚。医院党委坚决贯彻党的路线方针政策和重大决策部署，积极动员职工投身脱贫攻坚、决胜全面建成小康社会的战斗一线，高标准完成了对口扶贫协作的各项任务。我院党员彭来恩、包邦柱两位同志分别远赴四川、西藏嘉黎开展医疗帮扶工作，将先进的诊疗技术和理念带给当地，留下了一支带不走的医疗队，为当地医疗卫生健康事业的发展做出贡献。其中，彭来恩荣获"全国扶贫攻坚先进个人"称号。医院还成立了厚朴志愿队，积极开展急救知识普及培训和各项义诊公益活动，在社会上树立起医者仁心的良好形象。

"近悦远来"降人才

四川省犍为县人民医院　余清清　王春蓉

古语有云："得人才者得天下。"近年来，犍为县人民医院立足实际，聚焦"引、育、留、用"，创新体制机制，营造"近悦远来"的人才环境，为推动卫生健康事业高质量发展提供了坚实的人才保障。

一、"引"有方法

医院通过公开招聘、自主招聘、刚性引进、柔性引进、因岗定酬、技术合作、院校合作等多条渠道、多平台、多种形式引进人才。根据市、县精神，在县政府《关于进一步加强卫生人才队伍建设的意见》基础上，结合实际，制定并实施《犍为县人民医院人才引进及管理办法（试行）》，对医院紧缺、高层次人才落实相应的引进措施。自 2020 年 5 月《犍为县人民医院人才引进及管理办法（试行）》实施以来，医院通过自主招聘和考核招聘刚性引进了紧缺、高层次人才共 56 名，其中有副主任医师 1 名、硕士研究生 4 名、全日制本科毕业生（含规培生、中级职称）51 名；柔性引进黄文芳、何运昉、郑念东等高级专家 9 名。着力建设吸引和集聚学科学术带头人、拔尖骨干人才的平台，引导、促进医院科研、教学、医疗的深度融合。

二、"育"有平台

医院为助推人才干事创业，采取了因材施教、事业留人的策略，"量身定制"职业规划，制订"'十四五'人才战略规划"，积极为引进人才搭建学习进修平台，支持他们参加各类学术交流、专业培训等。持续推进成渝地区双城经济圈建设，搭建卫生人才交流培养平台。"青苗计划"——近三年共派出 89 人到四川大学华西医院、四川省人民医院、乐山市人民医院、宜宾市第二人民医院、重庆医科大学附属医院等三甲医院进修学习；"骨干培养"——三年来，已有 8 人参加了规范化培训，近 300 人次到各上级医院参加了短期学习及专科培训等；"学术学科带头人培养"——提供科研、教学平台，目前医院共有高级人才 80 余人次，建成重点专科 7 个，新引进应用 36 项。有 30 余人获得省级拔尖人才、省市级先进个人、乐山市五一劳动奖章获得者、乐山市高层次人才、嘉州名医、乐山好医生、乐山好护士、县级拔尖人才、金犍名医等荣誉，创建名医工作室一个。

三、"留"有待遇

不断完善人才管理制度，全面推进公立医院绩效制度改革。用好县政府《关于进一步加强卫生人才队伍建设的意见》和《犍为县人民医院人才引进及管理办法（试行）》。对引进的高层次人才配偶符合医院岗位条件的聘用到相应岗位，协助解决子女入学问题；为引进人才提供周转房；提供免费入职体检；积极协调入编，让引进人才稳定下来。目前，享受医院人才引进激励政策的人员有近 30 人次，共计发放激励资金 70 余万元。

四、"用"有环境

树立用政策、用待遇、用环境、用感情留人的理念，积极争取、落实、用好人才激励政策保障措施。设立专家门诊；定期慰问高级专家、高学历人才并举办建言献策座谈会；设置专项科研、教学基金，为人才搭建成长平台；鼓励应用新技术、开展新项目，提供设备和人员配置等支持启动经费，营造良好的科研氛围。严格执行深化职称制度改革，破除唯论文、唯职称、唯学历、唯奖项等现象，培养高级职称人才 29 名，为建设高水平卫生健康人才队伍营造良好环境。落实卫生健康系统非编人员管理办法，规范招聘程序，以强大的人才队伍促进卫生健康事业高质量发展。

人才是兴国之本、富民之基、发展之源。只有积极创造条件留住人才，揽天下英才为己所用，才能使人才从"昔日东南飞"变为"今朝凤还巢"。

非凡十年　奋进一医

浙江省永康市第一人民医院

党的二十大胜利召开，中国成就举世瞩目，2012—2022年，市一医紧跟党的步伐，取得了辉煌的成就。十年的光阴画卷徐徐展开，永康市第一人民医院高质量发展的足迹清晰可见：公共卫生临床中心大楼拔地而起、病区改造工程如火如荼、优质人才纷至沓来、患者满意度持续攀升，先后获评浙江省先进基层党组织、浙江省抗击新冠疫情先进集体、浙江省卓越经营奖、金华市首批清廉医院等。

党的十八大以来，市一医以习近平新时代中国特色社会主义思想为指引，以人民健康为中心，紧扣时代节拍，迈出坚实步履，谱写了一曲曲为人民健康服务的凯歌。

一、十年奋进，红色血脉赓续传承

党建引领是战胜一切艰难险阻的重要法宝。市一医传承战地医院的"红色基因"，全面贯彻落实党委领导下的院长负责制，层层压实管党治党责任链条，将党的领导融入了医院治理全过程，打造了一支风清气正、技术精湛、敢打敢拼的医疗队伍。

（一）"一个红包退了4次"

肛肠外科医生李龙徒手帮患者挖出了粪便，家属深受感动，先后把红包送给了李龙、科主任陈涛、医师应峰，但都被果断拒绝。没承想出院两天后，家属又拿着红包返回医院。"心意我们领了，但红包真的不收。"李龙再次退还了红包。肛肠外科"四拒红包"的故事并非个例。近年来，市一医全力打造"清廉一医　红色引擎"党建品牌，"清廉支部""清廉科室"建设打通了清廉"神经末梢"，清风廉韵浸润小微单元，使党风政风医风焕然一新。

（二）"我是党员我先上"

新冠疫情暴发3年以来，在院党委的号召下，各支部党员纷纷请战，一医人白衣作铠甲，与病毒零距离相搏，奋战在永康、武汉、上海、金华、义乌、宁波等地的抗疫一线。在援马里、援川、援疆等各类公益事业中，同样能看到一医人的勇毅身影。十年间，我院先后派出14名医疗骨干执行援助任务，1名医生作为我省首位"雪龙号"队医出征南极。

二、十年笃行，医院发展阔步向前

十年的时间，无数的奋斗故事和发展篇章在这片热土上接连上演。如今，市一医已经成了一所医疗、教学、科研、康复、预防保健和健康教育"六位一体"的现代化三乙综合医院，为永康及周边地区群众的健康保健护航。

（一）各项指标不断向好

门急诊人次、收治住院患者人次、手术例次分别为 2012 年的 1.4 倍、1.5 倍、1.5 倍，医疗业务收入较 2012 年上升 74.6%，科研论文发表数量翻了一番。

（二）人才队伍持续壮大

医院以培养、吸引、用好人才三个环节为抓手，营造事业、感情、待遇留人的"磁场环境"，为医院高质量发展提供坚强的智力支持。医院现有职工 2000 余人，较十年前新增 600 余人。

（三）医疗环境焕然一新

改扩、新建、装修输液大厅、发热门诊、负压隔离病房、新生儿科、血液净化中心等科室，公共卫生临床中心大楼已进入收官阶段。医院医疗用房面积增加 3.2 万平方米，建筑布局更趋合理，服务能力显著增强。

（四）医疗设备更新换代

先后购置了飞利浦 FD20 数字减影血管造影机、Trilogy 直线加速器、联影 uMR586 核磁共振仪、数字化手术室设备等高精大型医疗设备，为精准医疗提供有力支撑。

（五）医疗巨轮行稳致远

医院挂牌成为杭州医学院附属医院，成为医疗与健康领域校地合作的新样本。医院牵头联合 10 家卫生院组建了医共体，拥有 2600 余人的"1+10"医疗巨轮正式启航。医共体"一家人"融体融心，一院一品特色鲜明，为共同富裕擦亮健康底色。

三、十年砥砺，学科建设蔚然成势

一门学科就是一面旗帜。市一医坚持全面规划、突出重点、错位发展，做强优势学科，发展新兴学科，形成了"群雁竞飞"的学科发展氛围。

（一）这里是永康市急救中心

医院升级改造急救中心，成立了本地区规模最大的急诊抢救室，开设急诊重症监护病房（EICU）、急诊内科、创伤外科病区，配置急诊电子计算机断层扫描（CT）、数字化 X 线摄影（DR），创立创伤、危重孕产妇、新生儿救治、卒中（国家级）、胸痛（国家级标准版）"五大救治中心"，提升和带动了永康市急危重症救治能力。

（二）这里有各级医疗中心

成立影像、病理、心电、临床检验四大区域会诊中心，承担起永康所有乡镇卫生院的相关会诊、审核工作。国家级 VTE 防治达标中心、国家级光明中心、国家标准化心脏康复建设中心、中国县域医院出血中心等相继落户，规范化诊疗水平显著提高。

（三）这里有多学科协同发力

新生儿科、肛肠外科、介入科、创伤外科等陆续开科，现全院共设 28 个病区和 36 个专科门诊。

其中，心内科、肿瘤内科为浙江省县级医学龙头学科，儿科、呼吸内科为金华市重点学科。

（四）这里有省级名医团队加盟

与省邵逸夫医院、省人民医院、浙大二院等合作，成立了蔡秀军专家工作站和张大宏等 8 位专家的"名医工作室"，使永康患者在家门口就能享受到省级一流专家的医疗服务。

四、十年勤耕，优质服务触手可及

十年间，市一医每天都在快马扬鞭，给患者带来了看得见、摸得着、感受得到的变化。医院连续两年门诊患者满意度、住院患者满意度、员工满意度均位列浙江省前十。

（一）志工助力，金名片熠熠生辉

"志工团"成立 10 周年，已然成为医院优质服务的"金名片"。院内 1000 多名职工、院外 700 多名志工齐参与，年均总服务时长超过 15000 个小时。

（二）数字赋能，"最多跑一次"改革迭代升级

医院作为永康市"最多跑一次"服务向公共场所延伸扩面的示范点，门诊综合服务中心、入院准备中心、多学科门诊开启"一站式"服务；"刷脸付""医后付""床边付"丰富了支付方式，"云影像""云胶片""检验检查结果互认"减轻了就医负担，"互联网＋护理""出生一件事""身后一件事"拓宽了服务场景。

（三）服务提档，患者获得感更浓

医院多次开展"服务质量提升年"活动，打造"红旗窗口""温馨病房""服务之星"，开展分层次培训，推广服务剧本，服务美、人文美、环境美"美美与共"。

十年路风雨兼程，九万里风鹏正举。十年来，市一医每一步都脚踏实地，每一步都铿锵有力。每一段征程的结束，都意味着新征程的开始。眼下，这所拥有 83 年历史的医院正上下团结一致、昂首阔步，怀揣着成为"浙中健康窗口""区域医疗中心"的愿景，朝着"三甲医院"的目标不断进发。新起点，再出发，永一医，准备好了！

精诚护佑群众健康　实干诠释责任担当

——东明县人民医院党委书记、院长潘成佩

山东省东明县人民医院

2023 年是落实党的二十大精神的开局之年，也是实施"十四五"规划承前启后的关键之年，更是我院学科建设发展的提升之年，院党委、院委会始终坚持以习近平新时代中国特色社会主义思想为指导，全面贯彻落实党的二十大精神，不忘医者初心，牢记健康使命，围绕业务抓党建，抓好党建促发展，增进了党建与业务工作的深度融合，推动了医院各项工作的健康快速可持续发展。

一、工作开展情况

（一）党的建设全面加强，医疗服务保障日臻完善

院党委充分发挥把方向、管大局、做决策、促改革、保落实的领导作用，以习近平新时代中国特色社会主义思想和党的二十大精神为主线，以"三会一课"为抓手，以学习强国、灯塔平台为依托，全方位加强党的建设，通过集中学习、自主学习、外出参观、开展主题党日活动等形式延伸拓展"1+1+N"，固化"1+1"规定动作，做好"N"项自选动作。

在窗口科室设立"党员示范岗"，在临床科室设立"党员先锋岗"，让党员在各项工作中挑大梁、担重任、做尖兵，把党员的责任扛起来，党员的标杆竖起来，做到一个党员就是一面旗帜，一个岗位就是一份责任。

严格按照组织工作条例，加强基层党支部组织建设，认真做好基础工作。根据《中国共产党章程》《中国共产党发展党员工作细则》及党内有关规定，积极引导科室业务骨干向党组织靠拢，为党组织不断注入新鲜血液，使战斗堡垒作用进一步增强。截至目前，今年递交入党申请书的有 5 人，吸纳入党积极分子 4 人，党员发展对象 12 人，发展预备党员 6 人。

（二）学科建设以点带面，医院特色品牌日渐彰显

坚持突出重点学科、加强重要学科、扶持一般学科的总体思路，积极培植名医名科，按照"院有重点，科有特色，人有专长"的学科建设目标，在资源投入、管理考核、绩效分配上制定相应配套激励措施，确保医院学科建设规范化科学化。目前，胸痛中心已通过国家标准版认证，卒中中心已顺利通过山东省卒中学会专家评审，危重孕产妇救治中心、创伤中心、新生儿救治中心及癌症诊疗规范化病房正在积极推进中。

大力实施"名医、名科、名院"发展战略，现已形成以1个国家二级示范单位及1个省级重点专科为引领，8个市级重点学科为主力，2个市级精品专科为支撑的学科发展新格局，学科质量和数量居全市同级医院前列，其中急诊科院前急救工作成绩斐然，已连续七年蝉联全市第一，是菏泽市120建设的标杆与典范。

（三）"8S"管理稳步推进，"东医"新形象日趋提升

自2023年4月份启动"8S"管理以来，通过加强组织领导、聘请专业老师指导、打造样板示范科室等方式，由表及里、层层递进，逐步实现了"8S"管理的固化、强化、优化和目视化，医院就诊环境明显改善，服务流程持续优化，有效降低了医疗服务的成本，提高了工作效率，保证了医疗安全，增强了群众就医的舒适性。

通过实施"8S"管理，护士站各类物品标识明确、分类放置、取用便捷，治疗室治疗车摆放有序、地标线整齐、物品放置规范、用后归位，住院环境温馨了，患者满意度提高了，有限的空间节约了，流程更加顺畅便捷了。员工的凝聚力向心力战斗力更强，爱院如家的主人翁意识更牢，爱岗敬业的奉献精神更足，"比学赶帮超"的氛围更浓，充分彰显了"东医"人能干事、会干事、干成事的天使风采。

（四）优质服务多措并举，群众满意度日益攀升

以患者和社会满意为一切工作的"风向标""指挥棒"，积极开展延伸服务、靠前服务、主动服务。推行病人出院"亲切送"优质护理服务，实行导诊人员"一站式"主动服务；增设了知名专家门诊，选派20余位医术高超、医德高尚、有丰富临床经验的副主任医师职称以上的知名专家坐诊，以"专业、优质、高效"的理念服务广大患者。

组织200余位知名专家、党员志愿者和护理骨干赴村台、进学校、到社区进行大型惠民义诊巡诊、健康宣教等公益活动，把优质医疗资源送到百姓家门口；配置高档救护车及急救设备，配齐配优医护人员，建立了东明县人民医院刘楼镇、东明集镇急救站，完善了县域急诊急救网络体系，加入了全国心电一张网，为胸痛、卒中、创伤、中毒等急危重症患者的救治赢得了宝贵时间。

购置美国GE超高端256排CT，建立德国西门子DSA和西门子滑轨64层CT复合手术室，为患者术前精准诊断、术中实时成像、复合手术治疗、术后一站式实时复查提供了支持，让患者在我院真正实现精准检查、精准治疗；持续推进诊间支付、床旁结算、先诊疗后付费、"互联网＋护理"服务等惠民举措，让信息多跑路、群众少跑腿，改善了群众就医体验，增强了群众就医获得感。

（五）法治医院建设初见成效，依法执业意识明显增强

院党委坚持以习近平法治思想为指导，认真贯彻落实上级卫健管理部门决策部署，把法治建设与医院管理相融合，持续推进依法决策、依法管理、依法执业，全面提升医院各项工作的科学化、法治化、规范化水平。

制作了医院法治建设专题宣传片，建造了法治文化书屋和法治文化长廊等普法阵地，健全完善了"一码监管"和"有意见码上提"等工作制度，铸强"蓝盾"，当好卫生健康忠诚卫士，在全院上下营建良好的法治建设氛围，全力保障人民群众健康安全。同时，积极贯彻"健康中国"战略精神，加强校院医教合作，构建医教协同育人体系，形成校院互助、资源共享、优势互补的共同体，创建教学型医院。

二、下一步工作打算

一要讲党性、敢担当、有作为。严格履行"一岗双责"，把党建工作与业务工作同部署、同检查、同考核，设定目标体系，层层分解任务；班子成员、各支部书记要以一级做给一级看、一级带着一级干的鲜明态度和示范作用，突出高点定位，强化专业思维，瞄准一流目标，积极主动作为。

二要强堡垒、当先锋、聚合力。班子成员要以身作则、率先垂范，做到学思用贯通、知信行合一，铸就忠诚干净担当的干部队伍；精准制订党员发展计划，高质量做好党员发展工作，全面优化党员队伍结构，使支部成为医院标准化建设的示范点，让党员争做标准化建设的排头兵。

三要正行风、转作风、树形象。严格落实医疗机构工作人员廉洁从业九项准则，正心修身、对照检查，聚焦问题、狠抓节点，让党纪政纪成为党员不可触碰的高压线，让阳光照进权力运行的全过程；弘扬医者仁心的大爱精神，摒弃"小成即满"思想，提振"精、气、神"，营建风清气正的良好氛围。

四要以党建、带院建、促发展。摆正党建与业务工作的关系，找准党建与业务工作的契合点，探索创新、主动作为，进一步加强学科建设、夯实学科实力，培养业务骨干、提升医疗技术水平，满足群众日益增长的健康需求，增进群众健康福祉，为建设富强幸福、美丽的东明提供强有力的健康保障！

总之，在今后的工作中，我们将以党建为统领，以群众需求为导向，聚焦群众就医不够便利等急难愁盼问题，对症下药，精准施策，不断提升创新发展能力和医疗救治水平，真正让群众看到医院新变化，得到真实惠。

践行新时代医疗卫生职业精神
为人民群众的生命健康保驾护航

四川省峨眉山市人民医院

前辈们用艰苦奋斗，用撸起袖子加油干的精神掀起了时代浪潮。作为新时代的医务工作者，要用实际行动彰显"敬佑生命、救死扶伤、甘于奉献、大爱无疆"的新时代医疗卫生职业精神，为人民群众的生命健康保驾护航。

一、走基层送爱心

2023 年 4 月 11 日，峨眉山市人民医院外科第二党支部在万福村开展了"走基层·爱心义诊"活动，为群众送去健康和温暖。

活动中，针对春季流行病特点和生活中常见的意外伤害，党员同志们为群众详细讲解了甲流预防、生活中意外伤害急诊急救等知识，提高群众预防疾病和自我保护的意识。同时，通过开展现场查体、量血压、测血糖等方式，耐心指导大家合理膳食、规范用药、养成劳逸结合的好习惯，从而增强自我保健意识，促进地区健康水平。

本次活动受到了万福村群众的交口称赞，纷纷表示："这种活动非常好，方便了我们！""让我们在家门口就可以学到健康知识，很不错！"医院党委将持续深入开展形式多样的送温暖、送健康活动，把便捷的医疗服务送到更多群众家门口，不断提升群众健康的获得感和幸福感。

二、健康宣教进校园

2023 年 4 月中旬，峨眉山市人民医院外科第一党支部联合神经外科医护团队前往峨眉山市第二小学校，开展"手卫生、如何正确佩戴口罩"健康宣教活动。

活动以卡通动画、PPT 展示和现场手势模拟相结合的教学方式展开。在活动中，通过支部党员的细致讲解和动画、PPT 的生动展示，让在场师生能更加容易接受和掌握洗手、佩戴口罩的正确方法。在互动环节，党员同志们采用手势模拟教学、场景设定演练等方式，进一步巩固了洗手、戴口罩的整个操作流程，强调了注重个人卫生的重要意义。本次活动，现场气氛活跃，获得了在场师生的一致好评，同学们纷纷表示，回家也要向爸爸妈妈普及手部卫生知识，养成勤洗手，正确洗手、戴口罩的好习惯，增强自我保护能力。

峨眉山市人民医院致力于组织开展形式多样的进校园宣传科普活动，旨在将标准的卫生防护知识送进校园，促进学生卫生习惯的养成，提高学生自身预防疾病的能力。我院各支部将在医院党委的正确带领下，继续将我为群众办实事做细做实，最大程度未来提升人民群众的健康服务获得感，为人民群众的健康筑牢安全防护墙。

三、党建引领办实事

为持续推进党建引领"我为群众办实事·情暖峨眉"关爱健康行动，不断提高区域内人民群众的健康意识和健康水平，2023 年 5 月，峨眉山市人民医院积极组织筹划，开展了形式多样的健康宣讲、下乡义诊活动，真真切切为群众办实事，以实际行动坚守为民初心。

2023 年 5 月 8 日是第 30 个"世界地贫日"，为广泛宣传地贫防控知识，营造全社会关注和支持地贫防控工作的良好氛围，城北病区党支部携专家团队开展了"防控地贫，重在筛查"宣传咨询活动。活动现场，前来咨询的群众络绎不绝，党员同志详细讲解了防控地贫的相关知识，耐心解答疑问，获得一致好评。活动当日，医护人员为现场备孕夫妻、孕产妇及儿童提供地中海贫血免费筛查 100 人份，并对筛查阳性的病人进行免费的基因确诊服务，发放健康宣传资料 150 余份。

2023 年 5 月 9 日，我院外科第一支部党员同志协同南丁格尔志愿者一行 8 人前往峨眉山市双福镇养老院，开展义诊咨询和专题讲座。针对骨科的常见病和多发病以及老年骨质疏松的预防与治疗，为老年朋友做了耐心细致的讲解，随后为现场老人进行了义诊。本次活动共为 100 多位老年朋友提供了健康咨询，得到了在场人员的一致好评，纷纷用热烈的掌声表达对党员同志医疗技术和服务态度的认可和感谢。

2023 年 5 月 11 日上午，我院外科第一支部党员干部携手普外科护理志愿者走进峨眉民政福利院，开展了以"科普助力，护老佑民"为主题的志愿活动。针对老年人的身体特点，党员同志用通俗易懂的话语结合生动的课件展示，向在场的老年人及工作人员分别介绍了老年人皮肤护理要点和防治老年性便秘的方法，倡导健康饮食习惯的养成，减少胆结石的发生。现场的老人们听得非常认真，意犹未尽，会后纷纷围坐在医生护士身旁进行咨询。

2023 年 5 月 16 日，我院组织近 20 名党员医护人员前往桂花桥镇开展义诊下乡送健康活动。在义诊现场，党员同志纷纷发挥自身专业优势，不仅耐心细致地解答村民们关于常见病、多发病及疑难病症的问题，还为现场老百姓免费提供测血压、测血糖、心电图检查等服务。本次义诊共接诊 400 余人次，测血压 200 余人，测血糖 100 余人，完成心电图检查 130 余人，发放"宫颈细胞学检查"免费卡 100 张。此次义诊服务获得了到场群众的一致好评，义诊结束后，在呼吸与危重医学科主任李贱和急诊医学科主任张立名带领下，党员医护团队前往桂花桥镇卫生院开展了教学查房和急诊急救知识培训，通过教学查房与培训，提升了基层医务人员的能力与水平。

2023 年 5 月 26 日，我院内科支部、门急诊支部、后勤支部前往胜利街道城东社区党群服务中心举行健康知识讲座和健康急救知识培训。活动现场，党员同志们为社区居民细致讲解了胸痛的识别和发生胸痛时的自救、施救方法，并进行了心肺复苏现场演示教学。为时 2 小时的活动，受到社区人员的一致好评。自党建引领"我为群众办实事·情暖峨眉"关爱健康行动开始以来，很多党员自发给党支部提出活动建议，积极创新党建工作方式方法、积极拓宽党建合作共建载体，真正做到了深入群众，为群众的健康需求排忧解难，为老百姓带来了更多的实惠与便利。

2023 年 5 月，全院共组织开展各类大型讲座、健康宣讲和下乡义诊志愿活动 5 场，增强了人民群众的健康意识和自我健康管理认知，进一步提升了广大人民群众的获得感和幸福感。下一步，我院党委也将持续开展以党建引领医疗技术水平提升和服务质量改善工作，积极下沉优质医疗资源，面向乡镇、服务百姓，助力城乡居民健康素养和区域医疗质量的整体提升。

四、党建引领送关怀，呵护儿童助成长

儿童的健康成长是党和政府的殷切期望，当代中国少年儿童既是实现第一个百年奋斗目标的经历者、见证者，更是实现第二个百年奋斗目标、建设社会主义现代化强国的生力军。为进一步拓展儿童保健服务内涵，提高儿童健康素养和健康水平，呵护儿童身心健康成长，峨眉山市人民医院充分发挥支部党员模范带头作用，充分发挥自身专科特长，积极组织筹划，用实际行动不断推进我院党建引领"我为群众办实事·情暖峨眉"系列活动走深走实，不断增进人民群众健康福祉，努力保障我市城乡居民及少年儿童的身体健康。

2023 年 6 月 1 日，正是第 73 个六一国际儿童节，城北支部的党员同志在儿科护士长带领下早早地为在院患儿筹备起了节日惊喜！上午 9 点半，病房里传来了孩子们兴奋的欢呼声，原来是儿科病房的护士老师装扮成"猪猪侠"，和党员同志们到病房挨个给小朋友送去节日的祝福和精心准备的节日礼物！收到礼物的孩子们仿佛暂时忘记了病痛，开心地笑着，不停地说着感谢的话语，家长们也拿出手机记录下这个温馨的场面。

患儿家属陈婆婆说道："你们真的有心了，本来孩子还在抱怨因为生病没有参加学校的活动，没想到在医院还能收到礼物、过儿童节，太开心了！"患儿家属李女士说道："你们不仅给予孩子身体上的治疗，更让孩子的心灵上得到了满足！有你们真好！"……听着孩子们童真的笑声，看着孩子们纯净的脸庞，支部的每一位党员都感到幸福，即使汗水浸透了衣物也毫无怨言。

2023 年 6 月 2 日，新开设的儿童保健"家长课堂第一讲"顺利和大家见面了！儿童保健门诊医生通过微信直播为家长们普及婴幼儿常见健康知识。同时，对家长们关心的婴幼儿辅食添加问题做了详细的解答，获得家长们的一致好评。城北支部党员同志纷纷表示："通过'微'课堂的形式，不仅可以让家长学到更多的育儿知识和预防保健知识，也进一步拉近了儿童家长和医护人员的沟通距离，更使广大群众享受到无'网'不利、无'微'不至的关怀服务"。

2023 年 6 月 3 日，峨眉山市人民医院党员志愿者联合符溪镇中心卫生院开展了以"关注生长发育，促进儿童健康"为主题的儿童生长发育大型义诊活动。活动现场虽然人如潮涌，但井然有序，党员同志们为前来就诊的儿童检测身高体重，绘制身高曲线图，免费测量骨龄，并进

行生长发育相关知识的宣教。活动中，儿科专家们针对每个儿童的个体情况，一一给出了专业及耐心的指导和建议，得到现场群众的一致好评。家长们表示："以前认为孩子的生长发育是顺其自然的事情，父母啥样他啥样，现在才知道还可以后天改善的。非常感谢峨眉山市人民医院的各位专家，远道而来为我们答疑解惑，感谢你们的辛勤付出！"本次活动历时 4 小时，共为 150 名儿童进行了生长发育健康体检，发放健康宣传资料 200 余份。

少年强则国强，儿童是祖国的未来，关爱儿童健康、关注儿童成长是全社会共同的责任。峨眉山市人民医院党委将继续带领医院各支部，积极发挥各科专业优势，努力提高广大群众的健康服务获得感，为儿童的健康成长贡献力量。

党建引领 五化驱动 打造"五心"医院
助推东胜区人民医院高质量发展新篇章

内蒙古鄂尔多斯市东胜区人民医院党委书记 陈志刚
内蒙古鄂尔多斯市东胜区人民医院院长 丰乃奇

今年以来，东胜区人民医院党委切实加强医院党的建设，以"党建引领，'五化'驱动，打造'五心'医院"为目标，使党建和医疗业务不断融合，以党的建设带动医院各项工作，不断推动医院的高质量发展。

一、党建领航，凝聚组织力量，推动医院全面发展

东胜区人民医院党委坚持党的全面领导，充分发挥党组织把方向、管大局、做决策、促改革、保落实的领导作用，抓好思想教育工作，凝聚医院干事创业的向心力，巩固党建阵地，建好堡垒，发挥党建工作的引领作用。

（一）加强思想政治理论学习，形成医心向党的向心力

严格按照党委中心组学习制度、党委学习工作计划，对党的思想精神进行传达学习，同时将医院党建工作和高质量发展工作相结合，探索支部学习和业务学习共同开展的模式，对党建工作和业务工作共部署、同落实，形成了全院医务人员理论思想和业务水平同时提高的良好效果。按照支部便于开展学习、活动为目标，科学设置党的基层组织，全院共设党支部4个，将118名党员分布在4个党支部中，配齐专兼职党务干部6名。在抗击新冠疫情过程中，有40名医护人员递交了入党申请书，援外医护人员突击入党的有6名，进驻方舱医院医护人员成立了临时支部，让党旗飘扬在抗疫一线。

（二）筑牢党建工作阵地，战斗堡垒更加坚强有力

打造"155"党建品牌（一个引领、"五化"协同、"五心"医院），领航东胜区人民医院各项工作发展。打造医院党建、党风廉政长廊，将红色基因植入医院干部职工心中。院党委及时按照行政领导班子调整进行党委委员的增选、补选，健全党委机构，配齐党委班子。强化党委抓党建的主体责任、党委书记抓党建的第一责任、党委成员抓党建的"一岗双责"责任，支部书记为支部党建负第一责任。严格执行党建工作述职评议考核，对各支部政治理论学习、组织工作开展、重点任务完成情况进行述职评议。扎实开展"我为群众办实事"实践活动，开展义诊和健康咨询活动14次，开展健康知识讲座71次，受益群众达953人次。深入共驻共建社

区开展志愿活动 2 次，98 名在职党员全部到居住地社区报到并领取任务，深入结对联系群众，开展抗击疫情、物品捐赠、帮扶慰问、创城创卫等各类志愿服务。

二、"五化"驱动，释放发展动力，各项工作全面提升

医院以信息化、智能化、标准化、绿色化、人性化为动力，实现医院服务、管理、就医等各方面的全面升级，提高医疗服务的效率和质量，方便群众就医。

（一）信息化不断发展，群众看病就医方便快捷

按照三级医疗机构信息化建设标准，实现信息系统无缝连接、数据共享。医院以电子病历系统为核心，以集成平台为手段，建立了以临床诊疗信息为主线，以医院管理为核心，以经济管理为主导的开放、稳定、灵活、实用的融临床和医院管理一体的数字化信息平台。医院在微信公众平台为患者提供微信就诊预约、挂号、缴费、检查检验结果在线查看等一站式服务。同时配合自助设备，进一步规范和简化医疗过程，优化了服务流程，极大地改善了患者就医体验，有效缩短了病人就诊等候时间。为解决患者因自身原因无法来院就诊的问题，开通在线问诊平台、远程协作平台、分级诊疗平台，打通合作医疗机构的数据链，为医联体、医共体合作单位及无法到医院就诊的患者提供远程诊疗服务。

（二）智能化逐步加强，推动医院向现代化发展

建成门诊一体化全药品机器人智慧药房，采用自动化、信息化、智能化的药品管理，有效提升配药效率，减少患者排队取药时间，极大方便患者 24 小时购买药品。提高医疗服务的效率和准确性，减少了传统人工操作的错误，有助于优化医院的工作流程和管理流程，提高医疗服务的质量和安全性。在医院的管理和服务流程中应用智能化，实现智能排班、智能导诊等，提高医院的管理效率和服务质量。

（三）标准化持续加强，医院等级发展再上新台阶

以外树形象、内强素质、提升综合管理水平为目标，按照 6S 管理方式，对院区内地标、指示牌等进行重新规划和制作，在医院地面粘贴急救、检查、五大中心等分类不同颜色指示通道标志，使患者更加方便快捷。对各科室的宣传品和张贴制品进行统一制作，并不定期清理过期、破损的宣传制品，使就诊环境和工作环境更加整洁有序。以二甲医院复审为起点，晋升三级医院为目标，对医院各项资料文件进行规范化整理，争取评审顺利晋级。成立医院图书区、运动区、患者和陪护人员休息区，增强前来就医的患者的舒适感。

（四）以绿色化为发展方向，推动医院可持续发展

推行绿色医疗服务，实现资源节约和环境保护。推广绿色就诊方式，减少患者不必要的住院和手术，提倡日间手术和门诊治疗，减少医疗废物和能源浪费。完成按病种分值付费（DIP）支付方式改革，减少不必要的服务，提高医疗质量，把有限的医疗资源用在更需要的患者身上，为广大人民提供持续性医疗保障。始终坚持安全、合理、有效、经济的原则，优先引进国家基本药物、国家集采药品及省际联盟集采药品、国家医保目录内药品，立足临床，切实保障科室

新业务新技术开展和临床诊疗需求，利用信息手段进行科学化管控，促进临床合理用药。推动医院节能减排，采用环保的设备和技术，降低医院的能源消耗和碳排放。通过科学管理和规范操作，减少医疗废物的产生，实现医院的绿色化运营。

（五）人性化为服务宗旨，提升患者就医体验感

对医院院区进行美化。合理规划停车区域和无障碍停车位，新建医院西停车场，增加车位200个，对医院临时搭建的建筑施工彩钢房进行清理、整顿，增加停车位50个，在医院西门处划出紧急停车位用于急诊患者临时停车，并利用信息系统加强对院区停车场的管理，医院党委发出"让出一个车位，方便一家就医"的号召，医院党员干部职工全部将车辆停放在西侧停车场，将停车位留给患者。畅通诊疗绿色通道，调整窗口工作模式，将"一事找多窗"转变为"一窗办多事"。增设智能自助机、自助预约挂号机、自助化叫号系统，同时上线智能采血系统，优化患者采血流程，缩短报告等待时间。启动智慧餐厅系统，对医院餐厅进行优化，缩短取餐时间，改善患者和职工的就餐环境和服务。

三、"五心"医院，增进人民福祉，领航高质量发展

以"重心、外心、内心、垂心、旁心"五心为发展基础，打造医院"服务心、品牌心、感恩心、责任心、创新心"的"五心"服务，为患者提供更加温馨、体贴、专业、高效的医疗体验。

（一）医院"重心"不断加强，医疗服务很暖心

为改善医院硬件设施，按照甲类传染病规划，设置36张床位，总建筑面积达6912平方米的新建感染性疾病综合楼投入使用，为传染病治疗提供了良好的基础。医院拟在西面空地新建五大医学中心大楼，作为五大医学中心的科研、教学、临床试验楼。在为患者服务过程中，切实做到患者有所"呼"，医院有所"应"。医院党政领导班子牵头，党员干部冲锋在前，结合信息科、总务科组成总值班服务组，实行24小时值班制，对患者在就医过程中出现的各类问题进行认真解决，必要时开展就医导引和代办服务。73名青年党员志愿者成立医疗服务志愿队，协助医院开展导医、维护秩序、帮助行动不便老人就医，全年进行服务800余次。在疫情防控期间，青年党员志愿者组成心理服务团队，下各个临床科室开展心理咨询、疏通服务，缓解患者的紧张焦虑情绪，让每一位来医院就医的患者感受到医院的温暖。

（二）医院"外心"迈出步伐，擦亮服务品牌心

医院重视领先学科和重点学科的发展，近年来为领先学科、重点学科新招聘工作人员16名，支持年轻医师赴全国先进医院进修学习73人次。神经科和西安国际医学中心脑科医院建立专科联盟，成立了贺世明名医工作站，聘任学术主任3名，在医院挂牌成立了博士工作站。设立医院品牌墙，将医院获得的所有荣誉集中展示，使每一位医院干部职工感受到医院成绩的来之不易。党委所属的4个支部按照"一支部一品牌"的要求，在医院党委"155"党建品牌下，结合自身的业务和党员分布情况提出自己支部的品牌，打造特色支部，建设最强党支部。在服务窗口亮身份、做表率，积极推进"红医+"品牌活动，设置党员先锋岗、党员专家工作室等，让

东胜区人民医院党委的品牌"亮起来",让东胜区人民医院每一位党员的先锋模范作用发挥出来,每一位医护人员都是医院品牌的维护者的展示者。

(三)医院"内心"持续改善,工作充满感恩心

医疗服务能力不断提升。医院现核定床位数400张,现有职工758人,其中,博士研究生3人,硕士研究生46人,本科学历577人,专科及以下学历132人。现年门急诊量34万人次,住院量1.2万人次,手术量2010例。医院配备多种先进医疗设备,大力扶持学科创新发展,开展了多项新技术、新项目,填补了地区空白,在本地区及周边急危重症和疑难病症的救治上发挥了区域辐射和引领带动作用。在加强医疗技术的同时,党委积极组织工会、共青团、妇幼保健机构开展关爱全院职工活动,让职工以感恩患者、感恩医院、感恩社会的心态开展工作。组织党员干部参观红色革命教育基地,使党员干部接受红色教育,坚定感党恩、跟党走的决心。在元旦、春节、三八妇女节等节日,医院党委、工会组织慰问活动3次,向一线医务人员送去节日的问候,让每一位职工都感受到医院的关怀、关爱。利用护士节、医师节组织形式多样的文体活动,丰富医院职工生活,使医护人员在舒心、感恩的环境中工作。

(四)医院"垂心"按需补充,持续强化责任心

为担负起守护东胜区人民健康的责任,实现医疗服务全覆盖,医院加强了富兴部和罕台部的建设。富兴部和罕台部围绕医院本部成双翼展开,补充了东胜区东部和西部医疗资源的不足。富兴部现设置住院床位28张,工作人员20名,设有全科诊室、内科门诊等8个科室,以慢性病和中医药治未病为特色,主要诊疗各类慢病及妇科、儿科、口腔科的常见病、多发病等。富兴部依托远程医疗会诊与本院各部门协作,及时诊疗患者、为危重患者设立绿色通道、双向转诊。罕台部现有医护人员33名,开设综合科门诊、中医科门诊等7个科室。针对罕台镇老年患者较多的现状,罕台部开设了中医科,开展中医、针灸理疗等诊疗项目,为老年患者提供贴心的医疗服务。医院为罕台部选派了责任心强、在抗击疫情中有担当作为的3名股级干部任科室负责人。医院时刻牢记公益属性,2022年开展义诊和健康咨询活动14次,开展健康知识讲座71次,参与义诊及健康知识讲座的医务人员共94人次,发放院内外各类健康宣传资料1230余份,受益群众达953余人次。

(五)医院"旁心"迈上新台阶,不断发展创新心

开展医联体、人才梯队建设、学科建设,新技术、新业务成功和国内知名医院签约。积极响应鄂尔多斯市招才引智的号召,按照东胜区"暖城之邀,引才入胜"的整体布局,医院以积极柔性引进医学专家的方式,与自治区内外5家知名医院联合开展了人才培养、学术交流等活动,柔性引进医学专家7名,在医院开展诊疗活动。医院牵头与鄂尔多斯市11家专科医院、民营医院建立了松散型协作模式的东胜区区域医疗联合体,与东胜区8个社区卫生服务中心和乡镇卫生院建立了紧密型协作模式的东胜区城市医疗集团。建立了可为医联体、医疗集团成员单位提供医院全部检验、检查项目服务及双向转诊服务的远程协作平台。搭建分级诊疗平台,打通与5家合作医疗机构的数据链,实现了院外医疗机构医嘱开立、患者在医院直接进行检查检验、机构间线上完成核算等。医院党委做好顶层设计，结合党员活动日，创新党委、党支部活动方式及内容。在党支部学习等党建活动中，党员干部、中层干部冲锋在前，为患者提供更加优质的医疗服务，推动党组织活动与医院工作有机融合。医院学科创新蓬勃发展，药剂科、护理部的3个创新服务案例参加了改善医疗服务行动全国县市医院擂台赛，获得"优秀案例"称号。重点学科、领先学科不断发展，创新理念不断转换为创新成果。

东胜区人民医院将不断通过党建引领、"五化"驱动、打造"五心"医院的努力，提高医院的整体实力和影响力，有效推动医院的不断发展，为广大病患提供更优质的医疗服务，谱写东胜区人民医院高质量发展的新篇章。

提升医疗服务质量　创百姓放心医院

广西凤山县中医医院

一、医院基本情况

中医医院始建于 2015 年 12 月，2021 年 1 月揭牌，开放病床 60 张，设有中医科、内科、外科、妇产科、儿科等 6 个临床科室和影像科、检验科、药剂科 3 个辅助科室。我院现有职工 105 人，其中卫生技术人员 78 人；卫生技术人员中，主治医师 2 名，执业医师 8 名，助理执业医师 7 名（包括中医类别医师 7 名）；检验师 3 名，放射技术人员 3 名；药学人员 9 名（包括中药人员 4 名），护士 37 名，见习医学人员 24 人。

二、发展现状

两年来，在县委、县政府的支持下，在卫健局的正确领导和全院职工的共同努力下，我们认真学习科学发展观，全面落实各项卫生政策，全院同志同心同德，与时俱进，基本完成了预期工作的目标。

一是业务收入方面，业务收入逐年增加。

二是基本医疗服务体系建设基本完善。①严格执行国家药物制度，实行药品集中网上采购和零差率销售，为切实解决城乡居民看病贵、吃药贵做出了贡献。②有效治理医院环境，两个效益快速增长，将原天花板脱落楼层进行维修粉刷，极大地改善了院容院貌，提升了医院的社会影响力。③各科室工作进展顺利，中医特色氛围明显，利用我院针灸理疗、康复理疗等诊疗优势，积极引进和推广中医药适应技术等新技术和新方法，带动医院工作全面发展。④医疗质量安全有效，始终坚持"以人为本"的服务宗旨。人的生命只有一次，责任重于泰山。医院核心管理制度，制定了各科人员工作职责，以及值班排班制度、考勤休假制度、临床危急值班报告制度等，对重点科室、重点岗位、重点工作环节加强管理，对医疗技术、医疗服务、医疗设施和危险物品的安全隐患进行梳理和排查，医疗质量明显提高，确保了全院的医疗安全。⑤医院文化建设和精神文明建设健康发展。制作室内外广告牌，以及科室和人员简介，美化、亮化、优化了医院工作环境，规范了科室布局，提升了医院工作人员的形象和影响力。⑥医院内涵建设不断加强。正在修订和完善医院的各项规章制度，细化工作职责。⑦积极配合上级部门的工作。几年来我院共派出支援人员 13 人，完成大型核酸采样 4 万多人份。

三是公共卫生工作有序开展。中医院 4 月初已逐步向社区群众提供家医签约服务。开展家医签约工作已过月余，现将目前工作开展情况做一个简要汇报：目前第一季度签约和随访工作已经完成 100%，第二季度随访工作有序进行；四大慢病人群健康体检已在院内正常开展，健康宣教等同步进行；第一批老年人体检群众对我院服务给予了较高的评价。在签约团队力量方面，安排专职家庭签约人员 8 人，专兼职补助免费体检、HIV 筛查、两癌项目等相关工作负责人员 8 人，突击队及督导队等后备力量已筹建，均由 2022 年参加遍访的人员组成。

通过公共卫生服务工作，免费为社区居民提供测量身高、体重、血糖、血压、腰围等服务，同时提供健康指导服务，提高社区高血压、糖尿病、精神病、肺结核等慢性疾病的早期发现和管理水平，探索现代自助式健康管理运行机制，逐步形成现代健康生活方式，提高居民健康水平。

宣传、组织群众开展慢病筛查、治疗、随访、复诊工作，社区居民可以免费及时了解血压、血糖等身体健康指标。在过去的一个月时间里，通过对社区卫生室资源的合理支配和利用，我院对辖区居民尤其是老年人和慢性病人进行了健康体检，共计 52 人，其中新增高血压病人 1 人，糖尿病病人 0 人。结合入户调查建立健康档案、张贴宣传单、电话通知、社区居委会协助等形式，召集辖区 65 岁以上老年人开展一般体格检查及血糖血脂测试，并同时开展老年人健康指导及健康咨询，对有慢性疾病的老年人定期回访。截至 2023 年 4 月，我院共登记管理 65 岁以上老年人 1564 人，体检 52 人，入户 290 户，家庭医生签约 290 户。

三、存在的困难

专业人才少。我院现有带教名中医 1 人，年轻学徒 4 人。缺乏中西医中高级人才是突出问题。此外，专业技术人才不足，技术力量薄弱，专业人才队伍建设困难重重。

四、下一步工作思路

2023 年是"十四五"规划的第三年，我们将以更强的使命感和责任感狠抓医疗质量管理，大力推动人才品牌发展战略，不断更新理念、坚定信心、创新管理，坚定不移地走社会效益、质量效益、服务效益并重的发展道路。认真落实科学发展观，以病人为中心，应以医疗质量和医疗安全为主题，以转变服务方式为主线，以改革创新为动力，以创建百姓放心医院为目标。一是提高认识，转变作风，居安思危。恩格斯说："思想意识形态决定人的行动。"在人们日常生活、工作中，一个人的思维决定行为，行为决定工作态度，态度决定工作的成败。有人舍己救人，有人舍小家顾大家，也有人弃大家顾小家。医疗行业从业者的每一种思想、行为以及工作态度都关系到人民群众的生命和健康，关系到医院的兴衰。以病人为中心规范操作规程、提高医疗质量是对每一个医务人员的基本要求；遵纪守法、照章办事更是每个医务人员的基本素养；核心制度的完善和落实是维护医院、医务人员和患者的有力保障。因此，我们要充分认识转变思想的重要性，深刻理解"院兴我荣、院衰我耻"的内涵。二是进一步实施人才兴院战略，不断完善、提高工作人员的素质。加大力气引进人才以缓解人力缺乏问题。实施采取院内陪训和派出学习相结合的方式，有计划地培养一批年轻有为，能留得住、用得上、靠得住的人员。

所有进修人员有协议和进修目标，对进修人员严格管理；鼓励开展工作人员的专业技术水平。三是加强信息化建设，推进医院科学管理。依托项目支持建成医院信息管理系统，科学有效地对医疗护理、药房、收费、财务、考勤、总务进行信息化管理。四是落实绩效考核和责任目标管理，提升医院效益，提高职工的待遇。

党建引领 踔厉奋发
迈向高质量发展之路

内蒙古巴林右旗医院 宋国南

巴林右旗医院始建于 1958 年 7 月，是巴林右旗地区集医疗、科研、急救、康复、保健于一身的国家二级甲等综合医院。2021 年，医院喜迁新址，一所布局合理、环境优美的现代化花园式综合医院成为载梦起航的新地标。多年来，巴林右旗医院始终坚持以党建工作为引领，以服务民生为宗旨，以事业发展为基础，以医疗服务为主线，以群众满意为目标，谱写了引领助推医院发展的新篇章。

坚持党建引领，秉承服务初心。医院按照"三强三优"工作要求，以最强党支部为抓手，推行"强思想，提升凝聚力；强班子，提升领导力；强队伍，提升执行力；强组织，提升战斗力；强服务，提升综合服务能力"的"五强五提升"党建新举措，形成了"严格规范抓党建，党建引领强院建"的工作格局，为医院高质量发展奠定了坚实基础。

大医精诚，革故鼎新。医院拥有 1.5T 核磁共振成像仪、128 排计算机控制 X 射线断层扫描仪（CT）、血管造影机、飞利浦 EPIQ7 彩色多普勒超声诊断仪等医疗设备；同时，紧随信息技术步伐，不断推进智慧医院建设，2021 年通过了自治区电子病历应用水平分级评价五级初审，目前已经实现了患者就诊、医院管理等全流程信息化服务。

求木之长在根，求水之长在源。医院着眼于旗域医疗中心的功能定位，以满足人民群众就医需求为导向，在京蒙对口帮扶框架支持下，坚持"走出去、引进来"的双向发展战略，与北京大学肿瘤医院、北京市密云区医院、赤峰学院附属医院等三甲医院建立了合作关系，不断加强交流学习，努力实现重大技术项目的引领和突破。目前医院获评 5 个市级重点专科，建有胸痛中心、卒中中心、危重孕产妇救治中心和危重新生儿救治中心。

杏林春暖，橘井泉香。回首 65 载春秋，巴林草原卫生健康事业发展的每一步，都少不了巴林右旗医院职工的身影，疫情防控、医疗保障、应急救治、乡村振兴、志愿服务、助残助贫……每一步奋勇前行，都凝聚着一代代巴林右旗医院职工的智慧和心血，也激励着后来人砥砺奋进，无私奉献，铸就一个个辉煌时刻。

党建引领健康梦，医路荣光致初心。站在新的起点，巴林右旗医院将继续秉承"重德、敬业、求精、创新"的院训精神，踔厉奋发，笃行不怠，在新时代医改征程中，以自身的高质量发展书写对"大医精诚"的不懈追求，为开创巴林右旗卫生健康事业发展新局面贡献新力量！

黔东南州人民医院"三沉三化"
提升组团式帮扶锦屏效果

贵州省锦屏县人民医院 吴水平

黔东南州人民医院"组团式"帮扶锦屏县人民医院工作开展以来，持续推动城市优质医疗资源向县域下沉，通过管理下沉、人才下沉、技术下沉增加优质服务供给，提升了县级医院的综合能力，不断满足县域居民的基本医疗服务需求。

一、管理下沉，推动医院管理规范化

一是积极探索"党建＋组团式帮扶"新模式。在黔东南州人民医院"组团式"帮扶专家团队中成立"黔东南州人民医院援锦党支部"，以党建带动帮扶、帮扶促进党建，通过党建引领强化帮扶工作有效开展，形成党建与"组团式"帮扶工作的有机融合，加速两地医院管理的同质化进程，开创两地医院党建工作和事业发展的"同频共振"。二是全面落实党委领导下的院长负责制。黔东南州人民医院"组团式"帮扶派驻专家组由黔东南州人民医院党委委员、副院长带队，专家组成员分别担任锦屏县人民医院院长、副院长、科室主任等职务，在工作中按责权一致原则全面落实党委领导下的院长负责制，构建党委统一领导、党政分工合作、协调运行的工作机制，进一步促进锦屏县人民医院现代医院管理制度的健全完善。三是厘清理顺管理机制，提升医院运营效率。针对调研情况，提出"强班子、保稳定、调结构、促增长"的"组团式"帮扶计划，制订"组团式"帮扶工作方案并落实目标任务分解；针对医院原来的粗放式管理模式，重新建立医院管理制度体系，制定和修订了20余项制度，推进精细化管理，将制度管理渗透到医院管理的各个领域和医疗服务的各个环节。

二、人才下沉，实现人才培养多样化

一是补齐专科人才短板。综合考虑锦屏县人民医院业务现状、区位条件等因素，黔东南州人民医院8名"组团式"帮扶专家及2名业务帮扶专家的团队组成呈梯队结构、层次突出，涵盖神经外科、肾内科、胃肠外科、肝胆外科、骨科、麻醉科、重症医学科、眼科、临床护理、卫生经济管理等多个学科专业，补齐了专科人才短板。二是发挥人才引领作用。10名帮扶专家与锦屏县人民医院的青年医师、业务骨干建立了"1+3"师徒关系，通过跟班学习、手术带教、教学查房、病例讨论、学术讲座等方式，帮助培养综合管理人才和专业技术人才。三是帮助本土人才提升。与黔东南州人民医院建立稳定送学机制，采用轮训和短、中、长期进修等方式，选送有培养潜力的业务骨干到黔东南州人民医院跟岗锻炼、学习深造，实现"输血""造血"并进。目前，有影像科等科室的 11 名低年资临床人员作为人才储备在黔东南州人民医院及其他医院进行规范化培训，有眼科、儿科、血透室、病理科、皮肤科、肿瘤科等科室 29 名临床医护人员曾在或正在黔东南州人民医院专科进修和能力提升班学习，他们返院后，白内障手术治疗、免疫组化、肿瘤类介入等新技术、新项目陆续得以开展。

三、技术下沉，促进专科建设体系化

一是整合资源，新建专科。在原"2+5"重点学科建设基础上，根据医院发展需要、强二甲和五大中心建设要求，整合资源新建康复医学科、全科医学科、儿童保健门诊、健康管理中心、肿瘤科、老年医学科 6 个临床专科，拓宽服务范围，增加诊疗科目，促进县域医疗卫生服务体系进一步健全，资源配置和服务均衡性逐步提高。二是融合共建，提升专科。聚焦锦屏县域影响人民健康的重大疾病和主要问题，针对锦屏县域转诊率较高的呼吸内科、肾内科、心内科、妇产科、眼科等重点病种和专科病人，加强医疗技术和应急能力建设，引导黔东南州人民医院医疗资源下沉，提升常见病、多发病的诊疗能力。目前已引进适宜技术 31 项，开展新项目 21 项，填补县域技术空白 43 项，不断解决当地群众看病就医"急难愁盼"问题，推动群众看病就医满意度持续提升。三是系统协同，发展专科。坚持系统协同，依托黔东南州人民医院"组团式"帮扶的大力支持与指导，以加强胸痛中心、卒中中心、创伤中心、危重孕产妇救治中心、危重儿童和新生儿救治中心"五大中心"建设作为创新锦屏县人民医院急诊急救服务的突破口和抓手，打造急诊重症监护病房（EICU）、呼吸重症监护病房（RICU）、冠心病重症监护室（CCU），整合多学科联合救治体系，加大与各乡镇卫生院的协作，带动基层医疗服务能力的提升。

加强千县工程建设
积极推进等级医院评审

广西桂平市人民医院

千县工程是国家卫健委推行的县医院综合能力提升工程，总体要求是坚持以人民健康为中心，以满足县域人民群众医疗服务需求为出发点，有效落实县医院在县域医疗服务体系中的龙头作用和城乡医疗服务体系中的桥梁纽带作用，到 2025 年，全国至少 1000 家县医院达到三级医院医疗服务能力水平。

桂平市人民医院以千县工程建设为契机，着力推进等级医院评审工作。

一、加强千县工程建设

（一）持续提升医疗服务能力，做好县域居民健康"守门人"

1. 加强专科能力建设

有自治区重点专科 1 个（血液内科），自治区重点学科 7 个（康复医学科、产科、生殖医学科、肿瘤内科、神经内科、消化内科、老年医学科），贵港市重点专科 6 个（急诊科、儿科、重症医学科、神经内科、神经外科、肾内科），贵港市重点学科 3 个（神经内科、生殖医学科、普通外科），贵港市重点建设学科 2 个（骨科、重症医学科）。2021 年，在全国县市医院优秀专科评选中，内分泌科、肿瘤科、产科、神经内科 4 个科室获得了十佳临床专科奖。医院生殖医学技术领先广西桂东南地区，是全国首批县级市医院获试管婴儿技术运行批准设置的生殖医学科，是广西县级市中唯一一个获得自治区重点学科称号的生殖中心。作为桂东南地区首家获得开展辅助生殖技术的生殖中心，创造了多项桂东南地区的"首例"：广西桂东南地区首例"夫精人工授精"婴儿及桂东南地区首例第一代"试管婴儿"均在该院诞生；2019 年 6 月，广西首例自体月经干细胞内膜移植患者成功分娩 2 个健康的龙凤宝宝；2021 年 6 月，完成了广西首例乳腺癌患者的卵巢组织冷冻保存。该院生殖医学科年门诊量为 4 万多人次，平均临床妊娠率近 50%，患者遍布全国 10 余个省区市，诞生了 5000 多个健康的"试管婴儿"。

2. 建强急诊急救五大中心

医院已成功创建了国家版胸痛中心、国家高级卒中中心、桂平市危重孕产妇救治中心、桂平市危重儿童和新生儿救治中心、桂平市创伤中心。其中，胸痛中心开展了多项新技术，如率先在贵港地区开展 TAVI（经导管主动脉瓣置换术），开展贵港市首例房颤冷冻消融等。国家高级卒中中心在全国高级卒中中心综合排名及全国高级卒中中心 AIS 血管内治疗技术工作量排名中，多次名列前茅。2023 年上半年，医院卒中中心全国排名前 70 名、广西综合排名前 3 名，静脉溶栓技术全广西排名第 1 名，各类技术综合排名前 25 名。

3. 持续改善硬件条件

医院新门诊楼和江北院区顺利投入使用，同时持续推进总院 2 号住院楼、江北院区后勤楼、传染病区、高压氧舱、外科住院楼等基建项目。新增土地扩容 170 亩（其中江北院区扩容 70 亩、龙门院区扩容 50 亩、长安院区扩容 50 亩），为群众看病创造更好的就医空间和条件。

（二）推动资源整合共享，发挥县医院"龙头"作用

共与 13 家基层卫生院组建医共体，每月安排业务骨干到 13 家医共体乡镇卫生院进行教学查房、业务培训等工作。2023 年上半年共派出约 130 人次开展帮扶工作。开展病理远程会诊 22 例，远程心电会诊 177 人次，远程影像会诊 8 例，从形式上缩短了大专家与患者之间的就诊距离。组织各科室到医共体单位进行"推进医共体建设，为群众健康护航"系列活动，共走访 6 个医共体成员单位，有 118 名医务人员参加，义诊群众约 860 人次，培训医共体成员单位医务人员和各乡镇村卫生室医师 302 人次。

（三）以国考为"金标准"和"指挥棒"，全面展示医院综合实力

2020 年，在 1227 家三级公立医院中排名第 340 位，在全区 42 家三级综合医院中排名第 10 位；2021 年，在 1355 家三级公立医院中排名第 433 位，在全区 42 家三级综合医院中排名第 15 位，成为广西 B++ 等级中唯一的县级市综合医院。

二、积极推进等级医院评审

2022 年 12 月，该院通过了三级甲等综合医院现场评审。2023 年 2 月 16 日，桂平市人民医院被自治区卫健委确认为国家三级甲等综合医院，成为广西第一家县级三级甲等综合医院。

37℃让医院党建品牌暖起来

江苏省海安市人民医院

近年来，海安市人民医院党委充分发挥把方向、管大局、做决策、促改革、保落实的领导作用，紧扣领导班子好、党员队伍好、工作机制好、发展业绩好、群众反映好"五个好"的目标要求，着力培育"党群同心　仁医暖民"党建品牌，创新开展"37℃工作法"，促进党建工作与医院中心工作同频共振，以此提升医院服务能力和水平，改善患者服务体验，实现了医院的提档升级，取得了疫情防控的阶段性胜利，开启了医院高质量发展的新征程。

37℃是人体正常的温度，也是医务工作者和老百姓最熟悉的温度，院党委通过3"仁"7"心"，把党群关系、医患关系调节在37℃，实现了"党群同心　仁医暖民"，让党员成为有温度的党员，让医务人员成为有温度的医者，致力于打造一所有温度的医院。仁善爱民，铸高尚医德；仁术为民，解患者病痛；仁爱惠民，帮困难群众。以"一切以病人为中心"的服务宗旨，发挥班子建设的核心作用，引领党员干部铭记初心，提升医疗技术；书写精心，改善医院服务；彰显贴心，充分发挥作用擘画同心，点燃志愿社工镌刻暖心。

一、党建领航聚合力，勇立潮头逐浪高

院党委以习近平新时代中国特色社会主义思想为指引，不断增强"四个意识"，坚定"四个自信"，做到"两个维护"。"欲筑室者，先治其基"，院党委加强公立医院党建，以班子建设的核心作用擘画医院高质量发展蓝图。认真落实党委领导下的院长负责制，实现党政分开，制定海安市人民医院两个议事规则，党委书记和院长定期沟通制度，推进公立医院党建工作规范化、制度化，并认真贯彻落实。

"壹引其纲，万目皆张"，思想是行动的先导，用党的创新理论武装头脑，方可永葆为民情怀。院党委深入推进党内系列学习教育，补精神之钙，固思想之元，激励党员铭记初心：开展"疫"线大讲堂，弘扬伟大抗疫精神；举办"牢记初心使命　追寻红色足迹"活动，以红色伟绩指引党员前行之路；组织"医脉相承，初心永恒"活动，追忆先辈，传承大医精诚……

二、技术精进立标杆，服务提升品质好

为促进医院顺利实现改革转型，保障医院高质量发展行稳致远，海安市人民医院坚持党建引领下业务能力与服务水平"两手抓"原则，在每一位医护人员的心头书写"精心"，在每一

项医疗技术开展过程中诠释"精心"。积极推进胸痛中心、卒中中心、创伤中心、危重孕产妇救治中心和危重儿童和新生儿救治中心"五大中心"建设，持续提升急救能力，引领全市急救高效新模式：大力发展特色专科，不断提升核心专科，夯实支撑专科，打造优势专科。目前海安市人民医院已经形成了1个省级临床重点建设专科肿瘤科领衔，26个南通市临床重点专科、3个南通市临床重点建设专科紧跟其后的优秀专科矩阵。

医院通过开展"服务提升年"行动，将贴心彰显在为民服务的每一个角落。注重为患者提供更加优质、高效、便捷的医疗服务，切实改善群众就医体验，提升医院形象。例如，建立紧密型县域医共体，以构建县域内医疗服务新模式为目标，着力打通分级诊疗"最后一公里"；成立互联网医院，减轻患者来回奔波的疲乏，真正实现"让信息多跑路、让患者少跑腿"的服务口号；门诊大厅施行专业导医服务，让其举手投足间的优雅化解患者内心的焦灼，以其贴心、高效的服务使患者的就医通道更加便捷。

三、担当作为甘奉献，志愿服务底色亮

海安市人民医院党建工作与中心工作有机融合，无论是在救死扶伤的临床一线，还是在抗击新冠疫情的前沿阵地，人医人都用行动诠释着"敬畏生命，救死扶伤，甘于奉献，大爱无疆"的医者仁心。新冠疫情暴发以来，院党委带领全院医务人员用实际行动为疫情防控形势持续向好做出了积极贡献。9名医护人员逆行而上，征战武汉，用生命守护生命；院内紧急成立发热病区，实现从零到有的有效突破。援鄂医务人员于敏被评为"南通市优秀共产党员"，吕书军同志、杨小健同志获得"江苏省抗击新冠肺炎疫情先进个人"光荣称号。

院党委始终秉承公益性发展理念，积极履行社会责任，持续推进健康扶贫工作，打造"党群同心志愿行"志愿服务品牌。他们走进基层，深入学校；他们慰问困难群众，帮助留守儿童；他们免费义诊，健康科普……让医者之暖心遍洒在海安城乡的每一片热土。

未来，院党委将一如既往地积极推动"党群同心　仁医暖民"党建品牌建设，充分发挥党支部的战斗堡垒作用、党员的先锋模范作用，团结带领全体党员主动作为、敢于作为、善于作为，带动全体职工发挥主观能动性，努力践行"一切以病人为中心"的服务宗旨，全力实现省级重点专科建设、人才培养和科研创新的突破，以党建工作推动中心业务工作提质增效，绽放人医风采。

数字型、移动式、常态化的"市—区—乡镇"三级城市医联体运行模式构筑全生命周期的健康共同体

浙江省湖州市第一人民医院医疗保健集团

为贯彻落实《国务院办公厅关于推进医疗联合体建设和发展的指导意见》（国办发〔2017〕32号）、《关于开展城市医疗联合体建设试点工作的通知》（国卫医函〔2019〕125号），按照《湖州市人民政府办公室关于印发湖州市城市医疗卫生服务共同体建设实施方案的通知》（湖政办函〔2019〕6号），湖州市第一人民医院医疗保健集团实行各成员单位唯一法人组织架构，在保持原各院区职能部门职责基本不变的基础上，成立人力资源、信息管理、财务管理、采供调配、医疗事务、医疗质量等18个管理中心，在行政后勤、医疗运行、公共卫生、健康服务、安全生产等各方面实行同质管理。4年来，集团运行成效显著，牵头医院综合实力提升，成功创建了三级甲等综合医院，门急诊人次、平均住院天数显著减少；各成员单位服务水平得到改善，群众和职工满意度增加。

一、深化分级诊疗，提升基层服务能力

集团的建设着眼于功能定位，致力于"播种造血"。市级医院牵头、指导、帮扶基层医院，承担疑难、重症等医疗卫生服务；区级医院以常见病、多发病诊治和急危重症早期抢救、转运为主，乡镇卫生院则以基本医疗、康复、保健、预防、慢病管理、公共卫生为主要任务。集团各成员单位所辖人口数量不一，地域分布甚远，服务能力不尽相同。集团在前期充分进行实地调研、区块分析的基础上，量体裁衣，制定个性发展路径。

（一）吴兴院区

争创二甲，积极发挥区级医院上下中转职能。集团在吴兴院区建立初级心电、影像等诊断中心，承担基层医院的影像、心电等会诊任务，根据临床诊疗科目和专业能力，牵头医院建设高级影像、心电、检验、病理诊断中心，承担初级中心上转的疑难病例诊断。

作为三级转诊体系中的重要枢纽，除了依照就近、就急转诊原则，吴兴院区在集团总院8年多的托管下，强化医疗质量与安全管理，初步建立了较为完善的质量控制体系和院科两级责任制，在医院运行、医疗质量、医改控费、便民服务、综合提升上取得了显著成效。经总院设计、协调、督导建设的吴兴院区新址启用后，启动了胸痛、卒中、创伤三大中心建设，并成立了吴兴区急救中心，以满足当地危重症急救需求。

（二）埭溪院区

顺利通过"优质服务基层行"国家级复评。按照《乡镇卫生院服务能力评价指标（2019 年版）》，在总院各管理中心督导下，院区于 2019 年 10 月成功通过国家级复审。管理上，总院选派骨干担任执行院长；业务上，开展了腹腔镜微创手术、无痛胃肠镜诊疗、无创呼吸机治疗、宫腔镜诊疗、阴道镜诊疗等 12 项新技术新项目，指导成立内镜诊疗中心、妇女儿童健康管理中心，建立远程会诊中心，试行慢性病药品配送入户。2019 年门诊人次增长 10.7%，特别是外科、骨科、眼科、消化科等专科的疾病诊治量增长明显，院区十多年来首次达到收支结余。

（三）八里店院区

运营成效明显，业务全面开花。专家团队指导院区耳鼻喉科、康复科、骨科、肾内科、心内科和皮肤科等专科的筹建工作，对功能定位、科室规划、设备投入、人才培训、质量与安全、制度建设等给予全方面业务融合指导。院区就诊人次数明显增加，尤其是以高血压和糖尿病为主的慢性病患者居多，真正体现了"小病不出门"的分级诊疗。其中，高血压、糖尿病管理人次分别提升了 17.44% 和 10.38%。

（四）东林院区

在偏远乡村打造全科医学的典范。总院为东林院区拟订了"全科为主、专科为辅"的帮扶方案，每周安排 5 名全科专家坐诊查房，每周一下午开展全科教培工作。年业务总收入同期增长大于 9.3%，门急诊总人次同期增长 3.47%，床位使用率同期提高 1.26%。

（五）织里院区

家庭病床提供全程健康管理。以卒中病人为例，织里院区 20 个站点已在总院神经内科、康复医学科组建的卒中团队指导下，共建立 334 张卒中家庭病床。织里院区 5 年来就诊人数每年增长 1.7%～5%，慢病规范管理率由 31% 上升到 70.5%，上转病人人次数保持 10% 以上增幅。

（六）道场院区

完善自身诊疗功能，推进卫生站点建设。总院派遣心内、呼吸、泌尿外科、普外等专科医生定期坐诊，同时开展业务培训、技术指导。在基层完成首诊后，可通过转诊系统预约总院磁共振等大型检查或预约床位。高血压病例收治增加 4.2，脑卒中增加 5.4%，支气管炎增加 6.8%，肺气肿增加 90.6%，尿路感染增加 51%。

（七）妙西院区

建设吴兴区公共卫生管理标杆示范。妙西院区以扎实的公卫管理、完善的工作体系、详尽的健康档案成为集团公共卫生工作的标杆示范单位。特别是新冠疫情的防控工作率先推动了集团各成员单位的公共卫生工作，完善的居民健康管理实现了高风险人群在社区初筛、二级医院诊疗、三级医院疑难救治的分级诊疗和闭环管理。

二、发挥总院牵头引领功能，提升集团综合实力，推进牵头医院高峰建设

（一）不断强化自身，实现区域龙头地位

医院在引领各成员单位发展的同时，自身成功创建了三级甲等综合医院，提升了整体综合实力。医院借梯登高、靠大联大，近年与国内多位院士，北京、上海等地多家著名医院加强合作，推进优质资源各成员单位共享，提升了集团的学科实力。医院在质量管理、优质护理、院感控制、安全生产、行风建设等发展内涵上严格标准、强化落实。

（二）智慧医疗试点，打通信息系统渠道

医院利用集团信息系统优势，打破各院区系统分离、软件孤岛的壁垒，形成了纵贯到底、横向到边的信息大树。转诊、培训、考核、结算、会诊等业务均可在集团内完成。在"医后付"和"云影像"的基础上，实现了进出院在病区护士站的便捷办理，实行住院病人的"掌上结算"。医院探索"互联网＋"医护，通过智慧远程会诊中心建设以及手机MDT（多学科会诊）、集团影像、心电中心建设，指导基层医务人员在偏远地区开展慢病管理诊疗、基层家庭病床服务。

（三）建立党建服务联盟，做到"党建与业务深度融合"

集团根据《关于加强公立医院党的建设工作的意见》指导意见，参照基层党支部建设原则，结合业务工作，与各院区所在镇党委、行政村党支部，通过当地政府人员的共同参与，推动家庭医生签约工作。定期开启"健康服务直通车"进村入企，分时段、分站点送达健康服务，已"发车"百余次。市级专家加入乡镇卫生服务站点的家庭医生签约团队，除了定期上门服务外，更重要的职责是进行技术指导和带教，让技术的种子在基层的土壤里开花结果，让基层血液因吸收养分而鲜活起来。

促进全县院感防控工作的落实
更好地保障医疗质量和安全

江西省会昌县人民医院

为提高我县医院感染防控管理整体水平，夯实基层医疗机构医院感染防控基础，加强县内互通、互查、互促，进一步提升全县感控工作，促进全县院感防控工作的落实，更好地保障医疗质量和安全，2023年4月7日下午，在县卫健委的大力支持下，会昌县2023年度医院感染质量控制中心工作会议暨医院感染防控培训班在我院顺利举行。县直、民营医院、各乡镇卫生院领导，县医院感染质量控制中心成员及院感专（兼）职人员共100余人参加了此次会议。

会上，会昌县人民医院副院长吴春泉代表医院向前来参会的县直医院、民营医院、各乡镇卫生院领导、专家和同仁表示了热烈的欢迎。她表示，我院将以此为契机，充分发挥和利用好医院感染质量控制中心这一平台的作用，不断制定和完善医院感染质量控制相关标准，建立健全相关机制，加强与有关部门及县乡镇民营医院的沟通联系，逐步构建起全方位、立体化的院感防控体系，为保障人民群众健康、促进全县院感防控事业的发展、加快推进"健康会昌"建设做出更大贡献。

会昌卫健委公立中医院副院长、县医院感染质量控制中心主任钟瑜辉代表卫健委对全县院感工作者在工作中做出的贡献表示衷心感谢，他对县医院感染质量控制中心2022年度工作进行了总结，在肯定取得成绩的同时，指出了当前县域医疗机构院感存在的共性问题和薄弱环节，并提出针对性的整改意见。他对县院感质控中心工作做总结发言，提出医院感染质量控制工作事关重大，要融入医院医疗工作的各个环节，提高院感防控质量，降低医院感染风险：一是要增强意识，充分认识感控工作的重要性和紧迫性；二是要自觉履职，努力提高医院感染管理水平，加强质控指导和管理；三是要科学谋划，完善院感防控的各项制度，切实加强感控工作人员的专业性。

培训会上，会昌县人民医院院感办主任曾秋香、副主任谢晓静，县中医院院感科主任刘小燕分别就"医院感染理论基础与医院感染管理""院感管理中的清洗、消毒与灭菌""医院工作人员常见职业暴露的预防和处置"等内容进行授课。

培训会后，会昌县医院感染质量控制中心所有成员组织召开了2023年度第一次工作会议，钟瑜辉对2023年度县医院感染质量控制中心的工作进行了安排部署，进一步明确了成员工作职责。下一步，县质控中心将以"优质服务基层行"创建活动为抓手，进一步夯实基层医疗机构的院感防控能力。

此次会议为全县院感工作者提供了院感防控新思路、新方法，进一步增强了大家的院感防控意识和能力，为切实做好院感防控工作，确保实现院感零感染目标，保护患者和医护人员的生命安全贡献力量。

发挥党建引领作用
提升医疗服务能力

山西省稷山县人民医院院长 黄永勤

近年来，我院贯彻落实新时期党的卫生与健康工作方针，大力加强以人才、技术、重点专科为核心的能力建设，医院综合服务能力和整体实力得到全面提升，县级医院服务能力基本标准达到 95.8%，推荐标准达到 83.6%。2018 年医院被省卫健委评审核定为三级综合医院；2019 年被国家卫健委确定为全国 300 家已基本达到服务能力推荐标准的县医院；2020 年 2 月医院服务能力基本标准和推荐标准均排名全省县级医院第一，7 月被确定为山西省公立医院改革与高质量发展示范医院，12 月被人民网授予"强县域 千县行"达标单位；2023 年被市卫健委评审为"五面红旗"示范医院。

一、强化重点学科和人才队伍建设

近年来，我院坚持把学科建设和人才队伍建设作为医院发展的重中之重来抓，对重点学科在基本建设、设备更新、人才培养等方面给予优先考虑和大力支持，打造了一批高质量、有特色的优势学科，同时逐步建设亚专科。全院现有心血管内科、妇科 2 个省市县共建医学重点学科，心血管内科、妇科、重症医学科、神经内科、肿瘤科、中西医结合科 6 个省级临床重点专科，以及 10 个市级临床重点专科。全院高级卫生专业技术人员达 200 名，医学硕士研究生 29 名，山西医科大学兼职教授 25 名，重点专科和高级卫生专业技术人才位居全省县级医院第一。根据医院发展及专业需求，2023 年医院通过县委、县政府人才"绿色通道"积极引进医学专业研究生和规培生 10 名，为医院发展提供高素质专业技术人才支撑。

二、积极开展医疗联合和新技术项目

我院与北京、西安、太原等省内外 28 家医院开展了医疗联合或组成学科联盟，上级专家定期来院坐诊、查房、手术、讲学，极大促进了医院各专业的发展和医疗服务能力的提升。远程会诊中心向上连接解放军总医院等 24 家三甲医院，并与山西省远程医疗服务平台联通，向下连接医疗集团各乡镇卫生院及村卫生室，利用信息化技术提供远程会诊、远程心电、远程影像等服务。近年来全院新技术项目实现较大突破，整体技术项目达到了三级医院水平。

三、大力推进急诊急救和临床服务"五大中心"建设

按照标准建设要求，大力推进急诊急救"五大中心"建设和临床服务"五大中心"建设，全院服务能力和服务水平明显提升。胸痛中心通过国家胸痛中心总部认证，卒中中心通过国家脑防委认证，创伤中心被评为中国创伤中心建设单位，危重孕产妇救治中心、危重儿童和新生儿救治中心通过市级验收。卒中中心 DNT 时间最短达到 20 分钟，胸痛中心 DNT 时间最短达到 15 分钟。在临床服务"五大中心"建设中，肿瘤防治中心通过 MDT（多学科联合诊疗）让肿瘤患者治疗方案更加精准；微创介入中心建立 2 年来，已开展心血管科、神经内科、神经外科、肿瘤科及外周介入手术 1900 余台；麻醉疼痛中心已开展门诊和住院服务；重症监护中心通过开展 PICCO 监测，使感染性休克合并多脏器功能衰竭抢救成功率明显提高，治疗更加精准；慢病管理中心为患者提供"健康小屋"和"方便门诊"，利用信息化系统规范管理慢病患者。

四、圆满完成疫情防控和各项支援任务

新冠疫情暴发三年来，我院主动担当、积极作为，坚持人民至上、生命至上，坚决担起疫情防控"主战场"责任，全院医护人员不畏艰险、勇往直前，奋战在疫情防控第一线，圆满完成了县委、县政府和市、县疫情防控指挥部下达的一切指令性任务及常态化疫情防控任务，高质量完成了支援周边县市核酸检测的任务，胜利完成了支援湖北、上海疫情防控的任务，为抗击疫情付出了艰辛努力，贡献了稷医力量，涌现出"全国抗疫先进个人"郝红慧（运城市唯一获奖者）等先进典型。

五、狠抓医院内涵建设和精细化管理

一是以病历质量为重点，强化病案管理绩效考核，应用质量管理 PDCA 循环，引入 5S 管理理念，实现医疗护理质量的持续改进和全面提升。二是建立健全医院全面预算管理、成本管理、预算绩效管理和内审机制，规范开展风险评估和内部控制评价，不断推进医院管理科学化、规范化、精细化。三是积极践行"全院围绕临床转，临床围绕病人转"的服务理念，院班子成员面对面征求患者意见，职能科室人员下沉临床包联服务，及时为临床解决实际困难。四是打造温馨便捷的就医环境。健全便民服务设施，免费为患者测量体温、血压，提供开水、老花镜等，配备了共享轮椅、共享陪护床、免费平车、拐杖等便民设施。规范门诊导诊工作，推行首问负责制，医保报销窗口实行"一站式服务、一窗式办理、一次性告知"。启用停车收费系统，有效缓解了患者看病就医停车难问题。

六、扎实开展"五面红旗"医院创建和清廉医院建设

积极创建"五面红旗"示范医院，发挥党建引领作用，创新"党建＋"模式，实现党建和业务工作相融合、双促进。在清廉医院建设中，持续推动打击收受红包回扣、整治"院外购药"、

纠治医疗卫生领域腐败和"吃拿卡要"作风问题等专项行动,注重抓好建章立制工作,针对关键岗位、关键领域、关键环节制定和完善了《医用耗材集中带量采购制度》等5项制度,修订更新了《医疗设备采购管理规定》等7项制度。通过建章立制,进一步提高医院用制度管权、管事、管人的实效性。

　　下一步,我院将按照国家和省卫健委《全面提升县级医院医疗服务能力工作实施方案》的相关要求,积极找差距、补短板,进一步提升医院综合服务能力,高标准建设全省一流的县级三级综合医院,为增进人民群众健康福祉做出新的、更大的贡献。

强化风险防控　提升服务水平　守护人民健康

湖南省嘉禾县人民医院　郭　辉

近年来，嘉禾县人民医院在党建引领下，统筹疫情防控和医院建设发展，狠抓风险防控，不断强化医院管理，提升医疗技术服务水平，为守护一方百姓健康安全积极贡献力量。工作成效明显，2022年完成门急诊18万余人次，完成住院病人收治2万余人次，完成手术近5000台。在疫情防控的大环境下，医院社会形象不断提升，先后被国家卫健委列入首批"千县工程"县医院，被评为市级平安医院，被推荐为市医疗机构法治建设优秀集体，被评为嘉禾县"十大重点工作"风险大防控先进单位，在全县疫情防控技能竞赛中荣获团体二等奖。医院还荣获发全国县域"公立医院高质量发展典型案例"称号。

一、凝心铸魂，坚持政治领航，人才强院

医院始终把政治建设放在首位，坚决贯彻执行上级党委、政府的重大决策部署。深入学习宣传贯彻党的二十大精神，开展"喜迎二十大，奋进新征程"系列活动，激发全院干部职工干事创业智慧和力量。守好意识形态主阵地，首创"'四清'医师"等荣誉评选，推选获评市、县级"最美医师"9名，不断激励担当作为。积极推动新时代文明实践活动，开展院内院外志愿服务活动200余次。聚焦人才工作，引育并举，探索"双培养"机制，引进市级知名专家2名、院内高层次人才3名，引导11名医务人员成功晋升高级职称，发展7名业务骨干光荣加入党组织，培养在读硕士研究生1名，建立名中医工作室1个，推荐获评嘉禾县"禾仓人才"1名，人尽其才，促推医院高质量发展。

二、敢于担当，坚守防控阵地，攻坚克难

医院作为全县疫情防控主战场，以时不我待的精神抓实抓细常态化疫情防控各项工作。配合有关部门有效处置广发"3·9"、塘村"5·28"核酸检测突发事件，在处理过程中，院领导靠前指挥，医务人员闻令而动，什么时候接到命令就什么时候出发，两次事件都是通宵奋战，但没有一位同志有怨言。2022年11月底县城进行临时管控期间，实行全院动员，院领导成立医院临时指挥部，坐镇指挥，医院出动上百人次，奔赴县城各采样点。那几日，冷风凄雨，采样队员克服各种困难，坚决完成了采样任务，有的队员不畏风险，上门为管控区人员采样；有的队员刚下班，又接到新任务，二话不说又披挂上阵；120急救中心的工作人员枕戈待旦，24小

时不间断转运红码人员，检验科 PCR 室机器不停，人员轮番上阵，确保检查结果按时上报疫情防控指挥部，全院齐心协力，圆满完成了上级交办的任务，2022 年完成核酸检测 178 万余人次。响应省卫健委号召，先后派出李军等 18 名医务人员参加援助上海、海南、新疆、湖南、重庆等地抗疫，得到援助地政府和人民群众的高度评价。在国家防疫"新十条"出台后，面对蜂拥而来的新冠感染者，全院上下齐心抗疫，扩容提质，开设新冠门诊、新冠住院病区、亚重症新冠患者救治病区等，想尽一切办法采购呼吸机及药品，发挥中药的预防和治疗作用，免费为住院患者发放预防和治疗新冠的中药汤剂，医院营养食堂加派志愿者确保在院病人饮食有保障，各科室打破病种、专业的限制，最大限度接收新冠感染者，实现日最高收治新冠患者 700 余例，且无一例患者因新冠在院内死亡，在全县新冠感染者救治过程中发挥了主力军作用。

三、强化责任，坚持全面管理，防范风险

常态化开展医院风险综合防范工作，梳理综合风险点 129 条，质量安全、服务监督部门每月深入全院各科室进行风险点整改的监督检查工作。开展工作以来，医疗纠纷和服务投诉明显减少，未发生重大安全事件。积极开展消防安全巡查和培训演练，全年开展演练 2 次，全院性培训 5 次；对全院高层建筑开展安全风险排查，对污水排放进行实时监测；持续加强安保工作，使人防、技防、物防提升到新水平；积极主动化解退休职工邓爱珠长达 18 年的信访积案，医院荣获县化解信访积案"特别贡献奖"。

四、学科优先，坚持技术创新，特色明显

近年来，医院不断加强"五大中心"建设，提高专科疾病的救治服务能力。在业务上不断加强培训和演练，采购专科设备，提高了医护人员对专科急危重症病人的识别能力和专科急救能力，降低了"五大中心"疾病患者的致残率和死亡率。高危孕产妇救治中心 2022 年共收治高危孕产妇 138 例，均化险为夷；县危重新生儿救治中心 6 名医生都有到上级三甲医院进修新生儿专科的经历，能有效开展危重新生儿抢救；卒中中心实力大大增强，在全省同级医院中排第 10 位；胸痛中心成立并逐步壮大，2022 年完成冠脉造影 285 台，挽救了许多心梗患者的生命。持续推进特色科室建设，先后开设肿瘤科、乳腺诊疗与管理中心、慢病管理中心，填补了我县多个学科的空白。呼吸内科成功申创国家级"呼吸与重症医学科"规范化建设单位，呼吸内科的救治能力和水平迈上了一个新的台阶。开设护理专科门诊，大力推广经外周置入中心静脉导管（PICC）、伤口造口、静脉输液港等技术，扩大了医院护理技术的影响。

五、心系病友，坚持优质服务，提升形象

近年来，医院不断改善服务，提升患者就医体验，解决群众就医急难愁盼问题。大力推进互联网医院建设，开展"互联网 +"护理，提供上门护理服务，尤其是疫情放开后，为解决线下就医难题，医院开设了新冠感染患者线上咨询服务平台。有力推进医共体建设工作。选派医

疗骨干到行廊卫生院坐诊，组织专家团队深入行廊卫生院开展老年人健康体检。医院全年派出专家上百人次与卫生院建立联合团队，共同开展公共卫生服务工作，对群众面对面进行健康指导。定期派出心血管、呼吸内科、康复医学专家到基层医院指导业务。开展信息共享平台建设，免费为基层卫生院提供云胶片平台，实现影像检查结果共享，开创了全市先河。坚持优质医疗资源下沉服务基层群众。2022 年以来，下乡开展义诊 30 场；深入单位、学校、企业、开展"第一目击者培训" 12 场，培训两千余人次，不断提高群众的健康素养和急救技能。积极组织眼科专家深入各乡镇开展"复明十号"白内障筛查工作，帮助 167 名患者恢复了"光明"。

作为全县最大的综合医院，我们始终牢记公立医院的职责和使命，守护嘉禾人民的健康和安全。未来，我们将以分院建设为契机，不断提升综合能力水平，朝着三级医院的目标前进，为全县健康事业的发展再立新功。

聚焦"五能" 提升"三感"
奋力打造公立医院高质量发展湖州样本

浙江省湖州市中心医院 吴佳烨 戈 杰

湖州市中心医院（浙江大学医学院附属湖州医院）因地制宜学习借鉴三明医改经验，聚焦"改革释能集聚新动力、数字赋能打造新模式、整合聚能重构新体系、学科提能建设新高地、党建强能培育新文化"，持续提升群众看病就医和员工职业成长的获得感、幸福感和安全感。医院获批建设国家省级区域医疗中心，在全国公立医院绩效考核中位列 A+ 级，连续两轮被评为全国进一步改善医疗服务示范医院。

一、改革释能，加速集聚转型赶超新动力

牢固树立高质量发展新理念，坚持以思想破冰引领创新变革行动突围。实行领导干部和业务骨干年薪制，设立院长奖励基金；建立"基于以资源为基础的相对价值比率（RBRVS）和疾病诊断相关分组（DRGs），体现岗位职责和知识价值、体现技术水平和岗位风险、体现多劳多得和优绩优酬"的绩效考核体系。加强医院精益管理，构建运营管理体系，不断提升医疗服务效率，开展手术患者"3Q"专项行动，推进日间手术和快速康复。强化院内"三医联动"，实施DRG付费精细化监管。

强化运营体系建设和效率医疗落地，落实总会计师制度。成立运营发展部，设立运营管理专员，推进运营精益管理行动，出台运营卓越提升计划，每月开展先锋医疗组、手术标兵、医疗质量奖等评选，提升精益管理水平。2022 年相比 2021 年，药占比降至 21.03%，平均住院日和术前等待时间分别缩短至 5.74 天和 1.60 天，日间手术占比和微创手术占比分别提升至 24.51% 和 28.96%。

二、数字赋能，加速打造智慧医院新模式

深化智慧管理。建立临床数据驾驶舱，全面掌控医院实时运营状况；推进员工办事"智慧跑零次"，实行一键报修和中央配送；与联想集团共建"联想·南太湖实验室"，在慢病大数据管理、医养结合应用等方面展开深度合作。深化智慧医疗，运用5G、AI技术实现门诊合理用药 100% 智能审方、智能快速筛查 CT 影像等。

深化智慧服务。以数字化撬动"最多跑一次"改革，实施"检查预约少等待""自助服

务更便捷"等近 20 项便民措施，门诊患者预约后平均等待时间为 4.35 分钟，预约就诊率达 85.87%，门诊智慧结算率达 90.9%。建立全国首家"医后付"医院，累计服务 192 万余人次；牵头建设全市"云药房"，在全国率先实现电子处方自由流转；在全省率先建成"云影像"，每年为患者节约 1200 余万元。

三、整合聚能，加速重构健康服务新体系

构建"一家人、一本账、一盘棋"格局，实行总院与各院区唯一法定代表人。打通"信息共联、资源共享、人才共育"路径，成立集团事业部，搭建人力资源、财务管理、医疗质量、公共卫生等 16 个集团管理中心和远程心电、远程影像、远程超声、远程会诊和消毒供应中心等 8 个共享平台，实行集团人事统一招聘、统一培养、统一晋升。

落实"标准化、同质化、特色化"管理，完善标准化双向转诊机制、转诊流程和转诊目录，制定《湖州市家庭病床服务规范标准流程》等地方标准。推进"一院区一特色"建设，帮扶开设 35 个专家（专科）门诊和 52 个全—专联合门诊。2022 年各院区门急诊人数比 2018 年增长 28.3%，医疗收入较 2018 年增长近 1 倍。紧密型城市医疗集团建设获央视点赞。

四、学科提能，加速建设医疗科创新高地

成为浙江大学医学院附属湖州医院，与浙大二院等名院名校开展紧密合作。实施学科人才 18 条、科技创新 18 条、教学激励 15 条等方面新政，设立学科人才专项基金 1.5 亿元。全力建设省级区域医疗中心，获批挂牌湖州市肿瘤医院，柔性引进院士团队 6 个、"四青" 7 人。现有硕士 423 名、博士 76 名、博士后 3 名，入博士后工作站 6 人，在职读博 25 人。

医院现有浙江省重点扶持 / 共建学科 6 个，浙江省区域专病中心 5 个，市级重点学科群 3 个，市级高峰学科 4 个，市中医药重点专科 2 个，市级重点支撑学科 19 个；有浙江省中医药重点实验室（培育）1 个，市级重点实验室 7 个。培育肿瘤、心脑血管疾病、呼吸病学 3 个国家重点临床专科；"揭榜挂帅"组队攻关临床重大疑难技术。

五、党建强能，加速培育最美医院新文化

全面落实党委领导下的院长负责制，持续推动党建业务深度融合，打造清廉医院建设标杆。牢固树立员工为本、临床优先、始终以服务对象为中心的服务理念，深入推进"一站式诊疗、一站式服务、一站式生活"，相继落地公交入院、院内接驳、陪伴就诊等惠民举措，建设老年友善医院。深入构建"暖心暖胃 悦心悦行"的员工关爱体系，加快完善浙北医学中心高品质生活圈。

坚决担起疫情防控政治责任，"国十条"发布后，全院迅速进入战时状态，实行全院床位、设备、药品、物资一盘棋，人力资源全部统一调配、混合编组；坚持早研判、快分流，步步为赢，优化打法，组建救治网格，实行床位联动，组织专家深入县区基层巡诊指导，打出"统、扩、快、

防"组合拳，全力以赴坚守重症战线。"呼吸综合门诊""四级分层联动""集团＋网格一张床"等做法受到了国家指导组、省卫健委和省市领导的充分肯定。

在"十四五"发展新阶段，湖州市中心医院将奋力打造公立医院高质量发展的湖州样本，加快铸就"在湖州遇见最美医院，在湖州享受健康生活"的文化品牌，为湖州建设长三角市域医学高地、打造健康中国先行示范区做出更大贡献。

党建引领　扬帆启新程
——喀什地区第一人民医院高质量发展提质升级

新疆喀什地区第一人民医院

时代变迁不忘红色基因，初心不改更当秉承前行。始建于1934年的喀什地区第一人民医院（以下简称"喀地一院"）一路走来，赓续初心，彰显担当，89载芳华正青春。尤其是在学习贯彻落实习近平新时代中国特色社会主义思想和党中央关于加强公立医院党建决策部署上，喀地一院紧紧围绕"高质量发展"目标，牢牢抓住公立医院改革任务，充分发挥党建引领作用，贯彻落实党委领导下的院长负责制，蓄势启航，勇毅前行，实现了以高质量党建工作促进医院高质量发展的目标。

一、支部建在科室，党建引领促发展

"严重多发伤抢救成功率由原来的50%提升为98%以上，成功救治严重多发创伤患者2200余名，开展三、四级手术300余台，收到一封封承载着生命重量的感谢信……"这是喀地一院创伤中心自建立以来取得的成绩。

喀什地区因高能量致伤因素造成的多发伤患者日益增加，加之地域广、上下级医院距离远，院前多发伤患者致死、残率的情况更是多见。2020年，在援疆专家的帮助下，喀地一院决定创建创伤中心。在建设过程中，面临着人员严重不足、创建经验少、专业技术水平不高、涉及科室多等问题。医院重症党支部发挥战斗堡垒作用，及时召开支委会和党员大会，广泛征求意见建议，研究制订建设方案，明确责任分工，确定工作进度表，定期召开工作推进会。在党支部引领下，党员们各负其责，有力推进，各科室积极配合支持，创伤中心得以顺利高效建成。

2021年11月，南疆区域创伤救治联盟正式成立，喀地一院与来自阿克苏、和田、克州、兵团第三师以及喀什地区12县市的30多家医院共同签约，构建起南疆区域创伤救治网络，承担起南疆四地州1000多万人的医疗保障任务，大幅提高了南疆区域创伤紧急医疗救治能力。截至目前，喀地一院创伤中心已常规开展去颅骨瓣减压、剖腹探查术、四肢开放性骨折复位外固定术等各类创伤手术及创伤患者早期营养治疗等，创造出"重大贯穿伤救治""挽救17楼坠落花季少女生命"等多个南疆救治医学奇迹。

"没有脱离党建的业务，也没有离开业务的党建。把支部建到专科上，就是要以党建推进

特色专科建设，通过党支部这座战斗堡垒引领业务发展。"这是喀地一院党委班子的共识。为发挥党建引领作用，促进党建和学科融合发展，喀地一院结合学科建设发展需要，根据部门工作性质或学科类属，按照加强党员管理、便于业务研究交流等原则设立 38 个党支部，所有党支部书记均由"双带头人"（党建带头人与学术带头人）担任，以此建强堡垒，增强党组织的战斗力。

在党建引领下，喀地一院各学科蓬勃发展，先后通过国家级胸痛中心、房颤中心、心衰中心以及 ISO15189 认证，取得了国家药物临床试验机构资质，开设了肝病专科门诊、帕金森病门诊、糖尿病专科护理门诊等特需门诊。2020 年 11 月，医院获批建设国家传染病区域医疗中心，开创了全国地州级医院建设国家区域医疗中心的先河。2022 年 5 月，医院以优异成绩顺利通过等级医院复审，成为全疆地州级医院首家接受复审并通过复审的医院。

二、党建融入学科，释放人才"新活力"

对公立医院来说，没有医疗技术的创新精进，救死扶伤就是一句空话。建设"区域性国际医疗中心"没有捷径可走，唯有提高自身医疗技术水平。一流党建引领一流学科，一流学科建设一流党建。喀地一院不断将党的建设融入学科建设，把临床学科做强，把医疗技术做精，加强人才培养，全面增强医院的核心竞争力。多年来，喀地一院切实加强党建引领学科建设工作，坚持党组织建设与学科建设相互联系、互相促进，建立健全学科建设发展规划，开展重点科室党建查房，帮助增强学科发展竞争优势；探索形成党委领导班子成员建立重点学科联系制度，提升重点学科党建工作质效，突出党员先锋模范作用，在医教研等方面开展攻关，努力在关键技术、核心技术等方面取得更多创新成果。

千秋基业，人才为本。要想促进公立医院蓬勃发展，以高超的医术抚平患者的伤痛，为群众带来健康，就需要不断培养人才，竭力激发人才的创造力，让人才为医院发展注入生机与活力。喀地一院坚持党管人才原则，坚持"人才是第一资源"理念，着眼长远发展需求，持续完善人才培养机制，搭建人才发展宽广舞台，坚持正确的选人用人导向，引才育才、重才用才，不断释放人才活力，厚植发展根基，打造近悦远来的人才聚集高地，使真正想干事的人有平台，能干事的人有机会。

与此同时，医院切实压实全面从严治党政治责任，把作风建设与党建工作同向部署、同步深化、常态推进，锤炼队伍优良作风；严格落实全面从严治党主体责任，营造廉洁高效的政治生态和风清气正的就医环境；持续打造党风清廉、行风清新、院风清净、医风清洁、作风清朗的"清廉医院"。如今，在党建引领下，医院的风气越来越清新，态势喜人。

党的建设永远在路上，抓党建就是抓发展，强党建就是聚人心。作为喀什地区区域性医疗龙头医院，在习近平新时代中国特色社会主义思想指引下，在"党建强、医院强"的战略引领下，喀地一院必将迎来新一轮发展黄金期，为喀什地区广大人民群众及周边地区提供更加优质高效的医疗服务。

三、坚持党建为民，跑出为民服务"加速度"

"感谢党的医疗惠民政策！让我在家门口就能通过远程医疗享受三甲医院专家的服务""医院的服务太好了！让我病愈出院后还能通过回访电话感受到你们的关心"……这些就是患者对喀地一院的赞誉和肯定。

"公立医院是党联系人民、服务群众的重要窗口，我们要发挥好这个窗口的作用，将党的温暖传递到患者心中。"喀地一院党委书记吴源泉说。喀什地区曾是国家"三区三州"深度贫困地区，各族群众"看病远、看病难"等问题突出，喀地一院作为地区医疗中心，始终将解决喀什地区各族群众看病就医难题作为自己的责任，在不断探索创新中践行初心使命。

喀什地区是结核病高发区，特别是区内乡镇卫生院有资格证的影像诊断医师人才短缺。喀地一院组织专人深入基层乡镇调研，在有条件的乡镇建设区域医学诊断中心（"影像云"平台），指导乡镇卫生院影像技师拍出合格的影像，由地、县影像诊断专家在云端进行影像诊断，极大地提高了传染病影像筛查的准确率。目前，"影像云"平台已覆盖8县73乡镇，为基层患者诊断25万余例。

龋病（蛀牙、虫牙）是危害儿童口腔健康的常见疾病，儿童的口腔健康教育及良好卫生习惯的养成至关重要。医院口腔科主任努尔比亚长期致力于推广口腔预防工作，多次带队深入喀什地区各幼儿园和小学进行儿童口腔疾病综合干预项目，并开设了护牙专题讲座，进行爱牙护牙等相关卫生知识教育，借助形象生动的案例，让小朋友了解龋齿的形成原因以及保护牙齿、窝沟封闭对口腔保健的意义，将口腔健康的种子播向喀什的各个角落。

"感谢党派来的好医生！真没想到眼科专家帮我治好了眼疾，让我重见光明。"阿卜杜克热木·麦麦提老人激动地说。2023年6月，喀地一院"复明23号"流动眼科手术车驶进疏附县吾库萨克镇托万克吾库萨克村村委会开展上门服务，为群众送医、送药，进行白内障筛查治疗。近几年，喀地一院充分发挥自身行业优势，开展免费义诊活动1000余次，赠送各类药品价值约30万元，惠及各族群众10万余人次。

喀地一院党委始终把党建工作与树立窗口形象、完成急难险重任务、改善医疗服务、推动医院转型发展等中心工作有机结合，坚持部署工作、绩效考核、人员培养一体推进，形成围绕中心抓党建、抓好党建促发展的良好态势。下一步，喀地一院党委将坚持"大健康 大卫生"理念，加强全局性、战略性思考，以高质量党建引领医院高质量发展，为增进人民群众健康福祉做出积极贡献。

打造医联体医共体价值共融的"澧县模式"

——澧县劳动模范胡礼虹

湖南省澧县人民医院

在"中国县域医疗榜样力量"评选中，他先后获得 2021 年第五届"县域卫生发展贡献奖""综合管理工作优秀奖"、2022 年第六届"党建领军人物奖""最美县医院奖"；2021 年 9 月，他荣获"澧县劳动模范"荣誉称号；2022 年 8 月，他获得国家卫健委"紧密型县域医共体建设优秀实践案例"奖。作为湖南省优秀县域基层代表，他在杭州现场分享的《龙头引领，基层共筑——打造"五共五同"澧县模式》案例，受到了全国各地同行的高度评价和一致赞同。他，就是澧县人民医院党委书记胡礼虹。

一、大鹏之动，非一羽之轻也

胡礼虹 1992 年毕业于南华大学衡阳医学院，同年到澧县人民医院工作，2004 年担任医院首位 ICU 主任，2006 年担任医院神经外科主任。在担任临床科主任期间，他积极开发新技术，加强学科品牌建设，让澧县人民医院 ICU 及神经外科双双成为常德市重点专科，并获批省重点学科建设专科。

2013 年，胡礼虹主持并完成省科技厅科研课题"天幕切开和顺序硬脑膜切开治疗小脑幕切迹疝的效果评价"一项。发表专业学术论文多篇，其中《颅骨黄色瘤病》在《中华神经外科杂志》发表；SCI 论文《大骨瓣开颅术治疗重度创伤性脑损伤的 CT 影像分析》在国际《医学影像与医学信息学杂志》发表；《标准外伤大骨瓣开颅术治疗重型颅脑损伤》在《中国医师进修杂志》发表，并获得常德市科协优秀论文二等奖。2015 年，他主持的《脑肿瘤的显微手术治疗》项目获"澧县科技进步二等奖"。

看胡礼虹做手术，一种强烈的安全感会油然而生。他那专注的神情、娴熟的操作，不禁让人啧啧称赞。都说"台上一分钟，台下十年功"，如果没有手术台下的刻苦训练，想要达到如此境界，几乎是不可能的。

2016 年，胡礼虹担任澧县人民医院业务副院长、党委委员。担任副院长期间，他着力加强医院业务及服务能力提升，医院学科建设、医疗质量、医疗安全、教学科研水平显著提高，助力了三级综合医院评审高分通过。

自 2017 年伊始，澧县人民医院与湖南省人民医院建立了医联体；2019 年，医院与 13 家乡镇卫生院建立医共体，成立了澧县人民医院健康集团，集团下辖13家乡镇卫生院、社区服务中心，辐射湘鄂边10余县市，服务人口百余万。

2020年，新冠疫情来势汹汹，一下子牵动了亿万人民的心。2020年春节注定是一个不一样的春节，胡礼虹冲锋在前，成了一名"最美逆行者"。

在澧县疫情防控的三年期间，胡礼虹先后担任医院新冠防控总指挥、专家组组长、疫情防控临时党支部书记及疫情防控领导小组组长，确保防控零漏诊、零死亡、医务人员零感染，为澧县新冠疫情防控做出了重要贡献。疫情防控临时党支部被评为"湖南省疫情防控先进集体"和"湖南省先进基层党组织"。

二、骐骥之速，非一足之力也

习近平总书记说："正所谓'大鹏之动，非一羽之轻也；骐骥之速，非一足之力也'。中国要飞得高、跑得快，就得汇集和激发近14亿人民的磅礴力量。"

胡礼虹为汇集和激发医院的磅礴力量，开始着力统筹规划医改工作。医院先后成立了综合医改（紧密型医共体建设）工作小组、集团医共体管理委员会、医共体建设办公室、药品耗材集采中心等，进行大刀阔斧的改革探索与实践。

2022年，他把耗材管控作为医改最大的突破口，开始攻坚克难。重新招标后，医院让患者充分享受到了医保政策福利，人工关节耗材降幅达到80%，过去平均每台4万多元的手术耗材费，降到了不到1万元。医院按照分批实施原则，逐步推进药品耗材集采工作，开展廉洁从医行为专项活动。

落实处方点评制度，医院对临床科室逐一细化考核指标，将病人和家属的满意度摆在突出位置。每星期组织人员，对处方予以不少于两次审核，发现不合理用药等行为立即整改。医院建立了药品、耗材跟踪监管和超常使用预警制度，严格控制费用不合理增长。

开展规范使用医保基金专项治理。为严格落实整治内容，规范服务收费项目，医院严查一系列以骗取医疗保障基金为目的的违规行为。整治效果立竿见影，门诊次均费用下降了21.5%，住院次均费用下降了8.4%。

为加强医保监管，医院以推行支付改革为抓手，切实提高基金使用效率，节约医保资金。医院完成医疗集团内13家医疗机构的医院信息系统（HIS）、电子病历系统（EMR）、实验室（检验科）信息系统（LIS）、影像存储与传输系统（PACS）上线使用。

借助县卫健局创新医共体平台，实现全县的健康档案共享、数据安全授权浏览；医院通过13家基层机构业务系统的上线使用，已经完成可视化展示平台的搭建，实现了对集团内医疗服务的智能监管，助力实现强监管目标。

三、澧县模式，非一朝一夕之功也

医联医共要两体共融，关键在于做强做优人民医院本部这一承上启下的枢纽。2021年年初，胡礼虹上任伊始，和院党委认真分析医院发展形势，确立了"强学科、精管理、优服务"的医院工作思路，明确建立澧水流域医疗中心工作目标。2023年，院党委更是主动适应后疫情时代形势，积极应对医保DIP支付改革和三级医院等级评审新挑战，号召全院干部职工以二十大精神为引领，以制度建设为抓手，适应新形势，应对新挑战，自信自立、真抓实干，争创三级甲等综合医院，明确2023年工作目标，并朝着这一目标奋勇前行。

2022年，医院启动了"健康服务进万家"活动，胡礼虹带头对接服务对象50户，各班子成员分乡镇对接，每个医务人员负责50～150户居民，实施"1+3+1"家庭医生签约融合方案，建立健康档案，提高防病治病水平，搭建老百姓和医院之间的桥梁，给予慢性病患者规范化治疗。

为了改善老百姓看病难的问题，医院全力打造了集导诊分诊服务、政策咨询、便民服务、证件办理、退费退药审核、清单补打和复印邮寄等于一体的一站式服务中心，给患者提供一条龙式的全程优质就医体验，为患者提供及时、便捷、优质、高效的服务。同时，医院广泛开展健康科普宣传，新增了"健康澧州"专栏及"健康有澧"科普宣讲。

医院党委把优化服务作为医院管理的重要手段，用温馨为服务提高医院的社会声誉。2022年年初，医院向广大职工倡议，收集优质服务举措建议，43个科室共计上交优质服务举措86条，现已落地实施83条，社会反响效果非常好。

医院执行双向转诊、落实分级诊疗，成立转诊中心，对成员单位上转病人开辟绿色通道，优先安排入住。医院选派技术骨干赴集团乡镇卫生院进行业务帮扶，提升了基层服务能力。专家定期巡诊，完成门诊、查房、授课，完成手术近300例次。

"小病不出村、常见病不出镇、大病少出县"，正在全县逐步实现。一些过去要上常德市、澧县等地的大医院才能做的肝胆脾胰、四肢创伤等"大"手术，也能在乡镇卫生院进行了。

"没想到在乡下就能得到省城大专家的服务。听了专家的分析呀，我心里更踏实了，真的很满意，不用舟车劳顿跑到长沙去看病，花钱也少，真是解决了我们的大困难……"患者家属无不满意地赞叹。

医联体、医共体两体融合，分级诊疗，三级联动，医疗技术下沉一步到位；胸痛、卒中、创伤、危重孕产妇救治、危重儿童和新生儿救治"5大中心"规范运行，省市重点学科稳步增加，技术能力大力提升，专科影响不断提高。"责任共担、人才共享、财务共管、药品共购、信息共通、事业同盟、发展同步、服务同价、管理同治、文化同频"的"澧县模式"在全国推广，交出了一份让政府放心、群众满意的"民生答卷"！

开展全民急救技能培训　提升应急能力

广东省连州市人民医院

为进一步普及救护知识与理念、增强公众防护意识、提高公众急救技能水平，保障人民群众生命安全和身体健康，自 2018 年 11 月开始，连州市人民医院志愿服务队以急诊科为主要实施单位，组织医护志愿者利用白天休息甚至晚上时间，组队下基层、入社区、进校园、走进机关单位，开展"全民急救技能培训系列活动"，推动全社会关注急救，提高了人民群众急救知识的普及率，增强其面对意外事故或灾害时的自救、互救能力。

一、理论授课

连州市人民医院志愿服务队深入基层，利用 PPT 课件，用通俗易懂的语言，向各基层医院医务工作人员培训院前急救专业知识和急救技能；走进校园、企业和机关单位、社区，向学校师生、职工、群众讲解常见急救技能的相关知识（包括心肺复苏术、海姆立克急救法、常见户外意外伤害的紧急处理、中暑的紧急处置等）和操作要点。

二、现场演示

在培训现场，志愿者们不仅进行理论授课，还利用自带的教具现场演示心肺复苏操作、海姆立克法、现场外伤处置法等救护技术。

三、实践操作

纸上得来终觉浅，绝知此事要躬行。这时候，实操就显得尤为重要。志愿者们现场指导学员进行现场实操，并一一指导和纠正操作手法，使学员初步掌握急救、自救、互救的基本技能知识，提高学员面对意外事故发生时的应急能力。

教而不研则浅，研而不教则空。每一次培训急救课都是一次成长，心中有爱、脚下有路，在急救的路上，我们砥砺前行，做社会保障的启蒙人和引路人。该项目开展至今的 4 年多以来，共举办了 100 余场次培训活动，培训人员达到 6000 人次，不但提高了基层医务工作者的院前急救能力，更重要的是提高了连州民众、师生的急救意识和急救技能水平，被评为 2022 年连州市最佳志愿服务项目。

抢抓机遇乘势而上
奋力铸就医院高质量发展新篇章

内蒙古通辽市医院

筚路蓝缕，玉汝于成。矗立于内蒙古西辽河畔的通辽市医院，宛如一棵大树，守护着百姓的安康。经过 73 年栉风沐雨、长风破浪，通辽市医院已发展为一家融医疗、科研、教学、保健、康复、体检为一体的国家三级甲等综合医院。近年来，医院始终坚守"守护人民健康"的建院初心，秉承"厚德精医、仁爱救人、团结奉献、求实创新"的院训积淀，以党的建设高质量引领医院发展，推进一流省级区域医疗中心建设，用医者仁心努力为群众提供安全、有效、便捷、暖心的医疗服务。

一、蓄势赋能提高党建引领，开启医院发展新局面

通辽市医院高举习近平新时代中国特色社会主义思想伟大旗帜，深入学习贯彻党的二十大精神，坚持"以党建引领医院发展，以党性规范医疗行为"的工作思路，高位规划医院发展方向，以"七抓七引领"为手段，严肃政治生活，加强发展党员、组织管理、"三会一课"等基础工作，持续优化"党建查房"特色工作，完善"通辽市医院党委书记谈话日制度""通辽市医院党委书记调研日制度"，强健内功、补充血液，将成果转化为解决群众急难愁盼、增进人民健康福祉、促推医院传承创新发展和聚力健康通辽建设的生动实践。持续加强行业作风、医德医风、文明创建、普法教育和内部监督，稳步推进医疗卫生领域专项整治行动暨医德医风建设专项行动，营造医院风清气正的良好氛围。

二、蹄疾步稳加强专科建设和人才培养，拓展医院服务新路径

医院重点围绕"做强专科、做大综合、以点带面、开门办院"的理念，积极与北京安贞医院、北京友谊医院、宣武医院等多家医院开展深度交流合作，带动医院相关专科发展建设。高效推进医院"五大中心"建设，提高急危重症救治能力。同时，积极推进亚专科建设，将学科做精、做专、做强，为患者提供精细化诊疗服务。医院今年已将骨科精准划分为脊柱外科、运动医学外科、关节外科、创伤外科一科、创伤外科二科、手足踝外科（显微外科及烧伤整形）6 个亚专科，未来还将根据医院发展实际和百姓就医需求打造更多亚专科。

医院坚持党管人才战略。作为通辽地区公立医院编制备案制改革试点单位，医院下一步将

继续做好相关人才招聘工作。同时，继续通过人才引进、校园招聘等方式，真正吸纳医院急需紧缺的人才，为医院发展注入活力。在院内，医院积极完善内部职称聘任制度，使职工真正受益，提高职工的幸福感和归属感。同时，积极充实医院后备人才库，分层级培养、储备正科级、副科级、中长期培养干部，确保医院人才数量稳定、结构合理、素质优良，为医院发展赋能蓄力。

三、行稳致远深化医改，展现公立医院新作为

市医院将积极贯彻上级医改文件精神，推进国家三级公立医院绩效考核工作，将"国考"各项指标落实到临床，以此规范医疗行为，力争在国家三级公立医院绩效考核中实现"提档进位"。积极推动紧密型医联体建设，助力构建分级诊疗新格局；积极推进DIP付费改革工作，助力提升医保基金的使用效能，从而提升参保群众就医获得感与幸福感。

四、心系基层做好公益，提升真情帮扶新境界

根据中组部相关文件要求，医院派出帮扶团队一行5人赴库伦旗开启"组团式"帮扶工作。帮扶团队创建了"驻点+巡回+远程"的帮扶新模式，目前使库伦旗三级和四级手术占比达到45.84%，同比提升27.97%；床位使用率达到57.01%，同比提升8.51%；危重患者抢救成功率为86.49%，同比上升7.18%；填补当地技术空白26项。目前，第一年帮扶期已经接近尾声，医院正在根据库伦医疗的卫生需求和通辽市医院的实际，筹划第二年的"组团式"帮扶周期方案，力求在巩固现有成果的基础上，使库伦旗医疗再上新台阶。

笃行致远，一心向党！通辽市医院通过构建高质量发展体系，大力促进了医院各项工作的发展，社会美誉度、知名度持续提高。医院荣获"建党100周年巨献·全国100佳百姓放心示范医院""全国医疗服务价格和成本监测与研究网络年度监测网络先进机构""全国抗肿瘤药物临床应用监测网数据质量优秀单位"称号，被评为国家级"脑卒中筛查与防治基地"。护理学科入选了全国百家医院护理科研扶持项目，获得了全国无偿献血促进奖。医院职工被授予"华医奖·2021全国优秀医院院长"1人，荣获2021第九届大中华结直肠腹腔镜结直肠手术达人赛全国总决赛三等奖1人，获得"全国红十字志愿服务先进典型"荣誉称号1人，获得"全国平安医院建设表现突出个人奖"1人，医院还荣获了第十届"自治区文明单位""2022年度职工互助保障先进单位"等荣誉。

未来，通辽市医院将继续围绕"以改革为动力，以质量为核心，以科技为先导，以服务为载体"的办院方针，坚持"以病人为中心，全心全意为群众服务"的宗旨，通过党建领院、学科立院、人才兴院、依法治院、品牌强院的主线，奋力开启医院高质量发展新篇章，为健康中国建设做出新的更大贡献。

血管外科陈祖建开辟生命的通道

河北省临西县人民医院 王洪元 孙丽红

临西县河西镇 82 岁的张爷爷，因胸闷气喘 10 多天住进了临西县人民医院，经相关检查后，发现其肺动脉主干血栓堵塞，也就是死亡率极高的肺栓塞。

在征求患者和家属同意后，医院血管外科团队迅速进行了肺动脉造影，用导丝经过心脏进入被堵塞的肺动脉，再用特殊的导管破碎并吸出部分血栓，最后注入血栓溶解药物。手术结束后，患者的胸闷气喘马上消失，术后第二天活动恢复正常。

临西县人民医院血管外科主任陈祖建介绍："这个病例如果放在以前，患者就要被转走，或者请邢台的专家过来。不管是转院或是请专家，都得需要 2 ～ 3 个小时，一来一去病情就延误了。"

据悉，近年来，深静脉血栓造成的下肢动脉堵塞闭塞和肺栓塞的发病率在临西县有爬高的趋势。

"肺栓塞患者死亡率特别高，像农村的老人上个卫生间突然就猝死，大部分都是由肺栓塞引起的。"陈祖建继续说。

陈祖建见过几例保守治疗的深静脉血栓患者，其中一位年轻的患者在去年找到他。他看到：患者双下肢严重溃疡，伤口不愈合。

这位年轻的患者在 19 岁时因车祸造成双下肢深静脉血栓，到附近医院简单输了点抗凝药，血栓没有溶开就回家了。后来造成下肢深静脉血栓后综合征，只要干体力活，双腿就红肿，而且溃烂后伤口不愈合。

"以前没有这项技术，好多亲戚朋友突然病发，来医院都解决不了。"

血管外科在国内起步较晚，其专科目前主要集中在一些大城市大医院，邢台市县级医院会做这项手术的医生很少。

患者中，有位 60 多岁的阿姨，患有下肢深静脉血栓，整条腿都肿得厉害，当时请来的是邢台医专附属二院的医生。在为患者实施手术时，在场的医生深感技术上的差距。

当时的科主任、现在的医院党委书记孙健遂萌生了建立血管外科的想法，出去考察了解后，觉得血管外科应该在县级医院推广起来。

于是选派陈祖建前往河北省医科大学第二医院进修。半年后，也就是 2018 年 11 月，学成归来的陈祖建带领科室医护人员创建了血管外科。

"第一年手术有 70 多台，第二年慢慢涨到 140 多台，翻了 1 倍；去年手术量达到了 180 多台。"

显然，周边的老百姓确实有需求。

第一例手术是陈祖建独立完成的。他在做手术的时候，不忘带教科室里的其他医生，并选送其中的一位年轻的住院医师前往河北省医科大学第二医院进修。

"目前，他也学成归来了。"

在就医流程上，科室参照心梗患者的就医流程，走的是绿色就医通道。

"肺栓塞跟心梗差不多，属于急危重症。因此，医院建立了绿色通道，只要怀疑肺栓塞患者，就可以开通绿色通道，直接做 CT。确定病情后，从 CT 室直接转移到导管室，直接手术。"陈祖建用了几个"直接"说明就医流程的简化、快捷。

"前一段时间，有一位肺栓塞患者，一开始在急诊就诊，后来转到了呼吸内科。正常人的血氧饱和度数值在 95% ～ 99%，他那时的血氧饱和度已经到了 40%。整个人马上就不行了，就像离开水的鱼，大口地喘着粗气。"

医护人员将其直接推进 CT 室，确定肺栓塞后，从 CT 室推到了导管室。手术时间不到 1 个小时，术后患者的症状立马缓解。

"现在恢复得特别好，前几天（那个患者）还送过来锦旗。"他笑着说。

除了心脏和脑血管以外的所有动脉、静脉、淋巴回流障碍性疾病都属于血管外科的治疗范围。

"大夫，我有大隐静脉曲张，担心手术有切口，夏天时就不好意思穿裙子，听说你们能微创治疗，能帮我想想办法吗？"在血管外科门诊，32 岁的患者李晓娟一脸忧伤地问诊。

陈祖建想到人都有爱美天性，便为其制订了个性化治疗方案。在切口几乎看不见的同时，利用微创局麻点剥及硬化剂治疗等手段，对其进行综合性治疗。手术十分顺利，术后也没留痕，实现了手术与艺术的完美结合。

近年来，临西县人民医院血管外科开展了下肢深静脉血栓抽栓、髂静脉支架植入、下肢动脉硬化闭塞介入、子宫动脉栓塞、食管支架置入、肝癌介入栓塞、静脉输液港植入等涵盖这三大类的疾病微创介入手术，从起始年的百余例、到现在的几百例，都没有发生严重并发症，基本实现了外周血管疾病"治疗不出县"，填补了医院 20 余项技术空白。

尤其是用下腔静脉滤器置放术和取栓术治疗下肢深静脉血栓形成并预防肺栓塞，已达到了邢台市县级医院先进水平，还在全市县域血管外科学术论坛等会议上进行了经验交流。

陈祖建先后荣获"临西县卫生系统先进个人""邢台市最美医生"等多项荣誉称号，还当选为省、市外周血管等 5 个专业委员会委员。

对接长三角优质资源　为群众暖心办实事

——铜陵市建设肺结节诊治中心

安徽省铜陵市第五人民医院

一、相关背景

根据国家癌症中心的《2016 年中国癌症发病率和死亡率》报告（癌症数据统计通常会延迟 3～5 年，该报告是我国当下最新且最具代表性的一份癌症报告），在中国，每分钟有超过 8 个人被诊断为癌症，每分钟有超过 5 个人因癌症逝世。无论你多么不愿面对，癌症确实潜伏在每个人身边。而这其中，发病率最高的就是肺癌。根据报告，肺癌年发病 82.8 万人，年死亡 65.7 万人，均居恶性肿瘤首位。近十年来，尽管靶向药和免疫治疗药等新药不断上市，使越来越多的患者能实现长期带瘤生存，有的亚型甚至能临床治愈。但不可回避的是，晚期肺癌患者的 5 年整体生存率依然不到 20%。

而与之相对的，早期肺癌患者的 5 年生存率超过 50%，其中 IA 期更是高达 92%。因此不难发现，提高肺癌的早期诊疗率对于提高肺癌整体生存率至关重要——肺癌发现越早，治疗预后越好，生存率越高，治疗费用也越低。"健康中国 2030"规划也强调，要倡导积极预防癌症，推进早筛查、早诊断、早治疗，降低癌症发病率和死亡率，提高患者生活质量。

肺癌早期以肺结节的形式存在，患者无任何感觉。目前我国约有 1.5 亿肺结节患者，其中良性结节占比 ≥ 90%，意味着我国每年约有 1500 万恶性肺结节患者需要接受诊疗，而这其中又有约 80 万人会被确诊为肺癌。因为肺结节本身存在很大的不确定性，这时候的诊断和治疗，不是冰冷的仪器检查和简单的答案，而是需要医生和患者共同做出最优的管理决策，避免漏诊误诊，或者过度诊疗（如良性结节误切）。

近年来国际上开展的多项研究也表明，除了基于公共卫生和流行病学的 LDCT 筛查模式之外，在临床工作中，对结节患者进行管理更应受到关注。关于肺结节的管理，ACCP、Fleischner、Lung-RADS 等国际学会均建议结合密度和大小分类后进行管理。《自然评论》（*Nature Review*）研究称，体积倍增时间（VDT）可以有效预测恶性成分的生长，在偶发结节管理中十分重要；Fleischner 学会建议根据结节密度来管理偶发结节，并对结节风险进行分层。目前对于结节性质的判断大部分来自临床以及影像科医生基于 CT 表现的主观判断，市场上所谓的能够判断结节性质的血液检查方法，其准确度都无法明显超过这一主观判断。由于结节太小，其对于人体血液的影响微乎其微，因此抽血检查能够判断结节性质的可能性是很小的，需要更加精准的方法来帮助医生判断。其实肺部结节大部分为良性，在所有的结节患者中，肺癌的占比不超过 10%，所以大部分肺部结节患者不需要过分担心，只需定期复查就不会错过最佳的治疗时机。

二、做法举措

（一）确定实施医院

铜陵市第五人民医院（铜陵市义安区人民医院）创建于 1937 年，当时是民国铜陵县政府筹办的民众诊所。医院曾数次易址改名。1949 年 4 月 21 日铜陵解放，人民政府接管时称之为铜陵县卫生院。1950 年 11 月，正式成立铜陵县人民卫生院。1955 年 8 月迁于现在的院址（人民北路 39 号），1971 年 3 月更名为铜陵县人民医院。1994 年医院初具雏形。2003 年，医院被省委组织部授予"抗击非典先进基层党组织"，2007 年被原省卫生厅评为"二级甲等"综合性医院，2009 年被中国医院协会授予"全国百姓放心示范医院"。2012 年 12 月加挂"铜陵市第五人民医院"名称，被确定为国家县级公立医院改革试点医院。2013 年 11 月，医院新病房大楼全面投入使用，2016 年 2 月，因区划调整，医院更名为"铜陵市义安区人民医院"。医院占地面积 2.3 万平方米，业务用房面积 3.1 万平方米，核定床位 400 张，开设内科、外科、妇科、儿科、骨科、五官科、内分泌科等 13 个病区，1 个血液透析中心，1 个内镜中心，1 个病理检验中心。医院目前在岗职工 526 人，本科及以上学历 221 人，拥有高级职称员工 43 人，中级职称员工 211 人。住院部按照现代化医院标准设计，病房内宽敞明亮、视野开阔、布局科学，设有中央空调、中心供氧、中心通信系统、室内卫生间等设施；在门诊和住院部之间开通摆渡车；在住院大厅还设有一站式服务中心，方便患者咨询服务。医院现有万元以上医疗设备 400 余台套，拥有上海联影 1.5T 磁共振，飞利浦 Ingenuity Core128 64 排 CT，美国 GE 多层螺旋 CT、美国进口全数字化彩超，日本进口电子胃镜、PCR 检测系统、手术净化系统、清洗消毒系统、静脉药物配置系统等一批先进设备，极大地方便了区域内居民的就医。近年来，按照县级公立医院综合改革的要求，医院不断推进临床路径管理、按病种付费管理和绩效成本管理，不断加强制度建设，结合医院实际，按照"大综合，小专业，中医融合发展"的思路做好学科建设，强化在职人员教育和"三基三严"训练，与上海胸科医院、北京宣武医院、安徽省立医院、安医大一附院、弋矶山医院等省内外大医院建立了良好的业务合作关系，形成了院有重点、科有特色、人有专长的良好格局，有效推进了义安区第一区域医共体建设，强化了区乡村三级卫生服务联动，提高了区域整体医疗水平和医疗质量。

（二）成立肺结节诊治中心

为实现优质的医疗资源下沉，让广大患者在家门口就能享受到国家顶尖级医疗服务，切实破解人民群众看病难、看病贵的瓶颈问题。2021 年 1 月 2 日，同济大学附属上海市肺科医院与铜陵市第五人民医院共同成立了肺结节诊治中心。由上海市肺科医院陈昶书记带队，集结科室优秀人才（全博士阵容），共同为铜陵市百姓带来顶尖的医疗技术服务，中心的成立预示着铜陵市第五人民医院真正意义上与上海市肺科医院建立起了"联合门诊／联合病房／联合手术中心"。新成立的肺结节诊治中心涵盖了胸外科、呼吸内科、肿瘤内科、医学影像科、病理科、老年医学科等众多学科，这些学科均为医院相对优势学科。中心集众科之所长，建立了内外科多学科诊疗模式，从肺结节鉴别诊断、科普宣教，到肺癌的诊断、治疗、康复、出院、复诊、随访等环节，通过规范化的流程，确定适合病人的最佳诊疗方案。

（三）常态化扎实开展工作

每周肺结节诊治中心会安排上海胸外科、呼吸内科专家轮流坐诊，在疫情防控等特殊时期，专家不能来现场诊治的，均采用远程会诊的方式开展工作。

1. 教学指导

为不断提高临床的教学水平，加强专业的技术队伍建设，中心邀请上海专家对工作中较薄弱的环节进行针对性教学。专家将最前沿的治疗理念和最新的治疗知识传授给医院医护人员，通过授课使临床医生对肺癌的诊断、鉴别、治疗思维模式有了更深的认识，为有效提升整体医疗水平奠定了基础。

2. 出诊坐诊

专家门诊分别由上海肺科医院呼吸内科与胸外科的专家轮流坐诊，对肺部小结节性质的甄别更具准确性，患者信任度也更高。专家耐心细致地为每一位患者进行诊治，根据患者的情况给出科学的治疗建议。肺结节诊治中心建有两个患者微信群，长期为患者服务，做好每位患者的后续治疗及随访工作。经治的每位患者都对我们的诊疗水平给予充分信任和高度认可，积极向身边的人推介，主动帮助提升医院服务品牌的影响力和知名度。

3. 远程会诊

2022年3月全国各地遭遇了疫情，上海尤为严重，迫使专家门诊按下了暂停键。为满足疫情防控期间肺结节患者的就医需求，肺结节诊治中心在4月份开展了远程会诊、线上问诊。让患者与上海专家"面对面"地交流，进行远程诊治和指导用药，在特殊时期用特殊的方式在患者和上海专家之间架起了一座"桥梁"。很多患者对会诊的结果表示非常满意，远程会诊极大地便利了患者就医和医务人员诊疗。

4. 带教查房

上海专家不定期对医院胸外科和呼吸内科进行查房指导，对一些危急、疑难杂症的住院患者病例进行讨论与分析，提出科学有效的诊疗思路和方案。查房既解决了患者实际存在的问题，又为临床医生提供了一次良好的学习机会，在一定程度上提高了科室医务人员的诊疗能力，丰富了医务人员的临床经验，有助于更好地为患者提供专业的医疗服务。

5. 手术示教

诊治中心定期开展肺结节手术，术中全程由上海肺科医院胸外科专家主刀，本院内胸外科医生辅助配合，每台手术都确保以最小的侵袭和最小的生理干扰达到最佳的手术疗效。对术后病理结果及恢复情况及时反馈沟通，严格把控手术质量，提高患者满意度。目前，术后的患者均表示对手术效果很满意。科室医生通过学习，也独立成功地完成了一例例手术，这标志着医院医生通过上海专家的带教学习，取得了一定的成绩，长三角先进的医疗技术得以在铜陵落地生根。

三、成效启示

（一）诊、术、教全面发展

肺结节诊治中心开设以来，共开展了 87 次会诊（共接待患者 3374 人）、45 次手术（完成手术 156 台），开展全院学术会议 2 次、教学查房 26 次、科室内授课 3 次，进修人员 7 人，开展融媒体科普讲座 1 次。通过病例数据分析，我们得出以下结果：平均每次门诊服务人数为 32 人，其中，符合手术指针的患者为 183 人，符合率约为 15%，手术转化率约为 27.23%，手术准确率为 91%，平均每台手术花费为 35553 元。

（二）保证医疗质量及良好就医体验

数据显示，以专家每次门诊出诊时间约为 3.5 小时来计算，平均患者的看诊时间约为 7 分钟，可确保患者有良好的就医体验及看诊质量。患者的 CT 检查现在主要在铜陵五院进行，因为在本院做 CT、看诊更加便捷，在门诊电脑里就可以阅片，比手机阅片更清晰、更直观，也省去患者携带许多检查单来回奔波之苦。

（三）惠及区域不断辐射

现在门诊和手术的患者以铜陵本地人为主，但也不乏周边城市、皖中南地区乃至于周边省市慕名而来的患者。后期通过加大宣传力度和拓展渠道，扩大影响力，可吸引周边城市的更多患者前来就诊。2023 年着重开发枞阳市场，目前已经有了目标和方向。

（四）完善结节患者健康管理

肺结节患者需要持续管理（追踪、提醒、服务），但医护人员精力有限，无法进行长期、连续的跟踪和随访，随访率随着频次的增加呈断崖式下降。另外由于传统随访的理念和手段相对落后，导致多数患者依从性非常差，失访率也逐年升高。通过肺结节诊治中心加强对患者的统一的过程跟踪管理，可对患者健康管理产生正向激励作用，并在此基础上进行完善，确保健康医疗管理的序贯性。

（五）肺结节管理需要工具

肺结节的管理需要工具支持。当前，肺癌防治不仅是公共卫生问题，更是危害人民健康、影响经济发展的社会问题，解决癌症问题尤其是肺癌防治具有重要的社会意义。利用特定形式的工具对肺结节全程管理将对形成科学、规范的肺癌早筛早诊早治的防治体系产生积极作用，不仅能够节约医疗成本，减少误诊、漏诊，减轻患者和家属的疾病负担，最大限度地阻止因肿瘤向晚期发展而导致的因病致贫、因病返贫，还能在提升基层医疗能力、促进区域医疗水平均质化、推动精准医疗发展、提升患者生命质量方面带来显著的经济效益和社会效益。以中心为例，由于准确筛查和评估肺结节的性质对于肺癌的早期诊断和治疗有着重要意义，中心目前已引入人工智能影像 AI 诊断能快速对所有完成的胸部低剂量或常规剂量螺旋 CT 扫描图像进行"地毯式筛查"，自动检出并精准定位肺结节，对可疑病灶的数量、大小、密度等影像学表现进行描述，并对其危险等级做出初步评估。在这名优秀的"医生助理"的帮助下，医院的阅片速度大大提升，让医生能够腾出更多的时间聚焦在对疑难杂症的诊治上，同时，医院也对影像报告信息化进行了升级，实现了电子胶片的在线取阅。

四、未来展望

（一）国际前沿——从肺癌早筛到建立肺结节全程管理体系LNP

"LNP管理方案"较之"LDCT筛查模式"，首先，对风险人群的定义不同，LNP风险人群的覆盖率更高；其次，对风险人群的评级和管理指南不同，LNP在风险分级和复查频率上表现更好；最后，受益主体不同，LDCT主要面向公共卫生层面的群体筛查，LNP更强调对患者个体的持续管理，患者依从性更好。"LNP管理方案"在肺癌早诊效率方面有很大的优势，也更符合我国国情，但也急需新的技术工具和服务来降低患者全病程的管理成本和解决不易推广的难题。因此，关键还是要建立起一个中国本土化的"LNP管理方案"，以推动肺癌的早筛、早诊、早治。

（二）加强肺结节等专病专治诊疗中心建设，建设在皖中南具有一定影响力的区域医疗中心

加快医学发展模式的转变，成立慢病健康管理中心，不仅关注病人，还要关注健康人；不仅关注治疗，还要关注预防和康复。中心将集合胸外科、呼吸内科、肿瘤科、影像科、病理科、体检科、信息科等多科室力量，共同打造多学科诊疗中心，携手做好肺结节及肺癌诊治工作，全面推动早期诊断、综合治疗和现代管理，以延长肺癌患者的生命并提高其生命质量。同时，中心将依托省级、市级医院技术平台，大力开展科研教学，申报三新技术、适宜技术等项目，加强与国内、省内顶尖肺癌专家的学术交流和疑难病例会诊，进一步提高肺癌的早期诊断、综合治疗和现代化管理水平，帮助肺结节患者早发现病情，并提供规范化的诊断与处置意见，从而更好地服务本市及周边地区患者。

（三）注重多学科交融，构建支撑协同体系，推进呼吸与危重症医学学科建设

呼吸系统疾病是我国常见、多发的重大疾病。其中，慢性呼吸疾病更是被世界卫生组织列为全球"四大慢病"之一。呼吸系统疾病具有"三高"的特点，即患病率高、致残率高、致死率高。重视呼吸系统疾病防治，需要加强呼吸与重症医学学科规范化建设，这就需要注重多学科交融，打破学科间壁垒，加强呼吸与危重症医学、肿瘤科、胸外科、影像科、病理科等多学科间的联系，而这其中的平台和桥梁就是肺结节诊治中心。中心通过协同发展，实现了"1+1＞2"的效果；从诊断、治疗、预防、研究等多角度入手，多学科聚焦呼吸系统疾病防治，构建起多学科立体交融的现代呼吸病学体系及完备的支撑学科；建立长效机制，实施动态管理，定期考核中心在设施条件、专业特色、人才梯队以及管理制度等方面的建设成效。对考核评估合格的鼓励参加重点学科申报，提高重点学科建设水平，更好地提升肺结节服务能力；依靠长三角一体化进程红利，打造皖中南地区具有一定影响力的结节诊疗中心。

开展"党建+"博士专家共植"博士林"
助力医院高质量发展

江西省龙南市第一人民医院

春芽初萌，生机盎然。2023年3月12日上午，赣医一附院龙南医院"党建+"博士专家共植"博士林"暨大型博士专家义诊活动在龙南医院成功举行。来自赣南医学院第一附属医院、广东省人民医院的20余位帮扶专家齐聚龙南医院，为龙南医院"博士林"挥锹培土、提水浇苗、共植新绿。

一、"博士林"揭幕

2023年3月12日是第45个植树节，"博士林"揭幕仪式在龙南医院的精心规划下，于上午8点举行，龙南市人民政府副市长余美华同志，龙南医院党委书记曾祥泰同志，党委副书记、院长王建忠同志，党委委员、副院长刘心强同志，赣南医学院第一附属医院帮扶专家代表唐志贤同志，广东省人民医院帮扶专家代表乔菲同志共同为"博士林"揭幕。

"博士林"位于龙南医院西南角。医院积极探索义务植树活动的有效实现方式，通过认建认养、共建捐建的形式共植"博士林"，以实际行动践行习近平总书记"绿水青山就是金山银山"的生态文明理念。现场各位帮扶专家挽起衣袖，拿起铁锹，动作熟练，配合默契，各环节衔接有序。本次植树节共栽种樟树、桂花树和小叶榕树等33株。

帮扶专家唐志贤博士表示：今日在龙南医院种下的一棵棵树，也是大家种下的对医院的期望和美好祝愿。今日共播春无限，他日更待美景时。大家共同争做生态文明建设的实践者、推动者。

二、义诊现场

植树活动结束后，由心血管内科、胸外科、妇产科、肿瘤科、内分泌科、耳鼻喉科、消化内科、皮肤科、神经外科、泌尿外科、康复医学科等多位帮扶专家组成的义诊团队在龙南医院门诊大厅开展了义诊活动。

"听说龙南医院现在可以做心脏造影，也能放支架了？"

"这个药降血糖效果好不好？"

来义诊现场咨询的市民络绎不绝，在医务人员的引导下有序排队，帮扶专家团队通过"面对面、一对一"义诊咨询的形式，耐心地询问市民的身体状况和生活习惯，对市民提出的健康问题一一解答，用真诚的态度和专业的服务向社会公众宣传健康知识，引导市民关注健康，传播健康知识，提供诊疗服务。据悉，本次义诊共为300余位市民提供了诊疗和健康咨询服务。

本次龙南医院"党建+"博士专家共植"博士林"暨大型博士专家义诊活动的成功举办，是龙南医院深入学习贯彻党的二十大精神，着力强化党建引领，持续推进健康中国建设的具体体现。"博士林"的建成，不仅为患者及家属提供了一个良好的休闲游憩场所，还将以看得见、摸得着的"物化"形式，将博士的风采、专家"救死扶伤"的精神留在龙南医院，有效推动了龙南医院医德、医风、学风的转变，助力医院高质量发展，力争把医院打造成一所与赣州南部次中心城市定位相匹配的现代化三级综合医院，为建设"强旺美福"明珠市贡献龙医力量。

多学科诊疗　变优质资源为优胜资源

——鹿邑县人民医院多学科联动、紧急救治一位严重心衰合并房颤、伴右下肢动脉栓塞症老年患者侧记

河南省鹿邑县人民医院

2023年4月16日上午，鹿邑县人民医院门诊部的老专家周秀兰在医生群里发了一篇名为《亲眼所见，感悟分享》的心得体会，文章详细讲述了一位老年患者家属与其电话联系并来院救治的全过程。

据周秀兰老师讲述，4月12日下午5点多，接到一位患者家属电话，诉说患者突发右下肢无力，不能行走！起初怀疑是脑卒中，便安排他们尽快来医院检查。随即，周老师便与神经重症科副主任梁浩取得联系，安排其等候病人。初诊过程中，梁浩医师发现病人出现右下肢发凉、足背动脉搏动微弱等症状，怀疑为右下肢动脉栓塞。患者到超声科检查后确诊，梁浩医师便联系血管外科主任杨明远会诊。会诊意见认为病人目前心功能较差，端坐呼吸，不能平卧，暂不宜手术，须转入重症医学科纠正心衰。具备手术条件后，立即给予了取栓术，手术过程顺利，并给予床旁透析治疗，目前病人处于康复阶段。

血管外科负责人杨明远介绍说，病人患有右下肢弥漫性动脉栓塞症状，需要及时行右股动脉切开取栓术，尽快把血栓取出，使血液贯通。术后病人症状很快得到有效缓解。

透析室主任陈薆介绍说，病人来到医院时，由于右下肢动脉血管长时间弥漫性阻塞，血流难以通过，形成无氧代谢、毒素吸收，长时间会造成全身重要脏器功能损伤等严重后果，需要进行床旁透析治疗，及时排除毒素。

重症医学科医师汲钰介绍说，患者转入时情况危急，出现端坐呼吸、全身大汗等症状，紧急给予吸氧、心电监护，并使用强心利尿、抗凝药物等纠正心衰治疗，使病情得到有效控制，为后续治疗创造了条件，赢得了时间。

目睹这一连贯性的科室衔接和高效救治场景，周秀兰老师直呼了不起，感慨地说道："患有此类重症疾病的老年人，若是放在两三年以前的大部分县级医院，治疗过程都没有这么快，治疗效果也没有这么理想！现在咱们医院许多年轻的科主任、骨干医务人员确实很厉害，他们已经成为支撑医院发展的中坚力量！无论是在突发急救第一线、五大中心建设主阵地、三级医院创建主战场，还是在疫情防控最前沿，广大中青年医务人员不畏艰辛、积极参与，付出了更多的努力和汗水，增长了更多的本领和才华！他们上进心强，求知欲旺盛，与新技术无缝接轨，

必将为医院高质量发展和健康鹿邑建设做出更大的贡献！"

周秀兰老师进一步介绍说，在该疾病的诊治过程中，进行了多学科会诊，包括血管外科、重症医学科、介入科、透析室、超声科在内的多个科室密切协作，为患者提供了及时、精准、合理、经济的治疗方案，让患者少走弯路，同时降低了经济负担。

"内科疾病外科化治疗，外科疾病微创方式治疗，实现内外科相互转化、互通有无的治疗模式，是现代医学的发展趋势。"在谈及对该名患者的成功救治时，院党委副书记、院长孙普英说："近年来，在上级医联体合作单位的帮扶指导下，我院引入了多学科诊疗模式，通过多学科专家合作，对各类重症患者病情进行了客观、全面、具体的分析，调整优化治疗方案，减少及预防并发症的发生，为患者提供'一站式'、最佳的医疗服务。"

"转变过去疾病治疗的'单打独斗'，变为现在的'合力相助'，有效促进各专业、各科室协同融合发展，提升疾病综合诊疗水平，改善患者就医体验，努力把医院所有的'优势资源'充分利用，转化成为病人诊疗服务的'优胜资源'。"院长孙普英在谈到医院发展时说道，"科技发展日新月异，新科技赋能医疗是必然趋势，下一步，我院要在持续巩固成熟治疗模式的基础上，不断加强新技术、新项目的引进与开展，提高病种救治质量与水平，更好地服务于人民群众的多样化需求！"

实施集团化管理　全面高质量发展
——三门峡市中心医院医疗集团发展建设情况

河南省三门峡市中心医院

近年来，三门峡市中心医院坚持以人民健康为中心，紧紧围绕习近平总书记"公立医院是我国医疗服务体系的主体，要不断提高服务能力和运行效率"的总要求，在三门峡市委、市政府和省市卫健委的领导支持下，在2013年以来探索创建以三门峡市中心医院为核心的跨省域区域医疗联合体的成熟体系基础上，在2018年率先成立三门峡市中心医院医疗集团，以"示范引领、带动基层、惠利群众"为目标，努力建设晋豫陕黄河金三角区域医疗中心，探索实施集团一体化管理，推动医院不断高质量发展。

一、集团基本情况

集团下辖4家专科医院［三门峡市儿童医院、三门峡市妇幼保健院、三门峡市眼科医院、三门峡市第二人民医院（市传染病院）］，2个中心（三门峡市康养中心、三门峡市儿童康复中心），2家分院（城乡一体化示范区分院、开发区分院），2个社区（湖滨区前进街道第二社区卫生服务站、涧河街道第二社区卫生服务站），1家区医院（技术托管湖滨区医院），按照行政统一管理、人员统一管理、资金统一管理、业务统一管理、绩效统一考核、药械资产统一采购、信息化统一的"七统一"模式实施紧密型医疗集团一体化运营管理并取得了显著成效。同时与113家社区卫生院、社区服务中心、县医院、乡镇卫生院的医联体紧密互动，与省级医院医联体有效衔接，构建上下联动、双向转诊、急慢分治的区域高效医疗服务体系。

二、党政齐抓，管办一体
（一）实行党委全面领导管理

先后调整、设立第二人民医院党支部、示范区分院党支部等18个党支部，成功创建市直机关"五星级党支部"，以集团党支部标准化规范化建设全面引领业务发展；实施"双培养"机制，把业务骨干培养成党员、把党员培养成业务骨干，为集团高质量发展注入动力；院党委紧跟集团化发展需求，不断完善选人用人工作机制，坚持公平、公正、公开原则，充分酝酿、科学评价，为各分院选配与之相适应的人员、干部，为集团高质量发展提供了坚强政治保证、组织保障。

（二）实行行政统一强效管理

实施视频会议系统，总院主会场、分院分会场，通过每周职能晨会、集团周会，确保集团各项政令第一时间上传下达，各种工作动态第一时间反馈落实，对员工思想及时统一引导；实行集团事务班子会统一研究，全院各项事务由集团主管科室统筹管理上报，主管领导初步酝酿研讨，集中上会研究决定；实行分院社区独立法人设置，既强化集团化管理效能，又增强分院社区管理自主权，同时便于分院社区履行属地职能、与主管部门沟通协调、业务开展、政策争取等。

三、整合资源，"1+1 ＞ 2"

（一）统筹配置，错位发展

集团全面实行人员统一调配、财务集中管理、经济独立核算，注重系统性、整体性建设，各院区学科错位发展，有效解决多院区同质管理、文化整合、品牌建立、人员调动、成本管控等难题，做到扩容不扩张、适度规模发展和业务发展各有特色（二院为传染病救治、康养中心为老年医养结合、儿童康复中心为残疾儿童康复、示范区分院为骨科康复、开发区分院为中医诊治、两个社区为基层公卫和家庭医生签约服务），从而整体提升医院服务能力和水平，达到了资源整合"1+1 ＞ 2"的效果。

（二）双向转诊，分级诊疗

"五个一"织密"生命救治网"。实施床位调配"一盘棋"，收治标准"一把尺"，综合救治"一张网"，分层分级"一路通"，康复保健"一条龙"，发挥医疗集团"三二一"三级"分级诊疗、一线直通、数字赋能"的重要作用。得益于集团"生命救治网"的高效协同，在抗击新冠疫情期间和当下新阶段，二院圆满完成了新冠确诊病例的救治任务和做好"二阳"病例的精准医治工作；借助集团"双向转诊"的互联互通，保证了各分院区急危重症病人转至总院的救治效率，其中示范区分院年转诊达到 5100 人次，同时总院也将轻症病人转至分院，实现为总院节能降耗、为患者救命康复和降费减负、为分院创收发展的分级诊疗效果。

（三）健康服务，医防融合

构建集团化"全生命周期"健康服务链。通过不断完善生育全程服务链，在女性青春期保健、育龄期生殖健康、孕产期保健、产后保健康复、儿童健康管理、早教托育、母婴照护、儿童早期发育、残疾儿童康复、更年期女性关爱、医疗美容整形、中医加妇幼融合发展等方面实行"全周期＋全方位"赋能，为区域妇女儿童提供连续化、个性化的全周期一站式管理服务。通过不断完善健康管理功能，做好医防融合。实行"1+X"量身定制体检、一站式服务智能排检、重要异常结果预警处理和绿色通道服务、一日体检365天健康追踪管理、"慈云健康"平台实时"掌"握健康，为全龄段人群提供全方位、全生命周期的健康管理服务，有效做到未病先防、有病早治、已病防变、既病防复，降低患病率、发病率、死亡率，提高生活质量、健康指数和幸福感、获得感。通过不断强化医养结合服务，全面推进三门峡市康养中心建设，提升运营理念和效益，让更多老人老有"医靠"。

（四）智慧医院，延伸服务

利用集团集成平台拓展延伸服务。通过智慧医院建设，医院 HIS、LIS、HRP 等系统全面互通，实现集团内各类数据的完整性、一致性、及时性、标准性、可用性，总院成熟的集成平台覆盖集团各分院、社区、中心和各医联体成员单位，实现数据互联互通、病历资料互联共享，达到"管理延伸、帮扶带动、分级诊疗"的成效。综合区域人口结构特色，落实"老龄化"全周期医疗健康管理战略，并在心血管疾病、脑血管疾病、肿瘤等高发病种领域开展精细化管理探索（在开发区分院设立精准医学中心）。同时，利用信息化推进患者院前、院中、院后一体化管理，以患者为中心，提供连续性、全过程的医疗服务，减少某些疾病的致残率和致死率，提升患者康复质量和健康管理质量。

四、统筹管控，精准运营

实行集团财务、运营、绩效的统一管理，进一步优化资源配置，降低分院社区运行成本，提升运营效率和服务效能。2022 年为加强分院社区经营管理，提高运营效率，促进增收减亏，制订了《分院社区提质增效实施方案》，明确分院社区的工作目标，组织各分院社区每月召开经营分析汇报。前期由集团经济管理和审计办公室帮助指导分析，目前为自主分析，极大提升了集团的运营管理意识并取得良好成效。实行财务集中管理，各分院采取预算管理、收支两条线，预算范围内的开支各分院有充分自主权，建设性投资由总院统一安排。集团绩效设计总院与分院保持一致，绩效与工作量挂钩，实行总量控制，充分调动了职工工作积极性，提高了职工满意度和幸福感。

五、同质管理，共创品牌

（一）制度流程的同质化

统一健全各个环节的规范化操作流程和制度，明确各项工作职责和权限，统一医疗质量和安全标准，实现各项工作的规范化、标准化和流程化，将三甲标准和服务质量一贯到底。

（二）内部构造、外部标识的同质化

实行集团标识、布局环境统一管理，通过医院内外标识和布局环境在所有来院人员心中树立和保持一个统一、同质化的三门峡市中心医院医疗集团品牌形象。

（三）医院文化的同质化

使用相同的院训、院徽，加强人员转岗交流，组织培训、文体活动等，让多院区员工共同参与、共同融入、互相感染，增进文化认同，提升文化内涵，形成积极向上的医院文化氛围。同时，建立保护、关心、爱护医务人员长效机制，保障不同院区的医务人员公平享有合法权益。

（四）医保服务的同质化

制定《医保工作手册》，各院区的医务人员、工作人员按照统一的标准和工作要求开展日常医保业务，对多院区做出统一安排，确保在执行医保政策、业务办理标准、业务指导以及监督考核等方面的同质化。

（五）患者服务的同质化

将总院实施的提升医疗服务"十大服务举措"和"五项服务承诺"在各院区全面落地实施。

（六）医疗质量安全同质化

将医疗质量安全同质化作为集团同质化协调发展的核心，也作为分院社区取得患者认同度的根本。建立统一的质量控制标准、院感标准、安全标准，通过环节标准的一致性，使患者在集团内任意院区就医，都能享受到同等质量的医疗服务和安全保障。

（七）后勤服务保障同质化

所有后勤保障部门按职能统管集团内职责事务，从人、机、料、法、环五方面建强多院区后勤管理模式，进一步完善员工管理一体化、设备管理一体化、信息管控一体化、制度建设一体化、设计风格一体化的多院区同质化后勤服务保障模式，实现多院区后勤业务统一管理思路、统一服务模式、统一质量标准，以节约运营成本，提高后勤保障效能。

牢记殷殷嘱托　增进健康福祉

——赣州市人民医院（南方医院赣州医院）高质量发展纪实

江西省赣州市人民医院（南方医院赣州医院）

赣州，是中央苏区的中心区域，人民卫生健康事业从这里出发，共和国卫生健康部门在这里诞生，伟大的红医精神从这里发源。

"现在国家发展了，人民生活变好了，我们要饮水思源，不要忘了革命先烈，不要忘了党的初心和使命，不要忘了我们的革命理想、革命宗旨，不要忘了我们中央苏区、革命老区的父老乡亲们。"牢记习近平总书记视察江西和赣州时的殷殷嘱托，赣州市人民医院（南方医院赣州医院）全体干部职工感恩奋进、接续奋斗，以建设国家区域医疗中心的火热实践，不断推进医院高质量发展，倾情守护新时代苏区儿女的健康福祉，在红土地上奏响了"人民至上、生命至上"的"使命乐章"。

一、传承红色基因加强党建引领，不断发展人民卫生健康事业

赣州是共和国的摇篮和中央红军长征出发地。在这里，中国共产党和红军组建了第一个卫生机构，建立了第一所红军医院，创办了第一所卫生学校，创刊了第一本健康报刊《健康报》，开启了中国共产党领导的红色卫生健康事业发展壮大的崭新征程。

扎根红土圣地，传承红色基因，赣州市人民医院（南方医院赣州医院）践行守护人民健康的初心使命，不断发展人民卫生事业。新任领导班子到任以来，坚持公立医院党的领导，秉持"厚植人民情怀，患者利益至上，主动高效服务，担当实干为民"理念，强化"精益管理、精细管理"理念，通过建设高水平的"九大体系"（学科和技术体系、人才队伍体系、科研教学体系、医疗服务体系、精益运营体系、医院品牌体系、质量和安全体系、后勤保障体系、党建质量体系），全面提升医院高质量发展的硬核实力，朝着区域内医德最好、技术最强、服务最优的愿景阔步前行。

近日，一位孕期脑血管畸形破裂出血的急症患者被送到赣州市人民医院（南方医院赣州医院）神经外科。在复合手术室，神经外科手术团队运用一系列国内前沿技术，帮助患者转危为安。赣州市人民医院（南方医院赣州医院）建成全市首个复合手术室，配备业界最先进的数字医疗设备，实现微创介入手术与传统外科手术一站式完成。这项世界领先的诊疗技术，目前已在神经、心脏、血管等领域广泛应用，使手术更加精准高效，造福更多患者。

为了更好地满足人民群众的健康生活需要，赣州市人民医院（南方医院赣州医院）一代又一代医护人员，接续奋斗，弦歌不辍，坚守在人民群众生命安全和身体健康的主阵地，持续夯实高质量发展基础。目前，医院占地面积 378 亩，建筑面积 35 万平方米，在职职工 4000 人，编制床位 3600 张，年门急诊 220 万余人次，年出院 13.5 万余人次，年手术 5.5 万余台，业务总量、诊疗人次、综合服务能力位居全省前列。

二、应急处置突发公共卫生事件，构筑赣南人民健康坚实屏障

2022 年年底，随着国家疫情防控政策调整，大量新冠患者前往赣州市人民医院（南方医院赣州医院）就医、检查。医院紧急召开了全院新冠疫情防控工作调度会，在北院区增设新冠感染病区，开辟病区仅仅 2 天，47 张床位即告爆满。从早上 8 点上班，到晚上 6 点 30 分，值班医师蔡婷婷一刻不停地接收和处理病人，顾不上吃午饭、喝水，连老父亲因新冠病情凶险住进自己的科室，她都没有时间去看上一眼。

"全院一盘棋，全院一张床，应收尽收，绝不拒收任何一位新冠患者"，赣州市人民医院（南方医院赣州医院）坚决扛起了新冠救治主力军的责任，将重症患者优先安排在 ICU，较重症患者安排到呼吸与危重症医学科，次者安排到内科科室，轻症者安排到外科科室。全院上下众志成城，历经 3 个多月的高强度奋战，以必胜姿态打赢了这场疫情防控歼灭战。2023 年 3 月底，73 岁的新冠重症患者吴大爷经 70 多天治疗后顺利出院，至此，全市新冠患者全部出院。

三年来，赣州市人民医院（南方医院赣州医院）共派出 30 余批次 520 人次医务人员支援全国各地的疫情防控工作，白衣战士们奋战在新冠患者救治、核酸采样、核酸检测的各条战线。2022 年以来，该院共组织了 90 余批次近万人次的核酸采样队员支援赣州市中心城区核酸采集，派出人数之多居赣州市各医疗机构首位。

三年来，赣州市人民医院（南方医院赣州医院）通过下沉帮扶、互联网医疗等方式，帮助基层医疗机构提高处置能力，织密筑牢防控网络，有力阻断了疫情蔓延，承担了最急难险重的任务，在抗击新冠疫情中发挥了中流砥柱作用，出色地完成了党和人民托付的重任。

总结"疫时"经验，提升应对突发公共卫生事件能力。面对突发传染病、群体性疾病、重大食物和职业中毒等突发公共卫生事件，以及可能发生的公共卫生事件，赣州市人民医院（南方医院赣州医院）充分发挥专业优势，按照"预防为主，常备不懈；统一领导，分级负责；依法规范，措施果断；依靠科学，加强合作"的原则，充分做好人员、技术、物资和设备的应急储备，在应急处置中及时、有效地监测、报告和处理，为人民群众的健康安全构筑了坚实屏障。

三、倾力建设国家区域医疗中心，打造技术一流、服务一流医院

4 月 4 日，2023 年度国家区域医疗中心集中调研经验交流在赣州举行。国家发展改革委、国家卫健委、国家中医药局及承担国家区域医疗中心项目建设的 15 个省、市、自治区有关部门和医院代表参加了活动。赣州市人民医院（南方医院赣州医院）作为"东道主"，在交流会上

做典型经验介绍，并接待 200 余人观摩。医院浓厚的发展氛围、蓬勃的创新活力让大家眼前一亮。此后，全国各地众多医院都前来观摩、交流国家区域医疗中心建设经验。

赣州市人民医院（南方医院赣州医院）是远离省城的地市级医院，是第四批获批建设国家区域医疗中心的医院，应该说，建设国家区域医疗中心，医院并未占据天时、地利，所以赣州市人民医院（南方医院赣州医院）全力寻求和利用"人和"优势——地方政府"真支持"、输出医院"真心干"、依托医院"真配合"。

在创建阶段，成立由市委、市政府主要领导任双组长的创建工作领导小组，建立由市政府主要领导任召集人的联席会议制度；在工程施工阶段，成立由市政府分管领导任组长的项目建设领导小组，并出台系列支持政策，全面保障国家区域医疗中心顺利推进，在资金、用地、人才、编制、医保、生活等方面予以大力倾斜。

南方医科大学南方医院作为输出医院，以空前力度，派出了医院有史以来规模最大、级别最高、人数最多的医疗骨干团队。一年多来，派驻专家总数达 160 多人，全部具有高级职称；在赣州医院成立侯凡凡院士等 15 个国家级专家的"名医工作室"，派驻专家全面指导和支援南方医院赣州医院的重要医教研和管理工作。

赣州市人民医院（南方医院赣州医院）倾其所有配合建设国家区域医疗中心，引进学科带头人 1 人、博士 10 人，招聘硕士 82 人，选派 130 名科主任和业务骨干到南方医院挂职学习，选派 71 人到南方医院进修。在重点建设的"四大中心、六大专科"实行主任和执行主任"双主任负责制"，由南方医院派驻的专家任执行主任，全面负责科室发展和医疗、教学、科研工作。

春去秋来，共建结出丰硕的成果。南方医院刘启发团队在血液内科实施赣南地区首例、全省首例中国自主知识产权 CAR-T 回输，复查患者骨髓未见肿瘤细胞，患者顺利出院。南方医院派驻专家肖军完成了全省首例精准截骨、保留后交叉韧带的膝关节置换手术，也是省内首例施行膝关节置换术后患者"直接从手术室步行走回病房"的。引进的学科带头人徐哲成功实施全市首例白内障高端人工晶体植入手术，让年近六旬的古教授"感觉自己又回到了年轻时的视力状态"……一幕幕令人欣喜的场景每天都在发生。得益于国家级高水平医院的优质医疗服务，许多疑难病症得到了有效解决。

共建一年多来，赣州市人民医院（南方医院赣州医院）普外科获批国家临床重点专科建设学科，实现了"零"的突破；三、四级手术率同比提高 8.1%，其中重点专科手术率提高了 12.9%；开展疑难手术 2200 余例，引进新技术、新项目 165 项，其中 81 项填补了省、市技术空白，重点专科外转病人同比下降 48%；获国家自然科学基金资助项目 5 个，同比增长 150%；获省自然基金项目 8 项，同比增长 300%；在 SCI 期刊上发表论文 170 篇，同比增长 91%。

一串串数字，见证着赣州市人民医院（南方医院赣州医院）高质量发展的铿锵步伐，赣南及周边群众的健康福祉正越来越厚实。

站在新起点，迈入新时代，全院上下信心满怀，以新时代党的卫生健康工作方针为指引，深入推进全市"三大战略、八大行动"，聚焦打造技术一流、服务一流的"双一流"医院，围绕学科高峰、医疗高地、高水平医院三大建设任务，树牢"解放思想、对标一流、改革创新、担当实干"四个意识，推行党建立院、管理兴院、人才建院、科技强院、文化塑院五大举措，奋力建设学习型、质量型、人文型、高效型、舒适型、勤廉型"六型"医院，向着建成高水平国家区域医疗中心的目标进发！

推广中医适宜技术　擦亮忠州针刀品牌

——针刀适宜技术创新推广应用

重庆市忠县中医医院

近年来，忠县中医医院致力针刀建设，紧紧抓住四个要点，探索创新、持续发展，做实做好针刀适宜技术创新推广应用。

一、坚持三向发力，抓实平台根本点

推广针刀适宜技术，平台是根本。医院坚持多措并举，搭好推广桥梁，做实根本点建设。一是建立健全区县针刀学术组织。发挥作为主委单位的示范和牵头作用，加强区县针刀学术组织建设，建立区县针刀技术推广平台。积极推动在涪陵、九龙坡、江津、丰都、梁平、荣昌等区县，成立针刀医学专委会及汉章针刀重庆学术部区县分会；今年计划新建立区县针刀学术组织 5～10 个。二是打造针刀特色技术创新团队。忠州纯针刀特色技术创新团队作为针刀技术培训推广的重要平台，集合了全国一大批优秀针刀医学专家；创新团队加强自身建设，组织出版专著、制定专家共识、召开学术会议、全国各地学术讲座、积极开展针刀培训。忠州纯针刀特色技术创新团队成功入选重庆市中医药创新团队建设项目名单，共获研究经费 400 万元。三是推进针刀医学学术流派建设。巴渝忠州针刀流派通过梳理流派史料、总结提炼流派学术思想，收集整理临床医案，出版流派专著，规范流派建设，2023 年巴渝忠州针刀流派作为全市唯一的针刀医学流派，成功入选重庆市中医药学会首批中医药学术学派，也是全国第一个省市级以上针刀医学学术流派。

二、坚持强基固本，抓准科研基础点

推广针刀医学适宜技术，科研是基础。医院大力支持针刀科研建设，积极开展针刀技术研究。一是开展实验研究。利用忠州纯针刀特色技术创新团队建设平台，在成渝双城经济圈框架下，与成都中医药大学、成都达硕集团合作开展动物实验，深入研究针刀治疗颈肩腰腿痛的机制，为后期临床实践提供研究基础。二是做实科研工作。组织力量积极申报市、县级科研课题，开展临床研究。2023 年主持结题重庆市科卫合作重点针刀科研课题 1 项；中标重庆市科卫合作重点针刀科研课题 1 项；中标忠县 2023 年度科技重点项目、一般项目 5 项。三是撰写论文与专著。在美国《医学》杂志上发表题为 3 区 SCI 论文 1 篇。举办《针刀治疗颈椎病》首发式。主编出版专著《岐黄薪传录》。第一副主编岐黄工程首届全国中医临床骨干人才官方标志性结业专著《岐黄纵横辑录》（主编为班主任）；牵头启动《岐黄纵横续辑》专著编撰工作。召开 3 次《针刀治疗腰痛病》编委会，将于今年 4 月正式出版。启动巴渝忠州针刀流派专著编写工作。四是做实针刀沙龙。针对针刀临床工作中的疑难病例、难点技术，组织全国、全市针刀医学专家，先后在武隆、巫山、荣昌、丰都等地举办针刀沙龙，集中开展治疗技术和病例讨论。

三、坚持提质增量，抓牢推广关键点

推广针刀适宜技术，推广是关键。医院持续抓关键、重落实，在针刀适宜技术推广上下功夫。一是开展针刀培训。邀请中华中医药学会针刀医学专委会主委李石良教授来院举办"全国超声可视化针刀技术培训班"。承办中华中医药继教项目"忠州纯针刀特色技术推广培训班""腰椎间盘突出症康复诊疗基层培训班"；承办市级针刀继教培训项目 5 项。忠州纯针刀培训自开班以来连续举办 28 期，来自四川、湖北、安徽、新疆等全国 9 个省区市近 200 针刀学者参训，其中包括重庆 31 个区县、四川 15 个区县。二是积极开展学术推广。以市外知名中医药专家在渝工作室建设为契机，邀请国家中医药管理局中医微创技术协作组组长、中国中医科学院董福慧教授来院指导，组织召开成渝双城经济圈中医药创新学术论坛；以成渝双城经济圈卫生健康一体化发展为契机，在四川大英县承办中国中医药研究促进会针刀医学专委会成渝双城经济圈针刀医学学术论坛。与四川大英县建立针刀专科医联体，开展适宜技术推广培训、查房、坐诊、义诊等活动；全年 27 次受邀到北京、广州等地推广针刀技术，受众 5000 余人次；在针刀微信群开展针刀微课 24 次，受众 12000 余人次；在忠县召开第二届全国可视化针刀沙龙，线上线下参会 4.48 万人。今年 4 月即将在忠县召开中华中医药学会针刀医学分会学术年会，是该分会历史上第一次在非省会城市召开全国年会。三是开展义诊义治。借助中华中医药学会针刀医学分会党的工作小组重庆牵头专家，成渝双城经济圈针刀专科医联体，重庆市中医药学会针刀医学专委会、汉章针刀重庆学术部主委，县域医共体中医龙头单位等平台，积极在四川大英，重庆荣昌、城口、忠县等地开展义诊义治，查房，疑难病例讨论，推广针刀适宜技术，受到基层医生和当地患者的广泛好评。

四、坚持优化管理，抓好人才闪光点

陈永亮主任中医师作为重庆市忠州纯针刀特色技术创新团队带头人，巴渝忠州针刀流派负责人，市外知名中医药专家董福慧教授在渝工作室负责人，忠州纯针刀非物质文化遗产代表性传承人，在针刀适宜技术创新推广应用中发挥了重要作用，取得显著成绩；先后当选为中华中医药学会针刀医学分会副主委、中国民族医药学会微创技术分会副会长、全国颈肩腰腿痛研究会副理事长，中国针灸学会基层适宜技术推广专委会常委、重庆市中医药学会针刀医学专委会

主委等；先后荣获第六届重庆市劳动模范和先进工作者、重庆市五一劳动奖章、首批重庆市区县医疗卫生学术技术带头人等荣誉称号。

　　针刀适宜技术推广培养了一大批基层针刀骨干，泽被了一大批患者，对提高忠州纯针刀技术在全国的辨识度、影响力和知名度，起到了重要作用，真正提升了脊柱相关疾病患者的就医体验感和幸福感。下一步，忠县中医医院将持续开展针刀适宜技术研究、推广、应用，把"忠州纯针刀"品牌擦得更亮、唱得更响。

砥砺奋进　扬帆远航

——平定县人民医院十年"蝶变"

山西省平定县人民医院

平定县人民医院是平定县唯一一家融医疗、教学、科研、急救、预防保健、康复为一体的现代化综合性二级甲等医院。1946 年建院以来，历经 76 载风雨沧桑逐渐发展壮大。党的十八大以来的十年，历届院领导坚持党建引领，紧跟国家医改步伐，以人民健康为中心，团结带领全院干部职工劈波斩浪，奋勇前行，医院实现了高速发展，人民群众看病就医获得感、幸福感、安全感不断提升。目前，医院固定资产 2.82 亿元，开放床位 260 张，设立了 46 个科室 12 个专业病区，在职职工 623 人。其中护理学科为省市县共建重点学科，神经内科、骨科为市级重点专科，是山西医科大学、阳泉职业技术学院的教学医院，年门诊量为 23 万人次。

一、整体面貌全新呈现

2012 年住院大楼建成搬迁，2018 年门急诊大楼医技楼部分搬迁，2020 年门急诊大楼门诊急诊部分启用，大院完成整体重铺。医院环境面貌实现全新"蝶变"。

2012 年 11 月，13 层住院大楼搬迁，配备了中央空调、中心供氧系统、中心负压吸引系统、气动物流传输系统和设施先进的手术室。每间病房配备独立卫生间，安装隐私隔帘，每床配陪护椅，病区环境温馨便捷，24 小时提供开水，人性化的设置让病人感觉更舒适，同时也给医护人员工作带来了更大便利。以后每年根据需要不断完善病区设施，设置家庭病房，增加床档病床、过床易，改造洗刷设施，不断满足群众需求，增加舒适度。

2018 年，医技楼搬迁，添置了 1.5T 核磁、64 排 128 层 CT 等一大批先进医疗设备，环境焕新，内涵提升。

2020 年，新建门急诊大楼搬迁，收费、挂号、医保、慢病报销窗口功能整合，自助设备更新增设，设置电子大屏，升级叫号系统，配备足够的候诊椅、自助轮椅，增添绿植，带给群众便捷的同时大大提升了就诊体验感。

二、大型设备更新换代

2014 年，购置德国罗氏 Cobas6000 全自动生化分析仪。2016 年，购置青岛泽友医用多人空气加压氧舱。2018 年，配备西门子 1.5T 核磁共振、GE64 排 128 层 CT、岛津 SONIALVISION G4

大平板多功能数字透视摄影系统、森田 X550 三合一数字化口腔全景 CT、普朗 MEGA600 数字平板钼靶乳腺机、卡姆 JDPN-VC 型双定位体外冲击波碎石机、腹腔镜等。2020 年，配备奥林巴斯 CV-290 电子内窥镜系统、胆道镜、纤维支气管镜、迈瑞 A7 高端麻醉机等。2016 年至 2022 年，购置 7 台彩色超声诊断仪，2018 年黑白超声被淘汰。

三、医疗技术持续提升

2013 年，骨科独立开展关节置换技术，十年间该技术不断成熟、拓展，单髁置换、双髋关节置换、双膝关节置换、肱骨头置换等技术给群众解决了关节病难题。普外科腹腔镜技术、复杂大手术、妇产科腹腔镜技术、宫腔镜技术不断发展。2019 年，内科开展了床旁血滤。随着临床、医技科室诊疗技术的提升，内科、外科、妇产科、儿科、五官科等科室的疾病诊治水平长足发展。

四、急救体系更加完善

在 2008 年成立危重孕产妇救治中心的基础上，不断完善急诊急救体系和院前急救，组建多学科协作救治组。2017 年成立新生儿救治中心。2018 年成立胸痛中心、卒中中心、创伤中心。2020 年，胸痛中心顺利通过了中国基层胸痛中心认证。依托五大救治体系，我院急诊急救能力不断提升。

五、护理学科创新发展

2013 年，医院实现优质护理全覆盖。2014 年，我院护理学科被确立为山西省县级临床重点专科。2015 年，被确立为全省首批省市县共建重点学科。2020 年，在山西省医学重点学科期末验收和年度考核中是全省 9 个省市县共建重点学科中唯一一个被评定为"优秀"的重点学科。2019 年 11 月成立了中国南丁格尔志愿护理服务总队山西省护理学会分队平定县人民医院支队，2020 年 3 月正式启动并开展工作，3 年中，在提升人群健康水平、传授急救技能方面发挥了重要作用，多次排名全国医院第一，被省护理学会授予"成绩突出团队"。

六、教学科研能力提升

2018 年 7 月，医院成为阳泉职业技术学院教学医院，11 月被确立为山西医科大学实习医院。2019 年，被确立为山西医科大学教学医院。十年来为各类大专本科院校培养了近 700 名医学生，接收下级医院进修人员 120 多名。在科研方面，获得专利 1 项、市级科技进步奖 2 项，开展新技术、新项目 65 项，发表省级以上论文 194 篇。

七、特色门诊便民惠民

2018 年，PICC 护理专科门诊开诊；2019 年不孕不育门诊、疼痛门诊开诊。特色门诊极大地方便了县域中心静脉置管患者，帮助一对对不孕不育夫妻圆了梦，解决了各种疼痛患者的痛苦，深受群众好评。

八、增扩科室与时俱进

（一）临床支持部

2012年成立，承担了全院住院各临床科室外出陪检、标本递送、预约检查、发放检验报告、血液制品取送等工作及中午、夜间特殊时段药品取送等工作，有效减轻了临床护理人员的工作压力。

（二）医疗服务中心

2014年成立，整合原方便门诊资源，建立起开放综合服务平台，开展分诊、导诊、咨询、陪检、候诊区巡诊管理、慢病服务、便民服务等业务。2019年与志愿者服务工作站合并，以群众需求为导向逐步拓展工作内容，极大地方便了群众就医。2020—2022年疫情防控期间，承担了门急诊、住院大楼预检分诊工作，为阻断疫情在院内传播发挥了重要作用。

（三）内科老年内科

2018年1月成立，设内分泌、肾内、消化、风湿免疫4个专业。在糖尿病规范化治疗、肾病治疗、消化系统疾病镜下治疗和缺血性脑血管病溶栓治疗等内科疾病，老年人易患病方面不断拓展，实施了床旁血滤、无肝素床旁血滤等先进救治技术。

（四）康复医学科病区

2019年3月，投资400多万元建起了康复医学科病区，设床位16张，有康复训练大厅和作业治疗、运动治疗、蜡疗、养育吞咽治疗、艾灸、针灸等各种治疗室，康复治疗仪器28台，开展神经康复、肌骨康复、儿童康复、产后康复等专业康复治疗，为县域百姓接受专业规范康复治疗提供了方便。

（五）健康体检部

2021年11月，为适应时代发展，将原东升分院改造为健康体检部，将体检工作从医院完全分离，实现了"医检分离"，体检环境优雅舒适，结束了体检者与患者共用检查仪器的历史，在享受更加专业规范的体检服务的同时，有效降低了交叉感染的风险。

（六）血液透析室

2021年12月，利用沿街底商改建的血液透析室运行，总投资400多万元，总面积530多平方米，床位由原来的13张增至28张，新增15台透析设备，更新了水处理系统，增加了集中供液系统，布局合理，分区科学，功能齐全，缓解了床位紧张，基本能够满足县域透析患者的需求。

九、人文关怀以人为本

2019年10月，由原单身宿舍加层改造建成职工之家，面积达1016平方米，融图书阅览室、职工活动中心、集体宿舍为一体，环境舒适，功能齐全，为日常查阅资料、休闲读书、强身健体提供了多种选择，极大地丰富了全体干部职工的业余文化生活。

2021 年 7 月，新建餐厅投入使用，建筑面积为 1400 平方米，环境优雅温馨，分区科学，一层供患者及家属就餐，二层供职工就餐，厨师专业、服务上乘，饭菜种类齐全、营养丰富，深受职工及患者欢迎。

十、信息化建设加速推进

2012 年住院大楼搬迁后建起了新机房，办公室、医务科、护理部等部分职能科室开通了互联网。2014 年，开通住院医生工作站和病历质控系统，使病历书写电子化。2015 年升级 HIS、LIS 系统，上线医技影像信息管理软件。2016 年，开展自助挂号缴费和报告打印业务，门诊安装叫号系统，同年医学影像实现数字化储存。2017 年，开通微信公众号，接入健康山西光纤。2018 年开设网上预约挂号、在线支付等功能，信息系统更换为中联软件，集团内 13 家医疗机构完成网络互联互通。2019 年，住院各科室和部分乡镇实现远程会议、会诊、培训等功能。2020 年，院内信息系统包括行政后勤、临床、医技管理三大板块，电子病历应用水平评级达到三级。2022 年 1 月通过省级评审。

十一、县域医改加速发展

2017 年 4 月，我县被确立为县乡医疗卫生机构一体化改革试点县，平定县医疗集团成立，县人民医院、县中医医院、县妇幼保健院及 10 家乡镇卫生院整合成一家人。以人民健康为中心，集团党委发挥把方向、管大局、做决策、促改革、保落实的重要作用，在"六统一"管理模式下成立了 9 个管理中心和 9 个业务中心，全集团实行同质化管理，县乡一体化发展。县人民医院作为龙头机构先后与山西省眼科医院、山西省肿瘤医院、阳煤集团总医院、市第一人民医院等省市三级医院建立了医联体，成为山西省心血管病医院平定分院，加入 28 个专科联盟，与中国人民解放军总医院（北京 301 医院）开展了远程会诊合作。丰富优质的医疗资源为医疗集团高质量发展提供了有力支撑，同时畅通了上下转诊渠道，在方便群众就诊、解决就医难问题方面发挥了重要作用。同时，集团内部建立了科帮院机制、基层人才培养机制、医疗资源协调使用机制、信息化建设同步发展机制等，不断提升乡镇卫生院和村卫生室整体实力，促进全县医疗卫生事业的整体发展。

至 2023 年 5 月底，10 家乡镇卫生院在全省"优质服务基层行"活动中，有 2 家达到了省级推荐标准、6 家达到了基本标准。

十年间，全院上下紧紧围绕发展大局，同心同德，砥砺奋进，引领全县医疗卫生事业披荆斩棘，大步前行，为人民群众生命安全和身体健康不断做出新的贡献。三年疫情逆行冲锋，一往无前，更彰显了白衣天使无私大爱、甘于奉献的牺牲精神，一次次有力有效阻断了疫情传播，守护了群众的健康安全。党的二十大为新十年发展指明了前进航向，平医人在开启新征程、迈向新目标的进程中一定会踔厉奋发、笃行不怠，以更加昂扬自信的姿态扛起时代重任，迎接新的挑战，为人民健康事业高质量发展再谱新篇！

刘树明："不为良相，便为良医！"
乡亲们心中的好医生

河北省平山县人民医院 刘 佳 刘树明 王秀丽

人物名片： 刘树明，主任医师，中共党员，平山县政协第九、第十届委员会委员，平山县人民医院呼吸与危重症医学科主任兼感染科主任，河北省呼吸与健康委员会常委，石家庄医学会呼吸专业委员会常委，石家庄市医学会消化、心身医学委员会委员，对呼吸系统常见病、多发病及危重症抢救，尤其是在间质性肺疾病、肺栓塞及睡眠呼吸疾病方面积累了丰富的临床经验。

30 多年行医路，他飞出大山，又回归基层，用朴实和真诚感动着每一个人，是乡亲们口口相传的"好医生"。他勤于学，善于思，建学科，带团队，用步履诠释"医者仁心"；他讷于言，敏于行，爱好广泛，样样精通……他就是平山县人民医院呼吸与危重症医学科主任刘树明。

一、从大山里走出来的好医生：用朴实和真诚感动着每一个病人

刘树明出生在平山县蛟潭庄村，是一个大山深处的村庄。他穿着百家衣，吃着百家饭长大。他知道家乡山高路远，道路难行，所以比别人更懂得生活的艰辛。

他从小品学兼优，奋发图强。村子里缺医少药的现状让他把一颗治病救人、悬壶济世的种子埋在了心底。他怀着对医学事业的憧憬和热爱，用优异的成绩考上了承德医学院。

生于斯，长于斯，归于斯。刘树明大学毕业后选择了服务家乡，扎根基层，到自己的家乡蛟潭庄卫生院工作。当时蛟潭庄卫生院条件很艰苦，尤其是冬天，非常寒冷，没有暖气，但是刘树明咬牙一待就是好多年。

老百姓来医院看病也是路途遥远，道路交通很不好，曲曲折折的。无论是白天黑夜，还是大风雨雪的天气，刘树明常常背着急救药品包到病人家中给病人诊治，由于用药及时，病人病情得到了很好的控制，挽救了一个个家庭。

乡亲们都纷纷竖起大拇指，说："树明真是个好医生啊！"

1995 年，刘树明被调到平山县人民医院工作。30 多年了，不管是老家的乡亲还是城里慕名来找他看病的患者，他都像对待自己的亲人一样。病人每次看完病后都和刘树明主任成了朋友，甚至会成为"亲戚"。

刘树明虽然不善言辞，但他的朴实和真诚感动着每一个病人。

二、"不能让病人多花一分钱"，始终把患者放在心中

多年来有许多慕名而来或者经亲朋好友介绍来的患者来县医院找树明医生看病，大多素不相识，他总是热情接待，主动让座，搀扶行动不便的患者落座。

他心中只有患者，从来不分高低贵贱，一视同仁，许多患者及家属被他"纯粹的好"感动着，并口口相传……

2022年6月的一天，下班后他还在加班，有一位患者在家属陪同下找他看病。刘树明细心诊查后，初步诊断是脑血管病，他开好头颅CT检查申请单，亲自陪同患者到影像科做了CT，结果显示是脑出血。他立刻联系神经外科医师会诊后，亲自陪同患者到神经外科病房，详细交代给医护人员，才放心离开。家属十分感动，拉着他的手反复感谢，他只是说："应该的，应该的。"

刘树明30多年来，始终坚守着自己的孝道和大爱，每次值班休假回家的时候，除了看望自己的亲人外，还为乡亲义诊。村里的老乡听说刘树明回来了，都会不约而同地到他家里咨询各种问题，他都会耐心讲解，一遍又一遍。他的手机号码多年来一直未换过，生怕老百姓看病咨询找不到他，成了大家24小时看病的"热线"电话。

这么多年，他无偿救治父老乡亲，为他们补贴的医药费不计其数。刘树明知道老百姓看病不容易，有时候遇到年岁大点或行动不方便的病人时，就亲自陪病人做检查、排队拿药，如果病情需要住院的话，还会亲自陪同办理住院手续。

有人问："刘主任，这是你的老乡吗？"他都是笑笑说："都是平山县的，都算是老乡。他们年纪大了，孩子不在身边，我帮他们排队拿药，可以节约好多时间，这样早点出结果，也可以早点办理住院。"

对于一些不必要的检查，刘树明都会耐心解释，不能让病人多花一分钱。

他的朴实，同事都看在眼里，用刘树明的话说就是："老百姓出门在外，看病很不容易，能帮一个是一个，能省一分是一分，决不能让患者多走一步道，多花一分钱。这都是举手之劳的事情。"

三、对团队严格要求，随时随地传递健康科普

面对呼吸与危重症医学科的疑难杂症，刘树明凭借丰富的临床经验和过硬的技术，炼成了一双"火眼金睛"，可以很快明确诊断，对症治疗。

他总是教导团队："咱们是呼吸与危重症医学科，面临很大的挑战，一个简单的咳嗽背后可能是很复杂的疾病。"所以刘树明主任查房的时候要求医生们在工作中要打破常规，养成良好的思考习惯，先认真追问病史、查体、分析化验结果，再明确诊断，综合处理。

2019年，患者侯某因患"慢性阻塞性肺病、肺炎、呼吸衰竭、冠心病"反复住院了12次，刘树明带领团队尽力从死亡边缘把侯某拉了回来。刘树明深知平时坚持用药是治疗慢性病的关

键，因此不厌其烦地向患者交代平时坚持用药的道理及好处，亲自教会患者如何正确使用吸入性呼吸科专用药剂，帮助他戒了烟。患者在家属的精心照顾和监督下严格用药，近两年多病情未再加重发作，生活基本能自理，家属表示万分感谢。

他随时随地向身边的群众讲解传播健康保健知识，让大家坚持"管住嘴，迈开腿"，让好多人摆脱了肥胖、高血压、高血脂、高血糖及脂肪肝的困扰，健步走出健康快乐的幸福人生。

四、被学医"耽误"了的艺术家：爱好广泛，乐在其中

一提到唱歌，大家首先想到的是医院的"老牌歌星"刘树明。他有一副天然的好嗓子，业余时间非常喜欢唱歌。

这么多年来，他多次在院内院外登台表演。2017 年他参加了平山县西柏坡枫林合唱团业余培训班，在专业老师的精心培育下，歌唱水平有了明显提高。他曾随团赴京参加纪念毛泽东同志诞辰 126 周年文艺演出活动，还参加了省市县的文艺活动，尤其是参加了省市旅发大会的有关文艺活动。

他说："唱歌既愉悦心情、陶冶情操，又健康身心、快乐人生。"

刘树明还热爱运动，常年坚持身体锻炼，每天早晨到公园健步走一个多小时，练就了健康的体魄。2020 年 11 月他随平山县代表团参加了石家庄市第十六届全民运动会，参与了健步走大赛，荣获了团体第三名的好成绩。

刘树明三十年如一日，从一个大山里走出的穷孩子到初出茅庐的新手医生，最终成为呼吸领域的名医专家，靠的是"积极进取，严谨自律，一切以病人为中心"。

他常常看书，接受新知识、新理念，经常参加学术会议。"知识更新很快，咱也要紧跟步伐。"

正是这样孜孜不倦的坚持，让他不断提高自己的医疗技术水平，成了业务发展和学科建设的带头人。

2003 年 5 月，他首次确诊肺栓塞并成功进行了尿激酶静脉注射溶栓治疗，填补了我院的技术空白，开创了呼吸机治疗呼吸衰竭的先河，挽救了无数危重患者的生命。他曾于 2010—2014 年兼任重症医学科主任，开创了我院重症医学专业，为我院救治急危重症患者及保障大手术提供了强有力的重症医学支持，促进医院整体水平上了一个新台阶。他先后发表医学论文 20 余篇，专著 3 部，其中一篇论文荣获石家庄市优秀论文三等奖。先后荣获"平山县优秀共产党员""平山县五一劳动奖章获得者""建设平山行业标兵""石家庄市道德标兵""河北省医德先进个人"等光荣称号。

"在 32 年的工作生涯中我被患者误解过、辱骂过，但收到更多的是患者和家属的感激和赞扬。当我终于又帮助一名患者恢复健康或是从死神手里抢回生命时，我自己同时收获了事业给我的满足感。古人云：'不为良相，便为良医。'这是我给自己定的毕生的目标和追求，也是我时刻警醒自己谨言慎行的标准。患者的认同就是对我最大的表彰，帮助更多的患者恢复健康是我的终生心愿。"

传"槐里星火" 建设健康兴平

——陕西省兴平市人民医院巡礼

陕西省兴平市人民医院

"患者心跳加快，呼吸困难，快！给予气管插管！"随着监考老师一声令下，来自急诊科的青年医师任斌迅速将患者（道具）放平体位，使用简易呼吸器面罩对患者加压给氧……

兴平，古称槐里，是中共陕西早期革命领导人魏野畴的家乡。自2023年6月27日起，兴平市人民医院在全院开展了"星火槐里·庆七一"医疗技能擂台大赛，来自全院各临床科室的21支医师代表队和24支护理代表队的55名医护人员，先后参加了气管插管、电除颤、病历书写、小静脉注射、创新与管理护士长演讲五方面的擂台比赛，经过初赛、复赛及决赛，最终手术室、心内一科、急诊科分别获得了气管插管组一、二、三等奖；心内一科、急诊科、手术室分别获得了电除颤组一、二、三等奖；心内一科、呼吸内分泌科、产科分别获得了优秀病历一、二、三等奖；神经内二科、手术室、心内二科分别获得了小静脉注射组一、二、三等奖；普外肝胆科护士长杨雯晴、呼吸内分泌科护士长韩娟、手术室护士长宋妮分别获得了创新与管理护士长演讲比赛一、二、三等奖。

2023年上半年，在市委、市政府和卫健局党委的坚强领导下，医院党委、院委会团结带领医院干部职工，以"三个年"建设为引领，坚守"以患者为中心"的服务理念，不断深化医院党的建设，着力疫情防控常态化和医疗质量安全服务能力提升，以三级医院创建、重点专科建设、绩效考核及DRG付费改革、医政重点工作落实、群众身边腐败和作风问题专项整治暨清廉医院建设等为抓手，高点定位，科学部署，扎实推进，新冠救治和疫情常态化防控工作、党的建设、群众身边腐败和作风问题专项整治暨清廉医院建设、重点专科建设、三级医院创建、医疗服务能力提升、重点项目建设等中心工作有序推进，成效明显；医院内涵建设明显增强，医疗质量管理不断提升，服务环境持续改善，医院服务能力不断增强，科室布局不断细化完善，群众就医获得感和就医体验持续改善。

一、医院党的建设稳步推进，群众身边腐败和作风问题专项整治暨清廉医院建设成效初显

2023年上半年，在市卫健局党委的正确领导下，我们始终把推进医院党的建设和清廉医院建设作为全年工作开好局、起好步的重要抓手。一是以开好2022年医院领导班子民主生活会为抓手，扎实开展了领导干部谈心谈话活动，广泛征求干部职工、就诊患者对医疗领域作风建设的意见及建议，建立问题台账，制定整改举措，实行销号管理。二是积极推进清廉医院建设，依据医院工作实际，制订了清廉医院建设工作方案，对清廉医院建设风险隐患开展了排查，落实了清廉医院建设任务清单，明确了责任领导、牵头科室、责任科室及目标任务，并进行了督导检查。三是在2023年医院工作会议上对全院作风建设和纪律整顿工作进行了安排部署，医院党委、院委会召开作风建设专题会议，与各支部、各科室签订了2023年党风廉政和作风建设目标责任书，修订完善了《兴平市人民医院采购管理制度》，对医院医用耗材、药品、办公用品等采购活动进行了规范。四是积极推进"无红包医院"建设工作，坚持"以人民为中心"的思想，必须始终把人民利益摆在至高无上的地位，收受患者"红包"损害了人民利益，与"以人民为中心"的思想背道而驰。开展创建"无红包医院"活动，是坚持"以人民为中心"思想的必然要求，是保证人民病有所医、维护人民权益、守护人民健康的具体举措，必须驰而不息、持续推进。五是以"学雷锋"活动和庆祝三八国际妇女节活动为抓手，组织党员干部、医疗专家在城区西关十字党建主题广场、天天才艺幼儿园等开展义诊活动和健康知识讲座。截至6月上旬，全院共收到群众锦旗108面，感谢信116封。

二、高质量发展项目加快推进，医院内涵建设稳步提升

2023年2月16日下午，由陕西省胸痛中心联盟主席、西安交通大学第一附属医院心血管病院院长袁祖贻带队的省级胸痛技术专家组一行莅临市人民医院，开展胸痛救治单元建设知识技术培训，并对全市镇办卫生院胸痛救治单元建设工作进行现场检查指导验收，给予了充分肯定。3月2日，市人民医院正式加盟咸阳眼科医疗联盟成员医院，与技术雄厚的咸阳市眼科医院牵手合作；3月9日，市人民医院与陕西省核工业二一五医院正式建立协作医院，该院专家组定期来市人民医院进行业务查房和技术指导，并开展新业务新技术，对我院医疗技术提升帮助初见成效；3月19日，兴平市人民医院荣膺"中国创伤救治联盟创伤救治中心建设单位"殊荣；3月23日下午，兴平市人民医院乳腺科邀请陕西省肿瘤医院乳腺外科主任李飞一行来院开展乳腺科学术交流会；4月2日，医院成为陕西省超声医学专科联盟成员医院，医院急诊重症医学质控中心获评陕西省急诊症重症医学优秀质控中心；4月30日，新组建的神经外科正式启动运行，截至6月上旬，共收住患者89名，顺利完成三、四级手术22例。

三、新技术新业务不断拓展

2023年上半年，我院以积极推进与上级三甲医院建立专科联盟、协作医院，各专业医疗质量管理督查，国家级卒中、胸痛中心提质增效，创伤中心建设等为抓手，在全院临床、医技科室中大力"强内涵，提效能"，不断开展新技术，拓展新业务。截至6月底，全院共举办各种医疗技术培训20多场，参训3000多人次；外出参加中期进修学习的有医师9人次、护理人员15人次；参加短期培训65人次。上半年成功完成了多发肿瘤患者多种手术综合性治疗，腹腔镜、胆道镜双镜联合下肝内胆管结石取石术，大C透视引导下经皮肝穿刺胆道引流术（PTCD），电子支气管镜检查术，内镜下 ESD 术等新技术、新业务 10 项，完成介入手术 480 台。心内科共做手术 421 台，包括冠状动脉造影术 220 台，经皮冠状动脉支架置入术、经皮冠状动脉腔内成形术 179 台。永久性起搏器安置术 2 台，临时起搏器安置术 1 台，射频消融术 1 台，滤器置入加滤器取出术 18 台。神经内科共做手术 36 台，包括经股动脉插管全脑动脉造影术 30 台，经皮动脉内取栓术加栓塞术 4 台，颈动脉支架手术 2 台。完成外周介入手术 23 台。仅一季度，全院共完成三级手术 345 例，四级手术 118 例，微创手术 279 例。

四、三级医院创建工作加快推进

2023 年上半年，以现代医院管理制度示范县建设为契机，加快推进三级医院创建工作。一是完成评审细则第一部分自查摸底。依据国家版《三级综合医院评审标准（2022 年版）》、陕西省《三级医院评审细则》（讨论版）要求完成第一轮自查摸底，将任务进行分解，下发给相关职能科室，各职能科室已逐条完成自查，对未达标的项目提出了整改方案。二是依据国家版《三级综合医院评审标准（2022 年版）》、陕西省《三级医院评审细则》（讨论版）自查相关数据平台系统加入情况。三是进行信息化电子病历系统提升工作。三级医院评审标准中明确要求信息化电子病历达到四级，邀请了陕西省核工业二一五医院专家对我院信息化的电子病历进行了等级评定，目前正在初步进行系统的完善和提升。三是修订完善制度、职责、应急预案模板，并对照陕西省《三级医院评审细则》（讨论版）进行全院所有制度、职责的梳理，查漏补缺。

五、绩效考核、DRG 付费等改革积极推进

2023 年上半年，医院领导班子成员多次深入各科室进行调研，主动征询干部职工对于已经运行多年的绩效考核方案的意见。同时，由主管院长带队组织部分科室负责人及骨干医务人员前往河北等地进行考察学习，与多家第三方专业公司进行考察洽谈，邀请第三方公司来院进行方案制订讲解，在质优、价廉、实用、高效的原则下，通过竞争和招投标确定了绩效考核改革方案制订承办公司，目前该项目已进入方案制订前期摸底调研阶段。我院是上级确定的咸阳首批实施 DRG 付费方式改革的试点医院之一，2023 年上半年，我们积极组织各科室认真研读上级有关 DRG 付费改革的文件精神，组织相关科室负责人连续分批前往陕西核工业二一五医院等已经成功实施 DRG 付费改革的三甲医院进行学习，同时，邀请上级医院相关医改专家来院开展培训，结合国家二级公立医院绩效考核指标和一季度医院数据对 DRG 改革工作提出指导意见和建议，为 7 月正式实施 DRG 付费方式提供良好的技术支持，目前，该项改革已进入试运行考察阶段。

六、启动紧密型医共体建设工作

根据市委、市政府、卫健局工作安排，紧密型医共体建设工作已经启动，此项工作是有效整合医疗卫生资源，逐步实现基层首诊、急慢分治、上下联动的分级诊疗秩序的重要举措，医院高度重视。目前正在进行组织架构的搭建，工作有序开展。同时，由主管院长组织、安排部

分科室骨干前往彬州市等地进行考察学习，借鉴经验，积极推动此项工作的进一步开展。

七、优质护理工作全面深化

以深化优质护理工作为抓手，与时俱进，积极修订完善各类护理管理制度及技术规范，加强护理二级质控体系建设，狠抓临床护理中查对制度管理、患者身份识别管理、安全用药管理、护理不良事件管理和护理文书质量等重点护理工作。不断强化护士长管理能力提升和专科护士知识技能培训，护理部采取线上线下相结合方式对护士长进行培训，利用护士长群推送护理管理知识、科普知识、专科护理等文章 50 余次，2023 年上半年在 4 楼会议室进行培训 10 余次，积极学习先进管理知识和理念，加强核心制度、重点环节的培训学习，提高管理水平；在科室层面要求对科内各层级护理人员按计划进行"三基"训练、专科技能及疫情知识培训，坚持举办护理知识、新业务新技术及操作培训。每月科内业务学习最少 4 次，护理查房 1 次。派出专科人员学习 5 人次，线上学习报名 10 余次（听课 500 余人次）。为了强专业、精专科，为了使我院更多护士得到专业培训，不定期在护士长群里发送护理管理及专科培训相关链接，各科室自行组织参加线上培训，参加人数累计 1000 余人次，参与率 93%，推动了我院专科护理理论和技术的创新，从而全面提升了护士素质，进一步推动护理专业的发展和提升。积极参加全市"5·12"护士节表彰活动，抽调 48 名医务人员参加文艺演出；在全院范围收集素材拍摄护士节宣传片；组织院内护士节表彰大会。我院儿科护士长袁韦韦获评陕西省护理服务先进个人，急诊科护士长孟粉红、血透室护士赵蓉获评咸阳市优质护理先进个人，血液透析中心获评咸阳市优质护理服务先进病区，6 人获评兴平市优秀护士称号，呼吸内科、神内一科获评兴平市优质护理服务先进病区，院内还评选出了 10 名优秀护士、10 名优秀带教护士、3 名优秀护士长、3 个优秀学组、5 个优秀病区。

八、重点专科建设持续推进

2023 年上半年，按照医院医疗工作实际，对骨外二科进行了拆分细化，新组建了神经外科。按照医院年度计划，主动作为，向咸阳市卫健委申报了心内一科、消化科、骨外二科 3 个市级重点科室建设，以与上级三甲医院建立专科联盟为动力，积极推动上级专家来院指导帮扶，全面推进重点专科建设目标落实见效。

九、药品管理工作不断加强

一是中、西药品销售额约为 3465 万元，比 2022 年同期增加 809 万元，增幅为 30.46%；药品采购金额为 3432 万元，比 2022 年同期增加 904 万元，增幅为 35.76%。二是将抗菌药物品种严格控制在 35 个以内，我院实际使用抗菌药物品种为 32 个，其中，门诊患者抗菌药物处方比例为 15.85%（标准为小于 20%），急诊患者抗菌药物处方比例为 14.55%（标准为小于 40%），住院患者抗菌药物使用率为 50.57%（标准为小于 60%），抗菌药物使用强度稍高为 42ddds（标准为力争不高于 40ddds）。三是 2023 年我院重视药品不良反应上报工作，上半年全院总共上报 34 例。四是坚持月月处方、用药医嘱病历点评，并将抽查点评结果及时反馈给各临床科室，对存在问题的科室扣分，与绩效考核挂钩。临床药师参与临床科室查房、会诊等，指导临床科室合理、安全使用药物。

十、医保工作规范有序

2023 年以来，我院医疗管理、医保基金使用监管、门诊慢特病鉴定、异地报销及 DRG 付费方式改革筹备启动、农村特殊人群"先诊疗后付费""一站式"即时结算等医保重点工作力度不断加强；打击欺诈骗保工作氛围浓厚，威慑有力；医护人员医疗行为规范有序；政策宣传、患者管理、医疗文书、医疗报销流程监管到位，成效突出。2023 年上半年，咸阳统筹区内城乡居民：住院报销 7721 人次，住院总费用 4793 万元，基金支付 3072 万元；门诊报销 6904 人次，总费用 306 万元，基金支付 214 万元；农村特殊人群住院报销 637 人次，住院总费用 407 万元，基金支付 303 万元；医疗救助 2093 人次，救助费用 38 万元；大病报销 471 人次，报销费用 35 万元。咸阳地区职工医保普通门诊诊疗 17787 人次，医疗总费用 3000445.88 元；门诊大额慢性病 1146 人次，总费用 665800.78 元，基金支付 626201.4 元；门诊特殊病 676 人次，总费用 353990.70 元，基金支付 295025.71 元；门急诊抢救 5 人次，总费用 4736.68 元，基金支付 1449.90 元；生育产前检查 38 人次，总费用 29993.45 元，基金支付 26766.65 元；城乡居民账户共济 132 人次，医疗费用 18295.62 元。咸阳地区参保职工住院结算 1603 人次，总费用 10286946.30 元，基金支付 7918765.25 元。同时，省内外异地门诊结算 3620 人次，医疗总费用 790914.79 元；省内外异地住院结算 560 人次，总费用 3296294.02 元，基金支付 2216114.48 元。审核报送工伤患者资料 19 人次，医疗费用 308408.27 元。

十一、重点项目建设强力推进

一是按照医院重点建设项目计划，我们千方百计加快国债建设项目肿瘤住院综合治疗大楼的建设进度。3 月，完成了项目地基垫层的混凝土浇筑；4 月，完成了地基防水层施工；5 月，完成了筏板层及地下一层的混凝土浇筑施工，一层主体模板加固完成。截至目前，钢筋绑扎完成 40%。二是加快了医院信息化提升项目建设速度，对医院 HIS 系统，医保、合疗核算系统及收费挂号系统进行了整合提升，有效提升了医疗工作的信息化程度。三是申请购买了 256 排螺旋 CT，助力学科发展。为满足群众健康需求，提高医院医疗诊断水平和综合技术能力，向上级卫健局部门提交了购买 256 排螺旋 CT 的申请。此设备的应用对于急危重症患者来说可以大大缩短检查时间，争取抢救机会，对进一步提高人民群众的健康水平具有重要意义。

十二、医院宣传工作接续发力

在全院各科室的共同努力下，医院宣传工作以"服务群众，展现医院特色，传播医护正能量"

为目标，不断创新传播方式。在构建品牌形象、传递最新动态的同时，着力传播健康科普知识，开展新医疗技术，讲好医院故事，为医院各项工作发展凝聚了强大的精神力量。2023年上半年，医院微信公众号累计发表医院信息80条，省市纸媒及新媒体发表医院形象宣传稿件20余篇，开展各类宣传义诊活动38场。2023年下半年，医院将以树立医护良好形象为特色，用更多样化的宣传形式继续为群众提供更丰富、更优质的健康科普和医院动态信息。

2023年上半年，全院共接收门、急诊患者154223人次，其中门诊135200人次，急诊19023人次；住院患者10758人次，出院10447人次，床位使用率达到89.02%以上，平均住院天数为7.63天。截至2023年6月，全院医务性收入为1.15亿元，较上年同期有所增加。

下一步，医院将持续推动思想大解放、作风大转变、本领大提升、改革大突破、发展大提质，在全院各科室形成不比条件比干劲、不比基础比发展的浓厚氛围，全力推动医院高质量发展取得新成效，为健康兴平高质量发展实现新跨越提供坚强保障。

建强组织体系
推动南疆国门医院高质量发展

广西壮族自治区凭祥市人民医院

凭祥市人民医院围绕"百姓放心、政府满意、职工幸福"的工作目标，以"党建引领、文化聚心、服务立院"的发展思路，强化组织体系建设，推动高质量党建引领南疆国门医院高质量发展。

一、严密组织设置，增强党组织的政治引领力

坚持把党的组织优势转化为医院改革发展的源动力。

（一）科学设置党支部

以创建现代医院管理试点为契机，全面落实《推进新时代公立医院党建高质量发展的若干措施》。党总支现有党员 73 名，针对住院、门诊、后勤保障等医院功能业务，分别设立了住院部党支部、门诊部党支部和行政后勤党支部，将党建与业务工作同部署、同研究、同落实、同考核，有力破解党建和业务"两张皮"的难题。

（二）加强党员队伍建设

注重在医疗专家、学科带头人、优秀青年医务人员等高知识群体中发展党员，高知识党员占党员总数的 38.4%。坚持把业务骨干培养成党员，把党员培养成医疗、教学、科研、管理骨干的"双培养"机制，打造一支既懂业务又懂党务，既懂行政管理又懂党建管理的复合型党员干部队伍。

（三）强化党建引领改革发展

通过"党组织标准化规范化建设年""干部作风建设年""绩效改革年""学科建设年""医院文化建设年"等活动，整体提升抓党建促医院综合改革的实力。近三年来，共开展新技术、新项目 97 项，消化内科获评崇左市重点专科。

二、规范组织运行，落实党组织领导下的院长负责制

坚决落实党组织领导下的院长负责制，保证党的卫生与健康工作方针和党中央的决策部署在医院得到贯彻落实。

（一）突出党组织的领导地位

坚持党对医院的全面领导，规范组织运行，发挥医院党组织把方向、管大局、做决策、促发展、保落实的领导作用。医院党组织全面领导医院工作，形成党政团结一致、合作共事、凝心聚力、共谋发展的良好格局。

（二）规范议事规则和决策机制

制定完善了医院党组织会议、院长办公会议的会议制度和议事规则，明确各自决策事项、范围、程序和要求。将医院党建工作纳入医院章程，强化党对医院统战、群团等各方面工作的领导，形成一体化组织工作制度体系，推进医院工作科学、规范、高效进行。

（三）深入实施党建医联体活动

对上与广西壮族自治区人民医院结成党建医联体，自治区人民医院每批20多名医疗专家驻点指导，并成立临时党支部与院党组织开展联建共建。对下与上石镇和夏石镇卫生院结成党建医共体，党建医共体做到同岗、同工、同制、同酬和人到、心到、技到、时间到的"四同四到"要求，多次联合开展党员联谊、联合会诊、品牌共建等活动，实现党建和医疗技术资源共享、优势互补、共同发展，推动城乡医疗服务水平均衡发展。

三、发挥组织功能，推动南疆国门医院高质量发展

充分发挥党组织的政治功能，培育一批重品行、修医德、铸医魂、精医术的南疆国门健康卫士。

（一）树立正确的价值导向

坚持党建引领医院文化建设，将医院文化的物质层面、制度层面、行为层面、精神层面与党建有机融合起来，提炼形成"仁、和、精、新"的医院核心价值观与"仁心仁术、唯是唯新"的院训。新建120米文化长廊，设置崇左红色资源板报专栏，制作"友谊关""法卡山""龙州起义"等崇左本地红色元素文化墙，营造浓厚的红色文化氛围。

（二）加强医德医风建设

开设"党员风采"专栏，评选和表彰医院"十佳医师""十大护士"、抗疫先进集体和先进个人，打造身边的学习榜样，讲好"凭医人"故事；制作医院抗疫专题MV、画册及宣传板报，大力宣传抗疫先进典型，弘扬主旋律，传播正能量。三年来，医院有17名党员获凭祥市、崇左市、自治区优秀共产党员表彰。2020年，凭祥市人民医院受邀在广西医院文化年会上做医院文化建设典型发言。

（三）加强应急处置体系建设

新冠疫情发生以来，组织开展"构建国门规范化的发热门诊""打造一流的后勤保障系统，助力境外输入病人救治"等活动，激发党员干部队伍内生动力，医院党员主动签订"参战"承诺书，不计生死、冲锋在前。2021年5月，医院发挥集体技术优势，成立了应急救治中心临时党支部，与区内各地各级支援医院联合建立了党组织领导下的医院应急救治指挥体系。中心收治新冠输入性患者逾3000例，是国内收治新冠患者最多的定点医院，救治工作得到国务院联防联控机制专家组的充分肯定。

发展民族卫生事业　建立特色医疗服务

四川省壤塘县藏医院

　　壤塘县藏医院是 2010 年 10 月开始运行的县级民族医院。我院在县委、县政府的高度重视下，在卫健局主管部门领导下以及对口支援单位州藏医院和绵阳市中医医院、苍溪县中医医院的大力帮扶下，强化医院制度管理，狠抓医疗质量，积极提高医疗技术水平，不断提升医院综合服务能力和水平，扩大服务项目。认真领会县委、县政府指导意见，积极开展医疗卫生工作，为解决百姓"看病难、看病贵"而努力做好各项工作。

一、积极开展政治思想教育活动，提高全院职工素质

　　全院职工在院领导的正确带领下，不断加强党员干部思想政治教育，引导全体党员干部坚定理想信念，树立正确的世界观、人生观、价值观和权力观，始终保持清醒的政治头脑，深入学习贯彻党的二十大精神、习近平新时代中国特色社会主义思想以及习近平总书记系列重要讲话精神，牢固树立"四个意识"，坚定"四个自信"，做到"两个维护"，抓好党纪党风建设，强化政治纪律和组织纪律，以意识形态教育为重点，筑牢党员干部的思想意识防线。

二、加强医院制度及医德医风建设，树立医院新形象

　　我院加强院内各种制度的建立和执行，用制度强化院内的各项管理，并加强医德医风建设，以提高我院医务人员职业道德素质和医疗水平为宗旨。我院认真学习各种法律法规和有关会议的精神，以认真贯彻落实科学发展观、坚持以人为本、树立社会主义荣辱观、提高医务人员职业道德素质为目标，以不断规范医疗服务行为、提高医疗服务质量、改善医疗服务态度、优化医疗环境为重点，将强化教育、严格纪律、团结同事、关心病人作为我院的亮点，将强化管理、制度完善、相互尊重、和谐发展作为树立我院形象的关键理念，更好地服务于广大农牧民群众的身心健康。

三、发扬民族医药、发展特色医院，争创二级甲等民族医院

　　藏医药学源远流长，博大精深，是中华医药学宝库中的璀璨瑰宝，是藏民族贡献给世界的伟大文化遗产之一。我院始终坚持发扬民族医药，发挥藏医药特色优势，抓住各方面的机遇，开展好我院的诊疗工作。我院 2013 年成功申报获批藏药浴科、藏医康复科及针灸专科 3 个州级

特色专科。我院认真开展二级甲等复审工作，要求全院干部职工统一思想，提高认识，深刻认识复审工作对全县卫生健康事业发展和医院发展的重要意义。

四、加强业务管理，扎实推进医院发展

（1）全院职工认真遵守医院的各项规章制度。严格遵守请销假制度，做到有事提前请假同时必须具备假条等。

（2）加强住院部和门诊科室的运转，搞好服务，提高业务技能，不断完善进药渠道。

（3）积极参加省、州举办的民族医药适宜技术推广学习，并组织基层人员学习民族医药适宜技术，将许多简便的、适用于基层的新技术新方法进行大力推广。

在今后的工作中，我院将不断完善和改正自己不足的地方，牢记"全心全意为人民服务"的宗旨，进一步加强医疗服务能力建设和强化医院内部管理，将工作重点放在发展民族医药、发挥特色优势方面，强管理、重落实，切实改善广大群众的看病条件，努力为民族地区医药卫生事业的发展贡献力量。

德能双修护健康

河南省虞城县人民医院

宽阔的门诊部大楼内就诊群众熙熙攘攘，先进的医疗器械在高效运转，咨询台和导诊的医务人员忙而有序，一室一患、认真诊断的坐诊医师们沉稳睿智……伴随着这一切的是就医患者及其家人满意的笑脸。这里是生机盎然的虞城县人民医院。

2020年年底，虞城县人民医院顺利通过二甲复审，脑卒中防治中心通过省级认证。2021年新成立了放疗科、盆底康复科、急诊外科病区、老年医学科、中西医结合病房等，儿科、急诊科被评为河南省县级临床重点专科，预检分诊、发热门诊规范化，发热患者闭环管理。2022年年底，创伤中心通过了省级验收，肿瘤中心省级重点专科、产筛机构项目、全市中医药科室标准化建设现场评估、老年友善医院创建、紧密型医共体建设等都通过了省级核查验收……近期，虞城县人民医院在县领导的正确领导下，在市、县卫健委的精心指导下，医院新一届领导班子带领全院干部职工勠力同心，夯实发展基础，破解发展难题，誉满杏林润苍生。

一、党建统领，力促全盘健康发展

"我们始终坚持党建统领一切，全面推进党的政治建设、思想建设、组织建设、作风建设、纪律建设等有关新时代党的建设总要求，全面加强医院党建工作。"采访中，虞城县人民医院法人赵银山书记说。扎实开展党史学习教育。2022年，严格按照上级安排部署，组织开展集中研讨学习，进一步增强对初心使命的认识和感悟；坚决落实全面从严治党主体责任，强化党风廉政建设，严格落实"一岗双责"，坚持把党风廉政建设和反腐败工作贯穿各项工作，与全院各科室签订行风责任书、"九不准"承诺书，并建立医德考评档案；扎实推进宣传阵地建设，意识形态及风险防范能力不断提高，全面提升职工运用法治思维深化改革、推动发展、化解矛盾、维护稳定的能力；坚持用活载体，推动党员干部学习教育工作。开展中心组学习12次，专题党课4次。严把发展党员"入口关"，确保发展党员质量，永葆党员队伍的先进性和纯洁性。在全院党员的共同努力下，虞城县人民医院充分利用主题党日活动，圆满开展了党史知识竞赛、专题实践教育等党史学习教育及喜迎二十大系列活动，在实践中学习贯彻二十大精神，推动医院工作全面发展。同时，医院加强作风建设，进一步深化落实中央八项规定及实施细则精神，强化监督检查，保持高压态势。严格落实纪委监督责任，不断完善"三重一大"制度实施，实行重大事项"双约谈""双报告"制度和职工、党员代表表决制度，不断强化权力运行制约和监督，确保了医院整体队伍的纯洁性，为更好服务病人打下了坚实的基础。

二、生命至上，用医者仁心仁术护卫患者安康

走进虞城县人民医院住院部，你会看到洁净的病房内，护士们在热情细心地为病人服务。她们为病人娴熟地扎针、换药、调试输液，面对患者的异常举动她们认真劝说和解答，显得沉静和有耐心。主治医师来查房了，他们一边认真询问患者病情的变化，一边认真观察患者床头医疗器械上的有关数据，并对询问和观察的结果做好记录……

2022年的除夕，一位大面积脑出血并脑疝患者通过实施开颅血肿清除、去骨瓣减压术、脑脊液漏修补术和术后精心治疗护理，恢复至入院前的正常表现，行走自如，出院回家与家人共度新春佳节。出院时，患者的两个儿子满怀感激地握着朱俊生主任的手说："谢谢您治好了我的父亲，咱们虞城县人民医院的医疗水平就是高！"

2023年1月24日，大年初三，本是万家团圆的祥和春节，一位96岁高龄男性患者因"剧烈呕吐，呕大量鲜血"急诊入院，既往有高血压、糖尿病、冠心病、房颤病史。入院后又连续呕血3次，出现失血性休克。消化内科、内镜中心、重症监护室三方通力合作，利用急诊内镜下止血术，清除胃内残存血凝块后，用9枚钛夹封闭创面，成功止血，挽救了患者生命。

"幸亏治疗及时，要是再晚半小时我命就没啦，感谢心内科的医护们，遇到你们真幸运，这都是缘分。"正月初四，患者郭某一边感激地说，一边真诚地送来一封感谢信。郭某今年45岁，因突发胸痛、呼吸困难来院就诊，心电图示下壁心梗，胸痛症状典型，胸痛3小时，初步诊断急性心肌梗死且病情危重。心内科立即开通生命绿色通道，进行抢救治疗。行冠脉造影显示右冠远段PL支闭塞，遂于病变处植入支架1枚。从患者入院到手术结束，仅仅不到1小时，手术顺利结束后，患者被转送至重症监护室。我院由急诊科、心血管内科、重症医学科等多个科室组建了一个胸痛急救快速反应团队，通过不断优化急性胸痛患者的救治流程，建立了急性心肌梗死患者救治绿色通道，全天候开展急性心肌梗死患者的急诊介入治疗，"时间就是心肌，时间就是生命"，要为病患尽可能尽早开通血管，减少心肌坏死，不光要救命，更要保护心肌，减少以后的并发症。患者郭某康复后，为表达自己的衷心感谢，特意为心血管内科的医护们写下一封感谢信，他在信中写道："他们及时安排手术，以精湛的技术为我做了堪称完美的手术，使我摆脱了危险，恢复健康。他们无私的爱心和高尚的医德为我解除了病痛。"

成功逆转急性肾衰竭，患者重拾生活希望。大年初五，患者李周氏及其家属怀着激动的心情将一面写有"医德高尚，医术精湛"的锦旗送至肾内免疫科。李周氏入院诊断为急性肾功能不全，肾功肌酐竟超过500umol/L，如治疗不及时，极有可能转为慢性肾功能衰竭，需要终身透析。科主任和接诊医生经过积极降血压、保肾、纠正电解质紊乱等药物治疗，从学科的专业性多角度地就患者的病情进行商讨，拟订出更科学、规范的治疗方案，经过积极对症治疗，患者各项指标明显向好，复查肌酐为140umol/L，可自行排尿达1000～2000毫升，符合出院标准。除

此之外，出院后患者不需要接受血液透析治疗，往后余生可继续保持高质量的生活品质，安享晚年。

疫情防控政策调整后，呼吸内科收住了一位发热、呼吸困难的高龄（80多岁）患者张某，当时，正是新冠病毒感染暴发期，大量患者拥入科室病房，人满为患，为保证全县的患者都能够得到及时的治疗，医院的医护人员带病上岗，坚守工作岗位。患者张某在上级医院没有床位的情况下，回到虞城入住我院呼吸内科病房。在这个特殊时期，我院科室病区也是"一床难求"，患者家属非常着急，主任张兰英考虑到患者年龄大、症状重、有基础病，在科室病区角落里为患者增加了一个床位。通过检查，患者胸部CT提示肺部弥漫性磨玻璃阴影（肺部感染面积超过70%），俗称"白肺"，肺部感染面积大，炎症广泛，呼吸困难，氧合较低，病情非常严重，危及生命的可能性很大。主任张兰英、值班医生韩盼盼根据患者的病情，结合北京协和医院的新冠病毒治疗指南紧急为患者制订了详细的治疗方案。通过3天的全力救治和精心护理，加上家属的积极配合，患者临床症状明显缓解，一周后患者胸闷、气短、乏力及全身酸痛等症状基本消失，复查胸部CT显示：肺部阴影几乎完全吸收，没有纤维化征象。在这个特殊时期，全体医护人员不顾个人安危，心中始终装着每一位患者的疾苦，令患者家属非常感动。

尊重患者，崇尚医德，精研医术，至诚服务。这是虞城县人民医院的核心理念，他们用医者仁心仁术护卫患者安康。一直以来，虞城县人民医院以创名院、建名科、树名医为目标，努力增加人才数量，全面提升医院核心竞争力。一是不断加强学科建设，积极开展新技术新业务，2021年新成立了放疗科、盆底康复科、急诊外科病区、老年医学科、中西医结合病房等；儿科、急诊科被评为河南省县级临床重点专科；脑卒中防治中心、危重儿童和新生儿救治中心、危重孕产妇救治中心顺利通过省级认证；2022年，创伤中心、老年友善医院、中医科室规范化建设等通过验收。二是加强人才建设，依托河南省"369"人才工程为平台引智培智，招录本科以上医学院校毕业生及在职医务人员；依托郑大一附院"驻扎帮扶"，从三甲医院聘请医疗专家，任名誉院长、副院长、首席顾问，定期到县医院坐诊、授课、指导业务。派出40余名医务人员到省级医院进修培训，选派多名骨干医生到郑大一附院进行培训，培养学科带头人和业务骨干。三是落实人才待遇，为人才提供发展平台，选拔中青年专业技术人才走上中层管理岗位，评选出为医院发展做出突出贡献的医师，授予"功勋专家"称号，营造尊医重卫的浓厚氛围。四是建立并完善人事岗位制度。医院实行按需设岗、竞聘上岗、按岗聘用、合同管理，实行全员聘用。五是着力推进绩效工资改革，在绩效分配上以公平公开公正为原则，在体现多劳多得的同时，控制医疗费用的不合理增长，减轻患者经济负担。医院还把强化监管机制作为提升医院医保服务质量的重要措施。医院对医保服务行为的有效监管对医保基金的安全和可持续运行具有重大意义，全力保障医保基金安全是医院医保管理的重要目标。2022年，结合医保DIP付费的新政策，医院继续实行多层协调、上下监控、分级实施的管理体制，对重点指标实行动态监督，控制不合理医疗费用过快增长。建立健全基金管理制度，按规定设立了收入户、支出户和医保基金专用计息户，不存在多头开户、账外存储行为，按规定传递票据、划转资金和进行会计核算等；对拨付的城镇职工、居民资金实行专款专用、专人负责，保证医保资金的合理使用和及时到位，从而达到政府、医院、患者三方共赢。

三、深化改革，下沉力量服务基层

2020 年 12 月 8 日，虞城县人民医院医疗健康服务集团总医院正式揭牌。揭牌之后他们认真学习贯彻党中央、国务院对卫生工作的总体部署和要求，突出抓好医改各项任务。以全县各乡镇卫生院为成员的医疗共同体进一步促进优质医疗卫生资源下沉，提升基层服务能力。能力提升带动机制不断完善。充分发挥牵头医院的专业技术优势，派医务人员定期到乡镇卫生院开展查房、病历讨论、理论授课。2021 年，接收 120 名乡镇卫生院基层医务人员来院进修学习，有力提升了基层医疗卫生机构的医疗服务能力和技术水平。双向转诊机制不断深化。出台了《虞城县人民医院双向转诊制度》《虞城县人民医院双向转诊工作实施方案》等文件，成立了专班组织，全天 24 小时为双向转诊患者提供一站式服务。2022 年，医疗资源共享机制逐步建立，医院不断加快信息化建设，通过信息化手段，与乡镇卫生院、村卫生室开通远程心电会诊、远程影像会诊。攻坚克难，全力推进医院项目建设。因为建设西院区投入了大量资金和 3 年疫情影响，2022 年仍然是医院经济十分困难的时期，但医院在克服困难的同时仍旧投入资金 1.2 亿元建设了西院区医技综合楼，持续提升医院诊疗服务能力。还积极改造医院东院区，能够更有力有效地应对突发公共卫生事件。同时，积极争取金融部门支持，贷新还旧，降低利率成本，减轻医院还息压力。在全体医护人员的共同努力下，虞城县人民医院稳步发展，工作目标顺利实现。

"敬佑生命、救死扶伤是我们的责任，甘于奉献、尽职尽责是我们的作风。虽然困难重重，但是我们仍旧在困境中取得了应有的成果。长风破浪，不畏艰辛，今后我们虞城县人民医院全体医务人员仍将继续努力为全县及周边人民群众的身心健康保驾护航！"赵银山说。

专科大联盟　优质医疗资源造福越城百姓

浙江省绍兴市越城区人民医院

"章医生，真的是太谢谢您了，这么热的天不用我们跑来跑去，在家门口就给我看好了耳朵多年的老毛病。" 2023年7月28日下午，在绍兴市越城区灵芝街道卫生服务中心五官科诊室，张大妈在复查结束后，高兴地向越城区人民医院副院长章程表达了由衷的谢意。看着张大妈欣喜的神情，章程心里也是备感欣慰。这一切都得益于绍兴市越城区耳鼻咽喉头颈外科专科联盟的成立。

2022年3月，为响应绍兴市越城区高水平县级医院建设和县域医疗卫生服务共同体建设的号召，经越城区卫生健康局党工委同意，以绍兴市越城区人民医院耳鼻咽喉头颈外科优势资源及专科技术力量为支撑，以专科协作为纽带，与全区10家街道社区卫生服务中心签约组建了越城区耳鼻咽喉头颈外科专科联盟，惠民生解民忧，服务越城百姓。

越城区耳鼻咽喉头颈外科专科联盟以越城区人民医院为牵头单位，医院名医专家技术团队资源下沉，在越城区各街道卫生服务中心落地生根，为患者提供多层次多样化的诊疗服务。

据悉，我国耳鼻咽喉头颈外科所涉及的疾病发病率高，患者数量庞大。其中听力障碍者总量超过2亿人，过敏性鼻炎患者约2.3亿人，慢性鼻窦炎患者约0.3亿人，睡眠呼吸障碍疾病患病高危人群约1.2亿人。一方面，是耳鼻喉疾患者患病率高，人口基数庞大，但多以不危及生命的炎症类为主，例如，鼻窦炎、中耳炎、扁桃体炎等；另一方面，如果开展手术，耳鼻喉科的微创手术往往需在内镜或手术显微镜辅助下操作，设备本身的可及性问题以及本专业医生培养周期长等问题制约着手术在基层的开展。此外，头颈肿瘤还是我国十大常见肿瘤之一。

组建学科联盟显然是破解"看病难"的捷径之一。此次越城区耳鼻咽喉头颈外科专科联盟成立，在各社区服务中心挂牌成立了张国明名医团队工作室。作为越城区人民医院院长，同时也是专科联盟成立的牵头人之一，张国明院长和他的名医团队成员，每周会分别在联盟单位坐诊，指导开展教育培训、临床科研、教学查房、手术示教、疑难（危）重病例讨论等活动，提高基层医护人员的临床技能水平。

同时，名医团队工作室的下沉医生会根据各个联盟单位的具体情况，制订业务提升方案，争取若干年后达到全区同一水平。在日常工作中纠正常见病诊治过程中的落后理念，集中组织业务学习，包括继续教育项目、病例分享、病例讨论、指南解读等。在部分有条件的社区开展一、二类手术，如耳内镜下鼓室探查鼓膜置管术、鼻内镜下鼻出血止血术、鼻窦炎术后鼻腔鼻窦清理术、鼓室注射、口腔颌面良性肿瘤切除等。在日常诊疗工作中有问题可以第一时间通过视频、照片、文字、语音形式进行交流，非常便捷。对于某些需要进一步诊治的患者，以"绿色通道"形式转入越城区人民医院，并向联盟单位反馈治疗经过，后续复诊大多在可以联盟单位完成。在做好医生"沉下去"的同时，还要做好"提上来"的工作，有计划有组织地安排联盟单位医生来上级医院学习（包括门诊、查房、手术跟台等）。

专科联盟推动了绍兴市越城区耳鼻咽喉头颈外科的均衡发展，充分发挥了张国明名医团队的作用，全面布局，提升了越城区耳鼻咽喉头颈外科医学服务能力。其更深层次意义在于以点带面，真下沉、真管理、真帮扶，有效地打通了优质资源的流通渠道，更使联盟单位的专科服务能力和业务收入显著提升。后续越城区人民医院将根据学科发展建设，做大做强更多专科，通过自身不懈努力，组建更多优势学科，成立更多的专科联盟，服务基层，提升越城人民群众的就医获得感、幸福感和安全感，有效助力健康越城建设。

守正中医治骨法
传承良术济苍生

河北省邢台市襄都区医院

　　蔡东峰出身于中医骨科世家，是邢台市巨鹿县纸房蔡氏正骨第七代传人，蔡桂林老医师之长孙，现任邢台市襄都区医院院长。

　　从事骨科研究 30 余载，他积累了丰富的临床经验，始终以高度的责任感和精湛的医术对待每一位患者。他擅长使用中西医结合的方法治疗骨关节疾病、脊柱疾病及各种创伤骨科疾病，尤其在骨关节炎、骨质疏松及颈腰腿痛相关疾病方面疗效显著。他把自己的祖传中医与现代医学有机结合在一起，自创蔡氏正骨手法和多种独家中药秘方，自行研制的治疗股骨头坏死方"中药养血补肾汤"获得国家专利，凭借超高的技术和高尚的医德造福百姓。

　　因为精湛的医术，很多找蔡东峰院长治过病的人最后都成了他的朋友，还介绍身边同样被骨病困扰的亲戚朋友过来找院长看病，人人传颂，口口相传。如今，担负院长职责的蔡东峰坚持每周一全天就诊，因此，来找蔡东峰院长看病的人总是络绎不绝，而他每次都耐心地直到看完最后一名病人才下班，有时候一坐就是一整天，饭都顾不得吃，但蔡东峰院长从不觉得辛苦，他说："能帮助病人祛除病痛，就是我最欣慰的一件事，我的梦想就是能够帮助更多的病人。"

　　30 年初心不改，30 载悬壶济世，蔡东峰院长始终秉持祖训，兢兢业业，坚持对待患者要有诚心、信心、耐心，坚持医者要有良心、良方、良药。他时刻将病人放在心上，为病人看病诊治，专注于为患者量身打造疗效确切的诊疗方案，以中医八纲辨证诊断，从病灶入手，帮患者恢复健康。他坚持能通过口服药治愈的绝不让患者输液，能够在门诊治愈的，绝不要求患者住院治疗，尽可能地减少患者的痛苦，减轻患者的负担，受到病人及家属的一致好评。

　　近年来，邢台市襄都区医院在蔡东峰院长的带领下不断调整布局，规范就诊流程，升级改造康复科，将中医康复科打造为具有浓厚中医氛围的国医堂，设置了中医专家门诊，成立了康复病房。目前，襄都区医院国医堂已打造为襄都区融中医中药、康复理疗和中医适宜技术为一体的综合治疗中心。规范改造了门诊科室，设置了门诊输液大厅、门诊手术室和留观病房，增设了犬伤门诊、儿科门诊，扩大了门、急诊业务范围，提高了门、急诊病人收治率和救治率，较好地缓解了襄都区居民"看病难"的问题。为了扩大医院的影响力，方便群众就医，医院成立了义诊志愿服务队，坚持每周到社区、公园等地为当地的群众开展免费义诊，累计受益群众达数千人。这些举措受到群众的热烈欢迎，实现了社会效益和经济效益的双丰收。

　　作为一名共产党员，蔡东峰始终对自己高标准、严要求，以"全心全意为人民服务"的宗旨做好各项工作，坚持"科技兴院、人才强院"的发展理念，以优质服务为抓手，全面提升医院服务质量，全面提升医院竞争力，不断提升邢台市襄都区医院的品牌价值，努力打造"环境一流、技术一流、服务一流、管理一流"的邢台市襄都区区域性医疗中心。

团结统一　唯实快干
党建引领医院高质量发展焕发新活力

江苏省太仓市中医医院

近年来，太仓市中医医院坚持以习近平新时代中国特色社会主义思想和党的二十大精神为强大动力，全面加强党的建设，将党的领导融入医院治理各环节，团结统一，唯实快干，为全面推进中国式现代化太仓新实践贡献了中医药力量。

一、学思想，高举红色旗帜聚力量

（一）学习贯彻党的二十大精神不动摇

开展"喜迎二十大，医心向未来"庆祝中国共产党成立101周年系列活动，常态化做好"光荣在党50年"纪念章颁发工作；二十大召开后，医院党委迅速统一思想和行动，精心组织学习二十大报告和新修订的党章，邀请市卫健委党委委员、副主任钱军民做"奋进新征程，建功新时代"专题宣讲，学习宣传贯彻党的二十大精神，引领广大党员干部和全院职工将党的二十大精神转化成为人民健康保驾护航的磅礴力量。

（二）高质量推进主题教育不松懈

成立主题教育领导小组，制订印发主题教育实施方案，进一步把责任明确到位，措施落实到位；先后邀请市委宣讲团成员开展党史学习教育、党性修养专题党课；建成百年党史文化廊，丰富党委理论学习中心组学习，邀请离休老干部开展"老党员上党课，让初心薪火相传"专题党课，开展支部委员"我的这十年"交流活动，通过学习交流坚定干部政治信仰。

（三）抓好意识形态工作不停顿

着力提升新闻舆论、思想文化围绕中心、服务大局，内聚力量、外树形象的作用；积极引导全院职工学法、懂法、守法，适应网络安全和信息化新形势，加强网络意识形态管理，严禁在网上转发敏感信息；常态化做好舆情监控，及时化解各类风险；积极开展防范电信诈骗工作，各科配备"反诈卫士"，切实增强全院职工财产安全意识。

二、强责任，筑牢红色堡垒凝人心

（一）压实管党责任，支部建设创新发展

院党委严格落实"三会一课"、民主生活会等制度，各支部严格落实"三会一课"制度、

突出"5+X"主题党日活动，创新党的组织生活形式，开展红色宣讲、实地参观等活动，进一步增强党员党性修养，激发干事创业热情。举办了"发扬革命精神，践行为民宗旨"红色党课"1+X"宣讲、"学党史办实事，我是支书我承诺"主题党日活动，组织党员开展"献礼建党百年，传承红色精神"主题党日活动，参观苏州革命博物馆、铁铃关遗址以及吴中博物馆。

（二）深化品牌创建，优势互补协同发展

发布"中灵先锋"党建标识，制定《党建经费预算制度》，医院党委与海警支队党建共建，门诊支部加入"红润娄江"党建联盟，医技支部与太仓市建筑行业协会支部、临床一支部与太仓市湖南商会支部、临床二支部与太仓市公安局、临床三支部与太仓市河南商会支部、临床四支部与太仓市木材协会等结对共建，与共建单位开展联合党日活动，在持续深化"中灵先锋"党建品牌的同时，大力促进了基层党组织间的优势互补、协同发展。

（三）砥砺使命担当，党员干部引领发展

新冠疫情中，党员干部带头白衣擐甲、逆行出征，医院共派遣21人支援武汉，1万余人次支援南京、扬州、上海、苏州等地核酸采样，5人支援多地核酸检测。受党员精神感召，疫情防控期间共有70余人提交了入党申请书。

三、见行动，点燃红色引擎促发展

（一）加强党建引领，推动医院高质量发展

医院高度重视"国考"指挥棒作用，确立了"1234"总体战略发展路径："1"是以中医药特色的高质量发展为根本核心，"2"是发挥中西医并重双轮优势，"3"是驱动医教研三驾马车，"4"是全面推进"四个一"工程。

其中，"四个一"工程涵盖了国考等次提升、GCP临床药物试验中心备案、国家自然科学基金项目立项、重点专科群打造，是今年医院的重点工作和目标任务，目前正全力推进。

（二）加大宣传力度，推动中医药振兴发展

2022年发布微信文章、视频类信息400余条，其中《电击伤致心跳呼吸骤停患者重获生机》被央视、新华社等央媒报道，《医疗器械不良事件一键上报》《手工拖鞋》分别被《健康报》刊登；特色栏目"娄东医话""娄东本草""名医云问诊""健康医声"的受众人群越来越广泛；成立娄东医学流派传承研究所，成为江苏中医流派传承创新发展联盟核心单位，开展娄东医学流派理论、方药、技术研究，打造太仓本土中医品牌。

（三）加快基础设施建设，提升综合服务能力

积极推进医院整体改扩建工作，2022年完成了教学楼改造，娄东医学流派传承研究所、名医堂、互联网医院、中医药博物馆、治未病科、综合报告厅投入使用，同年门急诊楼改扩建工程顺利启动并进场施工，力争2023年实现结构封顶。加快推进信息化建设，打造优质高效服务平台，2022年5月互联网医院正式上线，开启了我院"互联网＋医疗健康"的发展新篇章。

四、守廉心，活用红色"廉"方"治未病"

（一）优化制度建设，夯实廉洁根基

压实主体责任，落实院科两级责任制，修订《太仓市中医医院党建制度、行政管理制度汇编》，从制度层面厘清权责边界，将党风行风廉政工作与医院业务同部署、同落实、同检查、同考核，共筑防腐拒变思想防线。

（二）进行廉政谈话，强化廉洁意识

坚持开展"职工每日谈""提醒谈话"等活动，充分了解职工思想动态，通过关心关爱和业务发展"两同步"，引导全院职工严格遵守《医疗机构从业人员廉洁从业九项准则》，2020年至今对中层干部、重点岗位、普通职工进行激励关爱、廉政预防等谈心谈话共计326人次，进行中层竞聘人员谈话123人次、抗菌药物廉政谈话8人次，约谈医疗器械供应商1次。

（三）开展走馆访廉，营造清风廉韵

深入贯彻中共中央办公厅《关于加强新时代廉洁文化建设的意见》精神，组织中层及以上干部参观太仓市农村基层党员干部纪法教育基地，通过实地参观等沉浸式主题教育，营造廉洁行医、医心为民的清风廉韵，不断增强医务人员的纪律意识和纪律规矩，真正做到知敬畏守底线、讲规矩守纪律。

2023年是贯彻落实党的二十大精神的开局之年，也是推进医院高质量发展、推动"四个一"工程的重要之年。医院将紧紧围绕发展战略，团结带领全院职工以更加饱满的热情、更加有力的措施，全面开启医院高质量发展的新征程，为人民群众的身体健康保驾护航，为健康太仓添砖加瓦。

党建领航　奋力推进医院高质量发展

安徽省太湖县人民医院

太湖县人民医院党委坚持"围绕发展抓党建，抓好党建促发展"理念，不断促进党建与业务的深度融合，持续推动公立医院党建工作走深走实。

一、主要做法

（一）聚焦主业抓主责，深耕细作"责任田"

一是抓实理论武装。严格执行"首题必政治"制度，开展中心组集体学习12次、专题研讨6次，组织开展"红色沂蒙"专题艺术党课，为整体搬迁鼓劲加压。

二是抓好顶层设计。党委会议专题听取党建工作汇报、专题研究意识形态和党风廉政建设各2次。召开党支部书记抓党建工作述职评议暨先进表彰大会，组织基层党务工作业务培训。2022年度发展党员5名。

三是抓紧"关键少数"。制定党委书记、党委班子成员、党支部书记抓党建责任清单。坚持党管干部原则，在疫情防控、整体搬迁等重点工作关键时刻考验和发现干部，先后调整中层干部46名。

（二）聚焦问题抓整改，打好打赢"攻坚战"

一是党委领导下的院长负责制落实问题。完善医院章程和党委会、院长办公会议议事规则，制定中层干部选拔任用工作实施办法、中层干部述职考核工作方案等。

二是如何压实支部书记责任的问题。党委精心谋划，将支部建在科室、建在分院，落实支部书记政治待遇，明确支部书记及支委会成员的责任分工和任期岗位目标管理责任。

三是怎样加强党员教育管理的问题。探索党员积分制考核模式，实行量化考评、动态调整，一年为一个积分周期，在时间安排、具体操作上与民主评议党员、评先评优等工作统筹衔接。

四是新形势下如何落实公立医院意识形态工作责任制的问题。建立班子成员签批、处置来信来访投诉工作制度，开通"我和院长有话说"微信投诉平台和院长热线，即时解决群众反映的看病就医问题。重视意识形态阵地建设，设立微信视频号、官方抖音号，全年有408篇报道在各级媒体上发表。我院选送的微视频《践行医者初心　点亮时代精神》被中共安庆市委讲师团评选为"二十大精神宣讲大家说"优秀微视频。成功拍摄了抗疫纪录片《奔跑的太医人》，以感人的镜头传递太医声音，弘扬伟大的抗疫精神。

（三）聚力探索"党建+"，推动管理"上档次"

推行"党建+"模式，先后完善了"党建+人才引培""党建+技术创新""党建+优质服务""党建+学科建设""党建+群团"等"党建+"系列制度。

实施"党建+优质服务"，提升服务质量。一是全面启动智慧医院建设，实现一码通行、诊间支付、线上医保，彻底解决门诊就医"三长一短"问题；二是依托胸痛、卒中"两个中心"建设，最大限度缩短了急性心梗、卒中患者的救治时间，今年1—5月卒中中心共救治脑血管意外患者50例，胸痛中心救治急性心肌梗死等各类胸痛患者103例；三是推行"无假日医院"，做到民有所呼、我有所应，民有所求、我有所为，切实提高群众满意度，今年一季度患者满意率为96.79%。

实施"党建+人才引培"，提高队伍素质。院党委把"党建+人才引培"确定为2023年度书记项目，通过两次校园招聘签约30余人；出台高层次成熟型人才引进办法，通过县外刚性和柔性引进，引进紧缺医疗人才2人；邀请专家150人次来院坐诊、手术带教；选送20余人到省级医院规培进修。全院人才结构持续优化，目前具有研究生学历或具有副高级及以上专业技术职称的人员共138人。将职工健康体检项目升级为个性化健康管理模式，把防癌体检列为重中之重；参照公务员缴纳大病救助基金，为患大病职工解除后顾之忧；针对暑期职工子女无人看管的难题，开办暑期托管班，让职工安心投入工作。

实施"党建+学科建设"，打造科室品牌。院党委依托11个临床医技党支部及107名党员技术骨干，通过认真落实核心制度、严格规范诊疗行为、不断增加设备投入等做法，持续加强与上级医院的合作，切实提升医院各科室的整体医疗技术。我院2023年拟实施55项新技术新项目，一大批患者因此不用出县看病，县域内住院率持续上升，全年预计有3000人次受益。

（四）聚焦重点抓提升，把稳握牢"方向盘"

一是党建引领整体搬迁。党委顶层推动，发动每一位太医人都成为生力军，确保在疫情政策调整的关键时刻完成搬迁任务。

二是党建引领项目建设。全年顺利完成项目采购、投资、建设任务近2.5亿元。建筑面积2500平方米的新发热门诊工期仅160天，高速度高质量完成了建设任务。发热门诊和放疗中心专项债项目被列为2023年的"赛马"项目。

三是党建引领民生福祉。先后进企业、进乡村、进社区开展"一改两为见行动、义诊为民助振兴"党员主题教育。

（五）聚焦基层抓保障，夯实建强"主阵地"

一是推进"书记项目"。全院推动"书记项目"24个，去年党委的"书记项目"是改善患者就医体验、提升医院服务质量。为此，成立了全市首家"病友服务中心"，建立"书记项目"实践基地，形成了"在外面，有困难找警察；在医院，有困难就找病友服务中心"的服务机制，着力解决看病就医"关键小事"。门诊"红马甲"日服务患者达1500人次。"书记项目"被县委组织部、县直工委评为优秀"书记项目"。

二是强化廉政建设。开展五期党风廉政警示教育活动，编发两期警示教育读本，通报典型案例。在贴息贷款医疗设备采购前夕，组织开展了专题警示教育活动暨集体廉政谈话。创造性地推出廉政查房活动。12件廉洁文化作品在县级获奖，其中两件作品获得了一等奖。

三是落实巡察整改。巡察"回头看"，反馈三大类20项30个问题均按要求完成整改，建立长效机制25项。

2022年9月27日，省卫健委《安徽卫生健康信息》行业党建工作专刊第六期头条编发了《安庆市太湖县人民医院：创新模式抓党建，优化服务促发展》，重点介绍了我院抓党建的特色做法。

二、几点体会

抓好公立医院党建工作是推动医院高质量发展的根本保证，医院党委要高度重视，统筹谋划推进医院党建工作。

一是要提高站位抓党建。深刻认识新形势下加强公立医院党的建设工作的重要意义，始终坚持把党的领导贯穿医院管理全过程，紧紧抓住重点，全面加强公立医院党的建设工作。

二是要突出特色抓党建。医院党建不能仅仅停留在落实党内基本制度上，还要结合医院实际，把握公立医院党建特点规律，结合行业实际推动医院党建工作创特色、出亮点，增强全体职工的凝聚力和向心力，更好地满足人民群众日益增长的医疗卫生服务需求。

三是要做好结合抓党建。作为县级公立医院，更要做好"党建+"文章，找准党的建设与人才培养、医疗业务、服务病患、行风建设等方面工作的结合点，推动公立医院党建工作与业务工作"两不误、两促进、两提高"，以高质量党建引领医院高质量发展。

我们将聚焦主业抓党建，牢固树立抓好党建是最大政绩的正确政绩观，落实党委主体责任和纪委监督责任，着力建设党建阵地、意识形态线上线下阵地，积极推进医院党建和互联网、大数据的深度融合，在三级综合医院创建新征程中充分发挥党组织的战斗堡垒作用和共产党员的先锋模范作用。

强化专科引领 创新能力建设

——开启县级医院消化诊疗新征程

黑龙江省泰来县人民医院 于 波

泰来县人民医院消化科自 2012 年以来大力开展专科能力建设，坚持为县域百姓提供常见病、多发病基本医疗服务，积极探索把开展消化道早癌筛查、内镜下诊疗前沿技术作为科室发展思路，始终将消化系统疾病的防治结合作为医疗服务理念贯穿于科室能力建设中，是一个积极向上、团结奋进的优秀团队。

一、优化结构设施，提档人才梯队

消化内科开设床位 35 张，由消化科病房、消化科门诊及消化科内镜室组成。科室拥有医生 10 人，护士 17 人。科室拥有奥林帕斯 290 电子胃镜主机 3 套，奥林帕斯 160 电子胃镜主机 1 套，胃镜 6 条，肠镜 4 条，十二指肠镜 1 条；拥有碳呼气试验仪 2 台，拥有多功能监护仪、血糖仪、心电机等多种辅助设备。

二、精细能力建设，防治结合并重

科室常规诊治消化系统常见病、多发病，大力开展内镜下超级微创诊疗技术，定期邀请省内外知名专家来院讲学、指导、手术、会诊，不断提升理论水平和技术能力。通过医联体、专科联盟等方式与上级医院建立友好合作关系，开展远程会诊、远程手术指导；多年来与齐齐哈尔市第一院、哈医大二院、北京解放军总医院第七医学中心消化科联合开展消化道早癌筛查工作，实现上下转诊、早诊早治。在上级老师的指导下开创性开展消化界的高精尖技术，如 ESD 术、POEM、ESVD、ERCP 术、肝动脉栓塞术等，在黑龙江省县级医院均是首例开展。2017 年科室与南京医科大学附属二院建立了学习关系，作为黑龙江省第一家开展粪菌移植技术的医院，在省内率先开展粪菌移植治疗肠道及相关疾病，现已经开展 10 余例"粪菌移植"术。目前正在全面开展精准内镜早癌筛查工作。科室参照三级医院专科能力建设推荐标准，为满足患者需求，计划在"十四五"期间大力开展超声内镜及相关治疗，开展彩超引导下肝穿刺活检。

三、夯实团建基础，凝聚学科力量

科室在提高诊疗技术能力的同时，不断完善团队建设，按照尺有所短、寸有所长培养专科人才，通过有效的传帮带模式使科室医护实现技术方面的良性成长；科室形成浓厚的学习氛围，制订学习计划，每日按照学科建设及科室病种特点，开展医护晨会"每日一题"，每周五下午科室集中学习，每两周开展一次疑难病例分析会，通过反复强化专科理论知识，使"三基三严"有效落地；规范三级医师查房，每天上级医师有计划地讲学，传授专科前瞻理论和技术；科室还按照医护的技术特长及成长曲线，派出人员到省内外各家医院学习进修，积极探索开展新业务。科室护理团队不断创新工作模式，提升服务品质，精心制作健康教育宣传栏，对专科疾病的预防、用药、饮食，常见病的诱因，健康生活习惯等内容进行宣教；开展出院患者回访工作，详细记录患者对护理工作的意见和建议，并及时改进，受到患者好评。消化科护理组是齐齐哈尔市优质护理服务工作"先进集体"。

科室团建活动丰富多彩，利用业余时间开展社区义诊、健康宣传等公益活动，定期录制健康科普视频，依托信息化网络平台，在医院率先开展"移动医疗""移动护理"，从患者入院到出院，实现医生查房、护理操作、电子缴费、清单查阅等全流程闭环管理，从而提高医疗护理质量及安全程度。

四、创新科研能力，提升专科水平

科室每年根据区域患者疾病谱开展新技术，其中多项技术为省内三级医院的诊疗项目。2014年度"无痛肠镜诊疗技术：骶管神经阻滞麻醉下肠镜检查及息肉电切术"荣获黑龙江省医疗卫生新技术应用奖三等奖。2017年度"无痛胃镜下三管置入术治疗胃穿孔"荣获黑龙江省医疗卫生新技术应用奖三等奖。2018年度"无痛肠镜下粪菌移植治疗顽固性复发性伪膜性肠炎"荣获黑龙江省医疗卫生新技术应用奖三等奖。2019年度"内镜下经隧道食管憩室间脊切开术"荣获黑龙江省医疗卫生新技术应用奖一等奖。2020年度"无痛胃镜下胃固有肌层肿瘤全层切除术""经胃镜斑马导丝辅助法行巨大胃石碎石术"两个项目荣获黑龙江省医疗卫生新技术应用奖二等奖。2021年"无痛胃镜下止血夹联合尼龙绳结扎止血""内镜下荷包缝合技术""内镜下结肠脂肪瘤套扎切除术""静脉留置针采血在临床危重症患者中的应用"4个项目荣获黑龙江省医疗卫生新技术应用奖二等奖。2022年"无痛胃镜下食管憩室及贲门失弛缓内镜下隧道治疗技术"获黑龙江省医疗卫生新技术应用奖一等奖，"无痛内镜下尼龙绳套扎结肠巨大肿物切除术"获二等奖，"肠镜下结肠囊肿套扎切除术""鼻肠营养管堵管原因分析及护理""废弃营养袋在预防压疮中的临床应用"3个项目获三等奖。2020—2021年齐齐哈尔市科技局科研立项1项，于2021年12月成功结题。2019年黑龙江省卫健委科研立项两项："消化道早癌的临床筛查""粪菌移植治疗顽固性复发性伪膜性肠炎"，均于2022年1月成功结题。

强化专科引领思路，创新开展能力建设，为县域人民群众看病就医提供更好的医疗服务是消化科永恒的追求和前进方向，在健康中国的医改路上，科室全体医护人员将继续用医者仁心、精准医疗实现科室的高质量发展，为百姓消化疾病防治联动做出新的更大贡献！

互联网医院　您手上的医院

山东省新泰市人民医院

一、互联网医院：借助互联网足不出户看医生，做到线上、线下一条龙服务

我院 2019 年申请并顺利通过了互联网医院项目评审，开启了"互联网＋"医疗新模式的探索。医院致力于通过互联网信息技术优化医疗资源配置，提升医疗服务体系效率，让包括偏远山区在内的老百姓都能享受到互联网发展带来的红利。依托互联网技术的连接功能，不管是边远山区还是市区的老百姓，都可以享受到同等质量的医疗服务，大大提升了优质医疗资源的利用效率和服务可及性。

我院互联网医院可开展新型互联网医疗技术，将传统医疗服务场景进行流程优化和场景重塑，形成创新性医疗服务功能，如线上咨询、复诊患者线上诊疗、预约检验检查、线上查看化验检验报告、为复诊患者开具电子处方、在线购药、送药到家，做到线上、线下一条龙服务。还可以利用互联网平台进行健康宣教、医学知识等的展示。

关注"新泰市人民医院"微信公众号，从"门诊服务"进入"互联网医院"中"我的"栏目，完善个人信息并进行身份认证，还可添加家人为就诊人并进行认证。这样，一部手机就可实现替家人挂号。认证完成后，在主页面找到"门诊服务"，然后点击进入"互联网医院"栏中的"互联网医院"，就可显示在线医生，实现线上挂号、视频就诊或图文就诊。

（一）就诊挂哪个科室？如何尽可能准确地做出选择？

通过"智能导诊"，一共有 2 种方法。方法一：输入症状（如"发热"），选择伴随症状（如"头晕""胸闷"），系统会利用大数据分析并推荐挂号科室。方法二：选择"人体图导诊"，在人体图上点击身体不适的部位，选择伴随症状，系统进行分析并推荐挂号方案。应用智能导诊，尤其对年长人群来说，可以减少来院四处咨询、不知道挂哪个科室的麻烦，节约了时间。

（二）功能完善：线下临床科室，同时转到线上实现药品配送到家

2020 年年初，新冠疫情暴发，发热成了群众最关心的问题之一。2020 年 1 月 27 日新泰市人民医院紧急开通了免费的线上发热咨询服务，并实行 24 小时值班制，医师通过线上视频的形式，回答群众在线提出的发热相关问题，很大程度上缓解了群众的紧张及焦虑，降低了感染概率，为合理就医及错峰就医提供了良好的指导，极大地方便了患者就医咨询，受到了广泛好评。

我院从开通线上发热咨询，到正式上线互联网诊疗，仅用了一年的时间。目前我院已完成互联网医院注册的医师有 360 余名，在繁忙的临床工作之余，医生合理利用自己的碎片化时间提供线上咨询及线上诊疗。具体项目包括：线上咨询、复诊患者线上诊疗、线上开具检验检查、线上开药。患者开药后可选择到院自取或通过顺丰速运送药到家。

（三）开设特色科室：药学咨询云诊室

为了更好地为病患服务，指导病患合理用药，减少用药误区。与线下科室一致，我院开设了线上药学咨询云诊室。药学部配备技术力量雄厚、专业知识全面的药师团队，为各种常见病、慢性病患者提供用药咨询，指导患者正确、合理用药。同时，还开展了抗凝药物个体化用药管理，让专业药师为患者的药物治疗保驾护航。

（四）开展了"健康百科""疾病百科"栏目

在"互联网医院"栏目下，开设了"健康百科"栏目，患者可自行查询。我们提供了"药品百科"，对每个系统常规用药都有详细介绍。在"疾病百科"中，我们对各系统疾病都有详细介绍，包括疾病概述、病因、发病机制、临床表现、并发症、实验室检查、治疗措施、预后事项、预防措施等。

二、远程会诊：病患不用长途奔波就能享受各大三甲医院专家的面对面远程指导，省钱省时又省力

我院与北京协和医院、四川大学华西医院、301医院、山东省立医院、山东大学齐鲁医院、千佛山医院等多家医院开展远程会诊合作，可进行远程疑难病例、特殊病例及影像、病理等的会诊，旨在提高我院疑难病例、特殊病例的规范化治疗及影像学、病理学等诊断水平，增进了我院与各大医院的交流协作。

我院目前已与20家市直及基层医疗卫生机构开展远程会诊业务，对于疑难、诊断不明确、治疗效果差的病患，基层医疗卫生机构提出会诊申请，我院利用我们的优势医疗资源，积极协调专家进行远程会诊，帮助当地医生提高诊断及治疗水平，已受到广泛好评。

我院通过远程会诊中心、远程影像中心、远程心电中心、远程检验中心、远程病理中心与医共体内各成员单位实现数据共享，帮助基层医生提高诊断及治疗水平。这些都对优化分级诊疗平台起到了良好的作用。

三、远程教育：打破时间和空间的限制，使我们的医护人员足不出户就能掌握医学前沿动态

我院充分利用互联网技术，与市直及基层医疗卫生机构开展远程教育，使更多的卫生技术人员能够就近、方便地学习相关的卫生技术知识，实现优势互补、资源共享。

同时，我院职工积极收看上级医院如千佛山医院、华西医院、301医院、省立医院各专家的在线直播课程，使我院职工足不出户便可接收医学前沿动态，受到了医务人员的广泛好评。

（1）四川大学华西医院的"华西云课堂"除节假日之外，基本每个工作日都有远程授课，内容涵盖了我院大部分诊疗科目。

（2）301医院长期对各联网医院进行网络授课，内容包括医疗、医技及护理、管理等方面。

（3）山东省立医院儿科联盟及各临床科室专家经常网络授课，对疑难病例进行分析讲解。

（4）千佛山医院经常请专家对联网医院进行网络授课。

四、借助"互联网＋健康医疗大数据"，建设医学学科共享平台

"互联网＋健康医疗大数据"是城市发展的一种模式，是健康的人群、健康的环境和健康的社会有机结合的发展整体。

我们本着"互联网＋健康医疗大数据"的创建目标，努力满足居民基本的卫生需求，提高卫生服务的及时性。我院 2014 年成立了特需病区，为老年人、肿瘤晚期病人及需要特殊护理的病人进行诊疗服务，取得了很好的成效，为老年人特需医疗服务打好了基础。

我们积极学习《关于积极推进"互联网＋"行动的指导意见》和《关于推进分级诊疗制度建设的指导意见》。"发展基于互联网的医疗卫生服务，充分发挥互联网、大数据等信息技术手段在分级诊疗中的作用，明确积极探索互联网延伸医嘱、电子处方等网络医疗健康服务应用。"

我院成功缔结了千佛山医疗集团，并成立了诸如肝胆外科专科联盟等多个专科联盟，为我院专科建设起到了重要的作用，极大地提高了专科医生的诊疗能力。

2019 年我院成功与四川大学华西医院缔结了远程联盟，同年我们与北京协和医院、中国人民解放军总医院、齐鲁医院、山东省立医院等多家医院建立了协作关系，通过远程会诊、远程教学、人才培养、专家指导，加快落实了我院各专科中心的建设，如胸痛中心、卒中中心、创伤中心、癌症中心的建设。借助上级医院的优质医疗资源，提升县域医院诊疗能力，促进县级医疗机构高质量发展，切实推进国家分级诊疗落地。

这对新泰市医疗卫生高质量发展起到了巨大的推动作用。我们将依托这几大中心的发展优势，全力提升新泰市县域医疗高度、公共卫生高度、医养高度等。

我们将利用团队协作把大医院、大专家能力下沉到广阔的基层医疗机构，利用互联网技术为学科带头人组建同学科、跨区域的线上医生协作组织，将专家的技术经验和基层医生的时间有效结合，让资深专家专注于对症诊疗病患、经验传承，让基层医生共享专家的经验及品牌，获得优先会诊、便捷转诊等资源，形成真正高效的线上团队医疗模式，优化分级诊疗平台。

总之，"互联网＋"医疗的核心功能为：①精准预约，为大医院输送对症患者；②在线复诊，足不出户看名医；③团队协作，助力"双下沉、两提升"。

互联网医院是一个开放的平台，可以整合全市优质医疗资源，和省、市的远程医疗平台相互连接，推动实现医疗资源上下贯通、信息互通共享、业务高效协同。我们将充分利用互联网，发挥远程门诊、远程会诊、远程教学、远程会议、多学科联合交互会诊、远程典型病例讨论、远程心电、远程影像等的功能。这样既提升了基层服务能力，又能充分利用上级医院的优质医疗资源，提升我们医务人员的诊疗能力。同时，我们将充分利用互联网平台，逐渐扩展服务方向，包括家庭医生签约、家庭护理、产后服务、康复服务等，将互联网医院打造成"治疗＋服务"的更全面的平台，更好地服务于人民。

"六大行动"齐头并进
共推医院高质量发展

四川省万源市中心医院

近年来，万源市中心医院始终坚持"质量立院、学科强院、人才兴院"的基本发展路径，以创建三级综合医院，建设川渝陕接合部区域医疗次中心为战略目标，负重奋进，追赶跨越，全面实施高质量发展六大行动，持续用心用力推进医院高质量发展。

一、实施党建引领大发展行动

一是全面落实党委领导下的院长负责制，充分发挥党委把方向、管大局、做决策、促改革、保落实的领导作用，引领医院持续加快发展。二是强力推进中层干部"能上能下"的用人机制，积极构建以本硕人才为主体的医疗业务团队和医院管理团队。三是积极营造爱院奉献的医院文化氛围，凝聚干事创业的强大动力。

二、实施基础设施大变化行动

2019年，总建筑面积近9万平方米、设计床位800张、投资近5亿元的三乙医院建设项目落户主城区罗家湾，将于2023年9月全面建成并投入使用；传染病医院建设项目也将同步建设完成，建成市公共卫生临床治疗中心；白沙分院外科大楼建成并投入使用，目前正同第三方合作建设康养中心。各项目落地后，医院就医环境将得到大幅改善，医疗服务能力将再上新台阶。

三、实施学科建设大提升行动

全面启动三级综合医院创建工作，对标三级标准，不断补齐短板。全力推进十大中心建设，全面建成临床五大中心（卒中、创伤、胸痛、危重孕产妇救治、危重儿童和新生儿救治中心）和介入治疗中心、急诊急救中心、影像诊断中心、病理诊断中心、健康管理中心；加强重点专科建设，规划创建1个省级重点专科，5个达州市级重点专科，立项2个达州市级科技成果；大力建设"5G+急诊急救中心"，提升急诊急救能力；借智借力，用好用实组团式帮扶力量，建设专家教授工作室、博士工作站和多学科专科联盟；中央财政贴息5000余万元贷款购置医疗设备，推动设备更新换代。

四、实施专业人才大引培行动

一是修订了《人才引进管理实施办法》，制定更加具有吸引力的人才引留政策，真正用待遇留人、事业留人。二是实施"1+10+400"人才引培计划，引进 1 名博士研究生、10 名硕士研究生，引培 400 名本科生。三是专项实施人才提能计划，积极对接医学院校和高水平三甲医院，开展人才培训深度合作，目前已成为四川文理学院医学院附属医院，为人才培养提供更高平台。

五、实施运营管理大规范行动

一是完成医院内控管理战略规划，持续规范医院管理制度和运行流程。二是实施医院绩效分配改革，提升干部职工干事创业内生动力。三是加快推进信息化建设，将投资超千万元全面打造二星智慧医院。

六、实施医疗服务大改善行动

一是持续深入开展医药领域突出问题专项整治，狠抓医疗质量与安全管理，全面保障患者看病就医安全。二是强力开展"转作风、提质效、树形象"专项行动，牢固树立"人民至上、生命至上"理念，全面改善提升服务态度，树好万医形象。三是全面优化看病就医流程，全面实现床旁结算、网上预约诊疗和在线健康咨询服务，不断提升患者就医体验。

实干孕育希望，奋斗推动发展。医院高质量发展的号角已吹响，不进则退，慢进亦退。万源市中心医院将进一步解放思想、众志成城、艰苦奋斗、追赶跨越，千方百计持续快速推动医院高质量发展，努力把医院建设成患者满意、组织放心、社会认同的现代化县级人民医院。

抢抓机遇 共识共为
推动医院高质量发展

安徽省望江县医院

望江县医院始建于 1950 年，2008 年完成整体迁建，经过 70 多年的艰苦努力，现已发展成为一家学科齐全、设施完备、技术成熟，集医疗、教学、科研、康复、急救于一身的二级甲等综合性医院，是国家级爱婴医院、首批县级综合改革试点医院、全国首批"千县工程"实施医院、第一批安徽省老年友善医疗机构，自 2017 年起连续保持省级文明单位称号。

医院总占地面积 140 余亩，环境优美，布局合理，功能完善。现有医疗用房近 6 万平方米，编制床位 650 张、可开放床位 722 张。新扩建的传染病区即将投入使用，在建三期病房楼工程正加速推进，全部投入使用后医疗用房总面积将达 10 万平方米，开放床位将超过 1200 张。

医院组织架构完备，学科设置齐全。医院成立了 8 个党支部、18 个职能科室，设置了 41 个临床科室、20 个病区、9 个医技科室。现有在岗职工 800 人，其中高级职称 126 人，中级职称 270 人。连续多年保持全年门急诊 60 万余人次、出院 3 万余人次、手术 6000 余台次的服务水平。

近年来，在县委、县政府的正确领导和市、县卫健委的指导支持下，县医院立足新发展阶段、贯彻新发展理念、构建新发展格局，有序统筹推进疫情防控和医疗服务工作，紧扣综合医改目标，加强内涵建设和能力提升，推动医院高质量发展，为健康望江建设做出了积极贡献。

一、党的建设全面加强

（一）实行党委领导下的院长负责制

充分发挥院党委把方向、管大局、做决策、促发展、保落实的领导作用，把党的领导融入医院建设和发展的各领域、各环节，实现党建与业务工作深度融合，抓党建、促发展的氛围日益浓厚，为医院各项工作开展提供了坚强的政治基础和组织保障。

（二）党建核心制度进一步健全

把党的建设明确写进医院章程，建立健全了《党委会、院长会议事规则》《书记院长经常性沟通制度》《党委班子成员党支部联系点工作制度》及《"三重一大"决策制度》等核心工作制度，并坚持贯彻落实到位。

（三）党建引领作用充分彰显

切实加强领导班子建设，坚持贯彻党委理论学习中心组学习制度，班子成员政治素质、理论水平和管理能力不断增强；落实"把支部建在科室上"的要求，及时调整党支部设置，选优配强支部班子，提升党支部标准化规范化建设水平。建立健全"双培养"机制，所有支部书记都是学科带头人，党组织吸引力、战斗力得到提升，支部的战斗堡垒作用和党员的先锋模范作用充分彰显。

二、服务能力稳步提升

（一）聚力学科建设

以五大中心（胸痛、卒中、创伤、危重孕产妇救治、危重儿童和新生儿救治）建设为抓手，坚持在巩固优势学科、强化薄弱学科、补齐空白学科上下功夫，全力推进学科建设。不断调整学科结构，整合医疗资源先后创建介入中心、放疗中心，组建呼吸内科、老年医学科、泌尿外科、整形外科（医学美容科），扩建康复治疗区；整合磁共振、CT、放射为一体，组建医学影像科，全面升级健康管理（体检）中心，医疗服务能力不断提升。2018年神经内科被评为市第四周期医学重点特色专科，2022年神经内科和骨科被评为市第五周期重点培育专科。

（二）强化人才支撑

实施"走出去、引进来、相互带"人才战略，近三年，从外省引进高级人才1名，通过学校招聘和社会公开招聘100余名专业技术人员；选送13名医师参加规培，安排57名医护人员赴省内外三甲医院进修，完成46名专业技术人员入编周转池编制；出台完善《退休专家返聘管理办法（试行）》，返聘退休专家5人，开设专家门诊。现在岗职工专业技术人员占比88%，具有中级以上职称人员超50%。

（三）引进高端设备

拥有GE256排、64排CT、Precise医用电子直线加速器、1.5T和3.0T磁共振、移动DR、全身应用型彩超、DSA血管造影机等先进高端医疗设备。腹腔镜、宫腔镜、等离子前列腺电切镜、钬激光经皮肾镜、纤维支气管镜、手术显微镜等广泛应用于临床。特别是超高端GE-Revolution 256排CT和联影uMRI-870/3.0T超导磁共振的临床应用，为精准诊断和提升诊疗能力提供了装备支撑。

（四）推动技术创新

实施"三新"项目推动技术创新，以微创、介入为突破，提高疑难及危重病的救治能力，近年来共开展院级"三新"项目100余项。冠脉及全脑血管造影术、外周血管及颅内动脉瘤等介入微创治疗、心脏起搏器植入术、脑血管支架植入术、急性缺血性脑血管病静脉溶栓术、髋关节与膝关节置换、髋臼骨盆骨折微创手术等多项技术在周边处于领先水平。临床开展的中肝叶巨大肝癌切除术、经尿道前列腺电切术、经皮肾镜和输尿管镜钬激光碎石术、腹腔镜／后腹腔镜下肾及肾上腺手术、白内障超声乳化加人工晶体植入术、直线加速器放射治疗等医疗技术日臻成熟。2022年，我院课题"改良经皮逆行耻骨上支螺钉置入技术临床随机对照研究"被安庆市卫健委批准立项；"沙丁胺醇联合异丙托溴铵雾化吸入在呼吸系统疾病中的应用"研究项目作为适宜技术获安庆市卫健委推广。

（五）做实县域医共体

作为牵头单位，加强与 7 家医共体成员单位的紧密协作，着力打造分级诊疗新格局，建立了县域医共体中心药房、消毒供应中心、远程影像中心、远程心电中心等，实现了共建共享。落实"百千万"工程，先后派出 20 名医师在成员单位驻点，有效提升了基层医疗服务能力。出台了《望江县医院紧密医共体分级诊疗绩效考核实施方案（试行）》，推进双向转诊和分级诊疗制度有效落实。

（六）有效统筹防控与救治

新冠疫情发生后，切实加强组织领导，有效统筹疫情防控与医疗服务工作，在全县疫情防控中较好地发挥了主力军作用，有效保障了医疗秩序，县域群众的医疗服务需求，为实现社会面"零"感染做出了积极贡献。"乙类乙管"阶段创下单日最高门急诊量 2700 人次，发热门诊量 430 余人次，在院病人 920 余人的历史极值。先后派出 500 余人次驰援武汉、上海，征战省内六安、宿州等地。

三、发展后劲不断夯实

（一）行风建设持续发力

坚持组织志愿服务队融入患者就诊全过程、全环节，开展"党员示范岗""党员先锋岗"创建，举办各类争先创优和评选表彰活动，以此激发全体医护人员爱岗敬业、服务群众的热情。通过举办"三看三比三促"改作风专项行动、"一改两为"大学习大讨论和征文活动，开展创建清廉单位，加强信访投诉考核等举措，深入推进医德医风专项整治，持之以恒加强行风建设，服务质量和医德医风持续好转。

（二）文化内涵聚力提升

加强意识形态和宣传思想工作，注重医院文化建设，实施文化兴院战略。成立了宣传科，组建了通讯员队伍，加大对先进典型的宣传力度。两年一届的职工运动会从不间断，坚持重大节庆日开展丰富多彩的职工文娱活动，征集了新的院徽，唱响了"厚德精医，笃实创新"的医院精神。医院党建文化、医疗文化、服务文化随处可见，文化素材和文化载体日益丰富，职工精神面貌昂扬奋发。

（三）项目建设加快推进

抢抓机遇，争取政府专项债和中央预算内投资 3.15 亿元，实施以传染病区扩建和三期病房楼工程为主要内容的基础能力提升建设项目，目前传染病区扩建工程已完工，即将投入使用，三期病房楼工程正加速推进。全部投入使用后，医疗服务的规模和能力都将得到很大提升。

（四）三级创建蓄势待成

自 2022 年 6 月全面启动三级综合医院创建工作以来，医院高度重视、精心组织，有序推进创建的各项具体工作。2023 年 1 月，获省卫健委三级综合医院设置批准后，创建进入倒计时，全院上下树立"一盘棋"思想，全力加快创建步伐，争取在 2023 年年底前通过执业登记验收，届时医院将步入一个崭新的发展阶段。

（五）外联合作积极活跃

进一步巩固与中科大一附院（省立医院）、安医大一附院、安徽省肿瘤医院（省立医院西院区）、安庆一院的医联体合作关系，积极对接长三角医疗健康发展联盟，开展合作，引进专家定期前来坐诊、带教查房、示教手术等；作为安徽医学高等专科学校非直属附属医院，医院教改班在 11 年中为安徽医专培养了 600 余名临床医学人才，是安医大、安医专及安庆医药高等专科学校的实习医院。安庆市第一人民医院先后派出 18 名专家驻点支援，对提升我院医疗服务水平起到了积极作用。

扬帆破浪风正劲，踔厉奋发再启航。望江县医院正朝着打造高水平现代化县域医疗中心的目标，在推进高质量发展的新征程上阔步前行！

打造医疗卫生"山海"提升工程样板
让武义人民享受更加优质的医疗服务

浙江省武义县第一人民医院 邱璐晓

自开启医疗卫生"山海"提升工程新篇章以来，浙大邵逸夫医院与县第一人民医院（浙大邵逸夫医院武义院区）以建立城市医院和县级医院紧密合作新机制为核心，加快推进"3342X"能力提升，不仅做到了专家下沉基层、前沿诊疗技术服务基层，还在医院管理和人才培养上做到了精准施策，变"输血"为"造血"，使武义院区新技术、新项目接续涌现，有效解决了我县老百姓看病远、看病难、看病贵等问题，让群众的就医获得感和幸福感不断提升。

"山海"提升工程开展以来，浙大邵逸夫医院派驻专家在武义院区共完成门诊12714人次、手术1090例次，组织教学示范查房308次、疑难病例讨论180次，举办各类学术讲座、科内讲课、业务学习368次，开展新技术新项目39项，确立规章制度及操作规范35项。

一、使命使然，为每一个生命全力以赴

2023年1月31日，武义院区召开干部大会，宣布县委关于医院主要领导调整的决定，蒋桂星同志任中共武义县第一人民医院委员会委员、书记。接任以来，浙大邵逸夫医院派驻武义院区党委书记、肝胆外科专家蒋桂星医师在专业技术、学科建设、人才队伍、卫生管理等方面发挥省级优势，通过教学查房、专家门诊、病例讨论、手术带教、业务指导、科室督查等方式，完善体制机制，补齐短板弱项，以"一茬接着一茬干"的帮扶精神，助力武义卫生健康事业再上新台阶。

"蒋医生的技术是真的好！我听说我做的这个腹腔镜下胰十二指肠切除术是国内外公认的难度极高的微创手术，要前往国内大城市的肝胆胰外科中心才能进行。现在我在县里的医院就完成了这个手术，而且身体恢复得也不错，真的是太方便了，感觉我们县的医疗能力是越来越好了。"回来复诊的顾大叔连连称赞。

被誉为微创外科手术的"珠穆朗玛峰"——腹腔镜下胰十二指肠切除术手术难度大、风险高，不仅需要围绕内脏重要血管进行多脏器的精细解剖、切除，还要求进行高质量的消化道重建（胰管空肠吻合、胆管空肠吻合、胃空肠吻合）。尤其是胰肠吻合更是被外科医生称为"死亡之吻"，是手术的难点。胰肠吻合口瘘也是术后并发症的主要根源。

据了解，此次手术的成功是武义院区肝胆胰外科治疗上的重大突破，标志着我县腹腔镜微

创手术治疗水平迈上了新的台阶，为县域及周边人民带来更先进、更优质的医疗服务。

自 2016 年浙大邵逸夫总院在武义院区设立浙中微创医学中心以来，武义院区至今为止已成立了 7 个微创医学分中心，微创手术量以 20% 以上的速度逐年递增，成为辐射浙中地区的微创医学"高地"，让越来越多的老百姓在家门口就能享受到省级优质医疗服务。

二、技术为要，为增强群众幸福感提供保障

近日，武义院区呼吸与危重症医学科在浙大邵逸夫医院派驻专家张冀松主任的指导下，首次开展了支气管镜引导下雾化微导管药物局部喷注治疗，成功为一名长期迁延不愈的慢性肺曲霉菌病患者进行了局部抗真菌药物喷注。

据了解，该气管镜引导下雾化微导管药物喷注治疗是县第一人民医院呼吸与危重症医学科 2023 年开展的一项新技术、新项目，采用的是国内先进的一次性内窥镜雾化微导管技术。其通过将抗真菌药雾化后，借助纤维支气管镜直接喷注至病灶，在提高局部药物浓度、增加疗效的同时，大大减轻了药物引起的全身不良反应，为治疗再添新动力。该手术的成功标志着医院呼吸内镜介入微创技术的再提升，呼吸学科综合诊疗技术水平迈上了新台阶。

同时，武义院区呼吸与危重症医学科团队还在邵逸夫医院派驻专家张冀松主任的指导下，成功为一名患者实施了内科胸腔镜检查。这是继支气管镜引导下雾化微导管药物局部喷注治疗、支气管支架置入术等新技术之后，武义院区呼吸微创诊治技术水平的再次突破，为胸腔积液等胸膜疾病患者诊断提供了有力技术支撑。

除此之外，邵逸夫医院还派驻放射科专家战锟开展新技术低颅压增强 MR 扫描、MR 脊髓水成像，派驻骨科专家胡子昂开展新技术腰椎斜前方入路融合术、椎间孔镜下腰椎间盘髓核摘除术，派驻外科专家梅劲桦开展新技术下肢深静脉血栓吸栓、内脏动脉瘤栓塞，派驻耳鼻喉科专家姜晓华开展新技术射频消融辅助腭咽成形加咽侧成形术，派驻神经内科专家程慧开展新技术前庭功能检查，派驻 ICU 专家丁莺开展新技术超声引导血管穿刺……

近年来，浙大邵逸夫医院找准武义院区医疗技术短板，通过重点专科托管、成立重点合作科室、设立专家工作站、成立医学中心等形式，开展靶向精准的帮扶。同时，我县依托浙大邵逸夫医院的全科医学优势，建设全科医学培训基地，建立"全科导师 + 多名专科"的"复合导师制"培养模式；同时，通过深化浙江大学医学院附属邵逸夫医院浙中微创医学中心建设，成立了邵逸夫名医专家工作站，由省级名医定期到武义院区门诊坐诊，对疑难杂症病例、复杂手术进行联合诊治和手术；通过创新"医联体 + 医共体"两体共融发展的武义样板，将基层帮扶从县级医院延伸到乡镇卫生院、村卫生室等，医院功能从治病救人延伸为预防保健、公共卫生等。

三、民生为本，不断推动优质医疗资源共享互通

"省里来的专家针对我多年的老毛病给了很多实用、简单的建议，这样的活动给我们带来了很大的帮助。"对于省级专家细心的服务和精湛的医术，桃溪镇陶村的村民交口称赞。

让优质医疗奔向山与海。为深入推进"山海"提升工程，2023年以来，武义院区联合浙大邵逸夫医院积极开展"山海"提升工程送医下乡大型义诊活动，让偏远乡镇的老百姓在"家门口"就能享受到省、县级优质医疗资源；结合各健康宣传日或宣传周主题活动，进一步提高县域群众的疾病预防与健康意识，引导其践行健康生活理念和健康生活方式。

为提升群众的健康生活水平、提高群众的防癌意识及实现癌症的早筛早诊早治，武义院区还开设健康直通车，组织多个学科的医疗专家深入农村、社区、企业等地开展义诊及早癌筛查公益活动，零距离为老百姓提供免费的医疗服务。

此外，我县与浙大邵逸夫医院还不断延伸优质医疗服务，全面提升医院的服务和管理水平，推动县域内医疗资源的下沉和共享。武义院区组建了"山海"提升工程首届壶山康复论坛暨省级继教班，特邀省内康复、肌骨超声、肌电图、护理领域的知名专家、学者前来传递康复前沿技术，进行康复学术知识交流，共同为武义康复医学科的建设发展添砖加瓦；武义院区以浙大邵逸夫医院康复科为依托，在医院康复科、妇产科、泌尿外科、肛肠外科、消化内科的共同协作下，成立了盆底康复治疗中心，使群众在家门口就能解决"难言之隐"。

除此之外，我县还充分发挥浙大邵逸夫医院的人才、技术、平台等优势，加快推进影像、病理、检验三大共享中心建设，强化医技科室的技术支撑作用，实现县域医共体基层检查、上级诊断、区域互认。我县还与浙大邵逸夫医院建设了远程会诊、远程查房、远程影像、远程病例等立体信息互通共享体系，专家可实时调阅患者的健康档案、就诊记录和检验检查结果，大大方便了诊疗服务，而患者也可以减少重复化验、检查。同时，浙大邵逸夫医院还为我县急危重症患者开通了绿色通道、搭建了专项转诊平台，多方面解决了患者就医难的问题。

医疗卫生"山海"提升工程是一项为共同富裕示范区建设助力的好事，是一项为全面推进乡村振兴增光的好事，是一项为党史学习教育增色的好事，有助于提升基层医疗服务能力和打造"双下沉、两提升"的升级版、2.0版，能更好地牵引区域均衡发展、更好地服务基层百姓。浙大邵逸夫医院与武义院区通过"真下沉""真提升"，明确下沉的人员、质量、时间、任务，实行可量化、可考核，并通过帮扶县域医共体的牵头医院真正达到帮一家、带一片，实现了从"县级强"到"县域强"的提升。

党建领航新作为　健康服务爱相随

——盂县医疗集团开展走基层惠民生"五个全覆盖"活动侧记

山西省盂县医疗集团人民医院

"再用力一点，拳头冲击的速度要快，这样才能把异物从气道里排出来。"

"一手掌根紧贴患者胸壁，双手十指相扣，掌根重叠，双上肢伸直，上半身前倾，以髋关节为轴，用上半身的力量垂直向下按压，确保每次按压的方向与胸骨垂直，按压与放松比大致相等。"

2023 年 5 月 5 日，一堂由盂县医疗集团人民医院妇产科医护人员开讲的急救常识课，"定格"在"五进"活动红楼社区现场，医生讲得绘声绘色，大家听得津津有味，现场气氛活跃、互动频繁，颇受群众欢迎。

据悉，2023 年 4—6 月，盂县医疗集团在全县范围内集中开展了为期 3 个月的健康服务走基层惠民生"五进"活动和"五个全覆盖"科普宣传活动。截至目前，盂县医疗集团人民医院、全县乡镇卫生院相关科室先后进学校、进企业、进机关、进社区、进乡村开展健康服务和科普活动，使健康理念深入人心，健康行为渐成习惯，广大群众反响强烈，好评如潮。

近年来，盂县医疗集团坚持以人民健康为中心，持续完善医疗卫生服务体系；以人民满意为标尺，不断提升群众就医体验；以优化医疗服务流程为追求，逐步提高医院服务管理水平；以多元解纷践行"枫桥经验"为引领，进一步构建新时代和谐医患关系；以县、乡、村"三级联创"为动力，着力构建县级医院专科领衔、乡镇卫生院特色立院、村级卫生所服务托底的医疗服务体系，对接群众就近享有优质医疗服务的期盼，使全县医疗服务、救治水平、基本公共卫生服务能力全面提升，群众看病就医获得感、幸福感持续增强，赢得了群众广泛赞誉。

盂县医疗集团人民医院党建引领业务，高质量发展步履铿锵。依托省、市优质医疗资源，打造胸痛中心、卒中中心、创伤中心、危重孕产妇救治中心、危重儿童和新生儿救治中心"五大中心"，持续推动健康服务大民生、大健康建设走深走实。

该院多学科协同会诊、多科室通力救治综合水平显著提高，更多心脑血管、复合创伤患者及孕产妇、新生儿等从中受益，得到了及时、规范的诊断和治疗。五大中心救治水平成为该院迈上新台阶的重要标志。

今年以来，盂县医疗集团人民医院迈向构建有序就医和诊疗新格局的步伐越发稳健，紧密型县域医疗共同体建设成就凸显。逐步完善形成的以县级医院为龙头、乡镇卫生院为枢纽、村卫生室为基础，县、乡、村三级医疗卫生机构分工协作、三级联动的县域医共体管理模式，成为优质医疗资源下沉、方便群众就医的典范。截至目前，县医疗集团派出 200 余人次帮扶乡镇卫生院，提升了当地医务人员专业技术能力，受到了帮扶乡镇卫生院和当地群众的一致好评。

孟县医疗集团党委负责人表示：将健康服务根植于心，将医学常识付之于行，有力推动以治病为中心向以人民健康为中心转变，把急救技能普及给公众，使健康行为覆盖方方面面，使健康服务惠及千家万户，为加快建成与经济社会发展相协调、群众健康需求相适应的平安孟县贡献医者力量。

河南新安县"1135"工作模式
赋能紧密型县域医共体建设高质量发展

河南省新安县人民医院

新安县位于河南省洛阳市西部，总面积 1160 余平方千米，总人口约 54 万余人，有各级医疗机构 385 家。2019 年以来新安县以提升人民群众就医获得感、幸福感、安全感为出发点，在县域内打造以县级公立医院为龙头、12 家乡镇卫生院为枢纽、308 个村卫生室为基础的医疗卫生共同体，构建医疗共享新模式。探索"1135"工作模式，以夯实分级诊疗制度为主线，以整合县域医疗资源、降低群众医疗成本为目标，形成了"县强、镇活、村稳、上下联、信息通"的高质量发展格局。

2019 年 8 月，新安县被确定为国家级紧密型县域医共体改革试点县，新安县委、县政府高度重视，成立了由县委书记、县长任双组长的高质量推进紧密型县域医共体建设领导小组，高位推动紧密型县域医共体建设。新安县委、县政府在全省率先创新组织形式，与洛阳市中心医院党委达成共识，从洛阳市中心医院选派了 3 名能力强、学历高的年轻干部，经县委组织部正式任命为新安县医共体总医院党委书记、院长、副院长，按照三甲医院的管理模式，输入管理理念，从而实现院领导班子"市管县用"的组织用人新模式。

2022 年年初，新安县医共体总医院成功创建国家三级综合医院。数据显示，2022 年县域就诊率为 90% 以上；医院三、四级手术占比 67%，较之前提高 30%，抢救成功率达 93%；医共体心电共享中心共为全县医疗机构出具报告 25 万余例，报告危急值 4000 余例。影像共享中心共为全县医疗机构出具报告 27 万余例。医共体总医院"龙头"带动作用日益凸显，基层服务能力显著提升；12 家分院胸痛救治单元在洛阳市内首批全部通过验收；"A 级急救站"在洛阳市县域首个通过验收，新安县域急诊急救体系建设为"大病不出县"提供了有力的支持与保障。新安县医共体建设成绩突出，2022 年，被河南省卫健委授予"全省医改工作先进集体"荣誉称号。在新安县医共体总医院成功创建国家三级综合医院的带领下，县妇幼保健院和铁门分院均成功创建了二级医院，新安县多次在全市医共体考评中获得第一名的好成绩，河南省电视台"健康同行"栏目及《医药卫生报》《洛阳日报》等多家媒体均对新安医共体建设工作进行了宣传报道。

新安县在紧密型医共体建设工作中主动担当、勇于作为，以人民健康为中心，在医共体内推行"1 平台、1 体系、3 单元、5 中心"的建设路径。通过医共体全民健康信息化平台"1 平台"保障医共体高效运转，赋能医共体高质量发展；通过十大质控体系"1 体系"保障医共体管理同质化；通过"3单元"建设，提升基层卫生院急诊急救能力；通过"5中心"建设，强化牵头医院急诊急救能力，实现了覆盖县、乡、村三级的完备的急诊急救网络体系。

一、"1平台"赋能医共体高质量发展

"数智赋能"创新打造紧密型医共体信息平台，实现县域信息"一张网"。

（一）信息互联，打造县域"一张网"

建设全民健康信息平台，打通县、乡、村三级医疗信息壁垒，实现县、乡、村信息系统一体化。新安县整合县域基本公共卫生信息系统，依托共享接口和协同服务，建设县、乡、村一体化HIS系统、公共卫生服务与家庭医生系统、居民开放服务系统。一是实现县乡村医疗服务一体化管理，有效支撑医共体行政、人事、财务设备、药品、医疗、信息等长效管理需求；二是实现医共体内牵头医院、乡镇卫生院、村卫生室和公共卫生在基本医疗、基本公共卫生、家庭医生签约服务、慢病管理等业务上的数据共享，实现信息互联互通。

（二）共享中心，实现医共体诊疗同质化

心电、影像、检验、病理共享中心创新运营管理模式。一是检查基层化。向各分院布设CT、DR、心电图机等各项检查终端，建设冷链物流，群众在家门口就能完成各项检查服务。二是诊断集中化。整合县域诊断资源，实行诊断医师集中办公、集中诊断。建立医共体集中诊断医师团队，在解决了各分院诊断医师缺乏问题的同时提高了诊断效率。自共享中心成立以来，6名心电诊断医师负责全域内的25万份心电诊断、7名影像诊断医师负责全域内的27万份影像诊断，诊断医师个人的业务素质也有了质的跨越提升。三是诊疗同质化。县域内诊断集中化为诊疗同质化提供了基础，群众在家门口得到了同质化诊断，倒逼常见病、基础病和急病在基层救治，基层诊疗服务能力得到了提升，实现了分级诊疗。

（三）双向转诊，构建合理就医新秩序

新安县医共体通过信息化平台整合资源，医共体内部高效合作、横向互补，牵头医院、基层卫生院明确定位，通过搭建学科联盟、建立远程会诊室、开通就医绿色通道等系列措施形成合理就医秩序，建立完善的双向转诊流程，使患者"上得来，下得去"，实现紧密型医共体建设"小病不出乡、大病不出县，康复在基层，健康有保障，医保有结余"的良好局面。

二、"1体系"推进医共体同质化管理

十大质控体系明确了县域医疗和综合管理的标准，是新安医共体建设的特色工程。新安县医共体开展了涵盖文化建设、感控质量管理、医疗质量管理、护理质量管理、药事管理、心电质控、影像质控、检验质控、病理质控、6S管理10个维度的同质化"1体系"管理。

（一）文化引领促发展

"共建、共治、共享、共融"是新安医共体建设的文化精髓。2021年8月27日，新安县医共体为扩大影响力，将县域16家医疗机构公众号合并为"新安县医疗卫生共同体公众号"，

统一宣传标示、路径。目前"新安县医疗卫生共同体"公众号在洛阳市同行业公众号中名列前茅，关注量超 12 万，日浏览量超 1.8 万，官方抖音号推送视频单条浏览量超 100 万，多条视频被国家级平台"学习强国"推送。印制内部刊物《医共体》画册，重点对新安县医共体内部的大事件、新技术、新业务、基层医疗服务能力建设、共享中心运行数据分析等内容进行刊载，目前已推出 30 期。

（二）同质化管理促基层服务能力提升

牵头医院医疗、护理、感控、药学等组成的质控小组每月对医共体 19 个业务中心和 6 个共享中心进行统一考核，并深入基层卫生院进行质控督导。通过十大质控体系的建设，2023 年 3 月基层卫生院门诊人次、出院人次均较去年同期有大幅提升，门诊人次平均增长 33%，出院人数平均增长 60%，有效提升了基层服务能力。医共体各成员单位药占比逐步降低，减轻患者负担的同时节约了医保资金。据统计，2022 年，县域外转诊率下降 7%，全年节省医保资金 400 余万元，分级诊疗新格局得到初步显现。

三、"3 单元"提升基层急诊急救能力

新安县医共体为落实分级诊疗制度，牵头医院充分发挥能动性，以"五上门"服务新举措，领跑"3 单元"急诊急救的起跑"第一公里"，将急救力量前移。在 12 家分院同步启动胸痛、卒中、创伤三大救治单元建设工作，成功开展心梗或缺血性卒中溶栓等核心技术，提升基层急诊急救服务能力。目前，新安是省域内 3 个胸痛救治单元全覆盖的县之一，其卒中救治单元已实现省域内首批、市域内首个全部通过验收；下一步，新安县将把胸痛救治单元努力打造成中国农村基层胸痛救治标杆，创伤救治单元将力争成为全省创伤救治单元的建设模板。

（一）培训上门

新安县医共体总医院每月到基层组织开展以单元建设为主题的医疗服务能力提升培训班，以模拟演练、邀请省市级专家现场指导等方式，持续提升基层医疗服务能力。

（二）指导上门

按照单元创建要求，指导分院开展村医培训及大众健康宣教 100 余场，确保单元创建规范化。

（三）设备上门

向基层各分院、社区、卫生室共投放心电终端 140 个，基层各分院 DR 全覆盖，5 家分院配备 CT，铺设"心电、影像一张网"，利用实时传输系统实现了"患者未到，信息先到"。

（四）药品上门

免费为分院配备心梗"一包药"达 300 余包，目前已给予高危胸痛患者口服"一包药"247 人次。同时，将溶栓药物放至各分院，使百姓的就医获得感显著增强，居民在家门口就能获得三级医院专家的同质化服务。

（五）质控上门

制定新安县医共体医疗质量考核标准，签订责任书，实行三级医疗质量管理体系，定期督

导反馈。

新安县已初步构建科学、协作、共进的胸痛协同救治体系，基本完成全域覆盖、全民参与、全程管理的"三全模式"。三大救治单元建设是基层卫生院急诊急救服务能力提升的重要载体，更是基层医务人员职业获得感、职业自信心提升的重要见证，为实现"基层就诊率65%"贡献了"急救力量"。

四、"5中心"提升医共体急诊急救能力

新安县医共体整合县域医疗资源，明确定位，错位发展，从建强牵头医院服务能力入手，打造县域医疗服务"5中心"高地，为分级诊疗夯实基础。

（一）"5大中心"打造现代化急诊急救大平台

新安县医共体总医院作为新安县急危重症救治的中枢环节，对标三级医院五大中心创建标准，建强急危重症学科，打造现代化急诊急救大平台，扩充急诊科面积至1250平方米，组建90余人的急诊团队，建立标准化的候诊大厅、抢救室、EICU等区域，院前院内信息化系统通畅，确保了院前急救与院内抢救的高效衔接。

胸痛、卒中、创伤、危重孕产妇救治、危重儿童和新生儿救治"五大中心"成功创建，新安县医共体实现了5个县域专科高峰群的建设，连点成线，连线成面，形成高原。据统计，五大中心创建以来，共挽救急危重症患者300余人，使300余人背后的300个家庭重获了新生。新安县医共体建设是"以人民为中心"的发展思想在医疗卫生领域的具体实践，是"健康中国"建设的有力践行。

2023年，新安县医共体总医院院长柳杨荣获河南省卫健委授予的三级胸痛、卒中、创伤"头雁奖"；新安县医共体牵头医院副院长韩兴涛荣获河南省卫健委授予的三级胸痛、卒中、创伤"鸿雁奖"；新安县"A级急救站"在市内领先通过验收，标志着新安县院前急诊急救能力和水平有了跨越式的发展。新安县五大中心创建以来，接受其他兄弟单位参观学习30余次，新安县急危重症专科建设已成为"健康新安"的一张金字招牌。

（二）强内涵促医疗服务提质升级

新安县医共体建设以来，牵头医院以新技术、新业务"双百战略"为抓手，提升县域医疗服务能力。2022年共服务患者45万人次。新技术、新业务"双百战略"提前收官，目前已达到112项，尤其是泌尿外科开展的腹腔镜手术，填补了洛阳市空白；开展手术6100例，三、四级手术比例持续提升，占比达到67%；重点专科建设持续加强，在省、县级重点专科骨科的基础上，神经内科、泌尿外科被纳入洛阳市重点培育学科项目，借助优势专科带动医疗业务全面发展。积极对标三甲医院创建细则，进一步强化学科建设和创新意识，加快"临床五大中心"建设步伐，强化核心专科能力，实现新安医疗服务能力的整体提升。

（三）引人才建梯队夯实基层服务能力

落实医共体人员招聘、岗位设置、中层干部聘任、内部绩效考核、收入分配、职称聘任

自主权，探索建立"县招乡用""乡聘村用""轮岗派驻"机制。新安县医共体多渠道向人才抛出"橄榄枝"，同医疗人才专业网站"丁香网"合作，先后引进全职博士2名，兼职博士13名，同新安县人才办协调，引进高层次人才10人，发放人才津贴，办理入编手续，为引进的学科带头人解决家属及子女的工作和入学问题，使人才"引得进，留得住"。派60名县级医院医师下沉基层开展帮扶工作，助力新安县医共体建设。

高质量推进紧密型县域医共体建设，要坚持医疗卫生事业的公益属性，压实党委、政府主体责任，坚定不移，尽快改革到位，做到百姓得实惠、事业得发展、医保有结余。新安县在紧密型县域医共体建设中，始终坚持"以人民健康为中心"的理念，勇于探索，敢于创新，摸索出的具有新安特色的"1135"工作模式，打造了紧密型县域医共体建设的"新安样板"。

党建引领医院高质量发展

江西省信丰县人民医院

习近平总书记在党的二十大报告中指出："高质量发展是全面建设社会主义现代化国家的首要任务。近年来，医院坚持以党建为引领，保持"医心向党、姓党为民"的服务底色，充分发挥党组织的战斗堡垒作用和党员的先锋模范作用，聚焦民生关切，抓质量、促服务、树形象，促进党建与业务工作同频共振。

一、基本情况

信丰县人民医院创办于 1935 年，占地面积 160 余亩，医疗用房面积 12 余万平方米，可开放床位 1500 张。医院现有职工 1200 余人，其中具备高级职称的 115 人，具备中级职称的 431 人，硕士研究生 20 余人。医院是武汉同济医院对口支援医院，曾荣获全省先进基层党组织、省卫生计生系统先进集体、省市"文明单位"等荣誉称号。医院党委下设 14 个党支部（含 1 个退休党支部），现有党员 241 名（含预备党员 5 名），其中在职党员 196 名，占比为 81.3%；本科及以上学历者 159 名，占比为 66%；具备中高级职称的党员 147 名，占比为 61%。

二、工作开展情况

（一）打造高质量党建，引领医院高质量发展

一是强化战斗堡垒，以党建促发展。全面加强党的建设，将党支部建在科室上，以党建为引领，推动党建工作与医院业务工作深度融合、同频共振。优化基层团支部和妇联组织设置，以党建带团建、党建带妇建，发挥群团组织的桥梁纽带作用。二是创新组织活动，凝聚党建力量。推动"党建+服务"模式，发挥党员的先锋模范作用，深入社区开展公益服务，落实企业健康帮扶举措，大力开展服务品质提升攻坚行动，激活医院高质量发展的内生动力。三是强化党风廉政建设，以党风促行风。坚持把全面从严治党贯穿于医院发展的全过程，牢牢抓住作风建设这个"牛鼻子"工程，深入开展医德医风专项整治，推进勤廉医院建设。

（二）建设高质量人才队伍，赋能医院高质量发展

一是强化招才引智。完善人才培养、使用和引进机制。大力拓宽人才引进渠道，引进高层次人才。实施岗位成才计划，建立传帮带、以老带新制度以及医院高层次人才联系服务制度，为人才健康成长营造良好的条件和环境。二是坚持党管人才，树立正确的用人导向。建立干部

能上能下机制，通过公推直选、民主推荐等多种方式大胆选用想做事、能干事、敢担当的干部职工，一大批德才兼备的青年骨干进入医院中层管理队伍，干部队伍结构进一步年轻化、知识化、专业化，更具创造力、凝聚力、战斗力。三是靠大联强提质效。与北京大学肿瘤医院、北京大学深圳医院、广东省第二人民医院建立了专科对口帮扶、远程医疗、人才培养、信息共享等医疗协同服务机制，与武汉同济医院建立了新一轮对口帮扶关系，由同济医院博士常态化驻点帮扶。多样化的人才培养助力医疗服务水平不断提升，医院连续 3 年入围艾力彼中国医院竞争力县级医院 300 强。

（三）培育高质量医院文化，推动医院高质量发展

一是丰富医院文化元素。挖掘和提炼医院文化特色，规范医院院歌、院徽、院训等文化标志，建设医院院史馆，引导党员干部职工自觉践行党的宗旨。二是提振职工精气神。实施爱岗敬业主题教育，把"要我干"转变为"我要干"，让干事者有干头、干事者有劲头、干事者有奔头，有效提升干部职工的工作主动性和创造性。三是推进美丽医院建设。坚持以患者需求为导向，把患者满意和职工幸福作为衡量医院高质量发展工作成效的标准，优化医院环境，不断提升医院服务品质，为群众提供安全、高效、优质的医疗服务。

加快老年健康服务体系建设
确保老年人就医便捷、舒适、安全

河北省邢台市信都区人民医院

走进邢台市信都区人民医院，在导医台、收费处、候诊区、卫生间、住院部等公共区域，随处可见各种方便老年就医群体的温馨提示牌或为老年患者准备的物品及无障碍服务设施……随着我国人口老龄化的加速到来，老年人的健康和生活质量成为社会关注的重要问题。作为一家有着 70 多年历史的公立医疗机构，邢台市信都区人民医院瞄准老年人健康环节缺口，以创建老年友善医院为契机，多措并举搭建老年健康服务体系，提升了区域老年患者的就医感受和体验。

一、审时度势，加速老年医学专科建设

按照国家卫健委《老年医学科建设与管理指南（试行）》要求，有条件的二级及以上综合性医院都要开设老年医学科。作为区域唯一一家综合性国家二级甲等医院，信都区人民医院经过充分调研，针对区域老年医学及相关学科发展滞后、老年健康服务人员相对缺乏等状况，整合医疗资源，积极申报创建，并于 2023 年初成功通过邢台市卫健委相关诊疗科目资质认证，正式成立老年医学科。科室主要面向患有常见慢性疾病的 60 岁以上人群，尤其是一人患有多种疾病的老年共病患者，采用老年综合评估常规模式、共病处理模式和多学科团队工作模式，对老年患者进行医疗救治，最大限度维持和恢复老年患者的功能状态，增强了老年人的健康获得感。

二、精准发力，提升老年健康服务水平

作为一门独立的临床学科，医院抽调一批对老年慢性病的诊治和护理有着较为丰富经验的工作人员，组建了一个有为老年医学事业献身和为老年人服务决心的医护团队。为更好地满足老年人的健康需求，医院在装备相关设备设施、提高诊疗技术水平的同时，按照《全国护理事业发展规划（2021—2025 年）》和《关于印发老年护理专业护士培训大纲（试行）和老年护理实践指南（试行）的通知》要求，自 2023 年初全面启动了老年护理专业护士系统培训工作，采取专业理论知识培训和临床实践技能考核相结合的方式，加大老年护理人才队伍培养力度，规范老年护理服务行为，切实提升老年健康服务能力和水平。

三、发挥优势，促进医养结合特色发展

日前，一位长寿老人在信都区人民医院长护险专区百龄居幸福度过了百岁生日。"看到父

亲这么开心，我们也非常高兴，真的打心底里特别感谢这里医护人员的热心操办和辛勤付出！"老人子女感激地说。

作为执行长期护理险惠民政策的唯一区级定点服务机构，信都区人民医院长护险专区依托优质医疗护理资源，已为区域内数百名因年老、疾病、伤残等原因生活不能自理的参保人员，提供了科学专业的医养结合方案和养护服务，使众多失能人员安享人生，安度晚年。

为发挥老年医学优势，突出专业服务特色，长护险专区积极打造"幸福之家"，不断满足医养结合养老服务的多层次需要。目前老年病区与长护险专区相互促进发展，真正实现了让因年老、疾病、伤残而失能的人员病有所医、人有所养的医养一体化和一条龙护理服务。在当下的老龄化社会，既让失能老人享受到安心的照护，又为失能家庭减轻了沉重的负担。

四、抢抓契机，搭建老年健康服务体系

为落实积极应对人口老龄化国家战略要求，信都区人民医院以创建老年友善医院为契机，全面落实老年人医疗服务优待政策，保障老年人合法权益，完善各项制度措施，搭建老年健康服务体系，持续为老年患者创造更优质的医疗环境和健康服务。

医院通过建章立制、业务培训、经费支持等方式，推进老年友善文化建设，营造尊老为德、敬老为善、爱老为美、助老为乐的文化氛围。依托医院丰富的老年病医疗资源，尤其是利用中医传统的养生保健理疗等适宜技术优势，积极为住院老年人提供健康教育、疾病诊治、康复护理、科学养护、饮食生活、意外急救等全方位服务。同时，根据老年人的患病特点和就医情况优化服务流程，建立老年人就医绿色通道。注重对老年综合征、衰弱、失能、失智的评估和干预，开展多学科联合诊疗。对住院老年患者进行高风险筛查、评估，制定风险防范措施和应急预案。长护险专区还建立了先进的呼叫与监测平台，实行医疗、护理、护工三位一体的专业管理和服务体系，确保老年人就医便捷、舒适、安全，不断提升广大老年患者的获得感、幸福感和安全感。

党建引领 扎根义乌
全面推进医院高质量发展

浙江省义乌市中心医院

义乌市中心医院创建于 1941 年 2 月，是义乌市规模最大、历史最久的三级综合性医院，现由浙江大学医学院附属第一医院全面托管，全国三级公立医院绩效考核连续三年蝉联 A 级。2022 年的医疗服务综合能力（CMI 值）、疑难病例治疗能力（RW 值）、出院人次、三四级手术例数以及总手术例数等均在省内同级别医院中排名第一。

近年来，医院荣膺多项国家级荣誉，其中包括"国家高级卒中中心""中国胸痛中心""国家呼吸与危重症规范化建设达标单位""国家级血栓中心优秀单位""国家级高血压达标中心""国家级创伤救治中心""全国消除疟疾工作先进集体"等一系列荣誉称号，是区域内唯一一家完成五大国家级中心创建的县级综合性医院。2023 年 5 月，顺利完成了浙江省三级甲等综合医院现场评审工作，医院迈上了历史发展新平台，驶入了高质量发展快车道。

一、守根铸魂，不断提升政治维护力

为确保医院高质量发展、财务预算、"三重一大"以及员工权益保障等重大事项得到充分调研、民主讨论和科学决策，医院遵循党委领导下的院长负责制，建立了院长书记会商会酝酿机制，由院长办公会、党委会集体决策。积极探索党业融合，始终坚持以党建引领全局工作，强化支部建设，充分发挥基层党组织的战斗堡垒作用。把党支部建在科室上，对科室重要事务决策进行指导和监督。

医院成为义乌市首个浙江省创先争优先进基层党组织、金华市直机关党建示范点、国家级巾帼文明岗、省级共青团基层活力团组织、金华市清廉建设成绩突出单位、金华市首批市级清廉医院建设标准单位，以及义乌市卫健系统首批五星基层党组织。奋进新时代，医院始终牢记初心使命，以群众健康需求为导向，不断深化医疗服务供给侧改革，努力打造一流公立医院品牌。

二、培根赋能，不断提升先锋驱动力

医院的高质量发展离不开人才驱动，医院秉持党管干部、党管人才的理念，全面谋划人才工作的顶层设计，积极探索构建引才、育才、用才的"人才链"，以学科建设为引领，推进人才队伍的发展，完善人才培养机制。

医院推行"资深专家"计划,实施首席专家和技术骨干的聘任工作,通过聘任15位首席专家和技术骨干,有效解决了学科带头人到龄退休的人才流失难题。医院推行"医共体骨干实践锻炼"计划,总院选拔7名业务骨干前往基层院区担任院长助理,下沉锻炼;院区选拔7名青年人才来总院担任科室主任助理,上挂锻炼。医院推行"人才梯队储备"计划,实施科主任助理选拔聘任制度,以业务和管理双重能力来培养青年人才。医院推进"党业融合双培养"计划,充分发挥党员干部在临床、科研、教学一线的骨干引领作用,使得由科室负责人担任党支部书记的临床及科室支部比例超过了85%。

三、扎根担当,不断提升群众影响力

作为义乌老百姓的医院,医院始终以人民为中心,不断提升群众就医体验,积极提升医院区域影响力。党建引领服务创新,探索医疗服务新路径,通过智慧医院数字赋能,优化诊疗流程,为改善民生做出了积极贡献。医院领导班子深入学习"八八战略""浦江经验"精神,大力推行"不坐办公室"的工作作风,坚持党委走一线、书记面对面、党委委员联系支部、班子成员联系科室等一系列措施,倾听民意,力促问题解决;积极协调,全力攻坚克难;反馈落实,推动满意度提升。2023年上半年,医院开展了8期党委走一线主题活动,共有200余位职工与党委书记面对面访谈,解决了一批患者和职工急难愁盼的实际困难,破解了医院高质量发展所面临的难点和痛点问题。

四、深耕义乌,致力于做老百姓的医院

老百姓就是义乌市中心医院的"根"和"魂",只有扎根铸魂,才能枝繁叶茂。医院的创立旨在解决近代义乌人民群众医疗资源匮乏的问题,医院的蓬勃发展离不开每一位义乌人民群众的信任和支持。在长期奋斗中,医院形成了"以患者为中心"的医疗服务体系,秉持着"一切为了病人,一切服务病人,一切方便病人"的理念,深深扎根群众健康需求,致力于打造"老百姓的医院"。通过推进"崇军医院"建设、主导全市10万人免费筛查甲状腺疾病、开放免费健康公交线路等一系列惠民措施,进一步提升老百姓的就医获得感、幸福感和安全感。

"党的全面领导是实现医院高质量发展的根本保证。"中心医院以"1510"党建工作体系为抓手,积极推进党业融合发展,紧密结合国家三级公立医院绩效考核目标导向,以学科发展为龙头,以改革创新为动力,以人才建设为支撑,不断提升医疗质量,持续优化服务品质,为打造共富健康县级综合性医院样板而不懈奋斗。

以人为本惠民生
打造永城医共体新模式

河南省永城市人民医院

永城市位于河南省最东部，地处豫、鲁、苏、皖四省接合部，素有"中原门户、豫东明珠"之称。全市总面积2020平方千米，人口约168万人，辖25个乡镇、6个街道、770个行政村（社区）。2019年9月17日，由市人民医院、市中心医院两家大型公立医院牵头，联合28家乡镇卫生院组建了两大医疗健康集团。永城市人民医院与18家乡镇分院自组建医疗健康集团以来，坚持以人为本，以公益性为导向打造医共体惠民服务新模式。

一、围绕"新"字做文章，激发改革活力

集团以"九统一"的模式（统一党的建设、统一任命聘用领导、统一人员管理调配、统一财务核算收支、统一药械采购配送、统一业务规范标准、统一绩效薪酬管理、统一目标考核奖惩、统一信息系统管理）制订了以业务、医疗、药品耗材、人事、财务等为主要内容，以"上下联动、基层首诊、双向转诊、急慢分治"分级诊疗机制为纲领的实施方案。集团按照"两个允许"的要求，突出基层一线、艰苦岗位，突出社会效益、责任担当，突出创新发展，制定了集团统一的医疗服务收入结算与分配办法，合理提高医务人员薪酬水平。通过坚持公益性导向，制定科学的考核评价体系，综合考虑职责履行、工作量、服务质量、费用控制、运行绩效、成本控制、医保政策执行情况等因素，定期组织考核，考核结果与医院薪酬总量挂钩，激活基层医护人员的工作积极性。

二、围绕"专"字做文章，创立特色专科

总院以提升县域大病诊疗能力为导向，加强重症监护、血液病、儿科、心血管病、传染病、急救以及县外转诊率较高病种临床专业科室建设，构建了心内、血液、神经、肿瘤、康复等重点学科群10个，并进行亚专科细化。分院根据各自的实际情况，着力发展"一院一品"特色专科。总院根据各成员单位实际需求，开展提升分院服务能力工作，总院3个临床科室共建一个分院，采用"等额对调"模式加强人才培养。实施"驻扎式＋巡回式"帮扶，总院选派1名科主任担任分院名誉院长，派驻临床科室副主任、副护士长担任分院业务副院长、护理副院长，派驻骨干医师担任分院科主任。3名临床科主任每周下驻分院不少于1天，副主任、副护士长和骨干

医师派驻分院不少于 6 个月。派驻人员参与分院考勤，按分院管理制度实施坐诊、手术、查房、教学等工作，从医疗质量、学科建设、专业技术带教等多方面进行帮扶，帮助分院开设特色科室，方便群众就诊，变"病人跑"为"专家跑"。

三、围绕"强"字做文章，塑造基层品牌

一是推动分院优质服务基层行（目前 3 家分院通过国家优质服务基层行推荐标准，其余 15 家分院全部通过基本标准）、疑难病症诊治能力提升工程、中医馆建设（18 家分院已建成投入使用）等，快速提升分院诊疗水平和服务能力。二是建立统一质控、护理、院感等标准，全面推行 6S 管理达到集团同质化管理。在 6S 先进管理理念的指导下，改善了乡镇分院的诊疗环境、人员风貌、作风纪律，让分院的医疗环境彻底改观，就医流程更加规范，医疗质量显著提升，职工面貌焕然一新，打造安全高效的医疗品质和良好的患者就医体验。三是结合专家帮扶活动，组建延伸门诊和联合病房，让群众在家门口享受到县级医院的医疗服务。总院专家在分院定期开设专家门诊，百姓现在在家门口就能轻松挂到专家号，减少了就医往返的时间。

四、围绕"通"字做文章，推进信息化进程

一是投资 5000 万元建设永城市全民健康信息平台，实现各医疗卫生机构电子病历、电子健康档案、全员人口数据库信息等互联互通，有效地支撑了公共卫生、医疗服务、医疗保障、药械管理、综合监管等业务。二是利用 5G 技术，深入推进"互联网＋医疗健康"建设，建立 5G 智慧医院。三是借助平台建设，重点打造医共体区域内医学影像中心、远程心电中心、医学检验中心、病理诊断中心、远程会诊中心、远程视频会议系统六大医共体业务运行中心。四是推动"一体化"共享服务实施。医共体内支持远程诊疗、预约挂号、双向转诊、区域一卡通、家庭医生签约、健康咨询等实时在线服务，推动基层检查、上级诊断和检查检验结果互认，缩短时空距离，让"信息多跑路，群众少跑腿"。

五、围绕"急"字做文章，让生命通道更顺畅

集团依托胸痛、卒中、创伤、危重孕产妇、危重儿童和新生儿"五大中心"成熟技术和救治体系，在医共体内持续深化五大中心建设。充分发挥多学科优势互补的作用，通过配备急救系统和 5G 救护车为急危重患者搭建起一条 5G 绿色急救通道，逐步提升医共体内急危重症处置能力，实现了从院前急救到院内多学科联合诊疗的无缝对接。集团根据区域规划，在 6 家分院布设急救分中心，其余 12 个分站布设基层急救站，打造县域医共体内急救体系，分中心包含胸痛、卒中、创伤救治单元，并为每家分院配发 1 台 120 急救车，打通急救的"最后一公里"，打造 15 公里急救圈。医共体急救体系的建立，为广大危急重症患者赢得了更及时、更有效的抢救时机，为急性胸痛、卒中、创伤等急危重症患者赢得了抢救的"白金 10 分钟""黄金 1 小时"。2022—2023 年，集团 9 家分院胸痛急救单元通过上级验收，获得了良好评价。

奋进新征程 建功新时代

新疆岳普湖县人民医院

深入学习贯彻习近平新时代中国特色社会主义思想，以铸牢中华民族共同体意识为主线，以高的政治站位推动医院高质量发展及医患关系和谐融洽，医疗水平逐步提高，医院各项工作不断向高质量发展。医院先后荣获"自治区级精神文明单位""喀什地区民族团结进步模范单位""喀什地区民族团结进步先进集体""地区级先进基层党组织""喀什地区民族团结进步示范单位""岳普湖县双拥工作先进单位"等荣誉称号。

一、医院情况介绍

岳普湖县人民医院始建于1952年，是县域内唯一一家县级二级甲等综合医院，医院于2021年2月搬入新院区，占地面积74亩，建筑面积4.4万余平方米，资产总值2.2亿元，编制床位298张，实际开放床位350张。我院是国家PCCM（呼吸与危重症医学科）规范化建设二级医院优秀单位、感染性疾病（结核病）临床医学研究中心分中心、南疆区域创伤救治联盟成员单位、县域内高危孕产妇救治中心、新生儿救治中心、喀什地区人工智能影像诊断联盟，目前正在着力推进胸痛中心、卒中中心这两大中心的建设。

现有临床科室17个，医技科室10个，行政职能科室16个，分为内一科、内二科、呼吸内科、外一科、外二科、眼科、耳鼻喉头颈颌面外科、妇产中心、ICU、NICU、CCU、血透室、病理科、中医康复医学科等科室。为进一步加大医疗质量管理，加强重点学科建设，培养一批优势学科和学科带头人，努力打造"院有重点、科有特色、人有专长"的专业格局，还在各科室成立了亚专业组，如心血管病、肾病和血液病组、神经系统疾病组、精神心理疾病组、内分泌系统疾病组、消化组、普外组、骨科组、泌尿组、肛肠组等。

在设备方面，目前医院拥有数字减影血管造影机、西门子1.5T核磁共振、东软32排64层螺旋CT、双定位碎石机、口腔CBCT、美国GE16排螺旋CT、DR、西门子胃肠机、C型臂、心脏彩超、运动平板、彩色多普勒超声诊断仪、全自动生化分析仪、全自动化学免疫发光分析仪、全自动血液分析仪、全自动血凝分析仪、快速冰冻切片机、睡眠呼吸监测仪等装备500余台（件）。

二、在党建引领方面

我院始终坚持以习近平新时代中国特色社会主义思想为引领，深入学习贯彻落实党的十九届历次全会精神及二十大精神、习近平总书记在新疆考察时的重要讲话精神及自治区党委十届五次工作全会精神，深刻领悟"两个确立"、树牢"四个意识"、坚定"四个自信"、做到"两个维护"，坚定坚决地落实党中央治疆方略，严格按照自治区党委各项工作部署，坚持以人民健康为中心，狠抓党的建设，持续改善医疗服务，加强医疗技术提升，积极开展新技术新项目，优化医疗服务流程，不断提升医疗服务能力。我院常态化组织党员参加多样式的爱国主义教育，如学习新疆四史、合唱国歌、坚持每周一组织全院职工升国旗、举办红心向党庆七一、携手共迎二十大系列活动、观看红色电影《花儿为什么这样红》《守望天山》、重温入党誓词等，弘扬爱国主义精神，引导医务人员树立正确的国家观、人生观、价值观。

三、加强人才队伍建设，促进医院健康发展

一是"引进来"。针对各科室需求，引进了对口援疆省市山东省泰安市、托管医院自治区第三人民医院的专业技术人员17人，与喀地一院签订了医联体协议，加入了南疆创伤联盟、专科联盟。签约了9名名誉主任，通过手把手地传、帮、带、教，填补了医院10余项空白，为医院培养了一批有潜力、有思想、精业务、懂管理、留得住的骨干人才。二是"派出去"。积极选派业务骨干共100余人次，分别到援疆省市、自治区、地区等上级医院进行业务培训、学习交流、进修，学习新理念、新技术，以点带面，推进整体服务能力建设。

四、真情奉献，不断优化，促进各民族交流交往交融。

一是以"真"加强交融。坚持把服务各族群众的理念渗透到医院工作的每个环节，将"以患者为中心"作为服务目标，从患者进院到出院，在每个环节竭力为各族患者提供各项便民服务。在门诊大厅设置导诊台，门诊导医化身志愿者，为患者提供楼层指引、挂号、健康咨询等服务；设便民服务站，免费为各族患者提供指引、纾困等服务，并配备轮椅、拐杖、便民箱、糖果、纸杯、热水等；住院期间，患者外出检查护士全程陪同，出院则由办公班护士全程指导及陪同，做到不让各族患者多跑路、跑错路；同时在各科室配置意见本，定期收集患者意见、建议，设专人回访，切实了解各族患者就诊需求，实实在在解决各族患者就医困难；二是以"情"加深交融。以开展"民族团结一家亲"和"民族团结联谊活动"为契机，组织全体党员干部开展结对认亲活动，在全力做好"结对亲戚"的思想教育和关爱帮扶的同时，与亲戚谈心交心、互学语言文化，面对面宣讲、一对一送学，并结合自身专业优势，依托免费义诊送医送药、志愿者服务、延伸护理服务等，切实为结对亲戚办实事、办好事，累计帮扶结亲户500余户，开展免费义诊送医50余次，送药价值20000余元，延伸护理服务20余次，办实事好事10件，干部帮扶资金累计30万余元，受益群众达1万余人，联谊活动10余次，增进了各族群众的交往交流交融，使各族干部群众像石榴籽那样紧紧抱在一起。三是以"优"促进交融。坚持以患者为中心，以优质为标准，以满意为目标，多措施多形式服务各族群众，在"先诊疗后付费"一站式结算的基础上开通银医通、医保移动支付"掌上医院"、医保电子全流程使用、门诊电子叫号系统等服务，充分发

挥"优秀服务窗口""民族团结进步好科室"作用，搭建服务各族患者的桥梁，使各族群众就医安心、治疗放心、病愈舒心，做到了"各族群众的满意就是我们职责所在"，累计收到锦旗50余面、感谢信10余封。

全院上下将不断巩固和发展来之不易的阶段性创建成果，鼓足干劲、砥砺前行，全面深入持久推动医院高质量发展，切实推进中华民族共同体意识深入人心。

勤练兵 夯基础

——越西县积极推进县域急危重症救治能力提升项目

四川省越西县第一人民医院

　　越西县位于凉山州北部，县域广阔，山地崎岖，大多数乡镇位置偏远、交通不便，医疗资源分配不均，危重病人就医不易，随着医疗帮扶工作的深入推进以及高水平医院的建设需求，为进一步提升越西县卫生系统医务人员的专业技术和整体救治能力，同时完善县域急救中心120体系的规范化建设，"组团式"医疗帮扶团队在硬件配置、人员能力提升方面持续发力，率先在州内完成了基层乡镇卫生院救护车及抢救设备配置工作，20个乡镇卫生院100%配置救护车，车辆配置后基层乡镇卫生院对突发公共卫生事件的应对能力、危急重症病人的转运速度都显著提升；依托浙川东西部协作优质资源，越西县第一人民医院牵头联合宁波"组团式"帮扶团队和省内帮扶专家团队开展全县卫健系统急危重症救治系列培训，全力推进院前急救体系及胸痛、创伤、卒中、危重孕产妇、危重儿童和新生儿"五大中心"建设，努力建设分级负责、上下联动、运转高效的危急重症救治"快速通道"，打造一张保障生命安全的"救命网"。项目由宁波市第九医院的帮扶专家沈启和西南医科大学附属医院的帮扶专家江波具体负责组织培训，切实解决边远地区和特殊人群"看病难"的问题。

　　此次培训共分为13期，为期6个月，目标在于使广大医务人员掌握医疗救治相关基本知识，提高全县域医务人员的医疗救治服务能力。沈启主任强调，此次培训注重开阔学员的视野，重点开展与医疗救治有关的"三基"技能培训，培养形成正确的医疗救治临床思维方法，提高他们解决实际问题的能力，包括：掌握呼吸心跳骤停、休克、创伤、急性中毒和各种意外伤害等急危重症的识别、抢救原则和具体操作方法，增强合理转诊的意识，掌握急诊常见病的鉴别诊断与初步抢救方法、技能，掌握医患沟通技巧以及医疗纠纷的防范与实战处理技巧，提升对突发公共卫生事件的处置与临场应变能力。

　　BLS（基础生命支持）培训拉开了此次越西县急危重症救治能力提升专项系列培训的帷幕，越西县卫健局向忠俊副局长到场致辞，来自县第一人民医院、尔觉镇卫生院、书古镇卫生院的50名骨干医护人员参加了培训。通过美国AHA急救培训视频、BLS导师讲解现实操训练相结合的方式，让参与培训的学员掌握了最新的国际规范化、标准化的急救知识和技能，最终全员通过了考核，获得了"美国心脏协会（AHA）BLS证书"。2023年4月，沈启医生就气管插管进行了专题授课，除了理论知识的解析，还在现场准备的模拟人身上进行了气道开放、球囊通气以及经口气管插管的现场演示，手把手教学，获得了学员的一致好评。5月，培训的专题为灾难现场脊柱和骨盆损伤评估与处理要点，同时演示了清创缝合术。6月，进行了危重病人的早期识别与评估、胸痛的鉴别诊断的培训课，并结合平时工作中碰到的问题与学员进行经验分享。截至目前已开展BLS培训、气管插管和气管切开培训、清创缝合等7期培训，培训班还将持续开展危急值判读、急性中毒的诊断与鉴别等方面的培训。

宁波"组团式"帮扶医疗队队长、县第一人民医院院长郑君刚表示：在东西部协作的大力推进下，在各方帮扶专家的共同努力下，基层乡镇卫生院急救设备、急救车辆全覆盖，急危重症救治能力提升专项系列培训顺利开展，开辟了急危重症患者救治的绿色通道，实现了从基层转诊、院前急救到院内多学科联合诊疗的无缝衔接、融会贯通，为全县危急重症患者打造了一张"生命救治网络"，最大限度地缩短了危急重症患者的急救转运时间，为抢救危急重症患者赢得了最佳时机，提高了病人抢救成功率，降低了病死率和致残率，把县域院前急危重症救治能力提升到一个新高度，为进一步构建县域内急危重症转运救治体系及"五大中心"建设打下了坚实基础，保障了人民群众的生命安全和切身利益，对"健康越西"建设与社会和谐起到了积极推进作用。

有效监管医用耗材"高危地带"
云和县纵深推进清廉医院建设

浙江省云和县医疗健康集团 汤玉和 张燕燕

医用耗材是临床诊断、治疗、护理等医疗服务中不可或缺的重要构成，特别是一些新技术、新项目的广泛运用，使医用耗材特别是高值医用耗材在医疗成本构成中占比较高，也使其成了医疗领域廉政风险防控的"高危地带"。为此，云和县不断深化体制机制建设，层层落实监管责任，实现了对医用耗材"高危地带"的有效监管，纵深推进清廉医院建设。

为了有效监管医疗领域这个"高危地带"。2019 年，云和县医疗健康集团就成立了医共体采购中心、纪检监察室，建立了医用耗材"委员会—职能部门—临床科室"三级管理体系，通过树立廉洁意识、强化制度建设、准确市场摸排、注重政策落实、强化监督管理，实现医用耗材遴选、准入、采购、储存、使用、监测的全过程监管，及时发现耗材管理的薄弱环节和制度漏洞，不断完善耗材管理制度体系。如今，这已成为云和县基层医疗机构开展清廉医院建设重点推进的一项常态工作。

医用耗材种类繁杂，院内流转环节多，信息孤岛现象常见，如何实现精细化管理成为基层医院运营管理中必须面对的难题。云和县医疗健康集团首先从转变意识入手，根据身边事例拍摄《廉洁行医，你我同行》短视频，针对重点科室、高风险岗位人员定期开展廉政谈话，在医用耗材委员会会议、科务会上针对发现的苗头性、倾向性问题进行典型案例通报、分析，多层次、多方面营造廉洁氛围。同时，讨论修订《医用耗材遴选制度》等规章制度，明确高值医用耗材的运行流程、重要环节、重点岗位，查找和防范化解各类廉政风险，堵牢管理漏洞。

在医疗耗材遴选过程中，云和县医疗健康集团按照合法、安全、有效、适宜、经济的原则，严格执行省医用耗材交易系统挂网产品阳光采购制度。"与此同时，市场摸排也很重要，采购人员坚持'货比三家'，根据医用耗材使用需求，通过两定平台比对入围公司的资质，根据入围公司比对市场优势，将遴选出来的质优价廉的耗材目录提交委员会审核，并实行动态调整机制。抓紧了耗材遴选准入环节，也是从源头上遏制了医药购销领域的不正之风。"云和县医疗健康集团采购中心的负责人说。

此外，针对"信息孤岛"问题，云和县医疗健康集团加大经费投入，对医共体成员单位HIS 系统和资产管理系统进行了升级，利用大数据监督手段推行"三高"清单公示制度，加强了院内流通关键环节的管理。具体来看，就是实行耗材精细化管理的全流程信息化、可追溯，每月从系统中导出单价最高、使用数量最高、使用金额最高的医疗耗材进行排名、公示。针对不合理现象，由耗材管理委员会、纪检监察室、相关职能科室联合对存在问题的科室及个人进行预警反馈、谈话提醒、追踪管理、限期整改，一旦超过红线就暂停对该耗材的采购使用。"进行'三清单'公示以来，集团 2023 年上半年重点监控耗材占医用耗材比率较去年同期下降了 16.75%，让高值医用耗材的运行更加阳光、安全、高效、清廉。"云和县医疗健康集团纪检监察室负责人说。

以高质量的人才
支撑卫健事业高质量发展

湖南省长沙市卫生健康委员会主任　刘激扬

发展是第一要务，人才是第一支撑。近年来，长沙市卫生健康委围绕"健康长沙"建设思路，争取重视支持，协调政策资源，创新推进卫生健康人才队伍建设工作。

一、优化人才政策，为发展蓄后劲

（一）争取宏观政策

争取市委、市政府的重视支持，将卫健系统高层次人才引进纳入长沙人才政策"升级版45条"，出台《长沙市卫健高层次专业人才引进实施办法（试行）》《长沙市优秀卫健人才选树奖励实施办法（试行）》，明确对公立医院新引进高层次专业人才的相应奖励补贴及租房购房、生活和子女教育、税收优惠政策；争取市委专门出台了《关于明确市直医疗卫生事业单位引进医学类专家及青年骨干入编基本条件的通知》，若医学类专家及青年骨干符合基本条件，即可当场办理入编手续。

（二）创新引进政策

制定《长沙市卫生健康系统人才队伍建设五年（2021—2025）发展规划》，计划到2025年，各直属医院博士比例为10%以上、硕士比例为75%以上，实现"1512"人才目标：国家级和省级项目人才10名、学科带头人50名、骨干人才100名、青年人才200名。为加大引进力度，不断创新引进方式，率先面向全国公开招聘总会计师6名；采取柔性引进方式，7家直属医院共聘用名院名医48名为客座教授；采取团队引进方式，市妇幼保健院成功引进了国家级生殖医学专家及其团队成员10人。

（三）强化基层政策

出台《长沙市加强基层卫生人才队伍建设"四个一批"工程实施方案》，近三年来共计规范化培训全科医生355名、招聘引进应届本科及以上医师496名；深入推进名医工程建设，由市财政对全市20家名医工作室、38家名医工作站下拨资金1621万元；制定了《长沙市基层卫生专业技术人员高级职称评审工作实施办法》，近两年共有151名基层卫生专业技术人员获评高级职称。

二、改革人事管理，为发展优环境

（一）创新编制管理

积极探索备案制管理，明确备案制人员入编时参加机关事业单位养老保险，调出时以实名制身份调出，解决了公立医院人员编制、职称职数紧张等问题；积极协调市委编办启动编制池，核增市疾控中心、市急救中心30名人员编制用于新冠疫情防控需要；将市直医院备案制释放的397个人员编制实现系统内调剂，用于新院建设人才储备。

（二）探索聘任方式

为加强学科人才梯队建设，探索实施委属医院之间业务科室人才交流制度，7家直属医院每家出2个业务科室中层干部岗位用于交流聘任；为加强医院高级专业技术职务聘任后管理，激发其工作潜能，探索实施直属医院高级专业技术职务聘期考核，每年进行一次聘期考核，将聘期考核结果作为调整工作岗位、晋升专技职务、续订聘用合同的依据；对市级重点学科带头人探索实施延迟退休的特殊政策，在绩效薪酬上采取"一事一议"等方式。

（三）改革薪酬制度

在全省率先实施了公立医院薪酬制度改革，对医院主要负责人实施"双脱钩"模式（主要负责人与所在医院收入脱钩、主要负责人年薪增长机制与所在医院脱钩），医院主要负责人实行年薪所需经费由市财政安排；制定出台了《长沙市卫生健康委员会直属医院薪酬分配实施指导意见》，明确医院可在核定的年度薪酬总量内按资金额度不超过总量3%的标准设立专项调节绩效，用于专项奖励。

三、激活人力资源，为发展强支撑

（一）落实激励待遇

针对学科领军人才、专业骨干人才、急需紧缺人才，分别给予100万元、80万元、50万元的奖励补助，并配套相应的科研经费；针对特殊专业人才，采取"一事一议"的方式；针对每年选树的10名名医、50名骨干医师、100名优秀护士，分别给予每人3万元、1万元、0.5万元的奖励；针对市卫健委培育的各类高层次人才，实行年薪制、协议工资制等，还可享受科研经费等；对上述人才优先推荐表彰奖励、职称评审、外出培训等，并安排1～3个月脱产进行科研项目研究。

（二）加大关爱措施

协调市委编办出台相关文件，引进人才的在职在编配偶，若在市卫健委所属事业单位有相应岗位，即可办理随调入编手续；先后分2批次拿出共148名事业编制，面向抗疫一线的优秀医务人员，直接对其考核入编；落实抗疫一线医务人员工伤保险、绩效工资分配、职称待遇、子女入学等系列优惠政策；出台了《长沙市卫生健康委领导干部联系服务人才实施办法》，征求意见建议，开展专题座谈，进行走访交流，营造了尊重人才、爱惜人才的浓厚氛围。

（三）强化保障力度

普及人力资源管理观念，开发并运用人力资源信息系统，招聘人力资源专业人员；出台深化医学重点学科建设五年行动计划，从 2020 年起，市财政连续六年每年安排 6000 万元支持重点学科建设；市卫健委主要领导每季度调度一次人才工作，将人才管理纳入直属单位党政一把手的年度绩效考核，并与薪酬分配直接挂钩，同时支持鼓励市县级医院加强重点学（专）科建设和人才引进。

发挥党建引领作用
促进医院高质量发展

山西省长治市屯留区医疗集团党委书记　张　斌

2023 年以来，长治市屯留区医疗集团党委紧紧围绕区委、区政府中心工作，始终坚持推进公立医院党建提质增效，以党建引领业务、业务促进党建的工作思路，带领各成员单位党支部、党员和全体职工团结进取、努力作为，积极为医疗集团高质量发展、精细化运营提供坚强的组织保障，现结合工作实际，将目标完成情况报告如下。

一、基本情况

医疗集团党委下设 13 个党支部，目前，还有 3 个卫生院未成立党支部。现共有党员 207 人，预备党员 5 人。医疗集团高度重视基层党建工作，持续抓好《关于加强公立医院党的建设工作的意见》和重点任务落实，通过选好配强"一把手"、完善制度建设、开展主题活动等措施，进一步引导党员强化服务意识，把作风建设与落实业务工作融为一体，提高党支部的战斗堡垒作用。尤其是在疫情防控过程中，党支部保持党同人民群众的血肉联系，真正体现了服务社会、服务人民的宗旨。

二、主要做法和成效

（一）党建引领，促进医院高质量发展

经过医院党政领导班子深入研究，以"推动医院高质量发展"为目标，以"与长治市第二人民医院紧密性联合体建设"工作为契机，以"打造示范科室"为抓手，谋划将支部建在科室，实现支部引领学科建设、学科建设促进支部建设的双带头作用，制订"促进优质医疗资源下沉、推动人才合理流动"实施方案，第一批选派 8 名优秀医生到乡镇卫生院挂职副院长，初步形成高质量发展组、精细化运营组、医保管理组、综合保障组、行风建设组、智慧医院推进组"六位一体"运营体系，逐步形成医院高质量发展工作态势。

（三）改善服务，增强群众获得感

以三八妇女节、"5•12"国际护士节、七一建党节等节日为契机，开展大型宣传及义诊活动，利用世界高血压日、家庭医生签约日、甲状腺知识宣传周等节点，联合乡镇卫生院、社区党群服务中心深入基层进行免费义诊，2023 年上半年，开展各类义诊活动 50 余次，惠及群众 8000

余人次。

（四）开展庆七一系列活动，增强党员凝聚力

为隆重纪念七一建党节，讴歌党的光辉历程和丰功伟绩，2023年6月20日，组织集团150余名党员干部赴石泉海参观开展党建廉建教育活动，包括：参观屯留红色纪念馆、集体聆听《人民就是江山》之毛泽东诗词《送瘟神》和评书小故事王阳明的事迹；6月21日，在区人民医院设主会场，各乡镇卫生院设分会场，共同学习党课，区委党校赵翠玲老师从"七个深刻体会"出发向各位党员干部讲述了党的二十大精神，体现了共产党人不忘初心、牢记使命的坚定信念。

三、下一步工作举措

（1）加强党建引领作用，把牢高质量发展"方向盘"，丰富党建内涵，着眼于党委树品牌、支部有特色，着力建设清廉医院，实现"党务、业务、服务"三务融合。

（2）建立健全一套行之有效、符合医院特点的党建工作质量评价体系，有力激发各成员单位党支部的凝聚力和战斗力，为推动医院高质量发展，保障医疗服务、学科建设、现代化管理等工作提供坚强有力的思想和组织保证。

（3）进一步落实"促进优质医疗资源下沉、推动人才合理流动"工作，实现整个医疗集团"一盘棋"，通过选派优秀医师到乡镇卫生院挂职业务副院长，充分发挥区直医疗机构优秀医师的帮扶和带动作用。同时，让各乡镇卫生院年轻医师到区直医疗机构接受锻炼，提升乡镇卫生院医师医疗水平，从而推动全区医疗服务水平的提升。

（4）进一步完善以"推动医院高质量发展"为目标，以"与长治市第二人民医院紧密性联合体建设"工作为契机，以"打造示范科室"为抓手的高质量发展组、精细化运营组、医保管理组、综合保障组、行风建设组、智慧医院组推进"六位一体"运营体系，逐步形成医院高质量发展的工作态势。

（5）继续加快新医院建设步伐。目前，长治市屯留区人民医院新医院建设项目部分手续已完成批复，初步设计、勘探、水土评估工作及招标工作正在进行中。同时，预计9月中旬完成EPC招标工作，发放中标通知书，其他后续工作将在10月底完成审批。

"双考双定"工作法　提升医院党建引领力
——上犹公立医院党建与业务工作融合创新实践探索

中共上犹县人民医院委员会

实行医院党委领导下的院长负责制后，如何更好地发挥医院党建引领作用、切实破解业务与党建"两张皮"困局成为医院党委的新课题。2020年6月起，上犹县人民医院从绩效考核入手，提出了"业务考核定基数，党建考核定系数"的考核新模式，加大党建考核权重，提升党建引领力，有效推动医院党建与业务工作深度融合。2021年10月，"双考双定"案例在国家卫健委举办的第三届改善医疗服务全国县市医院擂台赛总决赛中荣获"全国示范案例奖"和"案例组织贡献奖"。

一、主要做法

（一）业务考核定基数

每月，由医务科、质管办等按工作数量、工作质量和成本管控对各科室进行业务考核后（第一"考"），确定全院各科室的当月绩效基数（第一"定"）。

（二）党建考核定系数

在确定各科室绩效基数后，再分别对党支部集体、职工个人进行党建考核（第二"考"），按党建考核得分赋予不同的系数，确定科室、职工个人最终的绩效金额（第二"定"）。

1. 党建考核指标设计

党支部层面，从班子建设、组织活动、工作执行等7个维度，将党建质量和党建基础业务工作纳入评价指标，确定了100分基础分的指标库。个人层面，将思想政治、医德医风等工作要求细化为指标，确定100分基础分的指标库，党员与非党员同表考核，既考虑共性（如医德医风），又考虑差异性，将党建任务、业务工作转化为"科室有责任，个人有义务"的考核指标。

2. 党建考核安排

党支部层面，每月10日前，由医院党委办公室联合监察室、各党支部委员到各党支部，通过翻阅台账、查对细节、随机抽查等多种方式对其进行交叉考核，结果提交党委审核，确定后提交绩效办。职工个人层面，每月15日前，由各党支部联合各科室负责人，共同对个人月度考核自评情况进行审核，结果提交支委会审核，确定后提交绩效办。

3.党建考核系数设计

先定支部系数。按党建考核得分排名分别赋予1.05、1.02、1、0.98、0.95的系数，院绩效办按"科室业务绩效工资基数 × 科室党建考核系数"的算法，实现科室绩效奖励一次分配，同时对党建工作突出的科室予以额外奖励。

后定职工个人系数。将个人党建考核得分按百分制转换为党建考核系数，最高不高于1.1，最低不低于0.5，打破平均主义和"大锅饭"。科室按照"个人业务绩效基数 × 个人党建考核系数"的算法算出个人最终所得绩效金额。

除每个月兑现绩效，考核结果还与"先进党支部"评选和个人入党、评先评优、职称晋升、提拔等挂钩。

二、工作成效

实践证明，"双考双定"工作法是可行的、有效的，党建任务从"松"到"紧"，实现了党建与业务的相融相促。

党员队伍建设增添"新活力"。近两年来，党员孙硕、冯丽萍被省委组织部确定为"新时代赣鄱先锋"学习宣传对象。2020年新冠疫情最严峻的时候，70多名党员主动请缨驰援湖北，全院392名职工积极响应，带动98名职工向党组织提交了入党申请书，2名援鄂职工火线入党。

党员示范发展增添干事创业"新合力"。该做法既强化了党建政绩导向，又提升了党组织的引领力和组织力。2021年开展的37项新技术、新项目中，党员开展25项，完成省市课题28项，达到历史新高。2021年，由党员牵头，通过了"国家标准化心脏康复中心建设单位""国家标准化心衰中心建设单位"评审，成为江西省为数不多的县域医院"国家队"之一。医院荣获全省"抗击新冠疫情先进集体"和全市"先进基层党组织"荣誉称号。

党建引领激发医院发展"新动力"。面对新冠疫情的不利影响，医院党委带领广大党员职工化压力为动力，实现了党建创新与业务逆势增长。2021年，医院门诊人次同比增长20.79%，出院人次同比增长3.48%，手术人次同比增长4.01%。赴省外就医人数减少了18.38%，异地医保报销比例也减少了14.88%。2021年度省卫健委发布了医院综合服务能力综合排名（DRGs），医院在全省129家二级综合医院中位列第7名，并顺利通过了三级综合医院执业登记现场审查。

三、启示

实施"双考双定"，将业务工作中的难点痛点、短板弱项和党建工作要求等转化为考核指标，并根据需要调整优化，充分发挥绩效考核的指挥棒作用，既考核支部又考核个人，人人肩上有责任，形成工作合力，化党建"软指标"为"硬任务"，实现了党建与业务结合紧、融合好、成效佳的效果，有力改变了过往以业务绩效为王的不良导向，擦亮了公立医院"姓党为民"的底色。

点燃党建"引擎"　赋能高质量发展

山东省梁山县中医院（济医附院梁山院区）

梁山县中医院认真贯彻落实党的卫生和健康工作方针，坚持把党建引领作为推动医院高质量发展的"第一抓手"和"动力引擎"，围绕"政治引领、融入发展、发挥作用、为民服务"的主线，不断聚焦民生关切，运用"党建+"思维，把党建深度融入医院工作的各个环节，不断提升内涵建设和服务质效，推动党建"软实力"转化为服务"硬支撑"，为医院高质量发展注入了澎湃动力。

一、党建引领大局，夯实高质量发展硬支撑

梁山县中医院始建于 1980 年，是一家具有 40 余年历史的集医疗、教学、防治、康复于一身的国家二级甲等中医院，拥有孟纯阳名医工作室，针灸科获评省级重点专科，骨伤科、妇科获评市级中医药重点专科。开设中医日间病房等特色门诊，开设 ICU 等 22 个临床辅助科室，可满足不同患者的诊治需求。医院党总支下辖 4 个党支部，共有党员 69 名，其中在职党员 45 名，退休党员 24 名。

近年来，医院党总支深入学习贯彻习近平新时代中国特色社会主义思想，认真贯彻落实济医附院党委关于党建工作的决策部署和梁山县委、县政府以及县卫健局的工作要求，着力构建上下贯通、执行有力的严密组织体系，以全面从严的精神，抓实、抓细、抓牢基层党建工作，推动医院高质量发展。医院先后获评"先进基层党组织""全县卫生健康工作先进单位""创建省级文明县先进集体""市级文明单位"等荣誉称号。

抓好党建促发展。2022 年，医院交出了一份可喜的成绩单，门急诊人次 24 万余人，同比提高了 18.4%；医疗收入 11442.5 万元，同比提高了 7%；出院人数 1 万余人，同比提高了 18.36%；患者满意度达到 97.4%。一个个向好的数字，是医院聚精会神抓党建、一心一意谋发展、全心全意为患者结出的硕果，为医院的腾飞奠定了坚实基础。

二、"党建+"模式，凝聚高质量发展新动能

医院把创建特色党建品牌作为党支部标准化建设的重要抓手，实施"一支部一品牌，一品牌一特色"行动，精心创建党建品牌"党建铸魂　弘扬中医"，党总支始终以党建之魂铸文化之魄，为古老的中医文化赋予新的时代内涵。积极推动"党建+"工程，围绕提升医疗水平、

改善医疗服务质量、提升患者就医体验、转变行业作风等中心工作，2022年在康复医学科护士站成功打造了"红帆驿站"，为患者提供就诊指引及其他便民服务，使患者有了更好的就医体验，形成了患者满意、社会满意、职工满意、上级党委政府满意与事业发展互促共进的良好局面。

本强则茂，基壮则安。梁山县中医院始终坚持和加强党对医院工作的全面领导，把党组织内嵌到医院治理结构之中，"党建+"铺就了党建和工作双向发力、同向发展之路。党务和业务水乳交融，全面实行党总支领导下的院长负责制，把党建工作要求写入医院章程，激发党建工作新活力，形成了常规工作不掉队、重点工作有创新、整体工作上台阶的工作格局。

医院坚持守正创新、传承发展，积极探索医联体紧密型合作模式，提升基层医院医疗服务水平，健全上下联动、衔接互补的医疗服务体系，共同为广大人民群众提供更加便捷、安全、高效的医疗卫生服务。通过"请进来"，与济医附院建立紧密型医疗联合体，附院帮扶医疗人员40余人常驻梁山院区，每日有3～5名主任级专家坐诊；与山东中医药大学第二附属医院建立医联体合作关系，并设立"徐云生泰山学者工作站"。通过"走出去"，牵头组建中医医共体，让梁山老百姓在家门口"零距离"享受优质医疗服务。

党对人才工作的全面领导，是推动健康中国战略全面落实、促进医疗服务能力提升的重要抓手。医院以习近平新时代中国特色社会主义思想为指导，秉持科学的人才观念，大力推进"党建+人才"工作，以"高、精、尖、优"高质量发展为要求，创新人才管理机制，采取在职学习、师徒带教、进修深造、继续教育等方式，把党员培养成业务骨干。同时鼓励和发展优秀青年医务人员入党，努力打造高素质专业化的党员队伍，促进全院人才队伍建设的高质量发展。

近年来，在诊疗服务、疫情防控、对口帮扶、义诊科普等工作中，医院始终坚持中医药全程介入、深度参与，大力发展弘扬中医药文化产业，中药制剂、中药代茶饮、中药膏方等深受群众欢迎。2021年成功举办了"梁山县首届膏方节"；2023年与乡镇卫生院签署"互联网+智慧中药房"，让中医药知识和文化"靓""活""热"起来。

三、党建聚力为民，共享高质量发展新成果

党旗所指，冲锋所向，全院干部职工与时间赛跑、与病魔较量，坚决筑牢人民健康防线。疫情防控期间，医院先后选派100余人次支援上海、重庆、滨州、聊城、泰安及市内多个县（市、区），参与核酸采样、医疗救治、核酸检测等任务，积极承担县域内方舱、隔离酒店、交通卡点、封控小区等各类场所疫情防控任务，多名援战队员、共产党员和个人受到了省、市、县表彰。

聚焦患者所急所忧所盼，医院设置了"雷锋志愿示范岗""党员先锋岗"，做好志愿服务，履行党员职责，密切关心群众、服务病患，患者就医体验感和满意度得到了"双提升"。

医院还成立了60余人的志愿者队伍，开展战疫、爱心捐赠、义诊等活动，充分发挥医务工作者的本职优势，将医疗服务、爱心和健康知识送到有需要的地方，打通服务群众的"最后一米"。近三年来，开展义诊活动60余场次，惠及群众2万人次。

2022 年 8 月,医院应急中心二号楼建设项目已实现封顶,目前正在进行装修施工,计划今年年底投入使用;医用直线加速器机房、DSA 机房施工正在紧锣密鼓地同步进行,这些项目的实施将有效满足人民群众全方位、全生命周期的健康需求,也将成为医院高水平高质量发展的新起点。

点燃"红色引擎",激活发展势能。梁山县中医院将继续以党的二十大精神为指引,高举党建引领旗帜,筑牢战斗堡垒,激发人才活力,扛牢政治责任,夯实思想根基,以更加坚定的政治担当、更加饱满的精神状态,全力打造县域中医诊疗中心,回应群众热切期盼,向梁山县卫生健康事业交上一份满意的答卷。

共富路上有"医"靠
景宁县域医共体云诊室方便群众就医

浙江省景宁畲族自治县人民医院

"共建共享、全民健康"是建设"健康中国"的战略主题，在浙江建设共同富裕先行示范区的路上，全民健康成为解答"共同富裕"这张考卷的"必答题"。

景宁畲族自治县，是全国唯一的畲族自治县、华东唯一的民族自治县，地处浙西南山区，以高山丘陵地貌为主，山区面积大、偏远乡村优质医疗资源稀缺，对慢病患者、老年患者来说，到县城医院检查身体或看病，来回耗时耗力，有诸多不便。

而今，乡村居民的这个困扰解决了。近日，景宁畲族自治县人民医院（县域医共体）"共富畲乡 数智健康"云诊室开诊，刷新了"面对面"就诊模式。

云诊室作为景宁畲族自治县打造智慧医共体的一个特色亮点项目，聚焦乡村优质医疗资源缺乏和农村老龄化的痛点，与浙大一院、景宁畲族自治县人民医院开通了双向会诊功能，使患者尤其是老年患者足不出村就能享受到市级医疗服务，打造"十分钟健康圈"。该云诊室是丽水市首个基层远程专家云诊室，被作为建设样本在全市推广。

沙湾镇居民潘明（化名）首先体验到了云会诊的便捷。年近70岁的潘明，患高血压15年，糖尿病8年，一直吃药控制。近期他反复出现头晕、耳鸣的症状，想到医院看看。

"儿女在外工作，我的眼睛看不见，年纪也大了，自己到县城去不方便。"潘明得知镇里的云诊室已开诊，不用去县城就可以跟县城医生"面对面"诊疗，便来到云诊室就诊。

另一端，景宁畲族自治县人民医院（浙江省民族医院、浙大一院民族分院）陈祖奎医师充分了解了他的病情，通过平台调阅他的病历资料，综合评估后给予了健康管理建议和用药指导。不一会儿，一张会诊报告单便通过云平台发送到沙湾，当地医生根据会诊报告单上的医嘱配好药，全程仅十几分钟，潘明便取好药回家了。

"原本以为要来回跑，现在在家门口就可以跟专家咨询、开药，非常便捷。"云诊室的就医经历让潘明感触颇深。

云诊室内，有一块大屏幕和一套可视对讲系统，借助数字化平台，支持多方同时在线，乡镇可通过云诊室电脑端或"景医云诊室"手机小程序向景宁畲族自治县人民医院、浙大一院等上级医院发起实时视频会诊，医生还可通过平台传阅诊疗信息、调阅电子健康档案，对患者的病史、检查、检验结果等进行全面了解及分析，完成疾病的精准诊断，实现"省—市—县—乡—

村"五级"云会诊",让乡镇居民足不出户就可以享受与省级医院同质的诊疗,有效地解决了百姓长期以来看专家难、花费时间长等困难。

依托"云诊室"平台,可实现"1分钟"预约专家,"5分钟"网络会诊,"5分钟"执行医嘱,10分钟完成诊疗。乡镇卫生院还安排当地医生辅助会诊、介绍病患病情、解读专业术语,为专家和病人搭建沟通的桥梁,让远程诊疗更精准、更贴心、更安全。

针对腿脚不便患者、边远乡村患者等群体,景宁医共体贴心地把云诊室"搬"进巡回医疗车和村民家里。基层医务人员定期到乡村和村民家随访时,还可通过手机端"景医云诊室"小程序发起会诊,上级医院医生也可通过手机端实时调阅患者的健康档案、检查检验结果等资料,对患者进行精准的云会诊及随访,真正实现足不出户、名医诊疗。

不仅如此,云诊室还可在会诊平台实现"云预约、云转诊、云药房"等一键应用功能。在"云会诊"功能的基础上,还延伸拓展"云巡诊""云宣教""云医教""云监管"四大云应用场景,实现"一网云诊"的医共体智慧医疗服务新模式,为乡村患者就医全过程提供贴心便捷的服务。

"对于病情稳定的慢性病患者,到'云诊室'就诊是合适的,不仅可以得到上级医院专家的用药指导和健康建议,还能免去奔波之苦,节约就医开支。"景宁畲族自治县人民医院(县域医共体)党委委员陈运炎介绍道,'共富畲乡　数智健康'云诊室已在鹤溪、沙湾、澄照3个乡镇(街道)完成建设并投入使用,将在2023年年底前实现全县所有乡镇'云诊室'全覆盖,让乡镇居民就医更便捷,进一步提高百姓的健康指数和就医获得感。

云诊室的启用,是紧密型医共体的探索实践、智慧医疗的深度延伸,也是"分级诊疗"的有效举措,有效减轻了群众的就医负担,让群众在共同富裕的路上有了"医"靠。

大爱援疆　天山脚下豫哈情

——我院援疆干部陈劫载誉归来

河南省潢川县人民医院

2023 年 4 月 28 日，潢川县人民医院陈劫主任医师圆满完成了为期近两年的援疆任务，载誉归来，县委常委、组织部部长邵燕专程前往信阳东站迎接。市委、市政府在信阳为陈劫等 4 位同期援疆干部举行了热烈而隆重的欢迎仪式。

2021 年 9 月，河南省潢川县人民医院妇产科主任医师陈劫接到上级下发的援疆通知后，毫不犹豫，主动报名，接受组织遴选。通过选拔后，陈劫同志带着同志们的叮咛和组织的嘱托，来到了新疆哈密红星医共体黄田农场分院。陈劫用实际行动为当地带去健康，使患者减少了长途跋涉到上级医院就诊的次数，受到老百姓的好评，被大家亲切地称为"天山脚下的三叶草，边疆姐妹的守护人"。

有种顽强的生命力，使人震撼；有种坚忍不拔的意志，使人惊叹；更让人讶异的是，一个弱小的身躯里竟然蕴含着巨大的能量，它就是——三叶草。陈劫以"三叶草"作为自己的微信名，也是以此为人生目标。"援疆这段经历让我感到骄傲！"谈及近两年的援疆工作，陈劫说："踏上新疆这片土地的那一刻，我的心就与新疆紧紧联系在一起，我立志要将自己擅长的医疗技术留在新疆。"从陈劫踏入医院的那时起，"暖心、贴心、知心"就成了大家对她的一致评价。

陈劫从事妇产科工作达 30 年，有着丰富的临床工作经验。她来到新疆哈密红星医共体黄田农场分院，成了一名援疆医生，才真正体会到现实与向往的差距。挑战的第一关是"生活关"。虽然当地情况比我们想象中的"茫茫戈壁、寸草不生、缺物少水"要好很多，却使人切身领略了西北戈壁的干旱和"无云一片白，风起白漫天"的风沙，使初来乍到者个个都有"嗓子干痛，嘴唇干裂，皮肤脱屑，鼻子出血"的经历。第二关是"情感观"。初到这里，举目无亲，人生地疏，交通不便，时刻想念家乡的亲人。第三关是"工作关"。陈劫需要面临从专攻一面的专科医生到面面俱到的全能医生的转型。新的工作环境，新的工作岗位，院领导、同事们无微不至的关怀让陈劫迅速适应了那边的生活，在一年半的援疆时间里，倾她所能把内地先进的医疗理念和医疗技术带到哈密……

一、援疆，带着一颗心去，捧出一颗心来

"陈医生，我这两个月恢复得这么快，多亏了你，真是太感谢了！"说话的是接受过陈劫医师治疗的患者苗丽，在怀孕期间陈医师一直为她做产检，其间遇到一个棘手的问题：因为胎儿比实际孕期大1周，加上胎位不正，苗丽面临剖宫产的可能。考虑到剖宫产的创伤和恢复问题，每次产检的时候陈劼都会非常细心地替她做诊疗，指导苗丽纠正胎位、合理饮食，最终苗丽顺产分娩，少受了许多痛苦。经陈劼同志治疗的患者没有一个人不为她的行为竖起大拇指！对待患者是这样，对待同志她更是毫无保留地进行业务技术指导。"一对一"帮带，一遍一遍地讲，手把手地教，既教理论又教方法，授业与解惑并重，不仅让帮带对象知其然，还要知其所以然。遇到有特殊情况的病例，她会适时召集大家集体分析研究，从个案中研究诊疗方法，明确治疗方案，积累临床经验。在"传帮带"的过程中，把自己的所学倾囊相授，同时，也虚心学习同事们的长处。黄田农场分院住院部主任沈永娟说："陈老师对待病人非常有耐心，对病情的讲解十分到位，她对我无论是在技术上还是在医德素养上影响都很大。她工作认真、敬业乐道是我学习的好榜样。"当有人问起陈劼为何这样做时，她的回答是那么干脆："作为一名医疗援疆人才，绝不仅仅是干好自己岗位工作就行了，更重要的是能够'授之以渔'，变'输血'为'造血'，提升本地医生的能力和水平。让他们积累经验，掌握方法技能，能够独立开展工作，这才是最根本的目的。"

二、援疆，到最困难的地方去做事，做群众最急盼的事情

相对于内地，新疆哈密地区的医疗技术条件较差，缺少专业技术人员。当地群众对提升健康保障的要求比较迫切。"健康所系，性命相托"，这是医者的初心，保障人民群众的身体健康和生命安全就是医者的使命！2021年12月20日，黄田农场分院搬至新院，随着就医环境的改善，就诊患者也逐渐增多，医生每一个决定都关乎着一个家庭甚至几个家庭的幸福。为此，陈劼认真对待每一位前来建档的孕妇。工作中她曾遇到庙尔沟五连一位维吾尔族妇女帕旦木·阿木都。她是一名妊娠合并糖尿病、瘢痕子宫的高龄孕妇，虽然定期进行产前检查，但对自己妊娠的高危风险认识不够，陈劼就不厌其烦地跟她交流沟通，并电话追踪随访，直至她安全分娩。

工作中陈劼发挥专科专长，为了改变更年期女性认为"忍忍就过去了"的观念，将绝经激素治疗（MHT）理念输出给当地医院的妇科医生，她向当地医生讲授"延缓女性衰老的激素替代治疗"的相关知识，讲解前沿理念、用药方式、注意事项及禁忌证等，帮助拓展诊疗领域，使更多女性患者受益。

三、援疆，是发自内心的一次行动，也是兑现自己心愿的一次承诺

她结合当地工作实际，时刻认真践行"努力奋斗、不辱使命"的援疆承诺，在短时间内就进入了工作角色，和同事们一起积极走进社区，开展"第24个全国高血压日"宣传活动，亲自为社区居民测量血压，从饮食起居到生活习惯等各方面宣讲高血压病的预防知识，增强居民的自我保健意识。她还来到当地的一所职业技术学校，为在校就读的400多名学生接种了卡介苗。技校学生是青少年学生中的一个特殊群体，在与学生的交谈中，她了解到新疆的一些民俗民风，

发现在这个拥有多个民族的区域，还存在一些陈旧落后的思想和生活观念。因此，陈劼向他们普及卫生防病知识，引导青少年养成科学文明的健康生活方式，树立文明健康新风。对来接受免费孕前优生健康检查的夫妇，陈劼在进行健康宣讲的同时，还让他们充分认识到国家政策的优越性，时刻深化民族团结进步教育，铸牢中华民族共同体意识。陈劼认真完成年度"两癌"筛查任务，对筛查结果异常的可疑病例进行追踪随访，督促其尽早接受进一步诊治，并及时记录他们的相关情况。她加强培养年轻医生对报告单的解读能力，让大家通过学习了解到宫颈癌是目前唯一病因明确的妇科恶性肿瘤，通过筛查早发现、早治疗，可以降低疾病的发生率及死亡率。

援疆是一种责任，也是一种历练，是身体和心灵的磨砺与净化。舍小家、顾大家，不忘来时初心，把新的医疗技术、新的医疗理念传承下来，把温暖播种在患者心田，让奉献的花朵永远绽放在新疆广袤的大地上！

俯下身子听民意 放下身段接地气
扶贫工作有实绩

云南省勐海县人民医院党总支部书记、院长 牛 涛

牛涛同志，男，51岁，中共党员，勐海县人民医院党总支部副书记、院长，主任医师。他以身作则、踏实工作，尽心尽职地做好每一项工作，实现了医院管理和扶贫工作两不误。牛涛同志以高度的政治使命感和责任感，紧密结合单位实际，坚持以习近平总书记扶贫开发战略思想为指引，全面贯彻落实中央和省委、州委、县委关于脱贫攻坚工作的会议精神和工作部署，汇聚全院力量，按照"输血"变"造血"，以"授之以渔"的方式方法展开帮扶工作，积极为贫困户脱贫致富出谋划策，帮助贫困群众解决实际困难，加快贫困地区脱贫致富的步伐，切实为群众办实事、办好事、解难事，得到了帮扶乡镇和村民们的认可其实绩如下。

一、强化学习，增强责任感和使命感

认真学习中央、省、州、县扶贫工作会议精神和涉农政策、法律法规等相关知识，重点学习精准扶贫、精准脱贫的各种政策及文件，深刻领会开展该项工作的重大意义，把思想和行动统一到中央和省、州、县的决策部署上来。

认真调查，制订计划，为帮扶村规划发展蓝图。作为医院扶贫工作的第一责任人，带领医院干部职工深入曼回村实地调研，了解该村的基本条件、基础设施、农业生产、发展优势及存在的问题和困难，立足当前，坚持科学发展和因地制宜的原则，制订了"挂包帮"两年工作计划、五年发展规划，做到既符合上级的方针、政策，又符合村里的发展实际。

加大对村民进行扶贫相关政策宣传教育的力度。每次到曼回村，在与村小组干部和村民的交流中，他总是积极向群众宣传党的十九大精神及中央、省、州、县相关惠农和扶贫政策，宣传脱贫致富的典型事例，引导贫困群众转变观念，摆脱意识脱贫和思想贫困，克服"等靠要"思想，增强脱贫致富的信心和决心。

二、加深对帮扶群众的感情，深入村社，大力开展帮扶工作

（一）坚持常态化开展调研、走访及"户户清"工作

他经常组织医院"挂包帮"干部职工深入挂包村入户走访，倾听群众心声，了解发展需求，

为村小组、贫困户出主意、想办法，建立了"勐海曼回合作社"。合作社的成立为村小组搭建了经济主体和平台，为今后的村集体经济发展奠定了良好的基础。对曼回村采取"集体整村"的帮扶形式，对贫困户采取"一对一"结对子帮扶的方式，制订帮扶计划，帮助他们解决困难，让他们感受到党和政府的关怀以及帮扶单位的关心及扶持，增强他们战胜困难的信心。经过不断努力，村民的收入不断上升。他把自己结对帮扶的贫困户当成亲戚一样对待，并带头深入贫困户家中访贫问苦，坚持精准扶贫、精准脱贫基本方略，紧紧围绕"两不愁三保障"目标，以"户户清"为抓手，进一步转变工作作风，完成了"户户清工作"，同时还制定了贫困户帮扶措施，为坚决打赢脱贫攻坚战夯实基础。

（二）实施基础设施建设

一是合理利用该村闲置的集体土地建设蓄水池，改善村农田灌溉蓄水；二是美化村容村貌，在村寨中种植紫牡丹、吊兰草、茉莉花等植物，在村民家的门前屋后种植早熟杧、三丫果、梨等果树；三是建立宣传阵地，加强党的路线方针政策和扶贫措施宣传，进一步加强曼回村的文化建设和宣传。

（三）进一步加大农业结构调整

在合作社的基础上，种植台湾甜脆桃、棵桃李和九叶青花椒，并通过网络发布倡议书，得到众多爱心人士的支持，在此基础上，带领曼回村民扩大养殖规模，充分利用集体土地探索建立农村立体农业新模式。

（四）积极组织开展扶贫送温暖活动

一是为村民健康体检，组织医务人员开展义诊活动，送医送药到农家；二是扶危济困献爱心，在节假日和冬日，想群众之所想、急群众之所急，组织干部职工向困难群众送去慰问品；三是帮助建立标准化卫生室，提出了以"精准医疗"助力"精准扶贫"的工作思路，帮助建立村级标准化卫生室，让周边群众足不出村就可以享受到安全、便捷的医疗服务，真正实现"小病不出村"的目标；四是建立村民健康档案，通过实实在在的行动，把党的温暖和节日的问候送到了村寨和群众的心坎上，解决群众"看病难"等问题，进一步增进与群众的关系。

三、高度重视健康扶贫工作，积极参与贫困人口疾病筛查

始终坚持以"健康脱贫"为己任，带领医疗团队深入贫困户家中开展健康状况调查和疾病筛查，面对建档立卡贫困患病人员居住分布散、山高坡陡，自然条件恶劣和交通不便等诸多困难，医疗队不畏艰险，步行入户；每到一户，他都与贫困户促膝交谈，仔细了解贫困户的家庭基本情况、生活情况、身体健康状况及健康扶贫政策知晓情况，并针对其困惑耐心细致地进行解答，认真宣讲健康扶贫政策，对就诊报销、大病救治等重点反复宣传，让贫困患者了解健康扶贫政策，并真正体会到政策的好处。制订一人一档一方案，并按大病类、慢病类、普病类分类分置，建立救治台账，切实让患者体会到党和政府的关怀。

四、为民服务，踏实工作，密切干群关系

作为医院"一把手"，他怀着对群众深厚的感情，以"三严三实"为目标，抽出时间和精力，俯下身子听民意、放下身段接地气，带着责任、带着感情、带着发展致富和解决实际问题的方案进村入户，深入田间地头，真心真意地同群众交朋友，宣传党的方针政策，听取群众意见建议，解决群众的实际困难，让困难群众感受到党和政府的温暖，

谈起今后乡村振兴的思路，他说："要坚持以科学发展观为指导，按照'生产发展、生活宽裕、乡风文明、村容整洁、管理民主'的要求，继续做好结对帮扶工作，落实帮扶项目，做好产业发展，切实帮助曼回村解决生产、生活、发展中的实际问题，确保帮扶贫困户实现增收、脱贫、致富的目标，力争把曼回村打造为富裕、文明、整洁、优美的现代化新农村。"

积极履职尽责　勇于担当作为

——努力书写新时代工运事业和工会工作高质量发展的精彩华章

青海省玉树州总工会

2022 年是阔步走向中国特色社会主义现代化新征程的一年，也是"十四五"规划推进的关键一年，更是迎来党的二十大胜利召开的喜庆之年。一年来，我们在州委、州政府的正确领导和省总工会的精心指导下，始终坚持以习近平新时代中国特色社会主义思想为指导，认真学习宣传贯彻党的二十大精神，在认同"两个确立"上定基调，在增强"四个意识"上下功夫，在坚定"四个自信"上立目标，在做到"两个维护"上齐发力，团结带领全州各级工会主动担当，攻坚克难，用真情实感践行对党的工运事业的忠诚，用真心实意保障对广大职工群众的服务，履职尽责，积极作为，工会工作呈现出总体有改观、逐步上台阶的新局面。

一、2022 年重点工作完成情况

（一）坚定不移抓好理论武装工作，确保政治属性不偏航

州总工会坚持把学习宣传贯彻落实习近平新时代中国特色社会主义思想和党的二十大精神，习近平总书记来青重要讲话和指示批示精神，省、州第十四次党代会精神作为强基固本、增效赋能的基础来抓。年初，把学习党的二十大、习近平总书记关于工人阶级和工会工作的重要论述作为重要内容，深入学习习近平总书记致首届大国工匠创新交流大会的贺信精神，把新修订的《中华人民共和国工会法》、省总十四届历次执委会议精神列入全年学习计划，通过实行"党组集中学、领导带头学、党员自觉学、干部跟进学"，制定《玉树州总工会学习宣传党的二十大精神实施方案》《玉树州工青妇党组多元化学习省第十四次党代会精神》，确立一周一例会、一月一联系、一季度一汇报等制度和办法，坚持党的创新理论往深里学、往实里走，坚持党的工运事业往细里做、往好里干，不断筑牢意识形态领域思想防线，持续匡正网络舆论清朗风气。主要领导与群团各单位负责人签订了意识形态责任状，党员干部立下了不在网上发布不正当言论的承诺书，要求工会干部个个争当深刻领悟"两个确立"、增强"四个意识"、坚定"四个自信"、做到"两个维护"的排头兵，在思想政治建设中不掉队、不落伍，坚决用铁一般的信仰维护和履行党的工运事业。全年共组织党组集中学习 7 次、支部学习 48 次，召开工作例会 28 次、意识形态研判会议 3 次，举办主题党日活动 21 场次，机关党员参学率在 95% 以上。

（二）坚定不移抓深工会作风纪律，确保廉政建设不走样

州总工会始终坚持以党的政治建设为统领，压实全面从严治党主体责任。锚定党风廉政建设"三清四记"目标，要求时刻用"清"字检验自己，看做人是否清清白白，为官是否清清白白，做事是否清清白白；用"廉"字提醒自己，"第一责任"要牢记，"一岗双责"要谨记，廉洁从政要铭记，严以律己要常记。通过签订党风廉政建设责任书，落实"廉政学习日"等主题活动，领导班子和党员干部不敢腐、不能腐、不想腐的自觉意识日益凸显，"四风"得到了较好的纠治，形式主义、官僚主义现象减少，整治"官气、痞气、骄气、庸气"专项要求落实有效。以作风建设为契机，不唱高调、不走形式，用慰问和活动"双联动"实现工会精神文明结硕果，用教育和引导"双发力"筑牢工会意识形态硬堡垒，用宣传和动员"双支点"力求工会民族团结谱新篇，用参与和支持"双举措"确保工会平安建设传捷报。2023年年初以来，分别组织召开了全州群团工作推进会议、工青妇党组党风廉政建设会议、意识形态工作会议、党的建设会议，专题听取党风廉政和意识形态工作汇报，自始至终把监督挺在最前沿，把规矩立在最前哨。认真履行"一岗双责"和"主体责任"，不断完善工会主席办公会制度，确保权力在阳光下运行，不断透明人事和财务事项，让更多的干部参与监督，赋予他们知情权、知晓权和表达权，时刻邀请纪检组参与始末。认真对标对表整改"一对一"循环式监督试点、巡视巡察中发现的问题，营造了良好的政治生态和干事环境。2023年共召开主席办公会议10次，研究各类事项104件，其中资金类87件、其他类17件。

（三）坚定不移抓牢工会主责主业，确保建功立业不停顿

新修订的《中华人民共和国工会法》明确规定，维护职工合法权益、竭诚服务职工群众是工会工作的总方向和基本原则。职工在工会心里有多重。工会在职工心里就有多重，州总工会坚持从身边做起、从自身做起、从细节做起，力求达到工会关爱普惠各级各类、各行各业劳动者群体。劳模关怀倍加温馨。2022年，在州委、州政府的高度重视和亲切关怀下，在工会历任领导的积极争取下，州财政首次将45万元劳模疗休养经费列入了本级财政预算，从此填补了州级劳模没有疗休养补助的历史空白；全年在元旦、春节和国庆节期间共慰问长期患病和生活困难的劳模36名，免费体检各级劳模157名，送去慰问金达17.4万余元，组织各级劳模和一线优秀工作者前往三亚等地参加疗养54人次，其中省外30人次，省内24人次；共选树五一劳动奖章获得者1名，授牌1家劳模（职工）创新工作室；持续深化"劳模大讲堂"建设，诚邀省第十四次党代会代表、州级劳模智扎才仁前往劳动现场和生产一线，持续开展劳模进校园、进机关、进企业活动，把劳模体检、劳模慰问做到最优化；阿才、叶青、东嘎和才培等各级劳模积极在疫情防控、乡村振兴、禁塑减废和民族团结领域发挥作用、彰显风采，在全社会营造了崇尚劳模精神、劳动精神和工匠精神的浓厚氛围。职工服务倍加贴心。在开展好"四季送"工会品牌活动的前提下，创新开展"月月送""行业送"活动。州总工会集中利用"三八""五一""五四""十一"等节日，通过开展"工会N+""职工微心愿征集""千名农民工免费体检""喜迎二十大　关爱在工会""学贯二十大　送学到基层"等形式多样、丰富多彩的活动，牵好红丝带，搭好连心桥，年内开展各类慰问和送温暖活动48场，惠及1.2万余名职工群众，慰问资金累计100余万元。针对州二高和四高外来教职工多、上班期间子女无人照看的实际困难，在二高和四高实施了"工会＋学校"托管托育模式，州二高"爱心托管班"先后被省总和全总授予"省级爱心托管班"和"全国爱心托管班"荣誉牌匾，有效解决了两所学校的教职工上课期间孩子无人照看的问题。在省总的大力支持下，争取到20万元环卫工人"爱心早餐"专项资金，各市县相继跟进，启动了环卫工人"免费早餐"服务活动，使全州近3000名环卫工人得到了党委政府的关心和关怀。五一期间根据省总提前发放节日慰问消费券的通知精神，与州财政局积极对接后向州属各基层工会拨付了州本级工会经费420多万元，人均1000～2000元。基层基础倍加完善。按照人往基层走、心往基层想、钱往基层给、事往基层办的工作要求，年内，州委常委、总工会主席江海梅带领州属群团各部门和单位负责人深入基层工会和群团组织开展调研7场次，深入最边远、最艰苦的索加和清水河等14个乡镇、8个青年创业点，倾听基层职工诉求，解决基层职工困难，及时将省总专项补助经费足额拨付给45个乡镇4个街道，加大对基层困难职工、疫情防控、阵地建设和爱心早餐的帮扶力度。截至目前，共给一市五县下拨工会经费等资金530余万元，各市县基层工会目前正朝着机构健全、制度完善、工作高效的健康方向有序发展，与往年相比，各市县党委、政府关心工会工作大有改观，今年玉树市、称多县和治多县工会经费已足额上缴，杂多县、曲麻莱县和囊谦县也有递增。困难帮扶倍加精准。2022年，根据在档困难职工动态管理的要求，一是2021—2022年全州实现脱困30户，新增在档困难金秋助学户105户，105名在档困难职工家庭子女可以享受为期三年的"金秋助学"中央专项补助共85万元，人均0.7万元到1.2万元不等，有效解决了困难职工家庭子女上学难的问题。二是通过整合北京市总工会帮扶资金，向73名品学兼优的农牧民子女发放了21.9万元"圆梦未来"助学奖励，每人标准为3000元；实施大病救助帮扶，对曲麻莱曲麻河乡等高海拔艰苦地区身患重大疾病的20名基层干部和一线职工发放了10万元大病救助资金，每人标准为5000元；切实关爱女职工，发放了价值1.5万元的妇女"两癌"筛查免费体检卡。三是年底州总工会按照州委、州政府相关工作要求，通过整合省总送温暖资金、北京帮扶资金和工会经费，对200多名疫情防控一线的低收入困难职工发放了米、面、油等生活必需品，价值达20万元以上。

（四）坚定不移抓稳工会维权服务，确保服务靶向不落空

　　根据常委分工，州总工会把青年创业作为群团组织深入贯彻落实省、州第十四次党代会精神的核心来抓，成功举办了首届青年创新创业主题沙龙，积极搭建了政府与青年创业对话的平台；持续开展工会就业创业活动"春风行动"，组织20家用工企业进场招聘，提供岗位205个，现场与企业达成就业意向的有42人。及时掌握货车司机、快递员、外卖配送员等新就业形态劳动者的诉求，高度关注新就业形态劳动者的冷暖疾苦，在"两节"来临之际先后对100余名外卖快递员、货车司机、保安人员和生态管护员开展了送温暖、送健康、送澡票、送餐券、送图书、送观影等活动，州委常委、州总工会党组书记江海梅先后赶赴美团外卖公司、公交公司、保安公司、快递物流公司等劳动一线，开展了 4 次走访调研；认真履行厂务公开协调领导小组职责，深化企业民主管理工作，开展集体协商行动。畅通职工诉求表达渠道，做到职工诉求"件件有着落、事事有结果"，州总工会还积极参与平安建设和社会治理过程，通过思想教育和人文关怀不断筑牢劳动领域意识形态安全，健全完善工会来信来访应对机制，为维护劳动者合法权益奠定了扎实的基础。

（五）坚定不移抓紧工会文明创建，确保精神高地不动摇

州总工会始终积极培育和践行社会主义核心价值观，落实意识形态工作责任制，广泛开展劳动领域意识形态思想教育，和文明创建齐头并抓，计划完成对玉树抗震救灾纪念馆和州委党史馆等 8 处州级职工思想教育基地挂牌任务。截至目前，共组织以喜迎二十大、省第十四次党代会、"奋进新征程，建功新时代""中国梦·劳动美""廉政文化大家看"等为主题的职工风筝比赛、"书香玉树"全民阅读、职工工间操、义务植树、职工优秀原创歌曲征集、自然生态教育、学雷锋志愿服务、"暖心在工会"等各类活动 48 场次，始终倡导唱响主旋律、弘扬正能量，为丰富和满足职工群众精神文化生活的需要，打造丰富多彩的职工文化、健康向上的文化氛围营造了良好的环境。

（六）坚定不移抓实工会责任担当，确保疫情防控不缺位

各级工会组织认真贯彻落实州委、州政府决策部署，积极投身乡村振兴和生态保护等中心工作，在委派"第一书记"的同时做好各项服务保障，尽其所能、尽力而为地帮助解决了州级领导"联心共建"歇武镇和"第一书记"联系村囊谦县香达村的困难和问题。在党的二十大、省十四次党代会期间先后开展"送学下基层" 4 场次，送去慰问金和物资折合 20 万元；根据州委、州政府疫情防控工作要求，主动担当作为，积极响应号召，制定了玉树州群团系统疫情防控"禁止返玉、禁止出玉、禁止聚会、禁止饮酒、禁止传谣"的"五禁"工作制度。2022 年 5 月、8 月和 10 月玉树囊谦等地疫情频发期间，州总工会坚持志愿慰问两手抓，年内组织群团志愿者 3000 余人，志愿时间最长达 3 个月，配合州委、州政府和疫情防控指挥部赶赴市县乡镇、街道社区等防控一线，对公安辅警、公路职工等多种行业多个群体慰问 21 场次，惠及职工 2 万余人，慰问物资折合 120 余万元；10 月在玉树市疫情防控期间专门设立了滞留货车司机和外来务工人员爱心救助电话，其间共接听电话 882 次，办理各类诉求 1200 余件，配送蔬菜包、粮油等 112 次；各级工会纷纷通过"献爱心，送午餐""疫线爱心餐，暖胃更暖心"等活动助力打赢疫情防控阻击战。全州各级群团组织在急难险重和关键时刻做到了群团志愿召之即来、来之能战、战之必胜，在抗疫最前沿叫响了"玉树群团澜沧抗疫战队""爱心救助电话"等群团志愿新品牌，群团作为和群团力量赢得了州委、州政府和省总工会一致的好评。

（七）坚定不移抓细工会学习宣传，确保精神传播不受阻

在党的二十大召开期间，州总工会高度重视党的二十大精神的学习宣传，在微信公众平台

"玉树工人先锋"开设了"群团学习党的二十大""群团干部谈感悟"等栏目，制订印发了《州总工会多元化学习宣传贯彻党的二十大精神工作方案》，以对照原文学、现场体验学、党员交流学等形式，全面掀起了学习宣传贯彻党的二十大精神热潮。在居家期间，工会党组组织机关党员通过微信和视频不间断推送学习内容，通过线上与线下相结合的办法做到居家不耽误学习、居家不耽搁工作。在自身学的同时，还注重往下讲，州委常委、州总工会党组书记江海梅赶赴州级领导干部"联心共建"点歇武镇当巴村，在歇武村和歇武寺院开展了"学宣二十大 送学到基层"活动，参会人员200余人。州总工会始终把学习宣传贯彻党的二十大精神作为落实好州委"133"目标任务和"树立三个形象、打造六个区建设"目标任务的重大举措，开展基层工会调研，围绕省、州第十四次党代会既定的目标任务，抓好学习，带好队伍，干好工作。各级工会以"成立劳模宣讲团"等形式，深入乡镇街道、社区村社、企业机关为新就业形态群体开展宣讲，不断扩大宣传覆盖面；加强与省属和州属媒体的通联，办好"玉树工人先锋"平台，年内共发布工道之声、职工天地、就业服务等各类信息1750条，阅读量达8.7万人次，编发信息简报84期，原创信息被省委办公厅采用1条、省政府采用3条、青海工会采用22条，被玉树发布、玉树新闻网等媒体采用40条。共编印新修订的《党的二十大精神学习辅导手册》《中华人民共和国工会法》《民族团结100问》《职工学法用法手册》等各类学习宣传资料2万余册。

二、存在的问题及下一步工作思路

在肯定成绩的同时，我们也清醒地看到，维护职工权益、构建和谐劳动关系等工作遇到了新情况新问题，如部分地区服务职工工作还不够精准，服务质效与职工群众需求还不相适应等。对此，我们要直面问题、勇于担当，采取有效措施加以解决。2023年我们将紧紧围绕学习宣传贯彻党的二十大，省、州第十四次党代会精神这条主线，主要做好以下几项重点工作。

（一）加强思想引领

把职工思想政治引领作为一项重大工程来抓，进一步提振昂扬向上的精气神。深化"中国梦·劳动美"等主题宣传教育，把党的二十大精神用浅显易懂、生动活泼的方式讲给广大职工听，团结和引领广大职工听党话、感党恩、跟党走。全面落实意识形态工作责任制，持续深化职工书屋、爱心托管班和困难帮扶等建设项目，用党的二十大精神筑牢职工思想教育主阵地，培育健康文明、昂扬向上的职工文化。

（二）扩大组织覆盖

深化工会治理体系和治理能力建设，构建联系广泛、服务职工的工作体系。坚持职工群众在哪里，工会组织就建到哪里，着力把工会工作延伸到职工群众最需要的地方，以外卖快递员、货车司机等新就业形态劳动者为重点，扎实推进"八大群体"入会建会专项行动，持续做好"三困"职工（因学致困、因病致困、因灾致困）帮扶工作，加强劳动关系矛盾预防排查化解机制建设，防范和化解劳动领域政治安全风险隐患和矛盾纠纷。

（三）厚植为民情怀

树立"大抓基层"的鲜明导向，大力推进群团协同化建设，将工作力量、保障经费、服务举措落实到基层，推进送温暖、金秋助学、职工医疗互助保障等工作，健全联系广泛、服务职工的工会工作体系。做好"户外劳动者服务站点"建设。持续开展"尊法守法·携手筑梦"服务农民工等系列活动，加大农民工就业援助、法律服务等工作力度。

（四）加强党的建设

巩固拓展党史学习教育成果，持续开展"县级工会加强年""模范机关建设"等专项行动，强化干部队伍能力提升，抓好工会干部队伍理想信念教育，进一步提高政治判断力、政治领悟力、政治执行力。强化工会干部实践历练，砥砺斗争精神，在实践中经风雨、见世面、长才干、壮筋骨，不断提高服务职工群众、驾驭复杂局面的本领。

德育教育引领素质工程 技能竞赛造就产业大军

——北林区总工会关于劳动技能竞赛的经验交流

黑龙江省绥化市北林区总工会

自2020年黑龙江省、市总工会要求开展"当好主人翁 建功都城地"劳动和技能竞赛以来，北林区总工会围绕工作主线，从技能竞赛这一关键环节抓起，加大工作力度，强化岗位练兵，内强素质、外树形象，持续深入地推进劳动竞赛向纵深展开。

一、以组织领导为统筹，落任务定机制

北林区总工会始终坚持站在围绕中心、服务大局的高度，将推进"当好主人翁 建功都城地"劳动技能竞赛作为重点工作任务。一是成立了劳动竞赛领导小组，制订下发了劳动竞赛方案及考核细则，建立常态化培训机制。二是制订了实施方案，根据北林区实际情况安排竞赛活动，制定措施和方法。三是组织职工进行岗前、岗上培训，开展职工劳动和技能竞赛，选送骨干到外地学习。做强万名职工思想政治引领骨干品牌，突出"工"字特色。在重点企业建立领导小组12个，成员120余人。

二、以舆论宣传为指导，重宣传扩渠道

北林区总工会注重总结工作经验，努力提升竞赛活动的社会影响力。一是通过悬挂横幅、发布公众号文章、编发美篇、编印《职工生活》和深入基层调研走访等多种形式，广泛动员发动，做到了横向到边、纵向到底。二是开展宣讲宣优活动20场，受教育职工近10000人，微信公众号关注量近6000人次，发布美篇60期，浏览量10000多人次，编辑出版《职工生活》9期，还先后编印了《大地飞歌》《奔涌的热潮》《最美劳动者》等书籍，体现特色。三是组织职工参加"工"字特色活动。在线上，北林区总工会有45人参加，是市域内参与度最高的。市总工会组织的"玫瑰书香"女职工主题征文活动，全市共50人获奖，北林区就占了21人。

三、以措施推进为手段，定目标强保障

区总工会注重"四个体系"的落实推进，建立推进劳动和技能竞赛领导责任体系，本着"谁主抓谁负责"的工作方式开展工作。一是制定了推进措施和竞赛实施方案，定期督导检查，适时召开劳动和技能竞赛推进会、观摩会和汇报会。二是确立年底前"五个百万"竞赛要实现的

目标：确保各地企事业单位参赛率不低于80%，其中非公企业不低于20%，参与人数不低于10万人。三是制定保障措施。资金保障：区总工会从经费中拿出10万元用于劳动和技能竞赛。制度保障：建立并完善了竞赛督导检查通报等相关制度。组织保障：充分发挥基层工会、产业工会组织作用，工会干部包联企事业单位、车间和班组，一竿子插到底。宣传保障：最大限度地发挥新闻媒体的舆论引导作用，公众号天天发，电视周周播，报纸时时登。北林新闻发布5次，绥化新闻发布2次，省级报刊刊发信息1次，制作下发专刊2期。

四、以过程强化为部署，走流程担角色

北林区总工会积极组织各企事业单位结合自身实际，分行业开展了形式多样的劳动竞赛。一是工作部署。在竞赛活动中，专门下发了文件，就活动的目的、意义、措施、考核标准等进行了部署。二是角色充当。为了使劳动和技能竞赛持续开展、走向深入，区总工会党组成员及机关干部在竞赛活动的开展中担起了"五员"角色，多次深入包联企业、企业车间和班组进行调研走访，担起"工作的联络员、竞赛的指导员、市场的信息员、产品的推销员、职工的服务员、党史的宣讲员"之职责。三是调研走访。区总工会党组成员就劳动竞赛事宜走访了象屿生化、友嘉亚麻、金龙油脂等企业，亲自指导企业如何开展劳动竞赛。这期间，区总工会还邀请30名饿了么职工填写了劳动和技能竞赛调查问卷。四是工作落实。发动各企事业单位积极参与竞赛活动。仅2021年，全年竞赛活动参赛企业就达80家，参赛率达到100%，参赛职工6800人次、参赛率达到90%。举办大小劳动和技能竞赛44场（次），参赛工种14个，转化经济效益150万元。机关事业单位职工参与率达到100%。"五比"劳动竞赛企业职工的参与率达到85%。同时，开展了职工"安康杯"竞赛活动，北林区教育系统开展了职工"苦练基本功　建功都城地"教职工职业技能竞赛活动。绥化象屿生化公司的"象屿工匠大赛"、达昌亚麻公司的职工技能大赛、绥化中强科技发展有限公司演讲比赛等活动都开展得有声有色，受到了市区领导和社会各界的广泛赞誉和好评。

五、以素质工程为引领，比业绩树形象

北林区总工会注重开展职工素质教育，打牢思想根基。一是以德育为本，积极开展"三比三看"活动，比思想看担当、比工作看干劲、比贡献看绩效，调动了干部的工作积极性。二是坚持做到"八专"——专栏展示、专页登载、专号报道、专题研讨、专场报告、专区浏览、专片介绍、专柜留存。三是做到"六个结合"——学悟结合、学用结合、学立结合、学建结合、学庆结合、学做结合。四是编写了"四字歌"，用以规范干部的思想和行为，鞭策干部职工把这些规范贯穿于企业管理和平时工作，形成了比、学、赶、帮、超的良好氛围。

六、以典型选树为激励，评先进树表彰

北林区总工会注重发挥典型效应，积极总结工作经验，助推工作发展。一是选树先进典型，

评选表彰劳动和技能竞赛标兵，评选"北林工匠"；二是建立劳模创新工作室，广泛开展互动交流，把技术骨干、劳模的先进事迹编辑成文稿，在《职工生活》期刊上刊发，或录成专题片在北林新闻上播报，发挥了劳模的示范引领作用；三是召开了劳动和技能竞赛表彰大会，重奖竞赛活动开展好的企事业单位和个人，分别对绥化中强农业科技发展有限公司、黑龙江泰华医药集团有限公司等 8 个先进集体和 51 名先进个人进行了表彰。

七、以工作力度为砝码，增效能出成效

为了将劳动和技能竞赛落到实处，北林区总工会加大了"五方面"的工作力度，有的放矢地开展工作。通过加大对上的信息反馈工作力度、加大对下的指导督查工作力度、加大对内的挖掘整理工作力度、加大对外的宣传推介工作力度、加大横向的交流互动工作力度，让北林区总工会的工会工作更上新台阶。

"五指"成拳 扎根一线
推动劳动争议化解效能"乘数倍增"

陕西省西安市未央区总工会

【案例名称】西安市未央区"工会＋法院＋司法＋人社＋劳模""五指聚力"化解劳动争议

【承办单位】未央区总工会

【关键词】四部门合作 劳模调解

【典型做法】

党的二十大报告强调，要完善劳动关系协商协调机制，完善劳动者权益保障制度。按照省总工会"关于建立'工会＋'劳动争议多元化解机制"有关要求，西安市未央区总工会主动作为、积极探索，在实践中初步走出一条"工会＋法院＋司法＋人社＋劳模"的"五指聚力"新路子，形成了劳动争议"多元共治"的良好局面。

一、基本情况

未央区，是陕西省会西安市行政中心区、是全省"五强区"、全国"百强区"，因境内遗存汉未央宫而得名，意为"繁荣兴盛，不尽不衰"。辖区总面积为 264 平方千米，区域实行自管区加开发区融合发展的模式，其中自管区面积为 87 平方千米，开发区社会事务移交后，全区人口超 180 万，为全省人口第一大区。人多则事多，各类矛盾问题难以避免，劳动争议数量呈逐年递增态势，2022 年未央区法院劳动争议案件累计收案 1300 余件，预防化解任务艰巨繁重。

二、主要做法及成效

（一）建章立制、协同联动，做实"全周期"化解

2023 年 4 月 18 日，区总工会牵头，与区法院、区司法局、区人社局联合签订了《关于推进劳动关系领域联动联调治理机制建设的合作协议》，形成四部门矛盾联调、力量联动、信息联通的工作格局。

一是注重"源头预防"，让矛盾"化于未发"。强指导，通过联合普法宣传和实地督查，增强用人单位法律意识，进一步规范其用工行为；强教育，充分运用各类媒体，引导劳动者提升自我保护意识和能力，切实减免潜在风险；强预警，建立高频应诉企业与异常维权个人名单，探索群体性案件、新就业形态案件、涉诉涉访案件、重大敏感案件的监测预警制度，真正做到

抓早、抓小、抓苗头。

二是注重"前端化解",让矛盾"止于未讼"。通"末梢",加强街道(社区)、基层劳动就业服务中心(所)专业性劳动争议调解组织建设,指导成立行业性、区域性调解组织,推动企业劳动争议调解委员会建设,实现劳资矛盾精准管控;壮"骨骼",健全社会调解组织与人民调解、行政调解、司法调解联动体系,实现资源共享、灵活调配,同时想方设法吸纳更多专业工作者参与调解工作,以优质队伍保障了工作高效;织"网格",在矛盾纠纷调解工作平台、综治中心、人民调解委员会等设置劳动争议调解窗口、职工服务中心、法官工作室、劳模调解团等,全力以赴把矛盾纠纷吸附在基层、化解在前端。

三是注重"功能融合",让矛盾"定纷止争"。整合调解、仲裁、审判功能,重塑诉讼格局,探索建立"一窗式"受理和流转办理机制,建立由人民法官指导劳动模范和公益律师进行调解的劳模调解机制,在仲裁机构设立劳模调解室和巡回审判法庭,在仲裁裁决前、提起诉讼前,由同一劳模调解团队跟进调解,实现"两调三审"全流程服务、全闭环打通,将调解工作贯穿仲裁和审判全过程,推进区域劳动争议快审快结,为劳动争议的化解提供更多便利。

(二)激活阵地、整合资源,做优"小蜜蜂"服务

"工会+法院+司法+人社"四部门合作建设劳动关系领域联动联调治理机制,为"小蜜蜂"劳模调解室提供了诞生的土壤。这一将劳模引入诉调机制的做法系全市首创。

一是"蜂舞"未央,争议化解更具力度。由区总工会在各级劳模中选任具有相关工作经验、热心公益、责任心强的劳模,由区司法局选聘调解经验丰富、专业能力强的律师,由区法院派出员额法官和法官助理,共同组成了"小蜜蜂调解团",在辖区劳动争议纠纷的裁前、诉前调解中发挥了重要作用。

二是"筑巢"一线,争议化解更具深度。区总工会在职工服务中心先行设立"小蜜蜂"劳模调解室,集中精力对仲裁前的劳动争议案件进行调解。根据调解实效,逐步向基层延伸推广。在徐家湾街道西安印象社区设立社区"小蜜蜂"劳模调解室试点,将矛盾纠纷的调解类型进一步扩大,纳入婚姻家庭、侵权性、社会管理纠纷等,让治理服务和群众需要深度融合。

三是"蜜事"连连,争议化解更具温度。成立2个多月来,"小蜜蜂"调解室受理劳动争议案件13起,成功调解、促成双方当事人达成和解协议7件,维护职工经济权益涉及金额21.58万元,进一步化解了社会矛盾,减轻了双方当事人的诉累。

【典型意义】

未央区"工会+法院+司法+人社"四部门劳动关系领域联动联调治理机制及"小蜜蜂"劳模调解室的建立与运行,变过去各部门的"单向发力"为"攥指成拳",形成了叠加倍增的"乘数效应",有力维护了劳动者合法权益,助推构建和谐的劳动关系,是基层工会组织践行劳动领域新时代"枫桥经验"的有力探索,对加强基层治理体系和治理能力现代化具有积极意义。

"五指"弹钢琴 赋能职工"新天地"

——全南县高位推进职工生活品质工作

江西省全南县总工会

近年来，全南县总工会按照省、市总工会关于提升职工生活品质的有关要求，服务职工群众，立足工会主责主业，坚持做到"五指"弹钢琴，切实加强提升职工生活品质和户外劳动者服务站点建设工作，积极为职工创造"新天地"。2022 年，我县合隆公司获评赣州市提升职工生活品质试点单位。现将有关情况汇报如下。

一、打造"六个阵地"，赋予职工"舒天地"

按照"六化"赋能要求，积极打造服务职工的"六块阵地"，构建全方位服务职工综合体。一是职工服务中心阵地。以县职工服务中心为龙头，打造一个有固定场所、有规范标识、有专职人员、服务功能完善的职工服务中心，常态化开展职工政策咨询、困难帮扶、法律援助、劳动争议调解、技能培训、就业介绍等服务。二是职工活动阵地。在没有建成工人文化宫的情况下，与全南中学体育馆、县体育中心、青少年宫和新时代文明实践所达成共识、统一使用，常年面向职工开展文化健身活动，常态化举办书法、绘画、摄影、园艺培训和比赛，丰富职工业余生活。三是企业职工之家阵地。在园区非公企业中建设以职工书屋、文体活动室、食堂、小卖部、茶叙室等为载体职工之家，提高职工生活品质。目前已在络鑫科技、华派、合隆、杰友等 20 多家园区非公企业中建成了功能丰富的职工之家。四是户外劳动者服务站点阵地。立足服务户外劳动者，在弟子规公园、含江路社区、北控公司、江西银行、零工市场等地建成 7 个户外劳动者服务站点。五是职业技能培训阵地。与职业中学、技能培训学校联合打造产业工人职业技能培训基地，为广大职工提供职业技能培训服务。两年来共培训职工 256 人。六是职工维权阵地。在法院对面、工业园区中设立"三师一室"，聘请专门的律师轮班接访职工群众，同时在建立了工会的非公企业设立"三方洽谈室"，常年为职工维权搭建沟通平台。

二、汇聚"两股力量"，赋予职工"奋天地"

一是汇聚先进力量，职工荣誉感更强。大力弘扬劳模精神、劳动精神、工匠精神，每年五一开展一次先进评选活动，选树全南工匠、县五一劳动奖章获得者、最美劳动者、优秀职工时，一线职工占比 70% 以上，使职工群众荣誉感更强。二是汇聚技能力量，使职工获得感更大。

制定政策对基层工会举办劳动和技能竞赛给予奖补，53场次共补助20.4万元。从餐饮、教育、住建、电子信息等行业竞赛中发现能手，带动更多职工学技能、争优秀，使职工获得感更大。每年组队参加市级以上劳动和技能竞赛，共获一等奖2个、其他奖项13个；省能工巧匠、市劳模钟日森，省高技能人才、市五一劳动奖章获得者月日旺均是通过竞赛平台涌现并成长起来的。

三、做好"四个助力"，赋予职工"富天地"

一是助力疫情防控。引领全县工会组织积极开展疫情防控和走访慰问活动，三年来走访慰问防疫一线职工25万名。二是助力稳工稳产。在春节、五一、国庆等节日期间，慰问不停工项目的不停产企业职工11次，涉及38个企业项目，惠及5000多名一线职工。三是助力职工就业。发挥工会接触企业多、信息广的优势，多渠道为职工介绍就业岗位，两年来介绍职工进厂务工300多人次，稳岗185人，获评全县2022年度精准招工工作先进单位。四是助力脱贫攻坚。动员全县机关单位安排1/3工会福利资金购买扶贫产品，帮助农民工脱贫脱困，基层工会购买县内农副产品1040万元。2019—2022年连续四年被评为全县脱贫攻坚、巩固拓展脱贫攻坚成果先进集体。

四、突出"三项工作"，赋予职工"福天地"

一是职工维权亮点纷呈。加大源头维权参与力度，建立健全协调劳动关系三方协商机制，聘请7名"三师"人员，持续深化"法院＋工会"诉调对接工作，创新开展"工会＋N"劳动争议多元化解工作，在县工业园区设立"三师一室"，成功调解16起劳资纠纷。持续深化以职代会为基本形式的企事业单位民主管理，开展职代会规范化建设单位评选、职业健康达人评选活动。园区建会企业集体协商建制率达95%。二是服务职工有力有效。每年高质量开展服务职工"十件实事"，叫响、做实了"助力双'一号工程'工会在行动"专项行动。建立"四点半"课后保育服务点3个、散工驿站3个、"爱心驿站"4家、假期爱心托管班2个。大力开展"春送岗位、夏送清凉、金秋助学、冬送温暖"品牌帮扶活动，两年来为984人次发放送温暖资金90.3万元，为99户次建档困难职工发放帮扶资金42.6万元，为0.9万名一线职工送去清凉物资8.5万元，为20名困难职工子女发放助学金10万元，为594名非公企业女职工免费体检，让更多一线职工群众感受到工会组织的关怀与温暖。三是职工活动更加丰富。始终注重以活动激发活力，以活动凝聚人心，以活动彰显组织生命力。创建市级以上职工书屋示范点31家，举办了3届全县性的职工运动会、10场次职工游园会及盆栽艺术展、根石收藏精品展、攀岩体验活动，组织开展摄影书法展、亲子画比赛、线上短视频摄影赛、金句楹联诗词赛、青年联谊交友等系列活动，在市级以上职工艺术节和气排球、足球、网球等比赛中屡获佳绩。

五、坚持"三个融合"，赋予职工"欢天地"

我县按照"三个融合"思路，坚持工会主导、整合资源、规范管理的建设原则，大力推进服务站点建设，着力构建户外劳动者服务网。一是融合群众需求。坚持将户外劳动者服务站点建设作为"县级工会加强年"重要工作内容，积极协调，整合城管、住建、环卫、快递、银行等单位资源，与文明办、"两新"组织党工委联合，将户外劳动者服务站点建设与"文明卫生城市"创建、红色驿站打造工作融合在一起，科学定位、合理谋划、共同发力，统一配置设施设备，为户外劳动者解决"喝水难、休息难、如厕难"等现实问题，切实把服务站点打造成户外劳动者的休息室、歇脚处、补给站。二是融合工会品牌。将户外劳动者服务站点建设列入工会为职工办实事项目，并将服务站点作为服务职工的重要平台，开展"我为群众办实事"等系列活动，在"夏送清凉、冬送温暖"活动中，常务副主席带队到服务站点慰问户外劳动者。同时，把工会组织向村组社区延伸，在全县的村、社区建立农民工服务站，增加就近服务职工特别是农民工的渠道，不断拓宽服务站点服务范围。三是融合政策宣传。一方面，把服务站点作为联系职工群众的桥梁，组织工会干部深入服务站点开展蹲点活动，收集职工意见、倾听职工诉求；另一方面，把服务站点作为政策的宣传平台，用好用活服务站点阵地，大力弘扬社会主义核心价值观，积极弘扬主旋律，传播正能量。

在省总、市总的正确领导下，虽然我县在提升职工生活品质和户外劳动者服务站点建设方面做了一些工作，但与兄弟县（市、区）相比，还有很大的差距，我们还觉得思路不够宽、方法不够多、发力不够足。下一步，我们将以此为契机，向其他县（市、区）看齐，学习大家的先进做法，继续以职工为中心，努力推动我县提升职工生活品质工作和户外劳动者服务站点建设再上新台阶，不断让职工收获更多更强的获得感、幸福感、安全感。

守正创新　竭诚服务
为左旗高质量发展贡献工会力量

内蒙古巴林左旗总工会

为深入学习贯彻党的二十大精神，切实增强工会组织作为"娘家人"对新就业形态劳动者的关心关爱，2023 年 7 月 14 日，巴林左旗总工会开展了慰问新就业形态劳动者的活动。旗总工会党组成员、副主席陈敏参加慰问活动。

巴林左旗总工会先后来到赤峰市大江运输有限公司、赤峰韵达快运有限公司巴林左旗分部、内蒙古顺丰速运有限公司赤峰市分公司第 10 营业部、内蒙古顺丰速运有限公司巴林左旗营业部 4 家企业，实际了解了新就业形态劳动者的工作情况，感谢他们的辛勤劳动，叮嘱他们劳逸结合、注意交通安全、做好防暑降温措施，并为他们送上了慰问品。

下一步，巴林左旗总工会将坚持党建引领，持续聚焦新就业形态劳动者群体，充分发挥工会组织桥梁纽带和服务职工的职能作用，以新就业群体实际需求为导向，推动健全完善新就业形态劳动者权益保障机制，着力提升广大新就业形态劳动者的获得感和幸福感。

炎炎夏日，为进一步做好高温天气下的劳动保护工作，切实维护广大职工在盛夏高温季节的安全健康权益，及时把党和政府以及工会组织的关爱送到广大职工的心坎上，2023 年 7 月 24 日，巴林左旗总工会党组成员、副主席德力根一行深入巴林左旗公安局交通管理大队、巴林左旗公路管护和运输保障中心，开展"夏送清凉"活动，看望炎炎烈日下坚守一线的交警同志和公路养护职工，为他们送去了总价值 4.3 万余元的 220 份防暑降温大礼包。活动现场德力根同志和职工们深入交谈，详细了解他们的工作环境和工作情况，对他们不畏高温、坚守岗位、辛勤工作的精神致以问候和敬意，叮嘱他们注意身体健康，注重劳逸结合，做好自我防护，并要求工会负责人加强防暑知识宣传，切实提升广大职工的自我保护意识和紧急自救能力。此次"夏送清凉"活动，为高温天气下奋战在一线的职工们带来了丝丝清凉、浓浓情谊，激励着广大职工建功新时代，奋进新征程。

2023 年是全面贯彻落实党的二十大精神的开局之年，也是中国工会第十八次全国代表大会的召开之年，各级工会要以良好的状态喜迎全国工会十八大的胜利召开，要进一步提高认识、尽心尽责、守正创新、担当作为，推动改革再上新台阶。

围绕中心服务大局　展现工会新作为

河北省大厂回族自治县总工会

一、上半年工作总结

2023 年 6 月 27 日，县工会第十次代表大会召开。县委副书记高连立、县人大常委会副主任崔东虎出席，廊坊市总工会党组成员、副主席刘军朝应邀出席。县总工会团结组织广大职工围绕中心、服务大局，积极投身经济建设、社会治理等各条战线、各个领域，开创了工会工作新局面，为全方位推进我县高质量发展提供了有力保障。全县广大职工要以高度的责任感和主人翁意识，在劳动岗位和生产一线不断开拓创新、拼搏进取，扎实工作，展现工人阶级的伟大品格和时代风采，充分发挥主力军作用，为加快推进大厂现代化建设做出新的更大贡献。

（一）基层组建工作

上半年，我县目前在建工会组织 3 家，指导换届工会组织 6 家，工会名称及工会法定代表人变更的单位共计 5 家，办理工会法人资格证书变更登记的单位共 11 家。

1. 集体协商典型案例推荐工作

按照廊坊市总工会《关于培育全市工会构建和谐劳动关系先进典型的通知》要求，最终择优推荐中国邮政集团工会大厂县委员会、大厂金隅涂料有限责任公司典型案例进行申报。

2. 河北省劳动关系监测和分析研判工作

为推动我县劳动关系监测研判工作顺利开展，根据廊坊市总工会《关于做好劳动关系监测和分析研判工作的通知》要求，我县精心组织供电、金隅节能保温、亿食特等 6 家企业样本点参与省劳动关系监测和分析研判数据填报工作。省总工会对企业开展劳动关系监测给予专项工作补贴，每个企业每季度补贴 200 元，目前 2022 年第二季度和第四季度专项工作补贴已发放完成。2023 年第二季度数据填报工作正在进行中。

（二）劳模宣教工作

1. 开展新春送春联活动

为深入学习宣传贯彻党的二十大精神，大力弘扬中华优秀传统文化，丰富广大职工的精神文化生活，大厂县总工会于 2023 年 1 月 12 日在职工服务中心开展了"送万福、进万家"书法公益活动。在活动现场，受邀的 8 名书法家挥毫泼墨，把美好的新春祝愿凝于笔端，让充满喜气的祝福语和"福"字跃然纸上。同时，结合春节"送温暖"慰问活动，县总工会党组书记、副主席左鸣森带队深入星牌优时吉建筑材料有限公司、金隅金海燕玻璃棉有限公司、国网冀北供电公司大厂分公司、美团外卖等企业和困难职工家中，把春联、"福"字送到一线职工、新就业形态劳动者和困难职工手中。通过送"福"字、送春联等形式把党的二十大精神送到基层，传递党的声音和关怀，表达工会组织的新春祝福。本次"送万福、进万家"书法公益活动现场发放春联、"福"字200份，为企业一线职工送去春联大礼包400套。

2. 关爱劳模活动

一是2023年4月26日至5月10日，我们利用10天的时间组织安排134名市级以上劳模进行免费体检。劳模体检活动旨在进一步贯彻落实劳模各项政策待遇，充分体现县委、县政府和工会组织对广大劳动模范的关心和爱护，不断激发广大劳动模范的工作积极性，在全社会营造尊重先进、关心先进、学习先进、争当先进的良好氛围，让全社会牢固树立劳动最光荣、劳动最崇高、劳动最伟大、劳动最美丽的良好风气。二是2023年1月，按照省、市总工会春节慰问工作安排部署，为确保劳模春节慰问金及时发放到位，对全县在册的2名全国劳动模范和24名省级劳动模范的银行卡信息进行了核实。春节前夕，全国劳模每人2000元慰问金、省级劳模每人1000元慰问金全部由省总工会拨付到劳模本人银行卡。三是及时落实劳模待遇，做好困难劳模帮扶工作，进一步加强对劳模的动态管理工作，准确、全面掌握困难劳模的基本情况。2023年5月，按照上级救助文件规定，县总工会及时下发文件，并与劳模所在基层工会一同对全县22名省级劳动模范进行了调查摸底。有1名省级劳模因患各种慢性病需常年治疗，通过调查走访，我们发现其符合救助条件，于是及时把符合救助条件的困难劳模材料上报到市总审核。

3. 开展廊坊市"最美职工"选树活动

为深入学习宣传贯彻习近平新时代中国特色社会主义思想和党的二十大精神，全面落实习近平总书记关于工人阶级和工会工作的重要论述，加强职工思想政治引领，讲好工人故事，按照市委宣传部、市总工会的统一安排部署，县总工会在全县开展2023年廊坊市"最美职工"选树宣传活动。通过基层工会层层推荐，我县人民医院中西医结合科主任何强、星牌优时吉建筑材料有限公司吸声板生产一部工艺工程师张立斌符合评选条件，已上报市总工会参评。

4. 开展2023年河北省五一劳动奖和河北省工人先锋号推荐评选工作

县总工会从2023年3月2日开始进行我县2023年度省五一劳动奖章和省工人先锋号的推荐工作。县总工会严格按照基层民主推荐、层层审核把关的办法，本着优中选优的原则，按照省市推荐要求，紧密结合我县实际进行推荐，经市总工会初审、省总审核通过，廊坊京磁精密材料有限公司安环部副经理郭守强荣获河北省五一劳动奖章；大厂回族自治县消防救援大队团结路消防救援站荣获"河北省工人先锋号"荣誉称号。

5. 开展"关爱女职工　义诊送健康"志愿活动

为进一步提高企业女职工的健康意识，关爱女职工健康生活，2023年3月3日下午，县总工会联合县人民医院专家医师组成义诊志愿服务队，到金隅集团公司开展健康知识讲座及义诊活动。活动采取"线下＋线上"的方式，星牌优时吉公司、金隅涂料公司、金海燕玻璃棉公司、唐山曹妃甸分公司、陕西分公司的200多名职工参加了活动。此次义诊志愿活动，有效提升了企业职工的养生意识和健康知识水平，通过开展多种形式的服企助企活动，为企业职工健康安全保驾护航，不断增强广大职工群众的幸福感和获得感。

5.开展党的二十大精神"大学习"活动

在金隅工业园区组织开展"学习宣传贯彻党的二十大精神"培训和征文宣讲两项活动。培训特邀请县委党校教研函授室王海侠主任前来授课。采取现场培训会场和视频直播分会场的方式进行，有110多人参加，涵盖公司各个层级的人员。培训结束后，广大职工都意犹未尽，对老师的精彩授课纷纷点赞，并提交了培训感想。征文宣讲活动共计24人参加，采取脱稿方式，邀请工会主席、各党支部书记和团组织负责人作为裁判出席，现场评选优秀宣讲员。企业负责人表示职工大课堂不仅是公司培育人才、提升职工队伍素质的一个有效途径，还是职工展现自我的一个平台。金隅集团下属的节能保温科技（大厂）有限公司荣获省总工会举办的党的二十大精神"大学习"活动"优秀'大学习'课堂"荣誉称号。同时，邀请省五一劳动奖章获得者关松发同志深入一线为职工做党的二十大宣讲报告，组织全县各基层工会通过二十大精神宣讲、职工书屋阅读、团员青年干部热议等多种形式开展"大学习"活动。

（三）权益保障工作

开展新就业形态劳动者温暖服务季慰问活动。2023年1月10日上午，先后慰问了京东快递、乾威保安公司、桑德环境卫生服务公司的新就业形态劳动者，共发放消毒洗手液、N95口罩、保温壶等慰问品价值15500元。此次活动覆盖新就业形态劳动者400余人，增强了新就业形态劳动者的获得感、幸福感、安全感，在全社会营造了尊重关爱新就业形态劳动者的良好氛围。

（四）女职工工作

1.开展全县"女职工团体重大疾病保险"工作

为贯彻落实《女职工劳动保护特别规定》《河北省女职工劳动保护特别规定》，维护女职工合法权益和特殊利益、提升女职工健康理念、促进家庭幸福和谐，2023年5月，在全县机关企事业单位中组织开展了全县"女职工团体重大疾病保险"工作。通过宣传发动，共有35家单位的641名职工参加活动。

2.开展"爱心妈妈小屋"建设工作

为促进女职工"四期"保护工作的落实和"三孩"政策配套服务设施的完善，切实维护女职工的合法权益和特殊利益。2023年6月，对拟建设申报的"爱心妈妈小屋"选址进行了充分摸底，同时加强指导，确保在女职工人数较多、条件成熟的企事业单位、工业园区、商务楼宇等合理推进"爱心妈妈小屋"建设，为经期、孕期、哺乳期的女性提供一个私密卫生、舒适安全的环境。目前，此项工作正在进行中，预计7月底完成。

二、下半年工作重点

以习近平新时代中国特色社会主义思想为指导，全面贯彻党的二十大精神，认真落实县委和上级总工会决策部署，以思想政治引领、建功新时代、维权服务为重点任务，推进产业工人队伍建设改革和工会改革，充分发挥工人阶级主力军、工会组织桥梁纽带、工会维权服务作用，切实提升职工群众的获得感、幸福感、安全感，守正创新、勇毅前行，团结动员广大职工，为奋力谱写中国式现代化大厂新篇章、推动大厂高质量发展贡献工会力量。

（一）加强工会组建工作

以征收工会筹备金促建会、组建工会促征收为主要工作方法，扩大基层组织覆盖面。

（二）继续开展帮扶救困工作

一是开展"夏送清凉"活动。二是继续开展帮扶救困工作，逐渐使工会帮扶救助模式从送资金、送物资的"输血式"帮扶向帮创业、送岗位的"造血式"脱贫转变。

（三）开展各类活动，提高职工的业余生活

丰富广大职工的业余文化体育生活，更好地发挥广大职工的主力军作用，举办全县职工羽毛球、乒乓球比赛及联谊交友等活动。

加强民主管理　深化厂务公开
实现企业职工共建共享共赢

河北省大城县总工会

为深入贯彻落实《中华人民共和国工会法》《河北省企业民主管理条例》等法律法规政策，突出工会维护、参与职能，促进企业和谐健康发展，县总工会根据上级工会要求，在全县企事业单位开展了民主管理工作规范化建设，现将有关情况报告如下。

一、积极深入调研，切实了解情况

大城县总工会自厂务公开民主管理工作开展以来，积极深入基层企事业单位进行走访调研，基本了解了我县企事业单位民主管理工作的基本情况。全县事业单位全部实行了职工代表大会制度，厂务公开及时，职工参与民主管理的积极性高，民主管理作用发挥明显。为了进一步规范和深化企业民主管理制度，各企业因企制宜，积极探索符合企业实际的多种民主管理模式。一是在国有集体及其控股企业和规模大、管理基础好的非公企业中坚持实行职工代表大会制度和厂务公开制度，职工知情权、建议权得到了较好的体现。二是在规模较小、管理尚有待逐步完善的非公企业中开展了业主与职工对话会、经理信箱征集职工的合理化建议等活动，使企业民主管理工作基本形成了先建立机制、再逐步规范的发展趋势。

二、制定工作措施，确保持续工作

（一）建立民主管理机制

坚持和完善领导责任、定期报告、职工评价、效能监察、考核奖励、责任追究六项制度，做到依法、真实、主动公开；突出抓好公开、议事、考核三个环节；正确处理法人治理结构与民主管理的关系，依靠民主管理机制的建立，把职工的各项权益落到实处。

（二）进一步规范厂务公开民主管理工作的内容和形式

在厂务公开事项上认真履行"提出、审查、公开、审议、整改"五个步骤。公开前，认真研究公开内容，集中职工群众的智慧和力量，在民主决策的基础上提高决策的科学性；公开后，积极取得职工群众的理解和支持，引导和发展职工群众自觉参与的积极性。在公开形式上，各企事业单位从单一化向多样化深入。大多数企业采用以职代会为基本载体，辅之以厂务公开栏、企业内部网络、厂情报告会等职工群众欢迎的形式进行公开，做到件件有回音、事事有落实，确保厂务公开的真实性和时效性。

（三）始终坚持职工代表大会制度，充分体现民主管理过程

一是坚持定期召开职工代表大会，定期换届选举。落实企业经营管理者是落实职代会制度"第一执行人"的权利，积极为职代会的召开和换届选举创造条件，带头落实职代会制度，保证职代会制度长用长新。二是举办职工代表培训班。凡是职工代都能有接受培训的机会，坚持做到年年有计划、期期得落实，进一步增强职工代表的参政议政意识。三是对代表大会上审议通过的提案，做到件件有交代、条条有落实。对采纳的职工提案、合理化建议，办理及落实情况要在下次职代会上报告。四是充分发挥职工代表大会对领导干部的监督职能。通过开展民主评议企业领导干部，提高领导干部廉洁自律、拒腐防变的自觉性。

（四）切实加强对企事业单位民主管理工作的监督考核

建立监督检查小组和职工代表巡查制度，建立评价考核小组和考核制度，建立科学的评价考核机制。在评价方式上，发挥职工代表巡察制度，突出职工群众是厂务公开工作成效的"第一评价人"。从公开时间是否及时、内容是否真实、程序是否规范、职工群众反映的问题是否得到解决等方面对厂务公开的情况做出科学评价。

（五）大力提高职工队伍的素质

职工素质的高低直接关系到厂务公开的质量和成效。教育和引导广大职工适应社会主义市场经济的要求，努力学习知识、掌握技术、熟悉本职业务和技能，不断提高自身素质，在参政议政中发挥作用，有效地参与企事业单位的管理。

（六）坚持做到"四个结合"

坚持民主管理与职代会制度建设相结合，民主管理与平等协商和集体合同制度建设相，民主管理与职工劳动争议调解制度建设相结合，民主管理与职工评议企业领导干部制度建设相结合。通过"四个结合"，落实职代会职权，维护职工合法权益，协调好劳资关系，促进企业经济效益的提高，从而达到"双赢"的效果。

三、取得的成效

截至 2022 年 12 月，国有、集体企业厂务公开率达 100％，已建工会的非公有制企业厂务公开率达到了 80％以上。全县 90％的企事业单位建立了职代会制度，企事业的重大问题都要提交职代会讨论（审议）通过，既充分体现了民主管理过程，又较好地发挥了职工的主人翁作用，还能调动全体职工围绕企业的共同目标和中心任务努力工作的劳动热情。

（一）进一步增强了企业职工的主人翁意识，有力地支持了企业的改革发展

企业要加快发展，加强民主管理是行之有效的途径。通过推行民主管理制度，使职工能够知厂情、议厂事、参厂政，使民主管理、民主监督、民主决策真正落到了实处，保证了职工真正参与监督企业的各项决策和生产经营活动，激发了广大职工的主人翁意识，使职工主动参与管理，由不会参政议政变为逐步学会参政议政，职工对企业的关切程度明显提高。近年来，全

县开展劳动竞赛的企事业单位达 90% 以上，参赛职工 5000 多人，职工提出合理化建议 73 条，被单位采纳的有 46 条，提出技术革新 3 项。

（二）进一步完善监督制度，加大监督力度，有效地加强了企事业单位的党风廉政建设

通过加强企事业单位的民主管理、民主监督，加大了企事业单位贯彻执行党风廉政建设的准则力度和监督力度，进一步健全了企业领导成员向职代会述职接受职代会评议制度，干部竞争上岗制度，公示制度，重大事项集体决策制度以及招待费使用、大宗物资采购和工程实行招标制度。

（三）进一步健全完善了职代会制度，促进了基层民主政治建设

在推行民主管理的过程中，坚持将职代会作为公开的基本形式，增强了企业领导干部的民主意识和依法治企的能力，使职代会制度得到较好的落实，促进了企业基层民主政治建设。全县企事业单位通过实行厂务公开，使企业原有的职代会、集体协商和集体合同、职工董事、职工监事等民主参与、民主监督制度得到了进一步坚持和完善。

用坚守铸就生命界碑

——10 师 186 团付永强事迹材料

新疆生产建设兵团第十师北屯市总工会

"共和国永不移动的界碑，永不换岗的哨兵"，这是给予戍边人的最高赞扬。地处祖国边境线的新疆生产建设兵团第 10 师 186 团，就是这样一群戍边人。这群人中有这样一个人，他常年驻守在沙漠哨所，远离居民区，忍受着恶劣的自然环境，每天坚持在沙漠腹地执勤巡逻 10 公里，他用坚守守护着 63 号界碑至 66 号界碑的边防线，用脚步丈量国土；他用坚持在哨所的沙漠中植树绿化、种草放牧，使哨所环境一年一个样、三年大变样，靠勤劳的双手改变着生活环境，用汗水浇灌绿色；他坚定地把哨所当家建，建羊圈搞养殖，种菜种瓜建田园，用坚守铸就生命界碑、守卫国土；他就是 186 团武装部北沙窝哨所所长付永强，一位边境一线名副其实的守护神。他先后被阿勒泰地区公安边防支队、10 师表彰为"优秀护边员""最美北屯人""优秀民兵"等。

一、立志守边防，初心永不改

2004 年，付永强和妻子刘桂芝从河南开封来到 186 团工作生活。经过这里的军垦文化和兵团精神的熏陶，老一辈兵团战士的奉献精神深深地感动了付永强。付永强渐渐明白了啥叫"兵团"，感受到了啥是屯垦戍边。

2012 年 186 团武装部组织选拔北沙窝哨所所长人选，付永强瞒着家人第一个报了名。通过考察后，付永强带着妻子刘桂芝收拾了全部家当，将女儿送到寄宿学校后，入住哨所。刚到哨所，这里荒无人烟，没水没电没路，没有邻居，只有寂静的沙漠和庄严的界碑。这里春天风沙肆虐，夏季蚊虫叮咬，秋季冷风侵袭，最难熬的是长达 5 个月的大雪封路的冬季，取暖只靠铁火墙。付永强一家没有向恶劣的气候环境低头，不论春夏秋冬、刮风下雨，他每天都与妻子一道巡逻在沙漠边缘及沙漠腹地，两人相互搀扶，前进三步退两步，经常累得气喘吁吁。2015 年春节，付永强巡逻时，雪地里突然蹿出一只野兔，惊了座下的马，马狂奔乱窜。付永强被重重甩下马鞍，脚腕卡在脚镫上，生生被拖出去 50 多米远，整个左手掌血肉模糊。但付永强只休息了 3 天就又出门巡逻了。还有一年冬天，夫妻俩在一次巡逻途中突遇大风雪迷了路，手机没有信号，两人靠着仅剩的半块馕和雪水，在雪窝子里避风，直到第三天后，才被路过的牧民搭救。回想往事，他觉得对不起妻儿，让妻子跟着自己在这荒芜的沙漠里忍受孤独、寂寞，让孩子与父母长期分离，缺少陪伴与关爱。9年，3285个日日夜夜，付永强巡边2万公里，劝返和制止临界人员百余人次，堵截临界牲畜千余只，至今未发生一起涉外事件，用坚守铸就了生命界碑。

刚到这里时哨所周围是一座座沙丘。每天在10余公里的边境线上巡逻一次，把情况如实向上级汇报，是付永强的任务。夏天伴随哨所的是从早到晚的沙尘，吹得人睁不开眼；冬天是北风呼啸的寒流，让人寸步难行。当时哨所没水没电，取暖用一个小铁炉。付永强一家进住后，没有向恶劣的气候环境低头，不论春夏秋冬，他每天与妻子一道，巡逻在绵延10余公里的沙漠边缘及沙漠腹地。在哨所工作以来，付永强夫妇刻苦学习边境管理的法律法规与相关知识，随时掌握边境一线情况，当好边境一线的守护神。记得2013年4月的一天，付永强带着妻子像往常一样巡逻在边境线上，在到达63号界碑处时，突然发现大量羊群也正靠近边境铁丝网，如不及时将其赶回，将发生牲畜越界的涉外事件。付永强夫妇毫不犹豫地将羊群赶回并找到了放牧人。原来是一名哈萨克族同胞所放的羊群，夫妻二人及时向这名哈萨克族同胞宣传了边境管理的相关法律法规，提醒其以后放牧一定要遵守边境管理规定，防止人畜越界引发后果。他们的果断及时制止了一起因牲畜越界造成的涉外事件。

二、守边当事业，哨所当家园

为改变北沙窝哨所恶劣的环境，2013年4月，186团党委决定对哨所进行硬化和绿化。自2013年4月至今，团党委先后投入资金500余万元，从团部地区移栽大树2000余棵，栽种各种树苗30余种共2万余棵，绿化沙地300余亩；硬化路面2000余平方米；完善了打井取水、电力、供暖、沙地喷灌等基础设施建设。为做好哨所的绿化工作，付永强带着妻子一边巡逻，一边做好近3万棵树木及300余亩绿化沙地的管理工作。为使哨所成为以劳养武的基地，哨所旁边建起了羊圈，他在师市总工会5万元帮扶资金的扶持下购买了70余只小尾寒羊，发展起了养殖业，如今已管理着200只羊。他每天与妻子一道边放牧边巡逻，生活虽很清苦寂寞，但充实而有意义。巡逻执勤、喂羊放牧、植树种草，工作量之大可想而知。特别是从团部移栽的大树，哨所周边的地质全为沙地，浇灌的水流失快，如浇水不及时就会导致树木死亡，代价之大不言而喻。为保证树木及草种的成活率，夫妻二人起早贪黑，每天除了在边境巡逻放牧，其余时间都穿梭在树林带间，算不清走了多少路、流了多少汗，鞋磨破了换，衣服磨烂了缝。就这样，夫妻二人精心培育着每一棵树，每一株草。在移栽的大树刚栽种上的时候，一天凌晨4点左右，夫妻二人在浇灌树林时发现一条喷灌主管道突然破裂，如不及时修复，所栽种的树木得不到及时浇灌就会死亡。为避免这种情况的发生，他们连夜奋战，用4小时将破裂的管道修复好。当时正值4月底，北沙窝的夜晚寒风刺骨，待他们修复完管道，才发现自己的手脚都冻僵硬了。

功夫不负有心人，经他们苦心培育，北沙窝哨所现已基本实现了绿树成林、绿草成茵。经各级首长、领导实地调研，对哨所的建设给予了充分肯定和高度评价，在社会各界也有了一定影响。他与妻子正按照团党委要求，为将哨所打造成"守边护边的前哨、以劳养武的基地、红色旅游的景点、传统教育的园地"而努力工作。

三、戍边无小事，责任肩上扛

初到哨所时没觉得有什么艰辛，反而觉得肩上多了份重任，承载了祖国赋予的光荣的戍边职责。那天，付永强一家刚搬进哨所，哨所里设施很凌乱。正当付永强准备整理房间时，接到上级通知，要对边防线巡逻查看，付永强只得留下妻子与小女儿整理房间，但心想：室内大件物品母女俩是无法搬动的，也只能先扫扫灰尘，大件物品要等自己亲自上阵才行。付永强在天黑前圆满完成了值勤任务，他推开房门正等待女儿兴奋地扑上来时，却看到哨所里里外外被收拾得干净整洁，女儿已经坐在板凳上双手支着下巴睡着了，妻子还在忙碌。付永强不由得眼睛一湿，心想苦了女儿和妻子。但因为有了这份责任和使命，为了祖国的边境线，作为兵团人就要舍小家、顾大家，做出自己应有的贡献。

付永强进驻哨所以来，兢兢业业工作，把守边当作自己一生的事业，扎扎实实守好边防；把哨所当作家来建，为扎根边疆做好准备。"种地就是站岗，放牧就是巡逻。"这句话是付永强和家人生活的真实写照。他为边境安宁、社会和谐稳定默默地奉献和坚守着，用坚守镌刻忠诚，用生命铸就界碑，这种光荣和自豪也让他收获了一份可贵的幸福。

守正创新谋发展　履职尽责谱新篇

河南省罗山县总工会

罗山县总工会结合工作实际，认真履职尽责，有力彰显作为、发挥作用。近年来，先后获得"全国先进县工会""全国新建企业工会组建工作先进单位""河南省帮扶困难职工先进单位""信阳市工会工作优秀单位""信阳市工会先进女职工委员会""信阳市基层工会组织建设工作先进单位""信阳市工会财务工作先进单位"等荣誉称号。宝城街道"新家乐"爱心驿站被全总评为"最美工会户外劳动者服务站点"，县法院立案厅被授予省工人先锋号称号，罗山县老寨山生态茶业有限公司职工李敏被授予省五一劳动奖章，信阳泰岳农业科技有限公司被授予市五一劳动奖章，张振涛等7人被授予市五一劳动奖章。

一、突出抓好基层建会工作，不断扩大工会组织覆盖面

（一）突出抓好新业态劳动者建会入会工作

2022年，成立了罗山县新业态工会联合会，选举产生新业态工会联合会第一届班子。完成了"4+1"工会联合会的组建，在罗山县外卖行业、快递行业、货运行业、网约车行业、物业行业分别成立了行业工会联合会，并得到省总工会新业态工会联合会专项资金2万元，另外建会入会项目资金3.73万元也已经分解到各自行业工会。为15名生活困难的货运司机和美团外卖员送去慰问金1.5万元。截至2023年6月，全县新业态工会建会27家，新发展新业态会员2170人。

（二）着力推动基层工会规范化建设

进一步规范各基层工会组织建设，推动工会干部配备落实，健全完善工作运行机制。对全县基层工会规范化建设情况摸底调研，开展村（社区）工会达标创建活动。聚力推进村级工会规范化示范点建设，助力乡村振兴。目前，已申报省级示范点1家、市级示范点1家。

（三）积极申报工会建会入会项目

围绕"工作项目化、项目目标化、目标责任化"的工作思路，2023年，共申报省级、市级项目5家，包括工会组建类项目2家，发展会员类2家，百人以上企业制度建设类1家；申报新业态工会服务项目2家。

二、支持"爱心驿站"建设，开展困难职工和女职工特别关爱等活动

开展"爱心助农·消费帮扶行动日"活动。参与了2023年11月6日开展的全县"爱心助农·

消费帮扶行动日"首场活动。12月6日，和县巩固衔接办举办了"爱心助农·消费帮扶行动日"工会专场活动。自首场活动启动以来，各基层工会共计购买163家脱贫户、"三类户"和7家带贫企业的农副产品，累计消费73万元。

依托党校、技校、农技推广站、农民夜校等，开展了4场农民工技能培训，共230人参加。选树表彰"罗山工匠"，支持建立劳模（工匠）人才创新工作室，为10个劳模（工匠）人才创新工作室挂牌，助力罗山县"人人持证、技能河南"建设。

三、在助力乡村振兴战略中展示工会组织新作为

开展劳模助力产业振兴发展、技能素质提升、就业创业示范引领、乡风文明建设、结对志愿帮扶五大行动，引领农民群众就业和返乡农民工创业，开展"一帮多""团队帮扶"等劳模志愿服务，在乡村振兴主战场充分展示劳模新风采，打造工会工作新品牌。

（一）常态化帮扶困难职工

持续开展"四季送"活动，慰问企业一线职工和困难职工、下岗职工。为68户困难职工送去慰问金9.5万元。通过电话回访、实地调查等方式对在档的23名困难职工进行了摸底排查，为因病致困的6名职工发放救助金3.6万元，为8名在档困难职工发放生活救助金2.4万元。对近三年助学救助的困难职工家庭子女进行电话回访，为符合"阳光就业"行动的2户职工子女注册建档，为12户在档困难职工子女送去助学金6万元。"冬送温暖"活动共投入资金近30万元，惠及1200余人。

一是持续开展"四季送"活动。完善困难职工帮扶档案，开展"冬送温暖"活动，投入资金29万元。开展"秋送助学"活动，为本县33户困难职工家庭的高校毕业生建立实名制档案，为7户困难职工家庭学生送去助学金3.5万元。二是在"万人助万企"活动中，为全县小微企业退还工会经费达23万元。三是为受灾情影响的4家企业送去救助物资共计2万元。

（二）支持和优化爱心驿站建设

为拓展驿站在全县的覆盖范围，提升驿站服务质量，罗山县总工会已建立22家社区户外劳动者爱心驿站，并完成了高德地图信息采集，为驿站配齐饮水机、微波炉、空调、医药箱等物品。经过不懈努力，赵园社区新家乐爱心驿站被评为全国"最美工会户外劳动者服务站点"。

（三）持续推动实施职工重大疾病医疗互助保障工作

在借鉴外地大病医疗互助经验的基础上，经过数次调研和座谈会，广泛听取广大职工群众意见，制订印发了《罗山县职工大病互助实施方案》，2022—2023年度共有71家单位、4948名职工参加了互助保障活动。自2021年10月该项工作开展以来，已为78名因病致困职工支付医疗保障金103183.4元，极大地缓解了职工因病治疗造成的经济困难，受到职工们的一致好评。

（四）鼓励开展消费惠农活动

延续帮扶政策、助力乡村振兴。转发了市总工会《关于持续做好消费惠农工作的通知》。

2023 年 12 月 7 日，罗山县"关爱你我他（她）·温暖千万家"消费惠农工会专场活动在特色商业园区举行，20 个乡镇（街道）党（工）委副书记、30 个县直相关部门分管工会负责人参加了此项活动。各基层工会现场认购了监测户农产品 12000 斤，有效解决了我县监测对象和脱贫户家庭农产品滞销难题，增加了监测户、脱贫户的家庭收入。

持续开展消费惠农活动，鼓励更多基层工会，动员更多爱心企业、爱心人士助力罗山县乡村振兴。

敢为善为强作风　务实落实增能力

黑龙江省绥芬河市总工会

2023 年上半年，在绥芬河市委和牡丹江市总工会的坚强领导下，绥芬河市总工会围绕中心、服务大局，以党的二十大精神和习近平总书记系列重要讲话精神为指导，认真学习贯彻市委十一届三次全会、牡丹江市总工会十六届五次全委会议精神，深入贯彻落实许勤书记在牡丹江市调研检查指导工作时的讲话精神，全力开展好能力作风建设"工作落实年"活动，以促进企业经济发展、维护职工合法权益和职工队伍稳定、构建和谐社会为重点，服从大局、服务发展、服务企业、服务基层、服务职工，团结动员广大职工同舟共济，发挥主力军作用，为推动全市经济平稳较快发展做出了积极贡献。

一、工作完成情况

（一）提高政治站位，扎实抓好能力作风建设"工作落实年"各项工作

一是制订深化能力作风建设"工作落实年"工作方案，成立专项工作机构，召开动员部署工作会议。二是创建丰富学习型机关，不断完善机制，创新载体。利用"三会一课"、党组理论中心学习组学习和"第一议题"系统深入学习党的二十大精神、习近平总书记重要讲话精神、习近平新时代中国特色社会主义思想，不断提高干部队伍的政治理论水平和思想政治素质。三是办好"基本业务 +"学习业务知识培训。四是强力组织集中攻坚破难行动。立足工会工作，重点围绕脱贫解困、开展劳动技能竞赛等难点，围绕缓解职工生活困难、子女教育、因病致困以及动员我市具备条件的企业开展劳动技能竞赛两方面制订攻坚计划。五是大力查改突出问题。六是深入开展"三治一创"。七是开展"解放思想"专项活动。

（二）加强党风廉政建设，提高拒腐防变能力

一是着重抓廉政教育，筑牢拒腐防变的思想道德防线。二是坚持"一岗双责"，认真落实党风廉政建设责任制。三是开展会商工作，召开会商会议。

（三）加强党的组织建设，认真抓好制度落实

一是落实"三会一课"、组织生活制度，坚持和完善"三会一课"制度，坚持定期、保质保量地开展活动，并努力探索创新，使"三会一课"制度发挥更好的作用，进一步健全党的组织生活，加强党员的教育管理。二是完善党员、积极分子的教育管理。三是抓实抓紧主题党日、志愿服务等活动。

（四）汇聚匠心，扎实推进产改工作

大力弘扬劳模精神，完成五一劳动奖章、工人先锋号、"五小"创新申报项目推荐工作。我市消防救援大队获评2023年牡丹江市"五一劳动建功"优秀单位；杨明明、刘晓晶、关艳梅荣获2023年牡丹江市"五一劳动建功"优秀个人；绥芬河市人力资源和社会保障局劳动人事争议仲裁院立案庭获评2023年牡丹江市"五一劳动建功"优秀集体。"五小"创新获评一等奖1名（供水网络平台监测系统）、二等奖2名（半自动扎丝机、灌装粘贴固定器）、三等奖3名（砸桩锤头、产销转一体化软件、五花山水库大坝照明双电源系统）。通过推荐、评比，进一步激发了全市广大职工的工作热情和创造活力。同时，建立了杨翠红、曲富强等5家劳模创新工作室；将杨绍里劳模创新工作室申报升级为牡丹江市级劳模和工匠人才创新工作室，充分发挥劳模在企业创新中的示范引领和"传帮带"作用。

（五）凝聚力量，亮点纷呈全力打造品牌

按照市机关党工委要求，绥芬河市总工会年初以来全力打造"工心向党　情暖边城"党建品牌建设，发挥好党和广大职工的桥梁与纽带作用，服务基层、服务职工、保障权益，收到较好的效果。

二、下半年工作计划

2023年下半年，我们将要重点从以下几方面开展工作。

（一）继续加强队伍建设，加强理论武装，坚定政治站位

坚定自觉地同以习近平同志为核心的党中央保持高度一致，坚持贯彻党的二十大精神，把"两个维护"作为首要任务扛牢做实；把认真贯彻执行党章作为重要内容融入日常；坚持把党的政治建设摆在首位，加强党风廉政建设，不断强化"四个意识"，严肃党内政治生活，严格落实组织生活制度。

（二）围绕市委中心工作，努力完成市委、市政府交办的各项任务

推进产业工人队伍建设工作，推进年度工作任务，围绕产改重点任务，持续推动产改创特色、出成果、促发展；组织开展木材行业、套娃画工、助浴师、中式面点、电商主播、烹调、新就业形态（快递）等技能竞赛，促进产业工人提升技能；推进劳模和工匠人才创新工作室的创建，完善建设劳模工作室。

（三）围绕工会主责主业，扩大工会影响力

着力推进建会入会工作，全面推进新就业形态劳动者建会入会。广泛宣传建会入会的好处、入会服务措施和工会服务阵地，因地制宜明确工会组织组建形式和入会方式，采取适当的服务手段和激励保障措施，最大限度将新就业形态劳动者组织到工会中来；推进提升职工品质生活工程，选树培养职工生活品质企业试点、服务职工基地试点以及开展新就业形态劳动者温暖行动。协调多部门联动，形成工作合力，全面提升市总工会的综合服务能力。

坚持党建引领　筑牢战斗堡垒

河北省平乡县总工会

平乡县总工会机关党支部高度重视领导班子自身建设，坚持民主集中，自觉贯彻执行党的路线、方针、政策，落实县委、县政府决策部署，注重贯彻党的民主集中制，充分尊重党员职工民主权利，改进工作作风，打造"维护职工合法权益·竭诚服务职工群众"党组织品牌，全心全意为干部职工搞好服务。

平乡县总工会是下设综合办公室、基层组织工作部、经济技术创新工作部、权益保障工作部、经费审查委员会办公室5个科室和职工服务中心的一家事业单位，现有在职职工26人。总工会党支部共有党员11名。

一、加强职工思想政治引领，全面提升职工政治素质

县总工会以学习贯彻党的二十大精神为主题，以"四型机关建设"活动为契机，开展工会机关党员党日学习活动、"传承红色基因·'悦'读伴苗成长"职工家庭亲子阅读会、"玫瑰书香·芳心向党"领读活动、"中国梦·劳动美——矢志不渝跟党走·携手奋进新时代"职工朗诵比赛、"平乡县首届全民健身大会暨职工篮球、足球、乒乓球、拔河比赛"等系列活动，进一步提高了广大干部职工的思想觉悟、道德水准、文明素养，加强少年儿童爱国主义教育。

二、加强基层工会组织建设，推进工会组织全覆盖

开展基层工会组织规范化建设工作。联合县委"两新"工委印发《关于加强"两新"领域基层工会组织建设工作的通知》，以"党建带工建，工建服务党建"为原则，推动"两新"领域基层党组织建设与工会组织建设同谋划、共促进，推进党工共建一体化，深入开展新就业形态劳动者入会行动，现正在筹备组建平乡县家政行业联合工会。

三、创新拓展职工关爱模式，全面推进工会服务上台阶

根据困难职工帮扶有关规定，2023年共对3户困难职工家庭开展帮扶，发放救助金和慰问物品8700元；开展职工医疗互助活动，共发放救助金34.38万元，救助247人次；开展春节送温暖、医务人员应急返岗慰问、新就业形态劳动者慰问等送温暖活动，发放慰问物资和资金15万余元；开展"春风送岗"大型招聘会3场次，提供就业岗位3000余个；开展新就业形态领域

女职工心理健康服务，举办"新就业形态劳动者心理解压赋能沙龙活动"；新建户外劳动者驿站1处；推进工人文化宫项目建设，主体工程已进入竣工验收阶段，正在进行室内装修设计和附属设施工程建设；创新设计"平乡童车人"职工服务品牌建设内容，积极打造"一县一品"品牌项目。

四、创新劳模管理方式方法，大力弘扬劳模精神

一是组织省市劳模体检。2023年4月27日，组织我县省、市劳动模范80余人到县人民医院进行健康体检。二是慰问省、市劳模。开展"建党聚合力　礼赞劳动美"庆五一国际劳动节系列活动，走访慰问我县全国五一劳动奖章获得者周校进、河北省劳动模范霍孟显、邢台市劳动模范钱红梅。三是开展新就业形态劳动者技能比赛。5月8日，县总工会、县妇联联合在淘大职业培训学校组织开展2023年平乡县家政服务技能竞赛。通过开展系列活动进一步弘扬劳模精神，在全社会大力营造尊重劳动、劳动光荣，各民族共同繁荣发展、共同团结奋斗的良好干事创业氛围。

充分发挥工会职能作用
全力服务文昌高质量发展

海南省文昌市总工会

2023 年上半年以来，在市委的坚强领导和省总工会的具体指导下，市总工会充分发挥职能作用，团结动员全市广大职工群众为加快推进海南自由贸易港和文昌全域国际航天城建设贡献力量。

一、2023 年上半年工作回顾

坚持以习近平新时代中国特色社会主义思想为指导，围绕中心、服务大局，以"县级工会加强年"专项工作为抓手，突出重点，完成向社会的承诺，做好服务职工群众的 10 件实事，切实增强全市广大职工群众的获得感、幸福感、安全感。

（一）改革创新，积极推动工会工作高质量发展

1. 加强党的建设

上半年，组织党组会议等集中学习 23 次，第一时间传达学习贯彻党的二十大精神，习近平总书记系列重要讲话和指示批示精神，加强省委、市委和省总工会相关会议精神，不断推动学深悟透党的创新理论，以高度的政治自觉、思想自觉、行动自觉，坚定捍卫"两个确立"，坚决做到"两个维护"，真正做到入脑入心、指导实践、推动工作。

2. 加强思想引领

落细落实意识形态工作主体责任，党组专题研究意识形态工作，将意识形态工作与业务工作同部署、同推进，在理论武装、品牌打造、职工文化等方面创新思想政治引领方式和载体。摄制劳模和一线劳动者的宣传视频，在央广网等媒体进行宣传，大力弘扬劳模精神、劳动精神、工匠精神。联合相关部门开展"禁毒流动课堂"和"禁毒宣传进万家"禁毒宣传活动，发放禁毒资料 1600 份，进一步增强职工识别毒品的能力，提升职工远离毒品的自我保护意识，巩固禁毒宣讲成果。举办"情系女职工、法安幸福家"法律宣传活动、三八维权法律宣传下企业活动、《中华人民共和国安全生产法》讲座等法律宣传宣讲活动，进一步普及法律法规知识，提高干部职工法治素养。组织开展"3•5"学雷锋志愿者服务活动、"女职工关爱服务日"活动、"六水共治""创文巩卫"志愿服务等形式多样的志愿服务活动，做优做强工会服务品牌。引导广

大职工群众坚定不移听党话、矢志不渝跟党走。

3. 加强改革创新

一是召开文昌市工会第十三次代表大会，落实市委印发的《文昌市总工会改革方案》要求，配齐兼挂职副主席，打破以往代表大会只选委员会和经审会领导班子的常规，同时选举产生十三届女职工委员会领导班子。二是为加强领导班子思想政治建设，成立文昌市总工会十三届常委会理论学习中心组。2023 年以来，组织了 2 次理论学习中心组学习。三是推行基层工会"以上代下"财务集中核算管理模式，对 190 家基层工会进行财务集中管理、集中核算，进一步加强对基层工会经费的管理。四是持续开展工会审查审计监督，对下级 60 家基层工会开展 2022 年度经费收支情况审计，进一步推动工会经费的规范管理和合理使用。五是联合有关部门召开产业工人队伍建设改革联席会议暨工作推进会，代拟《文昌市产业工人队伍建设改革实施方案》，印发《文昌市推进产业工人队伍建设 2023 行动计划》《文昌市推进产业工人队伍建设 2023 行动计划任务清单》，为稳步推进产改工作奠定基础。

4. 扎实开展"县级工会加强年"专项工作

全国总工会于 2022 年 9 月—2023 年 9 月在工会系统集中开展了"县级工会加强年"专项工作。市总工会根据省总工作方案，结合我市工作实际，制订了《文昌市总工会开展"县级工会加强年"专项工作方案》，及时召开动员部署会，推进专项工作落实。围绕政治引领强、组织功能强、服务阵地强、制度机制强、作用发挥强"五强"目标，制定了 65 项细化专项工作任务清单，每两周跟踪推进专项工作落实并上报阶段工作进度表。在 2023 年 4 月全省专项工作推进会上，我会作为先进单位代表进行了经验交流，截至目前专项工作已完成 60 项，未完成的 5 项均可在时间节点前完成。通过制定《文昌市总工会财务支出审批管理办法》，优化财务审批程序，进一步提高经费使用效益和日常工作效率，推动我市工会组织体制和工作机制创新，解决影响和制约我市工会发挥作用的突出困难和问题，将市总工会建设得更加充满活力、更加坚强有力。

（二）凝心聚力，团结带领广大职工群众建功"十四五"伟业

1. 以劳动竞赛凝聚职工

投入 19.8 万元，举办第五届"工会杯"烹饪技能大赛，全市共 120 名餐饮烹饪从业人员通过中餐热菜、中式点心、特色小吃、冷拼、果雕 5 项进行比拼，促进我市餐饮行业的交流，推动我市餐饮业的健康发展。投入 10 万元，联合市卫健委举办急救技能竞赛、团体体能大比武活动，切实提高基层医疗机构急救能力。联合市住建局，在市委党校南侧安居房项目中开展"六比六创、三型一流杯"夺标劳动竞赛活动，激励广大职工以更饱满的热情投入工作。

2. 以劳模精神引领职工

一是推进评先评优工作。市环境卫生管理局驻场组组长符柳荣获 2023 年全国五一劳动奖章，文昌市中航环卫有限公司荣获 2023 年海南省五一劳动奖章，文昌市劳动人事争议仲裁院院长黄

平荣获 2023 年海南省五一劳动奖章，海南琼菜人家餐饮管理有限公司海南琼菜人家旗舰店、海南勤富食品有限公司研发检测中心荣获 2023 年海南省工人先锋号。有序推进文昌市五一劳动奖和工人先锋号评选工作。二是开展劳模慰问关爱工作。投入 11.15 万元，在春节、五一期间开展慰问劳模活动，慰问劳模 84 人次，为劳模们送去党、政府及工会组织的关怀。三是投入 5 万元，摄制致敬劳动者的宣传视频，通过央广网等央媒进行宣传，进一步营造劳动最光荣、劳动最崇高、劳动最伟大、劳动最美丽的良好氛围。

（三）维权帮扶，全力实现好维护好职工群众的合法权益

1. 落实帮困救助措施

为符合条件的困难职工建档立卡，实现全覆盖，做好应援尽援。我市现有在档困难职工 43 户，其中深度困难职工 16 户，相对困难职工 27 户。投入 20.64 万元，开展春节送温暖慰问活动，共慰问年初在档困难职工 48 户，每户发放 4000 元慰问金和 300 元慰问品。投入 1.785 万元，为 17 户 51 名无能力缴纳城乡医保的困难职工家庭人员代缴 2023 年度城乡居民医疗保险保费。投入 10.08 万元，为 44 户非单人户困难职工发放生活补贴，其中 16 户深度困难职工 49 名供养人口帮扶 3.92 万元（不含户主），26 户相对困难职工 88 名（不含户主）供养人口帮扶 6.16 万元。投入 0.89 万元，开展三八慰问困难女职工活动，慰问单亲女职工 4 户和非单亲女职工 22 户。投入 1.07 万元，开展六一慰问特别关爱服务，为 13 户困难职工家庭的 16 名 14 周岁以下儿童发放慰问金和慰问品，送去儿童节的关心和温暖。发动 172 家单位共 15647 名职工，筹集 312.94 万元参加海南省工会第四期医疗互助活动，截至目前，已有 44 人次申请补助，补助 6.1327 万元。发动 121 家单位共 4865 名职工参筹集 24.325 万元，参加 2023—2026 年女职工安康互助活动。

2. 开展好普惠服务

投入 14.1 万元，开展春节送温暖慰问活动，慰问公安、铁路、公交、医疗、环卫等春节坚守在一线的职工 470 名。发动 5 名有劳动力的困难职工、困难职工家庭成员参加 2023 年文昌市春风行动暨就业援助月现场招聘会。组织 183 名工会会员参加第一期海南工会 2023 年"工会会员健康游"普惠活动，80 名优秀技术工人参加疗休养活动。投入 6.18 万元，举办"工会佳缘"职工交友联谊活动，为 80 名单身职工搭建交流平台，现场共有 10 对成功牵手。投入 16.4 万元，为市重点工程项目建筑工人、新就业形态劳动者、公安交警、环卫工人和公交司机等 4045 名在高温天气下户外作业的一线工作者送去凉茶等防暑降温慰问品。投入 3.54 万元，为春节期间不停工的 177 名重点项目务工人员开展暖心留工助发展慰问活动，为他们送去党和政府以及工会组织的亲切关怀和新春祝福。

3. 推进集体协商和企业民主管理

联合市人社局、市工商联继续开展工资集体协商"百日邀约"行动，通过召开集体协商"百日要约行动"工作推进会、印发集体协商"百日要约行动"通知和集体协商专职指导员下企业指导等形式，指导我市各行各业开展集体协商工作。通过印发《关于申报推荐文昌市厂务公开民主管理工作先进单位的通知》《文昌市总工会创建星级职代会实施方案》，选树先进典型，推动我市厂务公开民主管理和职代会工作再上新台阶。

4. 推动文化惠职工建设

投入48.88万元，开展"中国梦·劳动美——建功新时代　展现新作为"职工庆"五一"系列文体活动，全市共有近1000名职工、农民工参加羽毛球团体赛、九人排球赛、拔河赛、乒乓球、象棋赛等比赛项目及书画展，进一步激发了广大职工群众的工作热情和昂扬进取的精神状态。投入18.6万，向东阁镇、昌洒镇等9家职工书屋赠送图书，为市工人文化宫书屋购置了价值20万元的图书，进一步提升全市职工书屋规范化建设和藏书水平；投入45.5万元，开展送琼剧下基层29场，送电影下基层20场。观看人数达4000余人次，既丰富了职工文化生活，又活跃了市场。

5. 全力落实服务职工群众10件实事

2023年年初文昌市总工会筹资600万元，向社会承诺做好服务职工的"四送"活动、帮扶困难职工、一线职工健康体检和疗休养、职工服务阵地建设、就业创业示范基地和户外劳动者服务点建设、农民丰收节慰问农民工和学历能力提升补贴、关爱劳模和开展劳动技能竞赛、"工会＋互联网"普惠工程、"工会佳缘"联谊活动、文化惠职工和普法宣传活动共10件实事，截至目前已投入348.68万元，工作完成率为58.1%，达到了时间过半、任务过半的工作目标。

（四）夯实基础，进一步增强工会组织凝聚力

1. 发挥市工人文化宫服务阵地作用

截至目前，市工人文化宫项目一期、二期建设累计投资6187.21万元。一期、二期项目已竣工验收。2023年1月，市总工会机关搬迁到市工人文化宫综合楼办公。为更好地发挥文化宫宣传窗口和活动阵地的积极作用，上半年来在市工人文化宫园区举办了文昌市2023年职工庆五一系列活动的部分赛事，上演了宋庆龄现代琼剧、冰雪奇缘舞台剧，还联合市公安局开展了禁毒宣传活动，联合市科协开展了第二十九届文昌市青少年科技创新大赛终评活动、亲子阅读活动、全市经审干部培训等12场次。

2. 激发基层工会组织活力

一是扩大工会组织有效覆盖。2023年上半年，在全市范围内新建工作工会组织21家，发展会员418人。二是加强基层工会职工服务阵地建设。上半年完成潭牛镇服务阵地建设，持续支持海南兴蓉环境发展有限责任公司、约亭工业园、琼文中学等6家基层工会职工之家阵地建设，进一步夯实基层工作基础，激发基层活力，提升职工群众幸福感和扩大工会组织凝聚力、影响力。三是拨付119.58万元，补助38家基层工会开展职工文体活动，进一步增强基层工会组织的凝聚力、向心力、战斗力。四是做好小微企业2023年度工会经费（筹备金）返还工作，为8家小微企业返还工会经费21.33万元。

（五）整合资源，推进"工会＋互联网"工作新模式

加大在央广网、市总新闻门户网站、"侨乡工人"微信公众号的信息推送，扩大工会政策宣传力度，上半年共推送400多条信息，受到省总的通报表扬。同时，加强网上普惠职工职能。投入资金18万元，在"侨乡工人"微信公众号上开展2023年"迎新春送年货"活动，送出新春礼包3000份。投入资金4万元，在"侨乡工人"微信公众号上开展2023年春节普惠观影活动，送出电影票1000张。投入资金15万元，在"海南工会云"APP上开展学习贯彻党的二十大精神线上知识答题暨"端午节线上送粽子"普惠活动，送出奖品2500份。投入资金1.9万元，在"侨乡工人"公众号上举办学习党的二十大精神暨《女职工劳动保护特别规定》线上知识答题普惠活动，送出733份餐饮消费券。

（六）加强建设，打造担当实干的工会干部队伍

一是加强党风廉政建设。以学习宣传贯彻党的二十大精神为契机，组织干部职工观看教育警示片、参观红色教育基地、召开党风廉政建设和反腐败工作会议等，从思想上筑牢思想道德和党纪国法两道防线，增强工会党员干部廉洁从政的自觉性和拒腐防变的能力。二是强化工会干部队伍建设。2023年上半年，通过举办2023年工会干部理论业务能力提升培训班、全市教育系统卫生系统基层工会财务培训班、基层工会经审业务培训、安全生产知识讲座、培育好家风讲座共5场次，培训人数600多人，进一步加强我市工会干部队伍建设，提升整体素质。组织市总工会相关人员到昌江县、浙江海宁市考察学习工人文化宫运营管理，组织市产改工作相关人员到江苏扬州市考察学习产业工人队伍建设改革工作，使工会干部进一步开阔视野，增强干事创业本领。

（七）围绕中心，在服务大局中彰显新时代工会担当

1. 助力乡村振兴工作

下派2名乡村振兴队员和1名帮扶联系人到公坡镇开展巩固拓展脱贫攻坚成果和助力乡村振兴工作。上半年联合市供销社、乡村振兴局举办消费助农活动2场次，发动职工参加助农消费，消费金额20余万元。联合公坡镇党委、镇政府开展2023年乡村振兴党建联盟暨助农支农系列公益活动、七一文艺惠民活动、现场捐赠慰问活动。由市总工会牵头成立调研组，对公坡镇镇、村领导班子及班子成员自2021年换届以来有关情况开展了届中集中调研，全面了解分析镇、村班子运行情况及班子成员履职表现，提出加强领导班子建设的意见和建议，助力乡村振兴。

2. 助力我市创建全国文明城市和巩固国家卫生城市创建成果

2023年以来，市总工会每日组织职工在和平北路责任路段进行卫生清洁活动、每周五组织志愿者在创文网格点沿江社区开展环境卫生、车辆乱停放集中整治，保持责任路段道路整洁，共同营造整洁、清新、优美的居住环境。同时，积极开展"创文巩卫"宣传活动，上半年共印发宣传页2000份，传递文明新风，进一步提高了广大居民群众参与"创文巩卫"工作的积极性与主动性，共同助力全市"创文巩卫"工作。

二、存在问题

上半年的工作取得了一定的成绩，但也存在一些问题与不足：一是有效服务改革发展的思路创新不够；二是基层工会组织建设活力还不足，工会整体实力仍需不断提升；三是工会干部能力水平与新时代要求还有一定差距。

三、下半年工作计划

下半年，我们将坚持以习近平新时代中国特色社会主义思想为指导，结合"学习贯彻习近平新时代中国特色社会主义思想主题教育""县级工会加强年"等专项工作，按照年初工作计划和"服务职工群众10件实事"的工作部署，在围绕中心服务大局、服务职工中积极主动履行工会的各项职能，团结引领广大职工在推进海南自由贸易港和文昌全域国际航天城建设中建新功立新业。

（一）开展习近平新时代中国特色社会主义思想主题教育

通过召开动员会、举办读书班、开展调查研究等方式，结合工会自身特点，系统谋划、周密部署，创新举措、精准发力，推动主题教育走深走实。

（二）扎实推进"县级工会加强年"专项工作

围绕市总工会"县级工会加强年"专项工作清单中未完成的着力扩大工会组织有效覆盖、推动建立健全县级厂务公开民主管理制度等5项任务目标，精准发力，按时完成。同时，查漏补缺，"回头看"，再次审核完成项目，做好材料归档，梳理工作亮点，写好专项工作总结，迎接省专项工作考核，力争专项工作考核排名在全省前列。

（三）持续做好服务职工群众10件实事

针对年初向社会承诺做好服务职工群众10件实事中尚未兑现的职工免费健康体检、金秋助学农民学历能力提升补贴、职工服务阵地建设等工作，持续抓好落实，确保件件有着落、事事见成效。

（四）进一步发挥市工人文化宫阵地作用

通过建立完善"建、管、用"工作机制，将市工人文化宫建设为弘扬社会主义先进文化的重要阵地，建设为职工群众学习知识、增长才干、进行文化活动的重要场所，精心打造新时代职工的"乐园和学校"。

深化改革促提升　提质增效谋发展

——"旗县级工会加强年"专项工作开展情况

内蒙古镶黄旗总工会　高佳龙

镶黄旗总工会紧紧围绕"政治引领强、组织功能强、服务阵地强、制度机制强、作用发挥强"的目标要求，持续深化工会改革创新，推动我旗"旗县级工会加强年"专项行动提质增效，现将工作开展情况总结如下。

一、强化政治引领，保持正确政治方向

（一）加强组织领导

"旗县级工会加强年"专项工作启动后，旗总工会第一时间做出安排部署，成立了以党支部书记、主席为组长，两名副主席为副组长，各部室部长为成员的专项工作领导小组，明确工作职责和任务分工，有序开展此项工作。

（二）加强职工思想政治引领

旗总工会党支部举办"民族团结进步+"主题党日活动；组织职工宣讲团深入基层，开展二十大精神宣讲 20 余场；召开专题会议，学习党的二十大报告、习近平总书记在学习贯彻党的二十大精神的重要讲话等内容；举办"奋进新征程　巾帼绽芳华——巾帼劳模进校园宣讲"活动；开展"中国梦·劳动美——凝心铸魂跟党走　团结奋斗新征程"主题宣传教育活动；举办"中国梦·劳动美——凝心铸魂跟党走　团结奋斗新征程"全旗职工羽毛球比赛；联合旗委组织部、宣传部等相关部门共同举办全旗铸牢中华民族共同体意识知识竞赛。

二、强化组织功能，健全工会组织体系和工会工作体系

（一）加强部门职责优化

旗总工会围绕优化职能职责、优化工作流程，结合工作实际，对本单位办理事项进行了全面梳理，共梳理出 19 项办理事项，其中无可下放职权事项、精简办事材料事项和简化办事流程事项。可压缩办理时限事项为 1 项，为办理工会法人资格证书事项，原办理时限为 15 个工作日，现办理时限为 10 个工作日，压缩时限为 5 个工作日。

（二）加强工会工作力量

按照盟工会统一安排，为进一步充实镶黄旗总工会工作人员队伍，旗总工会面向社会公开

招录了 2 名社会化工会工作者和 3 名专职集体协商指导员。

（三）加强工会组织建设

加大对未建工会企业的摸底、排查、督促和指导力度，加强新就业形态领域工会建设，积极推动新就业形态群体建会入会。目前，建立工会组织 109 个，建立工会女职工委员会 45 个，现有工会会员 3538 人。成立快递行业联合会和美团外卖配送部工会，入会会员共 49 人。

三、强化服务阵地，健全完善服务功能

（一）加强职工阵地建设

目前，全旗已建立区级先进职工之家 1 个、盟级先进职工之家 9 个，区级先进职工小家 1 个、盟级先进职工小家 8 个、旗级职工小家 9 个，建立了国家级职工书屋 2 家、盟级职工书屋 1 家、旗县级职工书屋 9 家，还建有自治区级女职工休息哺乳室 1 家。

（二）加强网络阵地建设

通过微信公众号积极向外宣传本单位工作成效、党的政策等信息，充分发挥工会的舆论引导作用，大力加强新时期工会宣传工作，不断提升工会工作的渗透力和影响力。同时，加强信息审核监管，严格落实三审三校制度，确保发布信息的准确性，坚决守好意识形态阵地。

四、强化制度机制，推动工作落实

（一）严格执行工会向党委请示报告制度

重大事项及时向旗委请示报告，定期向旗委汇报工作开展情况。

（二）加强劳动争议多元化解工作机制

2023 年旗总工会深入 6 家企事业单位开展了"劳动用工法律体检"活动，成立法律援助工作站。

（三）加强集体协商工作

旗总工会深入 7 家企事业单位开展集体协商工作。

（四）健全落实"五个坚决"要求的长效机制，完善劳动关系领域风险检测预警机制

定期开展职工队伍风险隐患排查化解工作，守牢"五个不发生"目标底线，切实维护劳动者领域政治安全。

五、强化作用发挥，建立健全高标准职工服务体系

（一）加强职工服务工作

1 月，旗总工会开展了春节前夕"送温暖"活动，走访慰问各族离退休干部、劳模和困难职工 12 人。3 月，走访慰问劳模和困难职工 16 人，举办新就业形态女性劳动者健康知识讲座。4 月，开展了"凝心铸魂跟党走·团结奋斗新征程——致敬劳动　情系职工"慰问新就业形态劳动者活动。5 月，开展了"心系校园·情系儿童"六一儿童节关爱活动。6 月，开展了农牧民工慰问活动。

（二）加强特色活动开展

2月，旗总工会联合旗妇联、旗团委、旗工信局共同举办了"青春同行　缘来是你"职工交友联谊活动。3月，联合旗委统战部、妇女联合会等部门共同举办了"中华民族一家亲　巾帼筑梦同心圆"健身操比赛。4月，联合镶黄旗供电公司开展技能竞赛活动；联合铁煤集团内蒙古东林煤炭有限责任公司举办"安康杯"职工技术比武竞赛；开展读书分享会、"阅读悦享"主题阅读、第28个"世界读书日"暨"书香溢"主题全民阅读推广系列活动；举办全旗2023年"安康杯"知识竞赛。

（三）加强特色品牌打造

坚持开展春送岗位、夏送清凉、金秋助学、冬送温暖活动，无论春夏秋冬，将工会组织的慰问、帮扶和关怀及时送到一线职工和困难职工的心坎上，唱响工会温暖人心的"四季歌"。坚持开展医疗互助、大病救助、就业扶助、法律援助工作，扎实履行维护职工合法权益、竭诚服务职工群众的基本职责，着力解决好职工群众急难愁盼问题，不断提升职工生活品质。

下一步，镶黄旗总工会将深入贯彻落实党的二十大精神和锡林郭勒盟工会关于"旗县级工会加强年"专项工作的部署要求，加强统筹谋划，加大工作力度，推动各项政策措施落地见效，把我旗工会建设得更加充满活力，更加坚强有力，为保持我旗平稳健康的经济环境、国泰民安的社会环境、风清气正的政治环境做出积极的贡献。

凝心聚力促发展 改革创新增活力

青海省玉树市总工会

自"县级工会加强年"专项工作启动以来，玉树市严格按照州总工会安排部署，紧扣省总"五强"和州总"七个提升"的工作目标，将推进"县级工会加强年"作为深化工会改革创新的重要抓手，通过加强县级工会建设夯实工会工作基层基础，更有效地发挥工会职能作用，切实提高工会整体工作水平，围绕市委、市政府中心工作，进一步凝聚起广大职工投身健康、现代、幸福新玉树建设的合力。

一、强化组织保障，推动工作落实

按照省、州总工会"县级工会加强年"工作安排及相关要求，玉树市总工会深刻领会工作要点，提高政治站位，强化责任担当，第一时间召开了专题动员部署会，切实加强对专项工作的组织领导和科学谋划，成立工作领导小组和工作专班，制订印发了《玉树市总工会"县级工会加强年"专项工作实施方案》，梳理任务清单，压实责任分工，建立常态化推进机制，保障专项工作各项任务落到实处。

二、强化组织建设，提升工作水平

（一）突出政治引领，把职工思想筑牢

推深做实党的二十大精神学习宣传贯彻，选配劳模工匠职工代表，深入企业、学校、社区等基层一线，面向广大职工开展各类文体活动8次，展播劳模先进事迹5人次，团结全市广大职工坚定不移听党话，矢志不渝跟党走。

（二）突出作用发挥，把基层组织建强

选派6名工会干部赴全市90个基层工会指导完成换届选举工作；对全市新就业形态企业及从业人员情况进行摸排调查，举办新就业形态劳动者集中入会活动3场，组织6200余名新就业形态劳动者现场入会；指导建立由快递企业、外卖企业、生态管护员群体组成的行业工会联合会3家，并完成全市13685名工会会员的建档工作；举办全市工会工作观摩交流会和基层工会干部业务能力提升培训班，力争在取经学习中拓思路，交流借鉴中促提升。

（三）突出服务载体，把工会阵地建好

以"县级工会加强年"专项工作为契机，在省、州工会及市委、市政府的支持重视下，投

入资金890万元，推进玉树市党群服务中心改扩建项目（职工服务中心），预计于6月底竣工验收，7月初投入运行，积极构建"中心＋基层工会"的协作型服务职工工作新格局。完成8处基层服务站、家的建设工作。建成户外劳动者服务站点7个，覆盖职工1200余人，其中1处户外劳动者服务站点获得全省"最美工会户外劳动者服务站点"荣誉称号。指导玉树市供水公司投入12万余元打造了职工书屋。

三、强化履职尽责，增强工作实效

（一）聚焦主责主业提升服务质效

按照玉树市总工会"1376"工作模式，进一步落实"工会7项爱心服务"，为207名困难职工发放帮扶救助资金194.909万元，慰问全国、省、州级劳模12人次；落实环卫职工每年30万元的"爱心早餐"工程；常态化开展"四送"及帮扶活动23次，累计帮扶慰问困难职工1600人，发放款物共计13万余元；开通"智慧工会"线上服务平台，实现了材料线上递交、信息动态管理，坚持以数字化改革赋能工会工作；落实职工医疗互助保障计划，全市参保职工达3014人次，参保率较上年提高15%；开展困难职工驾驶证技能培训优惠活动，为50名困难职工补贴减免相关费用3万余元；按照玉树市煤改电工作需求，选派2名供热公司职工前往湖北武汉学习电工基础应用、PLC编程技能技术；开展职工、农民工健康体检活动4次，为460余名职工、农民工提供免费体检。

（二）坚持围绕中心服务大局

抢抓东西部协作机遇，与建湖县总工会签订对口交流协作协议，截至目前，给予资金支持20.8万元。积极与建湖县总工会及当地企业对接，紧盯"就业难"问题，组织50余名青年赴建湖县就业；启动"工会圆梦"爱心助学计划，每年为120名玉树市困难职工家庭子女发放助学金1000元，并助学至完成学业；紧紧围绕市委、市政府及上级工会决策部署，发挥工会工作的职能和作用，服务大局、服务发展，获得全市2022年度目标责任考核生态文明建设先进集体奖。

（三）严格落实各项工作制度

落实定期向同级党委汇报工作制度，建立政府、工会与企业劳动关系三方协调机制；全面推进工会经费管理及审查工作，在全面自查的基础上，邀请第三方审计机构检查我市工会近四年的财务规范化建设情况；按照工会干部赴基层蹲点工作长效机制，深入企业、乡镇走访一线职工，访谈基层干部和职工群众132人，宣讲劳动法律法规政策11场次；建立县级领导干部联点帮扶困难职工工作制度，对30名特困结对职工家庭进行联点帮扶；指导市7大企业开展工资集体协商，就工资水平、补贴和福利等开展协商，并与企业签订工资集体协商合同，涉及职工1182人。

"云服务"筑强"网上职工之家"服务体系

河北省怀来县总工会 丁利民

为进一步实现工会工作网络化，让职工能够更便捷、更近距离地了解、参与工会活动，怀来工会新媒体矩阵用"云服务"将工会各项日常服务工作整合融入其中。2021年、2022年，怀来县工会系统有26项活动入围全国总工会和中央网信办举办的"网聚职工正能量·争做中国好网民"主题活动，其中一个诵读作品入围"网络正能量诵读作品"全国120强，"多项'云服务'暖心守护全县抗疫职工"等3项活动当选"网络正能量创新活动"全国80强，并荣获"同心圆"优秀活动奖，受到全国总工会的表彰。2022年12月27日，《河北工人报》在头版把怀来县总工会多举措推进网上工会建设、打造"网上职工之家"服务体系的"云服务"创新经验推广到了全省。

一、创新背景

当前，互联网已经成为职工获取公共服务的新平台。为实现服务职工更加精准、更有温度，怀来县总工会通过"怀来职工之家"微信服务号、"怀来职工服务网"官方网站、"冀工之家"基层工会服务平台等新媒体平台，推出了"云宣讲""云诵读""云竞答""云书屋""云健身""云摄影""云招聘""云练兵""云展播"等一系列职工喜闻乐见的"云服务"活动，把"娘家人"的贴心服务送到职工"指尖上"，推行工作上网、服务上网、活动上网，让数据多跑路、职工少跑路，努力实现职工找工会"一键对接"、工会找职工"一呼百应"的工作格局。

二、主要做法

（一）用"云宣讲""云诵读""云竞答"强化职工思想政治引领

创新宣讲形式，在"怀来职工服务网"建立学习党的二十大精神职工"大学习"课堂，开设"怀来劳模心里话""怀来工匠对党说""怀来职工向未来"3个学习党的二十大精神"云宣讲"专栏，全县各级劳模、工匠、工会干部和一线职工结合学习党的二十大精神谈学习感悟、工作思路。该项工作在《全市2022年度工会工作评价通报》中获得全市通报表扬。同时，全县各级工会积极上传宣讲二十大精神活动信息，省基层工会服务平台"党的二十大精神'大学习'活动专栏"连续20期报道了怀来工会宣讲团深入企业车间、班组一线，针对不同职工群体对象化、分众化、互动化地宣讲二十大精神。怀来县总工会用线上和线下相结合的形式全方位推动党的二十大精神进基层、进企业，在全县职工群众中掀起了学习党的二十大精神热潮。2021 年，怀来职工董文、韩永晶的朗诵作品《致敬一线教育工作者》荣获 2021 年全国职工诗歌创作及朗诵大赛三等奖。2022 年，组织全县职工积极参加"喜迎二十大·建功新时代"全省职工网上诵读活动，全县 433 个诵读作品在省总工会网站上展播，12529 人次参与了投票，使全县职工在诵读活动中感受奋进力量。怀来职工耿烨的诵读作品《董存瑞舍身炸碉堡》从全省 32803 个作品中脱颖而出，荣获全省前五名并获得音频类作品一等奖。贾莉等多名选手获得二等奖和优秀奖。活动全面展现了全县广大职工昂扬向上的精神风貌。2022 年 7 月 1 日，发动全县职工参加迎"七一"亿万职工心向党党史知识网上答题活动，850 名职工成绩优异，获得了全总颁发的纪念证书。11—12 月，全县 1200 名职工参加"学习二十大·建功新时代"河北省职工网上答题活动。近年来，还开展了"永远跟党走"职工党史知识有奖竞答和"迎冬奥　强体魄　促发展"职工冬奥知识线上有奖竞答活动，5213 名职工参加了活动，其中 2030 名职工获奖，让党史知识和冬奥知识走进机关、走进企业。

（二）用"云书屋""云健身""云摄影"日益丰富职工文体生活

免费开通职工电子书屋，为全县职工提供大国工匠、新闻热点、历史读物、党史学习等板块的几万种在线阅读和听书资源，让每一位职工都时刻有书香陪伴，享受到阅读的乐趣。线上电子书屋的普及带动了线下职工读书会、分享会创作出大量优秀作品。近年来，有两篇报告文学获得河北省职工文化"五个一"精品创作一等奖，多名职工分获诗歌、歌曲、短视频类奖项。2022 年 3—6 月，全县各级工会建立运动团 181 个，组织 9292 名职工参加了河北省职工"云"上运动会。活动期间，评出"运动标兵""运动之星""运动达人"等奖项 600 多个，怀来赛区获得张家口市（县、区）前 3 名，怀来县总工会获得全省优秀组织奖，5 家单位获得省级优胜单位奖和最佳领队奖，20 名职工获得优胜个人奖，在全县掀起了职工"云"上健身运动热潮。近年来，全县有 4500 名职工参加全省职工网上踢毽健身活动和职工网上跳绳比赛，孙涛荣获全省花样踢毽第一名，张建英、何淑芳分别荣获全省单人花样跳绳第二名和第三名。怀来融媒体中心入围全省职工网上广播体操大赛决赛并获得最佳网络人气奖。北京冬奥会期间，举办了"我为冬奥做贡献·职工网络摄影大赛"，1800 多个参赛作品通过省基层工会服务平台和职工服务网进行了展示，其中，5 个作品入围"全国网络正能量摄影作品征集"，《冬奥工地上的誓言》入选全省职工书画摄影展。

（三）用"云招聘""云练兵""云展播"做强服务基层、服务职工阵地

近年来，组织鑫方盛控股集团等多家京津企业参加全国工会就业服务平台"工 e 就业"小程序招聘活动，发布就业岗位 680 个。疫情防控期间，举办多场以"安全防护抗疫情、稳岗就业促发展"为主题的"云"上直播招聘会，全力助推"工会送岗位·就业暖人心"就业援助活动的开展。每年面向基层工会和优秀工会干部举办"会声会色说会事"等"云练兵"比赛，在职工服务网和基层工会服务平台上展播基层工会和工会工作者的风采，传播先进经验做法、亮点工作。2021 年，怀来县 10 家基层工会入围"'展基层工会风采·助力十四五开局'庆祝建党 100 周年——全省百家基层工会特色建设成果展",成为全省入围基层工会最多的县级工会。近年来,全县职工思想道德建设取得显著成绩,有两家单位荣获"河北省职工道德建设先进单位",两名职工入围"全国职工职业道德模范"和"河北大工匠年度人物"推荐宣传点赞展示环节,8500 名职工参了与网上投票,让劳模精神、劳动精神、工匠精神在全社会持续弘扬。2021 年,以线上线下相结合的方式举办了"献礼建党百年"怀来百名劳模风采展,在怀来职工服务网和基层工会服务平台上展播怀来 100 名劳动模范和先进工作者的事迹。"云展播"运用图片、文字、视频等多种元素,充分展示了怀来劳动模范拼搏奉献的奋斗足迹和精神风貌,《河北日报》、中工网等媒体给予了报道。

三、取得的成效

随着"云服务"线上工作的有序进行,怀来县总工会对接省总工会网上工作"四大平台"建设成绩显著,"怀来职工之家"微信服务号有 1.3 万名会员关注,"冀工之家"职工服务网实名认证会员达 1.1 万人,396 家基层工会入驻"基层工会服务平台",活动和视频上传总量达 3779 个,发布总量达 3054 个。在入驻河北省基层工会服务平台的全省 10 万余个工会组织中,活动上传总量和基层工会综合影响力月积分两次获得全省第一,多个基层工会获评"月度之星"。

2023 年 3 月 20 日,在全省"县级工会加强年"专项工作北片区会上,怀来县总工会代表张家口市各县(区)工会做典型发言,"云服务"作为亮点工作在全省推广。同日,冀工之家微信订阅号在"县级工会加强年"专栏以《怀来县:服务便于指尖　温度暖于心间》为题予以报道。怀来县总工会通过"智慧工会"平台打造,逐步建设起官方网站、微信服务号、基层工会服务平台"三位一体"的"网上职工之家"服务体系,发挥网络工作的示范引领作用、新媒体矩阵的辐射作用,通过"云服务"讲好工会故事、传播工会声音,拓展服务职工的网络平台,为广大职工构建起了一个离不开的"掌上之家"、信得过的"网上之家"。

关爱户外劳动者
"小驿站"传递"大温暖"

陕西省西安市雁塔区总工会

近年来，雁塔区总工会持续加大对户外劳动者，特别是新就业形态劳动者的关心服务力度，以"三高三心"为抓手，深挖区域资源，建成爱心驿站和服务点117家，服务全区10万多名劳动者，使广大户外劳动者工作环境显著改善，获得感、归属感和幸福感不断增强。我区2家驿站被全国总工会评为"最美工会户外劳动者服务站点"，10家爱心驿站及服务点被市总工会评为星级站点，雁塔区总工会、大雁塔街道总工会、电子城街道总工会先后被市总工会评为"爱心驿站建设先进单位"。

一、突出"高标准"精心抓谋划

爱心驿站是党和政府关心服务户外劳动者的"暖心工程""民生工程"，是践行社会责任、奉献爱心、传递正能量的窗口。市总工会主席薛振虎对我区爱心驿站建设工作给予了充分肯定，并提出"提质、增量"要求。区委书记王征，区委副书记、区长王建军高度重视驿站建设，区总工会坚持"头雁站位、塔尖标准"，以"事不过夜、干就干好"的态度高标准完成各项工作。2022年，市总工会下达雁塔区驿站建设任务26家，区总工会超额完成任务，建成驿站65家。

二、突出"高质量"倾心建精品

始终坚持"出手就出彩、完成即完美"的工作导向，以一流标准推动各项工作。在驿站建设前期，先后走访了辖区环卫工人、货运司机、快递小哥等户外工作者，掌握其最关心、最直接、最现实的服务需求。按照"工会自建、政府兴建、社会助建、集成共建"的思路、"八有"标准和"三星级"条件，对爱心企业、各级党群服务中心、环卫工休息室、通信银行网点、公园旅游景点等公共场所进行深入摸排、严格筛选，做到精心布局、科学选址。在驿站建设中期，多次召开现场会、推进会和交流研讨会，找问题、想对策，努力把规划图变成实景图。在驿站建设后期，探索形成了"321"驿站管理运行工作机制，即建成"区、街、管理单位三级站长负责管理体系"，形成"定期维护和检查督导两项管理工作制度"，建立"一本管理运行服务台账"。各驿站管理单位指定专人管理服务，坚持日常维护检查，认真填写台账记录；各街道、系统、园区工会每月对驿站运行情况进行检查，区总工会不定期进行抽查，及时发现、解决问题。逐级按月上报驿站运行情况，并将管理服务情况纳入年度考评，切实提升站点管理服务规范化水平。

三、突出"高水准"用心优服务

驿站服务好不好直接关乎户外劳动者的使用体验。区总工会把创建星级站点作为提升服务的主要抓手，每年坚持对全区爱心驿站和服务点进行星级评定晋级工作，对星级驿站和管理先进单位进行表彰奖励，对不合格的站点选址重建。5 年来，累计评定三星级工会爱心驿站 12 家、二星级工会爱心驿站 19 家、一星级服务点 2 家，累计拨付奖励资金 10 万余元。此外，从精准满足户外劳动者需求入手，在做好职工群众歇脚应急等服务的基础上，结合站点特点，不断拓展服务功能，延伸服务链条，打造了一批特然爱心驿站，如为环卫工提供免费早餐的石羊农庄爱心驿站、为户外劳动者进行免费眼科检查的爱尔眼科医院爱心驿站、为新就业形态劳动者送温暖送清凉的华侨城爱心驿站等，取得了良好的社会反响。

下一步，区总工会将强化管理责任，对已建成的站点对照标准，完善基础设施，规范工作制度，坚持日常管理，持续巩固本区域内的站点数量和质量；强化服务意识，充分发挥站点服务阵地作用，通过暖颜、暖身、暖心等爱心服务，让爱心驿站成为宣传社会正能量、传递工会温暖情、教育户外劳动者的主阵地；强化功能水平，细化功能分区，丰富服务内容，着力打造"驿站 +"职工群众综合服务体，不断擦亮雁塔工会的品牌底色，为工会事业高质量发展做出新的更大贡献。

以"县级工会加强年"为统领
团结引领广大职工奋进新征程、建功新时代

黑龙江省克山县总工会

克山县总工会按照上级工会关于"县级工会加强年"专项工作的部署和相关要求，结合工作实际，广泛发动，精心组织，全面筹划，以夯实基础、强化职能为切入点，推动"县级工会加强年"专项工作走深走实，团结引领广大职工奋进新征程、建功新时代。

一、思想政治引领取得新实效

一是开展宣传宣讲活动。组织劳模工匠和职工思想政治引领骨干深入基层一线，在企业职工中开展党的二十大精神宣传宣讲活动15次，覆盖职工1200余人。

二是组织职工参加省市总工会理论培训。2023年上半年，有56名干部职工参加了全省万名职工思想政治引领骨干线上培训班，全县累计已有109名基层职工参加了6期培训。

三是举办全县工会干部培训班。邀请省里专家以"学习贯彻党的二十大精神，做好新时代龙江工会工作"为题做专题培训，努力做好新时代工会工作。

四是大力弘扬劳模精神、劳动精神和工匠精神。推荐出席市第三十五届劳模大会先进单位2个、先进集体2个、劳动模范8名。联合县融媒体在县电视台推出"劳模风采"专栏，集中宣传报道市第三十五届劳动模范的先进事迹。

二、引领职工建功立业取得新业绩

一是推进产业工人队伍建设改革工作。召开全县产业工人队伍建设改革工作推进会议，积极协助市职业院校开展招生工作。截至目前有近100名学生报名。

二是促进职工学历提升。贯彻落实《齐齐哈尔市职工素质建设工程五年规划（2021—2025年）》要求，积极推动职工学习新知识、掌握新技能、提升整体素质，今年有23名职工通过考试被市职工大学录取。

三是深化职工劳动和技能竞赛工作。制发了《克山县总工会2023年职工劳动和技能竞赛实施方案》，推动在正常开工的国有企业和规上工业企业中开展劳动和技能竞赛，在机关企事业单位广泛开展"安康杯"竞赛、"十个一"节能减排竞赛。鼓励职工立足岗位参与竞赛，开展岗位练兵、技能大比武和"五小"创新竞赛等群众性经济技术活动。

三、基层基础工作取得新突破

一是深入开展"县级工会加强年"专项工作。按照省、市总工会关于"县级工会加强年"工作要求，加强乡镇工会工作力量，由市总工会统一招录 13 名社会化工作者（现有 2 名社会化工作者，共计 15 名），以确保每个乡镇配备 1 名社会化工作者，现在招聘工作已进入考察体检阶段。同时，召开了县总工会十九届五次全委会议，进行了有关人事调整。

二是继续扩大新业态企业工会组织覆盖。成立了克山县明康福精神病院工会，有 28 名护工护理员成为工会会员，拓展了工会组织覆盖面，延伸了服务触角。

三是推进"职工之家"建设。推荐税务工会参加"省级模范职工之家"评选，不断提升基层工会服务职工的水平。

四、维权服务质效取得新提升

一是开展送温暖活动。两节期间慰问一线医护、公安、企业困难职工和大病职工 572 人，慰问金额达 23.3 万元；常态化送温暖慰问一线职工 341 人，慰问金额 5.6 万元。

二是开展法律宣传服务。聚焦企业员工等新就业形态劳动者群体，先后开展法律法规宣讲 7 次，提供法律咨询 20 余次，发放宣传资料 460 余份。开展"情系女职工　法在你身边"女职工普法宣传月活动，加大线上宣传力度，县总工会微信公众号常态化开展《中华人民共和国民法典》、劳动法律法规等法治宣传 18 次。

三是推动构建和谐劳动关系。深化集体协商，坚持完善以职工代表大会为基本形式的企事业单位民主管理制度。截至 2023 年 6 月末，全县已有 50 家企事业单位建立了职代会制度和厂务公开制度。已推动签订工资集体协商合同 27 份，涵盖 73 家企业，覆盖职工 2859 人。

四是深化为职工群众办实事活动。加强工会服务阵地建设，在克山镇社区卫生服务中心打造了一处"母婴爱心屋"（女职工休息哺乳室），预计 8 月可投入使用，年服务女性可达 500 余人。五一劳动节前，联合县人民医院及 4 家爱心企业深入户外劳动者爱心驿站，为 60 余名环卫工人进行免费义诊并送去了生活物资。六一儿童节期间，走访慰问了 7 名特困女职工子女，为每个孩子送去了书包等学习用品。开展"夏送清凉"活动，为从事户外工作的交通警察、环卫工人、快递小哥、外卖送餐员等职工群体送去了慰问物品，让基层职工切身感受到党和政府及工会组织的关心关爱。

大力推进产业工人队伍建设改革
锻造高素质职工队伍

江西省鄱阳县总工会

2022 年以来，我县深入学习贯彻习近平总书记关于产业工人队伍建设的一系列重要论述精神，坚决按照省市推进新时代产业工人队伍建设改革工作的部署要求，立足新时代、把握新机遇，以"思想引领、建功立业、素质提升、地位提高、队伍壮大"五项重点工作为抓手，以宣传贯彻党的二十大精神为主线，着力提高劳动者素质，切实维护职工群众权益，推进产业工人队伍建设改革走深走实，全县产改工作顺利推进、成效显著。

一、2022 年产改工作总结

（一）用新机制高位推动，凝聚强有效产改工作合力

产业工人是推动高质量发展的主力军，鄱阳正处在抢抓机遇、加速发展、全面崛起的关键阶段，按照省市推进新时代产业工人队伍建设改革工作的部署要求，产改工作正处于新起点、新站位。产改工作涉及面广、工作周期长，推进这项工作必须坚持系统思维，我县坚持党委统一领导，政府有关部门各司其职，形成了齐抓共推改革的整体合力。成立了鄱阳县推进新时代产业工人队伍建设改革协调领导小组，明确县总工会为改革牵头单位，13 家成员单位为协调小组成员，形成"党政领导、工会牵头、部门聚力、企业响应、社会参与、职工受益、共同发展"的局面。及时召开了新时代产业工人队伍建设改革工作推进会，下发了《鄱阳县推进新时代产业工人队伍建设改革 2022 年工作要点》，将考核指标体系细化为八个方面共 93 个小项，确保工作稳中有序开展。在园区内就产改工作进行专题调研，通过召开座谈会、发放问卷调查、实地走访深入了解产业工人的切身需求，进一步优化、细化、量化产改方案。以点带面、全面铺开，推动试点企业开展产改工作，对试点企业党建带工建、劳模创新、技能提升等领域进行重点打造，由班子成员一对一挂点驻企指导，确保产改工作创特色、显亮点、见成效。

（二）用新思想凝心铸魂，奏响新时代劳动筑梦强音

听党话、感党恩、跟党走，是产业工人队伍建设改革的第一要求和首要标准。一是突出党员引领作用。全县坚持党建引领，加强新经济组织和新社会组织建设，持续实施"五发展"工程，重点继续向产业工人、大学毕业生和非公有制企业职工等群体倾斜，提高将技术能手、青年专家、

优秀工人、劳模发展为党员的比例，进一步优化党员队伍结构。截至 2022 年，鄱阳县产业工人党员数量为 809 名，年增长率为 2.1%。"两新"基层党组织为 99 家。二是守住意识形态阵地。采取集中培训、劳模宣讲、网络答题等多种形式，不断掀起学习贯彻党的二十大精神热潮，推动习近平新时代中国特色社会主义思想进企业、进车间、进班组。注重发挥"中国梦·劳动美"主题宣传教育凝聚效应，创新建立工会思政教育品牌活动，组织"五一劳动奖章""鄱阳县十大工匠""鄱阳县最美职工""鄱阳县最美劳动者"等评选活动，举办"中国梦·劳动美——致敬最美新就业形态劳动者"全省职工"随手拍"摄影比赛和全省职工诗词创作比赛，全面引领产业工人用党的创新理论武装头脑、创新实践，把个人理想、家庭幸福融入国家富强、民族复兴的历史伟业之中，争做新时代的追梦人。在上饶市总工会"中国梦·劳动美——凝心铸魂跟党走　团结奋斗新征程"全市职工大合唱比赛中，鄱阳县荣获第一名。

（三）用新目标催生动力，打造高素质产业工人队伍

高质量发展需要高素质人才支撑，新时代蓝图需要能工巧匠绘就。一是持续打造育才"熔炉"，推进产教融合型企业和产教融合型实训基地建设，探索拓展多元化培养途径。设立鄱阳县博弈技工学校和鄱阳县江南技工学校，两家企业与职校联合建立了实训活动，在全县开展电工培训班，培训人次 300 余人。开展了"传技赋能'数'创未来"数字经济名师带徒活动，遴选 5 名数字经济领域技术名师开展"名师带徒"，为数字经济发展提供技能储备与人才支撑。二是广泛搭建竞才舞台，以"天工杯"职工劳动和技能竞赛为抓手，扩大竞赛覆盖领域，健全竞赛长效机制，激发产业工人干事创业热情。三是大力营造尊才氛围，厚植工匠文化，擦亮"鄱湖工匠"品牌，打造劳模创新工作室等文化阵地，通过尊重、善待、礼遇劳模工匠，在全社会形成崇尚劳模、尊重劳动、尊崇工匠的时代风尚。

（四）用新使命呼唤作为，提供"娘家人"贴心暖心保障

只有维护好产业工人切身利益，才能有效激发产业工人队伍建设改革的内生动力。一是在维护合法权益上下功夫，持续健全劳动关系协调机制，健全以职工代表大会为基本形式的企业民主管理制度，推动厂务公开，广泛开展集体协商，让广大产业工人共享改革发展成果。二是在长效帮扶机制上下功夫，构建服务职工工作体系，健全完善常态化梯度帮扶机制，做实工会服务职工"十件实事"和"互联网+"普惠服务，充分营造工会推动、多方联动、社会感动的良好氛围，让产业工人的获得感成色更足，幸福感更可持续，安全感更有保障。

在看到成绩的同时，我们也要清醒地看到，对比上级要求和新时代产业工人队伍发展需要，我县产业工人队伍建设改革工作中还存在着一些短板和不足。一是产业工人队伍不稳定，工资待遇低，高端人才留不住，缺口严重；二是部分企业内生动力不足，改革观念落后，不愿对工人技能提升工作增加投入，改革效率有待进一步提高。

今年是全力推动产改工作的发展巩固年，也是深入贯彻落实党的二十大精神的第二年，更加需要在新起点上深入推进产改工作，各级各部门要高度重视，强化领导、压实责任，凝聚产改工作整体合力，切实把产改工作摆上重要位置，推动形成整体推进、重点突破的良好局面。

1. 突出引领作用，强化党工共建，夯实"产改之路"

根据今年市总的工作部署，结合鄱阳实际，以国有企业全覆盖、非公企业产改再扩容为目标，2023年新建国有企业示范点3家、非公企业示范点5家。突出示范引领，以党建引领产业工人队伍建设改革，推动产业工人队伍建设与党建融合发展。持续深化党建带工建，创新加强新兴领域党建工作，及时有效做好新就业形态劳动者群体党的工作，提升党的组织和党的工作有形有效覆盖水平，增强基层党组织政治功能和组织力。加大在产业工人中发展党员的力度，通过计划单列、重点倾斜等方式，优先发展生产一线产业工人、技术能手特别是优秀青年产业工人入党；充分发挥基层党组织的战斗堡垒作用和产业工人党员的先锋模范作用，团结带领广大产业工人立足岗位攻坚克难、干事创业。

2. 打造"鄱阳样板"，立足先行先试，答好"产改之题"

要始终以习近平新时代中国特色社会主义思想为指导，大力推动产业工人队伍建设改革取得新进展、新突破、新成效；要持续抓改革试点先行，将试点深化工作与整体推进改革有机结合起来，努力在全市乃至全省形成有影响的可复制推广的经验做法；要分类落实主体责任，各司其职、协调配合，在达成共识的基础上通力协作，切实把责任压紧压实；要注重经验总结和加强宣传，抓好舆论宣传，造"大声势"，在创新宣传方式上多想办法，形成"崇尚劳动、热爱劳动、辛勤劳动、诚实劳动"的浓厚氛围。

3. 注重问题导向，突出提技赋能，增强"产改之效"

各职能部门和产改企业要坚持一切从实际出发，重实际、求实效，做出改革决策、制定改革措施都要符合排头兵要求，与县委争当排头兵的要求、企业的期望、职工的意愿对接好、衔接好，对认准的产改目标、确定的产改任务、要抓住不放、一抓到底、抓出成效。打造好技能提升平台，着力构建学、带、比"三位一体"的产业工人技能形成体系，不断推动产业工人队伍改革走深走实；广泛开展各类劳动竞赛、技能比武，积极探索劳模和工匠人才创新工作室建设，充分发挥以"鄱湖工匠"为代表的高技能人才作用。

4. 实现权益保障，立足劳有厚得，完善"产改之策"

要畅通职业发展通道，破除影响产业工人成长发展的制度性障碍，让产业工人有更多的认同感和自豪感；要做实维权服务工作，加大普惠工作力度，紧密对接产业工人的美好生活需要，不断提升产业工人的生活品质；要积极创造平等的就业环境，全面实行劳动合同制度，坚持产业工人收入增长和经济增长同步，切实维护职工合法权益。

三举措强化社会组织工会建设

山东省平原县总工会　赵永昌　李顺宇　陈萌萌

平原县总工会高度重视社会组织工会建设，深入贯彻落实上级工会的部署要求，在全县范围内启动推进社会组织建会专项行动，通过党建引领、摸底排查、分类实施、规范运作，全面推动社会组织依法建会。

一、党建引领，摸底排查，开门办会开新局

成立平原县社会组织建会专项行动工作专班，坚持党委统一领导，明确行业工会任务，联合政府部门协同，全力推进社会组织建会破题扩面。赴各家社会组织开展现场调研，切实了解其人员数量、运行情况等基本信息，面对面谈、手把手教，带去党的好政策，拉近工会同社会组织之间的距离；联合民政、人社、教育、医务等多部门召开座谈会，分析当前社会组织总体情况，进一步摸清底数，排查问题，研究对策。从自身入手，着力由"关门办会""自说自话"向"开门办会""大合唱"转变，不断提升社会组织建会工作的活跃度，形成了上下联动、齐抓共管、合力推进"党工共建"的工作新格局。

二、高位谋划，系统推进，分级分类破坚冰

在深入摸底排查基础上，完善平原县工会基层组织建设工作规划，统筹谋划、整合、指导社会组织工会建设。召开平原县加强社会组织工会建设推进会议，部署任务，统一思想，引领各级工会提高政治站位，切实增强对社会组织工会建设重要意义的深刻认识，最大限度将广大社会组织职工组织起来、稳固下来。针对县域内社会组织分布特点，分级分类指导，分别按人数分为15人以下、15～25人、25人以上三个层级，按行业分为教育、医务、人社、其他四大类。按照三级四大类的人数情况、行业特点，有的放矢，精准发力，集中攻坚。整合优势资源，安排专人分别负责对接指导各级各类社会组织开展建会工作；面向医务类社会组织单独召开社会组织工会建设推进会议，加强宣传引导和示范引领，激发建会动力。

三、规范运作，提升效能，维权服务出实效

一方面，依法依章程办事，全面推动社会组织依法建会、依法管会、依法履职、依法维权。对于已建会的社会组织，切实健全会员代表大会制度，健全工会委员会、经费审查委员会及女

职工委员会，规范社会组织工会选举工作，严格把好主席候选人产生关，真正使社会组织工会组织得到会员群众的认可。同时，在社会组织工会中积极开展新时代"争创职工信赖的职工之家、争做职工信赖的娘家人"活动，不断提升社会组织"建家"工作的规范化水平。另一方面，精准聚焦社会组织职工急难愁盼的实际需求，充分将工会资源与社会组织专业化服务相融合，创新服务方式，丰富服务内容。与平原县启航职业培训学校联合举办农民工技能培训班，为150余名失业农民工提供技能提升培训。联合平原县法律服务工作协会共同举办普法宣传、"百名律师进千企"法治体检等活动，通过解答法律咨询、指导签订"1+3"集体合同、参与劳动争议调解等专业法律服务，进一步延伸了工会手臂，形成了一大批颇受职工欢迎的口碑品牌。

下一步，县总工会将以此次专项行动为契机，立足主责主业，开阔创新思路，扩大工会对社会组织的有效覆盖，注重社会组织工会规范运作，提升社会组织工会维权服务效能，真正让社会组织工会建起来、转起来、活起来。

8000余人受益！
高密市心理健康直通车直通一线职工心里

山东省高密市总工会　王华凤

　　在高密市供电公司职工文化活动中心，刚做完团体沙盘疗愈的职工们正在热烈地讨论着。"平时工作压力太大，同事之间难免有些摩擦，不知道如何排解和沟通。今天的团体沙盘构建，不但让我放松和面对真实的自己，还学会了共情和接纳他人。""我以后得多聆听、多关注别人，换位思考、将心比心才能将团队带好。""这种模式我特别喜欢，直接送到我们单位来，如果因为一些小问题去医院，同事们真也没时间，也放不下身段。几趟心理健康直通车真是开到我们一线工人的心里了！"供电公司工会主席滕磊说着便竖起了大拇指。滕磊还介绍说："心理健康直通车到达供电公司以来，我们监测到，各工种班组的作业时间平均减少了5%左右。"职工心理健康与工作效率的正相关关系，慢慢被高密各级重视起来。

　　个人幸福、家庭和睦是社会稳定和谐的前提，高密市总工会针对职工工作压力大、心理负担重等问题，加强人文关怀和心理疏导，通过"职工服务中心＋服务职工社会基础＋基层工会"一体化工作模式，充分利用职工服务中心的100多平方米心理健康服务场地、15家镇街和社区级心理咨询站及82家规模以上企业的职工之家心理咨询室，织密三级心理健康服务网，面向全市企事业单位职工广泛开展心理关爱活动和公益巡回讲座，普及心理健康知识。

　　截至目前，全市共举办心理知识大讲堂、公益巡讲、团体沙盘游戏等共119场，同时通过开通24小时心理专家热线电话，利用齐鲁工惠APP、微信公众号、微信工作群等，开设了"线上"心理健康课，设立了心理服务专栏，开通了心理健康知识每日播报等，通过"漫灌式"心理健康知识普及，随时随地稳固职工的心理防线，受益职工累计达8000余人。

　　在中医院工会心理咨询站，刚参加工作不久的王护士正在接受心理调适。她告诉记者："医院的护理工作烦琐多样，任务重、节奏快，工作地位、收入与原来的心理期望差距很大，时常被病患调侃为'高级保姆'，有时还要承受家属莫名的指责和攻击，心理压力和委屈无处排泄。自从知道医院心理咨询站每周都有心理老师坐班后，我几乎周周都来，倾诉的同时也是给自己赋能。现在我已经适应了医院的工作节奏，也能慢慢理解并逐渐接受病患及家属的种种行为了！"护士脸上洋溢的笑容是对心理服务站专家坐班制度的最高褒奖！

　　高密市城市建设投资集团有限公司工会主席告诉记者："讲课生动、内容丰富，关键还可以根据职工的从业特点令其自主选择课程，解职工之所急！"着眼于精准化"滴灌"，高密市总工会借助新时代文明中心"百姓学堂"平台，采取"点单＋精准送课"的"双向互动型"服务模式，将选择权放在离职工最近的地方，拉近了各方面的距离。

针对职工最关注的子女教育问题，心理专家组团走进高密市中小学校，围绕"考试季""青春期"等主题开展心理辅导活动。在辅导结束后，总能看到冰释前嫌、相拥而泣的父母儿女；针对诸如单身青年婚恋交友、婚姻关系等社会问题，举办专题讲座、沙盘沙龙、OH卡体验课等主题实践活动，通过个性化"渗透"，把职工的"家事"当成工会的"家事"。

"老公经常出差，家里大儿子要中考、小儿子刚上一年级，辅导作业的时候总是很崩溃，每天晚上家里就跟'火药库'一样，随时都有可能爆燃，孩子们都战战兢兢，老公也比较疏远，自己工作也经常出错。参加亲子关系疏导后，我才知道光靠斥责和大吼是教育不好孩子的3次课听下来，通过倾听和共鸣，我逐渐接受了孩子的不完美，孩子愿意与我分享内心的感受，亲子关系改善了，婚姻家庭更和谐了。"在崇文中学心理咨询室的留言墙上，密密麻麻的留言条是咨询者的心声，也是对专业心理辅导的认可。

高密市总工会在全方位关注职工心理健康的基础上，还对心理咨询过程中了解到的经济纠纷和困难给予了最大限度的帮扶。通过签约律师提供法律援助160余次，调节劳动纠纷120余件；通过互助保障，为1157人次办理了保障业务，二次救助29人，减轻职工生病住院后的经济压力；通过开展"春送温暖""夏送清凉""金秋助学"活动及困难救助，走访慰问困难职工104名，发放"送温暖"资金12.9万元，发放助学金2.7万元。通过精准帮扶，实现了解困脱困，提升了职工生活品质。

打造新时期产业工人队伍建设改革领域的"唐山样板"

——唐山市产业工人队伍建设改革工作情况

河北省唐山市总工会

唐山作为河北省产业工人队伍建设改革工作唯一综合试点市，坚持把贯彻落实习近平总书记关于产改工作的重要论述作为政治自觉、思想自觉、行动自觉，作为加快实现"三个努力建成""三个走在前列"的重要抓手，把握着力点，找准突破口，积极探索、勇于实践，为河北省产业工人队伍建设改革提供了唐山样板，为打造中国式现代化河北篇章贡献了唐山力量。

一、健全领导机构，完善机制体制

市委、市政府始终高度重视产业工人队伍建设改革，同时将产改工作列入市委常委会工作要点、市政府工作报告、市督查考核事项、深改办要点。市领导就产改工作多次做出批示，提出明确要求。市、县两级均成立产改协调小组，后按照市委常委会会议要求，将协调小组提升为领导小组，率先在省内成立了由市委书记、市长担任双组长的领导小组，成员单位由原来的13家增加到28家，形成了上下贯通、执行有力的组织领导体系，健全完善了定期反馈、工作会议、统筹协调、调查研究、督促落实等11项工作机制，确保产改工作有序运转、高效推进。

二、形成政策体系，强化顶层设计

产改六年来，我市围绕产改工作出台了一系列政策文件，推动产改工作进一步深化。市委、市政府印发了《关于新时期产业工人队伍建设改革的实施意见》，领导小组印发了《唐山市产业工人队伍建设改革五年规划》，市"两办"、组织部、人社局、教育局、市总工会等相关部门先后出台了《关于加强和改进新时代产业工人队伍思想政治工作的具体措施》《关于深入实施新时代"凤凰英才"计划加快建设高质量人才强市的意见》《关于提高技能人才地位的实施办法》《唐山市建设国家产教融合试点城市工作方案》等42个政策文件，绘就了产改路线图；18个县（市、区）全部以地方党委、政府两办名义出台实施意见，起草了产改工作方案，制定了产改施工图，明确了产改时间表，高标准推进产改，高质量完成产改。

三、培树先进典型，突出示范引领

唐山产改坚持试点先行打造样板、以点破面带动全局的思路，培树国家级项目试点1个、省级试点 6 个、市级试点 49 个、县级试点 68 个。试点覆盖央企、省企、市企、县企四个层级，国有、民营、外资三种投资类型，传统企业、创新企业、专精特新企业等不同企业类型，试点内容涵盖产改五方面主要任务，形成了多点布局、重点突破的工作态势。123 个试点成为引领产改创新发展的加速器，产改工作点线面压茬推进，不断向纵深发展。

唐山在全国率先打造了由 17 个港口和科研院校参加的港口工匠创新联盟，在全省率先出台了《关于深入开展全市职工创新型竞赛的通知》《唐山市技能大师工作室建设项目实施办法》，搭建了高技能人才培训基地、技能大师工作室、劳模创新工作室三大平台，为产业工人成长赋能。抓好职业教育专业设置与产业需求、课程内容与职业标准、教学过程与生产过程的三个对接，推进产教融合不断深化，唐山也成为全省唯一的国家产教融合试点城市。在全省率先建设新市民俱乐部，高标准建设唐山工运史馆、劳动公园、市工人文化宫、爱心妈妈小屋、户外劳动者驿站，依托这六大服务平台，让农民工更好地融入城市，让产业工人体面劳动、幸福生活。

四、全力推动产业工人队伍不断壮大

坚持以党建带工建，以工建服务党建。市委组织部着力推进非公企业、社会组织和小微企业的基层党建工作，全市 5258 家非公企业党组织覆盖率为 95.11%；1267 家社会组织党组织覆盖率达 91%，4095 家小微企业党组织覆盖率达 93.19%。市总工会积极开展建会入会攻坚行动，开展新业态建会入会工作，截至目前，全市组建新就业形态劳动者工会（联合会）442 家，发展新业态劳动者会员 7.39 万人。我市产业工人达 156 万，比 2017 年增长 6.1%。

五、加大维权服务力度

市总工会制定下发《关于做好特殊困难职工精细分类帮扶工作的通知》，强化精细分类帮扶。一是医疗互助活动补救助标准由 3 万元提高到 5 万元、救助范围扩大到职工配偶和子女的政策，已经医疗互助管理委员会通过，下期活动实施。二是对建档的 326 名困难职工按照因病致贫、零就业、单亲、失独细化类别，完善台账。三是一户一策，精准帮扶。目前已建立特殊困难职工精细分类帮扶台账，共包括 156 人，其中因病致困家庭有 100 人，零就业家庭有 11 人，单亲或失独家庭有 45 人。同时，对零就业家庭建立 11 人工会帮扶联系人队伍，对单亲或失独家庭建立 45 人帮扶志愿者队伍，开展就业帮扶和志愿服务活动 200 余人次。

六、强化思想引领

各级工会以"强国复兴有我 中国梦·劳动美——喜迎二十大 建功新时代"为主题，先后组织开展了唐山职工微视频大赛、职工诵读、职工书屋优秀作品征集等活动，全方位、多角度地反映我市广大职工奋进新征程、建功新时代的主人翁风采。市总工会联合市文明办、市教育局开展"劳模精神进校园"活动，邀请全国劳模郑久强、张雪松、李征等为中小学生开展劳动创造幸福主题教育。以全面深入学习宣传党的二十大精神为核心，开展"劳模工匠对党说"

等多种宣传活动，在全国、省、市学习强国平台共刊发稿件 165 篇。市总工会以"特别能战斗精神"诞生 100 周年为契机，召开座谈会，开展"特别能战斗精神"竞赛答题活动，参与职工近 10 万人次，使广大产业工人听党话、感党恩、跟党走的信念更加坚定。

"三部曲"彰显"娘家人"浓浓真情

——滨州倾力打造工人文化宫高质量发展样板

山东省滨州市工人文化宫　周立强

近年来，滨州市工人文化宫坚持公益性、服务性方向，通过社会化、市场化运作的有机结合，奏响"以文铸魂、以文塑形、以文赋能"的文化建设"三部曲"，在实现职工服务阵地高质量发展方面迈出了坚实步伐。仅2022年，文化宫就服务职工72.88万人次，在全国推动工人文化宫高质量发展座谈会上做典型发言，获批全国提升职工生活品质试点和省级标准化工人文化宫；先后荣获"全国职工教育培训示范点""全国模范职工之家""全国职工书屋建设示范单位""全国最美工会户外劳动者服务站点""全省首批职工爱国主义教育基地"等荣誉称号。

一、坚持以文铸魂，做优"工慧学院"品牌

踏实做好党的二十大精神学习宣传贯彻工作，深化"中国梦、劳动美"主题宣传教育，组建"百师志愿团"师资人才库，开设以"讲、学、演、诵、读、唱"为主要形式的"红色文化大课堂"，开展"红色工运开放月"、庆五一"颂劳模、画劳模"巡展、庆七一"红歌嘹亮　红心向党"专场演出和庆八一"军歌嘹亮、红心向党"汇报演出等活动，共306批次、3万多人次学习参观。两次邀请全总文工团到滨州慰问演出，助力全总文工团在滨州邹平设立全国第一个县域艺术中心。充分发挥滨州工人运动史馆阵地优势，已接待来自各行业的不同群体达6万多人次，成为广大职工学习党史、工人运动史和弘扬劳模精神、劳动精神、工匠精神的"打卡地"。

二、坚持以文塑形，做实"工惠之家"平台

聚焦职工需求打造暖心之家，在国内首创"工友e图·服务职工一张图"一体化平台，集成、链接共34个板块，含工会阵地、滨州工匠、最美职工、职工天地、政务服务、城市便民、生活服务等版块共3999项服务事项；在国内首创职工互助医疗报销"一单式"结算提档升级，截至目前，已累计为23.8万人次报销1.45亿元。积极组织举办书法摄影、绘画篆刻、古筝古琴、围棋太极、形体气质、舞蹈瑜伽、音乐合唱等职工公益性培训项目，在原有的31类167个培训班次的基础上，增加了游泳、插花、香乘文化、阅读沙龙、PS后期制作、健康美食达人、空灵鼓等群众喜闻乐见、参与度高的培训课程，各类职工公益性培训项目达65类312个班次，培训

职工 2.6 万余人。推出工会"黄河恋·渤海情"婚恋服务，建设有品质、有温度、有情怀的"北方爱情之都"，已促成 600 余对单身职工成功牵手。

三、坚持以文赋能，做强"工汇力量"特色

建立职工艺术团、职工朗诵团两个文艺团队和 40 多处文体艺服务站点，培养吸纳基层文艺骨干人员 3000 多人，有力推动了广大职工群众的文化活动，让职工群众在家门口享受到更加优质、便捷的工会服务。其间，还成就了多名职工"草根"书法家、摄影家，多次在省市书法、摄影比赛中获奖。高标准建设职工心理关爱中心，已被列入国家社科基金重点项目，被命名为"全国职工心理关爱示范基地"。积极推广"慧心赋能"滨州模式，建成 100 家"慧心赋能"服务站点，建成 240 家户外劳动者驿站。创新建设集智慧商城（24 小时无人值守超市）、"工友创业·惠工优品"展厅、健康食品（奶制品）研发中心于一身的服务职工综合体，努力把市工人文化宫打造成具有"培训品质、就业品质、服务品质、生活品质"的全链条服务综合体。

"两强两提"构筑工会人才生态圈

浙江省常山县总工会

今年以来，常山县总工会围绕"县级工会加强年"专项工作和"两勤两专"干部培育，深化迭代"四维考评"机制，创新开展"两强两提促双服双争"行动，健全干部能力培养体系，实现干部培养可视化、精准化。

一、精准匹配，全链式平台育人

（一）多措并举强政治

整合资源、创新举措制定干部政治素养"资源包"，定期开展领导谈话、党建研学、主题党日等活动，持续深化"守好红色根脉·班前十分钟——常山县聚U三百行动"，利用移动喇叭、企业广播等平台建立"云讲堂"80余个，精准把握企业差异性和职工需求多样化，提前录制干部、劳模宣讲内容开展全覆盖式宣讲。

（二）全链搭台提能力

坚持需求导向，通过干部"政说写干谋"各项评分精准识别干部能力短板，针对性培优赋能。创新"百家讲堂"、青年"半月谈"等活动平台，通过名师"请进来"与干部"走上台"相结合的形式让干部从被动听讲向主动宣讲转变，每月定期组织干部上台述实绩、比谋划，实现干部能力属性的全链式培育。

（三）专项帮带补短板

聚焦干部单项属性短板，创新"青年互助结对＋老少师徒结对"的帮带模式，安排相应属性的"单项冠军"结对短板干部6人，以季度为单位对结对安排做动态调整，并建立"专岗＋轮岗"的"一人双岗"机制，青年干部在抓好本职工作的同时轮岗参与各科室业务，让干部各项属性能力、业务能力逐一强化、梯次递进，实现"点穴式"育人提能。

二、才绩兼顾，全面式选岗用人

（一）多维建模、全面画像

建立"四维考评""五维属性"相结合的"4+5"干部综合评价机制，通过领导评分、擂台比拼、日常考察，形成青年干部"政说写干谋""五维属性"的成长档案，构建起"四维考评"定绩选拔为主、兼顾"五维属性"评才调岗的选人配岗体系，实现干部多维培养、"精准画像"。

（二）因岗定标、人岗相适

对总工会岗位职能开展系统梳理，根据上级要求、岗位职责、干部结构形成岗位"属性标准"，做到"一岗一指标"。通过干部对标选岗、班子按需选人，实现干部精准调岗 6 人，让干部才尽其用、人岗相适，形成才绩兼顾的多维度、嵌合式选人调岗体系。

（三）张榜赋分、活动提质

建立张榜赋分机制，通过"四维考评"系统每周对干部领办活动进行赋分，有效破解工会活动服务力量不足、结合度不强等问题。目前，县总工会结合各乡镇（街道）特色产业谋划"一镇一品"职业技能竞赛清单达 15 项，活动谋划与地方特色产业融合率同比提升 275%，仅一季度就开展了各类技能竞赛活动 5 场，覆盖职工 700 余人。

三、分拣督办，闭环式促事管人

（一）上联下挂听问题

向基层公会选派工会指导员和助企服务队，实施干部"1+1"下挂制度（每名干部联系 1 个片区和 1 家产改试点单位），干部进企协助破解能级工资改革、招工培训等难点问题 20 余个，调解劳动纠纷 37 起，指导 23 家规上企业签订了集体协商合同，申报市级和谐劳动关系企业 12 家。建立基层工会上联季度例会制度，15 家乡镇（街道）开发区工会定期收集辖区企业工会问题，每季度研判基层工会组织难题，让问题往上提、举措往下沉。

（二）闭环解难想实招

完善窗口分流、后台交办流程，针对基层工会疑难问题，每月细化制订"双服双争"任务清单，通过分流交办、分拣督办的清单化、闭环式管人促事机制明确"谁交办""谁来办"问题，并实施台账式管理、销号式落实制度，明确交办内容、责任主体和完成时限，有力推动工会工作提能增效。上半年常山县总工会通过分流交办实现新建基层工会 21 家、发展会员 1713 人，有效提升了工会组织覆盖面。

（三）督办评分干实绩

为强化落实，县总工会对交办事项实行定期通报机制，由主要领导牵头、分管领导督办、业务干部定期反馈形成干部联企"周报表"，每周汇总干部一周的工作、协调的难点，累计汇总干部"周报表"90 余份，通报滞后事项 2 批次。督促干部下企 40 余批次，为企荐员招工 370 余人，组织 11 家企业开展职业技能培训，惠及职工 809 人。举办"浙工缘"青年职工交友联谊、春游、妇女节等活动 70 余场，覆盖职工 2000 余人次。

奋进新征程　建功新时代

——临清市总工会用劳模精神锻造每一位劳动者

山东省临清市总工会　张　琦

劳模精神、劳动精神、工匠精神是鼓舞广大职工开拓创新、建功立业的行为标杆，是工人阶级和广大劳动群众弥足珍贵的精神财富。近年来，临清市总工会不断完善培养劳模、宣传劳模、关心劳模、服务劳模的工作机制，在劳动模范的精神引领、激发创新、支持创业、维权帮扶等方面做了许多有益的探索。截至2022年年底，全市共培育全国劳模2名、省（部）级劳模48名、聊城市劳模38名、临清市级劳模469名。2023年，推荐4人荣获"山东省劳动模范"和"山东省先进工作者"荣誉称号，1人荣获全国五一劳动奖章。

一、广宣传，释放各级劳模品牌效应

临清市总工会始终把政治引领放在首位，坚持与劳模保持密切联系，及时总结劳模先进思想和经验，组建"劳模工匠宣讲团"，通过"线上＋线下"形式开展党的创新理论进企业、进学校、进社区宣讲活动80余场，参与职工2600余人，推动学习党的创新理论走深走实。同时，灵活运用各类"工"字号宣传媒体，在"临清工会"电视专区中开设"榜样风采录"专栏，以劳模、工匠的模范行为影响和带动全市职工群众，努力营造尊重劳动、尊重知识、尊重人才、尊重创造的浓厚氛围，激励大家以劳模为标杆，争做奋斗者，让诚实劳动、勤勉工作蔚然成风。

二、搭平台，激发劳模创新发展动能

新生代劳模是引领技术创新的主力军，临清市总工会因势利导，广泛开展劳模和工匠人才创新工作室创建活动，在市重点工程、企业重点领域建立劳模创新工作室，引导企业组织开展劳动模范与职工结对"手牵手"活动，鼓励劳模带徒弟、传绝活，持续释放先模人物的"正能量"。2022年新建市级劳模创新工作室1家、县级5家，培养造就了一批爱岗敬业、技艺精湛、精益求精、勇于创新、追求卓越的优秀职工，激励更多职工成为工匠，更多工匠成为劳模，及时解决生产过程中的工艺难题，以工匠精神之魂筑企业发展之基。

三、办实事，提升劳模精准服务水平

为加强对劳模的关心关爱，临清市总工会密切关注劳模在工作、生活中的实际需求，大力

推进服务劳模普惠化工作。一是将走访慰问与日常关心帮扶相结合，高度重视劳模困难帮扶工作，2023 年为省级困难表彰奖励获得者申请帮扶资金 80230 元，真正把各项劳模待遇政策落到实处。二是引导各基层工会为劳模免费体检，扎实做好劳模健康管理工作，保障劳模的身心健康。三是组织一线优秀职工和劳模参加疗休养，增强各级劳模群体的获得感、荣誉感。2022 年共安排 103 名"苦、脏、累、险"岗位的一线职工和劳模先后赴青岛、临沂等地进行健康疗休养，帮助劳模缓解工作压力，促进身心健康。

新时代新征程赋予工会工作新的历史使命，下一步，市总工会将引导广大职工更加紧密地团结在以习近平同志为核心的党中央周围，不断提高劳模管理和服务工作水平，一如既往地尊重劳模、关爱劳模，不断完善劳模政策、提升劳模地位、落实劳模待遇，激励出现更多劳动模范、先进工作者，汇聚起奋进新时代新征程的精神伟力和强大动力。

送一夏清凉　暖一线人心
——东安区总工会开展 2023 年"夏送清凉"慰问活动

黑龙江省牡丹江市东安区总工会

为切实做好防暑降温工作，确保户外工作和从事高温作业的职工安全度夏，2023 年 7 月 31 日，东安区总工会组织开展了"夏送清凉"关爱户外一线职工慰问活动。

东安区总工会先后走访环卫工人、快递员等高温环境下工作的职工，向他们送去矿泉水、饮料、白糖等防暑降温用品，向奋战在高温一线的户外劳动者们致以真诚的问候，对他们的辛勤劳动和无私奉献表示衷心的感谢，并叮嘱他们要增强自我防护意识，注意防暑降温，合理安排作息时间，确保自身健康安全。环卫工人与快递员向区总工会的慰问表示感谢，并表示将发扬吃苦耐劳、甘于奉献的精神，再接再厉，扎实工作，在争创全国文明城市中做出新的更大贡献。

下一步，区总工会将以"夏送清凉"慰问活动为契机，整合多方资源，采取多种形式，突出重点群体，深入生产一线，广泛地走访慰问奋战在高温环境下的一线职工，推动防暑降温工作落实到企业、落实到车间、落实到职工，确保职工平安度夏。

积极开展文体公益活动
全力提升工会服务能力

山东省济南市钢城区总工会

今年以来，钢城区总工会积极开展形式多样的文化体育、社会公益等活动，不断提高服务职工的本领，提升职工群众的幸福感、获得感。

一、广泛开展文体活动，提振职工群众精神

组织开展"奋进新时代　运动向未来"济南市钢城区第二届职工运动会，截至目前已进行5项比赛。其中男子五人制足球比赛，有12支代表队、110余名职工参赛；乒乓球比赛，有24支代表队、100余名职工参赛；男子三人篮球比赛，有25支代表队、150余名职工参赛；气排球（混合）比赛，有8支代表队、64余名职工参赛；有羽毛球比赛，32支队伍、100余名职工参赛；进一步激发了全区职工斗志，振奋了精神。组织职工积极参加济南市第十届职工运动会线上跳绳和健步走活动，钢城区代表队在全市区县、产业、企业代表队中总参与人次位列第三名、区县第一名。组织开展"阅读新时代·铸就新辉煌"女职工品读活动、"奋进新时代·徒步大美钢城"、庆三八国际妇女节徒步走活动、"庆五一·劳动美"劳模工匠观摩座谈会，一场场各具特色的主题文体活动，成为职工文化娱乐的良好平台。

二、强化公益服务实效，持续提升职工群众幸福感

春节前夕，开展"送温暖"走访慰问一线职工暨"送万福　进万家"活动，先后到区消防大队、区森林防火队、街道卫生院等10家企事业单位走访慰问，发放慰问品14余万元，发放福字对联4000套，切实将"娘家人"的温暖送到员工心坎上。走访慰问了第一书记帮包村东峪村的10户贫困户。关心关爱新就业形态劳动者，为鲁中物流货车司机发放新就业形态劳动者大礼包100份。与康源社区联合组织开展"同心共建文明林"志愿服务活动，以实际行动植青绿、添春意。搭建北京就医绿色平台，开展北京名医线上义诊活动，截至目前已有23名钢城职工通过进京就医通道就医，有效解决了看病难、住院难、奔波苦等问题。

三、做实宣传服务工作，增强服务意识，惠及更多职工

一是组织开展就业服务活动。举办"春风送岗，情系职工"2023年"春暖行动"就业招聘

会，共有 21 家企业提供了 102 个工种的 1000 多个岗位，满足了重点群体就业需求。开展"2023年钢城区春风行动暨就业援助月专场"活动，现场共发放宣传资料 400 余份。

二是组织开展普法宣传活动。持续推进普法工作，走进里辛、辛庄大集，发放《劳动争议法律常识 20 问》《农民工法律常识 20 问》400 余份，提供法律咨询 32 人次，引导广大职工群众运用法律知识维护自身合法权益。开展女职工普法宣传活动，发放妇女权益保障法等涉及女职工权益保障材料 200 余份，引导职工增强法治观念。在山东未来畜禽种业国家现代农业产业园开展"百宣成钢"宣讲志愿服务活动，发放《中华人民共和国工会法》100 余份，发放手套、毛巾等劳保物资 60 余份，提供法律咨询 12 人次。

三是组织开展主题宣讲活动。举办"百宣成钢"心理健康类主题讲座 5 场，倡导健康生活方式，全区有 200 余名职工参加。先后走进 8 家企业组织开展"求学圆梦行动"宣传活动，进一步推进"求学圆梦行动"进企业、进车间、进班组，帮助职工提升学历。依托"齐鲁工惠"APP展示我区各级劳模风采，营造人人学习劳模、人人争当劳模的浓厚氛围。

搞好产业工人队伍建设改革
助力项城经济高质量发展

河南省项城市总工会

产业工人队伍建设改革工作开展以来，项城市委、市政府认真贯彻落实中央和省、市关于产业工人队伍建设改革的重要部署，紧扣产业强市目标定位，按照政治上保证、制度上落实、素质上提高、权益上维护的思路，扎实推进改革，取得了积极的成效。其主要做法如下。

一、提高政治站位，凝聚改革共识

按照中央、河南省委和周口市委关于推进产业工人队伍建设改革的决策部署，项城市委将"工业兴市、人才强市"战略与全面推进产业工人队伍建设改革相结合，列入全市2021年全面深化改革总体计划，多次召开常委会，进行专门设计和部署；成立由市委副书记任组长的协调小组，组织、人社、财政等32家成员单位积极参与，构建了党委统一领导、工会牵头抓总、部门各司其职、各方协同发力的工作格局。出台了切合项城实际的《项城市产业工人队伍建设改革实施方案》，为建设改革的落实落地提供了坚强有力的保障。

二、创新工作举措激发内驱活力

为增强广大产业工人参与自身建设改革的积极性和主动性，我们从宣传教育引导入手。一是构建思想政治教育高地。坚持将习近平新时代中国特色社会主义思想作为职工思想政治教育的中心内容，组织职工读原著、学原文、悟原理，开展理论讲座、大学习课堂22场次；举办"学党史守初心担使命"主题宣讲教育、庆祝建党100周年职工诵读比赛和"中国梦·劳动美·工会情"活动送文化进企业、进车间、进班组活动39场次，夯实了高举旗帜、听党指挥的思想根基。

二是搭建创新人才培养扶持平台。为全面提升我市产业工人业务素质和专业技能，我们组织开展了形式多样的技能培训，联合高等院校、项城中专、腾龙职业学校等各类专业科研培训机构在河南乐普药业、周口红旗生物科技共建"产学研"实验实训平台。河南康达药业与周口师范学院建立了产教研基地，结合企业生产和员工需求开展线上线下技能培训，有力地打造了助推企业发展的精英团队。近两年来，全市共开展服装加工、家政服务、防水防腐、医药纺织等培训班22期，培训学员4500余人，广大职工的业务素质和专业技能明显提升。

三是打通激发潜能成长通道。开展各种形式的技能竞赛，激发职工的创新潜能。举办服装、护理、建筑防水、装饰等行业及教师优质课职工技能竞赛 16 场次，有 5200 余名职工参加了不同岗位（层次）的技能角逐。创建劳模、工匠、技能大师、技师等层级创新工作室 23 个。深化职工群众性"五小"发明技术创新活动，打造技术创新导师队伍 10 支；开展"一对一""多对多"导师带徒活动，带动 3200 余名员工提升了专业技能。项城纺织公司员工童玉堂学知识、钻业务、研技能，从一名一线员工晋升为生产处处长，他研发的纺纱工艺在河南省纺织技能竞赛中多次获奖，破解了操作工序复杂且效率不高等多项难题。在 2023 年 7 月举行的全市防水防腐行业技能操作大赛中，优秀选手马宇阳以高超的技能连续 3 届保持第一名的好成绩。他深有感悟地说："技术和创新才是我们的立身之本，没有技能到哪里都不可能有所作为。"渴求知识、潜研技能，已成为广大职工的自觉行动和执着追求，"劳动创造美好生活"已成为他们共同认同的价值观。

四是构建权益保障体系机制。首先，从制度上保障。建立以职代会为基础的职工参政议政、民主监督和面对面提案常态化等制度机制。目前，全市建立职代会制度，开展平等协商、企务公开了规模企业达 142 家，从源头上保障了职工（农民工）的合法权益。其次，从工作上落实。近两年来，开展安全生产大检查 12 次，举办"安康杯"竞赛活动 6 场次；建设户外劳动者驿站和母婴工作室 42 个；积极组织开展劳模健康体检、职工帮扶慰问、金秋助学等活动，把对职工的关爱落到了实处。最后，从平台上创新。建立工会法律顾问制度和网上法律咨询服务平台，常年聘请法律顾问 3 名，招募法律志愿者 30 人，实现了网上网下维权联动；搭建手机端平台"掌上法宝"，让法律服务从"网上"到"掌上"，使工会服务从"掌上"到"心上"。两年来，为工会解疑法律问题 10 起，为职工释惑法律难题 32 件，为职工（农民工）追讨欠薪 216 万元，把依法维护广大职工合法权益工作落到了实处。

三、强化组织领导保障工作落实

项城市委把方向、统全局，使党政力量、群团力量、企业力量形成整体合力，按照方案要求，制成《项城市产业工人队伍建设改革任务分解图》，聚焦主责主业，压实分工责任，落实时间表、路线图；各牵头单位履行牵头职责，发挥各自职能和专长，整合运用各方面资源，牢固树立"一盘棋"思想，协调推进、全面实施。同时，坚持问题导向，加强工作调研，强化检查督导，严格目标奖惩，推动问题解决，确保产业工人队伍建设改革各项措施的落实。

我们在做好产业工人队伍建设改革工作中进行了有益探索，取得了一定的成绩，但这与新形势、新任务的要求和广大职工的期盼存在着不小的差距。下一步的工作中，我们将按照上级关于进一步深化产业工人队伍建设改革的有关要求，扛牢政治责任、聚焦重点任务，凝聚部门合力，强力推进产业工人队伍建设改革工作向纵深发展，努力造就一支有理想守信念、懂技术会创新、敢担当讲奉献的产业工人队伍，为加快推进项城"一中心四基地三片区"，全力打造"三城两高地一家园"工作目标做出新的更大贡献！

奋进新征程　逐梦新时代

青海省海北藏族自治州总工会

党的十八大以来，全州各级工会组织以习近平新时代中国特色社会主义思想为指导，积极适应新时代发展要求，着力深化工会改革取得新成效，深入学习贯彻中央、省委、州委党的群团工作会议精神，深入推进精准帮扶、疗休养、网上工会、办实事等服务职工六大品牌工作，实施思想领航、建功立业、生态保护、民族团结、服务维权、品牌创新、素质提升七大工作载体建设，着力打造具有海北特色、地区特点的群团工作品牌。

一、全面从严治党管会扎实有效

坚决贯彻落实全面从严治党重大战略部署，认真学习贯彻习近平总书记关于全面从严治党的重要论述精神，先后深入开展党的群众路线教育实践活动、"三严三实"专题教育、"两学一做"学习教育、"不忘初心、牢记使命"主题教育、党史学习教育，教育引导工会党员干部切实改进工作作风，忠诚履职，充分发挥好党联系职工群众的桥梁纽带作用。锲而不舍落实中央八项规定及其实施细则精神和省州委具体措施，把严的主基调贯彻到工会工作的全过程和各方面，持续整治"四风"问题特别是形式主义、官僚主义，工会机关风清气正的政治生态不断优化，作风建设持续向好，党群干群关系更加紧密。

二、基层保障力度持续加大

全面施行基层工会组织、工会会员实名制管理以及工会法人资格登记工作，顺利完成了政府机构、事业单位改革后的工会组织撤并调整设置工作。加大对基层工会的支持保障力度，州本级工会经费收入的80%以上下沉基层，推动基层工会真正转起来、活起来、强起来。积极争取党政和财政、税务等部门支持，工会经费持续稳步增长。

三、思想政治引领不断强化

始终把"举旗帜、聚民心、育新人、兴文化、展形象"作为使命任务，广泛持久开展"中国梦·劳动美"主题宣传教育，组织歌咏比赛、主题征文、书画摄影、职工运动会等群众性文体活动，不断丰富职工业余文化生活，大力培育健康文明、昂扬向上、全员参与的职工文化，形成了深受广大职工群众喜爱的一批职工文体活动品牌，增进了职工群众的政治认同、思想认同、理论认同、情感认同。

四、职工群众幸福感显著增强

在中央、省、州党委、政府和上级工会的大力支持下，州总工会紧盯职工急难愁盼问题，用心用情用力解决好职工群众最关心最直接最现实的利益问题。2019年率先在全省建立州级困难职工档案，实行分级建档、分类施助，精准帮扶。自2016年实施城市困难职工解困脱困工作，至2020年年底，累计实现解困脱困4464户，如期完成建立全国级档案困难职工全部清零。2020年以来，面对突如其来的新冠疫情，全州各级工会始终坚持"人民至上、生命至上"，闻令而动，主动作为，统筹疫情防控和经济社会发展，助力疫情防控工作和复工复产，累计走访慰问职工1.5万人次，发放慰问金（品）约515万元，发放职工福利消费券约3.32万人1728万元，为打赢疫情防控阻击战贡献了力量。

五、精心实施"爱心早餐"工程

全州各级工会认真学习贯彻习近平总书记关于工人阶级和工会工作的重要论述精神，把实施好环卫职工"爱心早餐"工程作为工会组织服务关心职工群众的品牌工作来抓。2022年5月以来，先后在海晏、刚察、祁连、门源县启动实施环卫职工"爱心早餐"工程，州总工会年投入补助经费约90万元，为全州700余名环卫职工提供每人10元标准的免费早餐，切实解决了广大环卫职工的揪心事。

站在新的历史起点上，全州各级工会将以习近平新时代中国特色社会主义思想为指引，深入学习贯彻党的二十大精神及习近平总书记关于工人阶级和工会工作的重要论述精神，团结组织动员全州各族职工不忘初心、牢记使命，为奋力谱写全面建设社会主义现代化国家新青海海北篇章而不懈奋斗！

多措并举　助力夏粮抢收
"娘家"始终把粮食安全放心上

河北省行唐县总工会

"这些日子，每天都提心吊胆，怕下雨赶不上收麦，还怕没地方晾晒，多亏了工会助力，现在我家麦子已经全部入库了。"开发区西正村村民范老根高兴地说。

风吹麦浪遍地黄，颗粒归仓丰收忙。2023 年 6 月 13 日，随着我县小麦大面积开镰，行唐县总工会充分发挥基层工会组织的"娘家人"作用，积极投身麦收一线，抢抓利好天气，争分夺秒进行助农抢收，全力奋战"三夏"期间小麦"抢收"，确保夏粮应收尽收、颗粒归仓。同时，各乡镇在人居环境整治中建起的晾晒场也解了广大农民晒麦的燃眉之急。

行唐县总工会组织机关干部到单位分包村，主动深入群众家中、田间地头，实地了解群众需求，开展政策宣传、走访慰问、生产帮扶、抢收抢种等各项服务工作，详细了解夏收困难，因户施策开展帮扶，助力夏粮抢收；协调农业农村局工会、气象局工会等，深入田间实地查看小麦生长成熟情况，提醒农户高度关注天气变化，提前预警灾害天气，科学组织履带式收割机等农业机械，对夏熟作物进行抢收，确保帮扶村"三夏"生产紧张有序、安全有效、应收尽收、颗粒归仓；开展"三夏"帮扶慰问活动，看望了坚守秸秆禁烧一线的村干部和驻村工作人员，为他们送去了方便面、矿泉水、米、面、油、肉等慰问品，送去了工会组织的关怀。

助力抢收的同时，行唐县总工会致力于助力乡村人居环境整治提升，先后在龙州镇石段庄、只里乡东秀、开发区东留营等 10 余村打造劳动文化一条街及游园，同时协调打造作物晾晒场。截至目前，我县各乡镇（开发区）共建成晾晒场 135 个，总面积达 98161 平方米，切实缓解了农民晒粮难的问题。

"如今咱村里变得越来越漂亮了，街道敞亮了，生活方便了，日子过得一天比一天好！"看着工会为人居环境提升带来的变化，群众纷纷拍手称赞，幸福感、自豪感油然而生。行唐县总工会用实际行动打通了服务群众的"最后一公里"，确保"三夏"各项任务落实到位。接下来，行唐县总工会将继续开展助力乡村振兴的相关活动，认真履行好维护职工合法权益、竭诚服务职工群众的基本职责，做广大职工群众心中真正的"娘家人"。

落实工会加强年 穆棱市总工会频出奇招

黑龙江省穆棱市总工会 高 阳

为充分调动基层工作积极性、主动性、创造性，紧紧围绕贯彻落实党的二十大精神，进一步深化落实"县级工会加强年"专项工作，黑龙江省穆棱市总工会迅速组建工作专班，精准破题、细化分工，精心谋划推动，狠抓工作成效，聚焦职工群众最热切盼望解决的实际问题，广泛征集"金点子"，推动工作落实落细。

一、以中华传统节日为切入点，持续开展职工关爱活动

穆棱市总工会坚持厚植家国情怀、弘扬传统美德、大力践行社会主义核心价值观，推动中华优秀传统文化创造性转化，以春节、端午等传统节日为重点，围绕一线职工、困难职工等特殊群体，推动我市职工关爱活动深入开展。元旦前夕总工会在穆棱市医疗保健服务大厦开展了"猜灯谜，聚团圆"活动，100余名医务人员兴高采烈地参与了活动，活动现场气氛紧张热烈，展现了职工群众喜庆欢畅的幸福图景。春节前我们开展了"送万福 进万家"迎春送福书法公益活动。来自市书法协会的书法大家现场挥毫泼墨，将一幅幅红火而喜庆的春联和"福"字送给经济开发区的入驻企业和一线职工群众，营造出了"红红火火过大年"的浓厚节日氛围。在儿童节来临之际市总工会开展了六一特别关爱活动，市总工会干部与困难职工子女亲切交流，并为他们送去慰问礼品，让孩子们过了一个开心快乐的六一；端午节前夕，总工会工作人员将结对帮扶的困难职工及家属邀请到职工服务中心，开展了"粽叶飘香、情暖职工"困难职工关爱活动，总工会干部与职工一起，齐心协力、分工协作，精心包出香甜漂亮的粽子，为部分困难职工送去节日的祝福、温暖的问候。在七夕前，我们开展了"青春有你·团聚穆棱"青年交友联谊活动，为适龄青年职工架起友谊桥梁，拓宽沟通交流的渠道，帮助适龄青年交友联谊，联谊会上大姑娘小伙子或歌舞或朗诵或变魔术，引得台上台下笑声阵阵，经过一天的接触和了解，现场有两对青年男女牵手成功。在中秋节来临之际，总工会干部职工心系困难职工，分成4个小组深入困难职工家中开展中秋节送温暖活动，为他们送去节日的祝福及慰问品，把"有一种温暖叫工会在您心中"送到困难职工的心坎上。

二、以劳动技能竞赛为接合点，大力推进产业工人队伍改革迅猛发展

为加强产业工人队伍建设，认真贯彻落实省、市"百大项目"和"五个百万"职工劳动和技能竞赛的要求，围绕"造就一支宏大的新型产业工人大军，当好主人翁，建设高质量发展新穆棱"的工作主线，充分发挥劳动和技能竞赛在"百大项目"中的引领示范作用，穆棱市总工会广泛深入开展多种形式的劳动和技能竞赛，我们多方推进，促进改革往深里走、往实里走。

以劳动技能竞赛、职工创新成果展示为平台，提高产业工人的技能素质，促进企业快速稳定发展。今年我们与市人社局联合在装备制造业、"八大群体"、建筑业等行业开展了19项5场技能竞赛。在机关企事业单位开展了以"节能低碳、你我先行"为主题的节能减排竞赛。全市31家重点企业、318家非公企业和45家机关事业单位参加，收到合理化建议795条、先进操作法477项，转化经济效益2164万元；开展的以"保质量、抢工期、比贡献"为主题的劳动竞赛、以"比技能、练本领、岗位成才"为主题的技能竞赛、以"发明创造、提质增效"为主题的"五小"成果竞赛以及"安康杯"竞赛都按计划进行。

产业工人通过培训、劳动和技能竞赛大大激发了内生动力，科技成果显著：几年来，我市共投入创新资金3287.1万元，今年又拿出487.1万元用于兑现奖励；两年来签约20亿元以上项目的企业有12家；成功申报高新技术企业2家，实现了高新技术企业倍增；新注册科技型企业35家，技术合同签订580万元；两年来签订技术合同3份，签约额共计875万元；总投资6亿元，建立了占地面积20万平方米的科技产业园；培养技术能手1870人，成立劳模（工匠）创新工作室3个、"技能大师工作室"1个；积极推广职工先进操作方法等群众性创新活动，把职工的技术创新嵌入企业研发链条，融入穆棱产业发展框架，完成了"五小"科技成果593个。

下一步，穆棱市总工会将继续围绕"五强"目标，扎实推进各项重点工作，力求在规定动作上抓落实、在自选动作上求特色，真正将工会加强年做实做细，将"有一种温暖叫工会在您身边"送到千万职工身边。

绩溪产改：改出徽菜徽厨特色大产业

安徽省绩溪县总工会

近年来，在绩溪县这个只拥有 13.8 万人口的山区小县中从事徽菜、徽厨产业的队伍不断壮大。据统计，现在本县内外从事徽厨的人员突破 1 万人，从事徽菜生产销售的人员近 3 万人，徽菜食材年销售 35 亿余元，徽菜、徽厨已形成绩溪特色大产业。而在这份光彩的背后，产业工人队伍建设改革的深入推进功不可没，产改改出了徽菜徽厨特色大产业。

一、思想引领，强自信壮队伍

近年来，该县把徽菜、徽厨产业发展作为擦亮"中国徽菜之乡""中国厨师之乡"的特色品牌，做实"新徽菜·名徽厨"暖民心行动的重要举措，以产业工人队伍建设改革为动力，全力推进徽菜、徽厨产业发展。突出党建引领，在县酒店餐饮烹饪协会、徽和天下等徽菜食材企业中建立了党组织，组建了县劳模工匠志愿服务队，广泛开展思想引领和自信教育，树牢"徽菜徽厨"绩溪发源地的文化自信、品牌自信。2022 年以来，广泛开展"跟着劳模去创新"，组织徽菜、徽厨行业和徽厨技师学院的劳模工匠，深入 11 个乡镇和相关企业，推动实施徽菜"十乡百碗""千店万厨"牵引行动，吸引更多的农民群众加入徽菜徽厨产业发展行列，截至目前，该县徽菜食材加工经营主体达 60 余家，绩溪徽厨县外开设徽菜馆 660 余家，县内开设徽菜馆778 家，产业队伍不断壮大。

二、提升技能，长本领创品牌

在徽菜徽厨产业推进产改过程中，突出产业人员技能素质的提升，努力提升队伍本领水平，打造"金徽厨"特色劳务品牌。实施了"新徽菜·名徽厨"技能提升行动，依托安徽省徽州学校（徽厨技师学院）、市级高技能人才培训基地、绩溪县酒店餐饮烹饪协会，采取"走出去、请进来"的形式，免费为农家乐、饭店餐饮业经营单位从业人员开展烹饪职业培训，不断提高徽厨烹饪技能水平。2022 年在家朋乡、金沙镇等 6 个乡镇举办了 6 期技能提升培训，共培训 270 名"金徽厨"；先后在瀛洲镇、伏岭镇等地开展徽菜师傅培训 4 期，共培训 193 人；9 月中旬，举办了宣城市中式烹调高技能人才研修班，来自全省各地的 61 名中式烹调师参加了研修班。同时深入实施徽厨培育工程，建成宣城市烹饪职业技能竞赛基地 1 个、省级技能大师工作室 1 个、市级技能大师工作室 3 个。通过技能大师工作室和"名师带徒"的培育评选，充分发挥技能大师引领传承作用，利用名师带徒方式培养徽菜制作技能人才，走出一条"名店出名厨、名厨带名徒、名徒联名店、名徒成名厨"的培育之路，挖掘绩溪徽厨带动徽菜产业振兴的新潜能。在安徽省第一届"新徽菜·名徽厨"专项职业技能竞赛宣城市选拔赛上，该县选手囊括第一、二、三名，并将代表宣城市参加了省赛。举办了第二届"喜迎二十大　创业在绩溪"创业创新大赛，在获奖的 10 个项目中，徽菜项目占 6 个。2022 年 11 月 17 日，"绩溪金徽厨"劳务品牌作为全国四大品牌之一在人社部大会上做典型发言。

三、全面激励，鼓干劲创大业

在产改推进过程中，绩溪县一手抓产业发展上的支持，一手抓产业工人地位的提高，全方位激励，让从业人员在事业上有依靠，社会上有地位。出台了《创业绩溪行动方案》，对创办餐饮、预制徽菜等小微企业的创业者给予创业补贴、创业担保贷款、社会保险补贴等扶持政策。截至目前，已经为 94 名徽菜师傅提供创业担保贴息贷款 1405 万元。实施了绩溪"金徽厨"创业行动项目，打造了"新徽菜·名徽厨"来苏北路创业街，全长约 1 公里，开设徽菜馆、特色小吃店 40 家，带动就业 154 人。激励的举措也大大带动了徽菜原材料生产基地和徽菜食材加工基地建设，徽菜产业初具规模。目前该县徽菜食材加工经营主体 60 余家，直接带动就业近人数有 3 万余人，就业带动增收 10 亿元以上。徽菜销售遍布各地，绩溪徽菜食材年销售 35 亿余元。在徽菜徽厨产业不断做强做大的过程中，以实绩论英雄，让荣誉激励更多劳动者建功立业。在徽菜徽厨产业中，先后涌现出省级劳模 4 人、安徽工匠 1 人、市级工匠 3 人，一大批职工当选各级"两代表一委员"，先后有"金徽厨"技能大师、市级工匠冯文敏当选省党代表，安徽工匠张光顺当选全国财贸轻纺烟草系统工会委员。

托管一"夏" "暑"你精彩

——宁都县总工会举办的职工子女暑期托管班开班

江西省宁都县总工会

　　2023 年 7 月 10 日，由宁都县总工会举办的职工子女暑期托管班在宁都中学初中部开班，此次职工子女暑期爱心托管班开设了两个班，采取全日制托管，共招收全县各单位职工子女 103 名。此次托管增设了书法、象棋、乒乓球、篮球、舞蹈、游泳、田径等特色课程，落实了"双减"政策，不仅培养了孩子们的兴趣爱好，还丰富了孩子们的假期生活。

　　据悉，举办职工暑期爱心托管服务是工会服务职工的一项具体举措，既解决了职工工作忙、无暇顾及孩子的问题，又能让职工子女在暑期托管班中学习知识、收获快乐，度过安全有趣、有意义的假期。通过开展托管服务，充分解决了职工假期子女"看护难"的后顾之忧，让职工能安心工作，履职尽责，在各自的岗位上为宁都县事业发展添砖加瓦。

创新形式推动厂务公开民主管理工作走深走实

河北省平山县总工会

近年来，为持续推动新时代厂务公开民主管理工作创新发展，不断探索新形势下工作新模式，平山县总工会始终围绕工作难点、焦点问题在厂务公开民主管理工作广度和深度上下功夫，多措并举扎实推动厂务公开民主管理工作走深走实。

一、强化领导，健全工作机制

平山县总工会把深入推进厂务公开民主管理工作作为保障职工民主权利、构建和谐劳动关系、促进经济社会平稳较快发展的关键环节，认真贯彻落实省、市总工会的统一工作部署和要求，进一步加强制度建设，深入推进企事业单位厂务公开民主管理建设工作。

组织成立了平山县厂务公开协调小组，明确成员单位职责，通过建立会议制度、汇报制度、协调制度、调研制度、督办和检查考核制度、信息通报制度"六制度"，形成了良好的制度保障体系。建立了县、乡镇（系统、西柏坡经济开发区）、企事业单位三级组织网络，做到了领导到位、人员到位、措施到位、经费到位。将厂务公开民主管理工作纳入重要议事议程，高度重视，周密部署，制订工作开展的有关方案，健全完善"党委统一领导、党政共同负责、有关方面齐抓共管、职工群众广泛参与"的组织领导体制，保障了厂务公开民主管理工作有序、正常开展。

二、夯实基础，加大建制力度

平山县总工会坚持深入开展厂务公开、职工代表大会建制行动，把建制行动作为抓基层、打基础的重要工作来抓，全面推动企事业单位建立和完善职代会、厂务公开制度。以协调劳动关系为切入点，切实加强职代会建设，发挥职工主力军作用，积极探索发挥职代会作用的新途径，不断提高企事业单位职代会制度建设覆盖面，为更多企事业单位职工依法行使民主管理权利搭建新平台。

县总工会印发了《创建"星级职工代表大会"活动的意见》，对职工代表大会职责、内容、程序等进一步规范，建立了职工代表大会报告和备案制度；编制了《县总工会厂务公开民主管理资料汇编》《职代会资料汇编》等参考模板及星级职代会晋级标准等，指导非公企业参照模板操作，对照标准直奔主题，减少了弯路，推进了企业民主管理规范化。

采取指导、督促、检查、服务、培训"五位一体"的工作法，使厂务公开民主管理工作扎实有效开展。县总工会经常深入非公企业现场指导厂务公开民主管理工作，对部分基层职代会的召开做到会前、会中、会后全过程参与，全方位服务，在职工代表的选举、议案建议的征集、会前准备、会议程序和内容、职代会决议、公示等环节上"切脉把关"，确保质量。为提升全县工会干部厂务公开指导水平，组织举办培训班或"以会代训"进行专题培训，按照国有、非公企业、事业单位评估标准，对部分单位开展了厂务公开民主管理质效评估，激励先进，鞭策落后。敬业集团有限公司以会前走好"三步棋"、会中唱好"三出戏"、会后办好"三件事"为主要内容的"三三制"职代会在全县企事业单位深入推广，发挥了较好的示范引导作用。

三、培育典型，发挥示范效应

平山县总工会结合工作实际，扎实推进全县企事业单位的厂务公开民主管理工作，积极开展企事业单位厂务公开民主管理调研走访工作。在深入调查研究、及时了解和掌握各企事业单位厂务公开民主管理工作开展情况的基础上，总结一批企事业单位民主管理工作经验，培养、选树、推广一批具有代表性、示范性的先进典型。同时，通过及时发现总结创新经验和查找整改工作中存在的问题，深入研究新形势下厂务公开民主管理工作的特点、规律和发展趋势，积极探索做好厂务公开民主管理工作的新思路、新举措，推动工作取得新成效。近年来，县总工会积极推进示范单位建设和推选工作，现有省级示范单位3家、市级示范单位5家、县级示范单位21个，并大力推广典型，不断促进典型效应转化为群体效应，推进全县厂务公开民主管理工作水平实现整体提升。

县总工会积极创新载体，动员和组织企业开展"公开解难题，民主促发展"优秀职工提案征集等主题活动，促进了企业高质量发展和职工队伍稳定，很多企业受益匪浅。石家庄柏坡正元化肥有限公司关于"选用新型低堆比催化剂（LDHA-1型）替代原有的常规球形触媒"的提案实施后，每吨过氧化氢的成本降低了21%，年获效益37万多元。石家庄冀超玻璃科技有限公司实施了职代会提案《建设职工温暖的家》，实施职工互助保障全覆盖，强化商业意外险做补充，解决了私营企业面临职工意外时资金损失、人员流失的问题，最大限度保障了职工安全和经济收益，维护了职工队伍的稳定，推动了企业发展。河北平钻人造金刚石有限公司畅通公开渠道，公布了中层以上管理人员的办公及手机号码，在职工食堂设立了意见箱，开展合理化建议征集活动，引导职工积极为企业改革、发展建言献策，打造了企业与员工"共生、共存、共荣"的有机体，开创了劳动关系和谐稳定的新局面。

深入推进"党建带工建　提升素质促发展"
干部作风能力提升年活动

陕西省泾阳县总工会

今年以来，县总工会紧扣县委、县政府部署的中心工作，以"县级工会加强年""五强"目标为抓手，把工会工作纳入党建工作总体规划，发展以党建带工建、以工建促党建的"党工共建"普惠服务模式，坚持目标导向和问题导向相统一，强化组织领导、明确职责分工、细化赶超措施，以干部作风能力大提升促进工会工作提质增效。

一、党工共建"党建＋普惠服务"之唱响工会"四送"品牌

深入开展春送岗位、夏送清凉、金秋助学、冬送温暖的"四送"活动。近年来，为有效发挥工会组织就业帮扶、解困脱困的职能作用，泾阳县总工会经过多方联动、优化服务开展了一系列惠民活动，为广大职工群众春送岗位、夏送清凉、秋季助学、冬送温暖，共计投入帮扶救助慰问资金39.36万元，慰问救助职工574人次，受到了社会的广泛赞誉和充分认可。

二、党工共建"党建＋普惠服务"之泾诚驿家党工服务中心

县总工会泾诚驿家党工服务中心由户外劳动者服务站点、职工服务中心、职工互助保障代办点、新时代文明实践站四部分组成，融窗口服务、便民服务、党员活动、志愿活动为一体，充分体现了党工共建普惠服务的精神本质，是工会组织踔厉奋发、勇毅前行、深刻践行"以人民为中心"发展思想的具体举措。

（一）精心打造户外劳动者服务站点（新时代文明实践站）

目前，全县共建立了太壶寺景区和泾干湖广场两个站点，内部设置了生活区、阅览区、母婴关爱区、法律及心理咨询区（党员先锋岗）四大功能区以及新时代文明实践志愿服务照片墙，环境舒适、功能完善、便捷实用，让户外劳动者（环卫工人、快递小哥、外卖人员、出租车司机及交巡警等）"冷了有地方取暖，热了有地方凉快，渴了能喝口热水，累了有地方歇脚"，小驿站体现了大关怀。

（二）充分发挥职工服务中心职能

目前，县总工会与职工服务中心合署办公，现设置有棋类、书画、篮球、乒乓球、红色文化研究等10多个特色协会，并配有固定办公工位，以便更好地服务广大职工群众，以"特色协

会"营造健康文明、昂扬向上的文化氛围。

（三）狠抓职工互助保障工作，增强窗口服务党建引领作用

职工互助保障工作是工会组织以人为本、惠及广大职工的一项民生工程，也是工会强化服务意识，实施普惠化关爱活动的重要举措。2023 年以来，在县委、县政府和市总工会的正确领导下，县总工会狠抓互助保障工作，全体干部职工鼓足干劲，踔厉奋发，提前超额完成全年目标任务，成为全市首个突破 200 万元大关的县区，受到各级领导和人民群众的广泛认可。

（四）积极展现新时代文明实践志愿者风采

新时代文明实践站以户外劳动者服务站点照片墙的形式存在，充分展示了县总工会丰富多样的工作活动及志愿服务剪影，展现了广大职工积极向上的精神风貌。

三、党工共建"党建＋普惠服务"之基层工会组织建设

深化基层组织建设，打造坚强战斗堡垒。深入开展"百日集中建会行动"，积极推进标准化"党工工建"工会组织建设，在全县形成了从"要我建会"向"我要建会"转变的良好氛围，努力实现应建尽建、全面覆盖，切实达到工会组建和会员发展"横向到边、纵向到底，消灭盲区、不留空白"的目标。

四、党工共建"党建＋普惠服务"之劳模工匠

坚持以劳模工匠为带动，依托"劳模创新工作室""梦桃式班组""泾阳工匠"评选等开展职工技能提升活动。唱响"劳动美"主旋律，营造尊重劳动、热爱劳动的良好氛围。开展了"泾阳工匠"评选活动，并举行了首届"泾阳工匠"颁奖礼，表彰了评选出的 10 名"泾阳工匠"。指导建设陕西雅泰乳业有限公司万红昌劳模创新工作室，进一步发挥劳模的示范带头作用，大力弘扬劳动精神、工匠精神，放大劳模品牌效应，培养出更多的先进人才和技术能手。

五、党工共建"党建＋普惠服务"之职工文化

（一）开展丰富多彩的职工文化活动

2023 年以来，先后组织开展了春节慰问、"迎新春，冬送温暖"、职工象棋赛、"共享阳光，共助成长"六一特别关爱、"科技之春"职工权益保障宣传、"最美笑脸"摄影赛、"劳动创造幸福，奋斗成就未来"征文、首届职工茶艺培训、七一支部书记讲党课、党性体检、主题党日活动、"铭记历史　缅怀先烈"祭扫、"劳模林"义务植树等活动，进一步增强了广大职工的凝聚力、战斗力，激发了职工干事创业的热情。持续开展"弘扬本土文化　筑牢文化自信"职工文化大讲堂系列活动。开办职工大讲堂共 3 期，覆盖职工 500 余人，进一步激发了广大干部职工传承和保护历史文化的意识，坚定了文化自信，增强了本土文化的传播力和影响力。

（二）深入推进基层工会职工书屋和母婴关爱室建设

县审计局职工书屋被省总工会命名为全省标准化职工书屋，县中医医院被评为市级母婴关爱室示范点，县水利局"无忧爱心托管班"被评为市级示范点。

（三）出版了一系列工会文化资料专辑

党的二十大报告中提出"推进文化自信自强，铸就社会主义文化新辉煌"。县总工会充分发挥职能优势，与县红色文化研究会合作，与安吴青训班等联合出版了《泾阳故事》《我眼中的职工互助保障》《安吴青训班职工大队》《工会法》有声版等工会文化资料专辑。

下一步，县总工会将借势"县级工会加强年"，扎实开展干部作风能力提升年活动，以党建带工建，努力实现我县工会政治引领强、组织功能强、服务阵地强、制度机制强、作用发挥强的目标，在增进民生福祉、提高干部职工整体素质和生活品质、深挖安吴青训班职工大队文化、赓续工运历史根脉，唱响红色文化传承上下功夫，为我县工运事业高质量发展积蓄强大力量。

五措并举 全面推进
让民营企业共享产业工人队伍建设改革红利

山东省德州市陵城区总工会 李广和

去年以来，陵城区总工会深入学习贯彻党的二十大精神和习近平总书记关于产业工人队伍建设改革的重要指示精神，以开展"县级工会加强年"为契机，锚定"五强"目标，聚焦民营企业产改工作的特点和需求，心往职工想、人往职工走、钱往职工投、事为职工办，以实实在在的改革成果让民营企业共享产业工人队伍建设改革红利。

一、创新形式，加强和改进职工思想政治引领

坚持把职工思想政治工作放在首位，在统一思想、凝聚人心、化解矛盾、增进感情上持续发力，教育引导广大职工坚定不移听党话、矢志不渝跟党走。

（一）开展二十大精神进民企

通过举办培训班、面对面交流、线上答题等多种形式，集中宣传党的二十大精神，确保二十大精神进企业、进车间、进班组。组织全区 30 名重点企业工会干部、劳模、工匠等深入 23 家企业车间，谈发展、看变化、强信心、鼓干劲，让二十大精神入脑入心。

（二）支持民营企业党工共建

全区有 99 家民营企业党组织进行了标准化、规范化建设，实现党建工作和工会建设的全覆盖。对民营企业"高看一眼、厚爱一层"，通过发展党员计划单列、重点倾斜等方式，及时把技术能手、优秀工人吸收到党员队伍中来；利用民营企业党员集中活动日，建立健全党员经常性学习制度，打造团结职工、推动企业发展的坚强战斗堡垒。

（三）大力弘扬"三种精神"

充分运用各类媒体，开展分众化、品牌化宣传活动。组织召开庆祝五一国际劳动节暨表扬大会，评选表扬一批最美职工、劳动标兵以及工匠和职工信赖的"娘家人"，民营企业职工占比高达 37%；组织举办劳模、工匠、标兵事迹采风活动，编撰《陵城工会之声》内刊 2 期，唱响"劳动光荣，工人伟大"的时代主旋律。

二、搭建平台，组织动员职工建功立业

积极组织劳动竞赛，开展"揭榜挂帅"，支持创新创业等活动，为民营企业职工建功立业

提供广阔舞台。

（一）组织技能大赛

围绕全区主导产业强链、补链、固链，组织竞赛活动 26 场次。兴隆皮革举办的 2022 年"黎宁杯"山东省制革技能大赛决赛、恒丰纺织举办的 2022 年德州市"技能兴德"职业技能大赛以及德州市"极飞"农业无人机技能竞赛等一系列活动，规格高、影响大，加快了民营企业知识型、技能型、创新型劳动者大军的建设步伐。

（二）开展创新活动

聚焦企业发展难题，积极组织各基层工会开展技术革新、技术交流和技术攻关活动，带领一线职工科技攻关，打通科技壁垒，推进科技成果转化。目前，全区已建成劳模和工匠人才创新工作室 15 个，破解技术难题 25 项，累计为企业提出合理化建议 180 余条，产生经济效益近 750 万元，实现了职工赋能成长和企业创新发展的共赢。

（三）助力乡村振兴

把培育工友创业园作为年度重点改革事项，设立 20 万元扶持资金，在全区选树 10 家工作基础较好的工友创业园加以培育，建成工友创业"示范园"。建立联动帮扶机制，联合相关区直部门和金融机构，定期到创业园走访，进行面对面交流，较好地破解了工友创业园发展过程中遇到的难点、堵点，为助力乡村振兴贡献工会力量。

三、精心培育，助力职工综合素质提升

创新服务载体，不断提升民营企业职工创新能力、职业素养，着力推动职工队伍整体素质提升。

（一）实施劳模工匠梯次培育工程

推广仁和恒丰经验，建立多种类人才培育体系，搭建复合型人才成长通道，通过竞争性选拔、差异化培养、结对式帮扶、制度化激励、动态化管理等措施，重点培育一支梯次衔接、技艺高超的劳模工匠骨干队伍。到目前，在陵城区民营企业中成长起来的劳动模范有 118 人、工匠 94 人，培育优势、效果正在凸显。

（二）开展产教融合多元培训行动

围绕全区重大战略、重大项目、重点产业，坚持上下联动，探索开展产教融合、校企合作行动，依托陵城工匠学院、德州普利森高级技工学校，对民营企业基层管理人员、一线技术工人，进行轮训式学习、订单式培养、套餐制培训。加强社会急需的技能型人才培养，先后举办无人机、家政、电商等技能培训班 15 期，受益职工 520 多人。

（三）拓宽工人职业认定成长通道

依托德州仁和恒丰纺织集团有限公司开展高技能人才和专业技术人才"两类人才""一评双证"试点工作，打通高技能人才和工程技术人才职业发展通道；区人社局在普利森机床有限公司、仁和恒丰纺织集团有限公司等企业开展特级技师评价，2022 年评价初级工 329 人，中级工 173 人，高级工 120 人，高级技师 3 人；2023 年已评价高级工 104 人。

四、关爱激励，不断提高职工社会地位

立足工会职能，让民营企业职工也能实现政治能参与、生活有保障、地位受尊崇的价值追求。

（一）完善政治权益保障机制

增加民营企业职工特别是劳模、技术工人在党代表和区委委员、人大代表、政协委员、群团组织代表大会代表和委员会委员中的比例，探索建立产业工人在群团组织挂职和兼职机制。目前，陵城区人民代表大会代表中有工人代表 16 人，占比为 6%；区政协委员中的职工人数为 17 人，占比为 7.3%。

（二）完善经济权益保障机制

充分发挥工会作为职工合法权益代表者、维护者的作用，建立健全"五方协同"维权工作机制，目前，办理职工维权案件 108 起，累计追缴劳动报酬 466.3 万元；制订《陵城区企业职工基本养老保险扩面征缴工作实施方案》，创造平等的就业环境，保障就业机会公平，实现更高质量就业；出台《德州市陵城区"十四五"职业病防治规划》等文件，强化安全生产和职业健康，开展消防应急演练活动，大力保障安全生产。

（三）开展幸福型企业建设

秉承"引导企业提升生活品质，塑造幸福生活环境"的工作理念，着力提升民营企业职工群众生活品质，制订了《关于开展陵城区"职工生活幸福型企业"示范点培育选树活动方案》，从企业劳动关系和谐稳定、丰富职工精神文化生活、完善困难帮扶机制等方面着手，建设惠工学堂、惠工食堂、职工书屋、运动场所等，帮助示范企业申请和建设职工服务阵地，解决职工急难愁盼问题，确保职工群众的幸福指数不断提高。

五、服务至上，切实壮大民企职工队伍

为实现民营企业职工体面劳动、全面发展，我们想职工之所想、急企业之所急，当好职工信赖的"娘家人"。

（一）解决招工难题

发挥职能优势，紧盯民营企业用工需求，先后组织开展农民工电商公益技能培训班、电气焊技能培训班，扶持 26 人自主创业，帮扶 510 多名农民工实现了再就业；联合区人社局举办人才专场招聘会、"就选陵城"直播带岗等活动，现已为近 126 家用人单位和 3000 余名求职者提供了在线招聘、洽谈面试等服务，帮助民营企业破解了招工难题。

（二）擦亮"四季"品牌

聚焦广大职工对美好生活的向往，持续擦亮工会"春送岗位""夏送清凉""秋送助学""冬送温暖"的"四季"品牌，把实事办好，好事办实。自开展"县级工会加强年"专项工作以来，区总工会为职工发放了价值 30 万元的暖心物资，慰问困难职工 38 人次，救助困难职工 17 户，

不断提高产业工人的归属感、幸福感。

（三）延伸服务触角

坚持把做强做优服务阵地作为工作重点，按照"新建一批、提升一批、共享一批"的工作思路，新建人民医院、中昊控股、区邮政公司等6处职工之家，提升区工人文化宫、区职工服务中心、糜镇职工之家等阵地建设水平，把市总工会捐赠的5间核酸检测小屋改建为户外劳动者驿站，共享阵地达102处；新建法律服务站5个、劳动争议调解室1个、检调对接工作室1个、司机之家1个，确保满足农民工、新就业形态劳动者等不同行业职工的需求。

念好"心系职工"四字经
走好"建管用"三步棋
——汾西县职工服务中心建设管理经验总结

山西省汾西县总工会 要凯朝 闫希璐 牛建华

夏日炎炎,骄阳似火。汾西县总工会的职工服务中心更是"热"度不减。在健身房、台球室、乒乓球室里,人们锻炼得热火朝天,并且有专门的指导员进行指导。职工们都说:"县里给活动中心配备了6名脱贫劳动力公益性岗位人员,他们在上岗前都经过了严格培训。有了专业指导,我们的健身效果会更好。"

职工王女士下班后第一次来职工服务中心。一进门,就有服务人员前来引导,签署完《安全责任书》后,先是来到职工书屋进行音乐赏析,王女士与职工们一起陶醉在优美的歌声中,随后由工作人员领读《三字经》,开始国学学习。学习完之后,由工作人员引导到器材室,这里有专业的教练员指导职工们进行热身,随后王女士开始在跑步机上跑步……锻炼结束后,工作人员让王女士在留言本上提出宝贵的意见和不足,期待下次为她提供更好的服务。工作人员还告诉王女士职工服务中心过几天会有"营养与科学"讲座,欢迎她下次再来。

近年来,汾西县总工会积极贯彻落实全总、省总和市总关于职工服务阵地建设的部署要求,把建设阵地和提升职工健康品位作为服务职工工作的重中之重,以原职工俱乐部为中心,走好三步棋,当好职工的健康管理师,即"建"字为先打造职工服务"桥头堡","管"字为要确保阵地运营"不打烊","用"字为本架起资源整合"立交桥,得到了社会各界的较好评价。

一、基本情况

汾西县职工服务中心位于汾西县凤凰广场东侧,此前为汾西县职工俱乐部,总面积为540平方米。2021年6月,因机构改革,原汾西县职工俱乐部更名为"汾西县职工服务中心"。建于1984年的汾西县职工俱乐部因设备陈旧、功能滞后等原因,长期处于闲置状态,无法向职工提供日常服务。由于其处于县城中心地段,甚至成了县城脏乱差的标志。

二、"建"字为先,打造职工服务"桥头堡"

2022年3月,全国总工会下发了《关于坚持公益性服务性方向 推进职工服务阵地社会化市场化运作的意见》,提出建好、用好、管好、发展好职工服务阵地是工会的一项政治责任。

县总工会积极向县委、县政府主要领导多次沟通汇报，论证提升改造的重要意义，引起县委、县政府领导班子的高度重视，工会领导多次陪同领导实地调研。之后，县领导召开专题会议进行研究，决定"将职工俱乐部改造提升工程纳入人和巷片区提升改造工程范围，列入本年度重点工作进行推进落实"。县总工会本着打造精品的理念，多次与设计师实地考察探讨，下基层调研职工需求，设计新增瑜伽室、职工智慧书屋、台球室、乒乓球室、健身室等功能，严守审核流程，严把工程质量。投资 60 余万元的职工服务中心于 2022 年 5 月底全部完工，6 月 1 日正式投入使用。同时，配合人和巷改造工程，使职工服务中心的内外设施焕然一新。各个功能室均有专人管理，可同时满足 60 余名职工在中心活动。

三、"管"字为要，确保阵地运营"不打烊"

阵地建好后，如何避免"三天打鱼，两天晒网；有检查开门，无检查就关门"的现象？汾西县总工会通过科学管理，创新运营方式，扎扎实实地让建好的服务中心转起来、用起来、活起来——人力和制度是管理的重要抓手。

人力是管理的基础。委托县人社局、县乡村振兴局和县财政局，利用光伏发电收益，从各乡镇在县城及周边居住的脱贫劳动力中开发公益性岗位，将汾西县职工服务中心打造成公共就业创业基地，为职工服务中心配备了 6 名脱贫劳动力公益性岗位人员。这 6 名公益性岗位人员经过专业培训后上岗，具体负责服务中心的管理、后勤、职工服务等工作。还聘请了专业人员对职工进行专业指导，确保每一位来服务中心的职工拥有安全良好的体验。

制度是管理的核心。服务中心制定了"每日一单位，每月一主题"的运营管理制度。每日一单位——每天晚上 6 点 30 分到 9 点 30 分（节假日全天开放），免费服务 1 家单位，全县所有单位依次进行。从 2022 年 6 月 1 日开始运营，累计服务 70 余家单位，2 万余人次。每月一主题——从 2022 年 6 月到目前，职工服务中心举办了各类健康知识讲座、电商直播带货等活动，还举办了乒乓球赛、健步走等全县大型体育赛事。在高考结束后，还免费向高考考生提供健身服务，充分体现了职工服务中心的公益性社会性特征。

四、"用"字为本，架起资源整合"立交桥"

在充分利用自有阵地、人力等资源开展工作的前提下，职工服务中心积极整合利用自有资源以外的力量，为职工提供高品质高标准的服务产品。

一是加强职工服务阵地之间的合作。计划打造职工服务中心"连锁+"模式，在经营管理好汾西县职工服务中心这一"总部"的同时，在产业工人相对聚集、服务设施相对齐全的重要区域建立"分店"，向企业、机关、乡镇、村居工会延伸。例如，企业工会（包括东泰煤矿、新希望集团、望客隆超市）、新就业形态群体工会（包括商翼汽车出租公司）、行政事业单位工会（包括老干部局水利党支部、佃坪乡工会、僧念镇工会）、村级工会（包括府底小区，段村等）因地制宜，合理布局，实现阵地联建、活动联推、资源联合、人才联动，构建全县的职工服务中心矩阵，迸发出"星星之火，可以燎原"的强大力量。

二是加强职工服务中心与工会外部的合作。一方面是"请进来"，积极引导社会组织、专业机构、企业等与职工服务中心建立合作。例如，采用市场化手段引进专业团队和人才，提供专业化服务；接受慈善公益组织捐赠的资金、设施设备等。另一方面是"走出去"，将职工服务中心置于整个人和巷的商业布局中去考量，在非职工开放时段，在定价合理的基础上，积极面向市场开放，为普通群众提供健身娱乐服务，科学布局便利店、平价餐饮、文体健康用品等产业，打造融娱乐、健身、餐饮、购物为一体的人和巷微型商业综合体，更好地增强职工服务阵地发展的持续性。

三是给予新业态劳动群体更多的帮助与关怀。汾西县总工会为新业态劳动群体成立了工会组织，他们可以在闲暇时间来到服务中心进行休闲运动。但外卖小哥、快递小哥等户外劳动者需终日奔波忙碌，难得闲暇，为此我们还在服务中心设置了爱心驿站，配备了充电宝、微波炉、饮水机等便民设施，让奔波在街头的户外劳动者们在爱心驿站享受"四可服务"——渴可喝水、累可歇脚、冷可取暖、热可纳凉，还会邀请他们参与职工服务中心的日常活动，让新业态劳动群体感受到"娘家人"的关心与关爱。

2023年7月，恰好是汾西县职工服务中心运营一周年。一年来，汾西县职工服务中心以"关心职工、理解职工、尊重职工、保护职工"为宗旨，在小中心释放了大温暖，小空间服务了大民生。麻雀虽小，却五脏俱全，在"小"与"大"的辩证关系中，烛照着汾西县总工会"心系职工关爱职工"的初心与使命。

正值暑假，职工服务中心的服务人群又多了好多职工的孩子。职工服务中心又兼具了一项托管的功能，职工的孩子可以在这里看书、做作业、打乒乓球、锻炼身体……为此我们也吸收了两名大学生志愿者前来服务，解决了暑假职工孩子无人看管的后顾之忧。未来，我们也将继续探索职工服务中心的更多服务方式和功能，更好地为汾西广大职工服务。

我们将不负众望，以建好、管好、用好职工服务中心为载体，搭建工会与职工的"连心桥"，当好全县职工的"娘家人"，让大家感受到"有一种温暖，叫工会在您身边"。

赛出天使风采
谱写卫生健康事业新篇章

吉林省双辽市总工会

为庆祝第 112 个"5•12"国际护士节,大力弘扬南丁格尔无私奉献的精神,提高护理质量和专业技术水平,双辽市总工会、双辽市卫健局共同举办 2023 年"天使杯"护理知识技能竞赛活动,整个活动经过一个多月时间的精心策划、认真筹备,于 2023 年 5 月 10 日下午 3 点圆满完成。活动组织实施过程中,全市 24 家医疗卫生单位高度重视,通过院级选拔预赛,按照"优中选优"的原则,在 1500 余名护理人员中选拔出 114 名骨干参加了全市护理知识技能竞赛。

为确保比赛公平公正公开,市卫健局邀请 6 名四平市护理专家担任二级医院考核组评委,从 4 家二级医院选派了 9 名业务骨干担任乡镇社区考核组评委,抽调了局机关的 10 名工作人员担任计时员、计分员。

护理知识技能竞赛分别于 5 月 6 日、5 月 10 日两天进行。5 月 6 日在市中心医院、市中医医院分两个会场分别对二级医院、乡镇社区个人及团体组进行了理论考核和技能考核。理论考核内容为护理学基础知识,各医疗卫生单位共 39 人参加了考核;技能考核项目为单人徒手心肺复苏术、无菌技术操作、止血包扎固定与搬运、护理查房,共 114 人参加了考核。5 月 10 日,在市第一人民医院会场组织了二级医院团体组知识竞答赛,知识竞答赛设置个人必答题、小组必答题、抢答题、风险题四个环节,4 家市直二级医院分别选派了 3 名护理骨干组成代表队参赛。比赛现场,选手们在规定时间内通过规范、严谨、娴熟的回答和操作,展现了"以病人为中心,以质量为核心"的服务理念及"点燃自己,照亮别人"的新时代天使风采。

为表彰先进、树立典型,于 10 日下午举办了 2023 年"天使杯"护理知识技能竞赛表彰活动,会上宣读了本次护理知识技能竞赛的表彰决定,现场与会领导为获奖团体及个人颁发了奖牌、奖杯。双辽市人民政府副市长张旭东同志向全市广大护理工作者致以节日的问候和崇高的敬意,向获得表彰的优秀个人、团体表示热烈的祝贺,鼓励他们要坚持以病人为中心,用先进的理念、精湛的技术、优质的服务,为增进双辽人民的健康福祉再立新功!

新时期产业工人队伍建设改革调研报告

河南省夏邑县总工会

按照《全国产改协调小组关于印发〈2020年产业工人队伍建设改革工作要点〉的通知》及商丘市推进产业工人队伍建设改革领导小组相关文件精神，县总工会就新时期产业工人队伍建设改革工作及时向县委、县政府汇报，成立产业工人队伍建设改革领导小组，制订了实施方案。同时，带领总工会班子深入基层，多种渠道开展调研，了解当前我县产业工人队伍现状，现将调研情况报告如下。

一、基本情况

我县现有主要传统产业20个，以纺织、服装、农副产品加工为主，涵盖860家企业，职工总数76000人，其中农民工60955人；新兴产业1个，涵盖18家企业，职工307人，其中农民工54人。

（一）工会组织建设不断完善

一是工会组织覆盖面不断扩大。我县以货车司机等"八大群体"、小微企业建会入会为重点，全面加强基层工会组织建设。共发展商丘安胜物业管理有限公司、夏邑县美业家政服务有限公司、夏邑县恒泰物流有限公司3家公司的会员260人，发展农民工会员1500人，同时加强与各级行业协会的联系沟通、协同联动，探索切实有效的建会入会方式。二是规范化水平不断提高。持续推进基层工会组织"8533"规范化建设，以落实基层工会会员（代表）大会制度、民主选举制度、职工（代表）大会制度为重点，以"六有""六好"工会建设推动建会、建制、建家一体化发展，促进基层工会组织建设规范化。全年共建设规范化示范点30个、规范化基层工会组织65个，其中2家基层工会已申报为省基层工会规范化建设示范点。推荐评选市级先进职工之家5个、职工小家2个，优秀工会工作者10名、优秀工会积极分子9名。

（二）产业工人保障机制不断健全

产业工人工资收入逐年递增，随着养老、医疗、失业、工伤生育保险制度的普遍实施以及劳动合同的普遍签订，产业工人的各项社会权益得到了有效保障。在激励机制上，我县出台了《夏邑县产业集聚区员工优惠政策》等相关文件，产业集聚区工作的员工在购房、就医、子女就学、办理低保等方面均享受政府优惠。优惠政策实施以来，县教体局优先安排员工子女入学1200人，减免费用20万元，并对50名考入二本以上普通高校的学生给予了10万元金秋助学资助。总工会通过"春送岗位、夏送清凉、秋送助学、冬送温暖"等活动，累计投入资金 60 余万元。民政局为 150 名困难务工人员办理了低保手续。卫生部门为 10000 多名企业员工建立了健康档案，每年为重点企业员工进行一次免费体检。夏邑县廉租房优先安置优秀员工，按成本价卖给员工，共奖售员工 500 余套。目前，夏邑县商品房市场价每平方米 4000 元左右，奖售给员工的每平方米才 1000 多元，极大地激发了产业工人的自主性与积极性。产业工人的民主意识不断增强，积极参与企业和社会事务管理，向决策层建言献策的愿望和能力日益提高，大多数产业工人有意愿参加本单位的民主管理、民主监督、民主参与、民主选举。随着各种保障机制的逐步完善，我县产业工人工资及福利待遇稳步提升。

我县国有企业职工基本落实了"五险一金"，私营企业中职工绝大部分为农民工，企业为其办理了工伤保险，而养老、医疗保险则在原籍办理。据调查，我县职工流动率在 7% 左右，大部分集中在纺织、服装、餐饮服务业。当前我县国有企业、非公有制企业职工劳动安全卫生状况明显好转，大部分企业更新了现代化的除尘设备，并为职工建立了健康体检档案。

今年以来，在全县范围内开展了"安康杯"竞赛和劳动技能竞赛，全县参赛企业共 15 家，参赛产业工人 890 人，参赛班组 52 个。安全生产月期间举行了形式多样的宣传活动，促进了全县安全生产、劳动保护工作的开展。140 名职工获得各级"首席员工""优秀员工"称号，80 余名职工参加了市总组织的线上职工培训活动。8 个基层班组被省市县总工会命名为"工人先锋号"。近年来，我县通过评选表彰劳动模范、五一劳动奖章获得者、优秀员工、首席员工，大力弘扬爱岗敬业、争创一流的劳模精神，营造劳动光荣、知识崇高、人才宝贵的社会氛围。近三年来，我县授予 13 名产业工人"夏邑县五一劳动奖章"荣誉称号，并颁发了奖金。建成了 8 个劳模工作室，共有创新成果 58 项、发明创造 33 项，获得专利 21 项，经济效益达数千万元。

（三）产业工人素质不断提高

以党的政治建设为统领，坚持把学习领会习近平新时代中国特色社会主义思想和党的十九大，十九届四中、五中、六中全会精神作为做好一切工作的重要前提，自觉在思想上、政治上、行动上同以习近平同志为核心的党中央保持高度一致，引领团结产业工人坚定不移听党话、跟党走。积极开展"悦读新思想，中原更出彩"活动，鼓励基层职工多读书、读好书，利用网络平台宣传社会正能量。组织广大产业工人积极参加夏邑县职工篮球赛和象棋大赛，积极参与商丘市庆祝建党 100 周年职工书画展和庆祝建党 100 周年第六届职工摄影展，选报书画作品 20 余幅，摄影作品 70 余张，充分展示了夏邑的劳动者风貌。同时积极参与市总工会组织的"求学圆梦行动"，在全县基层工会组织中选报了劳动模范、先进工作者、一线工人、农民工等 12 名学员，参加了市总和商丘职业技术学院联合举办的"求学圆梦行动"，学习、食宿全部免除，达到了学历、能力提升的目标。

（四）产业工人权益得到维护

一是主人翁地位不断巩固。健全了工会与政府联席会议、劳动关系三方协商会议制度，构建了党政重视、部门支持、工会运作、各方配合的工会工作格局，依法保障了产业工人的知情权、参与权、表达权、监督权。二是就业渠道得以畅通。疫情之后复工复产期间，联合县人社局充分利用线上线下等多种渠道积极开展"春风送岗"行动，共向浙江、上海、天津、安徽等地点对点输转困难职工、农民工13批520多人，促进了产业工人的合理流通。三是职工维权服务正常开展。以"遵法守法，携手筑梦"为主题举办农民工公益法律服务活动1次。聘用专职律师组建农民工公益法律服务队，开展法律援助进社区、进企业，广泛开展宪法和工会"两法三条例"等法律法规宣传1场次，发放宣传资料3000多份。联合政府开展农民工工资清欠和劳动安全监督检查2次，参与劳动仲裁3次，为职工群众提供法律咨询6人次，办理维权个案2起，调处欠薪、欠保和劳动纠纷案件3起。四是工资集体协商全力推进。深入开展企事业单位工资集体协商工作，聘任专职工资集体协商指导员3名，培训集体协商指导员代表10名，新建、续签协商合同12份，全县集体合同、工资专项集体合同和女职工特殊权益保护专项集体合同覆盖率动态保持在90%，重点行业职工劳动安全卫生专项集体合同签订率达77%以上。

二、主要做法

（一）高度重视，组织有力

成立夏邑县推进产业工人队伍建设改革协调小组，由县委副书记任组长，县委分管领导和县总工会主席任副组长，县直25家相关部门和单位负责同志为成员。协调小组下设办公室，办公室设在县总工会，负责协调改革实施过程中的具体事项。制订了《夏邑县产业工人队伍建设改革实施方案》，明确了改革的具体步骤、落实时限和各部门的职能职责。

（二）聚焦重点，合力推进

充分发挥领导小组和各部门协同推动的作用，加大组织统筹力度，加强对产业工人队伍建设改革的宏观指导、政策协调和组织推进，认真落实"六稳""六保"任务，推进改革工作任务落到实处。

（三）突出特色，真抓实改

涉改各部门按《夏邑县产业工人队伍建设改革实施方案》要求，紧密结合各自工作职责，在抓好已有政策措施落地见效的同时，制定出台更多含金量高、保障有力、现实管用、产业工人叫好的制度、政策和措施。真正让产业工人的政治地位、经济地位、社会地位得到提升，企业职工的薪酬、健康、安全得到有效保障。

三、存在的主要问题

产业工人队伍建设工作责任重大，涉及面广，尽管我们做了一定工作，也取得了一定成绩，但与目标要求还有很大差距，存在许多不容忽视的问题。

1. 企业认识和重视程度不够。

2. 工作进展不平衡，缺乏创新及亮点。工会活动形式单一，特点不突出，亮点不明显，部分工会组织工作被动，工会活力体现不明显。部分工会组织规范运行不到位，组织生活缺乏创新和抓手，习惯于以文件贯彻文件、以会议落实会议，学习的实效性不强。

3. 企业工作人员不稳定、兼职多，承担各项工作多，且缺乏工作经费。

4. 企业职工流动性较大，工会负责人来源单一，企业工会工作水平低。

四、意见建议

（一）抓点带面，以面互动推进工作开展

结合产业集聚区的实际，以健锋帽业有限公司、赛琪体育用品有限公司为重点，开展产业工人队伍建设改革的主要工作，树立典型，促进工作共同推进。

（二）强化职业精神、职业道德、职业素养

引导团结产业工人强化职业精神、职业道德、职业素养和心理健康教育，引导产业工人爱岗敬业、甘于奉献、勇于创新，培育健康文明、昂扬向上的职工文化，在精神文明建设中发挥示范导向作用。

（三）抓组织建设，打造坚实工作平台

加大组织建会的力度，对已经建会的企业要在规范运行、提升质量上下功夫，逐步彰显工会的作用与活力。对未建会的企业要因地制宜、因企施策，推进工会组织建设和会员发展。进一步改进工会组织体制、运行机制、活动方式、工作方法，把工会组织建设得更加充满活力、更加坚强有力，更好地发挥党联系职工群众的桥梁纽带作用。

（四）抓维权，促进职工队伍稳定

重点在产业工人队伍建设选点的企业中开展厂务公开民主管理规范化建设，做实企业员工的服务维权工作，把矛盾发现在一线、化解在一线，为构建和谐的劳动关系奠定坚实基础。

（五）抓劳模工作室建立，凝聚团队智慧提升职工队伍素质

创造条件建立劳模工作室、技师工作室，为技师开展研发研讨、技术创新、技术协作、名师带徒、交流互动、分享共进提供有效平台，为企业提质增效、升级发展发挥智力支持。

（六）抓比赛竞赛，提升产业工人技能水平

结合企业的行业特点、生产实际，县总工会将会同产业集聚区工会联合会适时组织开展技能竞赛、劳动比赛等活动，在比技能、比产量、比效益上发现优秀的产业工人，为产业工人队伍建设夯实工作基础。

（七）抓文体活动开展和"互联网＋工会"，彰显工会活力

以"中国梦·劳动美"为主题，组织开展职工运动会、趣味性等活动，提升工会组织的吸引力和凝聚力。推进"互联网＋工会"建设，完善服务职工网上平台建设，利用工会网络、微信、APP、客户端等网上工作平台，实现"零距离"服务职工。

劳动竞赛结硕果　技能竞赛筑匠心
——铜陵市劳动和技能竞赛工作纪实

安徽省铜陵市总工会

2022 年，在市委、市政府的坚强领导下，市劳动和技能竞赛委员会坚持以习近平新时代中国特色社会主义思想为指导，贯彻落实党的二十大精神，广泛开展以"建功十四五　奋进新征程"为主题的劳动和技能竞赛，全市共开展市级一类竞赛 22 个、二类竞赛 141 个，各层级各类竞赛 883 场，参赛单位 600 多家，参赛职工 8 万余人次。G3 铜陵长江公铁大桥重点工程被列为省 10 项重点工程建设项目示范性劳动竞赛，省总工会和市领导参加启动仪式。安徽金誉材料公司等 10 家民营企业劳动竞赛被列为省重点民营企业劳动竞赛。铜陵海螺的施翠晓获全国第十八次化学分析大对比操作能手，长江建投公司的葛利兵获全省镶贴工技能竞赛第二名，技师学院的崔银川、郭诚分别获全国职业技能大赛安徽省选拔赛焊接项目第一名和 2022 年安徽省商贸服务业中式烹饪项目第一名，税务局的王秀清获全省税务系统业务大比武资环税岗第一名，铜陵市广播电视台袁晋明获全省新媒体专业第一名。

一、加强组织领导，竞赛工作提档升级

竞赛组织机构规格提高。市劳动和技能竞赛委员会恢复成立，建立了以政府主导的劳动和技能竞赛组织领导体系，统筹协调指导开展全市劳动和技能竞赛活动。召开了市劳动和技能竞赛委员会第一次会议，总结了近年来市总工会开展劳动和技能竞赛工作情况，部署了 2022 年铜陵市劳动和技能竞赛专项工作，明确了 26 家委员会成员单位的工作职责，印发任务事项和责任清单。竞赛机制进一步完善。印发《铜陵市职工劳动和技能竞赛管理办法（试行）》，实施竞赛分类分级，明确市级一类竞赛享有专项资金补助和市级荣誉支持，提高奖励标准，个人在市级一类竞赛奖励标准为 1000～3000 元，省级及以上比赛获奖的按市同级倍数奖励，有效增强了竞赛吸引力。自身建设进一步加强。增加市民政局为竞赛成员单位，建立《铜陵市劳动和技能竞赛委员会工作运行机制（试行）》，有效发挥委员会作用，促进各项工作规范运作。

二、坚持服务大局，竞赛"百花齐放"

开展重点工程劳动竞赛，推动项目建设。交投公司、供电公司、枞阳县总工会分别在 G3 铜陵长江公铁大桥重点工程、特高压白浙线（枞阳段）电力工程、G232 公路建设等电力、交通重

点行业开展"六比一创"劳动竞赛，有力推动了重点工程、重点项目的优质高效顺利进行；开展通用性工种技能竞赛，提升职工技能。市总工会、各区总工会分别牵头组织开展全市数控车工、电工、焊工、微视频职业技能竞赛。有色公司开展了化验工技能竞赛，市教体局开展了教师业务技能竞赛，人社局联合相关单位开展了市第七届职业技能大赛暨"新徽菜·名徽厨"铜都好味道7个项目职业技能大赛，通过以赛促训，提升职工技能水平，壮大技能人才队伍。开展创先争优劳动竞赛，优化营商环境。市人民银行围绕绿色金融、金融支持乡村振兴、科创金融和普惠金融等项目开展了金融改革创新劳动竞赛，市税务局开展了税务干部6项业务技能竞赛，为创优营商环境、提升高效服务提供了有效保障。开展技术创新竞赛，引领群众性创新。市总工会举办了首届市职工技术创新竞赛，印发《铜陵市职工技术创新奖评审奖励暂行办法》，表彰了市级"金成果"6个、"金项目"2个、"金点子"10个，奖励16.5万元；全国劳模、二十大代表苏保信参加首届大国工匠创新成果交流大会；开展"跟着劳模去创新"活动，成立了我市首家电子行业"劳模工匠创新工作室"联盟，命名"劳模工匠创新工作室"9家、"劳模助力乡村振兴示范基地"7家，全年工作室共取得创新成果109个，产生经济效益500万元。开展平安健康劳动竞赛，建设平安铜陵。围绕"安康杯"竞赛，组织开展安全生产月、安全生产铜都行、安全知识竞赛、安全健康技能大赛、高温慰问等活动，实现群众性安全生产教育活动普遍化、常态化，全市共有414家单位、51274名职工、3318个班组参赛；市消防支队举办了首届消防行业职业技能竞赛，市公安局举办了"平安铜陵"14项警务业务技能竞赛，市卫健委组织开展了新生儿复苏和产后出血三级救治技能竞赛，为铜陵经济社会发展创造了安全健康的环境。开展非公企业劳动竞赛，延伸拓展范围。指导铜峰电子公司等10家民营企业开展技能型和安全性劳动竞赛，提高民营企业职工素质，促进企业发展；市邮政管理局开展了全市快递员技能大赛，市民政局开展了养老护理员技能竞赛，市建工局开展了全市砌筑工、镶贴工技能竞赛，表彰了一批新业态组织的劳动者和农民工，竞赛活动进一步向非公和新经济组织拓展延伸。

三、勇于探索创新，竞赛效果彰显

一是助推产业工人队伍改革。全市劳动和技能竞赛紧紧围绕产业工人队伍建设改革工作需要，以培育我市新时期产业工人队伍为重点，在一类竞赛项目中，突出技术技能并直接面向普通职工和产业工人的有14项，占比达70%。竞赛活动大大提升了产业工人的技能水平，7名竞赛优胜选手直接被定为高级工，34名晋升高级技师职工和5名带徒名师获得了人均2000元的奖励。运用竞赛成果培养和选树先进，在2023年全国、省级"五一劳动奖章""安徽工匠""铜陵工匠"评选中，竞赛类优秀人才分别占比50%、67%和60%，极大地调动了广大职工学技能的积极性和主动性。二是力促创先争优。全市广大职工踊跃参与各类竞赛活动，一批先进集体、先进个人在竞赛中脱颖而出，有1位个人、1个班组获全国级表彰，14位个人、6个集体、7个班组获省级表彰；授予市级一类竞赛中成绩优异的18人"铜都劳动奖章"，授予6个"市劳动竞赛先进集体"、5个"市工人先锋号";有191项"金点子"、6个"金成果"、3个"金项目"参加了省级职工创新奖评选,其中1个"金成果"、1个"金项目"入围省级决赛。三是扩大社会影响。2022年,市级一类竞赛项目坚持以职工为本,面向基层、面向一线职工、面向普通劳动者,覆盖工业、服务业和现代产业等各个行业。全年竞赛活动历时7个月,各单位积极响应竞赛组委会号召,精心组织实施,举办了15场竞赛启动仪式,发放给竞赛优胜选手的奖金达30.6万元,市总工会发放一类竞赛专项补助资金达65.5万元,全市劳动和技能竞赛的影响力不断扩大,职工参与度、社会知晓度、公众认可度不断提升。

突出党建引领　竭诚服务职工
构建工会工作发展新格局

河北省迁安市总工会

今年以来，市总工会党支部把打造"突出党建引领、聚力服务发展、竭诚服务职工"党建品牌作为开展专项行动的有力抓手，将党建工作与业务工作有机融合、创新开展，在服务一线职工群众、维护职工合法权益、丰富职工业余生活等方面取得了显著成效，实现了以党建引领构建工会工作发展的新格局。

一、坚持政治引领，提升职工思想共识"凝聚力"

坚持围绕党建抓思想政治建设，举办学习贯彻党的二十大精神宣讲会进企业5场次，开办职工"大学习"课堂143场，开展系列活动918次。举办了2023年迁安职工庆祝"五一"文艺晚会，评选出迁安市"最美职工"10人，向唐山市推荐"超级工匠，唐山骄傲"评选活动候选人1名。

二、坚持典型示范，构建基层组织建设"同心圆"

牢固树立党工工作一体化理念，深入推进"党工共建"。通过抓住企业"牵头建"、借力行业"依托建"、立足区域"联合建"、依托平台"网上建"等多种方式，把工会组织建到集聚区、产业链和新业态职工身边。截至目前，全市新建工会组织64家，其中新业态工会组织23家，发展会员1929名。

三、坚持服务大局，筑牢企业高质量发展"支撑力"

通过深化党建引领建功立业，助推党建争强，将产改工作主动融到基层党组织活动中。截至目前，已有省级试点1家，唐山市级试点2家，本市试点5家。新建职工创新工作室5个，总数达到43个。依托社会力量及人社机构组织培训12场次，新增就业560人。

四、坚持多措并举，打好维护职工权益"组合拳"

党员领导干部开展"大调研、大帮扶、大救助"工作实践活动，组织普法入企专题活动6场次。成立迁安市公益法律服务队，开展相关活动5场次。以迁安市职工劳动争议调解中心、迁安市职工法律援助中心为依托，充分发挥各级工会劳动争议调解员、法律监督员、驻会律师的作用，受理法律争议和监督案件18件，落实法律援助12件。

五、坚持共建共享，激发关爱服务职工"新动能"

党员干部带头深入职工群众，突出精准帮扶、精准施策，进一步打造"春送岗位""夏送清凉""金秋助学""冬送温暖"四季帮扶救助品牌，积极拓展职工普惠服务领域。开展送温暖活动。慰问一线职工和新就业形态劳动者，共慰问职工113人次，发放慰问款物4.65万元。开展"暖心送岗"活动。举办各类招聘活动8场，实现就业600余人，组织创业就业培训3期，取得职业技能等级证书152人。开展帮扶救助活动。已有132家企事业单位的30490名职工参加了第十四期医疗互助活动，已为参加第十三期医疗互助活动的246名职工审核报销金额共计54.61万元。已为2137名女职工办理了"女职工团体重大疾病保险"投保手续。免费为63017人提供了保额为16500元的家庭财产综合保险。已开展会员日普惠活动4次，参与职工达2万人。

建强组织　做优服务
推动"县级工会加强年"专项工作对标达效

陕西省长武县总工会

"县级工会加强年"专项工作启动以来，长武县总工会始终坚持以党的二十大精神为指引，深入学习贯彻习近平新时代中国特色社会主义思想，贯彻落实习近平总书记关于工人阶级和工会工作的重要论述，紧紧围绕政治引领强、组织功能强、服务阵地强、制度机制强、作用发挥强的"五强"目标要求，以壮大队伍、建强组织、做优服务为切入点，加强顶层设计，有序分类推进落实专项工作，努力筑强县级工会"桥头堡"。

一、强化基层组织建设，扩大工会组织覆盖面

今年以来，县总工会将核实工作对象信息、工会系统注册登录、规范会员单位组织隶属关系、建会"十百千"专项行动、建会率提升等作为重点工作来抓。

一是积极与组织部门联系，根据机构改革后的党委设置和事业单位改革后的实际，同步理顺县、镇（部门）、下属二级单位工会组织的隶属关系，构建层级清晰、责任明确、管理有效的三级工会领导机制，确保了工会上下联系通畅，事有人管，责有人担。

二是深化"党建带工建、工建服务党建"工作机制，积极争取党委支持，加强工会领导班子建设，优化工会干部队伍结构，按照行业管理原则，由行业主管局和两新工委选派优秀党员及工会积极分子担任行业性、区域性工会主席，建强工会领导班子，确保党对工会的绝对领导和工会机制运转顺畅。

三是深入推进新就业形态劳动者建会入会工作，按照敲门调研到位、上门指导到位、开门服务到位"三个到位"的办法，积极与市场监督、邮政、民政、卫健等部门密切协作，摸清新就业形态劳动者底数。依托管理服务部门工会组织，突出平台企业"重点建"，聚焦行业工会"行业建"，依托工会联合会、联合工会"兜底建"，积极探索适应货车司机、外卖员、快递员等职业特点的建会入会方式，有效推动了新业态行业有序组建工会、从业人员有序加入工会，实现对新就业形态劳动者的有效覆盖。

四是积极向县委、县政府主要领导汇报，争取县委、县政府支持，建立健全驻长企业工会考核激励机制。将驻长规上企业工会纳入全县工会盘子，发挥国有大型企业工会优势，以结对帮的形式带动中小企业工会组织提升工作水平，推动工会工作开展。

二、加强工会阵地建设，打造服务职工载体

一年来，长武县总工会坚持基础先行，全力加快阵地建设。坚持工会组织建到哪里，工会服务阵地就延伸到哪里，以服务职工群众为中心，紧扣职工群众需求，持续推进基层工会阵地规范化建设，真正把职工之家建起来、用起来、活起来，更好地服务于职工生活，稳步提升基层工会组织的吸引力、凝聚力，努力把工会建设成深受职工信赖的职工之家。

一是在全县基层工会中开展升级晋档创建"星级工会"活动，围绕政治引领强、组织功能强、服务阵地强、制度机制强、作用发挥强的要求，突出职工服务载体建设，拓展服务功能，通过典型带动，推动工会阵地规范化建设，以规范促提升。

二是按照会站家一体的思路，加强基层工会阵地建设。通过以奖代补的方式，督促引导基层工会争取党政支持，加强工会办公场所、职工活动场地等服务阵地建设，推动党政组织改善职工工作、生活条件，为职工提供更优质的文化体育活动服务，增强了基层工会组织的凝聚力。

三是加强县总工会职工服务中心赋能增效。鼓励各类专业机构进驻工会帮扶中心，培育服务品牌，提供服务职工产品和公益支持，打造资源丰富、需求精准、服务多样、效应凸显的资源集聚区。形成"帮扶中心＋社会资源＋基层工会"协作模式。探索建设职工服务中心职工服务项目标准化体系，完善服务对象、服务程序、服务标准、监督管理、考核评价等制度规定，全面梳理编制服务事项目录，实施业务服务清单制度，推动职工服务项目标准化。

四是发挥工人文化宫作用。结合全县2023年文化嘉年华系列活动，组织丰富多彩的职工文体活动和"职工大讲堂"，履行工会政治引领职责，寓教于乐，大力宣传党的二十大精神，弘扬劳模精神、劳动精神和工匠精神。积极引导职工发挥主力军作用，投身中国式现代化建设的生动实践，增强职工的奋斗意识，提升职工的幸福感。

三、健全工作机制，推动工会工作有效提升

我们将构建工会组织建设长效机制作为确保工会组织工作水平全面提升的有力保障工作来抓。

一是建立工作激励机制。对于工会组织健全、阵地设施完善、作用发挥有力的基层工会，按照以奖代补的方式给予一定的经费补助奖励，实现"加"有实惠、"强"到关键，激励基层工会更全面地发展，在工会系统内形成良好的争先创优氛围。

二是建立业绩考评机制。在深入征求意见的前提下，细化量化指标，明确权重，建立健全了严密完善的工会工作考评体系，组织基层工会干部实行交叉检查，既增强了考评的严肃性和公正性，同时也有利于基层工会干部相互取长补短，促进工会工作的深入开展。

三是规范工作制度，按照《中华人民共和国工会法》等法律和文件的有关规定，进一步对工会工作各项制度进行规范，使基层工会有章可循，规范工作程序。对工会组织组建程序，工会主席产生程序，职代会运行程序，政务／厂务公开程序，平等协商工作程序等相关内容进行

规范，保证工会工作既便于操作，又有法可依，推进了工会工作的民主化、法制化进程。

四是建强维权机制。紧盯新就业形态劳动者等重点群体，常态化宣传《中华人民共和国劳动法》《中华人民共和国劳动合同法》《保障农民工工资支付条例》等劳动保障法律法规，健全完善"法院＋工会""人社＋工会"联动机制、"五个坚决"长效机制，及时把矛盾纠纷化解在基层，化解在萌芽状态，不断增强职工群众的获得感、幸福感、安全感。

下一步，长武县总工会将全面贯彻这次会议精神，认真学习借鉴兄弟县区经验，进一步采取有力措施，将"县级工会加强年"专项工作切实抓紧抓实，推进长武工会工作和工运事业取得新的质的提升。

推进转型发展
大力实施产业工人培养工程

湖北省公安县总工会

推动产业工人队伍建设改革是以习近平同志为核心的党中央做出的重大决策部署。公安县总工会深入学习贯彻中央和省、市产改工作部署，把产改纳入全县经济社会发展总体规划，做到"三个强化"，着力在思想引领、转型引导、维权保障等方面探索创新，产改工作取得了阶段性成效。

一、强化思想引领，扛牢政治责任

一是突出党建引领。实施"红色领航"工程，加强"两新"组织党建工作，大力在产业工人队伍中发展党员，落实产业工人在"两代表一委员"中的比例，重大决策部署上广泛征求产业工人代表意见，引导产业工人积极参政议政。

二是突出劳模引领。大力弘扬劳模精神、劳动精神、工匠精神，每三年开展一次县级劳动模范和五一劳动奖章评选表彰活动，产业工人比例占60%以上。

三是突出组织引领。坚持党建带工建，加强企业工会组织建设，最大限度地把产业工人吸纳到工会组织中来。开展"强基层、补短板、增活力"专项行动，50人以上的非公企业建会率达到100%，规上企业工会规范化建设达标率达88%。

二、强化转型引导，拓宽发展通道

一是搭建成长平台。将公安县职教中心作为荆州市产业工人培训基地，大力推进产教融合，学校与山鹰纸业、湖北车桥、新生源联手，针对新晋职工开展制浆造纸、机电技术、水处理、热能与发电技术等工种的岗前培训。推进学校开设各类高级技工培训班，帮扶县永和水产合作社开办小龙虾养殖培训班，由全国劳动模范、董事长胡学军手把手传授养殖技术，准备开设养殖培训班8期，免费培训养殖技术人员200人。

二是提升技能素质。在机械、建筑、纺织、交通、卫生等重点行业全面开展劳动竞赛和技能比武活动，今年全县企业工会将举办各类职业技能竞赛35场次，参赛职工5800人左右，并积极参与市总职工创业创新大赛。

三是提供就业帮扶。将协调县人社等部门组织线上线下招聘会40场，为80多家企业提供人力资源服务。协助县就业训练中心、职教中心、三星职校等5家定点培训机构开设电工、车工、叉车工、计算机应用、汽车驾驶员和种养殖等多个培训项目，为我县企业提供用工保障。

三、强化维权保障，提供贴心服务

一是切实维护合法权益。旗帜鲜明地维护职工合法权益，建立"法院＋工会＋仲裁"劳动争议诉调对接机制。大力推进工资集体协商，积极开展"双要约"行动，着力推进新业态企业集体协商，今年100人以上企业签订率要达到85%以上，以职代会为基本形式的民主管理制度，建制率今年要达到83%以上，并大力推进劳动关系和谐企业创建工作。

二是加大公共服务供给。投资7000多万元在工业园区新建企业服务中心和职工服务中心，为园区产业工人营造良好的工作和生活环境。协调交通局优化公共交通布局，为园区企业开通定制公交线路3条。协调住建局加快推进人才公寓和保障性住房建设，多渠道解决企业技术人才住房困难，并持续唱响"四季歌"，为广大职工送去党和政府的温暖、工会组织的关爱。

三是共同缔造美好生活。丰富产业工人业余文化生活，全年广泛开展了趣味运动会、读书征文、男子篮球联赛、拔河比赛、书法美术摄影展等职工喜闻乐见的文体活动；今年准备建成职工心灵加油站2家、职工子女托管班2个、爱心驿站3家、爱心母婴室2家，为职工提供暖心服务。准备开展青年职工交友相亲活动10场，不断增强广大职工的获得感、幸福感、归属感。

四、存在的问题

（1）深受网络信息化影响，职业认同感、获得感有所下降。进入网络时代，产业工人通过微博、微信、QQ、抖音、快手等新媒体获取社会信息，特别是80后、90后、00后的年轻人习惯"网上生活"，这对其思维方式、生活方式、工作方式、学习方式都产生了深远影响。一方面，共享经济、数字经济带来了更多的就业机会；另一方面，产业工人身份认同弱化、主人翁意识淡化有扩大趋势。

（2）技能人才总体缺乏。高技能人才、技术工人断层趋势明显。

（3）产业工人需求多元化，产业工人最关心的现实利益问题是工资收入和医疗、教育、住房等消费支出。从个性需求来看，国有企业职工更多关心职业成长、精神文化、权益维护以及国家改革发展等社会发展问题，小微企业职工较多关心就业岗位、薪酬高低、安全卫生等个人问题，农民工普遍关心社会保障、子女教育、同工同酬等社会公平问题。产业工人总体收入水平普遍较低，流动性大，流失率高。

五、下一步规划

（一）突出新时期产业工人队伍思想政治引领

以党的政治建设为统领，着力加强产业工人理想信念教育，引导产业工人坚定不移听党话、跟党走。以社会主义核心价值观教育为重点，深入开展"中国梦·劳动美"主题教育实践活动，加强产业工人的社会公德、职业道德、家庭美德、个人道德和职业精神、职业素养、心理健康教育。建立和完善产业工人思想状况定期调查制度，研究制定《公安县加强和改进产业工人思想政治工作的实施意见》，做好职工思想政治工作。加强法治教育，增强产业工人的国家意识、大局意识、法治意识、诚信意识和法律素养，引导产业工人依法理性有序表达利益诉求，依法行使权利义务，做改革的理解者、支持者、参与者、贡献者，坚决维护产业工人队伍团结统一和社会和谐稳定。

（二）构建产业工人技能形成体系

健全完善现代职业教育制度。坚持面向市场、服务发展、促进就业的办学方向，加强职业教育、继续教育、普通教育的有机衔接。深化职业教育改革，建立与公安经济社会发展相适应的专业体系及动态调整机制。建立职业教育分类指导体系，引导鼓励县职校发挥优势，大力推行"技能＋学历"教育，强化产教融合、校企合作，打造一批特色鲜明、服务能力强的骨干专业。组织开展创新创业教育，引导学生参与创业实践，提高职业教育的针对性、实效性。加快县职校校内实训基地和公共实训基地建设，围绕汽修、电工、焊工、钳工、护理等现有专业，建设满足教学需求，具备教学、技能培训、鉴定、生产、科研等多种功能的县级职业教育实训基地。

（三）创新产业工人发展制度

拓宽产业工人发展空间。把优秀产业工人特别是高技能人才纳入党管人才总盘子统筹考虑，搭建产业工人职业成长平台。改革企业人事管理和工人劳动管理相区分的双轨管理体制，实行统一的人力资源管理制度，逐步打破职业技能等级与专业技术职务之间的界限，构建以职业能力为导向、以工作业绩为重点的技能人才评价体系，促进技能人才队伍健康发展。完善技能人才发展保障制度，建立实际技能水平与职业技能等级相联系的发展机制，拓宽产业工人晋级晋升通道。

"四突出"创新干部平时考核机制

四川省万源市总工会　魏作利　陈万军

近年来，万源市总工会以"平时考核"破题起势，聚焦日常学习、日常工作、日常监督、日常管理"四个日常"，不断创新机关干部职工平时考核评价机制，有效激发干部职工担当作为，取得了显著成效，先后获得了四川省市总工会"全省工会会员普惠性服务工作先进集体""达州市最佳文明单位""达州市新就业形态劳动者入会工作'金凤凰奖'""万源市'和美机关'"等9项荣誉称号。

一、突出党建引领，压实工作责任

一是强化政治引领，把党员坚定理想信念、锤炼坚强党性、突出政治素质考核贯穿平时考核全过程，聚焦底线红线考规矩，深入考察识别干部职工的政治表现，引导干部职工深刻领悟"两个确立"的决定性意义，坚决做到"两个维护"。二是压实工作责任，成立了考核工作领导小组，制订了《干部职工平时考核实施方案》，明确考核指导思想、考核范围对象、考核内容、考核程序和方法等六大方面，确保考核有序推进。三是推进"应考尽考"，将党组班子成员3人、公务员（参公管理）4人、事业干部11人、工会社会化工作者10人一并纳入平时考核，确保平时考核全覆盖。

二、突出指标量化，完善考核体系

按照万源市委组织部干部管理相关文件要求，明确量化考核内容分值，形成领导班子成员、公务员（参公管理）和事业干部、工会社会化工作者三类精细化考核体系，坚持科学设置"共性＋个性"考核指标（德、能、勤、绩、廉、弹性指标六方面共19个子项）。采取"素质"与"实绩"、"考人"与"考事"相结合的方式，分类设置"共性"（分为德、能、勤、绩、廉5方面，考核分值为100分）与"个性"（分为加分、减分2项，弹性指标加减分最高不超过5分，同一件事加减分不累计）指标。考核等次分为"好""较好""一般""较差"，"好"等次干部人数原则上掌握在参加平时考核的总人数的20%以内。

三、突出程序规范，推进考核实施

一是坚持党管干部原则。每季度结束由平时考核工作领导小组负责组织实施，严肃考核纪律。

二是严格平时考核程序。采取"干部职工个人工作小结 + 民主测评 + 分管领导审核 + 平时考核领导小组审定 + 考核结果反馈个人 + 机关公示栏公布"的方式进行。三是坚持考核结果及时报备。平时考核各个环节准备充分，考核过程公开透明，反馈情况，肯定成绩，指出问题实事求是，提出改进靶向精准，虚心听取本人意见。待年度平时考核结束时，及时将考核情况上报达州市总工会和万源市委组织部。

四、突出结果运用，放大激励效应

坚持将平时考核与年度考核挂钩，明确平时考核在年度考核中的权重，平时考核结果均为"好"等次的，年度考核可在规定比例内被优先确定为"优秀"等次；平时考核"一般""较差"等次累计超过一半的，年度考核原则上被确定为"基本称职"或"不称职"。发挥"正向 + 反向"实效化作用，对平时考核结果等次为"好"、一贯表现优秀、干群评价高的干部职工，以适当方式及时予以表扬，在职级调整、交流轮岗、教育培训、评先选优等方面优先考虑；对"一般"等次的干部职工及时谈话提醒；对"较差"等次的干部职工及时批评教育，力促改进提高。通过结果反馈，有针对性地加强激励约束、培养教育，有效破解平时考核"一阵风"、考核过后"抛脑后"的问题，切实发挥平时考核的基础性作用。

以"五个强化"助"县级工会加强年"
促进职工奋进新征程建功新时代

黑龙江省木兰县总工会

　　2022年，特别是全国总工会启动"县级工会加强年"专项工作启动以来，木兰县总工会在省、市总工会和县委、县政府的领导下，围绕迎接党的二十大、学习宣传贯彻党的二十大精神这条主线，与县委中心工作相结合，贯彻落实省、市总工会的各项决策部署，加强职工思想政治引领，大力夯实基层工会基础，以"五个强化"工作为抓手，聚焦工会重点工作，不断创新思路、整合资源、打造亮点，积极推动工会组织和会员职工群众在奋进新征程、建功新时代中作用的发挥。

一、强化政治引领，提升工作合力

　　号召全县各级工会组织和工会干部职工认真学习习近平新时代中国特色社会主义思想、关于工人阶级和工会工作的重要论述，大力弘扬劳模精神、劳动精神、工匠精神，全面加强全县职工队伍思想政治建设。认真组织协调召开县政府与县总工会年度联席工作会议，落实了常态化送温暖资金 20 万元，推进了职工活动阵地建设，提出了县级工作部门工会经费保障措施，推动了全县职工福利待遇的落实。围绕工会工作与能力作风建设工作的有效衔接，找准工会工作切入点，开展能力作风建设典型选树工作，在全县推荐和选树 5 名省级劳动模范、7 名市级劳动模范和 3 家先进单位。引导广大职工群众以劳模为榜样标杆，争做新时代的奋斗者，共同为实现木兰全方位振兴做出新的更大贡献。

二、强化组织建设，提升服务水平

　　去年将"建组织、强基层，广活动、强基础"作为县总工会基层组织建设工作的重点，制定基层建设工作重点和计划，紧密贯穿"党工共建"这一工会组织建立的工作主线，党组织建在哪里，工会组织就到哪里，切实提高规模以上非公企业、重点项目、新就业形态群体建会入会，扩大工会组织覆盖面。2022年新建基层工会 10 家，发展会员 681 人，全面推进"两新"组织、新业态劳动者建会入会工作，到访基层工会和工会"蹲点"企业 18 家，发放新业态劳动者入会礼包 188 份。

三、强化阵地建设，提升服务质量

　　巩固完善职工之家，突出"工"字特色品牌，为着力打造工会服务职工综合阵地，加大对职工阵地建设的投入力度。2022年，重点推进县级工人文化阵地建设，积极协调县政府与市、省总工会支持资产置换，提升职工活动场所环境。参选评定职工好食堂2个、新建职工书屋2个，配合能力作风建设工作，在全县工会组织开展了"玫瑰书香——激扬爱国志奋进新征程"阅读活动，组织全县职工参加职了工医疗互助保障活动，开展了"六一特别关爱"助学活动。关爱女职工，与县妇幼保健院联合开展了"两癌"免费筛查活动，与工商银行联合推出工会会员购物享福利活动。多种形式活动的开展，提高了全县职工群众的获得感和幸福感。

四、强化脱困解困，提升服务能力

用足用好各项帮扶政策，保障在档困难职工的基本生活，精准做好帮扶救助工作，坚持"主动服务""上门服务"，采取入户调查、召开座谈会征求意见建议等方式连续开展了3轮全县困难职工摸底调查工作，共排查统计116名职工情况送到省市工会及相关部门进行数据比对，在档职工增加到22名，拨发专项慰问金7万余元。在市新冠病毒疫情联防联控和社区服务期间，县总工会职工立即下沉一线，联系企业、乡镇和社区，全力助推全县疫情防控工作，为奋战在疫情防控一线的干部职工投放疫情专项资金12.4万元，发放疫情防控物资价值近10万元，筹措投入3万元资金用于疫情服务社区工作，为工作在一线的社区工作者、环卫工人以及辖区的困难职工、劳模、受疫情影响的职工送去了生产生活物资和抗击新冠病毒的爱心药包1000余份。

五、强化品牌作用，提升服务质效

积极开展春送岗位、夏送清凉、金秋助学、冬送温暖的工会品牌活动，让"有一种温暖叫工会在您身边"更加深入人心。2022年，深入落实省总工会十二大部署，坚持"当好主人翁、建功新龙江"的全省工会工作主线，关注、关心、关爱困难职工工作和生活，用心、用情、用力做好常态化送温暖活动。争取省、市、县投入60余万元资金，在元旦、春节期间开展了以"心系职工情，温暖进万家"为主题的送温暖活动，让广大基层职工切身感受到县委、县政府的关怀和各级工会组织的温暖。

五年砥砺奋进　绘写壮美画卷
赓续前行共创工会工作新辉煌
——在兴庆区工会第二次代表大会上的报告

宁夏银川市兴庆区总工会

兴庆区工会第二次代表大会是在全面贯彻落实党的二十大精神开局之年的关键时期召开的一次重要会议。回首过去，成就令人鼓舞；展望未来，蓝图催人奋进。大会的召开是对兴庆区各基层工会组织新使命呼唤新作为、新时代彰显新担当的一次全面总结，也是团结引领广大职工坚定信心、鼓足干劲、埋头苦干的一次总动员，我们要以此次大会的召开为契机分析形势明方向、聚焦目标再奋进、强化措施抓落实，在新时代新征程上不断开创兴庆区工运事业和工会工作发展的新局面。

一、工作回顾

过去五年，是极不平凡的五年，是继往开来、与时俱进的五年。兴庆区总工会紧紧围绕区委、区政府和区、市总工会确定的目标任务，聚焦增强工会工作的政治性、先进性、群众性，坚定政治方向，勇立时代潮头，践行初心使命，在服务发展大局中主动担当，在服务职工群众中履职尽责，谱写了兴庆工会的精彩华章。

（一）五年来，我们始终把牢正确政治方向，肩负起引导职工群众听党话、跟党走的政治责任

1. 从政治上着眼，不断强化理论学习

通过自主学习、集中学习、网络教学、专家讲学、专题研讨、党组中心组学习等方式，组织干部职工认真学习贯彻党的十九大和十九届历次全会以及党的二十大精神。根据中央、区、市、兴庆区重大安排部署，扎实组织开展"不忘初心、牢记使命"主题教育、党史学习教育、"改进作风　提升质效"专项行动、违规收送红包礼金和不当收益及违规借转贷或高额放贷专项整治，大力开展"奋进新时代、担当新使命、展现新作为"学习实践、我为群众办实事等活动，着力增强干部职工的责任感，推动作风转变，实现工会组织的巩固发展。以做到"两个维护"、做好"三个表率"为核心，以建设模范政治机关、模范学习机关、模范服务机关、模范廉政机关、模范文明机关为方向，以规范机关管理、提高办事效率、突出优质服务、转变机关作风、树立良好形象为根本目的，全面开展星级党组织创建工作。兴庆区总工会先后荣获"全国节约型机关""宁夏回族自治区群众体育先进单位""银川市健康机关""兴庆区级文明单位""兴庆区四星级党组织""兴庆区先进基层党组织""'让党中央放心让人民群众满意'模范机关"等荣誉称号。

2.从思想上入手，不断强化思想引领

紧扣习近平新时代中国特色社会主义思想、社会主义核心价值观、"中国梦·劳动美"等主题，深入开展"工"字特色职工文体活动，营造健康文明、昂扬向上、全员参与的职工文化氛围。举办庆祝五一国际劳动节职工文艺会演，"迎新春"音乐会，职工器乐大赛，劳动者之歌大赛，第九套广播体操比赛，职工趣味运动会以及第四、第五、第六届职工运动会，开展"喜迎二十大 永远跟党走"下基层慰问演出、读书征文、故事演说大赛、红色经典著作诵读、职工书法绘画摄影作品评选，承办兴庆区第七届职工端午运动会、全市第二届职工篮球比赛等活动，参与职工近10万人次。活动的开展既丰富和活跃了职工群众的精神文化生活，又充分展示了广大干部职工拼搏进取、甘于奉献、开拓创新的时代风采，满足了职工日益增长的文化体育需求。在区、市总工会举办的各类文体活动中，多次荣获一、二、三等奖和优秀组织奖。

（二）五年来，我们始终坚持融入发展大局，团结动员广大职工在高质量发展中建功立业

1.大力弘扬新时代劳模精神、劳动精神、工匠精神

兴庆区现有劳模75人，其中全国劳模8人、自治区劳模30人、银川市劳模37人。五年来不断加强劳模信息动态管理，发放调查问卷，开展入户摸底工作，做到底数清、情况明。组织劳模到鸣翠湖国家湿地公园参加疗休养活动，召开座谈会，参加学习会，及时了解劳模工作生活状况，在节日期间进行走访慰问，组织体检，把关心劳模做到实处。开展劳模宣讲活动15场，让致敬劳模工匠、学习劳模工匠转化为职工成长成才、争当先进的自觉行动，汇聚起广大职工干事创业的磅礴力量。依托兴庆区廉政文化广场，以"最美奋斗者"为主题，打造劳模文化宣传街，收集24名劳模相关事迹、信息，制成灯箱进行展示，大力弘扬劳模精神、劳动精神、工匠精神。多项成果入选银川市职工创新成果展获奖项目，两个创新工作室被授予"银川市劳模（技能人才）创新工作室"称号。

2.释放劳动潜能，助力兴庆区经济社会高质量发展

以加强产业工人队伍建设改革为契机，成立兴庆区推进产业工人队伍建设改革协调小组，制发改革方案，完善"五位一体"技能人才培育培养体系，确保产改工作有序推进，不断提高产业工人队伍建设服务水平。申报兴庆区"优秀人才""凤城工匠"等89人、"兴庆好人"1人、银川市级劳模创新工作室2个、银川市职工创新成果展获奖项目8个。深化"六比一创争六星"劳动竞赛评比机制，聚焦重点项目工程一线开展劳动和技能竞赛25场，覆盖职工5290人；指导基层工会开展劳动竞赛、岗位练兵共44期，覆盖职工13000余人。开展育婴师、电工、中式面点师等各类职工职业技能培训，参培535人，获证率90%以上。组织开展疫情防护、安全生产大讲堂、安全技能竞赛、消防知识培训等多种形式的安全宣传活动61次，参培人员2165人，发放各种宣传资料8000余份。举办"安全隐患随手拍"活动26次、"安康杯"知识竞赛活动5次，2600余人参加。承办市级技能竞赛决赛2场，获得优秀组织奖2次。选树满春大酒店、张氏正骨医院开展健康企业试点创建工作。多次在区、市总工会举办的知识竞赛、才艺比拼、技能大赛等活动中荣获奖项。

（三）五年来，我们始终坚持扩大基层组织覆盖面，增强工会组织生机活力

1. 促进工会组织建设提质生效

以改革创新精神大力加强工会组织自身建设，依法推动企业普遍建立工会组织，深入基层进行调研，对组家建会存在困难的单位给予指导和帮助。将抓好工会组织建设作为重中之重，按照哪里有职工哪里就有工会组织的原则，推动一定规模的企业建立工会组织，重点推进25人以上企业组建工会，实现发展会员"精准定位"、服务职工"按需施策"。持续开展新就业形态劳动者集中入会行动，最大限度吸引辖区内新就业形态劳动者加入工会，实现对小微企业、流动分散的灵活就业人员、农民工等群体的有效覆盖。截至目前，兴庆区共建立基层工会组织780个，其中区域性工会联合会87个、行业性工会联合会7个、村级工会7个、独立建会的非公有制企业工会601个、机关行政事业单位工会78个，涵盖单位3405家、职工58190人，其中包括女职工29867人，农民工12490人。

2. 促进工会服务阵地提质扩面

按照"一馆N中心"的发展整体思路，使职工之家真正成为组织职工、宣传职工、凝聚职工和服务职工的主阵地。依托兴庆区职工体育馆开展篮球、羽毛球、武术、瑜伽、健身舞、乒乓球等各类职工体育活动；依托兴庆区职工培训中心开设舞蹈、瑜伽、萨克斯、葫芦丝、古琴、茶艺、花艺、心理健康等公益课程；依托兴庆区职工文化中心开展职工书画展、劳动者之歌大赛、职工春晚海选、女职工沙龙展演暨表彰等活动；举办消防安全、物业管理、电工技能等培训班，满足不同职工的需求，多渠道宣传职工阵地建设成果，让更多职工群众关心、参与工会工作和工会活动。目前，兴庆区共有全国模范职工之家2个、职工小家3个，自治区模范职工之家3个、职工小家6个，银川市先进职工之家15个、职工小家16个，兴庆区合格职工之家21个、职工小家4个。兴庆区建成自治区级职工书屋示范点24个、市级示范点30个、兴庆区级示范点18个，覆盖职工万余人。打造工会户外劳动者服务站点51家，工会累计投入200余万元，服务快递外卖小哥、农民工、出租车司机、交警协警、城管人员、环卫工人等各类户外劳动者约3.5万人次。兴庆区职工培训中心户外劳动者服务站、新华商圈职工服务驿站荣获"全国最美站点"称号，兴庆区5个户外劳动者服务站被评为"全区百家工会户外劳动者服务（法律援助）站"。

（四）五年来，我们始终坚持构建和谐劳动关系，切实履行好维权服务基本职责

1. 在权益维护上出实招

将维护劳动领域政治安全工作纳入工会工作全局，与基层工会签订责任书，进一步加强对各基层工会开展劳动领域维护政治安全工作，针对职工队伍存在风险隐患的八个方面突出问题进行指导、督促和考核，实行日排查、周分析工作机制，建立工作台账，形成分析报告。与律师事务所签订合作协议，通过 12351 维权热线、网络服务平台、接待来信来访职工等渠道，为辖区职工提供免费法律服务。强化"工会 + 人社 + 法院 + 司法 +N"的联合调解机制，加强阵地和人员队伍建设，五年提供求信访案件法律服务共 1142 案、1238 人次，办结率达 100%。联系律师开展"百名律师进千企活动"，服务企业 27 家，涵盖职工 630 余人。结合法律颁布实施日、重大事件、"宪法宣传周"等时间节点，组织开展"送法"进企业、进工地、进社区宣讲活动 95 场，参加职工 15000 余人，发放宣传资料 25000 余份，组织辖区职工参与银川市总工会微信公众号发起的《中华人民共和国工会法》线上答题抽奖活动，发布《中华人民共和国工会法》"小课堂" 17 期。

2. 在帮扶救助上下实功

做好困难职工档案动态管理，与同级民政部门加强联系，对困难职工家庭数据进行比对、对信息共享工作进行统筹安排，定期对系统内困难职工档案进行维护、修改，及时调整档案，对系统内建档困难职工进行 100% 入户回访。重点关注在档困难职工、困难职工边缘户、新就业形态劳动者等七类困难群体，先后开展"两节送温暖""夏送清凉""金秋助学""工会班""浓情中秋·喜迎国庆""一对一"结对帮扶等主题活动，走访慰问一线职工及困难职工 28363 人次，发放物资慰问金 966.74 万元，累计为辖区 4 万余名一线职工送去 463.79 万元清凉慰问品。组织开展"春风行动""就业援助月""送岗到基层"和"网上就业服务季"等系列活动，帮助用工单位和求职者搭建供需平台，服务辖区产业发展，加强与企业沟通招聘岗位信息，发布线上招聘信息 59 期，215 家企业提供就业岗位共 754 个；召开线下招聘会，参与单位 118 家，提供就业岗位 8010 个。五年累计有 45921 名在职职工自愿参保，收取互助金 229.61 万元；共为 906 名参保职工申请了补助金，共计 180.23 万元。

3. 在集体协商上见实效

对接兴庆区协调劳动关系三方部门，召开协调劳动关系三方会议，广泛开展"创新引领促发展　民主管理解难题"优秀职工代表提案征集推荐活动，收集整理优秀职工代表提案 11 份、典型案例 6 个，选送银川市总工会的优秀职工代表提案为 5 份，创建自治区和谐劳动关系示范企业 3 家。建立职代会制度企事业单位为 686 家，建立厂务公开制度的企事业单位为 686 家，建制率达 98%，50 人以上企业建制率达 100%。积极开展集体协商"春季要约"活动，利用微信公众号开展"微课开了"线上系列培训 14 期，通过微信、APP、电子邮件、线下等渠道开展要约、应约行动，应要约单位 695 个，覆盖单位 2179 个，覆盖职工 48316 人。要约覆盖面达 99%。完善细化《兴庆区级专职集体协商指导员管理办法》，推荐选聘区级指导员 5 名、兴庆区专职集体协商指导员 12 名。组织开展劳动关系四员队伍建设培训班 3 期，参培 220 人，召开了集体协商模拟谈判现场会。签订四项集体协商合同 673 个，覆盖企业 1968 家，覆盖职工 46142 个，签订率达 97%，动态建制率达 90% 以上。

（五）五年来，我们始终坚持统筹兼顾，充分发挥女职工、财务经审工作作用

1. 女职工工作扎实推进

以庆祝三八国际劳动妇女节为契机，举办育儿技能大比拼、插花培训、美妆培训、趣味运动会、亲子大讲堂、女性职场礼仪培训等活动，丰富女职工的精神文化生活。五年来，在维权行动月期间开展线上线下专题讲座 50 余场次，发放宣传资料 5 万余份，参与职工 2 万余人；打造女职工教育培训工作站，约有 3 万人次女职工参加了各类课程培训；开设女职工读书沙龙，举办 60 期读书活动，26 个微视频在微信公众号进行展播。每年组织女职工开展"两癌"免费筛查，开展宣讲活动 10 余场，引导广大女职工提高主动预防重大疾病的意识，倡导文明健康的生活理念。帮助单身职工解决婚恋难题，开展单身职工联谊交友活动 10 余场，参与职工 1000 余人。打造全国爱心托管班 2 个、自治区级爱心托管班 2 个、银川市级爱心托管班 13 个，建设银川市级爱心妈咪小屋 1 个。

2. 财务经审工作稳中有进

按照"依法聚财，规范理财，有效用财"的原则，协调地方税务部门核查、梳理辖区企业纳税情况，以查促缴，确保经费返还渠道畅通，指导协调基层工会核实本街、镇、企业的经费收缴情况，有效提高收缴经费的积极性。开展小微企业工会经费返还工作，按照"一会一企一档一册"机制，通过走访调研、分类指导、建立台账、精准服务等措施，共计为 2654 家小微企业返还 2020—2021 年度经费 2331.43 万元。创新成立集中支付中心，按照管理流程一体化、业务衔接一体化、数据标准一体化、信息资源一体化的"四个一体化"目标，推广实施"集中云支付"财务管理模式，对 25 家基层工会用"集中云支付"模式进行核算。2022 年通过云平台共处理账务 1500 余笔，总金额达 2000 余万元。

始终坚持"审帮促改"原则，建立"5+X"移动经审服务模式，在审计过程中做到边审计边培训指导、边审计边督促整改、边审计边跟踪回访，积极为基层工会提供可移动的经审工作宣传、培训、咨询、审计和监督服务。五年来，所辖工会审计覆盖率达 100%，出具审计报告 218 份，共提出审计意见和建议 691 条。有效提升了本级审计和对下审查审计的质量。搭建经审及财务人员学习交流平台，开展互动学习 40 余次，实现线上服务百余家、受益千余人，大大提高了经审及财务人员的专业素养和业务能力。

（六）五年来，我们始终坚持改革创新，推动创新工作向纵深开展

1. 兴庆区打造"15 分钟服务圈"，竭诚服务职工群众

坚持"党政所需、职工所盼、工会所能"的工作定位，创新提出"资源共享、设施共建"的工作理念，倾心打造"15 分钟服务圈"。严格按照"六有"建设标准，广泛建立以职工服务中心、户外劳动者驿站站点为圆心，以徒步 15 分钟路程为半径，以"10 个区域性职工服务中心和 73 个职工服务驿站"为网络架构的"15 分钟服务圈"，加强手机加油站、电动车充电站、

图书阅览室、活动室等资源配置，切实发挥普惠服务职工的作用，实现服务标识网格化、服务种类多样化、服务活动普惠化、服务功能智慧化。

2. 兴庆区公益课堂：职工业余生活的"大学校"、素质提升的"加油站"、实现理想的"圆梦园"

通过积极整合辖区资源，共筹共建，秉承不求所有、只为所用、借力发展的理念，建立兴庆区总工会职工培训中心、职工文体中心，设立心理健康、瑜伽、葫芦丝、朗诵、写意画、花艺、书法、电子琴、美妆、古琴、电吹管等课程。手机线上报名约课，利用互联网和微信，方便职工1分钟完成报名约课。通过购买服务等形式，聘请教学经验丰富的知名教师及培训机构任教。根据基层工会要求，采取"订单式"送课下基层方式，送课进企业、进单位、进社区。促进线上线下互学互通，使广大职工享受到普惠优质服务。现已进行6期培训，共授课1680节，培训职工30600余人次，有在线学员2600余人。

3. 高标准，勇探索，组建村级工会，着力打造新型"村民职工之家"

积极探索在辖区各乡镇7个村组建村级联合工会，及时、优质、高效地为广大村民职工提供法律维权咨询、就业创业培训、困难职工帮扶等温馨服务，切实将村级联合工会打造成党联系职工群众的"连心桥"，做村民职工贴心的"娘家人"。通过整合村级工会各项资源，打造服务阵地功能齐全、服务内容系统全面、服务质量优质高效的"村民职工之家"，切实补齐工作短板，扩大覆盖范围，填补工会服务盲区，为促进新型村民职工综合素质提升、就业稳步增长、社会和谐稳定筑牢基础，让"村民职工之家"真正成为新型村民职工的欢乐之家、幸福之家。

4. 推行劳模管理服务"5151"工作法，构建"劳模匠心共享之家"

通过"互联网+共享"模式，采取"5151"工作法，倾心打造集移动化协同运营、差异化技能提升、品牌化创新驱动于一身的"劳模匠心共享之家"。在庆祝五一国际劳动节暨表彰大会上对劳模"一所五站"进行集中授牌，同时按照"三定五有"原则，组织开展各具特色的劳模服务活动，充分发挥劳模的引领示范作用。

5. 打造新华商圈"职工爱心驿站"，为广大职工提供贴心服务

按照"六有标准"在新华街街道办事处、富华社区建立"职工爱心驿站"，配置专管员、"九个一"设施和针线包、雨伞、打气筒、手机充电器等物品，为快递员、出租车司机、城管、环卫、交警等户外劳动者提供歇脚处、补给站、休息室，力所能及地解决户外职工饮水难、休息难等问题，为体面劳动、舒心工作、协调发展提供基础。

五年来，兴庆区总工会多次承接全国、区、市总工会及各县（区）兄弟单位调研观摩，连续多年在全市年度业务工作考核中荣获一等次，位列各县（区）之首。

回顾过去五年，兴庆区总工会在加强职工政治引领、组织职工建功立业、维护职工合法权益、保持职工队伍稳定、深化工会改革创新、推进工会系统党的建设等方面做了大量工作，多项工作走在全市前列，为兴庆区工运事业发展添砖加瓦。在此，我代表兴庆区总工会向大家表示衷心的感谢，并致以崇高的敬意！

在肯定成绩的同时，我们也清醒地认识到，当前我们的工作离上级单位及兴庆区委、区政府的部署要求和广大干部职工的需求向往还存在一定距离，问题和不足主要表现在：一是职工队伍在利益诉求、价值取向、思想观念等方面呈现多样化、差异化特征，职工思想政治工作任务依然艰巨；二是服务职工的方式方法有待改进，工会服务的普惠性、常态性、精准性还需增强；三是面对新形势、新任务、新要求，工会干部改革创新、担当善为的意识和能力还需增强。这些问题给工会工作带来了新的挑战，我们将坚持问题导向，进一步强化责任意识，主动作为，认真研究，加以解决。

二、未来五年的工作思路

2023年是全面贯彻落实党的二十大精神的开局之年，未来五年，兴庆区总工会将继续聚焦新时代工会工作的新要求，在兴庆区委、区政府的坚强领导下，加强思想引领，聚焦主责主业，夯实基层基础，致力精准服务，推进改革创新。未来五年，兴庆区总工会工作的总体要求是：坚持以习近平新时代中国特色社会主义思想为指导，全面贯彻落实党的二十大精神，深入学习贯彻习近平总书记视察宁夏的重要讲话和重要指示批示精神，坚持以"党建带工建、工建服务党建"为抓手，充分发挥工会的桥梁纽带作用，依法维护职工合法权益，打造职工群众信赖的"娘家"。积极作为、真抓实干，坚守奋斗、不忘初心，奋力谱写新时代工会工作新篇章。

（一）方兴未艾、初心不改，思想引领促发展

1. 强化政治引领，凝聚发展力量

坚持党建带工建，突出政治功能，驰而不息抓好工会作风建设，推进工会机关党的建设，为做好新时代工会工作提供坚强保证，认真履行管党治党政治主体责任，全面加强工会系统党的政治建设、思想建设、组织建设、作风建设、纪律建设，把制度建设贯穿其中，不断提高党的建设工作质量。积极倡导大兴调查研究之风，把群众路线作为工会工作的生命线和根本工作路线，深入细致开展调查研究。坚持把整治形式主义、官僚主义作为一项重要政治任务，巩固和深化作风建设成果，坚持开展以"强素质、强服务、强担当、强斗志"为主要内容的能力作风建设年活动。

2. 高扬思想之旗，凝聚奋进之力

加强理想信念教育，深入推进社会主义核心价值观教育，加强形势政策宣传教育，多运用职工群众听得懂、能领会的语言，广泛开展分众化、差异化、精准化的宣传宣讲，推动新时代党的创新理论进企业、进车间、进班组，引导职工群众坚定不移听党话、矢志不渝跟党走。广泛开展"中国梦·劳动美"主题宣传教育活动，培养专业的职工文艺队伍，建设职工文化精品库，挖掘和推广一批职工文化体育项目，增强广大职工奋进新征程、建功新时代的精神力量。借助工会线上媒体平台，将传统宣传模式和线上学习相结合，加强"微视频""微课堂"等线上传播探索，搭建学习教育"新阵地"，有效拓宽职工群众教育培训覆盖面。

（二）群策群智、紧跟时代，经济技术增效能

1. 发挥示范引领作用，深入推进产业工人队伍建设改革

加快新时期产业工人队伍建设，使工会工作更加务实、更接地气、更广泛普惠产业工人。扩大产业工人参与面，做到文体活动长流水、不断线，重大节日掀高潮、出精品。积极争取项目资金打造劳模主题公园，将劳模公园打造成弘扬劳模精神、劳动精神、工匠精神的一处新地标。进一步提升劳模服务质量，健全完善劳模台账，加大劳模宣讲宣传力度，定期组织开展劳模疗休养工作，推动全社会进一步形成尊重劳模、爱护劳模、学习劳模、争当劳模的良好风尚。

2. 激发创造劳动热情，动员广大职工建功立业、创先争优

搭建劳动和技能竞赛平台，围绕兴庆区重大项目、重点工程、区域特色，深入开展"建功'十四五'奋进新征程"主题劳动和技能竞赛，不断扩大劳动和技能竞赛覆盖面。因地制宜开展技能培训，依托互联网优势，引导职工进行自我学习和能力提升，培养更多适应发展需要的技能人才。推进健康企业建设，建立职工健康管理体系，提高职业病防治水平。强化安全生产工作，丰富安全生产文化知识宣传活动形式，举办"安康杯"知识竞赛、安全生产微视频、书画摄影大赛等活动。

（三）吐故纳新、兼收并蓄，组家建会聚合力

1. 精心谋划部署，开创工会组织建设新局面

突出抓好工会组建这个工会工作的"牛鼻子"，进一步树立"大抓基层"的鲜明导向，强化落实到基层、落实靠基层的理念，扩大工会组织对新产业、新行业、新企业、新业态的覆盖面，做好组建工会及吸纳农民工工作。进一步开展新就业形态劳动者集中建会行动，吸纳货车司机、外卖送餐员、快递员、网约车司机等会员，力争25人以上企业建会动态全覆盖。成立楼宇工会联合会，架起多方沟通合作的桥梁和纽带，有效弥补不同类型、不同领域企业之间工会工作交流的空白，增强楼宇凝聚力。

2. 核心推动建设，凝聚工会服务阵地新合力

按照"会、站、家"一体化建设思路，结合区域、行业、企业特色，强化职工服务阵地建设及管理，对现有阵地进行升级改造、评星定级，让各个阵地建起来、管起来、转起来，加大服务力度，拓宽服务广度，创新活动方式，丰富活动载体，着力增强基层工会组织活力，持续擦亮"工会在身边，服务零距离"的工作名片。依托职工服务阵地开展丰富多彩的公益课程，不断满足广大职工的美好愿望，持续打造好"职工圆梦乐园"。加强户外劳动者驿站"站长制"建设，亮身份亮承诺，细化服务项目。打造新就业形态劳动者"蜂巢驿站"，针对新就业形态劳动者制定个性化、差别化的服务套餐，不断提升服务质量。

（四）倾情扶助、精准发力，维权帮扶惠职工

1. 维权维稳落实到位

建立健全"四员"队伍，不断改进法律援助方式，完善"工会＋法院＋人社＋N"的多元联动机制，推进劳动领域矛盾纠纷排查化解工作。加强与律师事务所的合作，及时处理职工投诉，重视前端调解工作，切实维护好职工合法权益，将服务职工工作落到实处。持续深入开展"尊法守法·携手筑梦"农民工公益法律服务、"百名律师进千企"活动、"法律服务暖'新'情，携手筑梦同'新'行"专项行动等品牌活动。在民法典宣传月、宪法宣传周等重要时间节点，通过线上线下结合的方式，加强法律宣传教育，营造学法、用法、尊法、守法、懂法的浓厚氛围。

2. 帮扶救助精准到位

积极适应职工困难帮扶工作新变化，做细做优春送岗位、夏送清凉、金秋助学、冬送温暖的"四送"工会品牌服务。全面摸排困难职工、边缘易致困户、新就业形态劳动者的情况，建立完善信息档案，加强基础工作，努力实现精准帮扶、应帮尽帮。持续开展"一对一"结对帮扶活动，深入了解帮扶对象的实际困难。深化回访制度，确保帮扶资金有效使用。持续开展线上线下招聘活动，开展"春风行动""就业援助月""送岗到基层"和"网上就业服务季"等系列活动，帮助用工单位和求职者搭建供需平台，为求职者提供高质量的就业岗位信息，服务辖区产业发展。

3. 集体协商指导到位

深入创建"一县一品"集体协商亮点工作，普遍开展集体协商工作，进一步实施集体协商增效工程，不断培育集体协商典型，总结先进经验，确保辖区集体协商覆盖面和动态建制率达90%以上。探索劳资对话会、民主恳谈会、线上互动等形式，实现工资集体协商动态化、常态化。推动健全完善兴庆区厂务公开工作组织领导机构，做好辖区优秀职工代表提案征集活动、民主管理创新成果征集工作，开展"民主管企"和"公开解难题、民主促发展"主题活动，推动厂务公开民主管理与推进企业治理决策监督有机融合。

（五）瞄准靶向、立足当前，固本强基优服务

1. 女职工工作坚持握指成拳

围绕"工会服务在身边"专项工作，努力为女职工办实事、做好事、解难事。持续推进困难企业女职工、新就业形态女性劳动者等群体的"两癌"免费筛查服务，组织开展女职工健康公益讲座，帮助女职工树立健康文明理念，提高健康素养。打造爱心妈咪小屋和爱心托管班，宣传先进女职工集体和个人先进事迹，拓展兴庆区女职工教育培训工作站的服务内容，开设顺应女职工需求的公益课程，达到促进女职工教育培训工作提质增效的目标。组织开展"巾帼心向党·奋进新征程"女职工主题征文、同上一堂思政课、家书诵读等活动。

2. 财务经审工作坚持协同高效

认真贯彻落实《中华人民共和国工会法》，严格执行《工会会计制度》等法律法规，以持续巩固税务代收、工会经费平稳增长为抓手，以三方联席联动机制、建会筹备金核查清理工作为主要措施，继续深化"集中云支付"亮点工作，进一步优化经费支出结构，提高工会经费使用效益，全方位推动兴庆区工会系统财务管理工作上台阶、上水平。以服务职工为中心，以预

算执行情况审查审计为基础，坚持审计发现问题和审计整改落实并重，充分利用现代科技网络信息化管控手段，对工会经费进行动态管理，努力实现经费绩效评价科学管理和工会经费使用效益最大化。进一步健全审计整改报告制度、审计回访制度、审计结果通报制度、审计整改督查制度，全面提升工会经审监督工作水平，切实筑牢审查审计监督"防火墙"。

蓝图绘就，正当扬帆破浪；重任在肩，更须策马加鞭。让我们更加紧密地团结在以习近平同志为核心的党中央周围，以习近平新时代中国特色社会主义思想为指导，埋头苦干，求真务实，以昂扬的精神状态、扎实的工作作风、只争朝夕的拼搏劲头，凝聚和引领辖区广大职工以更加饱满的精神面貌投身各项事业，坚定"三城四区四兴庆"的建设信心，为兴庆区经济社会高质量发展再立新功。

【名词解释】

一馆 N 中心：在"一馆三中心"即职工体育馆、职工服务中心、文化中心、文体服务中心的基础上，建立 N 个党群服务中心，有针对性地开展特色普惠活动，形成区域服务，体现区域特点，彰显区域特色，点线面构成兴庆区服务职工新体系。

新就业形态劳动者：是指以货车司机、网约车驾驶员、快递员、网约配送员和互联网营销师等为代表的新业态就业群体。

一所五站：银川鸣翠湖国家湿地公园劳模疗休养所、示范引领者劳模工作站、红烛工程师劳模工作站、城市美容师劳模工作站、平凡奉献者劳模工作站、基层创造者劳模工作站。

"四员"队伍：工会劳动关系信息员、劳动争议调解员、劳动法律监督员、集体协商指导员。

"5+X 移动经审服务"工作模式：将经审服务端口前移，通过吸纳工会内部专业经审人员＋购买社会服务的方式，实施专业经审人员轮流值班服务，将"实体工作站"变成"移动工作站"。

"三城四区四兴庆"：坚定把兴庆区建设成"实力之城、活力之城、魅力之城"的决心和信心，全力打造城区经济高质量发展样板区、数字经济创新引领区、城乡融合发展示范区、黄河流域生态治理实践区，加快建设更高品质的文化兴庆、更高质量的幸福兴庆、更高标准的法治兴庆、更高水平的平安兴庆。

打造"工"字牌服务型工会党组织
——勃利县总工会党支部

黑龙江省勃利县总工会

2023 年以来，勃利县总工会党支部认真落实新时代党的建设总要求，聚焦"围绕中心、建设队伍、服务群众"主要任务，以模范机关创建为抓手，坚持"党建搭台、业务唱戏"，持续深化"我为群众办实事"实践活动，集中精力以"学案例、找差距、建机制、办实事"为主线，着力推进工会工作创先争优，不断提升工会党组织联系基层、服务职工、凝聚人心、促进和谐的能力和水平，努力把工会党支部打造成特色鲜明、实绩突出的机关服务型工会党组织，把党员干部培养成政治坚定、精力精通、作风过硬的政治工作者和职工群众最可信赖的"娘家人"。

一、突出思想引领，常搭"聚心桥"

县总工会党支部切实强化政治责任担当，着力加强职工思想政治教育引领，铸牢职工队伍思想根基。以"奋进新征程、建功新时代"为主题，举办开展三八国际劳动妇女节系列活动，征集各类微视频 12 个。开展二十大精神宣讲活动，县工会每位领导干部宣讲一次；积极开展劳模宣讲活动，充分发挥劳模示范引领作用，引导职工群众坚定不移听党话、矢志不渝跟党走。

充分发挥工人阶级劳模引领作用。广泛深入开展"当好主人翁、建功新勃利"劳动和技能竞赛。把组织劳动竞赛、职工职业技能大赛，创建劳模创新工作室，争做"劳动模范""龙江工匠""煤城工匠"等活动做优做精。九年来全县共涌现出全国劳动模范 2 人，全国五一劳动奖章获得者 2 人，黑龙江省劳动模范 7 人，省"五一劳动奖章"5 人，"龙江工匠"2 人，七台河市劳动模范 80 人，巾帼工匠 1 人，"煤城工匠"1 人，市级"创新能手"1 人；创立省级劳模创新工作室 1 个，市级劳模创新工作室 5 个。

二、突出劳模示范，常搭"引领桥"

县总工会党支部举办了"春风送真情、援助暖民心"现场招聘会和省、市、县三级联动大型招聘会，有 162 家企业参与了招聘活动，提供了 207 个招聘岗位，招聘 1298 人，帮助部分就业困难的职工实现再就业。

三、突出服务职工，常建"乘凉桥"

县总工会党支部向上争取资金，建设工会户外劳动者服务驿站 14 家，并配备了冰箱、微波炉、电热壶、药箱等服务设施，有效缓解户外劳动者的工作、生活困难。

四、突出帮扶救助，常连"暖心桥"

2023 年春节，县总工会共对全县国家级建档立卡困难职工、省级建档立卡困难职工、困难劳模、下岗职工和困难职工、一线医务工作人员和社区工作者进行慰问，共计 1696 人，累计慰问资金达 120.77 万元。

五、突出维权服务，常通"服务桥"

县总工会党支部高标准开展职工群众信访接待、法律服务、集体协商工作，确保让职工"少跑腿"。持续推进区域、行业、企业开展集体协商，建立行业、区域集体协商示范点 28 家。

深入开展"党建带工建、工建促党建"的"双建"工作。几年来，我们抓住中小型企业建立党组织、县总工会到企业一线为职工"送清凉"、为社会新成员组织开展活动 3 个有利时机，宣传工会，帮助他们建立工会组织，从而实现了两新组织单位都能及时建立工会组织。召开了推动我县农民工暨"八大群体"入会推进会。通过多种有效方式，把新形态下的灵活就业群体吸引过来、组织起来、稳固下来，使工会成为他们可依靠的组织。到目前，平台上实名制的基层工会组织发展到 112 个，会员达 12500 人，其中新就业形态组织 9 个、会员 333 人，乡镇工会组织 10 个、会员 936 人。

奋进新征程　建功新时代

——巾帼不让须眉　携手奋斗　共建和谐松潘

四川省松潘县总工会

松潘现有基层工会组织171个，会员8033人，其中：女职工组织83个、会员3920人；新就业形态女职工组织2个、会员490人。目前我县女职工工作正处于大发展时期，新时期给了我们新的机遇和挑战，也为我们广大女职工提供了良好的发展空间。我县女职工工作始终以习近平总书记关于工人阶级和工会工作、关于妇女工作的重要论述和重大部署为行动指南，以维护女职工合法权益、特殊权益和提升女职工思想素质为重点，以开展"奋进新征程·巾帼绽芳华""花开净土·书香全域"等女职工主题活动为载体，充分调动全县广大女职工的积极性和创造性。各级女职工以坚定的信念尽职尽责、默默无闻地奉献着，以"巾帼不让须眉"的精神在平凡的岗位上建功立业，为助推我县社会和谐稳定发展贡献着自己的力量。

一、维护妇女权益，促进社会进步

加强权益保障法规的学习宣传，组织开展《中华人民共和国妇女权益保障法》《女职工劳动保护条例》等法律法规的学习宣传活动，签订《集体协商合同》《女职工权益保护专项集体合同》，覆盖率达100%。增强女职工的维权意识，提升女职工的法律素质。深入基层，广泛掌握女职工的思想动态，及时反映女职工的利益诉求，维护女职工的正当权益，切实为广大女职工办实事、办好事、解难事。

二、巾帼风采绽芳华，携手共建新松潘

开展以"花开净土·书香全域"为主题的读书学习系列活动，着力引导女职工多读书、读好书，全面提升女职工整体素质。组织"净土阿坝·工匠杯"职业技能竞赛活动，不断提高女职工的业务技能水平，进一步激发广大女职工的创造、创新能力，涌现出了优秀女职工代表，并取得了优异成绩。

三、传统手工艺传承者——汪孝凌

她传承了父亲及师傅汪忠三家族的手工工艺，创办了以传统皮革制作、传统民族皮件制作工艺及流程为主的汪皮匠手工皮具工作室，命名为"松潘汪记皮革"。其产品主要有传统式马鞍、

马具、皮带、皮靴等有当地民族特色的古松潘草地皮具系列纯手工工艺品，具有独特性、标志性、历史性、文化性。工作室为当地提供了就业岗位，带动了当地经济发展。2018 年 6 月，阿坝州文化广电新闻出版局授予其"皮具传统制作技艺传习基地"称号；2019 年 9 月，中共阿坝州委、阿坝州人民政府授牌"阿坝州第二批非物质文化遗产生产性保护示范基地"并获"大熊猫金奖先进集体"称号；2019 年 11 月，参加阿坝州首届文化文物创意设计大赛并获实物类二等奖。2020 年 5 月 19 日汪皮匠申请的股子皮制作技术获得了专利证书。2020 年 10 月阿坝州文化体育和旅游局认定汪孝凌为阿坝州州级非物质文化遗产名录项目"皮具传统制作技艺（松州汪氏）"的代表性传承人。

四、创新帮扶新就业形态女职工代表——容中磋

松潘县总工会结合相关政策及专项资助资金，切实帮助大巴山村困难女职工群体脱贫致富。帮助大巴山村女村民成立松潘台松爱之缘家政服务有限公司，在公司成立后，县总工会加强跟踪扶持，有针对性地开展了家政礼仪、卫生保洁、客房服务等业务培训，提高她们的管理能力、技能水平和职业竞争力，同时注重解决女职工群体遇到的就业难、性别歧视、工资不平等问题，切实保障她们的合法权益。容中磋带领员工以诚实守信、不怕吃苦的精神服务好每一位客户，用专业和真诚赢得了客户的尊重和认可，许多客户都愿意找她预订服务，使收入更加稳定、可观。有了稳定的订单和收入保障后，容中磋想到了村里的姐妹，不断地将家政服务这个职业介绍给身边需要工作的姐妹，带着她们入行。在她的带领下，几十名乡村妇女走上了致富的道路，通过家政服务，她们感受到融入社会的快乐，通过自己的双手实现了人生价值。

她们担当着社会责任，以自强不息、吃苦耐劳、甘于奉献的巾帼风采，积极创新、勇于改革、善于作为的良好形象，在推动新松潘发展中展现了"妇女能顶半边天"的别样风采，造就了"巾帼不让须眉"的光辉业绩，书写了璀璨篇章。

狠抓落实"五强"目标　绘就工会工作新画卷
——阳朔县总工会推动"县级工会加强年"专项工作纪实

广西阳朔县总工会

自"县级工会加强年"专项工作开展以来，阳朔县总工会紧紧围绕"县级工会加强年"专项工作的各项任务，充分结合自身实际，对标对表，强化责任，狠抓落实，聚力"五强"工作目标，在推动县域经济发展、促进社会和谐、深化服务职工群众上发挥了显著作用，绘就了阳朔县工会工作新画卷。

一、强化思想政治引领，传播社会正能量

"中国梦·劳动美"主题宣传教育活动、劳模宣讲、职工大讲堂、职工主题演讲比赛、职工歌唱比赛、职工书法比赛……阳朔县总工会把思想引领融入职工文体活动建设，举办了各类文体活动赛事 30 多场次，着力用文化培育职工、滋养职工、服务职工。阳朔县总工会深化党史学习教育，以"党建带工建、工建服务党建"为主线，积极探索"党建+"服务新模式，着力打造"党旗引领·情暖职工"特色品牌。把党的建设融入服务职工、服务发展、服务基层等工作中，实现机关党建工作和工会工作"双促进、双提升"，形成了职工思想政治工作队伍日益壮大、工会宣传思想文化建设蓬勃发展的新格局。此外，该县总工会充分利用工会报刊、工会网站、工会微信公众号等平台广泛宣传工会系统的先进事迹、典型人物和工作成果，用"工会小故事"讲好"履职大道理"，使工会工作更接地气、更有活力、更凝聚人心。

二、"双覆盖、双提升"充实基层力量

在推动"县级工会加强年"专项工作期间，阳朔县总工会积极推进建会入会工作，整合统筹使用专兼职工作人员，充实壮大各级工会力量，不断加大服务职工力度，实现工会组织和工会工作"双覆盖、双提升"。随着县域工会组织体系建设不断成熟完善，乡镇工会联合会组织机构按"六有"标准，从实际出发加强机构阵地建设、配齐配强工会干部。同时指导各基层工会加强职工之家建设和开展民主管理厂务公开工作。全县共有 1 家全国模范职工之家、3 家自治区级模范职工之家、1 家自治区级模范职工小家、5 家市级先进职工之家、6 家县级先进职工小家。随着数字经济的繁荣发展，以网约车司机、外卖员、快递员为代表的新就业形态劳动者大量涌现，成为劳动者队伍的重要组成部分。据统计，在阳朔县新就业形态劳动者中，已成立 2 家货车司

机基层工会，会员共计 258 人；1 家护工护理员基层工会、1 家商场信息员基层工会，会员共计 71 人；其他暂未具备成立独立工会条件的新就业形态劳动者，均已纳入街道联合工会管理。目前，阳朔县国有企业、集体企业建会率达 100%，百人以上企业建会率达 80%，已建基层工会组织 248 家，涵盖单位达 809 家，工会会员 16570 人。

三、打造疗休养示范县，以阵地建设助服务

阳朔历史悠久，旅游资源丰富，秀甲天下的阳朔山水吸引了无数中外游客慕名而来。阳朔县总工会依托得天独厚的生态优势和资源优势，以高标准、严要求打造了一批活动惬意、服务暖心、选择丰富的高质量全域职工（劳模）疗休养基地，以康养经济助推阳朔县域经济高质量绿色发展，积极营造尊重劳动、崇尚劳动、争当优秀的良好社会氛围。阳朔县总工会以职工疗休养活动为载体，设计制作了疗休养基地宣传手册，规划设立了多条疗休养路线，把疗休养基地推介宣传融入工会工作，努力提高疗休养基地的知名度和影响力。目前阳朔县成功培育了 13 家职工疗休养基地（自治区级 4 家、市级 5 家、县级 4 家），成为全区疗休养基地数量最多的县份。目前，阳朔县总工会正在进行工人文化宫项目的前期筹备工作，高质量建设职工活动阵地，切实使工会服务阵地转起来、活起来、强起来，为阳朔的高质量发展贡献基层工会力量。

四、健全完善制度，维护职工权益

为明确成员单位责任分工，确保及时调度督导重点任务落实情况，阳朔县总工会建立完善了县级工会向县委、县政府定期汇报工会工作制度、会议制度、工作制度、学习制度、财务内控制度等，坚持用制度管人管事。同时指导基层工会逐步完善职工（代表）大会、会员（代表）大会、工资集体协商、厂务公开等工作机制，扎实推动工会各项工作向纵深发展。工会是职工的"娘家人"，为了让更多职工群众在寻求法律维权服务时想得起工会、找得到工会，阳朔县总工会强化法律宣传，积极引导新就业形态劳动者理性依法维权，建立了"法院 + 工会 + 人社 +N"的劳动争议多元化解机制，推动工会法律服务向基层一线延伸，及时把矛盾纠纷化解在基层、化解在萌芽状态。同时，健全和完善了劳动领域政治安全和劳动关系监测点建设。目前，阳朔县有 1 个自治区级和 6 个市级劳动关系监测点，监测点通过落实专人负责制和劳动争议舆情信息限时报告制，加强对基层劳动关系状况的常态化监测，在监测的基础上做好劳动争议隐患的预警预防及调处化解工作，此外，阳朔县总工会还以阳朔县总工会法律服务律师站为依托开展接访工作，联合广西寿阳律师事务所为符合条件的困难职工和农民工提供免费法律咨询和免费诉讼、非诉讼代理服务，切实做到件件有着落、事事有回音。

五、积极主动作为，用心用情服务

"维护职工合法权益，竭诚服务职工群众"是工会法赋予工会的基本职能，也是"县级工会加强年"专项工作的重点工作内容之一。阳朔县总工会积极主动作为、用心用情服务，不断

深化职工维权服务功能。坚持以服务职工为中心持续优化服务。阳朔县总工会以做好"四季送"品牌活动为主线，注重开展困难职工救助，加强对职工子女的关怀帮扶力度、互助保障等工作。其中，"金秋助学"活动用爱心为学子们点亮了心中的绚丽梦想；"送清凉"活动把防暑降温和劳动保护工作落到实处，切实关心广大职工的身心健康，用心用情当好职工"娘家人"；通过举办技能大赛，大力弘扬劳模精神、劳动精神、工匠精神，不断提升职工队伍的技能水平，助推阳朔县产业工人队伍建设改革……阳朔县总工会联合各级工会组织每年组织开展素质提升、专业技能、文体健康等培训，使广大职工群众的获得感、幸福感、安全感不断增强。下一步，阳朔县总工会将为实现"县级工会加强年"专项工作"五强"要求，坚持转作风、解难题、优服务、促发展，牢牢抓住发展机遇，充分结合自身实际，把竭诚服务职工作为一切工作的出发点和落脚点，主动为县域经济发展服务，当好阳朔旅游经济发展的"助推器"，全方位宣传推介阳朔，提升阳朔新城区夜经济的知名度、辐射力和影响力，助力阳朔经济复苏，为阳朔打造世界级旅游城市先导区发力和造势。

凝聚职工力量　彰显工会担当

青海省杂多县总工会

"县级工会加强年"是贯彻落实党的二十大精神、推动新时代工会高质量发展的重要举措，对深化工会改革和建设、提高工会整体工作水平至关重要。2023年，杂多县将紧密结合省总工会、州总工会"县级工会加强年"专项工作要求，坚持服务大局、依法治会、维权履职、强化基层，从以下几方面开展工会工作。

一、聚焦政治引领，提升工会工作水平

政治性是群团组织的灵魂，是第一位的。要深入学习宣传贯彻习近平新时代中国特色社会主义思想、党的二十大精神、全国"两会"精神、玉树州委十四届五次全会、县委十七届五次全会精神和陈刚书记来玉调研时的讲话精神，充分利用好劳模、典型优势资源，把学习宣传贯彻党的二十大精神同目前正在开展的"一讲、两稳、三促"结合起来、同自身工作业务结合起来、同服务对象结合起来，深入"八大群体"及联点村社、劳动一线服务群体，开展理论宣讲下基层活动，切实增强理论宣讲对基层职工群众的吸引力、感染力、辐射力，内强工会干部修养，外树工会组织形象。

二、聚焦组织功能，提升工会组织覆盖面

始终坚持"维护职工合法权益，竭诚服务职工群众"的根本原则，普遍开展建会入会工作。一是县域内下属企业或单位普遍建会，持续开展25人以上非公企业建会入会工作；尝试在国家公园建设生态管护员工会联合会，并积极参与工会联合会相关项目申报，主动对接组织部开展建会入会联合摸排、联合调研，积极推动党建带工建示范点建设。二是联合市监局、工商联等部门，加强对未建工会小微企业的摸底、排查、督促、指导力度，以党政支持、部门配合、区域联动等为抓手，准确把握区域性行业性工会组织特点，认真做好非公企业工会组建尤其是"两新"领域及灵活就业群体的建会入会工作。

三、聚焦阵地建设，增强基层工会活力

一是继续开展职工之家建设，以"党工共建"理念，坚持完善职工之家的功能空间，坚持创新职工之家的服务模式，紧紧围绕县委、县政府中心工作，强化基层党群服务中心基础，持

续关注基层站所职工生活质量，年内按照发挥作用强、使用效果好的目标，打造一批爱心温暖工程，计划覆盖基层站所职工活动中心 2～4 所，建设爱心标准化洗衣房项目 2～4 个。做好县城 10 个社区的职工书屋基础性工作，年内实现 4 个社区省级职工书屋示范点建设，落成 2 个省级职工书屋，建成结多乡、阿多乡 2 个职工之家，联合县文旅局在新城区打造升级工人文化宫。二是持续推进户外工作者爱心驿站建设，通过资源整合、区域覆盖等方式，全面升级驿站硬件服务和特色服务，同时尝试引入爱心企业、单位等社会力量，创新探索"第三方＋志愿者"的管理模式，提升爱心驿站服务能力。三是坚持典型引路、以点带面，在提升县级工会基础的基础上，打造 6 个基层工会样板，以先进工会组织示范带动影响一批工作较弱的基层工会，整体提升全县工会工作质量水平。

四、聚焦作用发挥，打造服务职工品牌

一是深入开展好"四季送""爱心早餐"、户外工作者爱心驿站建设等关心关爱行动，尝试开展"爱心托管"、环卫工人免费健康体检等服务，创新开展工会关爱职工暖心措施，帮助广大职工群众解决好急难愁盼问题。二是持续开展困难职工帮扶工作，充实职工帮扶中心工作力量，开展困难职工调查摸底和申报工作，全面准确掌握困难职工家庭基本情况，将符合条件的困难职工纳入救助范围，精准识别、精准施策、精准帮扶，做到应帮尽帮、应助尽助。三是抓好职工维权帮扶工作，建立健全职工法律援助长效机制，加强《中华人民共和国工会法》《中华人民共和国劳动合同法》《中华人民共和国劳动争议调解仲裁法》《中华人民共和国安全生产法》等劳动法律法规和有关政策的宣传活动，培养提高职工群众的法治意识和维权意识。充分发挥工会组织在劳动关系协调中的作用，配合劳动执法监察部门开展工会法、劳动合同法执法检查和监督检查，维护职工合法权益，提高工会依法维护职工合法权益的能力和水平。

五、聚焦制度建设，巩固专项工作成果

制度具有长期性、稳定性和约束力。进一步健全和完善维权机制建设，建立工会与政府各部门联系的长效机制，使"县级工会加强年"专项工作取得实效并能长期巩固其成果，必须抓好制度建设，健全和完善维权机制建设，建立工会与政府各部门联系的长效机制，以制度固化专项活动成果。一是梳理完善现有制度机制。对实践检验行之有效的，长期坚持；对不适应新形势、新任务要求的，抓紧修订完善。二是研究建立新的制度规定。坚持纠建并举，一手抓专项活动，一手抓建章立制，把"县级工会加强年"专项工作中好的经验做法及时上升到制度层面，形成一批制度成果。三是强化制度执行力。用制度管权、按制度办事、靠制度管人，是工会干部职工能力素质提升的根本保障。通过专项工作的不断深入，我县工会工作在不断发展、持续发力，在全县工作大局中发出了工会声音，体现了工会身影，但是距"五强"目标还有不小差距。下一步杂多县总工会将在省、州工会的有力支持和指导下，真正发挥工会组织的桥梁纽带作用，为服务党委、政府中心工作发挥更大作用。

职工之家共建共享　架起党群连心桥

——莘县徐庄镇纸坊村灵活就业人员联合基层工会工作纪实

山东省莘县总工会

徐庄镇位于莘县东部，距县城 20 公里，纸坊村位于莘县徐庄镇驻地西 1 公里处，总人口510 人。近年来，纸坊村积极摸索实现乡村文化振兴的新路径，通过党员干部带动群众争先，先进典型带动整体创优，村容村貌得到了彻底改善，村风民风持续向善向好，呈现出产业兴旺、生态宜居、乡风文明、生活富裕的新时代美丽乡村景象，是山东省美丽乡村建设示范村、山东省文明村、"十四五"时期第二批山东省社会科学普及示范村、山东省学雷锋志愿服务"四个100"最美志愿服务社区、聊城市民主与法治示范村。央视《焦点访谈》栏目对纸坊村民主议事机制工作经验进行了宣传报道。

纸坊全村有外出务工农民工 200 多人，其中女农民工 100 余人。为了深入贯彻上级工会关于扩大工会覆盖面、增强职工凝聚力、切实维护职工权益的工作方针，加强村级工会建设，充分发挥村级工会在协调劳动关系、构建和谐社会中的重要作用，经村党支部研究，特向徐庄镇总工会提出组建本村工会委员会的申请报告，成立了纸坊村灵活就业人员联合基层工会。

纸坊村灵活就业人员联合基层工会自成立以来，积极响应上级党委、政府和工会号召，组织工会会员参与村庄的规划和建设，为村庄的发展建言献策，同时广泛参与村庄人居环境整治、美丽庭院创建、关心关爱留守老人和儿童等一系列志愿服务活动，得到了上级有关部门和群众的一致好评。

为进一步丰富工会会员的文化娱乐生活，徐庄镇总工会以党建引领为抓手，积极引导莘县徐庄镇纸坊村灵活就业人员联合基层工会职工之家，建设了职工文体活动室、职工大讲堂、职工书画室等场所，更好地满足了村庄职工群众日益增长的精神文化需求，不但提升了基层工会活力，而且丰富了村庄群众的业余文化生活，更进一步调动和发挥了干部群众服务村庄建设的积极性，增强了群众的主人翁意识。

纸坊村灵活就业人员联合基层工会职工之家，坚持党建带工建原则，促进工会组织建设和场所建设，为党员群众提供了活动区域，实现了党组织和工会阵地统筹共建、活动统筹安排；实现资源共享，以活动为载体，吸纳百姓成为工会会员，真正搭建起了党员群众的连心桥。例如，带领孩子开展阅读、外出研修活动和举办书画、诗歌朗诵比赛等，组织会员到贫困户家中打扫卫生，让工会的温暖像阳光一样普照大地。同时积极探索发挥村级工会作用，充分利用"互联网电商 + 灵活就业联合会 + 书记领办合作社 + 农民工"模式，实现农民增收致富。

三亚市崖州区总工会职工之家调研报告

海南省三亚市崖州区总工会

崖州区总工会团结和动员广大职工，充分发挥主力军作用，以建设维权型、服务型、创新型工会组织为目标，夯实基层基础，着力推进工会创新发展，努力在构建联系广泛、服务职工的工会工作体系中开拓创新，面对面、心贴心、实打实地做好职工群众工作。

一、职工服务阵地建设工作情况

崖州区总工会坚持开展职工之家活动阵地建设工作，以竭诚为职工群众服务为出发点，致力于职工群众对美好生活向往的需求，丰富职工的精神文化生活，大力争取区政府及三亚市总工会的支持，目前正在推进融建设职工之家、职工书屋、职工健身中心于一体的区总工会职工活动中心，突破崖州区总工会无职工服务阵地的窘境，进一步为职工办理工会业务提供便利，丰富职工业余文化生活。崖州区总工会共建设 19 个职工阵地，包括 17 个户外劳动者服务站点，1 个职工书屋，1 个职工健身中心。

就近为区环卫工人、快递员、送餐员、交警协警、建筑工人、出租车司机、市政维修工等一线户外工作者就近解决饮水、休息、避暑、充电、报刊阅读、应急药品使用等实际问题，提供了温馨舒适的临时休息场所。户外劳动者服务站点便民设施一应俱全，包括报刊、空调、冰箱、风扇、桌椅、热水壶、净水器、充电插排、应急药品、更衣室、厕所等。

二、工作举措

崖州区总工会依托职工之家的便利条件积极举办各类爱心活动，延伸工会服务职工的职能，扩大职工之家的社会影响力，将"娘家人"的关怀送到一线职工的心坎里。

三、下一步工作计划

现正计划在龙港社区、凤岭村、古城门、北岭村、崖城村、东京社区、梅西村、梅东村、城东村、长山村新建职工之家，满足各村（社区）户外劳动者打造温馨舒适的临时休息场所。在职工之家周边竖立了方向导示牌，让广大职工就近享受职工之家的服务。

主动担当　积极作为
全力推动高质量发展

安徽省宿州市自然资源和规划局　张西淳

近年来，宿州市自然资源和规划局认真践行习近平生态文明思想，牢牢守好发展和生态两条底线，依法高效履职、主动担当作为，要素保障能力全面增强、资源保护成效显著提升、不动产登记等便民服务改革扎实有效，为全市经济社会高质量发展提供了有力支撑。

一、聚力规划引领，画好发展蓝图

科学划定"三区三线"是编制国土空间规划的基础性工作，是关系宿州长远发展的大事。宿州市自然资源和规划局在坚持有保有压、适度超前的前提下，统筹当下和长远、保护和开发、发展和安全，科学划定耕地和永久基本农田、生态保护红线、城镇开发边界三条控制线，形成了生产空间集约高效、生活空间美丽宜居、生态空间山清水秀的国土空间新格局。

积极推进"大宿城"发展战略，围绕宿州"东进、北扩"的发展要求，面向全国公开招标，由中国科学院院士、东南大学段进教授领衔主持编制城东新区总体城市设计，形成了高质量、高水平的设计成果，为城东新区打造成宜居、宜游、宜养、宜业的生态花园水城奠定了坚实基础。先后完成火车站地区、城东片区核心区等重点片区城市设计，完成了《宿州大运河国家文化公园规划》《淮宿蚌城际铁路宿州西站片区概念性规划及城市设计》《城东新区总体城市设计》等。

二、聚力要素保障，强化节约集约

充分利用省政府委托用地审批权下放，全面压缩审批时限，提高审批效能，宿州市在全省率先实现建设用地市级审批。2022年全市批准各类建设用地3.7万亩，供应土地3.6万亩，实现了重大项目用地应保尽保。进一步优化新增建设用地指标统筹配置机制，千方百计争取通过国家和省配置指标。实施土地要素保障质效提升行动，围绕市、县（区）重点项目审批土地，成立重大项目用地审批保障专班，用好市级重点项目建设用地报批联席会议和土地要素保障会商机制，尽早掌握重大项目用地需求、规划选址等情况，做到项目需求早明确、用地问题早发现、保障路径早争取、用地审批早落实。

采取"控规＋出让方案"的方式，实现地块控制性详细规划与土地供应方案同步提交自然资源和规划管理委员会审议，提高土地节约集约利用水平。推行"标准地＋承诺制"改革，在企业拿地前，明确地块的使用要求和标准，建成投产后，按照既定标准与法定条件验收，切实提高建设项目审批效率，做到"拿地即可开工"。

三、聚力生态优先，合理利用资源

严格落实耕地保护主体责任。严格耕地保护责任考核，逐级签订耕地保护目标责任书。宿州市现有耕地 901.8 万亩，比省政府下达的 884.59 万亩保护任务要多 17.21 万亩，划定永久基本农田 775.71 万亩。在省政府对市政府"十三五"耕地保护的综合考核中，我市位居全省第一。

扎实推行耕地保护田长制。全面推行耕地保护田长制，将总田长、副总田长延伸至乡镇政府，建立"田长＋检察长＋警长"多部门联防联控机制，将全域土地综合整治、增减挂钩等工作纳入田长制职责范围，建立了市、县、镇、村四级田长制责任体系。加大土地开发复垦整理力度，连续 23 年实现耕地占补平衡，较好地保障了我市范围内省级重点项目及全市土地报批所需占补平衡指标。

持续加强矿产资源管理。全市非煤矿山由原来的 500 多个减少至目前的 18 个；将非煤矿山由原来的"散、小、弱、乱"规范为现在的"规模化、集约化、健康化"绿色发展模式，逐步形成了自然山体环境修复和土地资源高效利用相结合的废弃矿山环境治理模式，增加了耕地数量，让废弃矿山变"青山"、变"宝地"，走出废弃矿山生态环境治理的新路子。

四、聚力服务群众，改进工作作风

严格落实省市关于"改进工作作风，为民办实事、为企优环境"的工作要求，坚持以人民为中心，把人民群众的冷暖放在心上，把维护群众权益首先落实到优化营商环境上，切实增强工作的"民生温度"。在营商环境财产登记方面，在拿地即开工、交房即办证的基础上，实现了工业项目拿地即办证，大大提高了要素保障效率。设立不动产登记"办不成事"反映窗口，做法在全省自然资源系统推广。市不动产登记中心成为全省唯一一家入选自然资源部"办不成事"反映窗口试点单位，宿州经验被自然资源部向全国推广。"周末轮岗制""春节不打烊"等系列服务举措获得了群众好评。联合金融部门全面铺开"带押过户"业务线上线下一站式办理。灵璧县局联手江苏省睢宁县搭建不动产登记"跨省通办"服务云平台，办理了第一例"跨省通办"业务，有效解决了两地群众因异地置业造成的省际往返奔波的问题。

全省改进工作作风为民办实事为企优环境大会后，宿州市自然资源和规划局主动作为、自我加压，高频召开自然资源和规划管理委员会会议，由之前的每月一次调整为每周一次，全力提升工作效能。形成"一周一次自然资源和规划管理委员会"的常态化工作机制，大大提高了决策规格，大大提高了审批效率，大大提高了干部的工作能力，倒逼系统干部主动担当作为。土地、规划、矿产资源领域的大量遗留问题得以及时化解，社会各界及用地单位对我市自然资源部门要素保障、优化营商环境等工作给予了充分肯定，部门形象显著提升。

强化国土综合整治　推动绿色发展

浙江省余姚市自然资源和规划局

黄湖片区被纳入宁波全域国土空间综合整治试点的首批 11 个先行示范片区之一。

我市今年稳步推进全域国土空间综合整治相关工作,以黄湖示范片区为重点推进实施。2023 年黄湖片区拟实施项目 39 个,计划总投资 10.01 亿元,截至目前已开展项目 16 个,已完成项目 1 个,已完成投资 3.58 亿元。

一、聚焦顶层设计,提升组织保障

列入先行试点后,我市加强部署、统筹推动,成立由市政府主要领导任组长,市政府各分管领导任副组长的市全域国土空间综合整治工作领导小组,负责市全域整治工作的统筹协调、整体谋划和全面推进。组建余姚市全域国土空间综合整治工作专班,工作专班下设综合保障、规划编制、项目实施、资金保障组四个小组,全面推进全域国土空间综合整治工作。

二、聚焦全盘谋划,构建整治底图

坚持规划先行,编制并形成《余姚市全域国土空间综合整治规划(2021—2035 年)》,全面排摸整治潜力,共计排摸全市农业用地、工业用地和低效用地整治潜力 139.81 平方千米,村庄整治潜力 8.67 平方千米,国土绿化造林潜力 33.73 平方千米,废弃矿山 103 处,形成潜力调查"一张底图"。将黄湖片区作为全市重点整治示范片区,确定了五大类整治项目,共谋划 80 个子项目(农用地整治 10 个,生态修复 23 个,村庄整治 27 个,工业用地整治 8 个,城镇低效用地整治 12 个)。

三、聚焦模式优化,激发土地潜力

聚焦资源重组、功能重塑、空间重构目标,优化整治模式,实施"整、聚、拆、补、留、优"六大整治策略,对黄湖片区进行全要素整治。通过梳理式改造和未来乡村建设,提升村庄基础设施配套水平;同时加快村庄、工业集聚,通过调出 5 亩以下的零星永久基本农田,提升耕地连片集约程度,有效提高耕地质量。截至目前,已实施完成旱改水 44 亩,耕地功能恢复 800 亩,梳理式改造 8 处。

四、聚焦产业重整，提升环境品质

通过腾退、改造、更新片区内低小散乱工业，推进废弃矿山生态环境治理与河道整治工程，对片区开展综合治理与利用，提升产业能级和环境品质。截至目前，已签约完成101家低小散企业，收储原址350亩划拨监教场所用地，拆除8万平方米原有建筑（其中172亩已完成工业用地出让并引进了总投资约11亿元的江丰电子定增项目），完成河道整治2处，修复矿山5处。

下一步，我市将继续根据整治项目安排，细化项目推进节点，保障项目落地实施，确保项目稳步推进，保证项目顺利完成。2023年持续推进实施整治项目39个，完工项目12个。

多措并举让群众办证享无忧

湖北省武汉市东西湖区自然资源和规划局

2023 年以来，武汉市东西湖区自然资源和规划局持续推进不动产登记"网上办""同城通办"及商品房"交房即可办证"等服务，秉承"群众利益无小事"的原则，强化服务意识，持续聚焦企业、群众反映强烈的办事难、多头跑、来回跑、体验差等问题，提升服务质量，提高登记服务能力和水平，不断增强企业群众办事的获得感和满意度。

一、"办不成事"反映窗口让群众"办成事"

在区不动产登记中心 1 号窗口专设"办不成事"反映窗口，针对企业、群众在区政务中心办理不动产登记办理业务、税务政策咨询、工商营业执照、户口时"办不成事"的问题进行登记、协调、解决，为企业、群众做好兜底类服务。今年以来，东西湖区不动产登记中心"办不成事"反映窗口已协调处理多个业务咨询类、税务咨询类问题。

二、东西湖首台不动产自助打证机上线

东西湖区自然资源和规划局不动产登记中心利用人工智能、大数据等信息化联动协同技术，启用不动产自助打证机，实现不动产登记全程智能化，办事群众可以自主选择在"鄂汇办"APP上进行线上全程办理，或线上办理登记业务线下领取——线下通过刷身份证验证、人脸识别可在自助打证机上打印并领取不动产权证，实现证书"即办即领"。

三、东西湖区开启二手房"带押过户"新模式

过去，有抵押的二手房交易过户，流程复杂、环节多、交易周期较长，买卖双方需要在银行往返跑、多次跑，而且存在一定交易风险，给买卖双方造成了较大压力。在二手房"带押过户"新模式下，无须先还清贷款就可以办理房屋过户，将房屋的所有权转移至买方，实现原抵押权注销登记和新设抵押权首次登记的"无缝对接"，同时颁发新的不动产权证书和不动产登记证明。二手房"带押过户"有效降低了买卖双方的资金成本，缩短整个买卖周期，既"锁定"真正的买方，又防止"一房多卖"，有效防范交易风险。

四、让服务多走一步，让群众少走一步

东西湖区自然资源和规划局不动产登记中心多次联合区直相关单位开展"鄂惠登"服务进

社区活动。通过提前与开发商及业主约定办理时间，银行在网上完成了"期转现"业务。在活动现场,不动产登记中心工作人员通过"鄂汇办"APP一对一指导业主在网上办理不动产登记业务，完成线上登记、交税、缴费等环节；并设专人解答业主关于不动产登记、房管交易和交税方面的困难问题，为其提供全方位的登记服务；通过开展上门服务及网上操作指导，实现办证"零跑腿"。

五、免收小微企业不动产登记费，为企业减负

为减轻企业负担，优化营商环境，严格落实小微企业免收不动产登记费告知承诺制，由企业做出书面承诺后，不动产登记中心即免征相应的不动产登记费，不再要求企业提供属于小微企业的烦琐证明材料。对于个体工商户凭营业执照直接免征不动产登记费，无需其他承诺，无需其他证明。

六、"中午不打烊"延时服务，让办事群众享受全天候服务

东西湖区自然资源和规划局不动产登记中心设置延时服务专区，推出"中午不打烊"服务，实现窗口服务全天候办事不"断档"。不动产登记中心联合房管、税务等部门合理安排办事窗口、优化办事流程，从技术支持到硬件升级，再到人员配备，确保了办事群众在午间时段不再长时间等待，大大方便了办事群众，让群众可以更灵活地选择办事时间，服务窗口办事更快更好，真正做到用心服务企业群众。

四级联动 构建基层治理共同体

——大桥经济合作社党建引领工作

湖北省鄂州市自然资源和规划局鄂城分局

2023 年，是中国共产党建党 102 周年。102 年来，中国共产党由小变大，由弱变强，领导全国各族人民冲破重重难关，夺取了一个又一个来之不易的胜利。如今，踏进新时代，"新时代是奋斗者的时代"，在这个发展迅猛、竞争激烈的时代，奋斗者能追赶进步大潮，彰盈异彩。奋斗的号角已被吹响，这是奋斗者的时代。

大桥经济合作社成立于 2019 年 6 月，位于长沙市雨花区黎托街道长沙大道两厢，管理 4 个开放式的农安小区。多年来，合作社党委坚持从城市涉农社区的特点出发，找准工作定位，拧紧责任链条，构建四级联动机制，推动辖区居民物质文明和精神文明协调发展，全面提升基层社会治理水平。

合作社党委抓班子、带队伍，深入实施"党建聚合力"工程，充分发挥党组织联系居民的桥梁和纽带作用，进一步提高党组织的凝聚力、战斗力，有效推进基层党组织建设和集体经济的发展，推进村（居）民代表联系服务群众工作，逐步形成"村（社区）党总支—片区长—小组长—村（居）民代表"的四级联动机制，充分发挥村（居）民代表联系服务群众的"最后一米"作用。

走进大桥社区，随处可见头戴小红帽、身着红马甲的志愿者。一抹抹红色身影，为社区的安全稳定发展提供着坚实保障。

大桥社区结合社区实际，着力构建人人有责、人人尽责、人人享有的基层治理共同体，优选"代表"人选。社区积极发动优秀党员、热心志愿者和居民代表，采用个人自荐、群众推荐等形式，选配一批对群众有感情、对治理有热情、对工作有激情的居民代表，同时邀请住在本辖区的领导干部、退休老干部等加入居民代表队伍，进一步将居民代表队伍作为骨干力量，融入党建领航队伍，嵌入社区治理"神经末梢"，构建形成全覆盖、全方位的治理网格。

按照"全覆盖、广动员、听民意、办实事"的工作原则，构建"村（社区）联片、片区联组、组联代表、代表联户"的基层治理服务格局。科学划定服务片区，以邻里互助为纽带，将社区每个网格划分为一个"片组"区域，根据大桥辖区实际范围共分为 18 个片组，在每一个片组内以若干名居民代表为小组长，通过邻里互助、联户共治机制，着力打造微治理共同体；并着力破解基层治理难入微、难匹配、难动员的"末梢困境"，实现组织动员群众能力和联系服务群众实效的"双提升"。

实施居民代表联系服务群众机制，打造共享幸福的生活家园。在推行的这段时间里，取得了很好的效果。开展"敲门行动"入户宣传，重点走访空巢老人、留守儿童、残疾人等特殊家庭，为存在困难的居民户提供相应的帮助，对群众急难愁盼问题进行摸底，并检查用火用电用气安全隐患等一系列工作，确保广大人民群众的生命安全，树立"珍爱生命，安全第一"的意识；推选出的居民代表带头发挥先锋模范作用，积极宣传党的二十大精神，坚持社会主义道路，坚持党的领导，贯彻落实新民主主义革命和建设社会主义事业的基本纲领。

居民代表联系时服务群众应充当好政策宣传员，着力开展宣传教育；充当民情联络员，着力做好民情收集；充当好安全防护员，着力化解风险矛盾；充当好服务导航员，着力解决群众困难；充当好文化引领员，着力促进文化建设。

站在新的历史起点上，大桥经济合作社将全面贯彻党的二十大精神，坚持稳中求进的工作总基调，把规划照进现实，全面落实"三高四新"战略定位和使命任务，在谋求高质量发展中闯出新路子，展现新担当。

锚定奋斗目标 凝聚奋进力量
谱写商丘绚丽新篇章

河南省商丘市自然资源和规划局党组书记、局长 廖 伟

为深入贯彻党的二十大精神和省委经济工作会议、省"两会"、全国自然资源工作会议精神，落实市委经济工作会议、市"两会"和全省自然资源工作会议部署，商丘动员全市系统上下进一步提振信心、坚定决心，攻坚克难、善作善成，致力于实现更高水平的人与自然和谐共生的现代化商丘。

一、全市自然资源事业改革发展取得阶段性成效

2022 年，全市自然资源系统以学习宣传贯彻党的二十大精神为统领，锚定"两个确保"，实施"十大战略"，聚焦"七个强市"，推动"十项任务"，扎实履行自然资源"两统一"职责，统筹保护资源和保障发展，整体工作争先进，综合实力晋位次，特色工作创品牌，各项工作稳中向好、进中提质，实现"全年红"。

（一）全面加强党的建设，坚定不移加强党的领导

严格落实"第一议题"学习制度，积极开展"党课开讲啦""三会一课"、主题党日等活动，统筹做好干部职工政治思想建设，持续推进模范机关创建；积极组织党的二十大精神学习宣传、模范机关创建、基层党组织规范化建设、"五比一争"等系列活动；建好建强党员干部队伍，加强对干部的思想关注、人文关怀、考核管理，提升了干部获得感，激发了干事创业信心；全面提升能力作风建设，精心开展作风建设攻坚活动，聚焦"三观不正""三官盛行""三关难越"等突出问题；纵深推进全面从严治党，层层签订全面从严治党目标责任书，修订《履行全面从严治党主体责任清单》，进一步压实党组主体责任和班子成员"一岗双责"。

（二）科学规划引领发展，发挥顶层设计引领作用

根据市委决定，将市委城乡规划委员会、市土地管理委员会合并为市委城乡规划和土地管理委员会，形成了议事规则，固化了会议时间，明确了部门分工。国土空间总体规划初见成效。市、县两级国土空间总体规划编制稳步推进，167 个乡镇国土空间规划编制全部启动，规划基础数据转换、相关评估评价和专题研究工作全部完成，"三区三线"成果通过国家审查。规划支撑和保障能力有效提升。加强详细规划编制报批工作，编制了 34 个地块和区域的控规编制，有力支撑了重点项目落地建设，打造城市基础设施韧性生命线。

（三）要素保障持续有力，做好用地报批

对省以上重点项目、"三个一批"、基础设施和乡村振兴等项目用地，优先安排新增用地计划指标，即报即配、即报即批，做好土地供应。努力提升土地开发利用水平，建立了符合商丘实际的土地利用机制。做好审批服务，持续深化"放管服"改革，将建设用地规划许可等64项权限下放到各县（区）局，清除省政务服务网22个大项共47个业务办理项，市局承担的营商环境攻坚任务全部完成。

（四）生态质效不断提升

森林商丘建设亮点纷呈。以"四找一集中"（找边、找角、找点、找废闲，集中实施"四旁"造林）工作法，破解国土绿化用地难题。林长制工作成效明显。发布了商丘市第1号总林长令，四级林长体系初步建成。林业产业发展稳步提升。

（五）严格落实耕地保护

扛稳抓实耕地保护政治责任，全面加强耕地"两个平衡"管理，高位推动各类专项整治行动，积极开展土地卫片执法检查，深入实施耕地保护督察。

（六）确权登记日益便捷

推行"互联网＋不动产登记"，"交房（地）即交证"实现常态化。

二、准确把握自然资源工作面临的形势任务

党的二十大擘画了以中国式现代化全面推进中华民族伟大复兴的宏伟蓝图，吹响了奋进新征程的时代号角。省委十一届四次全会、省"两会"就全面建设现代化河南做出系统部署，河南发展站上了新的历史起点。市委六届三次全会和市"两会"明确了全面建设对外开放桥头堡、枢纽经济新高地的目标，现代化商丘建设迈出了坚实步伐。新时代、新征程，带来新机遇、新挑战，我们必须敏锐洞察，更加自觉地从政治大局、战略全局思考谋划全市自然资源工作。

深刻领会党的二十大做出的重大部署，树牢正确的安全观、自然观、发展观。深刻领会"确保粮食安全"重大政治责任，树牢正确安全观。习近平总书记在党的二十大报告中强调，全方位夯实粮食安全根基，全面落实粮食安全党政问责，牢牢守住十八亿亩耕地红线。我市是国家重要的粮食主产区、核心区、保障区，粮食产量占全省1/9，小麦产量占全国的1/30，是名副其实的"豫东粮仓"。"耕地保护"对商丘而言是永远的关键词。深刻领会"中国式现代化是人与自然和谐共生的现代化"重大论断，树牢正确的自然观。习近平总书记在党的二十大报告中指出，尊重自然、顺应自然、保护自然，是全面建设社会主义现代化国家的内在要求。作为全民所有自然资源资产的"所有者"和生态文明建设的"主力军"，我们要努力以较少的资源消耗、较小的生态损失支撑更大规模的经济发展，从单纯保障向底线约束转变。深刻领会"高质量发展是全面建设社会主义现代化国家的首要任务"重大要求，树牢正确的发展观。习近平总书记在党的二十大报告中强调，高质量发展是全面建设社会主义现代化国家的首要任务。为了完整、准确、全面贯彻新发展理念，深刻把握推动高质量发展的关键环节，我们要立足商丘

市情，厘清把准人与自然、发展与保护、当下与长远、整体与局部等关系，妥善处理"三生"空间叠加与各业争相占用的矛盾，妥善处理新型城镇化发展用地需求持续增长与兼顾生态安全、粮食安全的矛盾，坚定不移走生产发展、生活富裕、生态良好的文明发展道路，协同推进人民富裕、国家强盛、中国美丽。

准确把握建设对外开放桥头堡、枢纽经济新高地的目标任务，围绕致力打造"七个强市"、大力实施"七大行动"推进自然资源工作；围绕豫商经济技术开发区建设，坚持规划先行；围绕发展第一要务，坚持项目为王；围绕向存量要空间，坚持节约优先。

聚焦自然资源领域矛盾问题，以治理体系和治理能力现代化推进事业高质量发展。要补齐重构和重塑短板，补齐监管和服务短板，补齐能力和作风短板，补齐干部和人才短板。

三、奋力开创现代化商丘自然资源工作新征程

2023 年是全面贯彻落实党的二十大精神的开局之年，站在新的历史起点，全市自然资源系统要迅速行动起来，结合我市能力水平提升年、项目谋划建设年活动的要求，扛牢推动高质量发展的任务，扛稳守住资源安全底线的责任，真抓实干、克难攻坚，做奋斗者，当实干家，努力创造经得起实践、人民和历史检验的成绩。2023 年全市自然资源工作的总体要求是：以习近平新时代中国特色社会主义思想为指导，全面贯彻党的二十大精神和习近平总书记视察河南重要讲话指示批示精神，深入践行"绿水青山就是金山银山理念"，统筹推进"五位一体"总体布局，坚持山水林田湖草沙一体化保护和系统治理，坚持"讲政治、重担当、做表率、开新局"的基本工作要求，锚定"两个确保"，实施"十大战略"，致力打造"七个强市"、大力实施"七大行动"，全力服务建设对外开放桥头堡、枢纽经济新高地，立足"严守资源安全底线、优化国土空间格局、促进绿色低碳发展、维护资源资产权益"工作定位，更好地统筹发展和安全，以自然资源高质量保护开发利用为主线，坚决守牢耕地保护、生态保护、安全稳定三条底线，全力推进高质量发展，加快建设人与自然和谐共生的现代化商丘。围绕全年工作，市局党组谋划了"十大行动"，全市系统上下要抓住重点、高效统筹、狠抓落实，以奋进拼搏状态跑出"加速度"，冲刺"开门红"，带动"季度红"，奋战"全年红"。

大力实施党建攻坚行动，推进全面从严治党向纵深挺进。围绕一条主线，抓好六项工作，实现一个确保。扛稳扛牢党建第一责任，建设清廉自然资源机关，锻造忠诚干净担当队伍。

大力实施"一张图"建设行动，建立健全国土空间规划体系。高水平谋划规划实施管理新机制，高质量推进市、县、乡国土空间规划编制，高标准同步编制专项规划，高起点编制中心城区控制性详规，高质效推进实用性村庄规划编制。

大力实施自然资源要素保障行动，助推全市经济社会高质量发展。统筹资源要素配置。提升用地保障能力，积极服务乡村振兴。

大力实施违法违规占用耕地治理行动，确保粮食安全"国之大者"。压实责任主体，严格"两平衡一冻结"，打造督察利剑，强化执法监督。

大力实施节约集约利用行动，持续提升自然资源开发利用水平。系统构建节约集约用地"1+N"政策体系，大力推进产业用地效率效益"双提升"。持续开展批而未供和闲置土地盘活整治专项行动。接续创建一批自然资源节约集约示范县（市）。

大力实施生态文明建设行动，高水平推进人与自然和谐共生的现代化商丘建设。深入推进国土绿化提质增效，深入推进"田长制""林长制"实施，深入推进自然保护地体系建设，深入推进绿色富民工程。

大力实施中心城市更新行动，致力于打造智慧美好现代品质之城，致力于集约发展、城市更新和建管并重。

大力实施营商环境优化行动，牢固树立以人民为中心的服务理念。坚持法治政府，坚持以人民为中心，坚持专项整治。

大力实施防范化解风险隐患行动，坚决守牢安全稳定底线。坚决守住地质灾害防治金标准。坚决做实平安林区建设，坚决从严规范征地工作，坚决维护群众合法权益。

大力实施强化基础支撑行动，切实提升自然资源管理能力。提升自然资源统一调查监测评价能力，提升测绘地理信息工作服务能力，提升统筹信息化建设能力，提升自然资源确权登记能力。

自然资源事业高质量发展的新征程已全面起航，我们要按照既定工作目标，围绕抓总、抓重、抓要，坚持问题导向、目标导向、结果导向，心往一处想、劲往一处使，以"今天再晚也是早，明天再早也是晚"的行动自觉，抓统筹、抓关键、抓落实，奋力做好今年各项工作。道阻且长，行则将至；行而不辍，未来可期。面对新的伟大征程，让我们在以习近平同志为核心的党中央的坚强领导下，凝聚推动绿色发展、建设美丽商丘的自然资源强大力量，锚定年度目标，乐于躬身入局，为谱写新时代新征程中原更加出彩的商丘绚丽篇章做出新的更大贡献！

奋进新征程　建功新时代

——在自然资源工作中不断提升，砥砺前行，为加快构建新发展格局、推动高质量发展助力鼓劲

甘肃省兰州市自然资源局安宁分局

党的二十大为新时代新征程党和国家事业发展、实现第二个百年奋斗目标指明了前进方向，确立了行动指南。深入贯彻落实党的二十大对自然资源工作提出的重要要求、做出的重大部署，是立足自然资源"两统一"核心职责，推动新时代新征程自然资源事业不断向前发展的根本遵循和行动指南。作为自然资源区级管理部门，我们立足自然资源本地区发展工作实际，紧密结合中央、省市区党委、政府发展部署安排，切实把学习党的二十大精神成果转化为履行"两统一"核心职责、推动自然资源领域重大改革、服务经济社会高质量发展的工作举措和实际成效。

一、围绕构建国土空间开发保护新格局，在城市发展重大战略中积极服务协调发展

立足优化国土空间发展格局，以黄河流域兰西城市群甘肃片区生态建设行动方案为指导，助力兰州市城关安宁北拓片区未利用地治理建设。以生态治理和城镇产业发展为导向，结合国土空间规划编制，按区划调整后的范围开展"三区三线"划定工作，提前谋划编制完成《安宁区国土空间发展战略规划研究》，并形成《兰州市安宁区国土空间规划（分区规划）（2021—2035年）》阶段性成果，为北拓片区项目实施打好空间支撑基础。在高质量完成开发区域1：2000基础地形图测绘的基础上，按照全域治理要求，构建一张蓝图，编制完成《安宁北拓片区土地整理规划设计方案》。在此基础上，配合开展《城关安宁北拓片区控制性详细规划方案》编制工作，进一步以"生态治理＋产业发展"为导向推进未利用地生态综合治理和土地整理工作，充分发挥了规划引领管控作用，推动国土空间治理体系和治理能力的现代化提升。

二、坚持以保障群众的生命财产安全为根本，做好地质灾害监测预警及防治工作

针对梳理排查的全区186处地质灾害隐患点，夯实群测群防责任体系基础，做好监测预警的同时，加强评估研究，突出轻重缓急，大力开展地质灾害治理工程。紧抓国家和省市避险搬迁的政策机遇，上报复核认定避险搬迁任务，涉及群众共281户1031人，将于2023年全部实现就近现房安置。找准找好生态及地质灾害避险搬迁与国家、省、市级防灾减灾，生态补偿，乡村振兴，扶贫搬迁，生态修复，土地综合整治，新型城镇化建设等相关政策的切入点和契合点，

积极谋划开发性综合治理项目，统筹进行避让区域地质灾害和生态修复治理，并结合"三区三线"城镇开发边界纳入情况，按照余量现房先行安置、腾退土地开发平衡、综合治理收回成本的开发模式，不断促进地质灾害防治工作社会效益和经济效益双提升。

三、牢固树立和践行"绿水青山就是金山银山的"理念，落实生态保护和高质量发展重大战略

十八大以来，以习近平同志为核心的党中央对我国生态文明建设做出深邃思考和战略运筹，提出了一系列具有鲜明时代性、实践性、开拓性的新理念、新思想、新战略，形成了以新发展理念为主要内容的习近平生态文明思想。作为自然资源管理部门，必须始终牢记初心使命和职责担当，牢固树立绿色发展理念、推进生态文明建设，坚决守住生态破坏"零容忍"底线，牢固树立"绿水青山就是金山银山"的理念。近年来，不断加大自然资源生态环境保护力度，开展辖区非煤矿山地质环境生态恢复治理工作，依据国土"三调"成果数据，积极开展全区生态保护红线评估调整和自然保护地勘界立标相关工作。把林长制工作作为林业工作的核心关键来抓，多种举措增强林业资源保护力度。进一步强化执法监督管理，严厉打击破坏自然资源的违法犯罪行为，落实耕地保护责任，实现违法占用耕地"零增长"目标，坚决守住耕地保护底线，保护自然资源和生态安全。

站在新时代历史起点上，我们要进一步筑牢思想根基，把握时代脉搏，在转型发展上迈出更大步伐，不断推动自然资源事业进一步提升，为经济社会高质量发展添力加速。

立足发展定位　谋好篇布好局
高质量科学编制好国土空间规划

河南省杞县人民政府县长　黄宗刚

尊敬的梁局长、秦明周组长，各位专家、领导和同志们：

今天是杞县经济社会和城市建设发展史上一个很重要的日子，我们历经三年编制的《杞县国土空间总体规划（2021—2035年）》顺利通过了专家组的评审。在此，我代表杞县人民政府向莅临这次评审会的专家、领导表示最诚挚的谢意！

专家风尘仆仆地来到杞县，经过高强度的工作和高效科学的评审，提出了许多真知灼见，市自然资源和规划局的领导始终对杞县高度关注、重视、支持，多次对我们规划的编制给予具体的指导意见，今天又亲临我们的评审会，在评审当中又给了我们很好的指导意见，对我们规划编制的完成给予了强有力的支撑，也对杞县下一步的发展给予了强有力的支撑。

编制团队历经三年的辛勤工作，秉持着精益求精的科学精神，编制出了翔实、完善、高质量的评审文本，获得了大家的共识。杞县各相关职能部门和各乡镇也给予了大力支持，做了很多基础性的工作，再次对大家一并表示感谢！

特别是专家、编制团队和各位领导专业严谨、科学务实的工作作风和对杞县的殷切希望以及浓浓的情怀，使我们十分感动，深受启迪。大家在听取专家意见时也感受到好多专家不是这两天看了我们的稿子以后给出的意见，是长期以来对杞县发展的一些深入思考，融入了很多对杞县的希望和情怀，所以我们也深受感动。

我个人谈三点感受和收获。

第一，形成杞县国土空间总体规划成果意义重大。国土空间规划是一个地区发展最重要的战略性、全局性、基础性支撑，影响区域经济发展的质量和层次，也关乎经济社会发展的全局。编制国土空间总体规划对我县经济社会的全局发展起到了重要的指导作用。通过杞县自然资源局和编制团队三年来的辛勤努力，特别是近半年来日夜攻坚、连明彻夜地工作，今天《杞县国土空间总体规划（2021—2035年）》顺利通过了专家组的评审，原则上同意我们这样一个规划的成果。

这一成果是贯彻国家战略要求的杞县蓝图，落实新发展理念的杞县方案，指导管理的杞县纲领，是杞县未来15年乃至更长时间的纲领性规划，将对杞县未来城市发展和城乡建设起到关键性作用，同时也是实现杞县高质量发展的一个里程碑式的重大事件，意义是非常重大的。

第二，认真吸纳专家的意见，进一步完善好规划成果。今天参会的都是我省乃至全国的重量级专家，有着很高的学识素养、理论水平和实践经验，我们的专家对评审文本给予了充分的肯定，大家的评价很系统、很扎实、很有特色，目标预测实事求是，切合城市现状和杞县的发展实际。同时，也对我们这样一个规划提出了很多具体、专业、科学的指导意见。我觉得这些指导意见的专业性、针对性、实操性都很强，对杞县下一步的高质量发展具有很强的指导性作用。希望我们自然资源局和编制团队认真吸纳消化，将各位专家和领导的好意见、好建议落实到我们的国土空间总体规划中，对规划的成果进行再补充、再完善、再提升，要加班加点、连明彻夜、时不我待地进一步修改完善，因为时间要求已经很紧了，确保形成质量更高、更加符合预期、更加贴合杞县实际的规划成果。

第三，加强组织管理，确保国土空间总体规划的实施。杞县"一张蓝图干到底"对杞县的高质量发展具有重要意义，将国土空间总体规划确定的内容和要求逐级传导到各级各类规划，强化"多规合一"，加强深层次融合，不断增强规划的科学性、系统性、规范性，以高水平国土空间总体规划引领杞县高质量发展。

我们下一步要落实各位专家的专业意见，抓好以下几项工作。

第一，抓好后续规划的报批工作。按照省、市、县关于国土空间总体规划的有关部署，尽快报请人大审议，把规划尽快确定下来，给全省"一盘棋"形成我们的规划成果。同时，组织好乡镇规划的审查把关，做好杞县应尽的义务，为下一步实施城市建设发展提供坚强的保障和指引。

第二，加强规划的公共参与和社会监督。规划方案批复以后要及时向社会公示，通过多种途径做好规划宣传，主动接受人大、政协和社会各界的监督。

第三，坚持国土空间总体规划的严肃性和权威性。规划的生命在于落实，规划一经审批，非必要情况和法定程序不能更改，要切实保障规划的法定效力，在这方面杞县要做好规划执行的典范和模范。

最后，再次衷心地感谢各位专家、各位领导对杞县的关心和支持，祝愿各位领导和专家身体健康，工作顺利，万事如意，谢谢大家！

扎实推进各项工作　着力推动高质量发展

广西来宾市兴宾区自然资源局

2023 年，我局在区委、区政府及市自然资源局的正确领导下，坚持以习近平新时代中国特色社会主义思想为指导，深入学习贯彻党的二十大精神和习近平总书记重要指示批示精神，认真贯彻落实上级各项决策部署，扎实推进各项工作，较好地完成了各项目标任务。现将工作情况总结如下。

一、2023 年上半年主要工作开展情况

（一）坚持把党的政治建设作为首要任务来抓

我局坚持把党的政治建设作为首要任务来抓，坚定不移地坚持党的领导，思想上、政治上、行动上坚持与以习近平同志为核心的党中央保持高度一致，坚持以习近平新时代中国特色社会主义思想武装头脑，解放思想、实事求是、与时俱进、求真务实，扎实推进工作。

1. 坚持用习近平新时代中国特色社会主义思想凝心铸魂。局党组严格执行"第一议题"制度，学习贯彻习近平新时代中国特色社会主义思想和党的二十大精神，完成习近平总书记在参加广西代表团讨论时的重要讲话精神、习近平总书记视察广西"4•27"重要讲话和对广西工作系列重要指示精神等 20 个专题的学习，通过学习使广大党员干部深刻领悟"两个确立"的决定性意义，增强"四个意识"，坚定"四个自信"，坚决做到"两个维护"。

2. 压实责任，全面推动从严治党。一是认真履行全面从严治党主体责任，加强对"一把手"和同级班子成员的监督，班子成员切实落实"一岗双责"，严以用权。二是坚决执行中央"八项规定"精神，按要求开展清廉机关建设，开展违规"一桌餐"吃喝、节假日收送礼品礼金等四方面突出问题的专项整治，推动自然资源系统党风廉政建设和反腐败工作取得新成效。三是积极支持配合纪委监委工作，严厉查处违纪违法案件，保持惩治腐败的高压态势。

3. 落实意识形态工作责任制。落实党组领导班子对意识形态工作的主体责任，局党组书记落实好第一责任人职责，党组其他成员按照"一岗双责"要求，对职责范围内的意识形态工作负领导责任。局领导班子带头开展主题宣讲，以参观红色教育基地和开展读书班、党史学习教育宣讲会等活动贯彻落实党史学习教育常态化，把党史学习教育融入日常、抓在经常。

4. 狠抓巡察反馈整改问题。针对上级巡察中发现的问题，我局高度重视，通过深入剖析问题、找准原因，制订我局整改方案，认真落实整改，整改工作已取得阶段性成果。

（二）积极推进自然资源服务保障和经济发展

（1）稳步推进国土空间规划。一是扎实推进"三区三线"划定。二是做好规划先行保障。三是加强村庄规划编制。

（2）全力推进用地报批和政务服务审批。

（3）加大土地供应力度，努力盘活存量用地。

（4）筑牢耕地保护红线。

　　①切实落实耕地保护任务，全面推行田长制。

　　②坚决防止耕地"非农化"、遏制"非粮化"。

　　③积极开展新增耕地指标交易，实现耕地占补平衡。

（5）创新突破，引领矿产资源产业高质量发展。一是服务产业发展，做好要素保障。二是建章立制，全面推进矿产资源管理提质增效。三是坚持多元举措，安全绿色发展成效显著。四是提升矿山生态修复能力。

（6）严抓土地执法监管。

　　①严厉查处违法占地行为，规范土地管理秩序。一是加强巡查并及时制止查处违法占地行为。二是积极开展卫片图斑整改工作。

　　②高频打击非法采矿行为，维护矿产资源开发管理秩序。

（三）积极推进各项事务性工作

一是积极主动配合开展乡村振兴工作。二是严格贯彻落实水资源管理制度，引导干部群众科学用水、节约用水。三是积极配合乡镇开展秸秆（甘蔗叶）禁烧工作，持续打赢蓝天保卫战。四是规范选人用人。严格遵循干部选拔任用程序，公正公开，接受监督，坚持事业为上、以事择人、人岗相适，真正把政治素质高、工作能力强、作风过硬、群众信任的干部用到重要岗位上。五是积极推进平安兴宾建设、禁毒、审计发现问题整改、民族宗教、"双拥"、工、青、妇、老、关工委工作，常态化抓好扫黑除恶工作，规范档案管理，等等。六是依法行政。全面贯彻落实党中央和自治区、来宾市关于法治建设、改革工作的重大决策部署，加强法治建设、改革工作，自觉运用法治思维和法治方式深化改革、推动发展、化解矛盾、维护稳定。

二、存在的主要问题和困难

（1）新增建设用地指标严重不足。

（2）土地供应及闲置土地处置困难。一是部分项目被征地农民养老保险补贴资金缴纳工作进展缓慢，影响项目用地供应，如贺巴高速项目。二是目前未完成处置的闲置土地主要是壮志公司项目用地，地块内有高压线未迁移，影响项目的开发建设。

（3）耕地卫片图斑整改工作相对滞后。

（4）全域土地综合整治项目推进困难。

（5）自然资源违法违规行为制止难、查处难。一是私挖乱采监管未能全覆盖。二是违法用地查处难度大。三是未形成有效的共同监管。

（6）"净矿"出让总体进展不理想。

三、2023 年下半年工作计划

全面贯彻党的二十大精神和习近平总书记重要指示精神，紧紧围绕上级党委及政府的工作部署，以党建为引领，围绕自然资源工作要点及主要任务开展工作，为推进来宾市经济社会高质量发展和兴宾区建成桂中经济强区持续提供要素保障。

1. 稳步推进空间规划保障。

2. 持续推进节约集约用地。一是加大存量建设用地盘活力度。二是加快闲置用地处置工作。三是多渠道、多方式保障项目用地指标。

3. 继续围绕耕地占补平衡，强化耕地保护工作。一是全面推行田长制。二是大力推进耕地卫片图斑整改。三是严格落实"双平衡"制度。

4. 继续大力推进土地综合整治。

5. 强化自然资源执法监管。一是继续加大巡察打击力度。二是进一步建立完善联合执法长效机制。

6. 利用优势，强化矿产资源开发利用。一是主动谋划，提升矿产资源要素服务保障能力。二是全面推进"净采矿权"出让，激发市场活力。

7. 服务改善民生，做服务群众的贴心人。

8. 持续抓好各项事务性工作。

做实做好生态文章　擦亮高质量发展底色
——循化县自然资源和林业草原局生态保护工作亮点

青海省循化撒拉族自治县自然资源和林业草原局

为牢固树立"绿水青山就是金山银山"的生态理念，深入贯彻落实省委"一优两高"战略部署，扎实推进生态文明高地建设，循化县自然资源和林业草原局坚持"政府主导、全民参与、共建生态"和"山上治本、身边增绿、造管并重、提质增效"的发展思路，坚持增绿、造林、封育、管护、修复多措并举，做实"增绿、护绿、管绿、用绿、活绿"的生态文章。

一、强化国土空间规划引领，守牢生态安全边界

积极推进我县国土空间总体规划编制，已完成国土空间规划初步方案，有序完成了"三区三线"划定工作，推进自然保护地体系优化调整，把生态保护红线、永久基本农田保护红线、城镇开发边界作为调整经济结构、规划产业发展、推进城镇化不可逾越的红线，守住自然生态安全边界。一是加强生态系统空间保护。坚持生态优先，统筹生态空间布局，构建国土生态安全屏障，严格保护具有重要生物多样性维护、水土保持等功能的生态功能重要区域以及生态环境敏感脆弱区域。二是优化城镇空间布局。严控城镇盲目扩张，优化城市、社区、建筑等不同尺度的空间布局，构建支出平衡的空间格局，合理布局重大基础设施和公共资源。三是严格国土空间用途管制。完善国土空间用途管制，严格管控各类空间边界，落实生态保护红线和永久基本农田管控要求，制定和完善各类用地转化的用途管制规则，实行耕地数量、质量、生态"三位一体"保护制度，全面推行耕地保护地长制，坚决遏制"非农化"，有力保障了耕地资源。

二、强化森林草原项目建设，构建良好生态环境

一是持续推进全域绿化，巩固绿化成果。积极贯彻县委、县政府"下山、进城、入川"的造林工作思路，坚持数量质量、存量增量并重，紧紧围绕乡村振兴战略思想，以黄河流域生态保护和高质量发展为契机，以国家公园示范省建设为动力，全力推进黄土高原水土流失综合治理项目、河北片区绿化灌溉配套设施项目、2020年积石镇创建省级森林城镇项目、2021年梁循共建"和美循化"生态林建设项目（东西部扶贫协作资金和县级财政资金）等25个共投资6500万元的生态建设及保护修复项目。2022年，全县完成各项营造林6.75万亩，其中人工造林0.55万亩，灌木造林1.5万亩，封山育林2.7万亩，统筹造林0.2万亩，森林精准提升和退化林修

复分别为 1.3 万亩、0.5 万亩；实施林草有害生物防治 34 万亩，完成义务植树 37.23 万株。二是持续开展国土绿化，加快生态绿色发展。坚持以林（草）长制为抓手，科学开展国土绿化行动，深入实施天保、国家重点公益林管护工程，加大黄河流域、湟水河沿岸等重点区域绿色生态保护力度，持续推进生态护绿活绿工作；坚持生态建设与经济发展一体推进，不断拓宽绿色生态建设空间，推动生态建设与国土空间规划、环境治理、乡村振兴相结合，使全县森林草原资源得到持续巩固发展，推动国土绿化工作高质量发展。三是持续推进生态治理，构建良好生态。坚持预防为主，科学防控，强化生态环境保护专项资金管理，将科学技术作为扎实做好良好生态建设的关键一招。加大科技投入，加强技术攻关，持续开展森林、草原和陆生野生动植物资源合理开发利用和有害生物防治检疫工作。坚持绿色发展，低碳发展。积极倡议市场主体和社会各方持续转变发展方式和理念，积极引导群众使用新能源、太阳能等绿色能源，持续开展护绿、降碳、减排工作，稳步推进碳排放"双控"，提升发展"含绿量"，在绿色转型中实现生态治理与经济发展齐头并进、成果共享。

三、打造城市休闲娱乐公园，提升城市旅游品质

坚持"因地制宜，适地适树，造林填景"理念和"乔灌草花"相结合，以及配置乡土树种为主的方式高起点规划、高标准设计、高质量实施波浪滩生态环境综合整治和绿化提升工程，栽植造型油松旱柳、香花槐、暴马丁香等各类苗木 3250 株（墩），种植地被草花 5 万多平方米，完成绿化面积 80322 平方米（120.5 亩），配套实施道路硬化、照明亮化、喷灌、木栈道、休闲亭等基础建设，着力加强公园基础建设，完善公共服务设施。增加绿地面积，将波浪滩打造成了集休闲娱乐、生态观光、健身锻炼于一身的市民城市休闲公园，有效改善了循化县人居环境，增加了周边群众的日常休憩空间，提升了县城的整体旅游品位，为大力发展循化县旅游产业和创建海东市生态文明示范先进县奠定了基础。下一步计划投资 200 万元，规划面积 32 亩，在现有基础上向东延伸，建设波浪滩小微湿地公园，预计今年年底全部建成。建成后，将在生态旅游、小微湿地推广和保护宣传等方面发挥积极作用。

抓实抓牢政风行风建设
为市场主体营造良好的营商环境

河南省原阳县自然资源局

按照全面落实县优化营商环境的工作要求，我局以关注民生、便利于民为宗旨，以规范行为、完善制度为重点，以民主评议为载体，深入贯彻科学发展观，紧紧围绕政风行风建设工作的总体部署和要求，结合我局实际情况，坚持标本兼治、综合治理、惩防并举、注重预防的方针，扎实推进政风行风建设工作再上新台阶。充分发挥职能作用，在优化行政手续审批等方面积极提供优质服务，全面打造营商洼地，为全县经济发展提供了便捷服务。具体工作情况汇报如下。

一、加强组织领导，提升政风行风建设责任意识

坚持领导班子统一领导，实行一把手担总责任，班子成员各负其责、层层落实的良好工作格局。我局成立专班并召开了专题会议，就如何不断提升优化营商环境和开展"万人助万企"活动，加强政风行风建设工作做出详细安排部署。

（一）抓思想认识

强化政治思想引领，牢固树立为民服务大局意识，鼓励教育全局职工要发挥"孺子牛、拓荒牛、老黄牛"的"三牛"精神，做到心中有爱、肩上有责、严于律己，在优化营商环境工作中积极奉献，奋力出彩。

（二）抓任务落实

完善制度，促进工作科学化标准化，减少不必要的环节，杜绝不必要的证明，为企业办理业务"瘦身"，提升业务办理便捷度和企业满意度；加强工业项目审批制度改革中的"多测合一""多审合一""多证合一"等相融合，为企业项目落地赢取更多时间，增强企业发展信心，推动全县工业经济平稳健康发展。

（三）抓法治学习

进一步深化国土空间规划管理、相关法律法规的学习，依法依规规范行政行为、决策行为，提高依法管理水平，着力营造稳定、公平、透明、可预期的法治化营商环境。

（四）抓作风建设

以县委、县政府开展"万人助万企"活动为契机，按照工作要求，县委、县政府每周二下午召开项目调度会，对首席服务员排查出来的企业问题集中调度分配解决，原阳县自然资源局

积极响应县委、县政府号召，率先成立局工作专班，做到接到分配任务后立即召开工作专班会议，研究解决问题，按照省委、省政府提出的"13710"工作机制对问题进行清零销号，切实转变工作作风，将优化营商环境作为作风建设的检验标准，打造一支忠诚干净担当、务实专业肯干的干部队伍，在全局形成真抓实干、马上就办的干事创业氛围，为推动全县经济社会持续健康发展做出新的更大贡献。

二、加大管理力度，抓好廉洁自律，确保风清气正

我局把政风行风建设作为一项长期任务抓实抓好，与党的政治建设、思想建设、组织建设、作风建设、纪律建设结合起来，与加快自然资源事业发展结合起来，强化领导干部、党员、职工廉洁自律的自觉性和主动性，从局实际工作出发，结合廉政风险防范管理工作，建立健全廉政风险防范各项制度措施，做到用制度办事，以制度管人，以制度追究责任。

三、对建设项目审批实行容缺受理

积极响应全市营商环境重点工作暨营商环境评价推进会要求，对符合当前产业政策、土地规划、城乡总体规划的项目实行容缺受理。

四、全面优化审批服务流程，抓好审批环节"瘦身"

（一）并联办理项目可行性研究报告审批和用地预审与选址

推进原国土部门和原规划部门审批事项"多审合一"，实现了建设项目用地预审和建设项目选址意见书"两审合一"，一次申请，两证同时办结，原建设项目选址意见书承诺办理时限7个工作日现合并压缩至5个工作日。

（二）合并办理建设用地供应和建设用地规划许可证

建设用地规划许可证和土地出让合同两证合一，原"建设用地规划许可证"承诺办理时限7个工作日现合并压缩至3个工作日。以出让方式取得国有土地使用权的，经依法批准后组织土地供应。建设单位在签订国有建设用地使用权出让合同后，建设工程规划股在3个工作日内向建设单位直接核发建设用地规划许可证，建设单位无须提交申请材料。

（三）容缺办理、模拟审批提质效

建设工程规划许可证由原承诺办理时限10个工作日进一步压缩至5个工作日，并对重点项目实行容缺办理审批，依据《新乡市人民政府推进政府职能转变和"放管服"改革协调小组关于印发新乡市工程建设项目审批制度改革工作推进方案的通知》（新"放管服"〔2019〕1号）的要求，将文物勘探置于土地出让或划拨前，城市基础设施配套费、防空地下室易地建设费缴纳不作为建设工程规划许可证核发的前置条件，将用地预审意见作为使用土地证明文件，申请办理建设工程规划许可证。

同时依据相关文件精神对未取得土地使用权但主体相对明确的建设项目，在暂不具备法定

审批条件的情况下，实施了模拟审批，视同此主体已取得土地使用权，提前进入审批程序，提出模拟审批意见。当该项目取得土地并达到法定审批条件后，对土地取得前的模拟审批进行补充、完善，确定后另行出具正式审批文件，将模拟审批转化为正式审批的审批模式，更省时、更高效地推动了项目的审批进度。

五、切实落实首席服务员制度

为持续优化营商环境，强化政策落实，我局12名首席服务员不间断对新乡市和丝露饮品有限公司、安阳学院、河南省上宅置业有限公司、河南省东辉置业有限公司、新乡市圣唐置业有限公司、原阳县保利置业有限公司、新乡市永兴置业有限公司、原阳县诚盈置业有限公司、新乡市瀚海置业有限公司、河南省腾祥置业有限公司、新乡市众孚置业有限公司、新乡市程睿置业有限公司12家分包企业进行了实地走访，扎实开展优化营商环境工作，摸清企业目前的运转情况，了解企业存在的困难和问题，共同进行研究，并转交相关部门协调解决。

六、政务服务显成效

我局全力打造优质环境，不断深化"放管服"改革，推进"一网通办"，严格落实国家、省、市有关"优化营商环境"的政策精神，完善制度和机制建设，规范行政执法行为，以政务服务质量和效率持续提升为主线，以方便企业为导向，助推企业发展，补短板、弥弱项，全力提升行政服务效能，受到社会各界的普遍赞誉。

在保障用地需求的同时，主动服务企业。全力保障项目要素，建立重点项目责任清单，对全县涉及自然资源局要素保障任务的项目实行闭环管理，挂图作战、对账销号，全力保障全县经济社会发展用地需求。全面推行便民举措，提升服务水平。进一步提高政务服务便利化。全面梳理政务服务事项和办事指南，提高政务服务事项"网上办"比例，进一步压缩行政审批时限，大力推广电子证照和电子印章的归集和使用，使整个审批事项公开、透明、有序运行，最大限度地为企业和群众提供方便。

目前正在推进建设项目用地审批、规划许可、规划核实、竣工验收等多项测绘业"多测合一、多验合一"，为优化审批环节工作奠定了基础。

在政风行风建设和优化营商环境工作中，我局虽然做了大量工作，取得了一定成绩，但是距上级领导的要求还有一定差距，我局决心进一步完善机制，不断总结经验，改进工作方法，转变服务理念，进一步促进全县自然资源事业发展。

多措并举　让群众少跑腿

山东省烟台市自然资源和规划局

"无证明"是指通过证照电子化和数据共享，让企业和群众办事时免于提交或无须重复提交相关的纸质材料。近年来，山东省烟台市不动产登记机构积极参与"数字政府"和"无证明城市"建设，坚持以人民为中心的发展思想，推行跨层级、跨地域、跨系统、跨部门、跨业务协同管理和服务，采取多种方式，最大限度让申请人免交证明材料，让数据多跑路、群众少跑腿，不断提升企业和群众的获得感和满意度。

一、优化办事流程

烟台市利用"互联网+"技术，搭建跨层级、跨部门的远程服务平台，实现不动产登记的"一网通办"和"一链办理"。

一是与税务部门搭建联办平台，推行"一套材料、一窗受理、并行办理"登记新模式，对原本由不动产、税务机构分别收取并存档的身份证明、合同、权属证书等共性材料不再重复收取，户口簿、婚姻证明、家庭住房情况等能通过共享获取的，无须提交纸质材料，仅此一项全市每年就可节约纸张二三百万张。二是搭建"不动产+抵押登记平台"，把登记窗口延伸到银行，登记机构通过电子材料完成审核、登簿及电子证明的发放。金融平台推行的身份备案制，使银行的营业执照、金融许可证等材料一经备案不再重复提交，30多页的主债权和抵押合同被压缩成一张合同简表，申请表也被压缩1页，全程"无纸化、不见面"即可完成抵押登记。三是与住建部门的商品房预售备案系统实时共享，共同搭建"互联网+开发企业"平台，实现购房人身份证明、备案合同及售房信息的共享，购房人在售楼处签订合同完成备案的同时，即可通过该平台提交预告登记申请，并领取预告证明，1个小时即可办结。商品房首次登记后，开发企业通过平台即可直接为购房人申请新建商品房转移登记，省时省力。四是依托烟台市政务服务平台，打破部门间数据壁垒，搭建起一条"登记部门—大数据局—主管部门—民生企业"的数据高速公路，实现不动产与水电气暖视等民生服务事项的联动过户，只需进入登记大厅"一扇门"即可"一窗办七事"，申请人无须再带相关材料挨家跑过户。

二、实现数据共享

凡是通过数据共享可以获取的信息，不再要求企业和群众提供相应材料。

依托烟台市一体化大数据平台，实现与住建、市场监管、民政、公安等 10 余家单位的数据对接，通过共享获取合同、营业执照、婚姻、户籍等 25 项不动产登记高频材料。对于已生成电子证照的，直接转存电子档案；对于没有电子证照的，以经申请人签字确认的核查结果单作为申请材料，无须提交纸质材料。

另外，依托不动产单元代码"一码+"平台，将"多测合一"平台、烟台市工程建设项目审批管理系统以及不动产登记系统串联起来，使用不动产单元代码作为关键字段，串联起供地、规划、施工、验收、税收以及不动产登记的全链条，实现土地出让合同、规划许可证、综合验收以及测绘成果等材料的共享获取，既减轻了企业的负担，也降低了登记机构收取"假证"的风险。

三、推行告知承诺

为解决群众在办理不动产登记过程中因证明难以获取而导致的办证难问题，烟台市推出了告知承诺制。

在办理非公证继承业务时，对于无法通过共享取得，办事群众又确实因为年代久远等原因难以获取的死亡、婚姻等证明，可以通过告知承诺制替代。

对于"综合受理"办理涉税登记业务时无法提交户籍、婚姻等家庭成员证明材料，且无法通过共享获取的，烟台市也通过推行告知承诺制等方式化解。

同时，烟台市对在办理在建工程抵押实行告知承诺制。具体来说，就是企业申请在建工程抵押时，对满足要求的企业，可先不进行现场查看，而以告知承诺代替，登记机构在登簿完成后的一个月内进行核验，变事前为事后，提高登记效率，极大降低企业融资的时间成本。

四、强化部门协同核验

为减轻群众在办理其他业务时反复亮证、反复开具权属证明的负担，烟台市搭建了多平台、多渠道的不动产权属核验体系。

具体包括以下措施：利用不动产"一网通办"平台、"烟台不动产登记"微信公众号、"爱山东"APP 等渠道，让群众可以随时随地亮证、查询名下住房；在不动产登记大厅和部分街道便民服务点设置 24 小时自助查询机，方便群众就近随时打印不动产权属证明；利用远程服务平台让银行可以方便、批量地对已抵押不动产进行贷中审查，无须企业和群众到登记大厅打印不动产权属证明；建立与法院、公证等单位的协作联动机制，办事人员在办公室点击鼠标即可完成不动产登记资料查询或查封、解封等业务；将不动产查询功能嵌入教育、人社、公积金等部门业务系统，实时核验权属登记状态，无须办事群众提供纸质证书或权属登记证明。

下一步，烟台市将继续深化数据赋能，加强数据共享和电子证照应用，不断优化办事流程，继续压减材料，让企业和群众办事更便利。

"以问题为导向，以信息化为手段"持续深化"放管服"改革，多措并举优化营商环境

——方正县自然资源局党组开展能力作风建设年活动成效

黑龙江省方正县自然资源局

全县优化营商环境工作开展以来，方正县自然资源局坚持"以问题为导向，以信息化为手段"，持续深化"放管服"改革，多措并举优化营商环境，积极回应企业和群众关切问题，在便民、高效、减负上下功夫，着力打造自然资源领域审批流程少、办事效率高、服务水平优的营商环境。

一、优化服务提效能

为进一步提升政务服务大厅不动产登记窗口服务效能，县自然资源局持续推进各股室"周五学习日"走深走实，加强党的政策学习，注重业务能力提升，不断强化各股室的业务办理水平及工作效率，全面推进不动产登记、房屋交易、税收征缴线上"一网通办"、线下"一窗受理，并行办理"。针对不同办事群体，开通绿色通道，推出预约服务、延时服务、上门服务等暖心活动，创新开展"五办"服务模式，为老弱病残孕等特殊群体和返乡群众提供便利。在遵循依法依规登记发证的基础上，持续优化不动产登记内部流程，取消了"房屋备案表"等不必要的申报材料，精简申报材料，压缩登记时限。

截至 2023 年年初，收到各类电话（现场）表扬、感谢信和锦旗 13 人次，累计延时服务逾 800 小时，为特殊困难人群提供绿色通道服务 30 余次，为老年人、残疾人、带小孩的妇女提供帮办 2800 余件次。

二、实干担当促发展

方正县自然资源局树牢"项目为王、效率至上"和"亲民便民为民"的服务理念，紧密结合全县发展大局，统筹推进自然资源和规划管理工作，不断深化政务服务改革，优化自然资源领域服务理念，创新工作方式方法，切实为企业和群众提供更加高效、优质、便利的服务，提供坚强的土地要素保障。

打好地质灾害防治工作提前量

四川省甘孜藏族自治州自然资源和规划局

一、打好责任落实提前量

调整充实完善州、县、乡、村四级地质灾害防治指挥机构、制订并发布年度防灾工作方案、修订完善突发地质灾害应急预案，针对地震灾区专项出台《甘孜州"9·5"泸定地震灾区地质灾害防范应对处置工作方案（2023—2025年）》。严格落实"五包责任制""三单一书""两书一函"工作机制，层层签订地灾防治责任书，压实8132名监测员、1631名防灾责任人和监测责任人的责任，把防灾责任、防范措施落实到最小工作单元。

二、打好宣传教育提前量

印发实施《甘孜州地质灾害防治突出贡献暨成功避险奖励实施办法》，分级分类设置奖励标准，构建"全民防地质灾害"的防灾理念。按照"一点两跑、一年两跑"的要求，针对防灾责任人、乡（镇）村社干部、专职监测员、受威胁群众、在建工程施工作业人员等重点人群和点位组织开展宣传培训和实战演练。截至目前，累计开展宣传培训690场次，实战演练1245场次。

三、打好隐患排查提前量

抢抓汛前时机，充分发挥专业单位技术支撑和监测员作用，全面调动全社会力量积极参与，以"有人居住和活动"为出发点，完成全州3954处在册隐患点和风险区首轮全覆盖排查，分类落实监测预警、巡查排查、工程治理等4类防灾措施，派出技术支撑单位实地督查乡镇、隐患点、在建工程项目等重点区域，发现问题150个，已整改到位4个，其余正在加力整改。

四、打好工程防治提前量

抓好全域地质灾害综合整治，加强工程治理项目推进，确保早日取得防灾减灾实效。今年全州将新部署实施277处隐患点综合整治，实施"9·5"泸定地震灾后恢复重建地质灾害防治项目89个，实现隐患点销号865处，减少受威胁群众3.51万人。截至目前，已完成隐患点综合整治40处，完成隐患点销号62处，减少受威胁群众2499人，完成"9·5"泸定地震灾区灾后恢复重建地质灾害防治项目33个。

以文明创建为载体　推动乡宁高质量发展

山西省乡宁县自然资源局

近年来，我局在县委、县政府的正确领导下，在市、县文明办的精心指导下，以习近平新时代中国特色社会主义伟大思想为指导，以持续保留"全国文明单位"荣誉为契机，扎实有序开展文明创建工作，不断巩固和扩大文明创建成果，取得了一定成效。

一、加强领导，完善机制，夯实文明创建基础

（一）加强领导，形成文明创建合力

因人事变动，及时调整充实局文明创建工作领导小组，切实构建了"一把手亲自抓、分管领导具体抓、文明办重点抓、相关股室协作抓、全局上下共同抓"的创建机制，做到人员、经费、责任三落实。坚持把文明创建纳入年度重点工作考核内容，全面落实"一岗双责"，与业务工作同布置、同检查、同落实。

（二）科学谋划，完善文明创建机制

结合我局实际，本着"节俭"的原则，提出了"坚持、完善、创新、提升"的工作思路，多次召开专题会议，研究部署文明创建工作，分解任务指标，把文明创建纳入年度绩效考核。进一步完善《文明创建工作规划》《文明创建工作制度》，制订《文明创建实施方案》《文明创建工作计划》等，创建活动达到目标化、制度化、规范化。

（三）党建引领，深化文明创建工作

坚持"党建带创建、创建促党建"，引导干部职工积极投身文明创建工作，形成了党建与文明创建相互融合、相互促进的良好格局，走出了一条具有自然资源特色的"党建＋文明创建"之路。开展党史学习教育，制订实施方案，全员撰写学习笔记，规定动作不走样，自选动作有特色，教育活动稳步推进。落实县委、县政府重要工作部署，第一时间抓好疫情防控、平安建设、扫黑除恶、地灾防治、耕地保护、农村乱占耕地建房等重点难点工作，确保各项工作见实见效。

二、紧扣特色，务实创新，提升文明创建水平

（一）强化理想信念教育

把学习贯彻习近平新时代中国特色社会主义思想作为一项政治任务，以党的二十大精神为重点，制订实施方案、学习计划、日程安排，在丰富形式和成果转化上下功夫，精准部署学习教育。

把"学习强国""三晋先锋"作为必修课题，坚持每日必做、无比注重、习以为常、持之以恒，利用平台认真学习，进而养成一种主动学习的好习惯。干部职工充分利用业余时间、碎片时间、工作间隙时间进行学习，互相交流学习成果和学习方法，不断提升思想觉悟和业务水平，在机关内部形成了"比学赶超"的浓厚学习氛围。

（二）积极培育和践行社会主义核心价值观

常态化开展社会主义核心价值观学习教育，更新机关楼道、小区后院社会主义核心价值观和公民道德规范大型宣传版面，利用一楼大厅电子显示屏滚动播放社会主义核心价值观内容，制作社会主义核心价值观桌签。制作、补充、更新楼道内党史学习教育、疫情防控、文明健康有你有我、中华传统美德、国学、廉洁、文明餐桌、遵德守礼、讲文明树新风等版面和提示牌，努力使干部职工把正能量内化于心、外化于行、固化于制。

（三）加强思想道德建设

利用"道德讲堂"活动，积极开展"讲身边事、学身边人"道德教育，学习道德模范和身边的典型人物先进事迹，营造"崇德尚善"的浓厚氛围。更新"善行义举榜"，引导干部职工在社会公德、职业道德、家庭美德、个人品德方面争先创优。评选21名先进典型人物并上榜表彰，唱响善行好声音，汇聚义举正能量。举办自然资源执法监察、地质灾害防治、城乡规划执法检查、文明礼仪等培训，不断提高干部职工的思想觉悟、道德水准、文明素养。

（四）开展行业规范教育

举办"4•22世界地球日""5•12防震减灾日""6•25全国土地日""8•29全国测绘法宣传日"等部门特色节日，采用网络宣传、播放宣传标语、微信宣传、普法咨询宣传、科普知识宣传、青少年互动活动等宣传方式，进一步增强人民群众的宪法意识、公民意识、爱国意识和民主法治意识。在乡宁二中、迎旭小学等7所中小学举办中小学生"美丽中国"全国国家版图知识竞赛和少儿手绘地图大赛，不断提升全民的国家版图意识。组织地质灾害应急避险演练，深入学校课堂，普及地质灾害防灾减灾救灾知识，现场模拟避险，以游戏互动为载体，利用情景化方式增强培训效果，行业规范教育取得了实实在在的成效。

（五）加强作风建设

进一步引深"淬火加钢强素质，正风肃纪树形象"整治成果，狠抓作风建设，强化工作纪律，制定完善一系列相关制度。常态化开展警示教育，班子成员带头落实中央"八项规定"精神，引领全局作风建设常态化，实现干部职工思想、作风、纪律的新进步，"团结一心干事业、齐心协力抓工作"的氛围日益浓厚，从而使干部职工思想紧跟时代步伐，行动紧跟市局党组和县委、县政府决策，落实紧跟乡宁发展需求。

（六）提升能力建设

自然资源工作的特殊重要性，要求能力建设一定要跟上。我们坚持学中干、干中学，购置学习教材，制订培训计划，进行全员全业务培训。每周一次例会，集体讨论提高班子决策能力；每周股室、所集体学习不少于4课时，每天个人自学不少于1小时，着实提高专业能力；选派业务骨干参加省厅、市局专题培训20余人次，在改革创新、对标对表、解决实际问题中不断提升干部职工履职能力。

三、丰富载体，挖掘内涵，保持文明创建常态

（一）组织开展"我们的节日"活动

利用重要传统节日深入开展爱国主义教育，清明节开展低碳祭祀、安全祭祀、节俭祭祀、网络祭祀倡议活动，印发移风易俗文明祭祀倡议书和宣传彩页。三八妇女节以健康知识讲座、朗诵红色家书、唱红歌、做健身操、评选先进典型为主要内容，以多种形式深情表达对党的忠诚和对祖国的热爱，是一次革命传统和理想信念再教育。以"浓情端午——坚定文化自信 践行爱国主义"为主题，举办端午节爱国主义教育。利用中秋、国庆等传统节日开展道德讲堂活动，引导干部职工牢固树立社会主义核心价值观，增强干部职工文化自觉和文化自信，用实际行动践行爱国精神。

（二）志愿服务常态化

以志愿服务活动为主体，提升文明素养。全员注册志愿者，建立311人的庞大志愿服务队伍。精心策划、广泛发动，先后开展了学雷锋志愿者走访帮扶、捐赠衣物、文明交通劝导、文明乘车引领、敬老院义剪、"情注中考"、疫情防控、爱卫运动、助力创城等活动。经常深入街头，开展义务大扫除、清理绿化带、粉刷覆盖小广告、擦洗大桥栏杆等活动。多次发出文明旅游、文明交通、文明祭祀、文明餐桌、倡导绿色生活反对铺张浪费等倡议书，使志愿服务活动成为乡宁县自然资源局的一张亮丽名片。

（三）文化体育活动丰富多彩

为培养干部职工积极、健康、向上的生活情趣，创建文明和谐的效率机关，我局购置了台球、乒乓球等文体器材，添置了千余册图书，维修职工活动中心和图书室。成功举办了"学习二十大 建功新时代 做担当有为的自然资源追梦人"主题演讲比赛，更好地展现新时代干部职工"争先崛起、奋发有为"的新风貌，助力我县全方位推动高质量发展。50余人积极参加乡宁县全民健身"万步有约"活动，倡导绿色出行，践行健康生活方式。120余人次分别参加了篮球赛、乒乓球赛、羽毛球赛、书法大赛、太极拳展演、广场健身操展演等活动，持续深入推进文明创建工作。

文明创建是一项综合性极强的系统工程，我们在省、市、县文明办一如既往的关心指导下，取得了可喜的成绩，但不能满足于"半山腰"的风景，要有"会当凌绝顶，一览众山小"的壮志豪情。我们将以此次文明创建工作经验交流为契机，着眼日用力行，久久为功，虚功实做，让文明创建赢在平时，厚积薄发，显效出彩，以更加扎实有效的工作回报社会，为乡宁全方位高质量发展做出更大的贡献！

"三抓三促"走深走实
多措并举见行见效

甘肃省庆阳市自然资源局西峰分局

思之弥深，行之弥笃。开年以来，甘肃省庆阳市自然资源局西峰分局深入贯彻落实习近平新时代中国特色社会主义思想和党的二十大精神，立足服从服务全区发展大局，找准工作定位、谋划工作路径，紧扣"三抓三促"行动这条"主题主线"，着力"清问题、保项目、争指标、促出让"四项重点工作，凝心聚力开创自然资源事业高质量发展新局面。

一、清问题，在纾困解难上务求实效

深学细悟，最终归于见行见效。为全面贯彻落实党的二十大精神，深入推动"三抓三促"行动各项部署落实见效，分局班子成员及科级干部深入全区 7 个乡镇就自然资源领域历年积累的关于项目用地审批、规划编制、土地整治、确权登记、村庄规划、生态修复、卫片执法、督查整改八方面 135 项遗留问题进行面对面纳谏，一对一解难。通过深入探讨交流，对 95 个问题当场提出具有可操作性的解决办法，对 28 个问题明确时间节点推进落实，对现场不能解决的 12 个共性问题研究梳理，汇报市自然资源局及区政府协调解决，实地走访 16 个项目用地企业，围绕存在的难点问题进行研究分析，提出切实可行的意见和措施。同时，建立一名科级干部联系一个乡镇（街办），包抓整体工作的"包联"机制，加强与乡镇对接，深入推进自然资源领域各项工作有序开展，高效落实。

为处理好卫片执法及农村乱占耕地建房问题，全面梳理汇总 2018—2021 年土地卫片历史违法图斑 108 个、2022 年度土地卫片执法违法图斑 103 个、2021 年耕地保护督察省政府反馈问题 35 宗、2021 年耕地保护督察省自然资源厅反馈问题 199 宗、农村乱占耕地建房疑似图斑 14500 个、2023 年 3 月下发图斑核查及合法性判定图斑 91 个，将这六方面问题积极汇报区委、区政府，召开专题会议安排部署，成立联合督察小组，制定整改工作方案，带着问题台账清单，深入一线进行督查。根据当日核察情况及时召开专题会议，逐一对照图斑现场照片、现状图、规划图等资料进行分析研究，精准研判整治方案。局主要领导每周亲自调度问题整改情况，对整改中存在的问题及时研究解决。每周将工作开展情况、存在的问题和下一步工作要求进行通报，倒逼问题整改。通过"收集资料报批一批、拆除复垦整改一批、规范整治恢复一批"多种措施扎实整改，取得初步成效。

二、保项目，在要素保障上顶格发力

道阻且长，行则将至。以强化土地要素保障为抓手，想方法优化服务，尽全力疏通堵点，持续提升用地报批服务能力。制订《2023年重点建设项目用地保障计划》，对全年计划报批的50多个项目按照"任务清单＋责任清单＋时间表"的工作要求，推行"专人专件""跟踪盯办""限时办结"制度，明确责任，细化措施。印发项目用地申报指南，帮助企业梳理用地报件资料，当好企业发展和项目建设的"服务员""保障员""联络员"。截至目前，已完成G244东绕城、G309西合公路和陇东800千伏换流站等16个项目8123.9亩项目用地组件上报。

为解决在建设项目用地手续办理、空间规划编制及卫片图斑核实整改过程中发现的堵点和难点问题，4月26日—28日，西峰分局局长白怀东一行赴省自然资源厅，分别向空间规划局、用途管制处、开发利用处、耕保处、调查中心等相关处室领导汇报，就具体问题深入对接讨论。省自然资源厅相关处室分别对请求支持事项进行了指导和回应，提出了下一步工作推进的措施和办法，取得了良好成效。通过汇报对接，深入研究政策，从中找到谋划工作的切入点和推进工作的突破口，扬优势、补短板、强弱项、促提升，把项目用地报批、规划执行落实、遗留问题处置等工作推向纵深。同时，进一步加强了与相关部门在政策理解、沟通协作方面的联系互动，及时了解情况，推进工作落实。

三、争指标，在资源挖潜上多做贡献

行远自迩，笃行不怠。为突破耕地供需矛盾日益增大的发展困境，有效缓解全区项目建设所需耕地占补平衡指标压力。分局深入调研、全面摸底、认真踏勘、精准谋划，着力实施拆旧复垦，盘活土地资源。在狠抓在建续建土地整治项目的基础上，积极组织申报土地综合整治和历史遗留废弃矿山生态修复项目工程，并对历年实施完成的土地整治项目完成新增耕地指标报备入库。同时，开展全区低效园地复垦前期摸排和基础数据测绘，力争落实完成5000亩耕地占补平衡指标。

为做好省环保督察提出的利源矿业公司滑坡治理问题，分局在前期整改工作成果的基础上，组织专家和相关部门现场踏勘，反复论证，提出了治理工程应与周边生态环境相适宜，对已完成工程进行保护防止水毁、整修田畦补植树木、播撒草籽进行绿化、修筑相应截水工程。同时，按照区委、区政府要求和专家组意见，安排专人蹲点督办，细化工作措施，狠抓施工进度，确保有效治理。

四、促出让，在区域发展上提供支撑

行而不辍，未来可期。为进一步优化营商环境，积极推动招商引资项目落地。分局认真摸清项目底数，排查梳理满足出让条件地块底数，建立用地保障工作台账，先后陪同庆阳大力城市建设公司和香港铜锣湾集团等企业对城区拟出让土地进行现场勘查，综合分析，优选地块。

同时，积极向社会各界进行宣传推介，努力化解城区闲置土地批而未供问题，助力年度完成500亩居住用地出让目标。

为化解宏德君升项目遗留问题，区政府成立工作专班，协调白银银沪公司、宏德公司、维平公司等相关单位处理债权债务问题，征询专业人员意见，讨论形成了"依法收回、重新出让"的处置方案，汇报市、区政府采取强力措施，全力以赴推进落实。

"三合一"模式助力营商环境再升级

河南省温县自然资源局　杨佳超　黄　燕

2023年5月20日，温县建业江山汇灯笼高挂、彩旗招展，温县自然资源协同住建、河南建业集团等部门共同举行"联合验收＋验登合一＋交房发证"仪式，在焦作市率先实现验收、登记、发证"三合一"服务模式。

"真没想到我们的房子能提前交付，更没想到交房就能拿到不动产权证，今年的"5·20"真是太有意义了！"参加收房的业主们开心地说道。在"三合一"服务模式下，从项目验收到业主拿到属于自己的不动产权证仅仅用了6天时间，彻底改变了以往需要数月时间的传统模式，极大地提高了房地产企业交房速度，提升了广大业主的幸福感、获得感。

近年来，围绕助企惠企和群众满意度这一核心，温县自然资源局联合多部门通力协作，积极推动工程建设项目审批和不动产登记领域改革。一是一窗受理联合验收。从解决企业在办理工程项目验收时多跑路、流程多、耗时长等着手，开展工程项目竣工联合验收。按照"一口进件、统一受理、集中验收、一口出件"的办理方式，将规划核实、人防备案、消防验收（备案）、竣工备案等事项统一纳入竣工联合验收，通过"线上办理、集中反馈，统一材料、提高服务"等措施，精简审批流程、缩短审批时限、减少企业跑动次数，提高了政府服务效能。二是并联服务"验登合一"。着眼企业所需、政府所能，找准定位、服务全局，健全"验登合一"工作运行机制。出台了《温县工程建设项目"验登合一"实施方案》，科学有效地保障竣工验收和不动产首次登记一次申请、并联办理、同步发证，减少企业办证时间。三是靠前服务交房即发证。在房地产开发企业申请咨询相关单体竣工验收时，提前介入，告知企业"交房即发证"的办理条件和工作流程，并将相关信息推送至不动产登记机构，由不动产专业人员帮助企业完备首次登记申请所需材料，开展权籍调查、测绘、预审等工作，确保"交房即发证"常态化，促进行政服务效能化、房地产行业规范化、群众利益最大化。

"三合一"服务模式不仅让业主实现了交房和领证零时差、零等待的"无缝衔接"，更有效促进了我县房地产市场健康发展，提升了工程建设审批和不动产登记改革效率，有效维护了企业和群众的合法权益。下一步，温县自然资源局将持续推进"一网通办、一次办成"，坚持"一件事"服务理念，推出更多惠企便民举措，让信息多跑路、群众少跑腿，推动"联合验收＋验登合一＋交房发证"常态化，方便更多企业、涵盖更多小区、惠及更多群众，真正让购房群众购得放心、住得安心。

履职尽责担使命
争当为民服务"排头兵"

安徽省芜湖市繁昌区不动产登记交易服务中心

芜湖市繁昌区不动产登记交易服务中心在局党组、局领导班子的正确领导下，严格按照自然资源部、省厅及市局统一工作部署，坚持以人民为中心的服务理念，不断提升企业群众登记财产便利度。中心于2020—2021年先后被区直工委、区党委评为"先进党组织"，被区政务服务中心评为"2022年度红旗窗口"，有1人被评为"2022年度服务之星"，其先进做法和工作实绩在省自然资源厅官网、安徽卫视ATV、今日头条、中安在线和新华丝路网络平台等媒体上分别进行了报道，主要事迹如下。

一、基本情况

芜湖市繁昌区不动产登记交易服务中心设立于2016年6月，为事业单位，内设6个股室，在岗人员20人，其中共产党员10名，另有区住建局派驻人员1人、税务局派驻人员3人。其主要职责是：宣传贯彻《中华人民共和国民法典》《不动产登记暂行条例》以及国家、省、市关于不动产登记的法规、规章和政策；负责全区土地、房屋等不动产登记工作；负责全区不动产登记数据信息的上传、整理、上报，依法提供不动产登记查询服务；负责全区不动产登记档案的收集、扫描、整理、归档。服务大厅现有办事窗口13个，其中咨询预审窗口1个、签约窗口1个、一窗受理窗口4个、单项受理窗口2个、发证窗口1个、查询及查解封窗口1个、交易审核窗口1个、权籍调查窗口2个。

二、工作情况

（一）持续推进"党建＋业务"深度融合

不动产登记窗口以党员为引领，主动亮明党员身份和服务承诺，创建"芜繁登"党建品牌，组建"党员先锋队"，设立"党员先锋岗"，充分发挥党员先锋模范作用。

（二）稳步开展不动产登记业务

中心自成立至今，累计受理各类不动产登记业务199260件，发放不动产权证共计155695本、不动产权抵押证明18595张；协助各地法院司法查、解封登记4018件。开展农村"房地一体"登记，发证40387本。解决安置房登记发证问题，共办理2016年前交付安置房转移登记14010套，完成度位于全市各区县前列。

（三）不断优化登记财产领域营商环境

自我省"创优营商环境对标提升举措"工作开展以来，区不动产登记中心不断优化办事流程、压缩办结时限、精简申请材料。实现不动产一般登记业务办理时限压缩至 3 个工作日以内，商品房首次转移登记、涉企不动产抵押登记时间压缩至 1 个工作日以内，涉企不动产转移登记压缩至 0.5 个工作日以内，注销登记、更正登记、查解封登记等部分业务即时办结。中心不断创新服务举措，在双休日、法定节假日等非工作时间，通过错时服务等模式提供全时段"不打烊"服务，企业群众办事不再"选日子"。同时，上门服务、预约服务、绿色通道、24 小时自助查询、"互联网 + 不动产登记"服务平台受理登记等多项举措同向发力，企业群众不动产登记的获得感、满意感、幸福感逐步增强。

（四）持续做好抵押登记"不见面办理"和"一站式服务"

自 2020 年以来已与 3 家银行、1 家担保公司签订合作协议，设立不动产抵押登记便民服务点，企业群众可以在银行签订贷款合同时办理抵押登记，不必跑不动产登记窗口。截至 2022 年12 月底，各便民服务点累计办理抵押业务 2297 件，发出抵押证明 2297 张，为企业和群众办理不动产抵押融资额达 32.28 亿元，持续做好不动产抵押"不见面办理"和"一站式服务"。

（五）不断拓展"互联网 + 不动产登记"服务

区不动产登记中心持续优化"互联网 + 不动产登记"服务模式，拓展不动产登记业务可线上同期申请办理，同时开通皖事通、政务网PC端线上查询，以及登记大厅自助终端查询，实现24 小时自助查询功能。进一步推进不动产登记与相关部门数据信息共享，目前与公安、民政、法院、住建等部门已实现数据互通，为企业群众申请不动产提供了最大便利。积极推广不动产登记电子证照应用，不断完善平台功能，加快推进各类登记业务"全程网办"，零距离服务广大企业群众，不断拓宽"不见面审批"和"一次都不跑"服务的广度和深度。

（六）推行"交地即交证""交房即办证""验收即拿证"服务

为有效落实我区"交地即交证""交房即办证""验收即拿证"服务模式，区自然资源规划分局严格按照省自然资源厅《不动产登记提升工程实施方案（2022 年版）》工作要求，不再将土地出让合同等作为受理要件材料，只要企业交地后提供了材料清单规定的要件，便可以申请办理不动产权证。为有效防范不动产登记领域风险，保护购房群众权益，积极探索交房即办证新模式，目前已在繁昌碧桂园领域小区开展试点，该小区业主在交房当天领取了不动产权证。

（七）实现存量房转移登记"带押过户"和水电气联动过户服务

为有效提升二手房交易的安全性和不动产登记的服务效率，根据《中华人民共和国民法典》相关规定，经区政府统筹协调，区自然资源规划分局、区住建局、金融机构"政银合作"，积极推行不动产登记"带押过户"新模式，有效降低了交易成本，缩短了交易周期，有利于新建商品房市场和存量房市场之间相互促进，更好地满足刚性和改善性住房需求，促进房地产市场平稳健康发展。实现存量房不动产转移登记业务与水电气部门联动办理，申请人在申请转移登记时，可同时申请办理水电气过户业务。群众领取不动产证书的同时，直接在办证大厅水电气窗口一站式同步完成过户，实现了不动产登记与水电气过户多项业务办理"只进一扇门"。

芜湖市繁昌区不动产登记交易服务中心坚决贯彻落实上级重要指示，始终坚持在局党组、局领导班子的坚强带领下，全心全意为人民服务，认真履行岗位职责，未发生一起违法违纪行为或重大责任事故。中心领导班子始终保持战斗堡垒作用，切实保障群众的切身利益，持续提升服务效能，提高群众的满意度并有效控制风险，这也是党建工作与单位业务工作的一致追求，我们永远在路上！

总结过去 展望未来
推动新时代自然资源工作高质量发展

黑龙江省东宁市自然资源局

一、2022 年工作亮点

（一）聚焦机关能力作风建设

自"能力作风建设年"活动开展以来，我局制定了《局机关能力作风建设活动实施方案》并认真查摆问题 21 个，形成问题清单，明确整改措施，扎实推进整改，切实提高了工作人员办事效率，提升了办事群众的满意度。开展"解放思想、振兴发展"及"回头看"活动，将活动成果与自然资源领域重点工作结合，推动全局提能力、改作风、促发展，在全体职工共同努力下荣获"第三次全国国土调查先进集体"荣誉称号和"十四五"牡丹江市自然资源调查监测劳动和技能竞赛一等奖。

（二）优化自然资源营商环境

一是全面实施项目审批流程再造。反复梳理审批流程、办件流程、办理时限，精简要件 2 个，删减环节 1 项，时限压缩了 18 个工作日。办事流程全面压缩为 3 个环节，达到全省一流标准，全部审批事项时限压缩至 2 个工作日内办结，审批服务效能持续提升。二是建立局"联审联办"工作机制。由一把手牵头 4 个业务股室同时对接项目单位联合推进审批进程，将以往的"串联审批"转变为"并联审批"，全方位一次性告知政策，解答疑惑，极大地缩短了项目前期准备时间，进一步提升企业项目的获得感和满意度。

（三）保障用地服务，提高用地效率

近年来我县的重点工程项目持续增加，耕地占补平衡十分困难，土地供需矛盾突出。加之乡村振兴、产业发展、民生保障等用地需求持续增长，保障发展的土地要素支撑面临前所未有的压力。一是全面做好项目服务保障工作，东宁市 2022 年供应各类建设项目用地 20 宗，面积 123.345943 公顷。其中，出让 4 宗，面积 11.120823 公顷，收缴土地出让金 5370.1254 万元；划拨 16 宗，面积 112.22512 公顷。二是按照相关要求，切实加强本地区闲置土地处置工作的监督、检查和指导，严格落实闲置土地处置的有关规定，加大闲置土地处置力度，坚决维护土地市场的健康稳定发展。采取有效措施，组织力量，集中开展闲置土地专项清理处置，东宁市批而未供土地处置任务 55.99 公顷，已处置 108.56 公顷，处置率 193.89%，位列全市第一；东宁市闲置土地处置任务 33.38 公顷，已处置 200.72 公顷，处置率 601.32%，位列全市第一；已供

应土地违约率 18.27%，位列全市第六。

（四）解决历史遗留问题，持续提升登记水平

一是通过主动沟通、实地走访、简化流程，推动解决不动产历史遗留开发综合楼住宅楼，登记难的情况。截至目前历史遗留国有固定资产未办理不动产权属登记专项工作已解决 5 家单位 120000 平方米土地、17000 平方米房屋和 5 个小区 2310 户无法办理登记问题。二是东宁市作为自然资源部开展集体土地所有权确权登记成果更新汇交工作全国示范点，选取老黑山镇、大肚川镇作为试点，由镇政府组织相邻权属单位，逐个村委会与每个相邻的权属单位现场指认权属界线，内业建库工作同步进行，通过多方配合努力，目前该项工作已经全面结束。三是全面开展东宁市农村宅基地和集体建设用地不动产登记数据汇交与不动产登记数据库结构升级项目，力求与省级不动产登记信息管理平台做好对接，完成数据汇交工作。目前，工作成果已通过省级质检，满足省部级相关规范、文件要求。

（五）国土空间规划编制工作稳妥推进

一是按照"三区三线"划定要求稳步推进。二是依托省"十四五"规划及绥芬河—东宁重点开发开放试验区等政策支持，城镇开发边界划定为东宁多争取用地 150 公顷。划定总面积 3224.12 公顷，新增面积 686.31 公顷，为现状的 1.38 倍。三是村庄规划编制工作。68 个村庄规划已编制完成，待完成报批，2023 年计划编制东绥村、红旗村、柳毛河村 3 个村的村庄规划，届时我市村庄规划编制覆盖率可达 100%。四是耕地和永久基本农田划定工作。我市可长期稳定耕地 92.0966 万亩数据，划定耕地保护目标内可长期稳定耕地 89.7954 万亩，按照国家划定规则类别调出永久基本农田 13.0143 万亩，划定永久基本农田 81.2613 万亩，占可长期稳定利用耕地 90.50%。

二、2023 年工作谋划

（一）继续推进国土空间规划编制和实施

一是争取在时间节点前完成"三区三线"最终划定工作和空间规划信息平台；二是重点推进数据库建设、规划"一张图"平台建设等工作；三是继续推进村庄规划编制工作，按照程序完成报批，并将其纳入国土空间规划"一张图"；四是推进完成《东宁市砂石土矿产资源开发利用专项规划》发布实施工作；五是推进开发边界内详细规划编制工作。

（二）进一步做好项目服务保障工作

一是继续做好 2023 年批次及单选项目呈报工作，强化服务意识，提高工作效率，保证项目及时落地。二是主动超前对接，对重点项目进行提前沟通，提前参与项目可行性研究，及时解决项目面临的困难和问题，优化工作流程，压缩办件审批时限，提高审批服务效率。

（三）切实加强耕地保护工作

认真开展耕地占补平衡、进出平衡工作，保证我市耕地和永久基本农田数量不减少、质量不降低。从严落实各项耕地保护制度。严格执行耕地"非农化""六个严禁"要求，确保我市无新增耕地"非农化"情况。

（四）扎实推进矿产资源管理工作

一是推进完成 2 家有责任主体关闭矿山地质环境恢复治理工作，由企业提交验收申请进行验收；启动废弃矿山地质环境治理工作，力争完成 22 公顷修复任务。二是加强对接推进，开发优势和潜在优势的矿产资源，提高矿产资源深加工水平，增加矿产品的附加值，形成勘查、开发、深加工等合理的矿业产业结构布局。三是推进完成《东宁市国土空间生态修复规划（2022—2035 年）》编制工作。四是做好探矿权、采矿权管理工作，加强跟进，协助南村煤矿办理完成 30 万吨／年采矿许可证，3 家探矿权（地热 1、2 号和硅石）办理完成勘查许可证。

（五）不断提升自然资源法治建设水平

一是加大自然资源管理政策法规宣传力度，以"零容忍"的高压态势坚决遏制农村乱占耕地建房、破坏耕地及盗采国家矿产资源的违法行为。二是完成环保督察问题整改工作，成立由市政府领导牵头，各相关部门和各镇政府为成员单位的专项推进工作领导小组，力争 2023 年上半年全部整改到位。三是完善部门联动机制。积极推进联合执法，加强与镇、村两级及相关职能部门的配合，确保各类专项行动取得实效。

（六）进一步落实安全责任制

一是持续开展地质灾害防治工作，在汛期定期进行地质灾害隐患点巡查，指导各镇做好地质灾害防范工作，确保人民生命财产安全。二是持续做好安全生产工作的宣传，积极配合各牵头单位完成好安全生产工作。

奋进新征程 建功新时代

江苏省兴化市自然资源和规划局

2022年，兴化市自然资源和规划局以习近平新时代中国特色社会主义思想为指引，认真学习宣传贯彻党的二十大精神，紧紧围绕"优空间、护资源、促发展"工作主线，凝心聚力、主动担当、创新作为，首得省厅自然资源节约集约利用进步奖和全省耕地保护激励县市表彰，创成江苏兴化里下河国家湿地公园，两度荣获"向上攀登红旗"，有力保障了兴化经济社会高质量发展。

一、强化理论武装，夯实政治根基

认真落实"第一议题"制度，学习宣传贯彻党的二十大精神，制订《2022年度理论学习中心组学习计划》，理论学习常态化制度化。

举办6期"赋能服务保障 奋进二次创业"全员轮训班，将学习二十大精神作为开班第一课题。常态化开办"自然讲坛"，邀请专家领导授课，中层干部上讲台，工作人员谈体会。

二、坚持人民至上，为企业群众提供优质高效服务

印发系统业务办事指南。实施工业项目服务标准时试点改革，为办事流程上的14个环节设定标准时办结期限。

全面推行拿地即开工、即发证，全力容缺受理，全方位并联审批，各环节同时起步，从"接力跑"变为"同时跑"。江苏味成食品、江苏滤德新材料等5家公司登记不动产权证（仅土地登记）5个工作日内"五证"齐发。

不动产登记一窗受理、并行办理，启用不动产登记一体化统缴平台，实行"一次收费、后台自动清分入账（库）"模式（泰州唯一）。建立24小时自助服务区，全力化解房地产领域的历史遗留问题。

三、坚守"国之大者"，耕地保护新格局全面形成

严守耕地红线。出台《兴化市自然资源执法监察巡查暂行办法》《关于建立兴化市自然资源行政执法与检察监督联动机制的实施意见》《兴化自然资源和规划局违法用地网络舆情提前介入制度》。

联合市效能办、市纪委监委、市委组织部对违法用地整改情况实施递次督查，建设大队、中队、分局三级监管网络，加大巡查监管频度，实施巡查周报制，持续推进农村乱占耕地建房整治行动，常态化推进扫黑除恶专项斗争。

推进土地复垦。扎实推进整块连片增减挂钩复垦，成立土地复垦工作专班，制订出台《关于做好整块（连片）增减挂钩复垦工作的通知》《宅基地退出市区购买商品房补助券发放暂行办法》《兴化市土地要素市场化配置管理办法（试行）》，充分激发乡镇实施动力。

抓实新增耕地项目。推进省投项目建设——千垛镇省级投资土地综合整治项目（总投资2482万元，涉及土地总面积605.2493公顷，建设周期2年）。

四、强化要素保障，项目建设快速稳固落地

强化用地保障。2022年共争取报批国家计划指标734.394亩（含农村村民建房30亩），累计（含往年）上报19个批次建设用地项目，涉及新增建设地3350.54亩，确保江苏华标陶瓷新材料、江苏汇洲环保科技等一批工业项目稳固落地。

深化农地入市试点。2022年度农地入市共88宗1371亩。其中，工业用地入市77宗1298.6亩，其他经营性用地11宗72.45亩。集体拨用35宗71.42亩。探索"标准地＋双信地＋定制地"供应模式，已形成三类土地供应初步方案。

积极处置"两未土地"。2022年"五未土地"更新调查全市批而未供土地涉及项目303个、面积4141.84亩，供而未用66个、面积2043.36亩。

加大储备土地供应力度。对在库土地30宗、面积1166亩加强巡护监管，提高土地供应效率，做好在库土地供应。

五、强化生态保护，生态更优进一步彰显

坚持"山水林田湖草沙"一体保护理念，建立起市、乡镇、村三级林长组织体系，全市各级林长共1381名。

全市完成非耕地成片造林面积358.65亩，四旁植树86.82万株，实施森林抚育0.5万亩，新建农田林网控制面积1.1万亩、完善农田林网控制面积5.63万亩。

全市建设市绿化合格村26个、绿化示范村10个，建设省级绿美村庄12个，林木覆盖率预测达22.19%。修复湿地904亩，新建自然湿地保护小区25个，自然湿地保护率提高到76%。

里下河湿地公园获封"国字号"，并精彩亮相《湿地公约》缔约方大会。

六、聚焦规划引领、做好城市设计，"精致城市"形象不断提升

统筹划定市域"三区三线"，编制《兴化市城市综合交通规划》，启动《兴化市"三园"产业发展和布局规划》编制。

对我市1643个自然村进行规划，形成《兴化市镇村布局规划》（2022年版）。推进"多

规合一"实用性村庄规划编制，为全市 232 个行政村编制村庄规划。

　　2023 年兴化市自然资源和规划局抢抓机遇，认真贯彻落实省厅、泰州市局和兴化市委、市政府各项决策部署，系统谋划全年工作，加快国土空间规划落地实施，强化项目服务保障，守牢耕地保护红线，大力实施存量土地挖潜增效行动，全面深化兴化自然资源领域改革，持续书写兴化自然资源和规划事业的崭新篇章。

学习贯彻会议精神
凝心聚力推动工作高质量发展

——盂县自然资源局召开专题会议学习全国自然资源和不动产确权登记工作会议精神

山西省盂县自然资源局

2023 年 5 月 16 日晚，盂县自然资源局召开专题会议学习全国自然资源和不动产确权登记工作会议精神，党组书记、局长张丙福主持，局班子成员、相关股室长、各中心所所长、不动产登记中心主任等共计 15 人参加会议。

会议传达学习了王广华部长在全国自然资源和不动产确权登记工作会议上的重要讲话精神，并就贯彻全国自然资源和不动产确权登记的会议精神进行了安排部署，研读了不动产统一登记十年成效系列述评。随后局长张丙福和相关股室及不动产登记中心认真梳理了自然资源和不动产确权登记工作十年来的工作，对标对表先进地区和先进单位，总结经验，查找短板，深化认识。

会议指出，要严格按照全国自然资源和不动产确权登记工作会议精神系统谋划未来五年统一确权登记工作，集中力量做好 2023 年的工作。未来五年是全面建设社会主义现代化国家开局起步的关键时期，也是统一确权登记事业承上启下、继往开来的关键时段。要持续深化不动产登记改革创新，服务高质量发展；全面保护人民群众的不动产权利，增进民生福祉；持续推进农村不动产确权登记，助力乡村振兴；健全自然资源确权登记制度，支撑生态文明建设；加强统一确权登记基础制度建设，增强事业发展的后劲。

会议要求，所有工作人员要紧密团结在以习近平同志为核心的党中央周围，用习近平新时代中国特色社会主义思想武装头脑、指导工作，要充分认识到该项工作的重要意义，把该项工作作为即将开展的习近平新时代中国特色社会主义思想主题教育的重要内容，同时与党的二十大精神学习、为民服务宗旨教育以及作风建设和清廉机关建设结合起来，加强领导协调、统筹推进。通过深入领会会议精神，推动不动产登记各项工作落地见效，有效提升服务能力水平。

党建引领促发展　凝心聚力谱新篇

四川省乐至县自然资源和规划局

百舸争流看主舰，万里磅礴看主峰。在新时代新征程要推动党和人民事业蓬勃发展，谱写中国式现代化新篇章，关键在于坚持和加强党的领导。党的领导坚强有力，人民就有了"主心骨"，各项工作就有了"指挥棒"，党的方针政策才能落地生根，开花结果。

2023年以来，四川省乐至县自然资源和规划局坚持以党建促业务，以业务促发展，将党的领导贯穿各项工作，为乐至县经济社会高质量发展提供了有力支撑。

一、聚焦党的建设，强化政治引领

以党建为抓手，在思想政治教育、人才队伍培养、党建品牌创建等方面持续发力，强化机关党组织的领导力、凝聚力和号召力。扎实开展2022年度民主生活会和基层党组织组织生活会，定期开展党组理论学习中心组学习、党员大会等，认真学习贯彻习近平总书记最新重要讲话和指示精神，提高政治领悟力和执行力；配齐配强党支部领导班子，积极吸纳优秀青年知识分子入党，推进党员人才队伍建设；创新开展党员"政治生日"仪式、重温入党誓词、音乐思政课等党建活动，丰富党内组织生活；深入创建"廉洁润初心·清风自然来"机关党建品牌，打造"党建文化长廊""先锋模范展示栏""党员之家"等，筑牢基层党建阵地。多措并举，充分发挥机关党组织的领导和带头作用，确保党的决策部署落实落地。

二、坚持规划引领，优化空间布局

坚持生态优先、绿色发展，尊重自然规律、经济规律、社会规律和城乡发展规律，科学有序统筹布局生态、农业、城镇等功能空间，划定生态保护红线、永久基本农田保护红线、城镇开发边界等空间管控边界。完成《乐至县国土空间总体规划（2021—2035年）》编制，结合四川省"两项改革"后半篇文章工作要求，适当突破行政区划的界线，完成4个镇级片区和4个村级片区规划编制；同时建立健全国土空间规划和城乡规划工作制度体系，完善相关技术标准。通过科学规划、合理布局，描绘县域发展美好蓝图，有力推动乐至构建成渝相向发展联动区、成都东进发展协同区、乐简交界发展示范区，打造绿色生态之城、宜居宜业之城、包容人文之城。

三、抓实耕地保护，保障粮食安全

按照党中央、国务院关于保障粮食安全的决策部署，聚焦四川省"天府粮仓"建设，落实最严格的耕地保护政策，以"长牙齿"的措施遏制耕地"非农化""非粮化"，牢牢守住耕地红线。完成 2022 年度国土变更调查，核实土地现状、面积、用途，摸清家底。制定全县田长制责任办法和工作机制，共设置 27 名县级田长、197 名镇（乡）级田长、306 名村级田长，明确 24 个县级部门作为联络单位，发放县级田长、乡（镇）级田长巡田记录本 528 册和田长巡田工作手册 528 册，把田长制执行情况纳入耕地保护党政同责考评。"只有守好'责任田'，才能端稳'粮食碗'"正在成为乐至党员干部的共识，保总量、提质量、管用途、挖潜力的耕地保护目标正在逐步实现。

四、提升服务水平，优化营商环境

"栽好梧桐树，引得凤来栖。"坚持把营商环境建设摆在突出位置，打通政务服务的"最后一公里"，以廉洁、高效、务实的准则为企业做好服务，让企业办事更便捷、更舒心。不动产登记中心增设专人负责的"企业专窗"，实现企业非住宅转移登记在 0.5 个工作日内办结、企业办理不动产抵押登记在 0.5 个工作日内办结；在前置要件齐备的基础上，把国有土地使用权划拨、协议出让、租赁办理时限控制在 15 个工作日以内，缩短为企业供地的周期；在工程建设项目审批方面，将用地预审文件和《选址意见书》合并为《建设项目用地预审与选址意见书》，将《建设用地批准书》合并到《建设用地规划许可证》中一并办理，按项目类别严格控制审批时间，并建立"容缺受理"机制，容许部分申报材料在合法合规的范围内在规定时间内补齐，加快项目审批效率。完成 55 个建设项目的规划方案审批并出具批复文件，完成 44 个建设项目的规划验收。大幅压缩行政审批办理时限，提高工作效率，让更多的企业"用脚投票"，落户乐至。

坚持党建统领 服务经济发展 彰显使命担当

云南省澄江市自然资源局 周 游

一、工作总结

（一）以党的政治建设为统领，坚决做好"两个维护"

一是层层压实管党治党政治责任。深入学习习近平总书记关于党的建设和全面从严治党的重要论述，加强党的政治建设，不断增强"四个意识"，坚定"四个自信"，做到"两个维护"，坚定不移在思想上、政治上、行动上同以习近平同志为核心的党中央保持高度一致；认真贯彻落实党组负总责，党组书记负"第一责任人"责任，班子成员共同负责，分管领导与各股室负责人相互配合、相互监督，形成上下贯通、层层压紧、环环相扣的全面从严治党主体责任体系。二是深化理论武装。坚持把学习作为局会议"第一议题"，每周一召开周例会，抓好习近平新时代中国特色社会主义思想和习近平总书记考察云南重要讲话精神学习贯彻，及时跟进学习党的二十大精神以及习近平总书记系列重要讲话、重要文章和重要指示批示精神，传达学习上级关于党风廉政和自然资源系统的各类政策、文件和会议精神；常态化抓好党员教育工作，以"万名党员进党校"、主题党日等形式，采取个人自学和组织培训、线上学习和线下教育、系统学习和专题研讨相结合的方式，推动党的创新理论入脑入心；全局 37 名在职党员全部完成"双报到双服务双报告"，进社区开展自然资源法律法规、"三湖"保护等宣传，解答不动产登记证办理问题。三是全面提高机关党的建设质量和水平。加强机关党建管理，认真落实"三会一课"、组织生活会和民主评议党员、党费收缴等党内制度。持续推进智慧党建工作，在职党员均使用云岭先锋 APP 开展"三会一课"、党员积分管理，远程教育终端接入率为 100%。澄江市规划馆被命名为玉溪市铸牢中华民族共同体意识宣传教育基地。四是不折不扣抓问题整改。自觉增强整改的思想自觉、政治自觉、行动自觉，将整改任务项目化、项目清单化、清单具体化，努力把整改的"问题清单"转化为履职尽责的"成果清单"。做好省委第一巡视、省委机动巡视"回头看"反馈问题整改，针对指出的规划管控不力等问题，制订整改方案，抓实整改"后半篇文章"，坚决做到整改不到位不放过、问题不解决不放过。同时，深入推进中央和省级巡视督察检查反馈涉及自然资源系统有关问题整改、中央审计委员会立项督查问题整改、审计和国家自然资源督察等反馈问题整改。

（二）坚决贯彻落实中央和省、市的决策部署，主动服务澄江经济社会发展

一是全力保障自然资源要素供给。2022 年，澄江市共批准建设用地 2999.61 亩，供应国

有建设用地 530.68 亩，出让价款总计 6.99 亿元。坚持节约集约用地，共处置批而未供土地 134.59 亩，处置率为 12.08%；处置闲置土地 273.55 亩，处置率为 18.75%。二是擘画国土空间开发保护新格局。统筹划定生态保护红线、永久基本农田保护红线、城镇开发边界三条控制线，以资源环境承载能力和国土空间适宜性评价为基础，完成《抚仙湖流域国土空间保护和科学利用专项规划（2021—2035 年）》编制。落实抚仙湖面山开发建设项目长久熔断机制，沿湖 16 个重点项目规划面积调减至 7729 亩。完成澄江市 36 个行政村和农村社区村庄规划技术服务保障工作，因该项工作成效显著，获得了省级财政 100 万元奖补资金。全面提升国土空间治理体系和治理能力现代化水平，基本形成生产空间集约高效、生活空间宜居适度、生态空间山清水秀、安全和谐、富有竞争力和可持续发展的国土空间格局。三是落实最严格的耕地和矿产保护制度。坚决遏制耕地"非农化"、严控"非粮化"，严格落实土地违法通报、挂牌、约谈、冻结、问责"五项机制"。2021 年土地卫片违法占耕比例为 4.29%，已符合"五项机制"有关工作要求。持续抓好卫片执法、"打非治违"等工作。2022 年共立案查处土地违法案件 22 件；涉及土地面积 397 亩，收缴罚款 43 万元。严厉打击整治各类涉矿违法行为，共立案查处 20 起，处罚 74.4 万元，收缴 30.4 万元。罚没磷矿石 4230.59 吨，依法依规对其进行国有资产处置，拍卖交易总价达 296.14 万元。四是统筹生态修复及沿湖违规违建排查甄别工作。编制《云南省澄江市历史遗留矿山实施方案》，确定生态修复重点区域和重点工程。推进郭帅洗沙场、海口羊洞箐砂厂等 8 座历史遗留矿山生态修复。建立矿山地质环境治理恢复基金制度，探索建立政府主导、社会参与、市场化运作、开发式治理、资源复合利用的矿山生态保护修复机制，按程序收取资金 20 万元。配合玉溪市自然资源和规划局在澄江召开玉溪市矿山生态修复工作推进会。以中央生态环境保护督察问题为导向，认真组织抚仙湖沿岸违规违建排查甄别，排查实有图斑 355 个，并按计划有序开展整改工作。五是建立健全地质灾害综合防治体系。健全监测应急技术支撑机制，构建"驻县联乡""网格化"全覆盖的地质灾害防治技术支撑体系，建成 13 处技防监测点，部署 70 名群测群防监测员驻守 35 处地质灾害隐患监测点，地质灾害预警避让能力显著提升。完成海口镇海关社区世家村滑坡治理，推进海口镇永和危石排险处置，指导路居镇实施红石岩危岩排险。2022 年，澄江市发生地质灾害险情 1 起，已处置完毕，全年未出现因地质灾害造成的人员伤亡。

二、亮点

澄江市自然资源局在澄江市委、市政府的支持下，大力打造澄江市规划馆。

澄江市规划馆在原抚仙湖展示中心基础上于 2019 年 4 月升级改建，并于 2019 年 12 月 31 日完成建设。2022 年 8 月 10 日，以试运营模式公开开放展馆。2023 年 3 月 27 日正式向公众开放，为广大游客深入了解澄江市的基本情况提供了一个便捷集中的场所。

澄江市规划馆主馆占地面积 2258 平方米，建筑面积 3008 平方米，室内共有展览面积 2786 平方米。展馆主要以习近平生态文明思想在澄江的生动实践为主题，以抚仙湖保护和绿色发展为主线，采用沉浸式体验、造型墙、实物展示、灯箱展板、投影、LED 显示屏、数字影片、互动桌面等展示方式，展现了澄江市近年来在生态环保、城市建设和产业结构调整方面所做的各项重点工作和取得的成效。建设澄江市规划馆，旨在充分展示习近平生态文明思想在澄江的生动实践，将澄江人民为抚仙湖保护和流域生态文明建设所做出的巨大牺牲和努力付出，澄江"一城山色半城湖"的美丽画卷进行较好的展现，让更多人全面了解抚仙湖的保护治理历程和澄江未来的美好愿景，弘扬绿色发展理念，促进"人与自然和谐共生"。

澄江市规划展览馆自试运营以来，迎来了全国各地干部职工及游客的参观游览，自 2022 年 8 月开馆以来，共接待国内外游客 4.5 万余人；通过规划馆讲解员解说、观看宣传片等形式，从追溯起源到琉璃之殇，再到"湖泊革命""生态答卷"，跟随"历史脚步"，踏过"守旧治湖"，围绕可持续发展方针，走出保护与发展齐头并进的新局面，全面展现了抚仙湖的沧桑巨变。多次作为澄江市创建全国文明城市、全国卫生县城、云南省"美丽县城"、全国民族团结进步创建示范市等"多创融合"定点参观地，成为澄江市对外展示澄江风貌、玉溪风景，彰显云南自然资源工作和生态环境保护的必不可少的点位。

党建引领 学懂做实
奋力开创自然资源工作新局面

陕西省武功县自然资源局

为了更加深入贯彻落实好党的二十大精神，武功县自然资源局党组以"三个年"活动为契机，以党的政治建设为统领，切实加强领导，不断推进党建工作责任制落细落实。坚持领导干部带头学、机关职工集中学，持续深化周学习、月研讨、季交流，结合实际制订党组理论学习中心组学习计划、党支部工作计划等，明确党建工作的目标和任务。教育引领好全体干部职工，做到党建业务齐抓共管，促进自然资源各项工作有效开展。

一、加强国土空间规划实施管理

我局紧紧围绕武功县域经济发展战略的实施要求，夯实国土空间规划编制的技术根基，《武功县国土空间总体规划（2021—2035年）》已形成初步成果，经多方征求意见，将加大编制成果的修改完善，达到申报审批要求；牵头编制的《武功县镇级国土空间规划编制实施方案》已通过政府审批，正式下发；《武功县中心城区控制性详细规划》按照工作计划稳步开展；2022年乡村振兴实用性村庄规划已形成初步成果，正在修改完善；2023年乡村振兴实用性村庄规划正在启动招标程序。空间规划编制成果的实施，将进一步加强县域国土空间管控力度。

二、加大耕地保护力度

认真落实三部委《关于严格耕地用途管制有关问题的通知》精神，坚决制止耕地"非农化"，防止耕地"非粮化"，严格耕地用途管制，加快编制《武功县耕地进出平衡总体方案》，待上级评审后予以实施。为确保武功县耕地数量不下降、质量不降低，我局根据武功县"三区三线"划定成果，起草《武功县关于全面建立耕地保护"田长制"实施方案》，待县常委会审定后下发，进一步夯实耕地保护主体责任。制定《武功县耕地保护激励暂行办法》，更好地调动了各镇办、各职能部门保护耕地的主动性和积极性。同时，加大对各类自然资源违法行为的打击力度，着力提高违法案件查处效率和办案质量，推动自然资源违法案件查处工作质量上水平。

三、强化用地报批服务

我局严格按照国土空间规划管控规则开展建设用地审查报批工作，坚持把最严格的耕地保护和节约集约用地制度贯穿用地审查报批全过程，从严控制建设项目占用耕地尤其是永久基本农田，切实加强耕地保护。专门成立保障项目用地专班，开辟重点建设项目用地审批"绿色通道"，针对重大项目，明确专人审查、专人督办，跟踪项目用地报批进展，采取优先受理、重点保障、限时办结等措施，努力缩短报批周期，实行"可报尽报、应审快审"，提高时效，强化落实，全力保证重点项目用地报批供应。

四、不断优化不动产登记营商环境

我局"互联网＋不动产登记"平台建设持续推进，优化窗口布局，提升服务效能，方便企业群众办事，不断优化营商环境。积极推进农村房地一体确权登记发证工作。加快集体土地所有权登记成果的更新汇交工作，组织完成普集街道办等3个镇的外业调查、41个村的内业修图工作。对原登记成果矢量数据按照《不动产登记数据整合技术规范（试行）》的要求进行标准化处理。按照省厅、市局有关"交地即交证"工作安排，我局土地储备中心、不动产登记中心密切配合，积极推进"交地即交证"服务，实现"交地即交证"零时差，建设项目全部实现"交地即交证"，取得了良好的社会效果。

五、扎实推进地灾防治

近日，我局组织人员对全县的21处地灾隐患点进行了详细排查，排查30余人次、出动车辆3台，发放张贴地灾"两卡"2000余份。为保障人民群众的生命财产安全，我局多区域多场次地组织地质灾害避险演练及地灾防治知识培训，向广大人民群众广泛宣传普及地灾防治常识，切实增强群众的防灾减灾意识，大大提升了识灾、防灾和避险能力。武功镇牛家河玮环崩塌治理项目已完成总施工量的95%，目前一、二、三级的坡面、平台绿化工程正在进行中。武功镇张家一组崩塌治理项目已经县政府批准完成项目审计，已在陕西省政府采购网进行了采购意向的公开。

我局将继续坚持以习近平新时代中国特色社会主义思想为指导，全面贯彻落实习近平关于自然资源管理的重要论述，结合"三个年"活动的开展，尽职尽责保护好自然资源，严格耕地保护红线，落实最严格的耕地保护制度。时刻牢记重任在肩、使命如山，脚踏实地、艰苦奋斗，为建设"三强四美"的现代化武功贡献自然资源力量！

"涝洼地"蝶变"丰产田"

——山东省高青县多举措推进耕地占补平衡快落实见成效

山东省高青县自然资源局 杨玉海 聂欣宇

2023 年 6 月 1 日上午，丽日高照，风吹麦浪，一股麦香萦绕在田野的上空。

在高青县芦湖街道耇士孙村东南方向的一块麦田里，村负责人孙浦强高兴地说："这一片麦田有 14 多亩，原来都是涝洼地，通过实施占补平衡项目，被整治成了良田，收入 1 万斤小麦不成问题。而且政府还给我们修了一条 200 米长的混凝土路，真是太方便了。"这是山东省高青县自然资源局大力实施耕地占补平衡项目，使"涝洼地"蝶变"丰产田"的一个缩影。

耕地是粮食生产的命根子，是中华民族永续发展的根基。近年来，高青县自然资源部门在县委、县政府的坚强领导下，坚持科学规划、创新思路、多措并举，持续加大土地整治工作落实力度，全县耕地占补平衡工作实现稳妥扎实有序快速推进，并取得了显著成效。

据该县国土资源保障中心副主任孙川介绍，三年来，全县通过项目实施已实现新增耕地 873 亩，另有 9 个项目正在积极推进中，项目验收后，预计可实现新增耕地 670 亩。

一、注重调查摸底，科学研判思路

为彻底摸清全县耕地后备资源现状，高青县自然资源局以省、市开展耕地后备资源详查工作为契机，向县政府申请专项资金，对全县后备资源情况进行了详查，然后根据实施难度具体细分 20 个等级，确定第一到第十二等为可实施占补平衡后备资源。

依据第三次土地调查成果数据，结合最新年度土地变更数据及套合"三区三线"等各类限制性规划数据，准确判定可实施占补平衡具体区域。同时，全面做好与产业结构调整、发展生态农业相结合的文章。针对全县地形地貌属河流冲积平原、内河沟渠纵横、地块不规则的现状，对所有待开发复垦整理的土地现状、数量、分布、适宜性做了全面的调查分析，确定了先易后难、先连片后零散为原则和以开发整理荒地荒滩、废弃坑塘、废弃园林地为主的工作思路。

二、坚持顶格推进，突出问题导向

为加快耕地占补平衡项目实施，高青县充分利用指挥部工作机制、基层工作日、一线工作法，坚持问题导向、目标导向、结果导向，把耕地占补平衡项目实施摆上重要议事日程。

县政府坚持定期召开全县耕地保护和占补平衡工作专项会议，分析存在问题，研究解决方案，与各镇、街道签订年度耕地占补平衡目标责任书，明确各镇、街道耕地占补平衡工作任务，形成"千斤重担大家挑"的工作格局。

县征迁及土地运营指挥部将土地整治工作作为要素保障的重要环节进行督促推进，指挥部采取一线工作法，县主要领导牵头抓总，亲力亲为，采取定期召集自然资源、财政、农业农村、水利、生态环境等部门和各镇、街道召开现场会的形式，实现问题在一线发现、问题在一线解决，切实加快了耕地占补平衡项目实施的进度。

三、完善奖惩机制，激发内在动力

为充分激发各方保护耕地的内生动力，更好地协调发展需求和耕地保护之间的矛盾，县政府专门出台了《高青县土地整治奖励办法》，按照 1.5 万元 / 亩的标准，对实施占补平衡项目的镇、街道、村进行奖励。在此基础上，按照新增耕地每年 1000 元 / 每亩的标准，设立共计五年的后期管护资金，计入投资成本，激发了各镇、街道、村开展土地整治的积极性和主动性。

县政府将耕地占补平衡工作任务列入考核范畴，实行月评季考制度，对耕地占补平衡工作推进不力，或未按要求落实到位的镇、街道，在通报批评、考核扣分的同时，冻结建设用地手续审批，以此倒逼镇、街道全力以赴抓好占补平衡工作落实。

"下一步，将切实加大耕地占补平衡项目实施力度，有效增加耕地面积，着力改善群众的生产条件和生活环境，帮助当地农民实现增产增收，为乡村振兴注入新的更大活力。"高青县自然资源局党组书记、局长郑卫国表示。

实施华蓥山区山水林田湖草生态保护修复试点工程
绘制山清水秀林美田良湖净大美画卷

四川省广安市自然资源和规划局

2017 年，广安市积极申报并成功入围全国第二批山水林田湖草生态保护修复试点，获得中央专项资金 20 亿元，使用地方配套资金 59.28 亿元、PPP 项目和社会资本投入等其他资金 40.35 亿元，实际投资 115.40 亿元，规划部署 45 个项目，314 个子项目，推动生态系统服务功能全面提升，经济、社会效益显著提高，实现山清、水秀、林美、田良、湖净，完美打造了华蓥山区生态样板。

一、推行"三治一解"矿山治理模式，实施"矿山修复"行动，恢复矿山生态环境

采取回填、矿渣整治等措施，实现矿山复垦和植被恢复。通过削坡筑台、土地复垦等措施，治理山体破坏、岩石裸露、植被破坏等问题。采取锚固支撑、嵌补护坡、抗滑支挡等方式，治理崩塌、滑坡等地质灾害。通过完善供水设施、统筹地表水整治等措施，解决区域内人畜用水困难的问题。完成工矿废弃地复垦 597.17 公顷，矿山复绿 369.09 公顷，历史遗留矿山治理率达 83.48%，历史采矿区饮水困难解决率达 100%，实现了废弃矿山复貌、复垦、复绿的目标，昔日的"工业疮疤"变身为青山沃土。

二、推行"源头治理 + 流域防控"模式，实施"江河保护行动"，全面提升流域生态质量

深入推进城乡水污染治理、工业污染防治、畜禽养殖污染防治、江河湖库内源治理、水产养殖污染防治、农业农村污染治理等八大行动，完成畜禽养殖污染治理 1638 处，新建城市污水处理厂 2 座、乡镇污水处理站 62 座、村级污水处理站 215 座、污水管网 998.2 千米，乡镇污水处理率达到 80.76%，乡镇集中式饮用水源地水质达标率为 94.5%，渠江水质稳定达到 Ⅱ 类，御临河幺滩断面水质达 Ⅱ 类，西溪河、龙滩河、驴溪河、大洪河断面水质均达 Ⅲ 类。采取生态措施，营造乔木、灌木相融合的生态防护林，有效防治水土流失。采取工程措施，清淤疏通河道、修筑防洪堤等，连通流域内河湖，完成河滨岸线整治 100.8 千米。

三、推行"三同步"模式，实施"森林提质"行动，大规模绿化美化广安

深挖已有林区和闲散空地的绿化潜力，同步实施植被恢复、森林质量精准提升、森林及湿

地资源保护三项措施，稳步提升森林质量。通过播种造林、植苗造林、分殖造林等措施，增加森林面积。通过补植改造、封育改造、更替改造等方式，改善低产低效林，提高林分质量和效益水平。通过扶育间伐、修枝整形等方式，改善中幼林生长环境，优化森林结构，增强森林碳汇能力。发展林业产业，建成油樟、蜜梨、广安青花椒、松针茶叶、青脆李产业等林业产业基地8个。完成人工造林15585.76公顷，封山育林6200公顷，湿地保护修复2823.33公顷，森林质量精准提升53119.24公顷，野生动植物资源保护和松材线虫病治理80430.47公顷，森林覆盖率达到41.89%。

四、推行"土地整治＋现代农业"模式，实施"农民增收"行动，助力脱贫攻坚和乡村振兴

实施土地整理、工矿废弃地和水土流失治理、中低产田土改造、渠系节水改造、田间路网等项目，有效解决耕地质量退化、面源污染、水土流失严重等问题，夯实农业发展基础。完成土地平整26729.71公顷、石漠化土地整治15480公顷、灌溉排水工程391.3千米，水土流失综合治理10474公顷，修建蓄水池384口，修建整治山坪塘179口，历史水土流失治理率达到66.285%。建成广安区万亩柠檬基地、华蓥市万亩蜜梨基地、前锋区万亩柑橘基地、邻水县万亩柑橘基地，推进区域农业高质量发展。

五、推行"自然修复＋工程治理"模式，实施"湖水净化"行动，重塑湖泊湿地生态环境

遵循湖泊生态规律，在天池湖、大洪湖、官盛湖等湖泊采取湿地修复与保护、天然林保护与退耕还林还草等措施，根据湖水消落带特点，栽植芦苇、芦竹、水生美人蕉、水生鸢尾等水生植物及池杉、红枫、红叶、石榴、连翘等陆生植物85万株（丛），形成沉水植物、浮叶植物、挺水植物、湿生乔灌木及草合理配置的自然生态屏障。实施河湖水系连通、环湖截污管网建设、畜禽养殖面源治理、流域污水处理站建设等工程，完成河湖水系连通39.3千米、湖滨缓冲带建设177.7公顷。工程实施以来，水资源利用率从2015年的24.95%提升至28.39%，湿地恢复建设完成2117.95公顷，实现了"天蓝、水清、地绿、气爽"的生态环境目标。

全程"保姆式"服务 助力大项目"落地生根"

山东省潍坊市自然资源和规划局寒亭分局 田 超 刘小琳

为保障寒亭区优然牧业建设项目这个大项目加快落地、开工，结合企业的需求，潍坊市自然资源和规划局寒亭分局服务企业专员（以下简称"服务企业专员"）主动提供上门服务，全程"保姆式服务"，为我们企业发展提速增效。服务贯穿项目落地全程，为企业在土地审批、项目推进、政策兑现等方面提供高效、便捷的服务。

这个项目还有一个多月就完工了，第一批奶牛就能在这家工厂安家落户了。这个项目从开工到建成仅仅用了半年多的时间，得益于我们遇到问题都能迅速解决，建设非常顺利。作为优然牧业建设项目的负责人，我对服务企业的服务专员们非常满意。他们隔三岔五就来工地上一趟，了解我们的需求，跟进度、解难题，为项目建设提供强力保障，让企业落得安心、建得顺心。

一、服务专班全程服务，审批速度超快

寒亭优然牧业有限责任公司新建 1.5 万头高产奶牛养殖项目是市级重点项目，位于寒亭区固堤街道引黄济青灌渠以西、泊南路以北，项目总投资 75992.65 万元，主要建设泌乳牛舍 15 栋、挤奶厅 3 栋、干草棚 2 栋、精料库 1 座以及员工宿舍等。本项目主要引进澳大利亚荷斯坦奶牛，采用国外先进的饲养设备及技术。项目建成后，奶牛存栏量可达 1.5 万头，可年产优质原料奶 10 万吨，并能带动周边农民青贮玉米和小麦的种植，增加农民收入，一定程度上可以缓解就业压力，对于拉动寒亭区经济发展具有重要的意义。为了加快企业项目尽快落地，寒亭自然资源和规划分局的服务企业专员，在市局服务企业办公室领导下、成立项目建设工作专班，驻扎到企业，建立困难问题帮扶工作机制，只要企业有难题，迅速反应，助力企业向上向好发展。为了让项目尽快审批下来，我记得他们都是连夜加班加点，加快审批速度。

二、"保姆式"服务，完善前期配套设施

优然牧业高产奶牛养殖项目开工以来，服务企业专班多次主持召开项目建设推进会，对建设过程中遇到的问题研究解决方案，压实责任，加强沟通协调，同向发力，合力攻坚，确保项目建设按时推进。

服务企业专班的领导带着选址、办证，这种服务真的是太贴心了。企业负责人表示："作为一个泰安人，在寒亭区没有亲朋好友，他们给了我亲人般的温暖。我们企业在落户的时候，

在服务企业专员的协调配合下，开工建设所需要的水、电、道路等基础设施配套很完善，对加速企业建设起了很大作用。奶牛养殖基地对项目选址要求较高，选址位置必须是成方连片的整地块且要求在铁路、道路两侧 500 米范围外。针对优然牧业奶牛养殖项目的选址，服务企业专员们全力配合，对照全区土地利用总体规划图进行了仔细查找，并对初步选定的 8 个地块进行了现场踏勘，经综合研判对比，最终选定了位于固堤街道引黄济青灌渠以西、泊南路以北的地块。这样好的位置给我们很大的发展信心。"

三、服务专员精细化服务，助力项目建设提速

服务企业专员积极对接企业在项目建设中遇到的难点和堵点，有求必应，问题不过夜，提供精细化服务，确保企业早日竣工投产。虽然项目选址位置确定了，但地块范围内存在一处村庄墓地需要搬迁，寒亭自然资源和规划分局服务专班立即与固堤街道对接联系，了解墓地现状情况，并积极配合选择迁址地块。确定墓地迁址地块后，服务企业专员们立即为该地块办理农转用手续，不等不靠，在最短的时间内将组卷报批材料审查、上报。报批材料上报后，积极对接市局各业务科室，对于审查中出现的问题，第一时间进行补正修改。2022 年 7 月 8 日，市政府批复同意办理农转用 18.6 亩，及时解决了墓地搬迁的用地问题，加速了优然牧业奶牛养殖项目的落地。

最后企业负责人说："服务企业专员为我们解决了很多实实在在的问题，无论是大事小事都为我们出主意、想办法，让我们轻装上阵，对我们企业的帮助真的很大。"

以数字化改革为引领
打造不动产"交易登记一体化"平台

河南省信阳市自然资源和规划局

一、背景介绍

多年来，因不动产交易、登记涉及住建、自然资源、税务等多个职能部门，信息系统相互独立，数据共享不够深入，导致企业和群众办理不动产交易、登记业务时体验感不佳，一直是深化"放管服效"改革和优化营商环境工作面临的痛点、难点，也是社会各界普遍关注的热点问题。为切实解决不动产交易、登记难题，信阳市不动产登记中心以数字化改革为方向，以"一件事一次办"为抓手，打造信阳市不动产"交易登记一体化"平台，通过平台重塑、流程再造、数字赋能，推动不动产交易、登记线上线下深度融合，使全线业务办理效率提升了80%以上，得到企业和群众的一致认可。

二、主要做法

（一）集成多个平台，统一办事入口

依托市政务数据共享交换平台和开放平台，通过数字技术统一住建、资规、税务部门的数据标准，将三个部门互相独立的三个系统重塑整合为一个不动产"交易登记一体化"平台，打造不动产登记数据"交换枢纽"。一体化平台统一归集数据，各部门根据业务办理需求从平台提取数据，楼盘数据、契税缴纳等信息交换不再经过数个"桥梁"平台，可实时相互推送、查询。一体化平台统一办事入口，通过"综合受理、分类审批""外网申请、内网审核"的服务模式，将网签交易备案、房屋契税缴纳、不动产登记等多个部门的业务无差别"一窗综合受理"。企业和群众只需提交一次申请，即可实现预售许可、网签备案、税费核缴、登记发证等各个业务环节全程贯通、高效衔接。

（二）整合关联事项，深度融合业务

以统一的不动产"交易登记一体化"平台为依托，将住建部门原来分别办理的房屋买卖合同网签、备案和预告登记三个环节合并为一个环节，一体化平台自动核验资金监管和缴存情况，购房人在售房部就能完成网签即备案；将资规部门原来分别办理的首次登记和首次转移登记业务两个环节合并为一个环节，一体化平台在登记时自动继承交易备案信息，实现新建商品房"交

房即交证"立等可取；将税务部门的房屋套数复核等三个环节减去，由一体化平台自助核验，实现了关联业务合并办理、"简单"业务自动审批，最大限度优化流程。

（三）广泛应用"四电"，实时共享信息

在一体化平台全面启用电子签名、电子印章、电子合同、电子证书（证明），新增人脸识别数字技术，通过人证核验设备终端完成身份验证并生成电子签名，买卖双方、各金融机构以及住房公积金中心可通过河南省政务服务网采信的第三方身份认证平台认证身份。同时，对办理不动产登记业务涉及的身份信息、婚姻信息、完税情况等高频事项内容通过区块链技术进行信息共享，共享获得的信息直接作为申请材料自动填报，并在一体化平台自动生成全业务流程电子化档案，全面实现"零材料"登记。用电子材料代替纸质证明，减轻了企业、群众和登记机构的负担，有效提升了审核的效率和精准度。

（四）开设企业端口，优化登记服务

此前，不动产登记操作平台部署在政务内网，受理端口主要部署在政务服务大厅，内外网切换的耗时长、效率低，端口布设不足导致企业和群众多跑路。不动产"交易登记一体化"平台上线后，将操作平台迁移至政务外网，并开放端口下载权限，所有企业都可根据需要下载申请端口，房地产开发企业在售房部即可通过不动产"交易登记一体化"平台完成网签网备、预告登记、预告抵押登记、首次登记、预告转移登记、预告抵押登记转现房抵押登记六项业务，让企业和群众"最多跑一次"甚至"一次都不跑"。

三、工作成效

信阳市不动产"交易登记一体化"平台开创了河南省深度整合操作平台的先河，工作理念和流程管理水平处于全国领先行列。这项改革举措的推行，实现了"一次取号、一窗受理、一键缴费、一网办结"的全流程快捷服务，让企业和群众真正体验到"一件事一次办"的改革成效。

（一）线下实现"一窗受理""即时办结"

此前，办理一项不动产交易、登记业务，工作人员需要来回切换4个系统，企业和群众至少需要填写8份申请表单、耗时1小时才能办好。现在，只需操作2个平台，办理环节缩减至1个，申报材料压缩70%，"四电"应用率提高至100%，"零材料"申报率提升到约60%，业务平均办理时间为20分钟。截至目前，已成功办结联动事项9656件，窗口日均业务受理量为之前的2倍。

（二）线上实现"一网通办""全程网办"

一体化平台充分利用大数据、区块链、智能核验等数字技术，实现了不动产交易登记"一件事"从线下"一窗通办"到线上"一网通办"，买卖双方本人不需要再前往行政服务大厅窗口即可完成登记。平台上线以来，共服务网上办事群众1.5万人次，在线申请8000余件，开具电子购房证明5434件，数据共享达6.5万次。按照2022年新建商品房业务办理量估算，2023年将减少企业和群众跑实体大厅约8万人次。

四、经验启示

信阳市不动产"交易登记一体化"平台集成不动产全生命周期业务，统一办事入口，前后事项关联，深度融合线上线下不动产服务需求，实现不动产交易、交税、登记全过程"一个环节"办理，是推进"一件事一次办"的重要改革举措。平台上线以来，得到了各大媒体的广泛关注，河南省自然资源厅主管的《资源导刊》杂志对此进行了专题报道，河南省营商环境门户网站进行全文转载。下一步，信阳市不动产登记中心将持续推进不动产登记数字化改革，以实现"一趟都不用跑"为最终目标，不断升级迭代不动产"交易登记一体化"平台，提高不动产登记数字化和智能化水平，最大限度提升企业和群众的获得感。

加强耕地保护 保障粮食安全

内蒙古五原县自然资源局

粮食安全事关国计民生、社会稳定，而耕地保护则是粮食安全的重要前提。五原县自然资源局高度重视耕地保护工作，扛稳粮食安全重任，全面贯彻习近平总书记关于耕地保护的重要讲话精神，积极探索耕地保护长效机制，合理开发利用现有土地资源，多措并举扎实做好耕地保护工作，牢牢守住耕地保护红线，为全县粮食生产安全提供了坚实保障。

一、坚决执行国家耕地保护政策

严格落实中共中央、国务院关于执行最严格的耕地保护制度和耕地保护"六个严禁"的政策（严禁违规占用耕地绿化造林、严禁超标准建设绿色通道、严禁违规占用耕地挖湖造景、严禁占用永久基本农田扩大自然保护地、严禁违规占用耕地从事非农建设、严禁违法违规批地用地），不断提高思想认识，强化监督管理，严守耕地保护红线，确保党中央、国务院实行最严格耕地保护制度的精神落到实处。

二、明确耕地保护主体责任

县政府为落实耕地保护主体责任，制定了完善的耕地保护目标责任制，明确由各乡镇主要负责人为本辖区耕地保护第一责任人，对本辖区内的耕地保护量和永久基本农田保护面积负责，各乡镇再将耕地保护各项任务层层细化至各村、组实行，实现了耕地保护县、乡镇、村、社四级责任全覆盖。同时县人民政府把耕地保护工作列为各乡镇人民政府和主要负责人年度考核的重要内容，对耕地保护工作不力的将按照相关规定严肃处理。

三、在全县大力推进农村土地综合整治

自然资源局积极争取国家、自治区和市级资金进行土地综合整治，将农村散落、闲置、低效的用地经过科学规划整治后建成连片的高标准农田，提高了耕地质量，增加了耕地面积，改善了农业生产条件和生态环境，确保耕地现有面积不减少，新增耕地经济效益大幅提高。同时通过土地综合整治产生耕地占补平衡指标，缓解了全县建设项目用地少的困境。

四、强化土地执法监管力度

自然资源局充分利用卫星遥感技术、动态巡查排查、网络舆情信息、群众信访举报等手段，

建立起"天上看、地上查、网上管、群众报"的全方位土地执法监管机制，对破坏耕地和永久基本农田、擅自改变耕地用途、违法占用耕地进行非农化非粮化建设、乱占耕地建房等行为进行严厉打击。同时加强与公安、法院、检察院、纪检监察和林业等部门的协同联动，形成打击合力，有效保护了全县耕地和永久基本农田面积，维护了良好的土地开发利用秩序。

五、加强耕地保护宣传

利用横幅、宣传标语、宣传栏、滚动电子屏幕和新媒体等多种渠道开展"4·22"世界地球日、"6·25"全国土地日的宣传活动，向社会公众宣传耕地保护的重要性和迫切性，增强了广大人民群众节约用地、保护耕地的意识。

近年来，通过土地合理开发利用、高标准农田建设、土地综合整治、盘活存量土地资源等方式累计新增耕地20余万亩，使全县耕地保有量和永久基本农田面积一直保持增长势头，有力保障了全县的粮食生产安全。

凝心聚力谋发展　踔厉奋发谱新篇

——应县自然资源局工作纪实

山西省应县自然资源局

奋进新征程，再创新辉煌。2023 年以来，应县自然资源局务实担当，迎难而上，各项工作取得明显成效。

一、项目用地报批质效明显提升

（一）2022 年全县上报的 3 个批次获得批复

经济技术开发区批复 3 宗 138.52 亩，应县 2022 年第一批次批复 4 宗 35.59 亩，应县 2022 年第二批次批复 6 宗 229.91 亩，确保了重点项目及时落地。

（二）2023 年上报的项目建设用地有序推进

山西经纬通达股份有限公司枢纽型内陆港综合物流园专用线省级重点项目工程拟征地面积 312.7 亩，应县 2023 年第一批次建设用地报批涉及 2 宗地 90.05 亩，应县经济技术开发区 2023 年第一批次建设用地报批 3 宗 289.26 亩，项目组卷上报前期工作正在积极推进中。

二、项目建设用地全力保障

（一）地供应有效推进

2023 年以来，共完成供应国有建设用地 10 宗 466.97 亩。其中挂牌出让"标准地"1 宗 62.62 亩，出让价款 658 万元；正在网上公示的有挂牌出让 4 宗 158.5 亩，预计 2023 年 6 月 19 日挂牌成交。

（二）"批而未供"土地清理力度持续加大

围绕"以用为先、依法依规、分类处置"的原则，扎实开展闲置国有建设用地清理处置工作。今年以来消化处置批而未供面积 334.68 亩，同比增加 290.75%。

（三）土地储备工作实现新突破

2023 年以来，共收储土地 3 宗 191.41 亩进入土地收购储备库，比 2021 年、2022 年两年收储土地的总量（两年总量 142.64 亩）增加 34.19%，为推进项目建设提供了资源要素保障。

三、国土空间规划编制工作有序进行

国土空间规划压实推进。按照山西省县级国土空间总体规划指南要求，完成了县级规划的

修改。应县国土空间总体规划（2021—2035 年），通过市级评审，完成了规划公示，并征求各部门、各乡镇及专家意见，进一步完善了规划内容。

四、耕地保护力度不断加强

高位推进耕地保护工作，落实最严格的耕地保护制度，进一步明确了乡（镇）政府主要负责人对本行政区域内耕地和基本农田保护的政治责任，以加强耕地数量、质量、生态"三位一体"保护为重点，切实做好全县耕地和永久基本农田保护，确保全县耕地和永久基本农田总量动态平衡。2023 年，市政府下达应县耕地保有量任务 110.2085 万亩，实际耕地面积总数达到 112.5 万亩，市政府下达应县基本农田保护面积 96.9099 万亩，三线划定后我县实有永久基本农田保护面积 96.9099 万亩。制订了《应县耕地保护整治提升行动实施方案》，对全县耕地保护整治提升行动进行了具体安排部署，着力构建齐抓共管的耕地保护新格局。

五、地质灾害防治工作有力推进

制订了《全县地质灾害隐患排查专项行动工作方案》，组织编制 2023 年地质灾害防治方案和 2023 年地质灾害搬迁工作方案，完成了隐患点数据库更新。深化部门协作，实现信息共享。争取省级搬迁项目资金 102 万元，实施下社镇大石口村地质灾害搬迁工程，完成搬迁户 17 户；下马峪乡刘海窑泥石流治理申请项目已完成省厅入库、出库，力争年内付诸实施。

六、发展环境不断优化

（一）服务项目建设效能明显增强

围绕"拿地即开工，交地即交证"的服务企业新模式，超前谋划，开通"绿色通道"，主动深入企业，同步并联审批，优化工作流程，全程跟踪服务，确保了山西同力科技有限公司年产 15 万吨高岭土和 5 万吨耐火材料项目快速进场施工，有效推动了应县厨余垃圾资源化处理、应县经济技术开发区道路工程等 9 个项目建设。

（二）不动产登记便利度持续提高

取消了没有法律法规依据的环节和程序，进一步压缩不动产登记办理时限，持续提升不动产登记便利度。实现了不动产登记电子证照，并与多家银行合作开展了不动产抵押初始登记。开通了网上纳税、网上抵押贷款、网上二手房交易等业务，实行"一窗受理，并行办理"。

七、党建引领作用不断强化

（一）加强思想组织建设

不断创新党建活动载体，丰富党建活动内容，精心组织学习贯彻党的二十大精神，坚持学思用贯通、知信行统一，努力在以学铸魂、以学增智、以学正风、以学促干方面取得实实在在的成效。

（二）加强清廉机关建设

2023 年以来，我们坚持以加强权力运行制约体系建设为抓手，全面推进清廉机关建设。围绕"四体系"建设目标，新制定了 43 项制度，初步形成了立体化、多层次、宽领域的制度体系。大力推进阳光审批、阳光执法、阳光资金三大"阳光工程"，确保公权力在阳光下运行。

强化自然资源要素保障
助力全县乡村振兴和经济社会发展

湖南省城步苗族自治县自然资源局　王　波

以深入学习贯彻党的二十大精神为主线，以服务产业发展、保障项目投资、深化要素改革为目标，紧紧盯牢保障发展这个首要目标，牢牢把握保护资源这个底线任务，统筹保障与保护、发展和安全，强化规划引领、加强要素保障、深化改革创新、优化营商环境，以超常规力度进一步发挥好规划资源工作的先导性、基础性作用，为当前稳经济稳增长提供坚实的要素支撑与服务保障。

一、规划先行，以国土空间规划编制为契机，处理好发展与保护的关系

贯彻落实习近平总书记"规划科学是最大的效益，规划失误是最大的浪费，规划折腾是最大的忌讳"指示精神，坚持"规划导航、引领发展"，尽快完善提升各级各类规划。

（一）推进总体规划报审

加强县、乡两级联动，强化全域、全类型、全要素管理，将"三区三线"管控指标和管控要求带位置落实到县乡国土空间总体规划。进一步优化交通基础设施、公共服务设施、水系、绿地等要素配置，2023 年全面完成耕地与基本农田保护、综合交通体系等 5 个专项规划编制。

（二）全面启动中心区域详细规划编制

加强与"三区三线"、综合交通规划、国土空间总体规划中心城区方案及各专项规划的衔接，优化重点片区功能布局和空间结构。结合《湖南省居民自建房安全管理若干规划》，进一步规范自建房建设，要聚焦未来发展定位，注重运用城市设计方法，吸纳城市设计成果，塑造"诗意山水、美丽苗乡"的特色风貌，提升品质品位。特别是要为未来发展留足空间，在城市防洪排涝、行车停车、商贸物流等"城市病"治理，老城更新方面提高规划的预见性，避免"简单策划包装、重复浪费建设"等"马后炮"问题。

（三）全面完成乡村规划编制工作

在乡镇国土空间规划中预留规划建设用地规模机动指标，专项用于利用农村本地资源开展农产品初加工、发展休闲观光旅游而必需的配套设施。已批准实施的村庄规划和已编未批的村庄规划，结合"三区三线"划定成果进行修改完善，严格按要求报批。剩余 121 个规划编制任务，在年内全面完成编制，实现全县村庄规划全覆盖、全入库。

（四）加快建设国土空间规划"一张图"实施监督系统

建立健全分类管控机制，加快完成国土空间规划和相关部门的专项规划归集于"多规合一"综合应用系统，将各类空间控制线、详细规划控制性指标等纳入空间规划"一张图"系统，实现国土空间规划编制、审批、修改和实施监督全周期管理。

二、效率优先，以精准服务实现用地保障

（一）保障农村一、二、三产业融合发展合理用地

按照要求，合理指导和规范农村一、二、三产业融合发展用地选址，以县域为单元，落实"产业项目进园区"，引导具备一定规模的农村产业融合发展用地向城镇开发边界内集聚。大力支持现代种养业、现代种业、农产品加工流通业、乡村新型服务业、生态循环农业、农村人居环境整治、农业农村基础设施建设。属于分散布局的，可以编制特殊管控单元空间详细规划，依据规划以点状用地方式办理用地手续。对于"一镇一特"型工业项目在 2 公顷以内的，可在园区核准区外、管控区内与环境影响评估同步开展用地预审与选址。目前，已保障了城步县儒林镇兰藤村竹木加工厂、兰蓉乡水源村及丹口龙寨村楠竹制品帮扶车间 3 个乡村产业项目的用地需求。

（二）支持和引导设施农业发展用地

支持设施农业发展、对农业生产中直接用于作物种植和畜禽水产养殖的设施用地，乡镇办理设施农业用地备案手续后，城步县自然资源局及时在自然资源部设施农业用地监管系统中上图入库。引导设施农业用地优化选址，不占或少占耕地。对于作物种植和养殖设施建设对耕地耕作层造成破坏的，按设施建设用地保障用地需求。进一步完善设施农业用地退出制度，大力支持设施农业用地复合利用。今年新增 11 宗设施农业用地，目前城步县总计完成 641 宗设施农业用地的上图入库工作。

（三）科学保障村民建房用地需求

以乡镇为单位，提出村民建房用地需求，增强计划的合理性，对农村村民住宅建设用地实行应保尽保。合理用地、实报实销，防止宅基地批而不建、闲置浪费，突出计划的实效性。简化农用地转用的审批材料和审批程序，提高审批效率。统一落实耕地占补平衡，不向村民收取耕地开垦费。在保障村民住宅建设合理用地需求时，引导村民优先利用村内空闲地建设住宅，尽量不占或少占耕地。2023 年已落实 3 个批次村民建房的农用地转用审批，共计 134 户，总面积 25.3 亩。

三、深入挖掘用地潜力，推动土地节约集约高效利用

编制城步苗族自治县 2023 年度土地供应计划，现已出让储备地块 13 亩，收取土地出让金

1977 万元。推进存量土地清查清理及相关证照数据治理工作。推进工业用地弹性出让、用地清单制，大力降低企业初始用地成本。深化三类低效土地清理，有序拓展园区空间，促进土地开发利用以"存量"换"增量"，以"地下"换"地上"，以资金、技术换空间。

四、推动绿色矿业高质量发展，实现砂石保供

湖南省自然资源厅下发了《关于城步苗族自治县普通建筑材料用砂石土矿专项规划（2019—2025 年）审查意见的函》，批复城步县 9 个砂石土矿规划区块，其中 5 家为矿权调整，4 家为新设规划区块。邵阳市自然资源和规划局下发了《关于下达全市普通建筑材料用砂石土矿采矿权市级控制数的函》。全市砂石土矿控制数为 98 个，全县普通建筑材料用砂石土矿采矿权控制数为 6 家，有力保障了县域经济高质量发展。

以党的二十大精神为引领
奋力谱写自然资源高质量发展新篇章

新疆生产建设兵团第三师自然资源和规划局（图木舒克市自然资源和规划局）

2023年是全面贯彻党的二十大精神的开局之年，是全面实施"十四五"规划、开启全面建设社会主义现代化国家新征程的关键一年。当前学习贯彻习近平新时代中国特色社会主义思想主题教育工作正在开展，做好自然系统各项工作责任重大、意义非凡。作为第三师图木舒克市自然资源和规划行业主管部门，当前和今后一段时间应该围绕第三师图木舒克市党委确定的社会经济发展目标，在统筹国土空间规划、保障国家粮食安全、推动人与自然和谐共生等方面持续发力。

一、扛牢耕地保护政治责任，切实履行"生态卫士"职责

耕地保护事关粮食安全、生态安全和社会发展，是国计民生的头等大事，是习近平总书记反复强调的"国之大者"。第三师图木舒克市切实把思想和行动统一到习近平总书记关于严格耕地保护的系列重要指示批示精神上来，牢牢守住耕地红线，强化永久基本农田特殊保护意识。一是提高政治站位，扛牢政治责任。把抓好耕地保护作为坚定拥护"两个确立"、坚决做到"两个维护"的重要检验和衡量标尺，切实将思想和行动统一到党中央、国务院、兵团党委的决策部署上来，强化贯彻落实的思想自觉、政治自觉和行动自觉，以高度的责任感和使命感，坚持全面从严管理，采取"长牙齿"的硬措施，严守耕地红线，坚决遏制耕地"非农化"、防止耕地"非粮化"。深入实施藏粮于地、藏粮于技战略，落实最严格的耕地保护制度，严肃纪律、不搞变通，从严查处各类违法违规占用耕地或改变耕地用途的行为。二是树牢底线思维，确保良田粮用。强化忧患意识，坚持分类施策、精准保护，持续推动高标准农田建设，做到"保数量"与"提质量"并重，以"长牙齿"的硬措施确保第三师图木舒克市143.91万亩耕地保护目标和123.32万亩永久基本农田任务落地落实，让耕地良田粮用、实至名归。三是压紧责任链条，强化督导检查。把耕地保护工作列为第三师图木舒克市重点督查事项，开展常态化督导，实行全过程跟踪，严格用地审批和备案管理，坚决筑牢粮食安全防线，牢牢把握粮食安全主动权。四是加强宣传引导，提升全民保护意识。坚持全覆盖、多层次、多角度，加大对耕地保护"八不准""六严禁""五不得"等相关法律法规和政策的宣传力度，让广大干部职工群众深刻认

识到"地不可轻占、田不能乱用",营造人人关注耕地、人人珍惜耕地、人人保护耕地的良好氛围。

二、把规划引领管控作为推进新时代高质量发展的重要前提

习近平总书记指出,"规划科学是最大的效益,规划失误是最大的浪费,规划折腾是最大的忌讳"。为解决个别领导干部项目选址随意、规划意识淡薄等问题,结合兵团尤其是第三师图木舒克市实际,自然资源和规划局健全城乡规划体系,做好国土空间规划编制,抓好专项规划、详细规划、城市设计,构建相互衔接、相互配套的城乡规划体系。一是全力推动"三区三线"划定成果管控和应用。严格对照"三区三线"划定工作要求,最终划定第三师图木舒克市耕地保护目标143.91万亩,永久基本农田123.32万亩,生态保护红线108.78万亩,城镇开发边界31.92万亩。下一步,将以划定成果为基础,做好指标传导和空间传导,建立健全分类管控机制,完善农业空间、生态空间准入和转用许可规则,进一步优化第三师图木舒克市国土空间开发保护格局,引导形成科学适度有序的国土空间布局体系,强化城镇空间节约集约用地导向,提升用途管制效能和服务水平,增强发展空间保障能力。二是高标准建立第三师图木舒克市国土空间规划体系(第三师图木舒克市、团镇两级,总体规划、详细规划、专项规划三类)。科学编制第三师图木舒克市、团镇两级国土空间总体规划,加快构建国土空间开发保护新格局,确保2023年年底全面完成师团国土空间规划、"多规合一"实用性连队规划编制报批工作;扎实做好第三师图木舒克市、团镇城镇开发边界内详细规划编制,尽快完成图木舒克市中心城区26平方千米控制性详细规划修编,持续推进44团、49团等4个团场36.18平方千米控制性详细规划编制工作和42团、44团等7个团场22平方千米的重点发展片区控制性详细规划编制工作,确保城镇开发边界内集中建设区详细规划覆盖率100%。认真优化提升城镇开发边界外连队规划,严格按照"集约优先、保护优先、多规合一、分类分级"原则,加快175个连队优化布局、用地结构和要素配置。三是积极响应国土空间规划改革政策,按照"统一底图、统一标准、统一规划、统一平台"的总体要求,建立第三师图木舒克市国土空间基础信息平台和国土空间规划"一张图"实施监督信息系统。四是树立精品意识,坚持"高站位统筹、高起点规划、高质量研究、高标准建设"和"地域特征、民族特点、兵团特质、文化特色"的要求,加强图木舒克市中心城区夏可河两岸、小海子街以北片区29.57平方千米重点片区城市设计,做好风貌管控、质量把控,加强对城市的空间立体性、平面协调性、风貌总体性、文脉延续性等方面的规划和管控,打造具有兵团特色的城市风貌。

三、把节约集约用地作为推进新时代高质量发展的重要抓手

党的二十大报告指出,实施全面节约战略,推进各类资源节约集约利用。在生态文明建设的大背景下,我们必须转变资源利用方式,提高资源利用效率,走内涵式、集约型、绿色的高质量发展道路。一是坚持"亩产论英雄"。全面推行工业用地"标准地"出让。通过投资强度(200

万以上）、亩均产值、亩均税收和容积率"3+1"指标对工业项目拟用地规模进行评价，引导鼓励用地单位建设多层厂房，提高节约集约用地水平。同时，利用丰富的光照资源，在20.33万亩未利用地发展集中式光伏发电项目，目前在建的有115万千瓦的光储一体化、40万千瓦的源网荷储一体化、总投资4.5亿元的屋顶分布式光伏开发试点和零碳产业园等项目。二是落实建设用地"增存挂钩"机制。提高存量建设用地供应比重，有效释放存量建设用地空间，通过盘活一批、收回一批、改造一批，确保2023年消化批而未供土地不少于91公顷，促进土地资源节约、集约、循环利用和空间资源立体、复合、流量利用，推进土地资源节约集约利用。三是加大土地批后监管。规划一经确定，就要严格遵照执行，切实维护规划的严肃性和权威性，实行"一张蓝图管到底"，减少土地闲置和盘活低效利用土地，确保依规用地、节约用地，任何人都不能以任何理由任性选址、违规拿地、非法上项目搞建设。

四、把山水林田湖草沙一体化保护作为推进新时代高质量发展的重要目标

习近平总书记提出"山水林田湖草是生命共同体"的理念。今年的政府工作报告指出，"坚持山水林田湖草沙一体化保护和系统治理，实施一批重大生态工程，全面推行河湖长制、林长制"。当前重点做好以下工作。一是推进国土空间生态修复规划体系建设，加强兵地协作，共同推动塔里木河（叶尔羌河）、盖孜河等生态廊道建设规划编制，通过流域河道修复和生态廊道建设等一批重大工程的实施，一体推动山水林田湖草沙保护和系统修复。二是以全面推行林长制工作为抓手，建立健全师、团、连三级林长制责任体系，把第三师39万亩国家级重点公益林的保护责任细化到人，确保生态治理取得实效；积极开展国土绿化、生态资源保护和修复，加强林草资源保护修复项目的实施，持续打造良好的生态环境，力争到2035年，第三师的森林覆盖率达10.43%，林地保有量达88.66万亩。三是坚持森林草原防灭火一体化推进，有序推动6个团场半专业化森林草原防灭火队伍建设，全面提升森林草原防火能力，让我们的天更蓝、山更绿、水更清。

关于丰港等乡镇"全域生态修复＋土地综合整治"项目有关情况的报告

河南省固始县自然资源局

为充分利用全域土地综合整治平台，改善农村人居环境，进一步巩固拓展脱贫攻坚成果与乡村振兴有效衔接，结合省厅、市局和县委、县政府相关要求与安排，根据《中共中央　国务院关于全面推进乡村振兴加快农业农村现代化的意见》（中发〔2021〕1 号）和《自然资源部关于开展全域土地综合整治试点工作的通知》（自然资发〔2019〕194 号）等文件要求，我局在充分调研论证并征求乡镇村及群众意见的基础上，组织编制了丰港等乡镇"全域生态修复＋土地综合整治"项目可研报告，利用生态修复手段，通过全域规划、整体设计、综合治理，统筹农用地、低效建设用地和生态保护修复，促进耕地保护和土地集约节约利用，充分挖掘和激活自然资源综合保障政策红利，解决乡村振兴发展空间不足、耕地占补平衡压力大、资金难以平衡、生态环境改善不够、村庄整体建设效果不明显等问题。县委、县政府高度重视全域土地综合整治工作，成立了由县长任指挥长的项目指挥部，高位推进项目建设。

一、基本情况

项目涉及丰港乡（丰港村、潘台村、台地村、大桥村、童营村、倒庙村、军岗村、竹楼村）、徐集乡（徐集村、马寨村、白羊村、赵岗村、八庙村、吴庙村、顺河村、郭洼村）和陈淋子镇红花村 3 个乡镇的 17 个行政村。项目内容包括土地综合整治、水系生态治理和人居环境整治，建设总规模为 8.04 万亩，工程估算总投资为 3.92 亿元，预计可产生占补平衡指标 3750 亩、增减挂钩指标 1723 亩。

二、建设思路

按照山水林田湖草沙系统治理的理念，充分衔接国土空间生态修复规划和实用性村庄规划，合理利用并挖掘项目区潜在资源，对项目区域进行统一规划、整体设计、综合治理。对项目区田水路林进行全要素综合整治，对农田进行连片提质建设，对存量建设用地进行集中盘活挂钩，对区域内竹楼河、大港河水系进行系统治理，对乡村人居环境进行综合提升。通过项目建设，提高河道生态修复能力，复苏河湖生态环境，实现农田集中连片、建设用地集中集聚、空间形态高效节约的土地利用格局，同时优化农村生活、生产、生态空间布局，巩固拓展脱贫攻坚成果，助推乡村振兴。

本"全域生态修复＋土地综合整治"项目，由县政府与河南省自然资源投资集团有限公司合作实施，县政府授权县自然资源局作为项目实施主体，采用"投资人＋EPC"模式。

三、主要做法

（一）科学规划，优化空间布局

与实际相符合，兼具效益与实用性的规划设计是保障项目快速有序推进的前提。为确保项目规划接地气、切实可操作，我局成立了工作专班，专班人员与规划设计人员进村入户、和项目区群众座谈，充分调研论证并征求乡镇村及群众意见，规划成果经过三轮有效沟通对接，形成了科学、完善的项目规划和实用性村庄规划，通过对丰港乡、徐集镇和陈淋子镇3个乡镇的17个村进行全域规划和生产、生活、生态空间的保护提升，全域布局农地整理、村庄迁并、产业导入和生态治理等整治工程，以规划统领生态型土地综合整治，打造农田集中连片、建设用地集中集聚、空间形态高效节约的土地利用格局。通过全域全要素整治，发挥低效用地再开发、土地增减挂钩等政策优势，盘活土地资源，全面提升项目区现代化耕种条件，以全域土地综合整治的方式，打造豫东南集中连片的人居环境和生态修复综合整治及生态振兴试点，积极探索发挥自然资源部门在乡村振兴中的保障作用。

（二）生态优先，美化人居环境

贯彻"绿水青山就是金山银山"的理念，加大自然生态系统的修复力度，着力提升国土空间生态效益。对全长约14.5千米的竹楼河、大港河实施河道清淤疏浚、生态护岸工程，在提高河道滞蓄洪能力的同时，从根本上改善水质，增加淡水养殖面积，两条生态绿色廊道将全新呈现；以土地整治复垦恢复耕地生态系统，新增耕地近5500亩，建成高标准农田5.4万亩，既保护了耕地，又提升了耕地生态功能和耕作能力；对项目区17个村进行人居环境综合整治，增加服务设施，整治生活垃圾和违章搭建，改善村庄面貌，美化乡村环境。

（三）发挥职能，快速推进实施

为不影响春耕生产，徐集镇7个村的土地综合整治于2月中旬进场施工，我局专班工作人员长期驻守在项目区，与监理、设计、复核单位技术人员一道，督促指导施工单位按规划设计要求快速、高效推进项目建设。在镇、村和当地群众的大力支持配合下，土地整治工程于4月中旬完成，整治后的土地已交付使用。陈淋子镇红花村围绕知青文化和山水风貌展开了人居环境建设，目前已初见成效。

四、可取得的效益

通过项目的实施，项目区生产、生活条件和生态环境将得到重塑性提升，实现经济、社会、生态效益的多赢。经济效益方面，主要是土地指标收益，可新增耕地面积5473亩，其中耕地占补平衡指标3750亩，增减挂钩指标1723亩。社会效益方面，一是提高耕地质量，通过农用地整理、耕地提质改造（旱改水）、宜耕后备土地资源开发等工作，使区域内耕地质量得到提高。二是增加群众收益，目前徐集镇7个村土地已流转过半，通过提升农业生产规模、增强农田水利除涝和灌溉能力，能够提高耕地产出，降低生产成本，优化土地投入与产出结构，增加项目区群众经济收入。三是提升农村人居环境质量，以建设美丽宜居村庄为导向，以农村人居环境、水系治理、村容村貌提升为主攻方向，全面提升项目区农村人居环境质量。生态效益方面，可以美化乡村环境，改善和提升村民居住条件，通过对竹楼河、大港河的水系治理，全面提高区域水生态环境质量，保护乡村景观多样性，改善田园风貌，形成生态功能完善、环境优美的生态景观，为项目区社会经济发展提供天然的生态屏障。

五、下一步工作安排

目前，徐集镇7个村的土地整治工程已完成，整治后的土地已交付使用。下一步，我局将按照规划设计要求，全面推进水系综合治理和人居环境整治项目进场施工，加强与丰港乡沟通对接，确保土地综合整治今年秋收后全面实施。同时，与乡镇一起探索建立完善可持续的后期管护机制，切实发挥项目的长远效益。

共创保护耕地、节约集约用地新格局

——自然资源分局贯彻落实国务院督查激励措施的几点做法

甘肃省酒泉市自然资源局肃州分局

2022年，为切实推进全区耕地保护、节约集约等方面工作，在全市自然资源系统走前列、争一流，积极创造优良条件，筑牢争取全国新增建设用地计划指标奖励的坚强基础，我局紧紧围绕《关于新形势下进一步加强督查激励的通知》规定的奖励条件，建立联动配合、狠抓落实的工作责任机制，结合年度自然资源工作目标清单，将具体工作任务逐项分解靠实到责任股室、单位和负责人员，实行各项重点工作定期督导评查，及时研究和协调解决工作困难问题，为全区耕地保护、土地节约集约利用工作做出了积极贡献。

一、确保耕地保护有章可循

结合区情实际，明确了责任主体，靠实了保护责任，并严格执行耕地保护目标责任一票否决制，区、乡、村签订了耕地保护目标责任书，为做到区有办法、乡有规定、村有民约，提供了制度保障；在耕地集中地段设立基本农田保护标志，明确乡镇、村基本农田的保护范围、保护责任人以及基本农田"五不准"，使基本农田保护更加公开化、社会化，形成舆论氛围并相互监督。严格执行耕地保护政策，凡可占可不占耕地的项目一律不占用耕地；凡不可避免需要占用耕地的一律从严控制占地面积；凡涉及占用基本农田的一律要求用地单位另行选址，有效保护了全区耕地和基本农田。

二、及时开展基本农田划定

2022年，按照《自然资源部办公厅关于印发"三区三线"划定成果数据汇交要求的函》（自然资办函〔2022〕1541号）和《甘肃省自然资源厅转发〈自然资源部办公厅关于印发"三区三线"划定成果数据交汇要求的函〉》（甘资规划函〔2022〕83号）要求，根据甘肃省"三区三线"划定技术细则，委托第三方公司开展了"三区三线"永久基本农田划定工作，划定全区耕地保有量123.39万亩，较上一轮规划下达我区的耕地保护目标105.40万亩，总量增加了17.99万亩。划定基本农田保护面积109.42万亩，较上一轮永久基本农田总量增加了25.06万亩，切实担起了全区耕地和基本农田的保护责任，进一步守住耕地红线。

三、深入耕地保护内涵

2022 年，进一步落实新增耕地认定及入库报备工作，完成了上坝镇小沟村高标准农田建设项目和清水镇盐池村土地整治项目新增耕地占补平衡系统报备入库工作，已形成耕地指标 32.59 公顷（488.85 亩）。开展了戈壁设施农业新增耕地认定工作。组织作业方对总寨镇、东洞镇戈壁设施农业补充耕地进行实地调查认定，部级耕地占补平衡监测监管系统审核形成耕地占补平衡指标 33.84 公顷（507.6 亩）。完成了下河清镇、银达镇、金佛寺镇、三墩镇 4 个乡镇社会主体自主开发项目补充新增耕地占补平衡指标 26651.253 亩，提高粮食产能 15990751.8 公斤。通过省级统筹调剂和系统平台交易，实现了新增耕地收益 5.8 亿元。为缓解全区建设用地指标匮乏、提高粮食综合生产能力及开展下一批 10 个乡镇补充新增耕地积累了可供借鉴的经验。

四、着力推进"双保"工程

我局在保障建设项目用地需求、推进土地资源节约集约使用过程中，坚决落实耕地保护政策，始终坚守红线不突破，牢牢把住底线不动摇，新建项目尽量避免占用耕地，确保耕地保有量和基本农田保护面积不减少。按照土地利用总体规划确定土地的用途和土地利用计划的安排，合理使用土地；严格报批程序，对耕地实行特别保护，严把农用地转用、土地征用审批关，坚决落实耕地"占一补一"制度，保护现有耕地面积长期稳定，总量平衡。2022 年，共上报市政府、省自然资源厅批准城市批次建设用地 219.8284 公顷，其中未利用地 187.4092 公顷，农用地 32.4192 公顷，占用耕地 7.8701 公顷，建设项目占用的耕地已全部在全国耕地占补平衡动态监管系统做到补充，既建设项目少占、不占用耕地原则，又及时保障了全区重点建设项目落地。

五、持续提高土地使用效率

我局根据省自然资源厅批而未供有关要求并结合实际、坚持问题导向和"一地一议""一地一策"原则，统一协调，高标准推进以前年度批而未供土地的消化处置工作，在盘活存量土地资源上下足功夫，通过核减部分建设用地面积、加快土地供应工作、核销错误数据等措施，三管齐下，多点发力，加强批而未供土地处置，着力提高土地使用效率，以强化用地保障能力为目标，以提升土地资源利用效率为主线，确保按时且保质保量完成批而未供土地的消化处置目标任务。2022 年，省自然资源厅认定肃州区批而未供面积共计 223.17 公顷，我区根据省自然资源厅下达的批而未供土地处置数据，积极推进批而未供土地供应，压实批而未供土地处置进度的主体责任，梳理批而未供土地有关情况，建立批而未供台账，逐宗逐项分析，上报区政府审查研究相关核减事宜，共计撤销了历年批次的 5 个共 45.0879 公顷建设用地。同时，我局与市自然资源局积极对接，加快推进批而未供土地供应工作，共上报市政府审批供应的批而未供土地 21 宗，面积为 28.33 公顷，全区年末批而未供土地处置率达 42.5%，按期完成省厅下达的批而未供任务指标处置率 34% 的要求，确保新增建设用地计划指标及时配置，为项目用地提供保障。

惜地如金　护地用心
陵城区耕地保护有力有效

山东省德州市自然资源局陵城分局

为落实国家耕地保护政策，切实保护耕地及永久基本农田，本着"守住耕地线就是守住生命线"的原则，陵城区认真贯彻落实国家各项耕地保护政策，严格耕地管理，找思路、想办法，将耕地保护落到实处。

近年来，陵城区委、区政府抓实扛牢耕地保护政治责任，连续多年保持耕地数量、质量、产量三提升，实现粮食总产量95.4万吨，连续四年居全省第6位，先后获得"全国超级产粮大县""山东沿黄优质小麦优势特色产业集群""国家制种大县"等称号，探索出保障发展与保护耕地的陵城新路径。2022年2月，陵城区被评为2021年度省级耕地保护激励县，获200亩建设用地指标和1500万元资金奖励。

一、指导思想

坚持以习近平新时代中国特色社会主义思想为指导，牢固树立和贯彻落实新发展理念，按照党中央、国务院决策部署，坚守土地公有制性质不改变、耕地红线不突破、农民利益不受损三条底线，坚持最严格的耕地保护制度和最严格的节约用地制度。着力加强耕地数量、质量、生态"三位一体"保护。着力加强耕地管控、建设、激励多措并举保护，采取更加有力的措施依法加强耕地占补平衡规范管理。努力构建党委领导、政府负责、部门协同、公众参与、上下联动的耕地保护共同责任机制，为保障我区粮食安全、服务全区经济社会高质量发展，构筑坚实的资源基础。

二、扛牢政治责任，念好耕地保护"紧箍咒"

陵城区坚持把耕地保护作为实施乡村振兴战略、推进"吨半粮"生产能力建设的重要保障，坚决扛牢"粮食安全"大旗，用"长牙齿"的硬措施保护耕地。一是领导到位，组织保障有力。严格实行党政同责，健全"四级田长"管理梯队，构建起全域覆盖、责任到人、监管到位的保护网络。二是责任到位，压实任务目标。建立"责任＋激励"机制，树牢"全区耕地保有量不少于111.86万亩"的目标，出台耕保实施意见、目标考核办法等，逐级压实耕地保护责任。三是宣传到位，营造耕保氛围。每月1日召开耕地保护工作例会，及时传达学习上级耕保精神，部署当月工作。利用"4•22"世界地球日、"6•25"全国土地日等节日节点灵活开展耕保宣传30余次，发放宣传资料12万余份，做到耕地保护政策宣传全覆盖。

三、创新管护机制，守好每寸"养命田"

以坚守耕地保护红线为目标，建立健全耕地数量、质量、生态"三位一体"的保护体系。一是编好耕地保护"一张图"。加快国土空间规划编制，划定"三区三线"，全域全要素管控。以2020年国土"三调"成果为基础，将所有数据上图入库，建立耕地保护"一张图"，编制形成专项规划成果。二是做好耕地占补平衡。积极调整和优化土地供应结构，消存量控增量。2021年耕地占补平衡易地调剂指标6900余亩，收入5.5亿元。三是搞好耕地后备资源调查。加大新增耕地验收入库力度，建立补充耕地奖惩机制，纳入镇街考核。2021年陵城区新增耕地7306亩，有10个批次土地开发项目已完成市级验收上报省厅申请入库，预计可新增耕地7700余亩，连续四年年均新增耕地超7000亩，位居德州市前列，丁庄镇、前孙镇分别获省级耕地保护激励嘉奖。四是实施好高标准农田建设。以土地综合整治为抓手，不断提升耕地质量，提高农民收入，累计建设高标准农田72.88万亩，占耕地总面积62.21%，通过实施土地整治项目工程，促进农业产业化规模化经营，近三年新增粮食产能1.44万吨。

四、严格执法监管，筑好违法占地"防护堤"

建立全过程执法监管闭环体系，着力构建耕地保护长效管理机制，对违法占地"零容忍"。一是强化监管促长效常态。建立健全"日常监管＋专项巡查"机制，落实土地执法网格化属地管理，坚决遏制新增违法用地行为。2019—2021年卫片执法检查违法比例持续下降，工作成效连续三年位居全市前3位。二是明确责任促举措落实。将项目后期管护资金列入总投资，项目完成后与属地政府办理移交手续，落实管护人员及责任，明确资金拨付使用方向，保障各项工程设施长期发挥效益。三是联动机制促精准施治。围绕"大棚房"、永久基本农田保护、耕地占补平衡、农村乱占耕地建房等重点问题，建立部门联动机制，深入开展专项整治，确保耕保工作落实落细。同时，通过设立动土公示牌，运用卫星遥感、航飞影像、执法监管平台等数据对疑似"变化图斑"及时核查整改，形成"地动我知，违法我管"的保护工作良好局面。近年来，查处违法土地案件29件，总面积160.1亩，取缔14处，违法用地、违法建设等实现"零增长"。

聊城市茌平区建立全省首个"多规合一"县级国土空间专项规划体系

山东省聊城市茌平区自然资源和规划局

聊城市茌平区地处鲁西平原聊（城）德（州）交界处，于 2019 年 9 月撤县设区，现为聊城的两个市辖区之一。茌平区辖 14 个乡镇（街道）、1 个省级经济开发区、1 个省级化工园区，面积 1003.4 平方千米，人口 57.2 万。茌平是全国知名的"铝城枣乡"，拥有"全国科学发展百强县""全国科技进步先进县""中国生态文明县"等 16 个国家级称号。

茌平区为贯彻落实国家和省、市建立国土空间规划体系并监督实施的要求，加快国土空间规划编制工作，立足实际、主动创新，全力把每一寸土地都规划得清清楚楚。2022 年，茌平区积极创新，先行开展专项规划编制工作，建立了全省首个"多规合一"的县级国土空间专项规划体系，有效破解了各类规划自成体系、内容冲突、缺乏衔接等问题。

一、做到"覆盖全"，建立专项规划综合体系

目前，国内仅有山东、安徽、湖南等少数省份从省级层面提出了国土空间专项规划编制目录清单。茌平区组织了多次实地考察、现场调研，多轮聘请知名团队和专家学者座谈，多次召集区政府专题会议，研究制定了《聊城市茌平区国土空间专项规划编制目录清单（试行）》。该清单包含 42 个专项规划，涉及 16 个行业主管部门，基本涵盖了对空间需求较大的县级层面所有行业领域，既包括市政交通设施、公共服务设施、防灾减灾等传统类型的专项规划，又包括自然资源保护、城市更新、社区生活圈、土地综合整治、生态修复等新类型的专项规划。每个专项规划对应一个行业领域，提出了从分析行业发展现状、存在问题，到提出发展目标、规划解决措施、实施机制等一整套规划解决方案。这些规划共同组建成了一套完整的国土空间专项规划体系，届时专项规划将与总体规划、详细规划一并纳入国土空间规划"一张图"系统，进而实现全区国土空间"一张蓝图"。

二、做到"衔接紧"，破解交叉打架顽症

过去各部门编制的专项规划由于各自为政、编制底图和技术标准不统一，导致规划内容重叠冲突、衔接不够、操作性不强。为解决这一顽症，茌平区探索建立了"统一底图、统一标准、统一期限、统一平台"的专项规划编制技术体系。"统一底图"即以第三次全国国土调查成果

和国土变更调查为底图开展编制，底图由区自然资源和规划部门统一提供。"统一标准"即用地分类、编制规程、制图规范和数据库标准全部要符合自然资源部《国土空间调查、规划、用途管制用地用海分类指南（试行）》及《山东省市县级国土空间总体规划编制导则（试行）》的要求。同时，结合荏平实际，创新制定《聊城市荏平区国土空间专项规划技术导则（试行）》，为专项规划编制制定统一标准。"统一期限"即将国土空间专项规划编制与国土空间总体规划、详细规划统筹推进，规划的目标年统一定为2035年，保持规划期限的一致性。"统一平台"即专项规划批准后，将标准数字化成果纳入全区国土空间规划"一张图"实施监督系统，作为国土空间用途管制的依据。通过以上"四统一"，将各个专项规划的空间交叉打架问题提前消化在编制阶段，最大限度解决了规划衔接不充分、空间交叉重叠等问题。

三、做到"机制顺"，保障规划协同联动

为协调解决专项规划编制中的困难问题，荏平区成立了国土空间专项规划编制工作专班，由区政府主要负责同志任组长，分管负责同志任副组长，16个行业主管部门主要负责人为成员。遇有重大问题、重大事项，就提交区国土空间规划委员会或区政府常务会议研究。在专项规划编制前，由各行业主管部门会同区自然资源和规划部门共同制订工作计划，明确规划的目标、主要内容、编制深度和成果要求等。通过公开招标，委托行业知名规划编制单位高质量、高水平、高效率地开展编制工作。在开展国土空间总体规划编制的同时，启动相关专项规划编制，实现了总体规划与专项规划同步编制，建立了总体规划与专项规划高效联动反馈机制，有效保障了各行业领域的重大项目用地，防止项目因缺少规划支撑而无法落地。

四、做到"把关严"，提供科学决策支撑

为确保规划"能用、管用、好用"，荏平区设置职能部门联合审查、第三方独立技术审查、专家论证、征求公众意见、规委会审议等多道规划审批程序。其中，职能部门联合审查是在规划编制过程中，专项规划的编制主体即各行业主管部门会同区自然资源和规划部门对规划成果进行联合审查，资规部门提前介入，共同研究解决编制中遇到的困难问题。第三方独立技术审查是建立国土空间规划"编""审"分离机制，委托有丰富经验的规划编制单位，从技术角度对专项规划成果进行第三方独立技术审查，并提出修改意见。专项规划编制须坚持以国土空间总体规划为指导，不得违背总体规划确定的空间战略、总体目标、国土空间布局、约束性指标、重大政策等强制性内容。专项规划报批前，必须经区自然资源和规划部门审查、与国土空间规划"一张图"衔接核对后，提请区国土空间规划委员会审议通过，上报区人民政府批准实施，未开展"一张图"核对或者经核对有冲突的，不得报批，从而保障规划的严肃性和约束力，为区政府科学决策提供国土空间规划支撑。

履职尽责助推经济社会高质量发展

河北省内丘县自然资源和规划局　霍卫国

2023 年以来，内丘县自然资源和规划局坚持以习近平新时代中国特色社会主义思想为指导，在县委、县政府的坚强领导下，认真履职尽责，积极担当作为，使全县自然资源和规划事业迈上了新台阶。资源要素保障能力全面提升、资源保护成效明显、不动产登记等便民服务改革推进扎实有效，为全县经济社会高质量发展提供了有力支撑。

一、全力保障项目用地

该局抽调相关股室业务骨干成立土地要素保障专班，实行专班推进，深入项目、深入企业，为企业解读相关政策，广泛征求意见建议，为企业精准配置建设用地计划指标；建立重点项目用地台账，将各项工作任务细化分解到每一天，打破"8 小时"工作常态，争分夺秒做好要素保障工作，做到"签约即供地"，土地出让合同签订后实现"交地即交证"，并与企业约定拿地 3 日内开工；同时加快对批而未供和闲置土地的依法处置，在明确目标任务的基础上，细化时间表、路线图，实行"一宗一策"，科学分类推进。2023 年 1—6 月，共供应各类建设项目用地 12 宗，面积 393.36 亩（其中划拨 4 宗，面积 119 亩；出让 8 宗，面积 274.36 亩），有效保障了华飞制衣、荣嘉仓储等重点项目和江水置换、教育基地等民生工程用地；共处置批而未供土地 367.72 亩；共供应工业"标准地"3 宗，面积 79.51 亩，在签订供地合同时，对项目开竣工严格要求，原则上拿地后 3 日内开工，对符合条件的工业项目实现"拿地即拿证，拿证即开工"，提升了土地节约集约利用水平。加快用地组卷报批，对重点项目用地 12 个工作日完成组卷报批，并采取指标倾斜、优先报批、责任到人、跟踪服务等措施，确保最短时间拿回批件，变"项目等地"为"地等项目"。积极走访项目企业，全力落实好今年省、市《关于支持企业高质量发展十条用地政策措施》等一系列优惠政策，实行"一企一策"精准对接，进一步减轻企业压力、激发市场主体活力。截至目前，对 1 家企业采用灵活方式供应土地，对 6 家企业采取优惠地价政策，支持 4 个项目采取土地用途兼容复合利用，对 171 家小微企业免收不动产登记费 56610 元。

二、全力提升审批效能

该局推进规划用地"多审合一、多证合一、多测合一"改革，通过减环节、减时间、减材料来提高规划审批效率。为全面提升审批时速，在重点项目的设计阶段，该局规划部门提前介入，主动联系项目单位，提前将审批的标准要求以及所需要的要素条件列出清单，一次性向项目单位讲清楚，并全程跟踪，提供规划服务和技术支持，让项目单位尽量"少跑腿"。对重点工程和民生项目实行特事特办、繁事简办、随报随审，将休息日视为工作日计入办理时限，促进项目早"落地"、企业早"得利"。2023年以来，共办理建设项目用地预审与选址意见书2份，建设用地规划许可证7个，建设工程规划许可证10个，规划设计条件12个，建设工程规划设计方案审定12个，召开专家审查会5次、规办会7次、专题联审会5次、规委会3次。

三、全力提升不动产服务水平

该局牢固树立以人民为中心的发展思想，切实把为民利民惠民作为工作的出发点和落脚点，不断提高人民群众的幸福感、获得感、安全感。该局不动产登记中心实行交地即交证、"互联网＋抵押登记"等创新举措，最大限度地为企业和群众提供便利。对新招商引资项目，安排专人靠前跟踪服务企业，提前介入权籍调查，并与税务部门协调沟通，将以往"摘牌—签合同—交出让金—缴纳税费—建设用地规划审批—再发证"的多部门串联模式，融合为不动产登记统筹协作并联模式，通过紧密跟踪企业建设用地规划审批、核税、缴税事宜，最终助力企业在申请"交地"的当天领取不动产权证书。今年以来，所有登记业务在规定时限内尽快办结，共办理业务958件，每件业务均在1个工作日内办结。该局还建立了企业不动产登记回访制度，上门听取企业对办理登记业务的意见、建议和需求，推出延时服务、上门服务等便民措施，为企业纾困，为群众解难。做好涉及办证的信访件、市长热线和网络舆情处置。按时限要求及时办理反馈，网络舆情在2小时内做出回复，市长热线和信访件要及时答复或3日内答复。共处理信访件、市长热线和网络舆情9件，均为住宅小区群众反映办证难的问题，均予以及时答复。

四、全力推进国土绿化工作

该局统筹推进山水林田湖草沙系统保护修复，扎实推进大规模国土绿化。

一是夯实林长制考核工作。截至目前，县级总林长签发总林长令2个，县级副总林长召开林长制会议4次，县级总林长巡林督查3次，县级副总林长、县级林长开展巡林督查16次。全县已设立林长制公示牌309个，"一长两员"网格化管理实现全覆盖。

二是大力推进城乡造林绿化。截至目前，已完成营造林4万亩（其中，完成人工造林0.8万亩、森林经营抚育1.5万亩、封山育林1.7万亩），营造林任务完成率为74%。

三是严格森林防火工作。坚持"预防为主、积极消灭"的防火方针，督促各乡镇、部门落实防范措施，强化火源管控，确保森林防火工作不出现任何问题。同时，通过设置宣传牌、张贴标语、印发宣传册、发送手机短信、播放公益广告等多种形式，广泛宣传国家相关法律法规及森林防扑火知识，教育林区群众文明用火、科学用火、安全用火，切实增强了广大干部群众的防火意识和法律意识，圆满完成了今年的"春防"任务。

　　四是加强野保湿地保护。通过印发宣传册、悬挂条幅等方式以及微信、公众号等多渠道广泛宣传湿地及野生动植物保护知识；加强对鹊山湖国家湿地公园、卧龙湖省级湿地公园、杏峪省级森林公园等重点区域开展全面排查，累计出动车辆30余台次、60余人次。由于我县野生动物和湿地保护比较突出，在今年春季候鸟迁徙季节，鹊山湖国家湿地公园累计监测到600余只白天鹅在此驻留，邢台市电视台、中新网等多家媒体进行了专题报道。

深刻理解耕地保护政策
切实做好耕地保护工作

河南省漯河市自然资源和规划局源汇分局　史　岩

土地是民生之本，是支撑经济社会发展的重要载体和战略资源。土地保护开发利用水平直接影响着工业化和城镇化进程，进而影响经济社会可持续发展能力。在管理和开发利用方式上，低效使用和浪费土地的现象还普遍存在，乱占滥用土地等违法违规行为还时有发生；在指导思想上，严格保护耕地、节约集约开发利用土地资源的意识还有待进一步增强。为了切实保护耕地、保障科学发展、实现土地高效利用，现提出如下意见。

一、进一步提高认识，毫不动摇地坚持耕地保护红线

（一）充分认识保护耕地的极端重要性

党中央、国务院的新要求体现了对坚守耕地保护红线和粮食安全底线的战略定力，体现了深化改革创新和对子孙后代高度负责的鲜明态度。我们要认真学习、深刻领会党中央、国务院决策精神，切实提高对保护耕地极端重要性和现实紧迫性的认识，在思想上、行动上自觉与以习近平同志为核心的党中央保持高度一致。必须充分认识到，尽管第三次全国土地调查数据显示耕地面积有所增加，但粮食生产的实有耕地面积并未增长，人口多、耕地少的基本国情没有改变，粮食安全和耕地保护形势依然严峻，耕地保护工作绝不能放松；我们的经济已经到了必须在发展中加快提质增效升级的重要时期，粗放扩张、浪费资源、破坏环境的老路不能再走，严守耕地红线、节约集约用地比以往任何时候都更为重要和紧迫；经过30多年的持续快速发展，我国土地开发强度总体偏高，建设用地存量大、利用效率低，划定永久基本农田、严控建设占用耕地不仅十分必要，也已具备条件。

（二）坚决落实党中央、国务院决策部署

各级政府和自然资源部门要积极行动起来，紧紧围绕经济工作的总体要求，将保护耕地作为自然资源管理的首要任务，坚决落实最严格的耕地保护制度和节约用地制度，坚持耕地保护优先、数量质量并重，全面强化规划统筹、用途管制、用地节约和执法监管，加快建立共同责任、经济激励和社会监督机制，严守耕地红线，确保耕地实有面积基本稳定、质量不下降。

二、强化土地用途管制，全面落实耕地数量和质量保护战略任务

（一）加大土地利用规划管控力度

落实三项严管措施。一是严管土地用途，对各类建设项目用地，能不用耕地的绝不占用耕地，能用劣地的绝不占用优质土地；二是严管用地面积规模，对各类建设项目用地采取按投资强度供地的办法批供土地，从而控制了多占地、多用地、浪费土地的现象；三是严管土地容积率，对各类建设项目用地严格科学地确定其建设容积率，用地户在用地建设时必须达到规定的容积率，否则不予供地或收回土地，遏制了低效用地现象。同时，对全区工业和招商引资项目用地还严格按照土地利用总体规划和城市建设规划集中统一安排。全区工业、招商引资、公益事业建设等建设项目用地较好地实现了节约集约用地、提高土地利用效率的目标。

（二）进一步严格建设占用耕地审批

实施"四个统一"用地。我区紧密结合新农村建设，严格依照政策法律规定做好边远农村农民建房用地的管理工作，确保实现节约集约用地、提高土地利用效率、节约和保护土地资源尤其是耕地资源的目标。对农民建房用地实施了"四个统一"措施进行管理。一是统一按规划、计划集中用地。对农民建房用地的审批，严格执行城镇土地利用总体规划、村镇建设规划、土地利用年度计划，保证在规划、计划内集中用地。二是统一按法定程序批地用地。公开农民建房用地的申报、审批及所需证件材料并公示。严格按程序公开、公正办理农民建房用地。三是统一按法定标准面积用地，在批办每宗农民建房用地时，公开法定用地面积标准，严格按法定标准面积批地，确保了农民建房用地严格按法定标准面积用地，以消除和遏制浪费土地现象。四是统一按不占或少占地、杜绝占用基本农田、"一户一宅"要求与原则批地。消除多批、乱批耕地建房现象，禁止批用基本农田和"一户多宅"占用土地建房的现象，保证了农民建房用地尽量使用空闲地、劣质地，不占或少占地，达到了节约和保护耕地的目的，杜绝了新的"一户多宅"占地建房的现象。

（三）强化耕地数量和质量占补平衡

强化耕地保护意识，强化土地用途管制，强化耕地质量保护与提升，坚决防止耕地占补平衡中补充耕地数量不到位、质量不到位的问题，坚决防止占多补少、占优补劣、占水田补旱地的现象。已经确定的耕地红线绝不能突破，已经划定的城市周边永久基本农田绝不能随便占用。

（四）严格划定和永久保护基本农田

完善永久基本农田管控体系，改进耕地占补平衡管理方式，实行占补平衡差别化管理政策，拓宽补充耕地途径和资金渠道，不断完善耕地保护和占补平衡制度，把握好经济发展与耕地保护的关系。

（五）严防集体土地流转"非农化"

坚持保护优先、从严管控、补建结合、权责一致，全面实行永久基本农田特殊保护。永久基本农田一经划定，任何单位和个人不得擅自占用或改变用途。坚持农地农用，严防集体土地流转"非农化"。农业结构调整不得破坏耕地耕作层，设施农业用地要尽可能利用农村存量建

设用地和非耕地。

三、加强土地执法督察，严肃查处乱占滥用耕地行为

（一）强化耕地保护执法监察

加强对违反规划计划扩大建设用地规模、农村土地流转和农业结构调整中大量损坏基本农田等影响面大的违法违规行为的执法检查。充分利用卫星遥感、动态巡查、网络信息、群众举报等手段，健全"天上看、地上查、网上管、群众报"的违法行为发现机制，对耕地进行全天候、全覆盖监测。坚持重大典型违法违规案件挂牌督办制度，对占用耕地的重大典型案件及时进行公开查处、公开曝光。加强各部门与法院、检察、公安、监察等部门的协同配合，形成查处合力。

（二）进一步加强"田长制"巡查责任

粮食生产，根本在耕地。从遏制农村乱占耕地建房，到遏制耕地"非农化"、防止"非粮化"，充分表明"耕地保护任何时候都不能放松"。2020年7月底，自然资源部、农业农村部印发了《关于农村乱占耕地建房"八不准"的通知》（自然资发〔2020〕127号），提出农村乱占耕地建房"八不准"（①不准占用永久基本农田建房；②不准强占多占耕地建房；③不准买卖、流转耕地违法建房；④不准在承包耕地上违法建房；⑤不准巧立名目违法占用耕地建房；⑥不准违反"一户一宅"规定占用耕地建房；⑦不准非法出售占用耕地建的房屋；⑧不准违法审批占用耕地建房）。2020年9月10日，国务院印发了《关于坚决制止耕地"非农化"行为的通知》（国办发明电〔2020〕24号），提出耕地保护"六个严禁"（①严禁违规占用耕地绿化造林；②严禁超标准建设绿色通道；③严禁违规占用耕地挖湖造景；④严禁占用永久基本农田扩大自然保护地；⑤严禁违规占用耕地从事非农建设；⑥严禁违法违规批地用地）。2021年2月，中共漯河市源汇区委办公室、漯河市源汇区人民政府办公室出台了《源汇区关于推进自然资源网格化田长制管理实施方案》的通知，明确了田林长巡查职责任务（一查农田"非粮化"：①看农田是否种植季节性主产粮食作物；②看农田是否违规种植苗木、果树等与粮食生产无关的作物；③严禁在农田植树造林、挖湖造景。二查设施农用地"非农化"：①查看是否有设施农用地审批备案手续；②对农业种植户，不允许破坏土地耕作层；③对养殖户，不允许改变用途，用以屠宰和加工。三查宅基地建设"合法化"：①看当事人所在村委会开具的"一户一宅"证明及乡镇政府核发的"宅基地建设批准书"；②看当事人的施工合同、安全承诺书等，不允许超标准建设）。

（三）严格耕地保护责任追究制度

我们要按照省、市要求，加大查处力度，坚决防止和纠正查处案件失之于宽、失之于软和以罚代处、以罚代纪的问题。坚持在区土范围内定期公布各乡镇办行政村田长和网格员巡查情况，对未按时开展巡查的乡镇办行政村进行通报，督促各行政村田长和网格员按时进行巡查，全区村级田长年巡查率达100%。确保每一方土地"有人看、有人管"，切实做到对新增违法用地早发现、早制止、早整改。我们要保持清醒的头脑，要有敏感性，清楚自己的责任和分量，不能存有侥幸的心理，更不能以身试法。

多措并举促项目用地手续办理提速见成效

河北省张家口市自然资源和规划局万全分局

为切实保障项目快速落地，我局优化审批服务，创新审批举措，扎实推动项目手续办理提速、提质、提效。

一、提前介入，全力做好用地保障服务工作

按照区委、区政府关于年度土地征转的计划安排建立台账，并结合开发时序及时办理土地征转手续，有力保障全区重点项目用地需求。一是安排用地计划。年初梳理项目用地需求并制订用地计划，为保障计划顺利实施，一次性向市局申请 10 个批次为项目办理土地征转手续，拟征转土地面积约 2000 亩。二是专人负责盯办。在确定需办理土地征转手续地块后，合理安排批次名称并启动征地程序，从发布土地征收预公告至取得用地批复文件，整个过程均由专人盯办，时刻掌握报批进度和存在问题，及时协调相关部门沟通解决。三是保障用地指标。积极与省厅、市局沟通，争取更多年度新增建设用地计划指标，用于组卷报批，协调购买耕地占补平衡指标以保障项目建设。

二、主动对接，并联办理，大大缩短了供地审批时限

提前出具供地图件、规划条件等要件，对土地进行实地踏勘，掌握管线等现状。简化审批流程，在出让环节不再收取税费相关票据，改由不动产登记环节审核相关税费票据。及时向企业提供征地批文等办理后续手续所需的相关资料。

三、实现不动产登记"交地即交证"

国有土地使用权首次登记时，勘测定界单位在接到对拟出让（划拨）地块进行勘测定界的委托后，应先到属地不动产登记中心进行预落宗、预编宗地代码、领取《不动产权籍调查表》等相关资料，在开展勘测定界工作的同时一并完成项目地块的权籍调查工作。之后将《不动产权籍调查表》和《不动产测量技术报告》交至不动产登记机构审核，确保拟出让（划拨）地块权属清晰、无争议后进入出让（划拨）环节。国有建设用地使用权人在取得《成交确认书》至取得《交地确认书》期间，可提前到属地不动产登记中心领取填写相关资料。待取得《出让合同》或《划拨决定书》《交地确认书》后，与税费缴纳凭证、身份证明材料、宗地图等资料一并提

交不动产登记中心，用地单位在取得《交地确认书》当日领取不动产权证书。

四、创新思路，开展项目规划"虚拟审批"

在项目征地组卷手续获批前，实行规划预审批，提前进行规划方案审查并召开专家评审会和规委会，待建设单位取得土地手续后直接发放《建设工程规划许可证》，实现"组卷即设计、拿地即开工"。

齐河县不动产登记创新"无纸化、智慧办" 再谱群众"幸福账单"

山东省齐河县自然资源局

2023 年以来，齐河县自然资源局聚焦"高效办成一件事"改革，坚持创新不止步，深入实施不动产登记领域数字化、智能化转型，推出增量房转移登记批量申请、商品房"预抵自动转现抵"和"一表办理"三个创新事项，积极打造企业和群众办事"一次不跑"或"只跑一次"的改革新标杆，让改革创新为齐河县不动产发展赋能添翼，进一步营造优质的营商环境，再谱群众"幸福账单"。

一、以"交房即办证"为目标，实现增量商品房批量办理

（一）简化材料，优化流程

新建商品房购房业主在交房办证时，对新增商品房进行转移登记，需要提供开发商营业执照复印件、法人身份证明书、委托书、不动产权证书（土地）等材料，不仅需要大量提交重复的材料，而且开发商必须配合共同申请。推出增量商品房首次转移登记（业主办证）批量办理之后，开发商只需一次性提交已售房业主的登记申请，便可批量办理增量房不动产转移登记。

（二）试点先行，逐步推广

齐河县自然资源局通过走访、调研、座谈等，在收集开发商、部分业主的意见建议的基础上，选取金辰天悦一品小区为试点项目，已完成 10 幢楼的批量申请，业主可自行安排办理不动产权证书，无须再与开发商对接，让 1400 余户小区业主享受到了不动产办证的快捷、便利。目前，诚园、锦兰园、智德园等项目也正在积极对接中。

（三）提升效能，实现目标

增量商品房批量办理业务推出后，既减少了工作量，又减轻了企业与群众反复提交材料的成本，使"交房即办证"改革成果的高效性、便捷性真正体现了出来。

二、以"智慧审批"为核心，实现"预抵自动转现抵"

（一）数据赋能，深化流程再造

之前，申请人在办理完成新增商品房预抵登记或合并办理完预告和预抵押登记之后，在办理转本位登记时还需重复提交相同的材料才能办理业务，购房人与银行需要"提两次申请、交

两套材料"，流程较烦琐。为此，齐河县自然资源局开拓工作思路，把更多"智慧"赋予审批环节，推出预抵押自动转现业务，实现了一次申请"零见面"，抵押转现"零跑腿"。从而进一步减少了办事流程，避免重复提交资料，降低了办事成本，提高了办事效率。

（二）对接授权，全面有序推进

齐河县自然资源局已与全县 60 多家银行完成对接授权，自 2023 年 3 月 1 日起办理新增商品房预告登记业务时，同步申请转现及抵押登记，在项目达到预转现条件后，利用"智慧审批"平台，正式提供预抵押自动转正式抵押登记服务，无须抵押人和抵押权人二次申请预抵押转正式抵押登记，实现了预抵押"自动"转现。

（三）批量申请，优化后续服务

对于已办理预抵或预告及预抵登记业务的，按照批量申请的方式，由银行出具同意预抵转现抵业务办理的证明以代替提交身份证明材料，业主单方就可申请转现房抵押业务。

三、以"无纸化办公"为基础，实现抵押权登记"一表办理"

（一）以调研开路，找准登记升级点

2023 年年初，为进一步摸清不动产登记实务中存在的难点，在全县范围内对开发商、银行与群众开展了调研工作，收到了许多反馈问题与建议，其中办理抵押登记时提交材料繁杂引发了广泛共鸣。在办理抵押登记时需要提交主债权合同和抵押合同，每份合同都有几十页，扫描复印工作量大，在办理登记审核时，需逐项逐页找寻重点内容，造成审核速度慢，亟需改进升级。

（二）以实干破局，打造登记新模式

针对抵押权登记流程优化中反馈的问题，适时推出抵押权登记"一表办理"的最新模式。针对问题进行深入分析研究，结合工作实际，对办理事项进行逐一梳理，最终结合各家银行提供的原有主债权合同、抵押合同、申请审批表、询问表、双方身份证明材料，提炼浓缩成一张表单，形成了抵押权登记"一表办理"的最新模式。今后，在办理不动产抵押登记时不再收取主债权合同、抵押合同等合同材料，只需要"一张表单"即可办理。

（三）全面落实，把"问题清单"变成"成效清单"

形成"一张表单"之后，积极与全县 60 多家银行进行对接推广。截至目前，已完成抵押登记"一表办理"215 件，抵押注销登记"一表办理"135 件。"一张表单"不仅精简了申请材料，而且大大压缩了办理抵押权登记业务的时间，助力不动产登记"无纸化办公"，实现不动产工作提质增效。

以"三提高"突破不动产登记营商环境

陕西省岐山县自然资源局　李　文

2023 年以来，岐山县自然资源局锚定"三个年"活动，积极探索优化营商环境的工作思路和工作方法，不断推出创新举措，提升不动产登记领域政务服务水平，以"三个提高"着力打造一流营商环境。

一、优化措施，提高"不动产速度"

优化功能分区，打造人性化服务大厅。按照便民高效、科学合理的原则，对登记大厅进行优化设置，努力提升办事效率。梳理事项清单，制定办事指南。按照要求进一步完善申请审批条件、示范文本、申请附件等内容，形成可以指导群众、方便工作人员办理业务的服务操作指南。目前已实现一般不动产登记 3 个工作日甚至 1 个工作日内办结。

二、形成合力，提高"不动产温度"

积极与住建局、水利局、供电公司对接二手房转移登记及水电气联动过户工作，形成部门有效合力。合并、精简、优化二手房转移登记与水电气联动过户涉及多个办理事项的材料、表格，变"多次填表、多次提交"为"一次提交、多次使用"，前台一窗受理、后台集成联办，实现了产权过户与水电气暖过户一次办结。

三、创新发展，提高"不动产力度"

推行"交房即交证"，针对符合办证法定条件的，主动介入对接、靠前服务，与住建、税务等部门沟通协作，压缩不动产登记办理时间、办理流程，建立交房与交证联动机制，积极履行主体责任，购房人按时、按要求提供相关材料，实现新建商品房"交房即交证"。

下一步，岐山县自然资源局将以"三个年"活动为契机，严格落实"一件事一次办"集成改革要求，以提供准确高效服务能力作为工作的着力点，强化服务意识，不断优化营商环境，为企业和群众提供优质、高效、满意的服务。

强化自然资源要素保障　助力洱海源头乡村振兴

云南省洱源县自然资源局

洱源县自然资源局坚决贯彻落实中央和省州县党委、政府部署要求，在乡村规划编制、发展用地保障、土地综合整治、耕地占补平衡等方面一齐发力，为促进乡村振兴战略提供了良好的资源要素保障，全力巩固拓展脱贫攻坚成果同乡村振兴的有效衔接。

一、打好"村庄规划牌"，绘制乡村发展蓝图——让乡村建设"美"起来

按照村庄规划"有条件、有需求"应编尽编的原则，依托区域资源优势和发展基础，扎实开展"干部规划家乡行动"，全力推进洱源县国土空间总体规划及"多规合一"实用性村庄规划编制工作，进一步优化国土空间布局，科学划定"三区三线"，合理布局新增空间，切实做到乡村振兴规划先行、注重质量、从容建设。同时以国土空间规划为引领，统筹村庄各类用地空间布局，合理保障农村产业发展用地空间，为产业项目落地和乡村振兴发展提供规划支撑。截至目前，2021年29个行政村任务已全面完成信息系统草案上传和规划成果州县审查。2022年26个行政村编制工作正在开展，计划月底全部完成草案编制。结合人民群众对美好生活向往的需求和洱源县乡村旅游、温泉资源、绿色产业发展的实际需要，组织编制了右所镇团结村、右所镇梅和村、凤羽镇江登村、三营镇共和村等一批"多规合一"实用性村庄规划，切实保障和落实建设"温泉康旅胜地、世界一流'绿色食品品牌'示范基地"项目的发展空间，将一、二、三产业有机融合，推动乡村绿色产业和文旅产业纵深发展。

二、打好"用地保障牌"，助推乡村产业集聚——让乡村农民"富"起来

强化项目用地报批、灵活用地方式、精准保障脱贫攻坚及乡村振兴建设项目用地，建立全县110个重大重点建设项目用地台账，为万头奶牛养殖示范牧场、溪灯坪金矿14万t/a采选工程建设、威士忌生产及游客体验中心等20多个项目提供了用地保障。截至目前，为13批国有建设用地批次报批、11次国有建设用地单选报批、2批集体建设用地报批保障了用地。同时，采取"设施农业＋村集体经济""设施农业＋带贫企业（合作社）"等多种"设施农业＋"模式，保资产增效益，支持设施农用地用于带贫企业和村集体经济项目，以项目落地推动企业、村级集体经济收入大幅提升，巩固拓展脱贫攻坚成果，助力乡村振兴，为群众增收和农村产业发展提供强有力的保障。近三年，共备案了25宗设施农业用地，备案总面积达40.1338公顷，还备案了613户农村宅基地。例如，炼铁乡万头规模化生猪养殖项目，通过设施农用地的办理，保障了

项目的用地，总投资为 1450.05 万元，惠及 11 个行政村的 6862 户、23886 人，其中建档立卡户为 605 户、1989 人，每年产生集体经济收入 105 万元。"设施农业＋带贫企业（合作社）"发挥示范引领作用。积极鼓励和支持设施农用地结合带贫企业（合作社）发展产业，通过土地流转、吸纳就业等方式带动群众增加收入。

三、打好"价值转换牌"，释放乡村资源潜力——让乡村土地"活"起来

按照"找好水、选好地、布好局"的方针，全面组织、协调和推进全域土地整治和城乡建设用地增减挂钩项目，为全县经济社会发展提供用地指标保障。围绕提产能、出指标、促增收，大力推进土地整治项目，增加高产水田面积、提高耕地质量、提升项目区群众收入、增加新增耕地面积。截至 2022 年 12 月，全县计划和已实施的土地整治（提质改造）项目共 11 个，完成投资 8390.38 万元，计划产生水田指标 4113 亩。同时，围绕增减挂钩，保脱贫、增财力、促振兴，认真落实《国土资源部关于用好用活增减挂钩政策积极支持扶贫开发及易地扶贫搬迁工作的通知》，全县计划和已实施的城乡建设用地增减挂钩项目共 7 个，完成投资 1295 万元。已完成省域内交易指标 72 亩，增加财政收入 1800 万元，不仅有效解决了部分地区占补指标紧缺的问题，还增加了指标出让地区的财政收入。例如，洱源县右所镇腊坪村高效节水大棚建设项目，在腊坪增减挂钩项目整理的地块上实施，乡村振兴衔接资金投资 600.31 万元，作为村集体资产出租，为右所镇 6 个行政村增加村集体经济收入 48 万元以上，增加劳动力收入 28.8 万元，惠及农户 210 户 905 人。

四、打好"耕地保护牌"，守住乡村发展红线——让乡村土地管理"严"起来

围绕保护目标，抓实耕地保护。为保护好全县 38149.93 公顷耕地，完成 37635.27 公顷耕地保护目标和 30440.8 公顷基本农田保护目标，严格落实永久基本农田特殊保护，切实加强一般耕地利用管控，落实土地违法责任追究制度，建立耕地保护指标量化制，把耕地保护纳入地方党政年度绩效考核，树牢农业稳县的责任意识。围绕"两不愁三保障"要求，抓实粮食安全。实行最严格的耕地用途管制，坚决遏制耕地"非农化"、防止"非粮化"，全面贯彻落实"长牙齿"的耕地保护硬措施，严格落实耕地利用优先序，耕地主要用于粮食和棉、油、糖、蔬菜等农产品及饲草饲料生产，永久基本农田重点用于粮食生产，高标准农田原则上全部用于粮食生产。同时，引导新发展林果业上山上坡，鼓励利用"四荒"资源，不与粮争地，持续抓牢群众饭碗，保障全县群众"不愁吃"。围绕项目用地，抓实耕地"两平衡"。建立耕地占补项目立项、实施、验收、管护全程监管机制，大力实施耕地占补平衡项目，确保补充可长期稳定利用的耕地，实现全县耕地占补平衡。按照"谁占用，谁负责，谁落实"的原则严格落实耕地"进出平衡""占补平衡"、永久基本农田补划等政策，严惩未批先建，强化耕地数量、质量、生态"三位一体"保护，严守耕地保护红线。

全力做好要素保障　精准服务高质量发展

——广西钦州市持续推进自然资源工作纪实

广西钦州市自然资源局

2023 年以来，广西钦州市自然资源局党组深入学习贯彻习近平新时代中国特色社会主义思想和党的二十大精神，引导该市自然资源系统干部职工认真贯彻习近平总书记对广西"五个更大"重要要求、视察广西"4·27"重要讲话和对广西工作系列重要指示精神，严守资源安全底线、优化国土空间格局、促进绿色低碳发展、维护资源资产权益，持续提高自然资源服务发展的能力。

一、严守资源底线，保障粮食安全

工作中，该市自然资源系统始终严守耕地保护红线，通过压实耕地保护党政同责，全面推进落实耕地保护田长制。利用"广西田长巡 2.0"APP 开展耕地保护日常巡查，自年初至 6 月 21 日，巡查发现问题 18 起，办结 2 起。

同时，全力统筹全市耕地占补平衡，落实 8 宗非农建设项目耕地占补平衡，涉及耕地数量 35.36 公顷，水田规模 29.99 公顷，粮食产能 49.79 万公斤。

在严格落实耕地用途管制方面，确认 2022 年度钦州市耕地实现进出平衡。通过开展"桉退蔗进"耕地恢复治理，核查图斑面积 4.02 万亩，整治 1.03 万亩。

在严格执法督察中，顺利完成了 2022 年自然资源卫片执法检查。以"零容忍"态度持续开展农村乱占耕地建房整治，完成了 24533 个图斑的补充摸排工作，2023 年以来该市没有上报新增问题。

二、优化国土空间，构建新发展格局

工作中，该市自然资源系统着力加快完成国土空间规划编制。《钦州市国土空间总体规划（2021—2035 年）》于 2023 年 6 月 15 日通过自治区厅际联席审查，目前已上报自治区人民政府审批。

全力推进国土空间基础信息平台及"一张图"实施监督信息系统建设，采用市县统建、系统集成、边建边用的方式，实现区、市、县三级数据的同步更新，已通过自治区组织的系统功能评定。

在最新形成的《钦州市国土空间总体规划（2021—2035 年）》成果中，已将位于城镇开发边界外的平陆运河、环北部湾广西水资源配置工程等重点项目纳入规划重点建设项目安排表，全力保障重点项目规划空间规模。

此外，在提升城市规划设计，优化"一核、一轴"空间结构方面，辣椒槌片区和三娘湾片区控规已通过专家评审。围绕港城经济走廊和平陆运河建设，开展扬帆大道港城融合发展带规划、平山岛保护开发规划研究和平陆运河城区段三个节点的开发改造编制工作，已形成初步成果。

三、强化要素保障，服务高质量发展

工作中，该市自然资源系统将做好平陆运河项目（钦州段）资源要素保障工作视为首要任务。平陆运河工程建设用地于 2023 年 5 月 11 日获自然资源部批复。在新增城镇建设用地指标分解中，优先保障平陆运河沿线城镇建设。采取"容缺受理、承诺审批"的方式办理 23 宗临时用地审批。

全力做好重大项目用地保障。2023 年以来获批建设用地 3375 公顷，全市获自治区下达预安排新增建设用地计划指标 200 公顷、获自治区奖励计划指标 73.33 公顷，确保了全市经济社会发展用地需求。

将自然资源要素优化配置重大项目及民生项目，环北部湾广西水资源配置工程等 35 个项目被列入 2023 年自治区人民政府重点保障用地项目清单，昌德新材科技（广西）有限公司年产 65 万吨化工新材料一体化项目等 216 个项目被纳入 2023 年自治区层面统筹推进重大项目清单。

四、坚持守正创新，不断夯实自然资源管理基础

工作中，该市自然资源系统持续推进工业项目"标准地"改革，拟订了《钦州市工业项目"标准地"改革实施方案》，已向社会公开征求意见。在深入推进农村集体经营性建设用地入市改革过程中，浦北县被列为全国农村集体经营性建设用地入市试点县。

与此同时，该市自然资源系统持续优化营商环境。在加大不动产登记创新力度方面，率先在全区实现首个房地产开发项目将"交房即得证"作为要约条款纳入《商品房买卖合同》（预售）并在房产销售系统进行网签备案。坚持以人民为中心，通过创新工作举措，我市在全区第一批实现了办理二手房"带押过户"转移抵押登记，已办理"带押过户"15 宗。

该市自然资源系统还在工作中不断强化基础测绘支撑。今年上半年，高效完成了测绘地理信息数据保障，扎实开展北部湾近岸海域海底地形 1∶10000 比例尺水下地形测量，获取 0～10 米水深浅海海域 1∶10000 水下地形图，测量面积约 46.1 平方千米。同时，还完成了 11 座测量标志的重建任务。

开展防灾减灾宣传周活动

河南省新乡市凤泉区自然资源局

2023 年 5 月 12 日是国家第 15 个"防灾减灾日"，2023 年 5 月 6—12 日为防灾减灾宣传周，宣传主题为"防范灾害风险　护航高质量发展"。为切实增强全社会防灾减灾意识，唤起社会各界对灾害事故的高度关注，普及地质灾害防灾减灾知识和技能，我局会同区应急局、区减灾委员会各成员单位积极开展了一系列防灾减灾宣传教育活动。现将有关情况汇报如下。

一、领导重视，部署到位

2023 年 5 月 4 日下午，为贯彻落实省、市防汛会议精神，凤泉区副区长秦桐组织地质灾害防治指挥部成员单位召开了凤泉区 2023 年地质灾害防治工作会议，分析今年我区地质灾害形势。区自然资源局局长张迪做了《全区汛期地质灾害防治工作会议上的通报》的工作汇报。

为做好今年防灾减灾宣传周活动，我局对防灾减灾日宣传周活动行早安排、早组织、早动员、早行动，制订了《全局应急救援队伍"大练兵大比武"活动方案》《全局火灾警示宣传教育月"大宣传大教育大培训"活动方案》《凤泉区 2023 年度地质灾害防治方案》三个方案，明确职责，为宣传周活动取得良好效果奠定了基础。

二、群测群防，加强培训

2023 年 5 月 10 日，省厅专家对我局工作人员进行了一次集中地质灾害防治工作培训，重点讲述了地质灾害的特征、防治措施，建议落实群测群防，加强与技术支撑单位的沟通协作，切实提高汛期地质灾害防治应急能力。

三、广泛宣传，氛围浓厚

（一）宣传普及地质灾害防治知识

利用线上线下多种宣传途径，突出今年"防灾减灾日"的主题，积极开展地质灾害防治知识宣传，宣传报道全区开展防灾减灾活动的情况。

（二）集中开展森林防火、地质灾害防治知识户外咨询宣传活动

我局作为区减灾委成员单位，积极参与区减灾委在区应急主题公园（锦园路北）集中开展的"防灾减灾日"户外宣传活动，设置了宣传展板和横幅，向群众宣传地质灾害、森林防火科普知识，通过现场发放宣传资料 200 份、接受现场咨询、现场提问等方式集中宣传地质灾害的基本知识和避险办法，受宣传教育人员达 100 余人次。

（三）开展"四进"活动

"防灾减灾日"宣传周期间，我局会同凤凰山矿森服务中心广泛开展了防灾减灾日地质灾害知识进机关、进企业、进社会、进家庭活动。活动内容丰富多彩，形式灵活多样，宣传内容深入人心，取得了良好的社会效果。

（四）全面排查地质灾害隐患点

5 月初，我局组成 3 个排查小组，由局领导班子成员带队，对全区进行拉网式大排查，不留死角。通过大排查全区未发现地质灾害隐患点有异常活动。

四、效果显著，意义深远

通过开展"防灾减灾日"地质灾害防治宣传活动，使广大群众更加了解地质灾害防治知识和防灾减灾法律法规，有力地唤起了社会各界对地质灾害等各种自然灾害的高度关注，增强了全社会的防灾减灾意识，推动了全民避灾自救技能的普及，提升了全民综合减灾能力，进一步识别灾害风险，掌握减灾技能。

节约集约使用自然资源
同心同行筑梦弋阳发展

江西省弋阳县自然资源局

十年踔厉奋发，十年沧桑巨变。党的十八大以来，在习近平新时代中国特色社会主义思想指引下，弋阳县各级各部门凝心聚力、攻坚克难，各项工作不断取得新的进步，创造新的辉煌，经济社会发展和改革创新成就非凡。在喜迎党的二十大胜利召开的重要时刻，弋阳关注推出了"新时代十年，看弋阳答卷"系列报道，全方位、多角度展示十年来弋阳经济社会发展取得的辉煌成就，进一步凝聚起奋进新征程、建功新时代的磅礴力量，为把弋阳打造成"传承红色基因和高质量发展示范区"而努力，以实绩实效迎接党的二十大胜利召开。

十年来，自然资源局按照县委、县政府各项决策部署，坚持节约优先、保护优先，以深化自然资源领域"放管服"改革为抓手，围绕"山水林田湖草"生命共同体，推进自然资源各项工作取得积极成效，为全县经济社会高质量发展提供了有力支撑和保障。

一、改革创新取得显著成果

近年来，县自然资源局以深化自然资源领域"放管服"改革为抓手，主动改革，坚韧改革，向改革要效能、要服务、要执行力，积极优化营商环境，服务实体经济发展。

目前通过建成的不动产登记网上办事大厅，实现了部门间数据共享、网上申报、业务联办等服务事项；通过不动产登记分流及政务一窗式综合服务平台对接，实现了二手房办理不动产证及电水气联动过户。群众办事从最初的多头、多部门跑，办理业务费时费力到现在的"一网办通"，简单业务网上直接办理，"一站式服务"快捷便利，提高了群众办事效率。

同时实现不动产登记办理从最初的 7 个工作日压缩至现在的 2 个工作日内办结，抵押登记办理从最初的 3 个工作日压缩至现在的 1 个工作日内办结，简化了受理流程。

自 2016 年弋阳县不动产登记中心成立以来，连续 5 年在市局年度考核中排名前列，2021年收到江西省国土空间调查规划研究院自然资源确权登记与法律事务中心的表扬信，肯定我县不动产登记工作在全省发挥的示范引领作用。

二、资源利用水平不断提升

自然资源节约集约利用水平持续提升，国有建设用地供地率始终保持在较高水平，2022 年达到 88.2%。土地资源利用效率不断提高，国有建设用地出让面积由 2012 年的 448.72 亩增长为 2022 年的 2294.1 亩。坚持土地有偿使用制度，所有出让土地的使用权必须通过公开招拍挂取得，确保土地使用权交易过程公开、透明，国有建设用地使用权出让收益实现较大提升，由 2012 年的 1.0599 亿元达到 2022 年的 12.5121 亿元，增长近 11 倍。

农村拆旧复垦工作有所突破。完成拆旧复垦竣工验收 4500 余亩，全部立项项目完成后可腾退农村闲置建设用地 8000 余亩，为乡村振兴提供用地保障。

三、矿产资源开发利用水平持续提升

矿山集约化程度提高。矿山数量从 2012 年的 42 个采矿权减少到现在的 27 个，其中县本级采矿权从原来的 21 个减少到现在的 9 个，有效地控制了采矿权总数，合理保护了矿山资源，为矿山高质量发展奠定了良好基础。此外，2012 年以来新设矿山 9 个，出让收益总额 80072 万元。例如，江西省弋阳县曹溪二矿区制碱用灰岩矿，2021 年出让，可采储量为制碱用灰岩 16141.79 万吨，共生溶剂用白云岩矿 1501.93 万吨，合计 17643.72 万吨，均达到国家鼓励开发的大型矿山规模，能高效利用矿产资源，提高了综合利用率，防止浪费。

四、生态文明建设取得成效

自然资源局坚持耕地保护优先，落实最严格的耕地保护制度，2019 年在全省耕地保护目标责任考核中获评"优秀"。耕地保有量从"十二五"期间的 42.90 万亩，增长到如今的 45.05 万亩。永久基本农田从"十二五"期间的 36.26 万亩，增长到如今的 38.26 万亩。不断加强耕地占补平衡规范管理，连续十年实现耕地占补平衡。

积极践行"绿水青山就是金山银山"理念，持续加大矿山生态环境治理，严格按照"边开采边修复"原则，持证矿山累计修复面积约 2100 亩，共投入治理资金约 5640 万元。废弃矿山生态修复进程加快，全县累计治理恢复总面积 4409.23 亩，其中有 2566.65 亩废弃工矿用地通过城乡建设用地增减挂钩项目实现恢复治理，修复后产生的节余指标在省域范围内流转，流转后最低能为县财政增加收入 2.5 亿元。

十年来，实施立项土地开发项目 276 个，共计 22103.52 亩，项目施工费 1.17 亿元；实施旱改水项目 1 个，项目施工费 80.89 万元；实施增减挂项目 66 个，实施增减挂面积 13760.85 亩，项目施工费 1.33 亿元；实施土地整理项目 3 个，项目施工费 1475.77 万元，实现了增加耕地有效面积的目的。

五、城镇规划引领作用凸显

十年来，我县城镇化率由 40% 增长到 52%，中心城区建成区面积由 16.3 平方千米拓展到 22.19 平方千米。城市框架有序拓展，这十年，城市路网由"一纵七横"扩展到"四纵十八横"。城市功能和品质跨越式提升，投资 100 多亿元实施了中心城区项目 60 多个，方志敏干部学院、

华东师范大学基础教育园区、新人民医院、方团水库引水、方志敏公园、新政务服务中心等一批"打基础、管长远、强功能、提品质、惠民生"的重大项目相继建成投用。

六、展望未来

自然资源局在今后将继续履行自然资源工作职责，坚持绿水青山就是金山银山的理念，尊重自然、顺应自然、保护自然，坚持节约优先、保护优先、自然恢复为主，成为我县高质量发展重要战略的支点，为宜居宜业的现代化弋阳县提供服务保障。一是继续加强重大项目自然资源服务保障。做好全县重大项目规划、用地、矿产资源保障等各项工作。二是继续深化自然资源"放管服"改革。进一步精减审批环节、压缩审批时限、优化审批程序、简化审批材料。三是加快构建国土空间规划体系。按照国家和省的统一部署，按时完成国土空间规划编制任务，做好重点规划编制工作。四是推进"山水林田湖草"生态保护修复，巩固废弃矿山综合整治的效果，推进绿色矿山建设。五是加强土地执法监督。加强对自然资源违法重点区域、重点矿区的动态巡查，狠抓重案要案，严肃查处自然资源违法行为。

"三个聚焦"打出营商环境组合拳
跑出助力经济发展加速度

湖北省应城市自然资源和规划局

2022 年以来,应城市自然资源和规划局认真贯彻落实市委、市政府优化营商环境的部署安排,着力在土地要素保障、财产登记、先行区创建、"放管服"改革等方面打出组合拳,跑出助力发展加速度。2022 年全市征地报批面积位居孝感市第一位,土地供应总量位居孝感市前列,工业用地"标准地"出让和工业项目"五证同发"覆盖率 100%。批而未供土地处置率超省厅目标值 4.15 个百分点,闲置土地全部处置完毕,在林长制考核中位居孝感第三,在亩产论英雄考核中孝感第一、全省一类县市第八,在全域国土综合整治考核中获孝感第一,不动产登记"票税分离"改革试点获省营商办通报表扬。我局被孝感市自然资源和规划局表彰为优化营商环境优胜单位。

一、聚焦发展优服务,助力"四区五城"建设项目落地

一是统筹规划快实施。坚持以科学合理的国土空间布局,促进经济发展用地需求的持续保障,划定并启用"三区三线"成果,形成市级国土空间总体规划草案,搭建了国土空间基础信息平台,建立了国土空间规划"一张图"实施监督信息系统。完成主城区"两河新区"(含城中、城北、四里棚办事处和开发区)和东城区(东马坊办事处、长江埠办事处、郎君镇)控制性详细规划编制。二是"五证同发"提效率。建立并联审批、"净地"出让、容缺办理等机制,加快审批速度、节省时间成本,共减少 5% 的审批材料,减少审批时间近三分之二,去年"五证同发"工业项目 36 个,获市场主体肯定。三是精准服务保用地。编制用地政策"工具箱",全面落实稳增长 15 条措施,围绕重大项目快报批上下联动、专班跟进、全程网办、并联审批,2022 年报批用地 32 批次、面积 6151 亩(其中工业用地 4273 亩),征地面积同比增长 427%,位居孝感市第一位。供应土地 80 宗,总面积 3843.61 亩,土地供应量位居孝感前列,工业用地"标准地"出让覆盖率 100%,有效保障了云图控股二期、宏宜化工、博腾制药、保立佳、湖北应城 300MW 级压缩空气储能电站示范项目、市级重点工程两河流域水生态治理及基础设施等重大项目用地。

二、聚焦登记优服务,助力"放管服"改革惠企便民

坚持以市场主体需求为导向,市场评价为第一评价,企业群众满意为第一标准,坚定不移推进"放管服"改革走深走实。一是优化财产登记模式。推行"交房即办证"模式，与住建、税务、金融机构等部门联动，依托不动产登记互联网综合服务平台和信息共享，在新建商品房交房时为购房业主办理不动产登记，做到住权与产权同步实现。二是全面推进"多审合一、多测合一、多验合一"改革。制订《应城市自然资源和规划局"多审合一""多测合一""多验合一"改革工作实施方案》和《应城市工程建设项目"多测合一"实施细则》，进一步整合工程建设项目全流程测绘业务，推行二手房转移登记及水电气联动过户"一事联办"，推动企业间不动产转移登记实现"190"办结标准（1个窗口90分钟内办结），节省企业时间，降低经济成本。三是搭建"互联网＋不动产"登记模式。持续推进信息共享，推行"不见面"服务，引导业主和群众网上申报、网上领证，实现证书打印、信息查询24小时不打烊"自助办理"。2022年网办109件，其中抵押登记88件，转移登记3件，注销登记18件。依托市金融办，与7家商业银行45个银行网点开展合作，推动抵押登记、抵押注销登记等更多与抵押相关的业务在金融机构直接办理，提升了办理登记的便捷度和办事的满意度。目前，我局实现新建商品房转移登记和抵押登记办理承诺办结时限1个工作日，平均办结时限1.5小时。实体经济企业、小微企业登记、查封登记、注销登记、异议登记做到即来即办，让群众和企业享受便捷高效的登记服务。2022年共完成各类登记8495件，发放不动产登记证书5044本，不动产登记证明2338份。

三、聚焦创新优服务，助力"先行区"创建提质进位

一是扎实开展营商环境先行区创建。2022年在全省率先推行不动产登记"票税分离"改革先行区创建试点，并成功获得省级验收，受到省营商办通报表彰。2023年我们还将探索开展存量房"带押过户"创建试点，以提高存量房交易效率和便利度，降低存量房交易成本。二是扎实开展先行区典型经验复制推广。我局在探索开展先行区创建试点工作的同时，对标全国、全省营商环境创新改革成果，结合应城实际，将不动产一网通办、电子证照、不动产登记信息与地籍图可视化查询、"存量房转移登记＋金融服务"等事项进行复制应用，实现了包容普惠创新指标的整体提升。目前新建商品房和二手房转移登记、预告和抵押等登记高频事项均实现了网上办理。三是全面化解不动产登记历史遗留问题。在全市率先探索开展不动产登记"证缴分离"改革，处理历史遗留问题。我们在完成百货商住楼、园林公寓、月圆小区等22个住宅小区（201栋共5006户）登记历史遗留问题的基础上，2022年再次化解了科技园、南天公寓等16个小区共68栋1465户居民的不动产登记历史遗留问题。2023年计划启动20个小区约3000户的不动产登记历史遗留问题，切实为群众办实事、解难题，努力实现全市历史遗留问题"清零"。

全体自然资源人将持续弘扬"敢、快、干"的作风，聚精会神抓发展、主动作为抓创新、担当有为抓落实，以控制成本为核心持续优化营商环境，让企业和群众实实在在地感受到优化营商环境、推进"放管服"改革带来的政策便利，为冲刺县域经济"全国百强"，加快推进"四区五城"建设贡献自然资源力量。

在做实上绣花　在见效上发力

——东宝区扎实推进林长制，助力实现林长治

湖北省荆门市自然资源和规划局东宝分局

东宝林业资源丰富，是市辖区林业大区，也是林业产业大区。辖区面积 1298 平方千米，其中林地面积 125.03 万亩（包括生态公益林 33.21 万亩、天保林 49.68 万亩），森林覆盖率 61.95%、森林蓄积量 656.43 万立方米。拥有仙居河国家湿地公园，钱河、象河两个省级湿地公园，总面积达 1.4 万亩。

2021 年 12 月 10 日，东宝区委书记、第一总林长江稳，区委副书记、区长、总林长董勇联合签发了 2021 年东宝区总林长 1 号令，吹响了东宝区全面推行林长制的"动员号"。2022 年 3 月 23 日，东宝区林长制办公室印发《东宝区（第一季度）林长制积分情况通报》，对全区一季度林长制工作进行了通报，东宝区林长制工作已经取得实际成效。

一、建立健全林长制责任体系

（一）建立三级林长责任体系

建立区、镇、村三级林长责任制，印发《东宝区全面推行林长制实施方案》《东宝区林长会议制度》等四项配套制度，明确区、镇、村三级林长名单和责任区域，全区共明确林长 516 名，落实专职护林员 88 名，初步建成了"林长＋护林员"责任体系，将林长制工作纳入区级财政预算，2022 年预算保障经费 200 万元。

（二）建立"联防联动"机制

在辖区马河镇试点"联防联治"机制，马河先后与毗邻镇村签订了《全面推行林长制工作"联防联治"机制协议》12 份，共同管理保护森林资源，及时发现、制止管护区域内乱砍滥伐、乱捕滥猎、乱挖滥占等违法破坏行为；对双方管护区域内的林木进行日常轮换交替巡护和森林防火宣传；建立与完善野外火源和松材线虫病防控监管信息网络；在森林防火重点时段、地段加强巡查力度；充分利用"三情""四网"等基础业务信息加强互联网信息资源整合；建立社情民意联系点，将边界林区联防联治纳入治安防范合作管理机制，抓好调处边界涉林纠纷、涉林案件、森林防火等工作，形成高效协调、优势互补的林长制跨区域合作机制。

（三）建立"林长＋检察长"协作机制

东宝区林长制办公室与东宝区人民检察院联合印发了《〈东宝区建立"林长＋检察长"协

作机制工作方案〉的通知》，成立"林长+检察长"协作领导小组，定期召开联席会议，将"林长+检察长"协作机制推进落实情况纳入全区林长制考核内容，充分发挥检察工作在森林资源保护中的重要作用。目前，已建立公益诉讼生态修复林基地60亩，补种复植高规格女贞苗木5000余株，相关费用全部来源于涉林公益诉讼案件中相关责任人赔付的生态修复费。

二、打造林长制区域特色

（一）制定任务清单，实化林长巡林

东宝区林长制办公室根据森林分布特点、气候变化及产业分布情况制订年度巡林计划，将国土绿化、森林防火、资源保护、有害生物防治等重点工作分时段和责任区域予以明确，各级林长每次带着具体任务到责任区域开展巡林工作。对巡林过程中发现的问题实行现场交办制，明确接办林长、整改要求、整改时间等，联系单位将各林长现场交办的问题收集后报区林长制办公室，区林长制办公室根据各林长现场交办的清单及时进行跟踪督办，对整改问题实行销号管理，逾期未整改到位的，区林长制办公室下发林长巡林的工作提醒，督促各级林长认真履职尽责，做到整改问题件件有落实。截至目前，全区三级林长累计开展巡林3454人次，各级林长巡林交办问题45件，已整改完成44件，整改率达97.78%。

（二）建立林长制积分管理制度，量化林长履职

为推动基层林长制长效化常态化，东宝结合自身工作实际，积极探索林长制与积分制融合实践，研究制订了《东宝区林长制积分考核实施方案（试行）》，首创在基层林长制工作上应用积分管理，实现林长履职量化管理，走了一条林长制落地见效的东宝路径。林长制积分管理分别从林长履职情况、目标任务完成情况、工作保障情况和工作成效四方面进行考核，对乡镇（街道、工业园）林长履行森林资源管护、森林防火、松材线虫病防治、国土绿化等59项职责进行积分分值量化，常规性工作根据难易程度赋予单项工作1～10分分值，突出工作形成经验被国家、省、市、区通报表扬，赋予单项15～30分分值。由乡镇林长制办公室按月申报、区林长制办公室每季度核实、初审后汇总报区总林长审定。林长制积分考核由平时考核和年度考核组成，其中平时考核占比80%、年度考核占比20%。最终按"平时考核积分+年度考核评分+奖励积分"进行全区排名，对积分考核前三名的分别给予资金扶持等政策性奖励，对一票否决或考核积分在70分以下的由区级林长进行约谈，充分调动各级林长履职尽责、解决重点难点问题的积极性。在2022年第一季度林长制积分考核中，区林长制办公室对乡镇林长履职积分情况进行了公示，对积分领先的乡镇肯定成绩，对积分暂时靠后的乡镇要求分析原因、找准差距、补齐短板，充分发挥积分制推动作用。

三、推动林业事业高质量发展

（一）高质量推动资源管护

林业动植物保护有力。救助野生动物48只，清退经营性野生动物养殖企业（户）11家，处置野生动物10191只，补偿金额679.95万元，全部完成转产转型，受到省林业局通报表扬。

开展打击野生动物非法贸易行动（清风行动），检查交易市场 85 次、餐饮行业 380 家，未发现野生动物非法贸易行为。全区现有登记造册古树名木 335 棵，其中一级古树名木 10 棵、二级古树名木 77 棵、三级古树名木 248 棵，对辖区内所有古树名木重新制作保护牌进行挂牌保护，与管护责任单位（责任人）签订了管护协议，落实管护费 20 余万元。林业有害生物防治有效。东宝区松树资源丰富，有马尾松、湿地松等松科植物 64.58 万亩（含混交林），占全区森林面积的 55.1%，2018 年年底被省林业局确定为松材线虫病疫区。我区采取飞防和定株清理等形式，投入资金 126.5 万元，连续三年对子陵铺镇石莲村等 12 个疫情重点村利用飞机喷施药物 12.5 万亩，投入资金 1909.5 万元，清理处置疫木 10.17 万株（含枯死松树），疫情蔓延的势头得到了有效控制，逐步实现从一个疫点无疫木乡镇到全区拔除疫区的目标。涉林案件查处有力。印发了《森林资源保护法律法规宣传告知单》4 万份，进一步提升群众的森林资源保护意识。坚持早发现、快查处，近三年共立案查处林业行政违法案件 25 宗，责令限期恢复林地面积 70.5 亩，收缴罚没款 56.93 万元。移交林业刑事案件 5 起，涉案人员 27 人次。森林防火成效显著。连续三年提请区政府颁发《森林防火戒严令》，印发《致全区人民群众的一份公开信》8 万份，群众防火意识显著提升。投资 1500 余万元建立区、镇森林防火视频监控系统，主要由 39 个可360° 旋转的烟雾感应视频监控组成，可覆盖重点林区近 80 万亩；投资 300 万元购置巡逻摩托车 30 辆、风力灭火器等灭火设备 2017 台（套）；消除重点森林火灾隐患 24 处，连续三年未发生森林火灾和人员伤亡事故，2021 年被评为"全省森林火灾风险普查工作先进单位"。

（二）高质量推动林业经济发展

2021 年，荆门市委、市政府以"五个一"工程奏响品牌之音，我区以圣境花谷、辰龙花卉、石仙花卉苗木走廊为依托，大力发展"一枝花"产业。圣境花谷打造的民俗文化村、花香康养区、研学游基地、人工湖等成为全市人民周末休闲的好去处；辰龙花卉盆栽培育基地组培实验室、智能育苗温室、标准化容器苗技术将成为华中花卉苗木科技研发标杆；石仙花卉苗木走廊带动周边林农种植以乡土树种为主的风景苗木，面积达 15000 亩，解决当地农民就地就业 5000 余人，户均增收 2～3 万元。

（三）高质量推动国土绿化

东宝区大力开展国土绿化和生态修复工作，开展城北防护林体系建设。近三年来，累计完成国土绿化 81983.1 亩，其中，精准灭荒 22405.5 亩，退化林修复 9600 亩，人工造林 16977.6 亩，封山育林 3000 亩，森林抚育 30000 亩；全民义务植树 11590 株，折合面积 152 亩。先后创建国家级生态文化村 1 个（仙居乡三泉村），国家级森林乡村 2 个（栗溪镇插旗村、仙居乡三泉村），省级森林城镇 4 个（马河镇、栗溪镇、仙居乡、石桥驿镇），省级森林乡村 3 个（马河镇三里岗村、仙居乡柴黄村、石桥驿镇白马村），省级绿色示范乡村 32 个。

四、强化林长制考核问责机制

（一）建立林长制考核问责机制

制定《东宝区林长制督查考核制度》，将林长制工作纳入地方党政领导班子政绩考核内容，对考核结果不合格的，由乡镇（街道、工业园）人民政府向区人民政府提交整改报告、限期整改；对整改不到位的，依法依规对相关责任人问责追责；对考核排名落后、履行职责不力的镇级林长，由区级林长进行约谈。

（二）建立林长制督导机制

实行林长巡林问题交办制。印发《2022 年度区级林长巡林发现问题交办清单》，强力推进林长巡林交办的 45 件问题整改。印发《关于组织区级林长巡林的工作提醒》，督促各级林长把握好巡林时间和巡林重点，健全巡林档案，做好问题移交和跟踪督办，确保问题真整改，落地落实。

（三）严格落实林长制积分考核

印发《东宝区（第一季度）林长制积分情况通报》，对积分靠后的乡镇通报提醒。仙居乡印发《村级林长履职情况通报》，针对乡级林长检查发现的责任压实不够、日常巡护不勤、治理管护不严、整改质效不佳、宣传氛围不浓五类问题分别对付庙村、银井村、革新村、新屋村、何家村进行通报。强化社会监督，公布林长责任区域，在责任区域显著位置设置林长公示牌 108 块，主动接受社会监督。目前，东宝区林长制办公室印发工作简报 7 期、工作提醒 1 期，乡镇林长制办公室共印发工作简报 3 期、林长履职情况通报 1 期。

五、依托林长制大力发展林业产业

东宝立足生态优势和资源禀赋，积极探索"两山"转换路径，大力发展林业产业，培育林业产业化省级重点龙头企业 11 家，走出了一条"绿""富"双赢之路。2009 年，国家林业局授予东宝区"国家现代林业湖北东宝森工科技产业园"称号；2016 年，在森工产业园的基础上，规划 14 平方千米建设东宝绿色家居产业园。目前已落户相关企业 146 家，规模以上企业 42 家，年产值达 80 亿元。其中，国家林业标准化示范企业 3 家，林业产业化省级重点龙头企业 9 家，全国家居十强企业 3 家，创建国家高新技术企业 6 家，省级研发平台 3 个，承担省级重大科技项目 5 项。园区企业产品获得国家专利多达 57 项。其中，万华禾香板业（荆门）有限责任公司研发的聚氨酯黏合剂获得国务院颁发的"年产 20 万吨大规模 MDI 生产技术开发及产业化科技进步一等奖"，该公司开发生产的秸秆板，荣获国家科技进步奖二等奖；湖北宝源木业有限公司、亚丹生态家居（荆门）有限公司、湖北宝源装饰材料有限公司被国家林业局评为"国家林业标准化示范企业"。中欧装配式木结构建筑技术研讨会、中国定制家居无醛生活产业发展高峰论坛、中国绿色家居产业发展峰会等一批行业高层次会议相继召开。东宝区先后被中国建筑材料流通协会授予"中国绿色家居之都"称号、被中国林产工业协会授予"中国绿色家居智能制造示范区"称号，2022 年再次被国家林业和草原局授予"国家东宝绿色家居产业示范园区"称号，是全省唯一一个获得两个"国"字号称号的林业产业园区。

持续优化营商环境
为高质量发展注入"内动能"

江苏省海安市自然资源和规划局

近年来，海安市持续深化"放管服"改革，围绕企业需求和群众关切，充分发挥部门力量优势，不断在项目用地规划审核、土地要素保障、不动产登记等环节加大营商环境改革力度、增创营商环境新优势，为全市经济社会高质量发展注入了源源"内动能"。

一、疏"堵点"做管理"减法"，推进项目规划前置审查

深入推进"放管服"改革，提升建设用地审核效率。分别在土地挂牌前、土地挂牌后至摘牌前、土地摘牌后三个阶段主动介入、审查前置，推动用地手续变"串联"为"并联"，推进成交即发放建设用地规划许可证、建设工程规划许可证。土地挂牌前，由市资源规划部门与行政审批部门联合对接项目意向单位，对拟引进工业类项目规划方案提前进行预审，同时拟定规划条件，用于土地挂牌，一改之前待土地摘牌后才进行规划方案审查的做法。土地挂牌后至摘牌前，打破此前需办理不动产权证后才进行建设工程规划许可的藩篱，由多部门联合进行项目投资备案、施工图合规性审查、建设用地规划许可、建设工程规划许可预审批。待土地摘牌、受让人缴纳完出让金、契税后，建设单位凭材料即可一同拿到建设用地规划许可证、不动产证和建设工程规划许可证。同时开通重大项目用地审批"绿色通道"，做到即来即办、快审快批，降低企业用地制度性成本。目前，海安已实现1个项目以供地登记链接建设工程手续，一天内实现"六证"联发（投资项目备案证、用地规划许可证、审图合格证、工程规划许可证、施工许可证、不动产证），成功保障了该项目成交即发证、拿地即开工。

二、破"难点"做服务"加法"，强化项目土地要素保障

不断争取要素保障的主动性，拓宽要素保障渠道。充分挖掘自身耕地后备资源潜力，上半年全市实施完成增减挂钩项目2548亩、工矿废弃地复垦项目574亩、占补平衡项目1152亩。对重点项目用地需求主动服务、超前介入，最大限度压缩报批时间。上半年共组卷并获批6个批次，面积671亩，新增建设用地529亩，完成了3个省级重大项目、18个市级重大项目共1844亩的用地保障，组织做好国家级基础设施建设项目中俄东线天然气管道、江苏沿海输气管道和临海引江供水近期工程项目的用地预审。率先出台《海安市工业用地提质增效实施办法》，

向土地存量要发展增量，推进传统产业转型升级，一季度经南通市核查认定盘活闲置低效项目用地 18 宗面积 691 亩。科学合理安排年度收储土地计划，已入库土地优先保障招商引资重点项目用地。出让各类土地 58 宗 1445 亩，出让金达 20.53 亿元，住宅项目成交活跃，1—5 月份成交单价和成交总额在南通县区排名靠前。注重高端、高效、低耗能、低污染产业等重点项目的均衡布局及建设用地供应，全市域建设项目地质灾害危险性区域评估成果和压覆重要矿产资源实行免费查询。建立"项目服务专班机制"，服务新开工 10 亿元以上项目用地 19 宗 1904.9 亩，助推海安再夺南通项目建设"流动红旗"。

三、畅"节点"做效能"乘法"，落实不动产登记便民举措

通过"优流程、减环节、降时限、重共享"，扎实推进不动产登记改革惠民利企、提质增效。一是以优保快，全面升级"一窗办结"模式。将原先三个部门三人一个窗口物理组合的方式改为三个不动产登记综合受理窗口，推出"无差别一窗受理"，实现不动产登记"一窗受理、一人服务、一套材料、一次性办结"。二是以零达简，全面提升不动产登记办理便捷度。在全市 10 个区镇设有"代办员"，为企业提供差异化、特色化的全程代办服务，争取企业"零跑腿"。提供预约预审、预约延时、上门、24 小时自助等服务，方便群众办证需求，让特殊群众无须奔波。办件材料严格依规"零增加"收取，对没有法律、法规依据的材料一律取消。三是以新促效，全面推进不动产登记提质增效。全域实现不动产登记资料查询、抵押登记等业务线上"通城通办""省内通办""跨省通办"，全市通过"线上苏小登"服务平台受理银行不动产登记业务 2785 件，正常线上办理银行 21 家。推进土地首次登记"缴费完税即发证"，完成 37 宗土地首次登记"零材料"发证。

以规划引领，"在集约中开发，在开发中节约"的"篁岭模式"助力乡村振兴

江西省婺源县自然资源局

一、基本情况

篁岭村，隶属江湾镇栗木坑村委会管辖，至今已有近600年历史，是婺源具有独特风格的徽派古村落之一。村庄用地面积约38亩，受地形限制，村庄房屋建在一个陡坡上，房屋高低错落、呈半环状分布。村内土地的有效利用十分艰难，可谓"地无三尺平"，村民晒晾农作物只能使用竹簟晒在自家屋顶木架上。由于篁岭村农民的生活生产资料大部分都在山下，交通极为不便，秋冬季节村民生活严重缺水，而汛期又因街巷排水不畅发生过几次局部山体滑坡致人员伤亡事故，村民的生产生活极为不便，一直以来村民都有强烈的搬迁意愿。在村落景区开发利用前，村内有70多户330余村民，大部分村民在外务工，平时只有老人与小孩留守村庄，整个村庄呈半空心化的萧条景象。由于村庄缺乏管理，环境卫生、教育、医疗条件极差，在住村民"人心思迁"，有条件的都在逐步外迁。遗落的闲置房屋，因年久失修，构建已开始腐烂，有的甚至倒塌，周边田地逐步荒芜，生态环境也面临无人保护，逐步颓废。

二、具体做法和成效

（一）以规划引领，疏堵结合，充分达到保护资源与改善村民生活条件相融合

为解决篁岭村村民生产生活不便且村庄存在地质灾害隐患的问题，我县以政府、村民、公司互动的形式，充分利用好村庄的有效用地，解决好村民的生活，提高了村民的生活品质。当地政府和自然资源部门详细编制好了村庄详细规划，提出了相关的措施，解决好村民生活用地，利用好空闲地。公司出资1200万元建设了3层新徽派风格安置房68幢，老年、单身公寓24套，建筑面积达15047平方米，户均住宅建筑面积约200平方米，安置好村民人口320人。实现了统一供水、供电、排污、硬化等公共基础设施建设及小学、众屋等配套设施，达到乡村振兴建设规范标准。便利的交通条件和生产设施彻底提高了村民的生产生活条件，村民幸福指数大大提升。

（二）盘活利用闲置建设用地，加快旅游产业发展

篁岭村村民安置完成后，为有效盘活闲置的宅基地，结合我县产业的发展，于2011年起将篁岭村43.02亩存量集体建设用地进行利用盘活，以公司加农户的方式发展乡村文化旅游项目。

篁岭村的地质灾害隐患由公司进行了治理，得到了彻底消除。

公司入驻后，及时对该村120栋原有破败民居进行了修缮改造，提升了现有文化和旅游价值，并收购散落民间的20多栋徽派古建筑，根据规划"植入"村内，进行县内异地保护，打造了"旅游三产一条街"。经过几年的建设与打造，篁岭村已成为一个远近闻名的景区，景区运营仅两年，就先后被评为中国最美休闲乡村、中国传统村落、江西省首批乡村文化休闲旅游示范点，"篁岭晒秋"被评为最美中国符号，篁岭古村被网友赞誉为世界最美村庄、全球十大最美梯田，游客量逐年翻倍增长，景区的开发与经营模式也成为央视、人民网、新华网等高端媒体聚焦的对象。

（三）旅游带动农村经济发展，"篁岭模式"助力乡村振兴

"在集约中开发，在开发中节约"的篁岭节约集约用地模式是一种崭新的乡村旅游发展模式，通过市场经济杠杆，以一种前所未有的村落居住建筑物产权安置方式，安排好居民安居乐业。通过修葺原有建筑，在保持了原有村落建筑和古村文化"原真性"的基础上，向高品位食宿、休闲、民俗等体验发展，对村落建筑及风貌体系进行规划、维护，彻底灌注了古村加旅游、文化加旅游内涵，实现闲置土地的充分利用、古村落保护与发展的多赢。

为了让更多的村民参与项目的开发打造，以一个景区带动一条源的发展，做活乡镇片区旅游产业经济。"篁岭模式"在产业运作方式上，一是公司将周边1000亩田地进行流租，向村民支付一定租金，由公司统一规划种植，打造农业观光园，村民的身份也转成了公司的"造景者"，"抛荒"田地也得到了破除，种上了农作物。二是为了提高村民收入，解决村民就业问题，公司在前期开发建设及后期运营管理上安排当地村民参与，在景区内"入住"的100多栋房子和商铺都交由村民打理经营，使村民无需外出打工就能在家门口上班。三是篁岭景区古村民宿接待容纳一定的群体，其他消费人群留给景区周边区域的村民，村民通过兴办农家乐、民宿等项目带来极大的接待市场，增加了整个区域的农民收入。通过一系列的举措，将农户真正融入产业项目，达到零距离就业、足不出村就能挣钱的效果，实现了公司与农户的双赢。

"在集约中开发，在开发中节约"的节约集约"篁岭"模式围绕着节约集约用地的思想理念，通过乡村文化元素的主线，遵循地域民俗文化的特色，在保护的基础上充分利用遗留闲置的土地和生产生活资料及旧屋舍等资源，以节约、集约使用仅有的土地资源，充分挖掘展示当地民俗文化，建设休闲旅游文化产业，并带动原居民及周边村民积极参与项目建设，促进农村第一、第三产业的融合发展，使农村经济得到了极大的提升，充分体现出了节约、集约用地的内涵，实实在在地促进了乡村振兴！

实施"双闭环"运行模式
推动落实二手房"带押过户"政策

广西桂平市自然资源局　刘艳玲

为进一步优化营商环境，推动"不动产＋金融服务"，有效活跃二手房交易市场，桂平市不动产登记中心主动对接各大银行，积极磋商二手房"带押过户"流程、环节、收件清单，大力推动"带押过户"业务的落地实施。

桂平市不动产登记中心与桂平桂银村镇银行通力合作，提前对接准备，运用登记闭环、贷款清偿闭环"双闭环"的运行模式，顺利完成桂平市首例二手房"带押过户"。2023年4月14日，蒙小姐位于桂平市香江一号小区的商品房尚有贷款余额未结清，杨先生有意购买，但又考虑到先垫付全款解押再过户，交易周期长，存在风险隐患。桂平市不动产登记中心了解了情况，立即与桂平桂银村镇银行对接，向买主杨先生及卖主蒙小姐及时宣传"带押过户"政策，打消了他们的顾虑，促成了交易。14日下午，买卖双方及桂银村镇银行工作人员共同到政务服务大厅不动产登记窗口提交了"带押过户"所需材料，1小时就完成了转移登记和抵押登记，杨先生拿到了不动产权证书，成为桂平市首例"带押过户"受益人。

"带押过户"双闭环运作模式是"不动产＋金融服务"的一项新举措，一是登记衔接闭环，使用不动产"转移登记＋抵押变更"登记流程，一道登记一笔业务即可完成两种登记类型，在登簿的瞬间，不动产完成过户，新主的抵押登记同时生效，旧的抵押登记同时注销，过户与抵押登记无缝衔接，没有时间差，避免中间的不必要风险。二是贷款清偿闭环，登记完成后，款项不向外流转，银行内部放款闭环将新贷款调拨清偿旧贷款，放款后不需要再到不动产登记部门办理注销旧抵押登记。

这一业务拓展，打破了以往二手房过户必须先过桥垫资还清旧贷款注销抵押登记，买卖双方办理了转移登记后再向银行申请贷款的旧方式，在有交易意向时"带押过户"的买卖双方同时向银行申请，通过贷款审批授信后，一次性提交材料同时申请过户和抵押变更登记，跑一次即可完成，流程环节由多个变为一个，缩短了交易周期，降低了交易成本，不再多跑路，登记与新旧贷款清偿均闭环运作，降低了交易风险，真正做到了资金安全、监管免费、登记便捷、流程优化，是桂平市不动产登记开展队伍作风和素质提升专项行动以来又一项化解群众急难愁盼问题的重大举措。

"优 +" "化 -" 助推营商环境向好向优发展

湖南省新邵县自然资源局 回现波

2023 年以来，新邵县自然资源局聚焦发展要义，以精准高效服务为工作着力点，不断在优化服务上做加法，在化解企业、群众办证难问题上做减法，围绕贯彻创建一流优化营商环境的工作要求，全力助推营商环境向好向优发展。

一、持续优化"一网通办"

为减少企业、群众"来回跑路"，按照深化"放管服"的改革要求，以"持续优化营商环境"为主题，不断深化升级"一窗办事平台"，设立多个综合服务窗口，实现了数据传输、办理业务结果快速反馈。目前，局不动产登记中心联合湖南中智技术单位已开发多个接口，并与省电子证照库对接，实现了"一件事一次办，一网通办"网上申请业务办理服务。同时，加入"湘易办"政务平台，持续推动数据互通共享，深入推进"互联网 + 不动产登记"工作开展。

二、创新优化服务模式

以便民利民为宗旨，针对特殊困难群体无法亲自到窗口现场申请登记的情况，实行上门服务；对企业安排专人跟踪办理，优化提升营商环境；逢法定节假日及下班时间实行"延时服务"；开展电话预约服务，让企业、群众能定点定时办理；此外，还通了邮寄快递服务，对未能前来领证的群众通过邮寄方式直接邮寄到家中。今年以来，共计开展上门服务 2 次，延时服务 9 次，预约服务 6 次。

三、实现"网上办 + 无纸化"双落地

积极推进不动产抵押登记全程"网上办 + 无纸化"办公，推广电子证照。按照"互联网 + 不动产登记"的工作要求，局不动产登记中心组织全县各金融机构、相关房地产开发企业召开便民利企座谈会，对实行不动产抵押登记全程网上办、线上申请无纸化办公业务的具体操作流程、工作要求等进行了详细授课讲解，安排技术单位就设备要求、端口对接、数据应用等软硬件需求、CA 认证、智能面签、资料保管、办理流程、电子证照推广等知识进行全面梳理。2023 年 5 月 1 日起，新邵县实现"不动产抵押登记全程网上办 + 线上抵押无纸化服务"双落地。

四、落实减免优惠政策

围绕各类中小微型企业较为关注的税费问题，局不动产登记中心全面落实各类减免政策，对中小微企业（含个体工商户）申请登记的，免收不动产登记费。稳步推进企业竣工即办证工作，根据"优化营商环境"政策要求，全力配合为符合条件的园区办理不动产登记手续。

五、压缩减少办理时限

为更好地服务群众与企业，打好持续优化营商环境工作持久战，自我加压、自我革命，不断优化不动产内部办理流程、强化过程监督、整合窗口设置、完善服务评价，将不动产抵押权（首次、变更、转移）登记业务由5个工作日内办结压缩至3个工作日内办结；将挂牌拍卖土地使用权首次登记由5个工作日内办结压缩至1个工作日内办结；社会投资小型低风险产业类项目不动产首次登记压缩到1个工作日完成办结，企业与企业之间的不动产转移登记办理时限压缩至0.5个工作日，其他一般登记均确保在5个工作日内完成办结。

春风护春苗　农田焕生机

——安化县新增耕地"春苗"行动侧记

湖南省安化县自然资源局　胡雄华　杨明阳

"我是网格田长，有责任有义务保护好耕地，我自己又有田，这次搭帮政府帮忙，帮我把排水搞好了，要不是这两亩水田就真的做不得粮食哒！"小淹镇幸福村第三网格田长刘建春笑呵呵地告诉安化县耕地保护专项督查组第三组副组长刘志辉。据悉，该村今年48.87亩新增耕地已全部落实耕种，目前长势喜人。

安化县地处雪峰山脉北段，"八山一水一分田"，耕地图斑布局分散，耕种条件复杂，耕地保护工作难度大。习近平总书记多次强调："粮食安全是'国之大者'，耕地是粮食生产的命根子。"如何落实耕地保护责任，完成好耕地保护任务，守住49.14万亩的耕地保护底线目标，成为摆在县委、县政府面前的首要课题。

2023年以来，安化县委、县政府以全面推行"田长制"为抓手，以史上最严的《安化县耕地保护责任追究办法》为保障，以深入开展新增耕地"春苗"行动为契机，打好耕地保护系列"组合拳"，采取"长牙齿"的硬措施，坚决扛牢扛实耕地保护责任。

耕地保护搞不好，最重要的责任在人，在于干部思想认识不到位，在于保护耕地的自觉性不强、主动担当不够。为加强耕地保护责任意识、明确耕地保护职责、保障粮食安全，县委、县政府在3月8日出台了《安化县耕地保护责任追究办法》（以下简称《办法》），针对农村乱占耕地建房等主要违法用地行为，明确了干部责任，提供了追责问责依据。《办法》的出台，是站在讲政治的高度，认真落实最严格耕地保护制度的"关键一招"。政策有了保障，工作就有了支撑，县委、县政府围绕耕地保护这一主题组织开展了多次督导督查，敦促乡镇切实履行耕地保护职责。

2023年2月21日，县政府督查室牵头，会同自然资源局、县农业农村局组成了专项督查组，对全县新增耕地"春苗"行动工作开展了全面督查，要求各乡镇开展动员部署，成立工作专班，制订工作方案，摸清任务底数，全面落实耕种。此后不久的4月2日，县纪委监委又牵头组织县委督查室、县政府督查室、县田长办、县自然资源局、县农业农村局等部门成立了专项督查组，开展全县2023年第一轮耕地保护专项督查，指导、督促乡镇进一步落实耕地保护属地责任、对标对表完成交办的各项耕地保护任务，并对督查发现的梅城镇"春苗"行动举证数据造假等4个新增耕地违法违规典型案例启动追责问责。在逐渐严格、常态化的督查高压态势下，干部和村民们慢慢形成了"耕地是不能碰的红线"的认识，多部门的协同联动，彰显了县委、县政府保护耕地的坚强决心，形成了耕地保护的强大震慑力。

一席春风化成雨，在省田长办的安排部署下，2023年新增耕地"春苗"行动如火如荼地开展起来，县政府向省和国家庄严承诺，在2023年5月15日前实现1.23万亩恢复耕地全部长出"春苗"。计划很美好，变化却接踵而至，全县相继出现长时间低温、暴雨等恶劣天气，给恢复耕种出土长苗带来了巨大阻力。眼见承诺的日期一天天逼近，县领导看在眼里，急在心里，为了扭转耕地恢复的严峻形势，4月28日，县田长办紧急召开了全县田长制办公室工作会议，加快部署"春苗"行动各项任务，要求自5月6日起，对没有按照时限要求完成恢复耕地、落实耕种任务的乡镇实行"一天一通报、一天一约谈"。5月7日，瞿永红副县长组织县田长办、县自然资源局、县农业农村局主要负责人对"春苗"行动恢复耕地落实耕种任务进度滞后的乐安镇等5个乡镇进行了警示约谈。会上强调，新增耕地"春苗"行动是耕地保护工作的重要着力点，是必须完成的政治任务，各单位要将耕地保护工作摆在政府工作的重要位置，全面压实主体责任，坚持精准施策，举一反三，将粮食安全牢牢握在自己手里，对消极应对"春苗"行动的乡镇，坚决移送县纪委监委严肃追责。

乡镇是粮食安全的最前线，是耕地保护的主战场，为了按时完成"春苗"行动的各项任务，在劳动节期间，各乡镇主要领导带领自然资源办、农业综合服务中心工作人员深入田间地头，与村干部一起逐地块核实耕种情况，在和村干部、村民的畅谈中发现工作的不足和存在的问题，不断优化工作方式方法。"春苗"行动取得了巨大进展，截至5月23日，我县2022年恢复耕地承诺耕种面积1.0591万亩，省级通过面积0.9451万亩，通过比例为89.24%，在全省排名38位。

在系列举措之下，全县24个乡镇（含县城南区事务中心）主动担负起耕地保护的职责，通过屋场会、村村响等群众喜闻乐见的形式将耕地保护法律法规和政策规定宣传到各家各户，耕地保护彩绘、标语随处可见，巡田工作有序开展，田长制工作初见成效。

青壮年劳动力短缺导致耕地撂荒怎么办？农作物种不好、种不活该如何是好？在耕地保护实际工作中，村民们向村干部提出了许多新问题。"村民们提出的问题多而且杂，难以厘清，各个乡镇的情况又不尽相同，必须因地制宜地提出解决方案。"为了解决村民们的问题，奎溪坪村的村干部积极与奎溪镇田长办对接，很快得到了答复："田长办一下来就对照任务图斑收集信息，并且让我们放心，没两天当地的农村合作社就来了，要对已经恢复的耕地统一落实耕种，不仅给我们省了事，还帮我们省了钱嘞！"为了解决农民种田"种不活""种不好"的问题，各个乡镇田长办在接到反馈后迅速对接农业综合服务中心，通过实地核查的方式制定出应对不同环境的耕种策略。"之前我种的茭白太密了，怎么都种不活，镇上农业服务中心的人来了以后，手把手告诉我怎么插秧，还让我有问题随时给他们打电话，现在我可以放心了。"通过许多人性化的措施，精准解决村民的问题，既落实了耕地的耕种，也拉近了干部和群众的距离，温暖了村民的心，这既是耕地保护工作顺利开展的应有之策，也是助力乡村振兴迈上新台阶的必要手段。

如今去乡下看一眼，是郁郁葱葱的秧苗，是干部用双脚丈量每一寸耕地，是农民正在自己的田上挥洒幸福的汗水，是充满生机和活力的乡村，等到今年秋天，一场丰收正在迎接我们。

干部规划家乡　共谋乡村蓝图

——丽江市"干部规划家乡行动"工作情况及成效

云南省丽江市自然资源和规划局

丽江市始终把开展"干部规划家乡行动"作为抓党建促乡村振兴的重要载体，共同推动全市村庄规划的编制工作。在村庄规划编制过程中，始终贯彻"将丽江建设成乡村振兴示范区"的总体定位及目标，深度融合"巩固拓展脱贫攻坚成果与乡村振兴有效衔接"的具体要求，将"多规合一"的实用性村庄规划成果，作为乡村地区国土空间保护、开发、利用、修复和指导乡村各类建设的行动纲领与建设蓝图，有力推动了丽江美丽宜居乡村建设。

一、工作开展情况及成效

自启动"干部规划家乡行动"以来，深入践行"三个工作法"，创新工作方式，广泛动员公职人员、乡贤能人等回乡干部，有序推进"多规合一"的实用性村庄规划编制工作。

（一）强化组织领导，践行项目工作法，实现"化整为零"

一是建立健全工作机制，市级成立以市自然资源和规划局局长任组长，市委组织部分管领导任副组长的市级项目组，将"任务项目化"，统筹全市稳步推进各项工作。下发了《关于开展丽江市"干部规划家乡行动"的通知》《关于在"干部规划家乡行动"中充分发挥基层党组织和党员干部作用的通知》，明确了工作制度，召开5次项目组会议调度推进工作；四县一区成立县（区）主要领导任组长的工作领导小组及工作专班，组建了66个工作专班，狠抓工作落实，将编制任务按年度细化明确到乡（镇）、村。

二是聚焦任务目标，将"项目清单化"，制订了《丽江市"干部规划家乡行动"工作实施方案（2021—2023年）》，明确了三年完成421个村庄规划的总目标清单。按照工作计划，目前全市已完成393个村庄规划编制任务（其中，2021年完成了167个村庄规划，2022年完成了226个村庄规划），全市村庄规划编制率已达93%，超额完成省项目组2022年年底完成70%任务量的要求，2023年将完成剩余28个村庄规划，实现全市村庄规划应编尽编全覆盖。

三是广泛动员，规范组建编制组，将"清单责任化"，落实落细工作任务，认真对照"7个环节28个步骤"开展村庄规划。截至目前，全市共开展在外公职人员摸排7272人，经县级党委组织部门发函确认，共3557名公职人员回到家乡参与规划，组建了由村"两委"成员、回乡干部、技术人员、村民代表等人员组成的393个编制组，尽心尽力开展规划草案编制及成果制作，为家乡规划建设建言献策。

（二）强化成果高效，践行典型引路法，实现"示范带动"

一是试点先行，以点带面，有序推进全市工作。2020 年结合云南省"九大高原湖泊"保护治理工作，优先选取永胜县程海镇河口村作为省级试点，先行编制了《丽江市永胜县程海镇河口村"多规合一"实用性村庄规划（2020—2035 年）》，成果成功入选自然资源部公布的 2021 年全国国土空间规划（村庄规划类）实践优秀案例首批名单；2021—2022 年，全市共选取 10 个省级试点、10 个市级试点作为全市优秀示范案例，高效推动全市高标准编制村庄规划。

二是弘扬先进典型，实施以奖代补。积极统筹市项目组成员单位——市委组织部、市财政局于 2022 年在全市范围内遴选了 19 个工作成效明显的村（社区）开展以奖代补，全市共奖补 250 万元专项用于村庄规划编制，极大提高了各县（区）的工作积极性，促进了规划成果的提质。

三是优先完成丽江市"2+6"乡村振兴示范点（田园综合体）创建涉及的乡（村、社区）的村庄规划，将"多规合一"的实用性村庄规划作为乡村振兴示范区实施及人居环境整治等乡村建设的法定规划依据及建设蓝图。

四是注重成果规范标准化，确保规划"管用"，引入符合编制资质要求的编制技术单位 50 家（2021 年 23 家，2022 年 27 家），按照《云南省"多规合一"实用性村庄规划编制技术指南》的要求，制作标准化成果并建立数据库，入库丽江市国土空间规划"一张图"平台，实施动态监管。

（三）强化工作成效，践行一线工作法，实现"开门编规划"

一是积极动员，深入一线开展广泛宣传培训，为确保乡村干部熟悉乡村规划政策要求，自工作启动以来，市、县、乡、村四级以视频、现场等多种方式开展了培训学习 270 场次，参训人数达 14081 人。

二是多措并举进行督促指导，并跟踪问效，市项目组组建工作专班，深入各县（区）、村委会（社区）开展指导调研，并实行"调度通报"，有效跟踪掌握全市工作进度；各县（区）组织工作专班，深入乡（镇）村进行现场指导。

三是组织市、县级专家开展技术审查，邀请省、市、县三级及农业农村、住建、环保等多领域专家深入县级参与村庄规划审查，严格把关全市村庄规划成果质量。

四是秉持"开门编规划"原则，充分体现村民的主体地位，在村庄规划"现状调研—草案编制—成果审查—审批"的各环节邀请村民共同参与，严格执行规划公告、公示，让规划接地气，充分征求村委会及村民意见，并合理采纳各方意见，让规划从村民心里"长出来"，最终将规划成果转换为《村民读本》，让村民读懂规划、了解规划、守住规划。

二、存在问题

（一）基层对实用性村庄规划重视不够，缺乏村庄规划专业技术人员

一是村庄规划本身是一项技术性较强的工作，且村庄数量较多、覆盖面广，规划任务较重，但由于基层缺乏村庄规划专业技术及管理人员，在人员摸排和村庄规划相关业务工作方面不能准确完成手册要求的各项工作。

二是乡镇一级对实用性村庄规划的主体责任意识不强，对村庄规划的重视不够，不同程度影响了"干部规划家乡行动"村庄规划的各项工作进程。

（二）工作经费困难

市、县（区）两级均无实用性村庄规划编制专项工作经费。因村庄规划数量较大，全市各县（区）均未能全额配套村庄规划编制专项经费。目前，各县（区）已积极协调将乡村振兴衔接资金补助村庄规划编制，但资金缺口仍然较大，严重制约了村庄规划编制工作进度及规划成果质量。

三、下一步工作计划

根据我市前期工作进展及存在问题，我市将进一步提高政治站位，深化思想认识，坚持高标准、高质量开展好"干部规划家乡行动"。

一是坚持以目标为导向，严格按照省级要求落实好"干部规划家乡行动"，按年度计划稳步推进"多规合一"实用性村庄规划编制工作，确保圆满完成丽江市"干部规划家乡行动"三年实施方案的既定工作目标。

二是加强督促指导，切实督促指导各县（区）做好"多规合一"实用性村庄规划编制，切实提高规划的科学性及实用性，并强化规划审批及实施管理机制。

三是进一步加大"干部规划家乡行动"及实用性村庄规划编制的宣传与培训力度，总结推广全市各级各单位的有效经验做法，加强对回乡干部的宣传与业务培训，充分激发广大干部群众工作的积极性、主动性和创造性，在全社会营造人人关心支持村庄规划建设的良好氛围，编制实用、管用、好用的村庄规划。

奋进新征程 建功新时代

——贵南县自然资源和林业草原局近年生态建设工作综述

青海省贵南县自然资源和林业草原局

近年来，贵南县自然资源和林业草原局以习近平生态文明思想为指导，牢固树立和践行"绿水青山就是金山银山"理念，抢抓黄河流域生态保护和高质量发展机遇，严格按照省委"一优两高"战略布局，以国家重点林业生态工程为主要抓手，以发展生态林和民生林为主线，以提高森林质量、改善生态环境质量、坚持绿色可持续发展为重点，以促进生产生活生态良性循环和提高生态系统质量为目标，秉承发扬"贵南治沙精神"，全力推进国土绿化工作。

近27年，全县累计投资超过17.5亿元，共治理沙漠化面积221万亩，其中，人工治沙造林164万亩（包括退耕还林草28.6万亩），封沙育林草57万亩。经测算，50余万亩的沙漠得到了有效治理，成效十分显著。特别是"十三五"以来，我县依托三北防护林、天然林保护、防沙治沙示范区、退耕还林、三江源二期生态保护建设等一大批生态骨干工程，共完成人工造林（防沙治沙）138.81万亩，封山育林37.6万亩，黑土滩治理25万亩，休牧围栏95万亩，划区轮牧75万亩，退化草场改良50万亩，人工饲草地建设6万亩，林草鼠虫害防治834.1万亩，相继超额完成了省国土绿化提速三年行动、国土绿化巩固提升三年行动，受到了上级部门的充分肯定，全县森林覆盖率达19.24%，草原植被覆盖度达66.1%，较"十二五"分别增长了4.3%和13%。

贵南县在长期的生态建设实践中，积累了一些宝贵的经验，打造出了许多亮点，为持续做好生态建设工作奠定了坚实的基础。

一是坚持生态效益与经济效益相结合。贵南县历届党政班子始终把改善生态状况作为生态保护工作的首要任务，科学规划，精准施策，把准方向，主动担当。一把手亲自带队，组织各乡镇及政府多个部门深入沙化区深入调研、科学规划、科学决策、科学制订专项方案，并将生态建设工作纳入各个时期的全县经济社会发展整体规划，进一步明确了治理重点，优化了治理布局。

二是坚持政府协调与社会参与相结合。加大生态建设投入力度，依靠和组织发动群众，通过自己的艰苦奋斗建设美丽家园。特别是在省委、省政府，州委、州政府及省林草局等主管部门的高度重视和大力支持下，广泛动员各界人士全民参与，党政军民学齐上阵，组织了上万名治沙大军，自备粮草、风餐露宿、日夜奋战，在黄沙头及周边沙区开展了规模空前的军民共建万亩治沙造林活动，开创了贵南地区军民携手治理沙漠的先河，使黄沙头沙漠治理取得了历史性突破。

三是坚持依法治理与宣传教育相结合。加大全县森林资源和沙区植被的监督管护力度，严格执行《中华人民共和国防沙治沙法》《中华人民共和国森林法》等法律法规，严厉打击盗伐、滥伐林木、牲畜啃食践踏等毁坏林地以及非法占用林地的行为，对全县林草资源管护情况进行巡回督查，全力巩固造林成果。

四是坚持工程带动与治沙典型相结合。每年依托国家生态建设项目和全民义务劳动，连续实施三北防护林、防沙治沙示范区、青海湖流域生态治理、沙化土地封禁保护、龙羊峡湖泊周边生态环境综合治理、禁牧封育、三江源二期等一大批生态骨干工程，取得了较好的生态综合治理成效。近年来，已申报黄沙头和鲁仓国家沙漠公园、贵南茫曲国家湿地公园，获批木格滩、鲁仓国家沙化土地封禁保护区。同时，中央、省、州电视台及报刊媒体多次深入报道贵南县生态建设工作取得的显著成效。

经过多年的实践与建设，贵南县生态保护与治理工作取得了明显的生态、社会、经济效益，助推了地方经济发展。

一是生态效益。通过生态工程建设，扭转了风沙危害持续扩大的局面，沙尘暴等一些自然灾害对周边环境的破坏不断减少，减缓了土地沙化、草场退化的速度，原生态环境脆弱的状况逐步得到了修养和恢复，一些抗旱抗寒的原生态冰草、高山蒿草、针茅、早熟禾、懒草等野生植物再次生根，遍布沙地，较好地遏制了黄河流域贵南段的水土流失，局部生态环境明显好转，群众的生产生活和生存条件得到了有效改善，形成了由"沙逼人退"到"绿进沙退"的治理局面转变。

二是社会效益。通过多年的防沙治沙探索和实践，逐步积累了防沙治沙治理新模式，取得了新成效，实现了新跨越，总结出了"勇于担当，坚韧不拔；军民团结，战天斗地"的贵南治沙精神，"植绿、爱绿、护绿"意识深入人心，全县广大干部群众积极投身于国土绿化事业中，年均完成义务植树100余万株，共同建设"生态贵南"已成为全县干部群众的思想自觉和行动自觉。

三是经济效益。通过生态工程建设，为周边群众带来了一定的经济收入，当地群众及贫困户直接参与项目建设，增加经济收入，改善生活水平。一方面，全力消化当地苗木，在生态建设工作中紧密结合全县乡村振兴工作，要求各项目优先调用本地苗木，促进群众增收，另一方面，鼓励当地群众参与生态建设工程，建议施工单位积极吸纳贵南当地劳动力，其中县外施工单位吸纳当地用工人数要占总用工数的40%以上，县内施工单位吸纳当地用工人数要占到总用工数的80%以上。据统计，近年我县防沙治沙工程年均本地用工人数达2600人次，人均创收4000元，有效解决了家门口打工就业挣钱增收的问题，使贵南的生态工程有效实现了乡村振兴与生态工程双赢发展的目标。

下一步，我们将继续筑牢生态保护红线，围绕科学大规模防沙治沙、草原生态修复等工作重点，统筹处理好治理与保护、造林绿化与乡村振兴、扩绿增量与提质增效的关系，持续打造一批林草精品工程，不断提升绿化品质、丰富绿化内容，为建设"流彩贵南"贡献林草力量。

多措并举 全力做好耕地保护工作

黑龙江省克山县自然资源局

克山县坚决贯彻党的二十大和习近平总书记关于耕地保护的重要指示批示要求，时刻紧绷耕地保护这根弦，压实落实耕地保护职责，强化耕地保护举措，全力推进耕地"数量、质量、生态"三位一体保护，夯实耕地保护根基。

一、强化数据支撑，全力推进多向度调查监测体系构建

在全国第三次土地调查数据基础上，结合"三区三线"划定成果，为耕地保护提供可靠数据支撑。全力抓好年度变更调查，及时将地类变化信息上图入库，强化数据筛查管理，以动态调整数据为依据，全面摸清全县耕地流入流出的基本情况。全力抓好耕地后备资源调查，做好耕地后备资源的适宜性评价，结合耕地后备资源的分布及其自然、基础设施等条件，研判耕地面积增加潜力，合理开发利用耕地后备资源。全力抓好耕地质量分类更新，掌握耕地现状变化及耕地质量建设引起的耕地质量变化情况，推进全域土地综合整治项目建设。

二、强化机制运行，全力推进多层次管理保护体系构建

以"两平衡"为准绳，强化用途管制，为耕地保护构建有效运行机制。严格实施"占补平衡"，按照"占多少，垦多少"的原则，建设项目所占用耕地全部补充相应的耕地，保证耕地量质均衡。严格实施"进出平衡"，对耕地转为林地、草地、园地等其他农用地及农业设施建设用地的，补足同量、同质的长期稳定利用耕地。严格实施表土剥离，制订《克山县建设占用耕地耕作层土壤剥离利用工作实施方案》，初步建立起一套涵盖耕作层土壤剥离、运输、存储、管理、使用全过程的工作机制，促进我县优质土壤资源得到合理保护利用。

三、强化执法监察，全力推进多形式执法监管体系构建

以卫片执法为依托，推进卫片核查与专项整治相结合，为耕地保护提供有力执法保障。加强卫片执法，按照真实性、准确性、时效性要求，科学研判分析，深入实地核查，将违法占用耕地的行为发现在萌芽、解决在初始，防止小问题演变为大事件。加强违建别墅清查整治，针对我县所处地理区域特点，抓住重点区域，围绕重点人群，深入排查整治，确保清零不反弹。加强农村乱占耕地建房问题整治，按照一房一策、分类处置原则，加大存量图斑处置力度，新增问题零增加。加强打击盗采泥炭黑土行为专项整治，依托"田长制"，将责任压实到个人，实行全方位巡查排查，全天候联动打击，确保黑土得到有效保护。

濠江，再获省级荣誉

广东省汕头市濠江区自然资源局

近期，经省委、省政府主要领导同志同意，广东省海洋工作领导小组办公室通报表扬了广东省海洋强省建设表现突出单位和个人。其中，汕头市濠江区自然资源局荣登榜单，被授予"海洋强省建设表现突出单位"称号，成为全省唯一获此殊荣的区县级自然资源主管部门。

汕头市濠江区自然资源局于 2019 年 3 月成立，主管濠江区规划、国土、林业、海洋等相关工作。2019 年 4 月该单位下属单位濠江区不动产登记中心荣获"汕头市工人先锋号"荣誉称号。

近年来，汕头市濠江区自然资源局在濠江区委、区政府的坚强领导下，在市自然资源局的正确指导下，在海洋海岛管理、海洋经济发展、海洋防灾减灾、海洋生态修复等方面取得了一定的成效，濠江区海洋综合管理能力得到进一步提高。

一、强化党建引领，凝聚奋进力量

濠江区自然资源局始终坚持党对一切工作的领导，定期组织召开会议传达学习习近平总书记关于海洋事业发展的系列重要论述，坚决贯彻落实省、市、区关于海洋工作的部署要求，领导班子带头学、党员干部示范学、全体职工普遍学，凝聚起促进高质量发展的强大合力。

二、创新宣传模式，倡导护海理念

濠江区自然资源局通过开展进机关、下社区、访企业、入海港、走码头等全国海洋日宣传活动，将自然资源政策法规和相关知识宣传到千家万户。

三、突出要素保障，助推海洋经济

濠江区自然资源局认真做好重点建设项目自然资源要素保障工作，一是精准支持保障海上风电产业园、大唐勒门Ⅰ海上风电、华能勒门（二）海上风电、汕汕铁路、后江湾海堤修复加固工程等重点项目用地用海用林空间需求；二是主动向省级部门请示协调公益性用海项目海域使用金减免；三是全力协助推进广澳港区三期工程建设，迅速组织编制单岛规划并获批复，加快推进广澳港区风电母港建设，支撑汕头国际风电创新港长远发展。

四、贯彻国家新政，严控围海填海

2022 年 7 月，濠江区获得自然资源部关于围填海历史遗留问题处理方案的备案意见，成为当年全市首个、全省第二个获得备案意见的区县。

五、摸清海灾风险，筑牢灾害防线

开展濠江区海洋灾害风险普查工作，举办濠江区 2023 年"三防"暨海洋灾害应急演练及宣传活动，进一步提升应对海洋灾害的联动协同能力和应急处置水平。

六、修复海洋生态，改善环境质量

濠江区自然资源局统筹推进海洋生态系统治理。一是聚焦海岛修复，开展鸡心屿无居民海岛及其周边海洋生态环境整治修复项目；二是聚焦海洋生物资源修复，定期组织增殖放流活动；三是聚焦海岸线修复，实施北山湾沙滩养护工程。

接下来，汕头市濠江区自然资源局将继续全面贯彻落实党的二十大精神，筹办 2023 年 6 月全国海洋宣传日活动，推进编制近岸无居民海岛保护利用规划，科学谋划广澳湾南山海岸线生态修复项目。向海图兴、向海图强，努力推动"百县千镇万村高质量发展工程"，奋力开创濠江海洋强区建设新局面，为加快打造港城融合示范区注入新动能，为海洋强省建设贡献濠江力量。

贯彻新发展理念 推进高质量发展

——荣昌区全面推进自然资源节约集约利用工作纪实

重庆市荣昌区规划和自然资源局

高质量发展是全面建设社会主义现代化国家的首要任务。党的二十大报告指出，要加快发展方式绿色转型，实施全面节约战略，推进各类资源节约集约利用，推动形成绿色低碳的生产方式和生活方式。

"十三五"以来，荣昌区认真开展发展问题的经验总结，充分认识和把握经济社会发展规律，将贯彻新发展理念、推进高质量发展作为全区经济社会发展的方向和着力点，通过实施"高标准开发、高效能管理、高质量利用、高水平实践"等措施，全面推进自然资源节约集约利用，为推动高质量发展、创造高品质生活提供自然资源要素支撑。

一、高标准开发，持续提升矿产资源利用新水平

一是提档升级，进一步优化矿山开发结构。按照"控制总量、调整结构、减少污染"的方针，对煤矿进行关闭注销，其他矿种逐步压减矿山数量。截至 2020 年年底，全区共有矿山 17 个，比 2015 年减少 68%，其中 65% 为大中型矿山，初步形成了两个规模较大的集中开采区，矿山布局和矿业结构进一步优化，矿山企业规模化、集约化水平明显提高。二是合理开采，进一步控制矿山开发强度。按照荣昌区矿产资源禀赋特点、市场条件与经济社会发展需要，结合荣昌区工业化、城镇化进程，交通等各方面基础设施建设需求和矿山产能情况，科学制定开采总量。合理控制开采强度，到 2025 年，全区建筑石料用灰岩开采总量控制在 250 万吨／年以内。重点矿种开采总量得到调控，集约利用、规模开发、安全生产、秩序良好的资源开发新局面基本形成。三是校准标尺，进一步提升矿山开发水平。实施露天矿山综合整治和绿色矿山建设，着力解决矿山生产"小、散、差"等突出问题，矿山"晴天一身灰、雨天一脚泥"的糟糕环境得到了根本转变。引导矿山企业开展标准化建设，提高矿山规模化、机械化生产水平，加强废石矿料封堵回填和边坡治理，全区矿山"十三五"以来开采回采率从 0.07% 提升到 1.5%，综合利用率从 3.95% 提升到 15.86%，矿产资源节约和综合利用水平不断提升。

二、高效能管理，不断探索矿产资源保护新路径

一是加强动态巡查，从有名有实到有能有效。持续加强矿山私挖盗采专项巡查打击力度，

常态化开展矿区巡视督导工作，及时发现、制止、查处超越批准矿区开采违法行为。形成一级抓一级、层层抓落实的工作格局，推动矿区巡查工作从"有名有实"向"有能有效"转变。二是探索管理创新，从人工巡查到智能监测。采用现代科技手段，率先试点启用私挖滥采AI一体化预警平台。依托通信基站铁塔隐蔽部署高空摄像机，优化执法取证手段，提供实时抓拍、影像存储、线索推送等功能，实现全天候24小时监控，为执法人员精准打击各项违法行为提供科学技术保障。三是坚持阵地前移，从事后惩处到事前防范。通过发放《矿产资源管理明白告知卡》，主动进工地、进企业开展法律法规政策宣传，同时与政务服务大厅积极对接，依托行政审批事项"一次性"告知清单一并发放，打通矿产资源管理与建设项目"最后一公里"。做到关口前移、源头把控，使全区私挖滥采现象得到了有效遏制，矿政管理形象和执法服务水平不断提高。

三、高质量利用，加快打造矿地融合开发新样板

当前要推动高质量发展、创造高品质生活都需要土地要素的保障。一方面，因淘汰落后产能等政策的落地，大量矿山关闭退出后，生态修复及转产利用不到位，原有工矿用地"满目疮痍"，长期"躺着晒太阳"；另一方面，开发建设用地指标"寸土寸金"，大量的项目面临着"落地难"的尴尬局面。为破解这一难题，荣昌区主动揭开历史留下的"伤疤"，从全面清理和整治历史遗留矿山入手，因地施策、量体裁衣，结合乡村振兴和城市品质提升等工作，对废弃矿山通过生态修复综合治理后"变废为宝"，不仅盘活了闲置矿山用地，也极大地促进了地方经济发展，提升了城市品质，激发了文化活力，增强了广大人民群众的满意感、幸福感、获得感，为人与自然和谐发展的"瓶颈"问题提供了新的解决方案。

一是开展荣昌区玉带河矿坑生态修复综合整治。过去采石遗留的7个矿坑形成了"垃圾坑"，安全隐患大，加之玉带河水体黑臭，使附近居民十分头痛。为了"变废为宝"，荣昌区开展了综合性治理，集矿坑修复、河道综合治理、水环境治理等于一身，生态修复面积约34.43万平方米，补充植物种类达80余种。项目以"生态—人文—休憩—身"为理念，治理效果明显，为市民提供了亲近大自然的场所，群众满意度高，城市品质也得到提升。2021年8月，该项目被重庆市楹联学会、重庆师范大学美术学院授予"重庆楹联创作基地""写生创作基地"。同年，入选重庆市首届生态保护修复十大案例。二是打造川南渝西综合物流园。盘活国有工矿闲置用地，对原重庆永荣矿业有限公司洗选厂390亩闲置工矿用地进行改造。川南渝西综合物流园计划总投资2.5亿元，截至2022年年底，已累计投入1.5余亿元。拟建设建筑面积26万平方米，现已建153256平方米，其中已建成粮食功能区23430平方米、集装箱功能区12500平方米、建材功能区16034平方米、煤炭功能区44745平方米、大宗散货功能区28670平方米、普通仓储库房4500平方米、办公及设备用房13980平方米、公用型保税仓9397平方米。变存量"包袱"为增量"资源"，有效提升土地利用率。三是打造通安村三矿井创意产业园。结合乡村振兴产业发展，利用安富街道通安村原永荣矿务局三矿井关停后遗留的电影院、招待所、职工食堂等建筑设施进行改造，形成了具有陶文化特色的文旅打卡"网红地"，也让当地人留住了"乡

愁"。四是打造金盆山矿山修复生态公园。对广顺街道原永荣矿务局煤矿矸石山开展金盆山环境综合整治工程，修复核心区生态环境面积125亩，建设山明水秀城市公园。五是打造荣昌区虹桥客运枢纽站。利用昌元街道工人村青联煤业（主井）闲置工矿用地，兴建总建筑面积约5.9万平方米的一级车站。项目建成后，平均每日旅客发送量可达1万人以上，进一步完善城市枢纽功能，提升区域城市活力，展现荣昌高质量环境的城市门户形象。六是开展荣昌区双河街道原八井煤矿地块规划。编制《重庆市荣昌区双河街道八井煤矿F1地块详细规划》，规划范围内分南、北两个地块，地块内根据项目建设实际情况设置弹性道路，规划总用地面积为26.37公顷，其中工业用地25.65公顷，道路用地0.72公顷。用于满足招商引资项目用地需求，有效解决工业园区用地不足问题，盘活闲置用地，促进地方经济发展。

四、高水平实践，全力树立节约集约用地新标杆

一是"交地即交证"，开启土地供应、权证审批新模式。积极探索便民服务模式改革，开启快速审批服务新模式，降低企业时间成本和资金成本。二是盘活闲置工业用地，助推企业经济发展。通过部门联动服务、搭建交易平台，以产业规划为导向，助力公司剩余闲置工业用地通过土地分割方式转让，提高土地要素市场流通效率，为企业解难纾困。三是有效处置批而未供土地。通过全面清理、科学规划，分类确定由所属镇街、区政府指定单位作为项目业主，有效消化长期未实施供应的批而未供土地，促进土地资源节约集约利用。

下一步，荣昌区将坚持立足新发展阶段、贯彻新发展理念、融入新发展格局，促进自然资源节约集约利用再上新台阶，为高质量建设荣昌提供要素支撑和发展动力，谱写荣昌发展新篇章。

奋进新征程 建功新时代
扎实做好耕地保护工作

江西省万年县自然资源局

万年县坚持以习近平新时代中国特色社会主义思想为指导，全面贯彻落实党中央、国务院、省委、省政府各项决策部署，立足新发展阶段、贯彻新发展理念、构建新发展格局、推动高质量发展，在耕地保护工作中取得了新成效，在夯实粮食安全根基上展现了新作为。

一、耕地保护取得的成效

一是突出规划管控，自觉扛起耕地保护政治责任。按照"应保尽保"原则，我县"三区三线"共划定耕地保护任务 45.53 万亩，2022 年度国土变更调查初报数据显示我县耕地面积为 47.04 万亩，高于上级下达的目标任务。二是突出用途管制，落实两个"平衡"。2022 年，我县各类建设项目报批占用耕地 795 亩，实际完成补充耕地面积 2960 亩。年度耕地流出 1766.55 亩，耕地流入 5009.85 亩，耕地净增加 3243.3 亩。三是突出项目建设，高质量推进耕地占补平衡项目建设。2022 年共立项土地开发项目 2187.53 亩、旱改水项目 156.66 亩，完成入库指标 2959.75 亩，完成旱改水新增水田指标 376.77 亩，提质改造面积 15000 余亩。

2022 年在全省市县综合考核耕地保护及节约集约用地指标考核中取得了前十的好成绩，获全市自然资源系统 2022 年度综合考核"优秀"等次，获得自然资源部下发的 1000 亩 2022 年度国务院大督查土地计划指标奖励。

二、主要做法

（一）出台政策

党中央把粮食安全、耕地保护作为治国理政的头等大事，实行党政同责、一票否决。为制止耕地"非农化"、防止耕地"非粮化"，我县出台《关于坚决遏制耕地"非农化"防止"非粮化"实施方案》，落实最严格的耕地保护制度，对卫片问题图斑整改不及时、不到位造成违法用地的，及时向县政府汇报，进行针对性督查，督查后仍然无法整改的，将相关线索移交纪委监委处置。同时，出台《万年县土地整治项目实施办法（试行）》《万年县落实土地整治项目耕种工作实施方案》等文件，通过建设占用耕地表土剥离再利用（剥离表土 10 万余方）、提高培肥补偿标准（由每年 500 元／亩提高到 700 元／亩）、延长培肥补偿年限（由连续补偿 3 年延长至 8 年）

等措施对已实施项目地块进行提质改造，规范了新增耕地后期管护工作。

（二）开展行动

一是开展两项国家级试点工作。我县石镇镇作为部重点关注的 3 个全域土地综合整治试点之一，率先完成镇辖 15 个村庄规划和乡镇国土空间规划编制，全年共谋划农用地整理、建设用地整理、生态修复以及乡村振兴产业等具体项目 79 个，不断加快农业产业现代化、建设用地节约集约利用、人居环境提升。同时，推进农村乱占耕地非住宅建房专项整治试点工作。前期通过多次严格摸排和现场踏勘，明确了整治范围，分类建立整治台账。多次召开联审会，会上各相关部门和乡镇对问题图斑逐一分析、逐项研判，明确了处置措施、整治任务清单和时间节点，建立"一宗一档"。目前，专项整治试点工作除需报批的已基本完成，正在努力探索总结可复制、可推广的万年经验。二是开展土地出让、土地储备和矿产资源领域腐败问题三项专项整治工作。我局坚持直面问题不回避、不遮掩，整改问题不手软、不松懈，全面有序、扎实推进整治整改工作，按照"既处理事又处理人"的原则，2022 年度对 3 人实施第一种形态处理。今年 4 月 10 日我局为进一步增强廉洁自律意识，提高防腐拒变能力，结合二十大精神，组织召开了廉政警示教育大会，通报了我局 3 起违纪违法案例，分析了当前党内监督，尤其是重点岗位监督工作的重要性和必要性，以身边人、身边事教育引导全体党员干部切实做到警钟长鸣。

（三）加强监管

强化执法监察，严肃查处土地违法案件作为保护耕地的重要举措。一是积极配合国家卫片执法检查工作。根据国家下发的我县卫片执法图斑情况，及时发现、制止和查处各类土地违法行为，2022 年度疑似违法用地涉及耕地 27.47 亩，基本农田 22.08 亩，均已整改到位；自卫片执法工作开展以来，不存在自然资源管理重大问题被自然资源部、国家自然资源督察机构约谈或启动问责的情况，未发生被自然资源部或省级自然资源主管部门直接立案（含部省联合立案）、挂牌督办案件，也不存在违法问题被督察专报党中央、国务院的情况；未发生重大负面舆情。二是建立了全域责任网格巡查和报告制度。充分发挥乡（镇）、村（组）作用，做到乡（镇）周报、村（组）天报，对各乡镇、村的用地信息实行有效监管。三是加大土地违法案件查处力度。积极与纪委监委、县检察院、县公安局等单位协同办案。逐渐形成了自然资源"天上看、地上查、网上管"的立体监管体系，做到"发现在初始，解决在萌芽"。2022 年我县违法占用耕地面积较上一年度显著减少 80% 以上，违法用地整改率居全市前列，获得了 2022 年度江西省自然资源厅授予的"联谊联防工作先进集体"荣誉。

下一步，我县将进一步坚守耕地保护红线，编制全县山水林田湖草沙综合治理规划，科学统筹资源，拓宽补充耕地渠道，加快推进耕地质量提升工程，建设排灌设施齐全、机耕道直通、单块面积大的高标准农田，牢牢端好自己的饭碗。

国土空间总体规划
"四注重"助推高质量发展

贵州省毕节市自然资源和规划局

毕节市全面贯彻落实党中央、国务院做出的"建立国土空间规划体系并监督实施，将主体功能区规划、土地利用规划、城乡规划等空间规划融合为统一的国土空间规划，实现多规合一"的重大部署，以"四注重"布局国土空间总体规划，助推高质量发展。

一、注重资源禀赋

完成土地利用总体规划和城市总体规划"双评估"、毕节市资源环境承载能力和国土空间开发适宜性"双评价"及毕节市生态保护红线、基保农田保护红线、城镇开发边界线评估。完成发展战略与城镇体系、山地特色新型城镇化发展对策、乡村振兴背景下乡村地区发展、景观风貌塑造和历史文化传承、城乡发展支撑要素配置、国土综合整治与生态修复六大专题研究，摸清毕节市资源禀赋潜力，奠定优化空间规划格局基础。

二、注重"三线"约束

按"底线思维、保护优先，多规合一、协调落实，统筹推进、分类管控"的原则，统筹划定生态保护红线、永久基本农田保护红线、城镇开发边界"三条控制线"。划定生态保护红线4621.87平方千米，占国土面积的17.21%；划定永久基本农田保护面积5266平方千米，占国土面积的19.61%；划定城镇开发边界506.98平方千米（中心城区151平方千米），占国土面积的1.89%：约束城镇无序扩张。

三、注重功能定位

综合分析不同区域的资源环境承载能力、现有开发密度和发展潜力等要素，划分包含94个乡镇的重点生态功能区2个，总面积为11202.87平方千米，占国土面积41.73%；划分包含90个乡镇的农产品主产区1个，总面积为9382.24平方千米，占国土面积34.94%；划分包含80个乡镇的城市化地区5个，总面积为6263.68平方千米，占国土面积23.33%。构建科学合理的城市化、农业发展和生态安全格局，助力人与自然和谐共处的美丽中国建设。

四、注重发展保障

围绕"培育毕节省域副中心城市"定位、《推动毕节市高质量发展规划》及毕节市委、市政府"1+6+1"政策实施的空间需求，指导9517个各级重点建设项目避让生态保护红线和永久基本农田科学选址，规划保障《推动毕节市高质量发展规划》所涉及的重大项目153个。围绕"市场换产业、资源换投资"，划定矿产资源重点开采区4004平方千米，规划中心城区产业用地50平方千米，为提高中心城区首位度做好产业支撑。

不忘初心 牢记使命 踔厉奋发 勇毅前行
全面建设新时代壮美广西象州新篇章

广西象州县自然资源局

自然资源系统工作点多线长面广，任务重、要求高、责任大，在县委、县政府的坚强领导下，我们克服了眼前的种种困难，全县自然资源系统能够围绕中心、服务大局、迎难而上、主动作为，切实履行"保发展、护资源、优空间、惠民生"职责，在服务全县经济发展中发挥了积极作用，为我县经济社会高质量发展提供了有力的要素保障。为进一步深入学习贯彻党的二十大精神，贯彻落实中央、自治区、市、县经济工作会议及国家、自治区、市、县"两会"精神，认真落实自然资源部、厅工作部署，明确总体要求，部署 2023 年重点工作，现就我县自然资源系统 2023 年开年以来的工作开展情况、存在的困难和问题以及下一步打算汇报如下。

一、全系统履职尽责，踔厉奋发，2023 年至今自然资源工作取得的成效

（一）国土空间格局不断优化

国土空间规划均已取得初步成果，"三区三线"划定成果已通过自然资源部审查并启用，成为建设项目用地报批的依据。在划定"三区三线"时，对国土空间布局进行了合理优化，统筹平衡规划建设项目用地需求和布局，全县城镇开发边界划定总规模达 25.2667 平方千米，其中，可用空间规模为 14925 亩（新增规模 5805 亩，存量建设用地 9120 亩），同时基本解决了城镇扩展区域以及重大基础设施项目与永久基本农田和生态保护红线的矛盾冲突，为当前和今后我县发展空间提供了有力的规划保障。

（二）自然资源要素化债成效明显

通过自然资源要素交易共获土地出让收益 2503.7 万元，为我县缓释化解债务风险提供了自然资源要素保障。

（三）高质量发展支撑有力

一是我县 2023 年拟申请使用市级新增建设用地计划指标的建设用地项目 22 个，涉及 10 个批次和 2 个单独选址用地项目，涉及新增建设用地面积 55.6923 公顷，其中耕地 8.7815 公顷（水田 0.6560 公顷）。二是当前已整理材料上报市自然资源局审批办审查的项目有：象州县 2023 年第九批次乡镇建设用地、沐恩风电场、象武风电场、纳绿古村山水田园生态休闲谷项目、150MWP 光伏发电项目、柳州至覃塘高速公路（象州段）。三是我县 2023 年第一、第二、第三、

第四、第五批次乡镇建设用地（包括飞南、绵江水泥厂、大明山1000万吨绿色建材综合利用项目、年产300万吨冶金溶剂用灰岩项目及莲桂、佳美等项目）已完成勘测定界资料的制作、已开展征收土地现状调查工作、已落实耕地占补平衡任务。

（四）落实耕地保护国策有力有效

充分发挥田长制耕地保护的统筹协调作用，采取退桉还耕（蔗）、土地整治等措施恢复耕地，今年截至目前已完成退桉6422.4亩，清理黄龙病果树及失管果园14240.8亩，有效遏制了耕地减少的势头。

（五）执法监管高压态势逐步形成

以卫片执法为抓手，全县系统开展动态巡查和案件调查150次，出动执法人员600人次，车辆150辆次，下达《责令停止违法行为通知书》35份，下达《责令改正违法行为通知书》6份。立案查处土地违法案件12起，结案6宗，上缴罚款156.6775万元，完成非立案整改17宗。立案查处矿产违法开采案件3起，查扣挖掘机、运输车辆等大型采矿设备1台。核查农村乱占耕地建房问题线索24宗，今年截至目前未发现新增乱占耕地建房问题，自然资源"长牙齿"保护力度已形成。

（六）服务改善民生不断增强

一是完成农村"房地一体"宅基地确权登记地籍调查和权籍入库56080宗，完成率120%；已登记发证25067宗，发证率54%。积极推进历史遗留问题工作，解决450套房屋的"办证难"问题。大力推进"交房即交证"工作，为4个项目821套实现"交房即交证"，受益群众约2463人。二是2023年截至当前收到5件信访事项，已办结5件，办结率100%。其中，收到市局信访事项1件，已办结1件，办结率100%。已收到林地权属纠纷案件2起，已申请县人民政府立案1起。全县没有因"三大纠纷"和信访化解不力而引发影响社会稳定、集体赴邕进京上访的群体性事件，也没有因"三大纠纷"调处不力而致纠纷转化为恶性刑事案件。

（七）党的建设和党风廉政工作不断夯实

一是认真学习宣传贯彻党的二十大精神。贯彻落实党中央《关于认真学习宣传贯彻党的二十大精神的决定》和自治区党委《关于深入学习宣传贯彻党的二十大精神奋力开创新时代壮美广西建设新局面的决定》《关于深入贯彻落实"五个更大"重要要求全面建设新时代壮美广西的意见》部署要求，通过多种形式组织全体干部职工进行学习。二是认真传达学习贯彻全国"两会"精神。学习贯彻习近平总书记在全国"两会"期间的重要讲话精神和政府工作报告对自然资源工作做出的新部署、提出的新要求，自觉把贯彻落实全国"两会"精神同习近平总书记关于自然资源管理的重要论述结合起来。三是开展土地利用腐败问题专项整治工作。自查自纠问题3个，完成整改1个，其中土地利用法规政策落实方面问题1个、耕地种植用途管制整治方面问题1个、土地利用工程监管职责落实方面问题1个。深入推进巩固拓展脱贫攻坚成果同乡村振兴有效衔接专项监督"八个聚焦 八项行动"，开展享乐奢靡四方面突出问题专项整治，大力推进生态环境保护领域腐败和作风问题专项整治工作，开展领导干部利用职权或影响力插手工程项目谋私贪腐问题专项整治工作。

二、当前自然资源工作存在的问题

看到成绩的同时，我们也清醒地认识到工作中存在的问题、差距和面临的挑战。

一是在学习和运用习近平新时代中国特色社会主义思想指导实践、推动工作上还存在差距，重要业务知识补充不足，立足新发展阶段、贯彻新发展理念、服务新发展格局的能力和水平仍需提高。二是土地综合整治推进仍然较慢，达不到县委、县政府的目标要求。三是重大项目前期工作不扎实，用地报批进展效率还有待提高。四是闲置土地处置和存量土地盘活难度大。五是耕地保护压力巨大。六是意识形态领域仍存在薄弱环节。七是全系统党风廉政建设和反腐败斗争形势依然严峻复杂，违纪违法案件仍时有发生。我们一定要高度重视这些问题，不畏难、不回避，认真研究，加以破解。

三、奋勇争先、主动作为，谱写 2023 年自然资源工作新篇章

2023 年是全面贯彻落实党的二十大精神的开局之年，也是深入贯彻落实"五个更大"重要要求、全面建设新时代壮美广西的重要一年，做好自然资源工作意义重大、责任重大。今年全县自然资源系统要深入贯彻党的二十大精神，贯彻区厅和市局工作部署，落实县委、县政府的重大决策部署，围绕"严守一条红线，强化四个保障，着力抓好六项工作"，坚持守正创新，勇毅前行，助力我县经济高质量发展。

（一）严守一条红线，确保粮食安全

一是按照党中央、国务院部署，压实各级党委、政府责任，层层签订责任书，落实耕地保护党政同责，实行严格考核、重大问题一票否决、终身追责。二是充分依靠田长制的统筹协调作用，压实乡、村田长的职责，强化巡查网格、乡级监管、村级管护，加快形成"横到边、纵到底、全覆盖、无缝隙"的网格化监管机制。三是加强耕地用途管制，抓好耕地"进出平衡"工作。全力配合糖业部门开展"桉退蔗进"、农业部门开展"退果还田"、林业部门开展"退林还耕"工作，服务指导做好耕地流入的举证和日常变更调查工作。四是通过卫片执法"月清、季核、年度评估"以及加大绩效考评指标分值占比的方式，督促各乡（镇）人民政府耕地保护主体责任落实履职尽责，及时发现、严肃查处违法占用耕地和永久基本农田等违法案件，守护耕地红线。五是加大宣传力度。积极开展宣传，增强群众保护耕地的意识，遏制新增农村乱占耕地建房。

（二）强化四个保障，服务经济社会高质量发展

（1）强化用地保障。坚持指标跟着项目走，全面实行清单化管理。加快审批速度，加强项目前期工作指导，进一步转变用地指标保障观念。落实"增存挂钩"机制要求，加大盘活存量建设用地和处置闲置土地力度，为全县具备开工建设条件的项目提供用地保障。

（2）强化用矿保障。坚持"绿水青山就是金山银山"发展理念，全面推进绿色矿山建设。

推进绿色矿山建设提速增量，2023年年底前完成全县应建2个绿色矿山的目标，不符合绿色矿山标准的矿山企业分类有序退出，全县基本形成绿色矿山格局。全面推行"净采矿权"出让，实施矿业权出让动态监管平台，细化"净采矿权"出让操作规程。2023年全面推进茶花山林场白涯岭石灰岩矿、老孟山石灰岩矿等建筑材料用砂石土类矿山实施"净采矿权"出让。科学谋划找矿新突破。开展我县"十四五"地质勘查工作，启动象州县寺村镇重晶石矿、石英矿地质勘查，力争新增一批优质资源储量。

（3）强化化债保障。贯彻落实市委"在发展中化债、在化债中发展"的工作思路，用好13个化债举措，加快在建旱改水土地开垦等项目施工、验收和入库，力争年度报备入库4300亩以上；土地开垦立项20000亩，验收7000亩。年内完成国有建设用地使用权出让1800亩以上，收入约3.1亿元，采矿权出让收益3亿元以上，为缓释化解债务风险提供了自然资源要素保障。

（4）强化服务保障。持续深入优化营商环境，建立用地台账清单，加强上门指导服务频次，对各类项目用地进行精细管理、贴身服务、全程监管。建立用地问题责任清单，制订分工方案，下大力气减环节、优流程、压时限、提效率；加大力度推进"双容双承诺"容缺承诺审批制，推动"问题清单"变成"满意清单"。建立工业用地"标准地"出让制度，进一步提高土地节约集约利用水平，实现项目"拿地即开工"。

（三）着力抓好六项工作，全面提升自然资源综合管理水平

（1）国土空间规划编制方面。加快推进国土空间总体规划编制工作，统筹保障规划建设项目用地需求和布局。依据国家批准启用的"三区三线"划定成果继续做好国土空间规划审批前亟须建设重大项目的用地规划保障工作。做好村庄规划编制工作。贯彻和落实关于实施乡村振兴战略、推进乡村建设行动的决策部署。积极指导各乡（镇）做好"多规合一"实用性村庄规划编制各项工作。

（2）盘活存量土地方面。深入实施盘活存量土地三年行动计划（2021—2023年），年内盘活存量土地3000亩。处置"增存挂钩"批而未供土地2000亩，处置闲置土地1000亩。积极与区厅、市局沟通，获得对盘活存量土地及"增存挂钩"任务的指导意见，确保顺利完成工作任务。通过有效盘活存量建设用地、消化批而未供和处置闲置土地获得更多的新增建设用地指标。

（3）信息化建设"一张图"方面。加快推进象州县自然资源信息化"一张图"项目建设。年内建设完成国土空间基础信息平台、国土空间规划"一张图"实施监督信息系统并上线运行，并在年底前建设完成覆盖全业务领域的自然资源综合业务平台、移动调查与执法端系统并上线运行。推进新型基础测绘体系、实景三维象州、智慧城市时空大数据平台建设，为数字城市、数字经济、数字政府、数字社会提供统一的时空数据基础底板，更好地助跑现代物流、共享经济、智慧出行等新业态。

（4）服务民生工作。一是严抓安全生产。扎实开展矿产资源开发领域安全生产集中联合整治活动，努力做到安全隐患早发现、快整改、真到位。二是强化防灾减灾。2023年年初，全县在册的威胁到人员生命安全的地质灾害隐患点共有25处，威胁人数1221人、财产2290万元，全部列为重点管理隐患点，每处隐患点安排 2 名监测员进行监测，其中有 5 处安装了自动监测预警设备。今年以来我局通过视频等方式组织开展地质灾害应急演练培训 2 次，开展地质灾害巡查 61 处次；通过地灾预警信息发布加强对汛期等重要时段、重点地区的地质灾害防范，最大限度保护人民群众生命财产安全。三是加大信访调处力度。开展历史信访矛盾梳理分析，加大历史遗留问题化解，抓好矛盾纠纷集中排查和重点疑难件包保、稳控、息访，确保国家、自治区、全市和全县重大活动期间自然资源领域信访稳定。四是继续推进自然资源确权登记工作，加快推进交房即交证工作，妥善解决不动产登记历史遗留问题。

（5）党的建设和全面从严治党方面。一是深入抓实党建工作。深入推进机关党建文化和阵地建设，增强党组织政治功能和组织功能，凝聚党心民心，夯实党执政基础。扎实推进模范机关创建活动，稳步实施"五基三化"活动和党史学习教育常态化制度，压实抓党建责任。全面推进党建与业务工作深度融合，推动全县经济"发展红"。二是持续抓好全面从严治党工作。围绕清廉自然资源建设，开展奢靡享乐四方面突出问题、酒驾醉驾问题、违规收受礼金问题专项整治工作，积极探索行风建设长效机制。坚决查处土地领域违规违纪问题，整治乱作为和为官不为，努力营造干净干事的良好氛围。三是做好做实巡察整改后半篇文章。要把整改责任压紧压实，要自觉承担巡视整改主体责任，党组织书记自觉担起第一责任人责任，班子成员落实好"一岗双责"。严格落实整改销号制，完善制度机制，建立整改台账，一个问题一个问题地解决，并及时开展"回头看"，形成从发现问题到整改问题的工作闭环。局党组对未整改到位的问题进行再研究和再分析，拿出切实可行的措施和办法，持续发力落实整改，直到问题"清零"。同时要把巡视成果用好用足，对于巡视发现的普遍性、倾向性问题，大力开展专项整治，深入查找背后的腐败、责任和作风问题，督促从"治病表"向"治病根"深化，努力达到"巡视一批、带动一片"的效果。

（6）围绕工作目标，不折不扣抓落实。一是要盯紧重点目标。局各股室、各部门要切实履职尽责，落实"一把手"负责制，亲自组织研究部署今年各项重点工作任务，逐项建立工作台账，实行清单化管理、项目化推进、全过程管控，实现任务有措施、目标可量化、工作能落实。二是要善于协同借力。局机关各股室、各部门要重实效、强实干、抓落实，切实加大工作力度，加快工作进度，任务牵头部门和配合部门要立足大局，要在把情况搞清楚的基础上，统筹兼顾、综合平衡，大中小结合、上中下结合、长中短结合、内外结合、虚实结合，突出重点，带动全局。积极取得市局的指导服务，主动对接市局各科室，结合当地实际进一步明确工作重点，细化措施，推动落实。三是要聚力攻坚破难题。耕地保护、净矿出让、盘活存量等工作是涉及粮食安全和自然资源要素保障的基础工作，也是堵点、难点工作，要大胆协调、形成合力、果断处置。要敢啃最硬的骨头，打开工作的突破口。

道阻且长，行则将至；行而不辍，未来可期。我们全系统干部职工要坚持以习近平新时代中国特色社会主义思想为指引，深入贯彻党的二十大精神，不忘初心、牢记使命，踔厉奋发、勇毅前行，为全面建设新时代壮美广西象州新篇章做出新的更大贡献！

加强青年队伍建设
为税收高质量发展增动力

国家税务总局濉溪县税务局　张慧婷

　　近年来，国家税务总局濉溪县税务局牢牢把握"党管人才"的要求，坚持既严管又厚爱、既压担又引路，严格实行管理与激励培育相结合，护航青年干部健康成长，为税收现代化服务中国式现代化建设提供源泉动力。近日，濉溪县税务局依托青年理论学习小组，利用优质资源，上好三节"微课"，帮助青年干部提升政治素养和业务能力，筑牢青年干部思想防线。

一、党史微课，激发"源动力"

　　发挥党建引领作用，采取优秀党员讲党课、先进个人讲奉献、青年干部讲成长等举措，帮助青年干部擦亮积极向上、自强自信的青春底色。此次微课通过学习习近平总书记的系列重要讲话精神，传达市局、县局全面从严治党工作会议精神，聆听党史故事等举措，推动青年干部把讲政治、讲大局刻在心里，激发税务青年归属感与自豪感。

二、业务微课，练就"真本领"

　　注重专业能力培养，搭建青年干部交流研讨学习平台，常态化开展业务学习。邀请青年业务骨干就近期热点工作领学解读，然后进行交流研讨，结合自身谈感想、讲收获。此次微课青年干部们重点交流了对税收执法"四个有人管"的认识理解，在交流中学业务、学方法，分享经验、增长本领，在互学互助中快速提升业务能力和综合素质。

三、廉政微课，垒起"防火墙"

　　坚持"严管就是厚爱"，开展"青廉讲堂"，帮助青年干部树立坚定理想信念、严守纪律规矩不逾底线，明确廉洁从政的纪律要求。此次微课发挥税企支部共建作用，邀请胜方律师事务所专职律师与青年税干开展"预防职务犯罪"座谈，结合岗位特点、业务优势，对职务犯罪产生原因和预防进行交流，告诫青年税务干部严格要求自己，系好人生"第一粒纽扣"，提高风险防控意识，树立正确的权力观，做党和人民满意的公仆。

全力提升服务 再赴春风之约

国家税务总局武川县税务局

"春风行动"旨在"便民"。武川县税务局自"便民办税春风行动"开展以来，始终坚持"以纳税人缴费人为中心"的理念，在任务落实过程中不断提升服务质量、拓宽"征纳"沟通交流渠道，努力让纳税人缴费人享受到更便捷、更高效、更规范的税费服务。今年上半年，武川县税务局第一税务分局获评"全国工人先锋号"荣誉称号。

一、筑牢便民服务理念，让服务更精准

"你要求开的税票金额和租赁合同中的金额不相符，建议再联系咨询一下租赁公司，一定要把金额确定好。"办税厅审核人员对前来代开房屋租赁专票的纳税人解释道。纳税人没注意到携带的房屋租赁合同的租赁费用和公司要求的开票金额不符，多亏在一线工作的同志仔细进行审核，才避免了代开错误发票的问题。为防止沟通出现偏差，工作人员专门录制视频，把需要确认的信息一一罗列出来，纳税人成功代开发票后，为办税厅工作人员的耐心、细心点赞。

二、提升便民服务意识，让服务更暖心

纳税人李腾飞由于种种原因，直到下班前最后一分钟才来办税服务厅办理业务。"本来只是想试试看，以为要改天再来了。"他感慨道。工作人员启动延时服务，在两位税务干部的耐心指导下，他顺利办结开票业务。他特意要来信纸当场写下表扬信。"不为不办找理由、只为办好想办法"，武川县税务局始终站在纳税人角度思考问题、着力提供优质高效暖心的税务服务，使纳税人、缴费人的满意度和获得感不断增强。

三、拓宽便民服务渠道，让服务更有效

今年以来，武川县税务局利用上门服务、线下培训、微信交流、税企远程可视化交互平台等方式及平台，有效拓宽了宣传交流渠道，开展集中服务10余次，解答疑问90余条，收到意见反馈100余份，形成了纵向到底、横向到边的征纳沟通交流渠道。

四、交出落实税费支持政策优异答卷

自实施新的组合式税费支持政策以来，武川县税务局坚决贯彻实施新的组合式税费支持政

策决策部署，把退税减税降费工作落实落细，交出了让纳税人、缴费人满意的优异答卷。

（一）政策直达快享

武川县税务局通过线上线下相结合的方式，紧抓快干推进留抵退税政策落地见效，让政策红利从"纸面"落到"地面"。线上，通过数字化税企服务智能平台、微信等方式精准推送税费优惠信息，使企业能够第一时间"应知尽知"。线下，开展"一企一人、一企一策、一企一册"的专属管家模式，为企业筛选出符合自身情况的税费优惠政策，"一对一""点对点"开展政策宣讲，帮助企业算清算细退税减税红利账。在加速办理的同时更加注重风险防控，实行"双岗"审、"团队"审、"提级"审，将风险防控嵌入留抵退税办理的全流程，推进退税审核更加科学化、规范化、精细化，想方设法把风险堵在起点，确保留抵退税审得严、风险隐患防得住。

（二）助企纾难解困

环聚新能源开发有限公司的工作人员表示："2022年将近6000万元的退税能让我们的资金压力'缓口气'了，办理的流程更简便了，退税的速度更快了，让我们十分惊喜。"武川县百川热力公司将646万元留抵退税款全部用于日常支出和职工工资；燕谷坊将522万元留抵退税款全部用于扩大再生产；内蒙古山澄爆破有限责任公司将100万元留抵退税款全部用于购买设备；华能武川县光伏发电有限公司将82万元的留抵退税款主要用于技术研发，及时解决了企业科研资金不足的难题。大规模留抵退税政策的全面落地，带动了小微企业经营逐步改善，支撑了困难行业销售加快回暖，助力了工业经济运行企稳回升，有效发挥了助企纾困、稳住县域经济大盘的作用。

"三个引领"促进党建与业务深度融合

国家税务总局济宁市任城区税务局党委书记、局长 刘志广

任城区税务局坚持把抓好党建作为最大的政绩，围绕中心、服务大局，以"三个引领"强力推进党建与业务工作"同促进、双融合"，着力破解"两张皮"难题，不断提升机关党建质效。

一、理念先行，党建引领促融合

牢固树立税务机关首先是政治机关的理念，严把全局"思想关"，通过政治建设、机关建设、阵地建设，为党建与业务深度融合奠定思想基础。

（一）抓"思想根基"，政治建设更有"引领性"

牢固树立政治机关意识，坚持将党的政治建设摆在首位。深入学习贯彻习近平新时代中国特色社会主义思想和党的二十大精神，及时跟进学习习近平总书记最新讲话和重要指示批示精神。按照省市局党委要求，作为第二批参加主题教育的单位要不等不靠，区局党委主动先学一步，形成"党委会重点学、党委理论学习中心组研讨学、党支部主题党日活动跟进学"的闭环模式，不断提高政治判断力、政治领悟力、政治执行力。

（二）抓"规范提升"，机关建设更具"模范性"

秉承"省市县三级联动深化模范机关建设"理念，扎实开展以"讲政治、守纪律、负责任、有效率"为主要内容的模范机关创建，被评为"省市区三级联动模范机关党建联系点""模范机关创建工作先进单位"。制定各党支部标准化规范化建设标准，开展党务资料展评，全面提升支部建设水平，真正打响任城区税务局党建名片。

（三）抓"阵地打造"，文化沁润更具"融合性"

坚持"文化育税"理念，在全局范围内打造党建、廉政、法治"三位一体"的文化阵地，以文化熏陶人，以文化引领人，起到润物细无声的良好效果。第一分局"党旗飘扬办税厅"作为党建与业务融合的党团活动室，创新地将党团员教育与服务纳税人融为一体；任城区纪委和李营分局共同建立了"廉德苑廉政教育基地"和"党性体检中心"，使党员干部在接受廉政教育的同时不断加强党性锤炼；着力打造"法治教育基地"，与区检察院携手构建检税合作联动格局，与区司法局共同提升法治教育宣传广度和深度，使依法治税理念更加深入人心。

二、精准发力，组织引领促融合

发挥党支部的战斗堡垒作用和党员的先锋模范作用，以提升组织力为抓手，着力建设勇担

当善作为的党员队伍，激发党员干部干事创业热情。

（一）以支部为"切入点"，筑牢堡垒优品牌

牢固树立"党的一切工作到支部"的鲜明导向，完成支部重建工作，选优配强支部书记，由股长亲自挂帅担任，全面实现"一股室一支部、一分局（所）一支部"。注重运用党建工作方法指导具体工作，在疫情防控、征管质效提升、优化营商环境等攻坚任务中，召开支委会，支委班子共同研讨，做到党建工作与业务工作一起谋划、一起部署、一起落实、一起检查。

（二）以党员为"着力点"，强化领航促示范

在急难险重工作中，大力发挥党员先锋模范作用，党员干部冲锋在前。2022年疫情形势严峻以来，第一时间组织了47名党员干部成立疫情防控志愿服务队，下沉至14个包保小区，协助社区开展疫情防控工作，又积极响应区委组织部号召，抽调人员6批共55人次疫情防控突击队，下沉到疫情形势最为严峻的社区、高速卡口，坚持24小时值守，仙营社区和秦庄社区分别向区局赠送锦旗以示感谢，在疫情防控大考中展现出了税务力量、税务担当。

（三）以考核为"突破点"，树立导向重运用

坚持发挥考核"指挥棒"的激励作用，将党员示范作用作为党员干部量化积分的重要加分指标，列为党支部民主评议党员的重要参考，并计入平时绩效考核，树立鲜明的考核导向。进一步严格基层党支部书记抓党建述职评议考核工作，强化述职评议考核的结果运用，将其作为领导干部选拔任用、培养教育和奖励惩戒的重要依据，并与年底评先树优直接挂钩，具有一票否决权，切实增强党支部书记抓好党建工作的责任心和使命感，形成争先进位的浓厚氛围。

三、多管齐下，服务引领促融合

不断探索、研究、创新党建与业务融合工作思路，用心、用力、用情解决百姓急难愁盼的问题。重大事项、重点工作、重要项目提交党委会议集中研讨商定，建立"党委抓总、支部落实、党员先锋"的三级联动模式，将"为人民服务"宗旨融入税务工作，以党建优势凝聚高质量发展胜势。

（一）优化服务，让办税"顺心"

坚持税收工作开展到哪里，党建工作就延伸到哪里。办税服务厅坚持推进"党建＋智慧税务"建设，运用"远程帮办系统"，缩减人工窗口，今年以来"非接触式"办税率达到99.8%。集中厅内青年党员优势，建成以智慧办税服务厅为中心、无人值守办税服务厅为辅助、智能办税终端为节点的环任城区15分钟智慧办税圈，进一步简化办税流程，压缩企业办税时间。企业从设立登记到发行税控设备、领取发票时间压缩为1小时，增值税留抵退税平均办理时间压缩至1个工作日，推动不动产业务"一窗联办 一网通办"，着力解决纳税人反映的"办证难"问题，使纳税人、缴费人的办税体验得到极大提升。

（二）靠前服务，让企业"暖心"

为全面落实组合式税费优惠政策，任城区税务局成立退税减税政策工作专班，不折不扣抓好小规模纳税人免征增值税政策、小规模纳税人增值税税率"3 降 1"政策等税费优惠政策落实工作，时时关注退税退费进度，确保政策落实到位，让减税降费的"真金白银"尽快落到企业的口袋中。为打造优质税收营商环境，提升纳税人满意度和获得感，开展"春风入万企、问需解难题"企业走访活动。成立 8 支党员先锋队，班子成员带队走访各类纳税人。在 2022 年营商环境评价中，任城区局排名前列，被评为"支持任城发展突出贡献单位""任城区优化营商环境工作先进集体"。

（三）拓展服务，让群众"舒心"

以业务落实检验党建工作成效，按照地域相邻、业务相关、优势互补的原则，区局各党支部与重点税源企业、相关村镇党支部等结成共建"对子"，集中提供税惠支持。为助力绿色环保企业发展，机关党委（党建工作股）、运河经济开发区党支部与资源综合利用企业党支部进行联建，梳理针对该企业的税收优惠政策，提供"定制式服务"，深入解决痛点难点问题，坚定了企业走绿色环保发展道路的信心和底气；法制股和非税收入股党支部在乡村建立便民服务点，"手把手"帮助村中特殊群体缴纳社保费，彻底打通办税缴费服务"最后一公里"；驻村第一书记带头做好乡村振兴工作，加强与村党支部共建，全力助推"信用超市"运营，获得了村民和驻村工作专班的一致好评。

"五个自觉"走在前　夯实政治机关建设之基

国家税务总局林州市税务局

国家税务总局林州市税务局作为服务地方经济社会发展的职能部门，始终以办好便民实事为抓手，牢固树立"税务机关首先是政治机关"的意识，锚定走好政治机关建设"第一方阵"的目标，坚持"五个自觉"夯实服务根基，大力传承弘扬红旗渠精神，聚力打造"红旗渠精神铸税魂"党建品牌，把红色精神融入税收现代化建设，奋力谱写红旗渠畔税收事业的崭新篇章。

一、坚持以高度政治自觉培育忠诚之"心"

牢固树立"税务机关首先是政治机关"意识，引导干部旗帜鲜明讲政治，想问题、做决策、抓落实，自觉同党中央决策部署对标对表，将对"两个确立"的决定性意义的深刻领悟转化为"两个维护"的自觉行动。

二、坚持以高度理论自觉夯实思想之"魂"

（一）研学深感悟

严格落实"第一议题"制度，深入学习贯彻党的二十大精神和习近平总书记考察安阳重要讲话精神，跟进学习习近平总书记关于税收工作重要指示批示精神，学到精髓、学出干劲，荣获安阳市委宣传部"理论学习中心组学习示范班"称号。

（二）践学深体验

持续开展重走修渠路、重访修渠人、重讲修渠事、重唱修渠歌等系列活动，组建"红旗渠精神宣讲轻骑兵"，打造精品课程，营造"红旗渠精神我来讲、红旗渠精神我践行"的浓厚氛围，不断擦亮"红旗渠精神铸税魂"党建品牌。

（三）联学深提升

始终向实践学、向群众学，通过联学共建，打造上下联动、左右协同、内外贯通的学习矩阵，不断深化对党的创新理论认识，深刻领悟"两个确立"的决定性意义，增强"四个意识"、坚定"四个自信"、做到"两个维护"。

三、坚持以高度行动自觉筑牢服务之"志"

（一）服务发展

聚焦主责主业，为地方经济发展提供了财力保障。择优选派驻村第一书记、帮扶干部投身脱贫攻坚、乡村振兴战略，荣获"安阳市驻村工作队选派工作先进集体""安阳市乡村振兴十面红旗单位"。

（二）服务企业

深化拓展"税收秘书"服务功能，增添了"税收医生"工作职能，与 120 户重点税源企业签订了《税收联系书》，协助企业精准识别、科学防范涉税风险，助力企业平稳健康发展。科技赋能税宣，将 AI 智能与税务深度融合，创新打造出安阳地区首个 AI 数字虚拟税务人——林小税，使"云端"税宣实现"面对面"，受到纳税人缴费人的一致好评。

（三）服务基层

深入开展班子成员"根在基层"蹲点调研活动，通过"参与一次组织生活、体验一项业务办理、走访一名镇办领导、深入一户重点企业、组织一次座谈交流、共做一顿家常便饭、办成一件基层小事"的"七个一"活动，切实为基层干部办实事、解难题，推动问题在一线发现、困难在一线解决、情感在一线交融、经验在一线总结。

四、坚持以高度使命自觉锻造战斗之"基"

聚焦税费管理工作中的痛点、难点、堵点，夯实征管之基。牢牢把握人才兴税这个根本，以"青年干部"为重点，培养青年骨干力量，夯实人才之基。积极发挥典型示范带动作用，每月评选学习强国之星，开展"两优一先"表彰，以"正向激励"为导向，夯实干事之基。

五、坚持以高度纪律自觉塑造廉洁之"风"

持续深化纪检监察体制改革，着力构建一体化综合监督体系，推动全面从严治党向纵深延伸。录制《渠畔税廉》宣传片、印制廉政字帖、组织亲情助廉等系列活动，建成安阳市廉洁文化进机关示范点。加大对优化营商环境、风险防控、减税降费等日常工作的全方位监督，实现干部队伍零投诉、零违纪、零违法、零追究。

扬帆五载峥嵘路　聚力启航新征程

国家税务总局紫金县税务局

时光荏苒，转眼国税地税机构改革已迈过五载，却顾所来径，苍苍横翠微。这五年来，紫金税务人迎潮而立，秉承"忠诚担当、崇法守纪、兴税强国"的中国税务精神，实现了机构改革平稳落地、干部队伍深度融合、税收事业快速发展、改革红利持续释放，以金色税徽点亮永安大地，用担当奋进奏响时代凯歌，在国税地税征管体制改革的答卷上书写了紫金税务人的精彩，为建设幸福和谐美丽河源贡献紫金税务力量。

五年来，国家税务总局紫金县税务局先后荣获"全国模范职工之家""全国巾帼文明岗""广东省文明单位""广东省依法治省工作先进单位""广东省三八红旗集体""广东省职工书屋""广东省模范职工之家"等荣誉称号，税收优惠政策辅导举措被中央电视台、广东省"新闻联播"《中国税务报》《中国报道》《羊城晚报》等媒体报道了300余次。这些成绩的背后，是紫金税务人付出的汗水，也彰显了该局"为国聚财，为民收税"的税务初心。

一、党建引领聚合力

五年前的2018年7月20日，是紫金税务人永远铭记的日子。这一天，全国县乡国税地税机构正式合并，县级和乡镇新税务机构统一挂牌。五年来，紫金税务坚持把党的政治建设摆在首位，以党的政治建设为统领推进党的各方面建设，扎实推进模范机关创建，形成"抓机关、带系统"的良好生态；持续完善新"纵合横通强党建"机制体系，大力推动党业深度融合，常态化开展创文志愿服务、党建主题活动和各类文体活动。坚持党建带群建，充分发挥群团组织作用，持续擦亮"税爱+"品牌。强化精神文明创建，开展文明单位创建，选树先进典型，五年来，3个党支部被评为"河源市税务系统先进基层党组织"，9人被评为优秀共产党员。

五年来，紫金税务以党建引领"四合"建设，干部队伍不断融合共进、向上向善，把握好严管和善待的关系，大力加强党性教育、纪律教育、法治教育和业务培训，提升队伍的学习力、担当力、执行力、创新力；推行职务职级并行，优化队伍配置，加强领导班子建设，选优配强中层干部队伍。从合作到合并，从事合、人合到力合、心合，全体干部职工坚持同心、同德、同声、同气、同向，肩负共同使命，奔赴共同目标，深度融合的脚步日渐加快，"四合"建设成果越来越多。这五年，紫金县税务局获市级以上荣誉表彰11个，县级荣誉表彰59个。

二、减税降费加速跑

落实减税降费政策是对新机构的重要检验，五年来，紫金税务聚焦主责主业，改出了发展加速度，革出了发展新活力。围绕组织税费收入、推进个人所得税改革、落实减税降费政策等重点工作，披荆斩棘、攻坚克难，顺利完成了一项又一项任务，取得了一个又一个成绩，做到一手抓改革任务落实、一手抓组织收入，"两不误、两促进"。

为确保减税降费在紫金县落地生根，持续加强税费优惠政策宣传辅导力度，密切做好政策运行情况的跟踪分析，让纳税人、缴费人有实实在在的获得感。紫金税务充分发挥地方特色，创新税法宣传。聚焦"紫金铁锅""紫金辣椒酱"等非物质文化遗产产品生产企业的经营特点，组建"非遗税收工作辅导室"，为企业量身定制税收优惠政策辅导服务，实现税收优惠政策精准落地，此举得到央视一套、央视十三套《朝闻天下》栏目的宣传报道。将本土文化形式、国家非物质文化遗产——花朝戏融入税收宣传，把最新的减税降费政策内容编进花朝戏唱词中；五年来，先后自主创作《情暖纳税人》《精明钱多多》《相儿媳》等税宣花朝戏剧 5 部，向纳税人展演近百场，覆盖人群近万人。

三、持续深化征管改革

五年来，紫金税务立足创新发展，全面深化征管改革，围绕《关于进一步深化税收征管改革的意见》，不断加强智慧税务建设，持续强化信息管税优势，以"数"治税、凝聚合力，全面提升征管质效。大力推行以电子化办税、全过程服务、大数据管控、智能化提升为主要内容的基于互联网生态的智慧税务生态体系，在此基础上不断创新完善新型征管模式。按照税务总局统一部署，在深化以税收大数据为驱动的理念变革基础上，全面推进技术、业务、岗责变革，力争率先实现从"收税""报税"到自动"算税"的转变。

五年来，紫金税务在夯实税费征管基础中提升管理效能，稳妥推进增值税专用发票电子化试点扩围，全面落实问题反馈处理机制、台账管理工作制度、工作任务督办机制、试点工作例会制度、日报情况通报制度以及跟进式督导机制。2022 年我局增值税专用发票电子化试点工作总体推行比例、同步电子化专票专核定情况在全市均排名第一。

四、优质服务智慧办

五年来，紫金税务以"线上为主、线下兜底、线上线下一体融合"为目标，构建"线上服务不打烊、线下服务无死角、定制服务广覆盖"的税费服务新体系，持续推动纳税人缴费人满意度和税收营商环境评价双提升。在新机构全面推行"一窗通办"的背景下，紫金税务竭力通过合并前台部门、归集涉税事项、优化办税流程、整合服务资源、更新导税模式等举措，打造"窗口一次受理、流程内部流转"的"大前台"，实现纳税人所有申请事项在办税服务厅窗口一次性办结，六大类36项办税事项实现"最多跑一次"，96% 以上涉税业务实现网上通办，报送资料减少近 70%，审批时限压缩近 80%，大大降低了办税成本，并获得"紫金县优秀服务窗口"称号。

积极打造"10 分钟办税缴费服务圈"，在全县 16 个镇 256 个村、社区部署"粤智助"政府服务自助机 256 台，业务范围涵盖纳税申报、社保业务等四大类 34 项税费业务。让群众通过"粤智助"政府服务一体机进一步实现涉税费业务全程自助办理，打通税费服务的"最后一公里"。

五年来，紫金税务持续开展好"便民办税春风行动"，用税收大数据智能分析识别摸准本地市场主体需求，分类标签画像，探索打造"用户场景"，实现办税缴费事项精准提醒、税费政策精准推送、线上服务精准提供。拓展税务全生命周期服务模式，主动为企业提供事前、事中、事后全流程个性化税费政策辅导和纳税服务。

发展无穷期，改革无止境。站在新的历史起点上，紫金税务将在市税务局和县委、县政府的坚强领导下，咬定青山不放松，砥砺奋进续华章，不断巩固和扩大国税地税征管体制改革成果，以永不懈怠的精神和一往无前的劲头，为紫金税收事业发展做出更大贡献！

税务青年廉洁从税优秀案例

——德格县税务局以制度为准绳赋能青年干部"青廉成长"

国家税务总局德格县税务局

一、案例背景

青年干部是党和国家事业接班人，能否做到廉洁自律、健康成长，直接关系到党和国家事业的未来。国家税务总局德格县税务局始终贯彻习近平总书记关于把青年廉洁从税工作作为战略性工作来抓的重要指示精神，始终坚持以习近平新时代中国特色社会主义思想为指导，始终践行全面从严治党工作新要求，紧紧围绕"育苗、护苗、壮苗"三大工程，持续完善青年干部管理制度，以"三项制度"为准绳帮助青年干部扣好人生"第一粒扣子"，引导税务青年纯洁社交圈、净化生活圈、规范工作圈。

二、主要做法及成效

（一）强化学习制度"引路子"，精准滴灌育青苗

该局认真贯彻落实习近平总书记关于"把抓好党建作为最大的政绩"的重要指示精神，始终坚持党管税务原则，加强政治机关建设，从青年党员干部入手，着重在政治统领、融合发展、守正创新上下功夫，切实强化"永远跟党走"的内生动力。一是用好理论学习"金钥匙"，筑牢理想信念之基。该局坚持以习近平新时代中国特色社会主义思想武装头脑、指导实践，在学习中突出思想引领，强化理论武装，精心组织，统筹安排，压茬推进，夯实青年干部永远跟党走的思想基础。严格落实"第一议题"制度，发挥"第一阵地"作用，用好用活"第一课堂"机制，通过党委会、党委理论学习中心组学习、党支部"三会一课"等形式，深入学习贯彻党的二十大精神、习近平总书记重要讲话精神。领导班子成员发挥"头雁作用"，坚持在集中学习、个人自学、党课辅导等方面先学一步、学深一层，切实做到在"引"上打头阵、在"学"上走在前、在"悟"上做表率，言传身教，引导青年干部把学习成果体现到增强党性、提高能力、推动工作上来。二是锚定政治忠诚"总航标"，党旗红交映税务蓝。该局坚持把政治标准放在首位，融合康巴藏文化、红色文化等资源，打造"善地德格　合善税务"党建品牌，以州局党委和地方党委、政府决策部署和绩效管理为导向，鼓励党员干部冲锋在前、示范在先，特别是在乡村振兴、民族团结、综治维稳等重点工作中发挥基层党组织的战斗堡垒作用。党员先锋队结合税收工作实际，深入乡镇宣传乡村振兴、农村合作社涉税优惠政策，助力本地企业、农村

合作社稳步向前。严格落实意识形态工作责任制，加强意识形态"主阵地"建设，统筹推进思想政治学习、税收宣传引导、涉税舆情管理等工作，常态化开展意识形态教育、提醒及警示教育，不断强化宗旨意识，培植为民情怀。三是亮出现场教学"广角镜"，汲取红色奋进力量。该局充分利用好身边优势资源，积极与县纪委监委沟通联系，组织干部职工参观甘孜州首个县（市）级沉浸式廉洁文化体验基地——德格县廉洁文化体验基地。组织党员干部深入十八军进藏红色教育基地、朱德与格达活佛纪念馆等开展"党性淬炼"活动，活动开展后以党员大会等形式组织青年干部职工谈心得、讲体会，进一步提升活动质效。创造性开展"铸税先锋"说"两路"精神活动，让青年干部通过"听、看、感、悟"的融合教育模式，从百年党史中传承艰苦奋斗的精神，砥砺责任担当的品质，激发思想解放的活力，淬炼敢为人先的胆识，牢固树立正确的世界观、人生观、价值观和权力观、政绩观、事业观。

（二）完善监督制度"开方子"，廉字当头护好苗

该局全面贯彻落实全面从严治党的决策部署，始终坚持问题导向和风险意识，做到以案明纪、警钟长鸣、举一反三、标本兼治同向发力，结合正面教育和反面警示，加强对年轻干部行权用权的日常监督，帮助年轻干部"思想拂尘""精准画像""淬炼灵魂"，以干部队伍平安稳定护航税收改革发展落地落实。一是在制度上做文章，让青年干部有准绳。该局运用"3+3+5"分层级、全覆盖、无死角的思想政治工作模式，不定期与干部职工背靠背"掏心窝子"谈心谈话，深层次了解挖掘其思想动态、个性化想法和家庭困难，及时收集意见建议，并帮助干部职工解决困难。建立《国家税务总局德格县税务局干部职工八小时以外行为规范（试行）》《国家税务总局德格县税务局税务干部非公务交往行为规范（试行）》，持续规范税务干部非公务交往备案制度，着力构建"亲""清"的税企关系，营造风清气正的政治生态。二是在引导上不松劲，让青年干部知敬畏。该局大力开展廉洁文化建设，依托县局文化陈列室和楼道文化墙，开展"浸润式"教育引导，让干部职工"抬头受教育、低头思感悟"。结合家庭助廉活动开展，征集廉政作品，邀请干部家属座谈，撰写廉洁家书。坚持用身边事警示教育身边人，以通报的税务系统违纪违法案件和地方"卢昊案""杜小菊案"等典型案例为干部职工敲响警钟，充分发挥反面典型教材的警示、教育、震慑作用；观看《双剑出鞘·惩腐肃纪》《镜鉴》等警示教育专题片，撰写心得体会。三是在监督上出实招，让青年干部补偏差。该局充分利用内外监督合力，做实做细监督职责，努力在日常监督、长效监督上探索创新，让"监督触角"延伸至"神经末梢"。不定期走访纳税人和缴费人，密切关注苗头性、倾向性、潜在性问题，严防"四风"问题抬头。深化预防"黄赌毒"、醉驾酒驾等非职务犯罪监督，率先在全州税务系统成功创建"零酒驾示范单位"。组织在职和离退休干部签订承诺书，开展全员毛发检测，全局干部职工自查借贷情况。

（三）细化工作制度"压担子"，培根铸魂壮优苗

该局不断强化青年干部培养激励力度，把"考场"搬到工作一线的"现场"，为青年干部搭建干事创业的舞台，为税收事业提供坚实的后备力量。一是全链条激活青年干部动力。该局建立税费业务、政务党务两个大专业化团队，挑选业务较好、实践操作可靠的干部当"小老师"，与青年干部"一对一"结成互助对子，传递好互帮互助的接力棒。从干部政治素质、税费专业、廉政风险防范三方面，积极开展"每周一讲""业务大讲堂"等学习活动，政务业务干部职工分别就税收专业知识和政务党务知识进行专题讲解，采取随机抽问的方式检验讲解者和聆听者，在团队内形成既要在机关学也要在社会学、既要能动口还要善动手的氛围，在提高青年干部业务党务水平的同时，有效增强青年干部学习意识和自信心理。二是用拼搏奋进彰显人生底色。该局充分发挥工会、共青团、妇女组织桥梁纽带作用，激励干部职工参与党员"双报到"进社区志愿服务、主题工会（党日）等主题活动；在疫情面前，充分发挥党员先锋模范作用，组建党员先锋队，党员干部在各项急难险重的志愿服务中彰显了"税务蓝"风采。三是多维评价激发队伍活力。该局建立干部日常管理、跟踪考核评价机制，从思想、工作、作风、纪律等方面全方位识别干部；严格落实函询、诫勉、个人有关事项报告、廉政意见"双签字"等制度，延伸日常管理监督"触角"；在集中培训、日常考核、谈话调研中知事识人，多角度近距离考察了解，多维度公正评价；坚决落实容错纠错机制，充分激发青年干部愿干事、想干事、干好事的内生动力，着力锻造一支向上向善的税务队伍。

三、工作启示

党的二十大是一次高举旗帜、凝聚力量、团结奋进的大会，在党和国家历史上具有划时代、里程碑的重大意义。报告强调，坚持严管和厚爱相结合，加强对干部的全方位管理和经常性监督。我们要树牢"税务机关首先是政治机关，税务工作首先是政治工作"的理念，扛牢压实管党治党的政治责任，持续完善各项工作制度，确保税收事业发展始终沿着正确的方向前进。

纪检工作要胸怀"国之大者"，力求学在深处、谋在新处、干在实处，始终坚持制度治党、依规治党。牢记"三个务必"，弘扬党的光荣传统和优良作风，扑下身子干实事、谋实招、求实效。坚持不敢腐、不能腐、不想腐一体推进，通过不断完善工作制度将一体化综合监督嵌入税收治理全过程，将构建"六位一体"全面从严治党新格局推向纵深。

"新·馨"税道 功之所至

国家税务总局密山市税务局 沈 静

"专精特新"是具备专业化、精细化、特色化、新颖化特征的中小企业，是未来产业链的重要支撑，是强链补链的主力军，更是推动经济高质量发展的原动力。为了更好地助推"专精特新"中小企业的健康成长，密山市税务局开通了"新·馨"税道，在其"成长"的道路上，"排忧虑、降风险、促回暖、稳推进"，全力提升新时代的税务速度，力保企业启程快、过程稳、冲劲足。

一、"新·馨"税道，是为推动"专精特新"中小企业高速发展量身打造的一条"精细化、无忧化"的税务服务通道

企业在成立、运营的过程中，所有的税费事项全部在"新·馨"税道中享受"私人化、精准化"服务，"专业化剖析、政策送上门、辅导一对一、红利尽享制、一档制服务"，全程陪伴，全力传输"新政策""新理念"，构建"馨服务""馨体验"。

二、"新·馨"税道，税务管家铺轨道

该局化身税务管家，组建税务服务团队，倾情为企业送上一份量身打造的设计图纸，摸清脉络，为企业的运行发展铺平轨道。走进黑龙江福康生物科技股份有限公司，服务团队立即对企业的负责人及主要办税人员问询情况，了解企业的基础信息和经营情况。黑龙江福康生物科技股份有限公司是一家"专精特新"的中小企业，主要经营乳制品制造、热力供应等行业，享有研发费用加计扣除的税惠政策。

三、"新·馨"税道，税务管家注能源

企之所盼，税有所应。密山市税务局聚焦"专精特新"企业的突出特点，结合国家税务总局推出的税费政策，精准把脉，为企业开出一剂良药，更为企业踏上新征程注入一份能量。税务干部结合企业开票信息的实际情况，"一对一"地辅导企业纳税申报，并对政策的重点、申报操作流程、时间节点做出详细的解释说明，切实让纳税人尽享红利，重焕生机。

四、"新·馨"税道，税务管家促发展

严格落实研发费用加计扣除政策，提高企业自主创新能力，增强企业原动力。密山市税务局秉承这一理念,对研发费用加计扣除填报的流程进行全方位的辅导,对"专精特新"企业实现"一对一"的跟踪、对接,专人专岗全程辅助办理。"我们公司在税务局的帮扶、国家税费优惠政策的支持下,一定会再创新高。"黑龙江福康生物科技股份有限公司的财务人员高兴地说。

五、"新·馨"税道,税务管家树品牌

该局以"税月拓荒党旗红"党建品牌为引领,叫响"税费无忧办"党员服务工作站自主创新品牌。全局组织业务骨干深入企业、社区,向现场纳税人宣讲个税汇算清缴、研发费用加计扣除等优惠政策,切实将优惠政策、便民服务、贴心举措送到纳税人缴费人身边,面对面地将宣传手册送到纳税人手里,手把手辅导纳税人用个税 APP 操作,耐心讲解各类税收优惠政策,发放宣传单千余份。"税费无忧办"党员服务工作站将与企业、社区保持密切合作,建立长效沟通机制,用自主创新税务品牌的力量推动税收营商环境迈上新台阶。

六、"新·馨"税道,税务管家启征程

密山市税务局始终坚守在企业运营发展的道路上,为其保驾护航。该局与企业点对点对接,将黑龙江福康生物科技股份有限公司记为"税费无忧办"党员服务工作站的金钻会员,详细问询企业的问题与需求,并记入档案,实行"一户一档"终身制服务。在今后的工作中,定时做好咨询回访,对企业的问题建议做好梳理分类,及时与业务部门对接,做到高效回复;做到健全管理,查找问题,为企业提供精准服务。

对标问题解难题　便民办税暖人心

国家税务总局锦州市古塔区税务局　朴明哲　张仟雨

2023年"便民办税春风行动"启动以来，国家税务总局锦州市古塔区税务局聚焦纳税人缴费人"急难愁盼"的问题，推出了一系列便民举措，精准把脉经营主体所需所想，竭力优化税收营商环境，助力辖区各类经营主体轻装上阵、稳步前行。

一、结对共建，助企纾困"送红利"

针对辖区民营企业较多的实际，税收宣传月期间，古塔区税务局与锦州市民营企业协会签署共建协议，并指派5名青年业务骨干担任"税务管家顾问"，确保实现纳税服务无缝对接、提档升级。在先前为民营企业开辟办税"绿色通道"的基础上，协议新增了"为民营企业提供随时办、预约办、延时办、引导办、专属办、上门办的'六办'特色服务"等方面内容。

锦州市民营企业协会会长齐泽德表示："虽然现阶段经济发展面临着很多前所未有的挑战和困难，但税务部门支持民营企业发展的态度坚定不移，力度不断加大，优惠政策叠加释放，坚定了我们将企业做大做好的信心。"

此外，古塔区税务局组建了四支调研团队，从2023年3月开始开展了民营企业大调研大走访活动，更广泛地听诉求，更深入地找问题，更实在地出措施。上半年，已累计走访民营企业139户，对企业进行"一对一"政策解读、解决个性化问题、收集意见建议。截至目前，有6条意见建议被采纳并实施，纳税人的个性化问题全部得以解决。

二、体验办税，纳谏集策"开良方"

2023年以来，古塔区税务局聘请10名人大代表、政协委员担任"纳税服务体验官"，共同查找税费办理过程中的急难愁盼问题。2023年上半年，该局共举办3场办税缴费"双转换""双体验"活动，召开4场税企座谈会，邀请企业职工、高校师生以及社会各界人士到办税服务厅、"税事通"工作室、自助办税区等场所体验办税缴费流程100余人次。

赵敬是锦州某民营企业的资深财务人员，同时也是今年古塔区税务局聘请的"税务体验师"。她表示："通过这次体验，我真切感受到了税务机对我们办税体验的关注，也感受到了税务部门的优质服务，更感受到了税务工作人员精湛的业务能力和辛苦付出。"

"以人为本"是古塔区税务局一直以来坚持的工作理念，2023年以来，古塔区税务局先后推出《新的组合式税费支持政策落实情况调查问卷》及《税务廉政情况调查问卷》，以二维码的形式精准推送至辖区纳税人。在了解纳税人缴费人涉税诉求的同时，及时掌握税务干部的廉洁自律情况。截至目前，共收集调查问卷711份，干部职工违纪违法问题线索0条，合理化建议26项。

三、一呼即应，精准服务"解难题"

为了精准服务各类企业，古塔区税务局分类型、分行业地为企业提供定制服务。对重大项目，推出"一个项目、一名领导、一个团队、一张图表、一抓到底"的"管家式"服务模式，快速响应重点企业涉税诉求，实现优质服务"精准滴灌"。开展"春雨润苗"专项行动，对小微企业进行普惠性税费优惠政策"通俗化"解读，今年累计开设专题辅导培训12场次。通过精准推送减税降费"红利账单"，进一步提升税费支持政策的知晓度，对2109户企业开展"一对一"的红利账单提醒和税收优惠政策辅导。

在实地走访的过程中，锦州耀恒商贸有限公司企业负责人对"红利账单"给予了高度评价。"账单内容翔实，既有合计减免税额，又有减税降费明细，我们了解到这一年已经享受了减税降费政策红利20万元，获得感非常强！"

此外，古塔区税务局成立"税无忧"青年创新工作室、组建"青年帮帮团"志愿服务队，选派沟通能力强、熟悉相关政策的业务骨干充实税收宣传服务一线，做好税费政策分级分类宣传，定点对接、精准推送。

锦州市古塔区税务局党委书记、局长聂晶表示，下一步，古塔区税务局将以实施全面振兴新突破三年行动为引领，按照辽宁省税务局"15566"三年规划，继续在优化"税无忧"青年创新工作室、打造"三满意"优质办税窗口等服务品牌上精准发力，做好企业发展道路上的"引路人"，持续为经营主体解难题、鼓干劲、强信心。

智暖"春风" e路赋能

国家税务总局隰县税务局　文凤洲

目前，隰县梨花e镇已成为当地乡村振兴工程的标志性项目。近年来，国家税务总局隰县税务局积极推进县级局税费管理服务现代化建设，聚焦政策落实提效、精细服务提档、智能办税提速，持续赋能乡村e镇发展。

"梨花e镇的'税好办'e厅在我们会计的朋友圈里备受好评，以后申领发票再也不用跑到县城的政务大厅了，在e镇的服务大厅就可以办理，而且24小时'不打烊'，省时又省力！"刚刚在"e厅"体验了发票申领业务的李会计竖起大拇指点赞称道。

为进一步推进县级局税费管理服务现代化不断走向深入，该局以特色专业镇建设为突破口，针对隰县梨花e镇电商企业比较集中、商户涉税服务需求量持续增加这一情况，以晋税通与征纳互动平台为依托，定制了"线上+线下"与"远程辅导帮办"相结合的服务模式，在e镇内建设了"税好办"e厅并投入使用，将"不打烊"的税费服务延伸到企业门口，为纳税人缴费人提供就近办、便捷办、自助办、一体办等个性化办税体验，大大降低了办税时间和距离成本，真正实现了"门口办税"。

"在e镇里5分钟就开完了发票，把电子发票发给老板，马上就能收到货款。太方便了，真的是为我们农民办了实事！"搭上电商快车的玉露香梨种植户黄锁元赞叹道。

走进隰县梨花e镇电商公共服务中心，主播们正在卖力地销售颇具当地特色的农产品，直播间内观众热情高涨。鲜农联盟电子商务有限公司负责人石玉芳欣喜地说："自企业入驻乡村e镇以来，销售额一直持续上升。税务部门的完善服务，让我们能够心无旁骛谋发展。"石玉芳介绍道："去年至今，公司享受各项税收优惠5万余元，这些资金全部用来进行直播设备的更新和新品牌'玉贵妃'的宣传。"

"只要扫一下这个二维码，就可以通过涉税指标帮助我们分析产业结构，提供定制税收政策服务，给予我们产业升级建议，这个服务举措真是又贴心又方便。"隰县贡天下电子商务有限公司负责人安博说道。

伴随着隰县梨花e镇的发展，该局打造了"码上评税"平台，依托企业平均税收、上下游产业链等信息，按照比例标准，形成企业专属的全生命周期实物图像，据此为企业提供量身定制的政策，宣传生产建议及风险研判服务。今年以来，已经为6家电商企业提供服务，为12户重点企业提供了一对一生产建议。

　　该局党委书记、局长陈晶晶表示，县级局是税费管理服务现代化的最前沿，我们将进一步深化智慧税务建设，通过强管理、优服务、提质效、减负担，积极探索创新工作举措，为纳税人缴费人提供更加优质、高效、便捷的办税缴费新体验。

36条作风清单变发展清单

——以作风之变促发展之变的垦利税务实践

国家税务总局东营市垦利区税务局

2023年5月9日，东营神州天立教育咨询有限责任公司财务负责人在垦利区办税服务厅完成了增值税留抵退税业务办理。他不知道的是，这次为他办理业务的是国家税务总局东营市垦利区税务局党委书记、局长王文强。为深入开展便民办税春风行动，推动新的组合式税费支持政策落实落地，垦利区税务局开展"一把手走流程"暨"当一天纳税人"活动，进一步优化办税缴费流程，找痛点、疏堵点、解难点，提升纳税人缴费人满意度、获得感。

而这也是垦利区税务局抓作风建设的一个缩影。作风就是形象，作风就是力量。转变作风，激发的是组织向心力，汇聚的是发展正能量。近年来，垦利区税务局把作风建设作为抓班子、带队伍、提效能、促工作的有效载体，将作风建设与部门主责主业深度融合，连续两年部署开展"机关作风提优年""创新突破年"活动，梳理了36条作风方面的问题清单，并具化为49项具体任务逐一整改落实，以问题整改推动工作提档升级、发展提速进位，有效避免了就作风抓作风、工作作风"两张皮"问题，把"问题清单"变"发展清单"。

作风建设因受问题边界模糊、具体责任泛化、制度执行监督评估难等因素影响，很多时候成效不显。而转变作风的一个关键点就要解决好干部职工的认知偏差。垦利区税务局坚持党建引领，充分发挥红色堡垒凝心聚魂、正本溯源的作用，从加强基层组织建设、发挥党组织作用入手，配齐配强班子，加强规范化建设，打造"和·力"党建品牌，开展"税海扬帆"党员示范工程，抓实党内政治生活历练，以干部职工的觉悟提升夯实作风建设的思想根基，先后荣获"全国巾帼文明岗""国家级青年文明号"等荣誉称号。

作风建设不能游离于工作之外，而是要渗透到具体工作中，归根结底就是求真务实、真抓实干。垦利区税务局系统谋划，将作风建设融入税收业务，确保工作实效。在组织税收上做"加法"，从服务地方发展大局的高度抓职责履行，打造《从税收分析看区域发展》等税收分析"拳头产品"，发挥以税咨政作用；深入企业走访调研，全面掌握税源实际，摸清税源家底；探索精准监管新路子，实施团队化攻坚，通过建立耗控收、收测耗和收入增长率比对等大数据模型，实现纳税遵从及账务规范的综合性判研，搭建交通运输行业精准监管模板，先进做法在全市推广。在减税降费上做"减法"，坚持早行动、抢主动，在留抵退税工作伊始，就率先归纳整理出退税中存在的8条问题和解决措施，创新性推出"一账清"工作法，实行留抵退税全流程闭环管控，全区上下"一套账"管理、"一体化"运作，实现核准后退税款 24 小时内到账；紧盯留抵退税事前、事中、事后全链条，探索"1234"工作全链条护航留抵退税，在风险防控做法全市座谈会上被省局货劳处领导表扬。在办税服务上做"乘法"，坚持服务无止境，打造全区区域内 24 小时全自助智慧办税服务厅，全区共设自助办税终端 36 台，全面打造形成"8 分钟自助办税服务圈"。积极打造"7×24"办税模式和"互联网＋税务"办税体系，实现办税服务"全天候、全自动、不打烊"，实现 160 项办税事项一次办结、61 项业务网上办结、31 项业务"秒批秒办"。其中，一类企业出口退税当天办结、全省最快。对企业提供"一站式"贴心服务。组建志愿服务队，开展"便民办税春风行动"等系列活动；公开招募 40 名测评师，打造"税收营商环境测评师"品牌，经验在全省推广。

加强作风建设，离不开干部职工履职能力的提升。垦利区税务局将提高干部职工特别是青年干部能力本领作为作风建设的重要内容，以知识立人，以实践育人，以文化塑人，解决"不会干、干不了、干不好"的问题。搭建"黄蓝税苑云讲坛"等学习平台，成立"青年说税工作室"，在东营税务公众号开展了"青年说税"短视频展评活动，并举办"青年说税"短视频展评活动颁奖仪式，开展分级学习培训和骨干人才选拔，12 名干部考取了"三师"资格证书，15 名青年干部在练兵比武中脱颖而出。制订《垦利区税务局青年干部培养方案》，选派优秀青年干部到急难险重工作岗位轮岗交流，配备导师，一线培优，提高处理问题能力。坚持以文化人、以文兴税，打造"和心同道　兴税力行"税务文化展厅，组织"跟着习近平总书记考察足迹悟初心"研学等主题活动，厚植进取奋进、爱岗如家的文化氛围。此外，垦利区税务局还注重抓小抓细，从小事小节入手，破除作风顽疾。原国地税合并后，针对干部队伍磨合中出现的问题，该局以年轻干部队伍群体为突破口，从日常小事抓起，精准查摆"制服穿着不规范、随意混搭""对新政策新系统不学习、不熟悉"等 13 条个性化作风问题清单，让党员干部对照清单开展"作风体检"，抓在日常、融入平常，以先进带后进，一把尺子量到底，最终以作风的大转变带动精神面貌的大改观、工作质效的大提升和税务事业的大发展。

党建"活"起来　品牌"亮"起来

国家税务总局正定县税务局　李欣冉　刘笑丛

没有高质量的党的建设，就没有高质量的税收现代化。为贯彻落实税务总局党委持续加强政治机关建设、优化完善"纵合横通强党建"机制制度体系的要求，正定县税务局结合实际创建了自己的党建品牌。

一、打造基层党建品牌矩阵

晚上 7 时，正定县税务局办税服务厅仍亮着灯。2 号窗口前，"00 后"税务干部付文萱正耐心地为一名急需发票的纳税人提供延时服务。

付文萱是正定县税务局第一税务分局党支部宣传委员，入职不到两年，已成长为业务上的一把好手，获得"微笑服务之星"荣誉称号。"我来办您放心。只要是经过我手办理的业务，就一定要让纳税人缴费人放心！"付文萱说。

付文萱说的"我来办您放心"，是正定县税务局打造的"一支部一品牌"之一。在河北省税务局党委关于坚持政治引领"一条主线"的指示要求下，正定县税务局党建品牌建设强调一个"正"字，讲究一个"心"字——正德、正气、正本、正道，"我来办您放心"、贴心定制、精心服务、心诚铺税路、公平心乐助企、一心甘为孺子牛、安心办税、连心桥：机关四个支部以"正"字引领，八个分局党支部以"心"字为指向，共同打造"四正八心"的党建品牌矩阵。

"今年河北省税务系统工作会提出了新的工作思路，其中关于抓牢基础基层'两基建设'及实施能力提升'三年规划'的要求，为我们从严抓实制度建设、基层建设，持续提升干部素质能力指明了方向。"正定县税务局党委委员、副局长郑林说。

一直以来，正定县税务局完善党员干部学习"软环境"，定期开展"岗位大练兵、业务大比武"，并利用高平地道战遗址、塔元庄教育基地等红色资源，推动党史学习教育常态化长效化，努力打造一支既懂党务又懂业务的人才队伍。

正定县税务局按照石家庄市税务局党委的要求，将党内监督延伸至各基层党支部，充分发挥基层党支部纪检委员的作用，探索"触角式"监督模式，把基层党组织建设为坚强的战斗堡垒。

在正定县税务局城区税务分局办公室的一张桌子上，摆放着一张红色的"身份标识"牌，上面写着"正定县税务局城区税务分局党支部纪检委员王伽琳"。"这个身份标识牌时刻提醒我，在工作中除了完成税收业务，更要做好日常监督。"王伽琳说。

党建引领实践，党建的先进性转化为生产力。近年来，正定县税务局先后获得"省级文明单位""河北省青年文明号""河北省工人先锋号""纳税人满意度全市第一""全市税务系统绩效管理先进单位"等荣誉称号。

二、绘出为纳税人缴费人服务的"同心圆"

河北常山生化药业股份有限公司是国家级高新技术企业，入选了 2022 年河北省制造业民营企业 100 强，也是正定县重点税源企业。最近，该公司新建了年产 35 吨的肝素系列原料药产品项目，扩大了产品产能，需要投入大量资金。

了解到该公司的情况后，正定县税务局党委书记、局长李强带领税收专业团队，走访常山生化药业股份有限公司，为企业提供专项了指导。"税务部门的线上宣讲和上门辅导，帮我们吃透了各项税收优惠政策，2022 年我们享受研发费用加计扣除税收优惠 1605 万元。有了这笔钱，我们就能继续加大研发力度，推进技术迭代升级。"公司财务总监王军说。

党建工作实不实，党组织战斗堡垒的作用强不强，营商环境是最好的"试金石"。正定县税务局优化科技创新生态，支持企业高质量发展。据统计，2022 年正定县享受研发费用加计扣除政策户数 228 户，同比增长 196%；加计扣除额 3.64 亿元，同比增长 23%。

纳税人的满意度和获得感检验着党建工作的成效。今年 2 月，正定县举行优化营商环境"百名科股长"评议活动，正定县税务局参选的 9 名科股长中，有 8 人入选前十名荣誉榜，1 人取得第 11 名的好成绩。

正定县税务局党委书记、局长李强说："我们将按照省局党委要求，不断擦亮正定税务党建品牌，激发干部队伍活力，围绕税务系统提出的便民办税新举措，不断提升纳税人缴费人获得感，筑牢坚强的基层战斗堡垒！"

强保障 优服务
激发企业科技创新活力

国家税务总局咸阳市税务局 刘 娜

企业作为经济活动的主要参与者,强化其科技创新的主体地位,不仅使科技创新离实用更近,也更容易转化为经济效益。今年以来,围绕全市打造秦创原科技成果转化先行区、创建国家创新型城市和加快培育高能级创新主体,国家税务总局咸阳市税务局立足税务职能,持续优化提升税费服务和业务流程,为企业研发投入、成果转化提供税务支持。

咸阳蓝博机械有限公司是专业研发制造"精密导轨及模组"核心基础零部件的龙头企业。主导产品有精密交叉导轨副、直线导轨副及直线电机导轨副、珠架导轨副、精密滑台模组等上千种规格的产品。其中,精密交叉导轨副生产居国内第一,技术水平国内领先。

该公司坚持走"专精特新"发展之路,秉承"做高端精密导轨,服务全球"的企业使命,不断加大研发投入。该公司董事长董利军认为:"加强新品研发、技术工艺提升是企业实现高质量发展的关键,而税收优惠为我们持续进行技术创新、新品研发提供了强有力支撑。"近两年来,该公司享受到各项税费优惠 300 余万元。

科技创新,少不了资金助力。为确保税惠政策红利及时释放,咸阳市税务局成立高质量项目税收服务中心、"税务管家"服务科创企业工作站,建立"管家 + 专班"机制,推出"一站式"咨询、"绿色通道"、税收可视化答疑等服务,制作《科技创新企业所得税优惠"流水线式"操作指南》,优化出口退税办理流程,实现"云办理"……全力推进研发费用加计扣除、技术转让等税费优惠政策快享直达。

同时,咸阳市税务局开展了新一轮企业减负行动,将 6 项税务行政许可事项压缩至 1 项,13 项涉税资料纳入容缺办理范围……以"办好惠民事·服务现代化"为主题,认真落实 2023年"便民办税春风行动"系列措施,推出新一批为民办实事项目,着力打造利企便民高效的税收营商环境。

此外,积极开展税费服务体验活动,站在纳税人立场查堵点、听建议,及时了解企业需求,提供针对性税费服务。建立税收诚信激励机制,为企业"输血""活血";持续开展"春雨润苗"行动,营造有利于科技型中小微企业成长的良好环境;落实定期问需、培训优才、管家辅导、快速响应和协同服务五项机制,助推拟上市企业高质量发展;建设"枫桥式"税务局,维护纳税人合法权益……

　　在陕西法士特智能制动系统有限责任公司，秦都区税务局马泉分局税务管家赵晓宁向企业宣传税收政策、了解企业经营情况、询问企业涉税需求，并协助解决企业"因业务量大幅增加，需要提高发票额度"的问题。该公司财务负责人呼青峰高兴地说："税务管家很专业、很认真，指导我们将10万元版发票升级为千万元版，节约了时间成本和人力成本，提高了工作效率。还有我们充分享受的增值税留抵退税税收优惠政策，大幅度缓解了企业生产资金压力，我们有信心研发产品、创新管理，实现高质量发展。"

　　据悉，高质量项目税收服务中心、"管家＋专班"机制、"云办理"等措施，也是咸阳市税务局贯彻落实中办、国办《关于进一步深化税收征管改革的意见》，聚焦全省"三个年"活动创新推出的30条税收支持措施之一。该局相关负责人表示，下一步，将不断探索优化税费服务措施，落细落实各项税费优惠政策，全力支持企业投身科技创新。

"两为"获赞 初心不改

——记肥东县税务局陈昌宏

国家税务总局肥东县税务局

"肥东县税务局陈昌宏科长是位好干部。"一则名为"何其政"的网友在人民网给安徽省委书记韩俊的留言引起了相关部门的关注，经转办，肥东县税务局店埠分局税务干部陈昌宏为企业排忧解难的事迹才为人所知。

一、为企优环境，做"企业发展的指路人"

这位网友是安徽省三皮建筑劳务有限公司的财务负责人，该公司是一家从事建筑工程服务的新办企业，因两处工程地政策不同，企业财务人员在账务处理与税务申报中产生了许多疑难问题。肥东县税务局店埠分局税务干部陈昌宏了解情况后，主动为企业答疑解惑，不厌其烦地为企业找政策、找依据，帮助企业享受"六税两费"优惠、小微企业企业所得税优惠政策，让政策红利落地落实。

不仅如此，陈昌宏同志作为新区北片税源管理小组的组长，克服管辖户数多、户型复杂的困难，主动承担起组内生病同事的工作，在税企微信群内发送各类税收政策、税收讲座等，节假日也不曾间断，获得辖区内纳税人的一致表扬。

二、为民办实事，做"人民利益的维护者"

陈昌宏同志是一名军队转业干部，他把"军民一家"的优良品质也带到了税收工作当中。在减税降费的服务浪潮中，陈昌宏同志加入肥东县税务局店埠分局党员先锋队，积极学习税收业务知识，依托线上"直联互动"宣传阵地，通过金三系统、个税系统等税收大数据的分析，定向推送优惠政策、办理提醒、操作流程等内容，确保纳税人知政策、会操作，把"真金白银"送到纳税人缴费人手里。

三、尾声

"像陈昌宏科长这样德才兼备的同志，全心全意为企业服务，应该得到我们企业的拥护和支持，我们很感动，感谢政府培养出这样优秀的干部！"这是网友"何其政"发来的短信。

"我的工作很平凡，就是要把纳税人缴费人服务好。"陈昌宏谦虚地说。他初心不变，踏实地履行自己的诺言，他的事迹也是广大优秀税务干部投身税收现代化事业的缩影和代表。

　　恰逢"纳税人满意度提升，税收营商环境优化"两年专项行动开始，肥东县税务局干部职工将以陈昌宏同志为榜样，积极践行"一改、两为、五做到"，坚持以纳税人缴费人为中心，着力解决市场主体急难愁盼问题，实现从无差别服务向精细化、智能化、个性化服务的转变，为打赢"全面优化营商环境攻坚战"尽职尽责，为安徽高质量发展贡献税务力量！

创新便民办税硬举措
提升营商环境软实力

国家税务总局剑河县税务局 王瑞雯 张绪林 梁博彦

为优化税收营商环境、贯彻落实《关于进一步深化税收征管改革的意见》，深入推进"我为群众办实事"实践活动，剑河县税务局聚焦纳税人在办税过程中的难点、痛点、堵点问题，以党建为引领，在严格执行"放管服"改革措施的基础上，积极探索便民办税创新举措，倾力为纳税人提供一对一定制化服务，以主动服务的新形象增强纳税人的满意度和获得感。2019 年、2021 年营商环境纳税指标均获全省第一。

一、"税费日历"打通便民办税"最后一公里"

为深入推进"我为群众办实事"实践活动，解决在办税过程中"纳税人特别是新开办纳税人易忘记申报纳税时间、税费缴纳政策记不牢"等热点问题，剑河县税务局利用手机自带的日历功能，推出了"税费日历"提醒服务。

在"税费日历"制作过程中，税务干部会先根据纳税人的行业特点、规模大小，结合总局、省局和州局公布的当年度申报期限，在自己的手机日历上将属于纳税人、缴费人的申报期限、政策内容等提前设置完毕，再依托腾讯免费的绿色 APP "换机助手"，利用其日程导出导入功能，以扫描二维码传输文件的形式，将已标记好各项时间节点的日历传输到纳税人的手机上，完成整个定制化服务。每到税费缴纳时间节点，"税费日历"便会响铃提醒纳税人及时完成纳税申报，并同时显示对应的税费种类、税率费率、税费政策等内容，有效为纳税人、缴费人规避涉税风险，同时也减轻了基层税务干部催报催缴的工作负担，实现了税务部门和纳税人、缴费人的"减负共赢"。

据统计，剑河县税务局已推动"税费日历"走进当地 700 余户企业。自"税费日历"推广以来，剑河县税务局通过电话短信催报催缴率逐月降低，同比最高下降约 78%，每月准期申报率均达 98% 以上，有效零成本解决了纳税申报提醒问题。

二、"点单式服务"破解企业发展难题

为充分发挥税收职能在助力企业发展中的作用，实现纳税服务向纳税人缴费人"家门口"

延伸，剑河县税务局立足本职，依托网格化服务管理，向辖区内纳税人缴费人推出"点单式"服务。

据了解，该项服务采取"企业点单、局内流转、管理员接单"的模式，纳税人缴费人通过微信、QQ税企交流群或电话预约，说明自己的困难和诉求，直接实现线上"点单"。县局在接到"订单"后，以管理网格为基础，立即组织相关管理部门业务骨干成立专项服务团队，召开专题会议，针对企业提出的问题和困难，及时进行分析研判，寻找解决途径，以最快速度为"下单"企业提供上门服务，并在上门服务结束后，根据企业诉求建立长效跟踪机制，对纳税人展开常态性服务和辅导，确保企业诉求在第一时间得到回复，发展困难在第一时间得到解决。

作为该服务启动以后首位"下单"者，剑河县税务局聚焦贵州省盛立本草科技有限责任公司原料不足、销路不畅的问题，积极为该企业出谋划策，通过向丹寨县安信茶业有限责任公司和丹寨山水传承茶旅文化有限公司牵线搭桥，为该公司打通了上下游产业链条，为进一步扩大生产、增加销售提供了保障。该公司产值预计在2022年可实现倍增。

作为2022年新推广的便民举措，"点单式"服务在上线后得到了剑河县委、县政府的重点关注和大力支持。接下来，剑河县税务局将在县委、县政府指导下，继续完善服务方式，扩大服务范围，积极探索并搭建网络"点单"手机APP，并邀请县直各部门参与，形成县委、县政统筹，县税务局主办，各相关部门参与的良好局面，预计在年底实现各乡镇、社区银行等30余家相关单位入驻，在全县范围内推广"点单式服务"，提升群众满意度和获得感，助推剑河县营商环境工作再上新台阶。

三、双语服务让纳税服务"零距离"

"现在会讲苗话的人越来越少了，来的时候我就在想，万一你们听不懂该怎么办。多亏你们设置了这个双语服务岗，我才能这么顺利地办完业务，实在是太周到了！"来自剑河县岑松镇的刘女士在办完涉税业务后，为剑河县税务局提供的双语服务竖起了大拇指。

剑河县位于贵州省东南部，总人口约20万，有苗、侗、水、瑶等15个少数民族，少数民族占比高达96%。为扫除少数民族纳税人缴费人语言表达障碍，剑河县税务局聚焦民族团结创建工作，结合当地地势偏远、普通话未完全普及、实际办理业务中语言不通的情况，精心设置了"双语服务岗"，并选派民族语言精通、业务能力优秀的干部上岗，为只擅长民族语言的人群提供咨询、导税、"一窗通办"的一体化办税服务，有效解决了因语言不通产生的各种问题，对促进民族团结、优化营商环境具有重要意义，获得了少数民族纳税人的一致好评。

近年来，剑河县税务局聚焦特殊群体涉税业务办理过程中的难点、痛点、堵点，除了设置"双语服务岗"外，还相继为60岁以上老人、残疾人、退役士兵等特殊群体开辟了绿色通道，设置专窗，全程提供一对一服务，打通便民办税的"最后一公里"，不断增强纳税人的满意度和获得感。

"服务企业就是服务发展、服务大局，创新便民办税举措是我局进一步推进便民春风办税行动、落实税收征管改革意见的重要抓手。"剑河县税务局负责人刘勇介绍道，"下一步，我们将继续聚焦纳税人缴费人的急难愁盼问题，帮助企业用好、用准、用足税收政策，以真心换放心，以努力求满意，为企业输血氧，创造经济价值。"

多项举措助力企业发展
持续优化税收营商环境

国家税务总局新乡市凤泉区税务局

为推动税费优惠政策落地见效、促进中小企业健康发展，国家税务总局新乡市凤泉区税务局积极开展2023年中小企业服务月活动，以"优化税费服务　助企创新发展"为主题，结合便民办税春风行动和"春雨润苗"专项行动，推出多项举措，不断提高办税服务质量，持续优化税收营商环境。

一、开展特邀监督员"零距离"走访活动

为保障税务服务事项"事前""事中""事后"全流程监督，充分发挥特邀监督员的桥梁纽带作用，凤泉区税务局始终将落实税收营商环境监督员制度作为重点工作，从各级人大代表、专家学者、"万人助万企"服务企业法人等群体中聘请多名税收营商环境监督员，进一步畅通监督渠道，实现直联直通。该局党委书记、局长陈斌带领业务骨干对营商环境特邀监督员进行了走访，虚心听取监督意见。监督员受任以来，积极在创新税费服务举措、优化税收营商环境、落实税费优惠政策等方面畅谈看法、广提建议，为优化纳税服务、提升工作质效等方面提供了有力支持。

二、"一企一策"，精准推送税收政策指引

凤泉区税务局突出需求导向，利用税收大数据，结合2023年便民办税春风行动、税务首席服务员制度为企业精准画像，大力推行"一企一策"精细服务，助力税费红利直达市场主体，为企业发展赋能添力。线下由局领导带领，由税政、风险等专业人员组成的税务专家团队走访辖区企业，了解企业发展情况及存在的困难、问题，并给出专业的合理化建议，帮助企业用好用足税收优惠政策，为企业提供"专属服务"。线上利用税收大数据，采取"一企一员"精准对接模式，以行业类型、企业规模、纳税情况等为切入点，结合企业组织架构、业务流程、涉税需求等为纳税人定制"一对一、点对点"的精细化措施，为企业高质量发展赋能。

三、推进纳税信用修复，为企业发展添动力

今年以来，为引导纳税人及时纠正违规失信行为，消除不良影响，凤泉区税务局积极开展

年度纳税信用评价工作，针对信用修复问题，借助征纳互动平台将信用修复问题"点对点"推送至纳税人，帮助企业实现纳税信用修复。同时根据企业纳税信用评价情况，为连续被评价为A级的企业开辟办税绿色通道，可以直接通过绿色通道窗口由专人办理申报、领购发票、票种核定变更等业务，享受网上办税操作一对一指导、随时申报、及时审核、业务代办等无障碍式服务。同时，建立企业诉求快速响应机制和企业联系点服务制度，随时开展政策辅导服务，实时接受企业涉税诉求，将纳税服务延伸到8小时以外。

四、制定反向服务机制，细化服务举措

"三项行动"工作部署后，凤泉区税务局快速反应，通力协作，贯彻"五端"优化部署，制定反向服务机制。通过"小疑问"倒推纳税人"大需求"，把握税费服务的针对性和主动权。一是建立反向台账。通过对热线电话、征纳服务平台、大数据等梳理汇总话务类型，归纳为咨询类、查询类、涉税举报、意见建议等，针对性开展纳税辅导和培训。二是跟进服务，反向辅导。定期梳理台账内容，针对纳税人缴费人疑问多的问题，依托云税直播、税企微信群、热线电话、征纳服务平台，不定期开展专业辅导和问题答疑，精准满足纳税人缴费人需求。

下一步，凤泉区税务局将持续聚焦纳税人缴费人办税需求，结合"便民办税春风行动"和"万人助万企"活动，抓好"反向跟进"工作机制，细化宣传辅导，优化税费服务，为凤泉区经济社会发展贡献税务力量。

聚力创优促发展　守正创新勇担当

国家税务总局盘山县税务局　林　梦　王　晨

国家税务总局盘山县税务局认真贯彻落实省局党委"15566"规划，切实推进"六大体系"并联发力，推深"六大能力"增效赋能，切实落实好县局"忠诚为民、革新创优、担当斗争、清正务实、精致增效"二十字工作方针，在省局税收现代化设计框架内锚定新征程税收现代化目标，结合基层实际顺势勇为，奋力实现抓好党务强政治、干好税务优业绩、带好队伍树形象的基层工作格局，着力为盘山县县域经济社会发展做出新的更大贡献。

一、在推动党建与业务工作深度融合中"提神"

国家税务总局盘山县税务局深入学习贯彻习近平新时代中国特色社会主义思想，将学习宣传贯彻党的二十大精神作为首要政治任务，以党建工作推动业务工作发展，以业务工作成效检验党建工作成果，重点开展好"全面从严　正风肃纪"主题活动，持续做好"税心向党　闪耀盘山"党建品牌建设，打造税务"家文化"和机关廉政文化建设。以党建工作、业务工作"双一流"业绩，持续厚植严管氛围，涵养风清气正的政治生态，推动各项工作共创新成效。

二、在推进征管改革、加快税收现代化建设中"提速"

国家税务总局盘山县税务局着力优化税收营商环境，加强税收风险管理，围绕落实"四精"基地建设要求，锚定改革目标，强举措、创方法、重质效，做好重点行业税收分析，依托内控平台规范税收执法行为。加大风控的精准监管能力。从行业入手，有针对性地逐步开展农产品、人力资源等行业的专业化规范管理，通过引入外部第三方力量，达到协同共治的目的。从行业特点和管理难易程度入手，逐步推行专业化管理。以推进"全电"发票为契机，深化税收共治。一是大力推行"办事不找关系指南"，持续推进税务系统"放管服"改革，转变政策兑现方式，由"人找政策"变为"政策找人"，解决纳税人缴费人对税费优惠政策"不知晓""不理解""不会办"等难题。二是以精准、精细、智能、智慧为目标，开展"大调研、大宣传、大辅导"活动，拓宽税收共治格局，与盘山县工商联合会开展合作共建洽谈会，助推民营经济驶上高质量发展快车道。三是积极开展税收业务培训辅导。融合运用网络、热线、政务服务场所等线上线下渠道，根据纳税人行业、规模等不同类型，有针对性地开展培训辅导，打造"网上有专栏、线上有专席、场点有专窗、事项有专办、全程有专督"的政策落实保障体系，加速打通"最后一公里"。

三、在优化纳税服务、提升税收营商环境建设中"提效"

国家税务总局盘山县税务局除了保障工作正常运转，还围绕"五个新助力"，高效落实各项税费支持政策，透过"税眼"看经济，发挥以税资政的参谋作用。以实名办税为基础，完善纳税人缴费人分类标签画像，建立税收政策精准推送机制。推广拓展"非接触式"办税缴费服务范围，持续打造窗口新形象，密切征纳关系。进一步优化了税收营商环境，提升了纳税服务水平，以改革创新引领税收营商环境不断提档升级，更好地服务市场主体，有效增强了市场经济发展活力；通过业务培训辅导，有效提升了办税服务厅人员的综合素质和业务水平，提高了纳税人的满意度和遵从度，重视考核考评结果，公平公正处理纳税人、缴费人通过12366举报的违法行政行为和第三方涉税服务收费，反复核实确认以达到合理处罚，助推营商环境向好发展。

四、在强化正风肃纪、打造忠诚干净担当干部队伍中"提能"

国家税务总局盘山县税务局多策并举，涵养风清气正的政治生态，促进打造盘山县局廉政文化品牌，有效推动了廉政文化建设。强化"正风肃纪""廉政文化建设""政治机关建设"等指标完成落实情况。一是全力推进"全面从严正风肃纪"主题活动走深走实。不折不扣做好上级规定动作，结合实际探索开展自选动作。丰富活动载体，通过党委带头学、支部专题学、线上平台学、警示案例学、实地参观学、阅读分享学、交流讨论学等多种形式，深入领会主题活动深刻内涵。二是一体推进"三不腐"体制机制建设。常态化开展明察暗访、廉政回访。打造"税务青年廉政"工程，党委书记为干部家属亲笔撰写"廉洁家书"，通过家书寄清廉，组织拍摄"家庭助廉"廉政教育视频短片，发挥"廉政书架"作用，同时抓好廉政文化墙、电梯展板、大屏幕的布置和配备。三是从严从实开展纪检监察干部教育整顿。强化责任落实，成立工作专班。纪检组组长切实担负起第一责任人责任，精心组织部署，细化具体措施，强化督导检查，坚持统筹推进，将教育整顿与习近平新时代中国特色社会主义思想主题教育有机结合。

通过不断加强"一专多能"团队建设，国家税务总局盘山县税务局按照"使用一批、培养一批、储备一批"的思路，通过干部调研，提拔一批优秀干部补齐岗位缺口，坚持严管和厚爱结合、激励和约束并重，为敢于担当的干部撑腰鼓劲，为想干事、能干事、干成事的干部提供更多的展示平台。

国家税务总局盘山县税务局切实完善拓展"六大体系"，提升"六大能力"的部署要求，落实许书记《强化政治担当、使命担当、责任担当，为新时代辽宁振兴发展贡献更大税务力量》署名文章要求，"抓好党委""干好税务""带好队伍"，立足新阶段税收工作特点和使命任务，建立契合实际的高站位、高标准税收现代化体系，为中国式现代化建设贡献税务力量。

绩效文化赋能　税务实干出彩

国家税务总局肇庆市鼎湖区税务局

国家税务总局肇庆市鼎湖区税务局纳税服务股（办税服务厅）积极践行"干多干好干出彩"的绩效文化，以强化个人绩效考核作为提升干部素质的有力抓手，塑造真抓实干、向上向善、追求卓越的干部队伍；以绩效管理高质量推动纳税服务工作，拓展绩效文化建设实践路径，在减税降费、营商环境等多个领域扎实开展工作，充分发挥绩效赋能作用，彰显绩效担当作为。

一、树理念重实践，用好绩效管理"助推器"

结合党史学习教育，厚植绩效文化理念，积极培育广大税务干部对绩效文化理念的认同感。通过分解党史学习教育工作任务，强化指标考核，先后成立了青年助企团、党员先锋队、青年志愿服务团等服务团队，利用"线上＋线下"双线模式开展政策宣传辅导，不断提升宣传、服务的精准度和覆盖面，在为纳税人缴费人办实事和推动工作开新局中精心描绘出学史力行、实干出彩的税务画卷，让全体税务人员主动将个人自身价值追求融入税收事业发展。

二、勤学习强培训，稳好绩效管理"方向盘"

一是加强绩效管理的教育培训。通过积极参与绩效分析报告会、绩效联络员培训会、绩效指标讲解和编制培训会，认真学习绩效管理的各项制度，使全体人员全面掌握绩效管理的内涵、流程、方法，使不同层次的人员熟知自身角色定位、岗位技能，确保全体税务干部参与到绩效管理中来，做到学懂弄通会操作。二是重视个人素质提升，为接受绩效考核夯实基础。依托每月集中学习、每周办税服务厅晨会制度、"学习兴税"平台等打造"线上＋线下"无死角学习模式，有针对性地组织开展数字人事"两测"知识、税收业务交流、专题答疑和热点难点税收业务培训，打造"业务过硬，服务高效"的队伍。鼓励人员参加数字人事"两测"考试、"岗位大练兵、业务大比武"、报考"三师"，以考促学促提升。

三、明责任细措施，设好绩效管理"导航仪"

一是严格按照上级关于贯彻落实数字人事"1+9"制度体系和个人绩效管理工作的安排部署，落实"绩效管理抓班子，数字人事管干部"的绩效体系，强化绩效考核管理和数字人事两个系统的运用和联动。坚持"职责到岗、责任到人、权责一致、各尽其责"的原则，根据个人的实际岗位制定个性指标。二是用好绩效分析平台，通过每季度组织绩效考评分析等方式，有效推动实现"指标下达—执行实施—绩效考评—持续改进"闭环运转的良好工作局面。

四、建制度严考核，挥好绩效管理"指挥棒"

一是完善制度，规范行为。建立《一次性告知制度》《全程服务制度》《延时服务制度》《导税服务制度》等，严格规范全体税务人员纳税服务行为。二是严格考核，奖惩分明。按照"统一标准、注重实绩、量化考核"的思路，通过按分计酬，对全体临聘人员进行考核，用足用好区局制定的《国家税务总局肇庆市鼎湖区税务局编外人员管理暂行办法》，在临聘人员中真正实现了"劳有所得，绩有所奖"，激励全体人员从"要我学"到"我要学"，从"慢慢办"到"抢着办"不断转变。2022 年下半年，纳税服务股通过 VTAX 可视化自助办税系统服务纳税人缴费人 1670 人次，8 月起分流率达 99% 以上。

五、设激励重教育，对着绩效考评"照镜子"

依照绩效考评办法，每季度评选表彰"纳税服务"之星，并且对末段人员及时约谈教育，对照不足，找到方法，共同进步。通过正反向持续激发干部队伍办实事、开新局的活力。

六、聚合力抓实干，挂足绩效管理"升级挡"

针对便民办税春风、满意度、服务效能提升等重点工作，结合《国家税务总局肇庆市鼎湖区税务局专项工作团队绩效激励办法》，全力激发队伍活力，不断打磨纳税服务精品，通过绩效考核手段促进重点工作的高效完成。一是重点亮点工作迈上新台阶。持续延伸税务"蓝朋友"专属服务，充分发挥"精准快简"特点，切实为企业解决难题。首推"交房即发证"新模式，持续优化"一次办成一件事"智能精细化政务服务的"鼎湖模式"。深入小微企业开展"春雨润苗"专项行动，与区工商联互设联络员，以实际举措"护苗成长"。推行"一号多机"，刷新热线接通速度，不断提高咨询电话接通率和答疑专业化水平。在全省率先实行现跨省异地电子缴税，实现跨省异地电子缴税"一键直达"，使跨省异地缴税时间缩短了 90%。打造优秀省级"爱心妈妈小屋"示范点，增设办税厅"长者服务通道""莲花税务所便民办税服务点"，彰显人文关怀。二是聚焦绩效考核，为民助企办实事。围绕"创先争优"专项指标中的"我为群众办实事"领域，开展"我为纳税人缴费人办实事"暨纳税服务体验师体验活动，组建"我为纳税人缴费人办实事"先锋队和志愿服务队，广泛搜集意见、改善服务，推出系列便民惠民举措，得到了上级部门和广大纳税人缴费人的肯定。

接下来，鼎湖区税务局纳税服务股（办税服务厅）将坚持在"干多干好干出彩"绩效核心价值理念的引领和驱动下，继续抓好绩效管理这个关键点，以指标引领进度，以考核促进落实，推动全体人员素质不断提升，纳税服务水平不断优化。

深化党建引领
谱写依法治税新时代篇章

国家税务总局炉霍县税务局

随着我国改革开放的不断推进和现代化建设的快速发展，税收工作在国家经济社会发展中扮演着至关重要的角色。而依法治税是税收工作的重要原则，也是确保税收公平、规范、高效的基本保障。在新时代，深化党建引领依法治税工作，对于促进全面依法治国、构建社会主义法治国家具有重要意义。作为党的税务基层单位，炉霍税务以习近平新时代中国特色社会主义思想为指导，不断强化党组织建设，全面推进依法治税，努力在中国式现代化伟大实践中做出成绩。

一、深化党建引领税收工作

党的领导是中国特色社会主义最本质的特征，也是我国取得一切胜利的根本保证。炉霍局始终坚决维护党的集中统一领导，全面加强党的建设，把党的政治建设摆在首位，以党的强大政治领导力和组织力推动依法治税工作的高质量发展。一是加强党的领导。建立党建税收工作领导小组，明确党委在税收工作中的领导责任，并制订具体的工作方案和计划，加强党委对税收工作的领导和指导。二是提高党员队伍素质。局党委通过开展理论学习中心组学习，党支部通过开展"两学一做""三会一课"等，不断加强党员的思想政治教育，增强党员的党性观念和服务意识；通过组织培训、派遣党员干部到发达地区税务系统跟班学习等方式培养党员的专业知识和业务能力，确保党员在税收工作中起到先锋模范作用。三是加强党内监督。严格执行落实党内监督制度，加强对税收工作的监督和纪律审查，严肃查处税收领域的腐败和违法行为，维护税收工作的廉洁性和公正性。

二、发挥党组织在依法治税中的作用

近年来，炉霍局借助多方力量深入推动税收工作依法治理。一是强化党组织的理论宣传。通过开展党群活动、党课、税收宣传月以及和县级部门、乡镇、村等各级党组织开展联谊活动，向党员和群众普及税收制度，宣传税收改革的重要意义，加深公众对合法纳税的认识和支持。二是推动税收信息的共享与协作。充分利用党组织的优势，加强炉霍税务与县内各级党组织之间的沟通和协作，推动税收信息的共享，加强税收执法力量与党组织力量的合作，提升纳税人的合规意识和纳税自觉性。三是开展党员参与税收执法监督。邀请县内党员同志参与税收执法监督活动，保障税收执法的公正和权威性，监督税务机关严格按照法定程序和要求开展工作，不断推动税务干部的廉政教育和监督，防止腐败和权力滥用。

三、加强党建与税收改革的统筹协调

税收改革是依法治税的重要抓手和推动力量。炉霍税务始终注重党建与税收改革的统筹协调，将党建工作融入税收改革的各个环节。一是建立党建工作在税收改革中的监督和评估机制。定期对局内各部门在税收改革中的工作情况进行评估，并对工作不力的进行批评教育并要求整改，确保党建与税收改革的统筹协调。二是强化党建工作在税收改革中的导向作用。充分发挥党建工作的引导作用，制定相关工作制度和措施，严格落实总局、省局税务机关的改革要求，进一步推动税收改革行动在炉霍落地落实，并在组织建设、干部选拔任用、党员管理等方面加强领导。

在新时代深化党建引领税收工作，不仅能够提高税收工作的政治性、思想性和针对性，更能够增强税收工作的创新力和执行力。依法治税是推动税收工作的核心要求和基本保障，只有充分发挥党建的引领作用，加强党组织的领导和税收工作的统筹协调，加强税务干部队伍建设，才能够更好地推动依法治税工作的高质量发展，为全面建设社会主义现代化国家提供坚实的税收支撑。

"三镜"聚焦
照亮税收服务优质品牌

国家税务总局黎川县税务局　平晨瑜　张婉琳

办税服务大厅是纳税服务工作最前沿的"阵地",也是为纳税人办理涉税服务的最重要的"窗口"。黎川县税务局坚持树宣传"放大镜"、立监督"显微镜"、磨业务"多棱镜",积极推进税收营商环境大优化工程,以内部作风优化促对外服务提质,加快打造更富有活力的税收营商环境,照亮税收服务优质品牌。

一、树宣传"放大镜",提升服务质效

线下宣传,加大力度。利用办税大厅面向群众广的特点,采取在大厅显眼处陈列宣传册、张贴宣传海报以及电子屏轮回播放的形式,对纳税人缴费人进行广泛宣传。在宣传册陈列处设立导税宣传员,在引导纳税人办理业务的同时,负责及时解答疑问。上门服务,扩大效应。选拔各业务部门的青年骨干力量,开展"送税进户""送税下乡"等活动,与企业面对面交流,辅导帮助企业法人注册"惠企通"、申领电子印章、申请纳税减免等,让企业足不出户就能收到惠企政策。贴心辅导,效率提升。采取窗口人员轮流到自助区辅导的值班制度,加大对纳税人使用电子税务局、自助办税终端的辅导力度,让纳税人多跑"网路"、少跑马路,提升纳税服务的质量和效率。

二、立监督"显微镜",强化纪律意识

纪律是集体的面貌、集体的声音和集体的动作。办税服务厅工作人员的一言一行都代表着税务部门展现给纳税人的面貌,因此要从细微言行处着手,强化窗口人员的纪律意识。以管理展形象。办税服务大厅统一管理工作人员手机,要求上班时间所有人员手机必须统一入柜、集中管理,统一着装规范,严格做到仪容仪表整洁、言行举止端庄得体,展现良好的纳税服务形象。以警示强作风。不定期开展纪律自查自纠和违规违纪案例警示,为办税服务厅干部敲响警钟,通过后台业务办理(等候)时长监控,严抓工作效率,进行奖勤罚懒,提升干部工作积极性,加强队伍作风建设。以问题促整改。严格履行首问责任制和一次性告知制度,设立"办不成事"反映窗口,聚焦纳税人缴费人急难愁盼问题,受理纳税人在办税过程中遇到的"疑难杂症"和对干部服务的投诉意见,针对意见查摆问题,制定措施进行整改。

三、磨业务"多棱镜"，激发学习氛围

坚持每日一学制度。办税服务大厅工作人员每日上班前都要集中上"早课"，要求对各项税费政策熟知晓、会应用、能解答，同时增加对纳税服务礼仪、系统操作、业务规范的培训，通过学习和研究集思广益，持续提升干部的业务技能和操作水平。发挥以老带新优势。充分发挥"传帮带"精神，让经验丰富的"老兵"与青年干部一对一组合，对青年干部进行现场实操教学和指导，快速找准青年干部业务上的薄弱环节，在工作实践中相互促进，强化团队合作能力。营造以考促学氛围。不定期进行考试，通过自主命题、业务骨干联合出题等方式，用试卷考理论、业务平台考操作、情景模拟考礼仪，全面提高工作人员的服务意识和能力，将优质的服务理念内化于心、外化于行，展现良好的税务形象和精神风貌。

"三镜"聚焦亮窗口，为民办税暖心扉。据统计，黎川县税务局7月以来纳税人平均等候时长为1.42分钟，平均办理时长为2.66分钟，提升了纳税服务效率，为积极推进税收营商环境大优化工程贡献了黎川力量。

高校附院托管县级医院
增进百姓健康福祉

广东省遂溪县人民医院　苏秀明　欧文雅

遂溪县人民医院始建于 1950 年，是一家拥有 73 年建院历史的二级甲等医院。2021 年 7 月 26 日，医院正式交由广东医科大学附属医院全面托管，更名为广东医科大学附属医院遂溪医院（简称"遂溪医院"）。托管后，遂溪医院在学科建设、医疗技术、人才培养以及社会服务等多方面取得了阶段性成果，初步实现"政府得民心、群众得实惠、员工得发展"的三方满意的托管目标。

一、全面加强学科建设，实现前沿技术重点突破

托管以来，遂溪医院始终坚持以学科建设为龙头，全面加强优势、特色专科建设。一是补短板：建强急诊急救"五大中心"，构建县域急危重症患者救治服务体系，为患者提供有效的医疗救治绿色通道和"急救—院内抢救—重症监护"的"一站式急救"综合救治服务；持续推进亚专科建设，逐步开设专科、专病特色门诊等，以满足群众日益增长的健康需求。二是强内涵：实施"优势医疗技术团队培育计划""临床重点专科提升工程"，遴选出 9 个优势医疗技术团队和 7 个重点专科进行培育。两年来先后取得了多项突破，内分泌科获批国家级县域发展助力工程试点项目；呼吸与危重症医学科顺利通过了国家 PCCM 规范化建设项目评审，成为湛江市首家"二级优秀单位"；胸痛中心通过国家标准版评审，帮扶杨柑镇中心卫生院获批国家级"胸痛单元"；卒中中心通过国家级防治中心评审；心衰中心通过国家认证，成为湛江市首家国家基层版心衰中心的县级医院；广东省慢病管理中心、青少年肥胖防治基地、菌群移植多学科诊疗中心、糖缓小屋 4 个省级基地在遂溪医院落地挂牌；重症医学科成功入选湛江市级临床重点专科建设项目。开展新技术新项目达 66 项，填补了县域医疗技术空白，部分技术达到省内先进水平，实现大病不出县，在遂溪就可以获得与广东医科大学附属医院同质化的优质医疗服务。

二、增强医院"造血"功能，提升人才核心竞争力

医院贯彻中央人才工作会议精神，加强党对人才工作的全面领导，召开建院以来的首次人才工作会议，明确新时代人才工作的总体思路。贯彻落实总院关于人才工作"稳培引用考"的五字方针，积极推进人才管理体制机制改革。实施"学科带头人引智工程"，解决遂溪医院领

军人才空缺问题；推进"高层次人才引培计划"，解决遂溪医院高层次人才断层问题；实施"百名学科骨干培养计划"，派出 53 名中青年骨干到国内知名医院进行专项研修，解决医院业务骨干培养困难问题。托管以来，共引进学科带头人 5 名、博士 2 名、硕士 8 名。建立与总院的人才双向轮转机制，柔性引进高层次人才 47 名，实现专科全覆盖。

三、始终坚持"人民至上"，竭力改善患者就医体验

遂溪医院始终坚持以病人为中心，聚焦广大群众就医需求，不断改善患者就医体验。对内，建立一站式患者服务中心，搭建了由客服部、医务科、财务科、医保物价科联合办公的服务窗口，为患者提供更方便、更快捷、更优质的服务，实现"让患者只跑一次"的工作目标。对外，医院开展了"互联网＋护理服务"上门服务，让群众在家里就能获得优质护理服务。医院不断推进紧密型县域医共体建设，以慢性病管理为抓手，与县域内 5 家中心卫生院共同建设联合门诊、联合病房、慢性病管理分中心、远程心电诊断分中心、疑难危重孕产妇远程医疗中心，加快分级诊疗体系构建，实现市、县、乡三级全覆盖，大大方便了县域周边群众。选派 5 名高级职称人员下沉到各卫生院担任医疗业务副院长，指导开展业务学习和技术培训，促进基层医疗水平获得整体提升。

实践证明，"政府—医院"托管型医疗合作模式是积极推进公立医院改革发展的科学选择，也是实现资源整合的有效途径。促进了城市优质医疗资源的快速下沉，形成了从"城市强"到"县级强"再到"县域强"的发展格局，对实现"大病不出县"的国家医改目标，满足县域群众就医需求以及推动基层医疗卫生事业发展产生了积极和深远的影响。

青春建新功 职工展风采

——上虞区首届职工趣味运动会拉开帷幕

浙江省绍兴市上虞区总工会

2023 年 11 月 19 日，"青春建新功·职工展风采"上虞区首届职工趣味运动会在上虞体育中心拉开了帷幕，来自各乡镇街道、系统部门、企业工会的 51 个代表团的运动员同台竞技，感受运动带来的快乐。上虞区委副书记、政法委书记许建超，副区长黄俊毅，区政协副主席、区总工会主席范国海，绍兴市总工会党组成员、经审会主任李梦嘉等出席了开幕式。

许建超宣布全区首届职工趣味运动会正式开始。当天上午，阳光洒满现场，国歌高昂激荡，全场齐声合唱，裁判员和运动员代表以庄严的宣誓揭开了比赛的序幕。本次共有 51 个代表团、2900 余名职工参赛，角逐篮球、乒乓球、羽毛球、田径、"万众一心"、"合作共赢"、灭火竞速等 17 个比赛大项。现场气氛热烈，整场运动会紧张又充满趣味，既提高了全社会职工对运动健康的关注度和参与度，推动职工群众体育运动广泛深入开展，又充分发挥了团队协作精神，增强了团队凝聚力，深受广大职工欢迎。

"我们区中医医院此次派出了 53 人的团队，参加五大项 16 个小项的角逐，大家都非常享受这样的运动氛围。"上虞区中医医院工会主席陈国新认为，本届运动会组织有力、运行高效、保障到位。他介绍，区中医医院领导也很重视此次运动会，员工积极踊跃参与，"作为卫健系统的单位，更应该倡导'我健康、我快乐、我生活'的理念，在区总工会的带领下，我们接下来计划组织医共体间的体育活动，如八段锦展示等，凸显中医特色，展示职工风采。"

晶盛机电此次也派出了近 50 人的团队参加运动会。"员工报名非常踊跃，我们这来参赛的都是选拔出来的精英选手。"晶盛机电代表团领队黄佳图告诉记者，晶盛机电十分注重员工体质健康，公司建有健身房、羽毛球场、乒乓球室等，积极引导员工参与体育锻炼。"本次运动会有效增强了企业员工的向心力、凝聚力和团队意识，展示了我们职工的活力与风采，希望多举办这样的活动，我们一定积极参与。"

本次运动会由上虞区总工会主办，上虞区体育总会、上虞区教育体育局协办。近年来，上虞区各级工会和广大职工深入聚焦政治思想引领，深化"红湾大课堂""班前十分钟"、劳模工匠宣讲教育活动，推动职工思想教育培根铸魂；深化产业工人队伍建设改革，提升职工技能水平，凝聚职工建功立业磅礴力量；围绕职工群众最关心、最直接、最现实的利益问题，尽力为职工排忧解难，顺应职工对美好生活的向往；不断扩大工会组织覆盖面，吸引更多的职工加入工会组织，提升工会履职服务能力，为推动上虞经济社会高质量发展做出了贡献。

湾沚区总工会开展
"入企业　访工情"调研走访慰问活动

安徽省芜湖市湾沚区总工会　陶荣晶

　　为深入学习贯彻习近平新时代中国特色社会主义思想，着力解决基层工会实际困难和职工群众急难愁盼问题，巩固主题教育成果，不断提高职工生活品质，营造为民办实事、为企优环境的良好氛围，湾沚区总工会于2024年3月8日—14日开展了2024年度"入企业　访工情"调研走访慰问活动。

　　湾沚区总工会成立了3个调研组，每组由一名班子成员任组长，采取深入走访、入企慰问、集体座谈等形式，围绕"维护职工合法权益　构建和谐劳动关系"主题，重点了解劳动法律法规贯彻落实、产业工人队伍建设改革、提升职工生活品质、集体协商和集体合同签订等工作开展情况，共同探讨存在问题，提出相关意见建议，为今后湾沚区工会工作开展指明了方向。其间，对企业困难职工和优秀职工进行慰问，并叮嘱企业做好工会政策宣传工作，让工会惠企惠职工的政策在企业落地生根。

　　"入企业　访工情"调研走访活动是区总工会践行"一改两为"、优化营商环境的重要举措，是发挥工会组织党联系职工群众桥梁纽带作用的有力抓手。区总工会切实发挥工会"娘家人"的作用，坚持深入基层职工，做好调查研究，了解职工所需，倾听职工呼声，坚定不移地改作风、办实事、优环境，让人民群众和市场主体享有更多实实在在的获得感、幸福感。

以"六强化六提升"为载体
全力推进医院事业高质量发展

湖北省十堰市郧阳区人民医院

能力是推动发展的原动力，作风是再创优势的催化剂。2023年，十堰市郧阳区人民医院严格按照市委、区委关于加强能力作风建设的安排部署，牢记"做专一、争第一、干唯一、创一流"的要求，以"六强化六提升"为载体，以"深入推进三级医院创建，着力提升医疗服务效能"为工作主线，全面加强干部职工的能力作风建设，全力推进医院事业高质量发展，奋力实现区委、区政府对我院提出的"2025年建成三级医院"的发展目标。

一、强化理论学习，提升党员干部政治能力

区人民医院党委始终把政治建设摆在首位，采取"班子带头学、支部集中学、专家辅导学"等方式，深入学习贯彻党的二十大精神和习近平总书记系列重要讲话精神。完善《党员干部学习教育制度》，严格学习教育纪律，以抓好"院党委中心组政治理论学习"和"党支部主题党日"活动为重点，抓实院党委班子和党员干部的学习教育，使每月准时进行政治学习成为党员干部的习惯。邀请湖北《党员生活》杂志社党建理论部主任王道勇开展"加强医院党的建设"专题知识培训。举行学习贯彻党的二十大精神暨"党务讲堂"活动，邀请市委党校赵亮讲师进行专题授课，全面提升党员干部理论水平，切实增强"四个意识"，坚定"四个自信"，做到"两个维护"。

二、强化业务学习，提升干部职工专业能力

始终把提升医务人员的业务能力抓在手上，制订医疗、护理等各类人员"岗位大练兵、业务大比武"活动方案。立足岗位练兵，举办"三基"操作技能、健康教育宣教等大比武大练兵活动15场次，切实增强医务人员的诊治本领；开展结对帮扶，建立"导师帮带"管理制度，通过示范带教、急救演练等形式，帮助年轻医务人员快速成长；上讲台讲主业，定期召开科室管理交流会、业务学习分享会，鼓励科主任、护士长分享科室管理经验，业务骨干交流专科知识，促进管理水平和业务能力共同提升；"走出去""请进来"相结合，鼓励30余名业务骨干外出

进修学习，开阔视野，增强业务内功，不断提升专业技术水平。邀请省、市级专家30余人来院"传经送宝"，举办学术讲座、义诊义治等活动，传授新知识新技术，不断提高医务人员的专业技能和综合素质。

三、强化创新驱动，提升推动高质量发展能力

鼓励科室对标三级医院医疗服务能力水平，大力开展新业务新技术，上半年，开展了射频消融术、起搏器植入术、腹腔镜肝叶（脾脏）切除术等10项首例技术，其中有8项达到了三级医院水平。持续推进MDT诊疗模式，强化科间协作，建立肿瘤、老年病等4个专业MDT协作组。上半年，开展多学科会诊32例次，全面提高协同救治能力。

四、强化为民服务，提升服务群众能力

把2023年定为"服务效能提升年"，大力开展全面提升服务质量行动，成立服务质量办公室，聘请6名社会监督员，院领导带头参与志愿者服务活动，开展亮身份、亮职责、亮承诺的"三亮"行动。优化CT检查、患者入院、门诊患者检查自取药等10项服务流程，有效缩短了患者就诊排队等候时间。组织各层级医务人员开展"提能力，转作风"服务规范与礼仪培训活动，切实增强主动服务意识。开展上门随访、晚间康复治疗门诊等延伸服务，充分满足患者多样化的医疗服务需求。大力推进美丽医院建设，东区业务楼、地下停车场、血液净化中心等项目建成并投入使用，功能设施逐步完善，院容院貌焕然一新。

五、强化防控演练，提升防范化解风险能力

安全是一切工作的前提和底线。区人民医院高度重视安全生产和消防安全，开展院感防控和消防安全实战演练，加大巡视检查力度，切实增强安全防范意识，进一步提高医务人员对突发事件的快速响应处置能力，绷紧"安全弦"，筑牢"防火墙"。

六、强化担当实干，提升抓落实求实效能力

美好的蓝图靠实干才能实现，为确保全年目标任务的顺利完成，区人民医院年初即对全年目标任务进行了任务分解，实行清单管理，明确承办科室、责任人、督办领导三方责任，限定完成时限，各部门每月制订重点工作任务表、业务工作晾晒表，质控办对工作完成情况进行质控考核，确保全年目标任务高效完成。

随着能力作风建设的深入推进，区人民医院干部职工的思想得到淬炼、政治得到历练、专业得到训练，整体医疗服务能力得到了极大提升。上半年，区人民医院"三大中心"建设成效显著，创伤中心被中国创伤救治联盟授予"创伤救治中心建设单位"称号；卒中中心被省脑防

委授予"防治卒中中心"称号；胸痛中心被中国胸痛中心授牌，是目前十堰市二级医院中唯一通过标准版认证的医院。自胸痛中心建设以来，已成功救治急危重症胸痛患者100余例，年均有效救治胸痛患者2000余例，从首次医疗接触至完成首份心电图时间平均值为4.99分钟，D-to-B时间平均为71.6分钟，最短时间为34分钟，远低于90分钟的国家标准，大大提高了郧阳区胸痛患者的救治效率，产生了极大的社会反响，为实现医院的"发展梦"和全区人民的"健康梦"做出了应有贡献。

在全旗"转作风、优环境、强担当 对标先进 追赶超越 走进前列"动员大会上的发言材料

内蒙古达拉特旗自然资源局

2023 年，自然资源局将紧紧围绕自治区和市、旗党委、政府重大决策部署，积极开展"转作风、优环境、强担当 对标先进 追赶超越 走进前列"活动，严格按照活动有关要求，以更加坚决的态度、更加有力的措施、更加扎实的工作，聚力保发展、保民生，全力打好用地保障攻坚战，把优化营商环境、作风建设等各项工作抓紧抓实、抓出成效。现作表态如下。

一、进一步优化用地布局

编制完成旗级国土空间规划，指导完成 128 个嘎查村村庄规划编制工作，同步完成国土空间基础信息平台建设，将空间规划成果数据纳入国土空间规划"一张蓝图"，推动项目策划、多规合一业务协同平台功能完全实现。综合考虑项目产业发展、开发强度等要素，统筹安排各类用地，新建项目向园区集中，框定总量，提高质量。实行新增建设用地计划指标差别化管理，优先保障符合国家产业政策、绿色生态的重点项目和重大招商引资项目用地指标。

二、进一步缩短土地审批时限

从企业用地预审选址到土地征收，再到建设用地审批、土地供应，最后办理不动产登记，我局全过程优化土地审批流程，提升服务企业用地审批效率。一是继续推行重大项目集中联动审批机制，让审批再提速。由一把手牵头，涉及审批相关股室全部进驻一站式审批中心，全程参与重大项目集中联动审批。继续对联合审批的权限和事项进行整合，合理优化审批流程，最大限度减少审批环节，压缩办结时限，全面提升重点项目前期手续办理效率。二是继续创新行政审批服务模式，大力推行在线办理、容缺受理、并联审批、帮办代办、先办后补、上门服务、延时服务等多项服务举措，实现"承诺制 + 容缺办"服务机制常态化。在建设项目预审与选址阶段推行"建设项目预选址"做法，即在项目正式办理预审与选址前，提前出具"预选址"手续，减少企业征地等环节用时，加快项目落地。建立"自然资源局接事即办群"和"自然资源行政审批群"，对项目办理情况及时调度、即刻回复。三是提前介入预判项目审批难点，让项目早落地。2023 年年初，由主要领导带领相关负责人深入园区，举办新上项目报批服务推进会，提前预判本年度园区重大工业项目落地存在的难点、堵点，共同协商讨论，提出解决对策、化

解审批难题，为项目的正式审批扫清障碍。四是加快土地报批进度。土地报批有单独选址项目、城镇批次和村庄批次三种方式。占用永久基本农田、一个项目申请建设用地总面积超过 70 公顷或者占用 35 公顷以上耕地的，需报自然资源部审批，其余均为自治区自然资源厅审批。土地报批过程中，我局的主要工作是将用地企业及发改、林草、能源、水利等各部门的审批材料组件上报，企业及部门的联动配合会直接影响土地报批进度。2023 年，我局要积极联系用地企业，主动服务企业，倒逼企业办理用地审批手续。进一步加强部门横向协调联动，建立了各部门分管领导联合审批工作群，及时解决报批工作中存在的问题，及时报送报件资料，形成部门合力。同时，加强上下纵向对接，专门成立驻厅、市联络办，派专人紧盯报件审批进度，缩短土地报批时限。资料齐全的项目报批时限最多不超过 30 个工作日。

三、进一步强化用地保障

坚持"要素跟着项目走"，加强产业用地管理，"一地一策"盘活土地资源，缩小划拨土地范围，适时改变供电、供水、供气、供暖等基础设施供地方式，应出让尽出让。对产业用地采取长期租赁、先租后让、租让结合、弹性出让等多种方式，工业园区项目全部实现"标准地"出让，有效降低企业用地成本，促进项目落地生根。继续推进工业用地"拿地即开工"，做到"四证联发、一日办结"，缩短法定审批时限 35 个工作日。大力推进全域土地整治，年内腾退建设用地指标 1300 亩，耕地占补平衡指标 3 万亩，新增高标准水田指标 2 万亩，保障占补平衡指标需求。推行矿区多矿协同综合治理模式，完成矿区复垦生态治理 7200 亩，年内建成绿色矿山 3 座。

四、进一步提升不动产登记服务水平

加大"互联网+"不动产登记信息化建设，实现更多登记业务网上申请、网上办理，让数据多跑路、企业少跑腿。将企业首次登记、变更登记等一般登记办理时限由法定的 30 个工作日压缩至 10 个工作日内；为给企业抵押融资创造便利条件，将抵押权登记办理时限由法定的 30 个工作日压缩至 5 个工作日内；全面推广应用不动产登记电子证照；持续推进住宅类和非住宅历史遗留问题妥善解决；推动农村牧区不动产"三权"登记下移苏木镇办理，实现农牧民不出嘎查村申请、不出苏木镇办理不动产权登记，在白泥井镇试点的基础上，年内在全旗推开；严格落实不动产登记限时办结制度，在现有的基础上再提速；在全旗范围内推广新建商品房"交房即交证"，实现新建楼盘交付业主入住时即可拿到不动产权证。

五、进一步改进工作作风

自然资源系统要以此次活动为契机，立即动员部署，把"转作风、优环境、强担当"作为践行以人民为中心的发展思想和推动经济社会高质量发展的重要举措；大力弘扬"马上办、我来办""快节奏、高效率"的工作作风，以钉钉子精神，一锤接着一锤敲，确保各项工作高效落实。牢固树立"优化营商环境就是解放生产力"的理念，积极发挥自然资源要素保障作用，

着力优化营商环境，为"对标先进、追赶超越、走进前列"提供有力支撑。进一步强化政治担当，高标准、高质量、高水平履职尽责，持续贯彻"生态优先，绿色发展"理念，勇于创新、真抓实干，肩负起推动达拉特旗改革发展的历史使命，纠正任何松懈的念头，保持昂扬的精神状态，为全旗高质量跨越式发展做出应有的贡献。